Lineamenti di diritto pubblico per i servizi sociali e sanitari

In copertina:
Fotogramma di Jennifer Jones in "Addio alle armi" (1957).

IUSTITIAM COLIMUS

R. Bin, D. Donati, G. Pitruzzella

Lineamenti di diritto pubblico per i servizi sociali e sanitari

QUARTA EDIZIONE

Giappichelli

VIA PO, 21 - TEL. 011-81.53.111 - FAX 011-81.25.100

http://www.giappichelli.it

ISBN/EAN 978-88-921-4166-7

G. Giappichelli Editore

MARCHIO STORICO

Stampa: Stampatre s.r.l. - Torino

INDICE

IV. L'ORGANIZZAZIONE REGIONALE E DEL GOVERNO LOCALE

V. L'AMMINISTRAZIONE PUBBLICA

IX. LA TUTELA DEI DIRITTI: GIUDICI E CORTE COSTITUZIONALE

X. DIRITTI COSTITUZIONALI

pag.

XII. DIRITTO ALLA SALUTE E SISTEMA SANITARIO

XIII. DIRITTI SOCIALI E SISTEMA ASSISTENZIALE

GLI AUTORI

ROBERTO BIN insegna Diritto costituzionale e Diritto regionale nell'Università di Ferrara.

DANIELE DONATI insegna Istituzioni di diritto amministrativo, Diritto dei beni culturali e Diritto dell'informazione e della comunicazione nell'Università di Bologna.

GIOVANNI PITRUZZELLA è Avvocato generale alla Corte di giustizia dell'Unione europea.

PREFAZIONE ALLA QUARTA EDIZIONE

La quarta edizione di questo manuale, che da sempre si caratterizza per una forte attenzione all'attualità, arriva a dare conto di come l'Europa e il nostro paese abbiano dovuto rivedere molte delle scelte compiute nei decenni precedenti, a causa del diffondersi della pandemia da Covid-19.

Le novità, in realtà originate anche da misure "ordinarie" e non solo emergenziali, sono dunque molte e rilevantissime, e intervengono sia sul quadro complessivo del nostro ordinamento (si pensi al sistema di fonti con cui si è risposto alla crisi sanitaria, o alla riduzione del numero dei parlamentari), sia sulle discipline di settore a cui questo manuale guarda con speciale attenzione.

Gli aggiornamenti riguardano dunque alcuni temi della parte generale (capitoli I-XI), dedicata ai profili fondanti il nostro diritto pubblico, e rivedono in profondità gran parte dei temi della parte specialistica.

Si pensi (cap. XII) alla nuova considerazione che al diritto alla salute ha assunto, specie nella sua declinazione di "interesse della collettività", o al riemergere in toni anche aspri del dibattito sulle vaccinazioni. O ancora, al profondo ripensamento dell'organizzazione sanitaria sul territorio anche in vista delle priorità imposte dal Piano Nazionale di Rinascita e Resilienza, o al mutare di ruolo di organismi statali, come l'Istituto superiore di Sanità.

Sul fronte del sistema di sicurezza sociale (cap. XIII), oltre alle recenti evoluzioni nell'applicazione del principio di sussidiarietà e la valorizzazione del Terzo Settore, si pensi all'evoluzione del sistema di pianificazione degli interventi e il loro rafforzamento, specie rispetto alle misure di contrasto alla povertà e alla disoccupazione, in vista della grave recessione economica causata dalla chiusura prolungata di tante attività. Su diverso fronte, nel volume si dà conto dell'evoluzione delle politiche sull'immigrazione, tema sempre di forte attenzione per la politica e l'opinione pubblica, che oggi conosce misure umanitarie più coerenti con le fonti internazionali.

Non solo un aggiornamento, dunque, ma di fatto l'intera revisione del volume, nella speranza che questo manuale continui a incontrare ancora l'apprezzamento fin qui dimostrato da chi studia e da chi insegna.

ROBERTO BIN-DANIELE DONATI-GIOVANNI PITRUZZELLA

31 luglio 2021

PREFAZIONE ALLA TERZA EDIZIONE

La terza edizione di questo manuale, che da sempre si caratterizza per una forte attenzione all'attualità, si è resa necessaria viste le novità rilevantissime intervenute nell'ultimo periodo a ridefinire non tanto il quadro complessivo del nostro ordinamento, quanto piuttosto alcune discipline di settore che la cronaca e la politica hanno portato in primo piano.

Gli aggiornamenti riguardano dunque alcuni temi della parte generale (capitoli I-XI), dedicata ai profili fondanti il nostro diritto pubblico, e rivedono completamente alcuni argomenti della parte specialistica.

Si pensi alla concezione stessa del diritto individuale alla salute (cap. XII), visti i limiti all'autodeterminazione delle cure (fortemente evidenziato dalle polemiche sulla disciplina dei vaccini) e le considerazioni sul fine-vita di cui alla "sentenza Cappato" della Corte costituzionale.

Ancora, si analizzano (cap. XIII par. 9, punto C) le misure di contrasto alla povertà, dal reddito di inclusione al reddito di cittadinanza, vista l'attenzione che oggi il legislatore rivolge a quest'ambito fino a oggi sostanzialmente ignorato.

Infine, e inevitabilmente, sono state riscritte completamente le pagine dedicate alle misure in materia di immigrazione (cap. XIII par. 9, punto F), ritenendo essenziale far chiarezza su temi che, in modo ossessivo e non sempre equilibrato, riempiono le prime pagine dei giornali. Qui si provvede non solo un glossario minimo per capire di che cosa si parla, delle ragioni e delle forme delle migrazioni, ma si esamina anche il diritto comunitario (col tanto citato Trattato di Dublino) e soprattutto l'evoluzione delle norme in materia fino ai recentissimi "decreti sicurezza" 1 e 2, evidenziandone novità.

Non solo un aggiornamento, dunque, ma di fatto l'intera revisione di alcune parti, nella speranza che questo manuale continui a incontrare ancora l'apprezzamento fin qui dimostrato da chi studia e da chi insegna.

ROBERTO BIN-DANIELE DONATI-GIOVANNI PITRUZZELLA

31 luglio 2019

PREFAZIONE ALLA SECONDA EDIZIONE

La seconda edizione di questo manuale si è resa necessaria per dar conto dei molti cambiamenti intercorsi nella legislazione italiana.

Essi hanno riguardato alcuni argomenti fondamentali del testo, sia nella parte generale (capitoli I-XI) che traccia le linee generali del diritto pubblico, sia nella parte speciale, che esamina i profili più strettamente attinenti ai servizi del *welfare* (capitoli XII-XIV). Molti sono infatti i cambiamenti intervenuti: dalla *legge Madia* e dagli atti di attuazione, che hanno cambiato molto tratti dell'organizzazione della pubblica amministrazione, alla nuova disciplina del Terzo settore; dai nuovi LEA alla riforma della responsabilità in campo sanitario; dalla legge sul contrasto alla povertà all'*eHealth*.

La conseguenza è stata che alcuni capitoli del volume sono stati riscritti quasi per intero: non solo per necessità di aggiornamento, ma anche perché è sembrato che la prima edizione non avesse dedicato sufficiente attenzione ai temi trattati.

Il libro, dunque, si presenta profondamente rinnovato. Speriamo che ciò gli consenta di incontrare l'apprezzamento di chi studia e di chi insegna.

ROBERTO BIN-DANIELE DONATI-GIOVANNI PITRUZZELLA

20 luglio 2017

PREFAZIONE

Il progetto di questo manuale è di offrire, in un unico volume, gli elementi fondamentali del diritto pubblico italiano e le nozioni specialistiche relative al sistema dei servizi alla persona. Il lettore potrà ricavare una conoscenza sia del contesto istituzionale e amministrativo generale, sia dell'ordinamento di settore in un percorso unitario che si pone in linea con la struttura di molti corsi universitari (e di tante prove concorsuali) che, pur non essendo specificamente dedicati ai profili giuridici, richiedono una buona conoscenza anche di questi elementi. Il testo è destinato perciò anzitutto agli studenti dei corsi dell'area medica e infermieristica o che seguono un percorso più legato alle scienze sociali. Ma si rivolge pure a un pubblico più vasto di quello universitario e concorsuale: può risultare utile, infatti, anche ai tanti operatori che si trovano ogni giorno, nell'esercizio della loro professione, di fronte a problemi giuridici per affrontare i quali non hanno una preparazione giuridica specifica.

Il testo è stato concepito assumendo il punto di vista di chi, per motivi di studio o professionali, voglia arrivare non solo a comprendere l'impianto normativo e giurisprudenziale della materia nella sua declinazione teorica, ma anche interpretare in modo concreto le regole e i limiti che, quotidianamente, danno forma al lavoro in questi ambiti. A tal fine servono sia le nozioni di base del diritto pubblico (il sistema delle competenze, il sistema delle fonti, il sistema della tutela dei diritti, il sistema delle responsabilità), sia una ricostruzione della troppo complessa legislazione che disciplina i servizi socio-sanitari e le relative professioni.

La parte generale sfrutta l'impianto dell'ormai collaudato *Diritto pubblico*, di R. Bin e G. Pitruzzella, giunto già alla XII edizione, di cui utilizza l'impostazione e i lineamenti fondamentali, ma alleggerendone le parti più strettamente tecnico-giuridiche: e lo integra con una ricostruzione del tutto originale dei tratti fondamentali della legislazione in materia socio-sanitaria e dei principi costituzionali che la ispirano, approfondendo, sia per la sanità che per il sistema di *welfare*, i modelli, le strutture, le prestazioni e le responsabilità degli operatori. Un *Indice delle definizioni* posto in calce al libro potrà risultare strumento molto utile sia per orientarsi meglio nella lettura del testo, sia per trovare una rapida risposta a dubbi e problemi che inevitabilmente insorgono nell'attività professionale.

ROBERTO BIN-DANIELE DONATI-GIOVANNI PITRUZZELLA

Agosto 2014

I. LO STATO E GLI ENTI PUBBLICI

1. Lo Stato. Definizione

Stato è il nome dato ad una particolare forma storica di *organizzazione del potere politico*, che esercita *il monopolio della forza legittima* in un determinato *territorio* e si avvale di un *apparato amministrativo*.

Lo Stato moderno nasce e si afferma in Europa tra il XV ed il XVII secolo e si differenzia dalle precedenti forme di organizzazione del potere politico, per la presenza di due caratteristiche: a) una concentrazione del potere di comando legittimo nell'ambito di un determinato territorio in capo ad un'unica autorità; b) la presenza di un'organizzazione amministrativa in cui opera una burocrazia professionale.

Lo **Stato moderno** è *un apparato centralizzato stabile che ha il monopolio della forza legittima in un determinato territorio*. Il concetto giuridico che è servito a inquadrare questa caratteristica dello Stato è quello di "**sovranità**".

La sovranità ha *due aspetti*: quello interno e quello esterno. Il primo consiste nel *supremo potere di comando* in un determinato territorio, che è tanto forte da non riconoscere nessun altro potere al di sopra di sé. Possono esistere molteplici centri di potere all'interno dello Stato, ma nessuno è pari o superiore ad esso. Il secondo aspetto consiste nell'*indipendenza* dello Stato rispetto a qualsiasi altro Stato. I due aspetti sono strettamente intrecciati: lo Stato non potrebbe vantare il monopolio della forza legittima e quindi il supremo potere di comando su un dato territorio se non fosse indipendente da altri Stati.

2. Sovranità e organizzazione internazionale

Tradizionalmente la sovranità "esterna" non riconosceva altri limiti se non quelli di volta in volta scaturenti da accordi tra gli Stati (i "Trattati" del diritto internazionale). Dopo la seconda guerra mondiale si è sviluppato un processo di limitazione giuridica della sovranità "esterna" degli Stati, con la finalità principale di garantire la pace e tutelare i diritti umani. Il processo è stato avviato con il trattato istitutivo dell'**Organizzazione delle Nazioni Unite** (ONU), approvato a San Francisco il 26 giugno 1945, che ha come finalità principale il mantenimento della pace e della sicurezza internazionale; poi con la ***Dichiarazione universale dei diritti dell'uomo*** approvata il 10 dicembre 1948 dall'Assemblea generale delle Nazioni Unite. Tuttavia anche l'ONU, come afferma il trattato istitutivo, "*è fondata sul principio della sovrana eguaglianza di tutti i suoi membri*" e pertanto vieta l'ingerenza nelle questioni interne di ciascuno Stato.

La limitazione della sovranità statale diventa invece molto più evidente ed intensa con la creazione in Europa di **Organizzazioni sovranazionali**; cioè con l'istituzione della *Comunità economica europea* (CEE, istituita nel 1957) e con i suoi sviluppi successivi (→ § II).

3. La cittadinanza

La **cittadinanza** è uno *status* cui la Costituzione riconnette una serie di *diritti* e di *doveri*. Essa è condizione per l'esercizio dei diritti connessi alla titolarità della sovranità da parte del popolo, tra cui in particolare i diritti "politici" (→ § X.13), come l'elettorato "attivo" e "passivo" (→ § III.1.1), ma è anche fondamento di alcuni doveri costituzionali, espressione della solidarietà che esiste tra i componenti di un unico popolo (dovere di difendere la Patria, concorrere alle spese pubbliche in ragione delle proprie capacità contributive, fedeltà alla Repubblica e osservanza della Costituzione e delle leggi: → § X.14). La Costituzione italiana stabilisce che nessuno può essere privato della cittadinanza per motivi politici (art. 22, che vieta altresì di privare una persona, sempre per motivi politici, della capacità giuridica e del nome). Ma i modi in cui la cittadinanza può essere acquistata, perduta e riacquistata sono disciplinati dalla legge (attualmente la legge 91/1992 ed il relativo regolamento di esecuzione adottato con d.P.R. 572/1993, ora modificati in senso restrittivo dalla legge 94/2009).

✓ COME SI ACQUISTA, SI PERDE E SI RIACQUISTA LA CITTADINANZA ITALIANA

La cittadinanza italiana viene acquistata:

A) con *la nascita* per:

– *ius sanguinis*, ossia acquista la cittadinanza il figlio, anche adottivo, di padre o madre in possesso della cittadinanza italiana, qualunque sia il luogo di nascita;

– *ius soli*, ossia acquista la cittadinanza colui che è nato in Italia da genitori ignoti o *apolidi* (cioè privi di qualunque cittadinanza), o che, nato in Italia da cittadini stranieri, non ottenga la cittadinanza dei genitori sulla base delle leggi degli Stati cui questi appartengono;

B) lo straniero nato in Italia, che vi abbia risieduto legalmente senza interruzioni fino al raggiungimento della maggiore età, diviene cittadino se entro un anno dichiara di voler acquistare la cittadinanza italiana;

C) su istanza dell'interessato (gravata dal pagamento di un "contributo" di 200 euro), rivolta al sindaco del Comune di residenza o all'autorità consolare, e in particolare:

– dal coniuge, straniero o apolide, di un cittadino o cittadina italiani qualora ricorrano determinate condizioni (che dopo il matrimonio risieda in Italia per almeno due anni o che siano decorsi almeno tre anni dalla data del matrimonio e in costanza del medesimo: i termini sono dimezzati in presenza di figli);

– dallo straniero che possa vantare un genitore o un ascendente in linea retta di secondo grado che sia cittadino italiano per nascita;

– dallo straniero, che abbia raggiunto la maggiore età, adottato da cittadino italiano e residente nel territorio nazionale da almeno cinque anni successivi all'adozione;

– dallo straniero che ha prestato servizio alle dipendenze dello Stato per almeno cinque anni;

– dal cittadino di uno degli Stati membri della UE, dopo almeno quattro anni di residenza nel territorio della Repubblica;

– dall'apolide dopo almeno cinque anni di residenza;

– dallo straniero, dopo almeno dieci anni di regolare residenza in Italia.

La medesima legge disciplina i casi di *perdita della cittadinanza,* che può avvenire o *per rinunzia* oppure *automaticamente* in presenza di certe condizioni. Nella prima ipotesi rientra, in particolare, il caso del cittadino che possieda, acquisti o riacquisti una cittadinanza straniera, qualora risieda o abbia deciso di stabilire la propria residenza all'estero. Nella seconda ipotesi rientra il caso del cittadino che svolgendo funzioni alle dipendenze di uno Stato estero, intenda conservare questa posizione nonostante l'intimazione del Governo italiano a cessare tale rapporto di dipendenza. La cittadinanza perduta può essere riacquistata quando ricorrano alcune condizioni, fissate dalla legge 91/1992.

4. La cittadinanza dell'Unione europea

Con l'integrazione europea il rapporto tra lo Stato ed i propri cittadini cessa di avere quel carattere di esclusività che aveva in passato. Il Trattato sull'Unione europea del 1992 (noto come Trattato di Maastricht) ha introdotto l'istituto della **cittadinanza dell'Unione** (artt. 20-25 TFUE). Presupposto della cittadinanza dell'Unione è la cittadinanza di uno Stato membro. La cittadinanza dell'Unione "*completa la cittadinanza nazionale e non la sostituisce*" (art. 20 TFUE). I diritti di cittadinanza devono essere integrati attraverso il riferimento a quel complesso di situazioni soggettive che sorgono in base al Trattato UE e alle relative norme di attuazione. Tant'è che il cittadino dell'Unione, oltre a poter agire in giudizio davanti agli organi di giustizia dell'Unione, può agire nei confronti dello Stato di cui possiede la cittadinanza per far valere i diritti che gli spettano in forza della cittadinanza comunitaria.

In particolare, queste situazioni soggettive comprendono: "*il diritto di circolare e di soggiornare liberamente nel territorio degli Stati membri, fatte salve le limitazioni e le condizioni previste dal presente Trattato e dalle disposizioni adottate in applicazione di esso*" (art. 21 TFUE); la possibilità di godere della "*tutela da parte delle autorità diplomatiche e consolari di qualsiasi Stato membro, alle stesse condizioni dei cittadini di detto Stato*", qualora lo Stato di nazionalità non sia "rappresentato" nello Stato terzo (art. 23 TFUE); il diritto di petizione al Parlamento europeo ed il diritto di rivolgersi al mediatore europeo (art. 24 TFUE).

Ma l'aspetto più importante della disciplina in esame è l'attribuzione al cittadino dell'Unione del diritto di *elettorato attivo e passivo* (→ § III.1.1) "*alle elezioni comunali nello Stato membro in cui risiede*", nonché alle "*elezioni del parlamento europeo nello Stato membro in cui risiede*" (art. 22 TFUE). In entrambi i casi il diritto di elettorato viene riconosciuto al cittadino dell'Unione alle stesse condizioni dei cittadini dello Stato in cui risiede.

Inoltre, l'Unione si impegna a rispettare i diritti fondamentali quali sono sanciti dalla **Convenzione europea per la salvaguardia dei diritti dell'uomo e del cittadino** (→ § X.4) e quali risultano dalle "*tradizioni costituzionali comuni agli Stati membri, in quanto principi generali del diritto comunitario*" (art. 6 TUE). Il sistema è completato da un apparato di garanzie: ogni persona può adire la Corte di giustizia, con riguardo ad atti delle istituzioni comunitarie che considera contrari ai diritti fondamentali.

✓ DALLO STATO-NAZIONE ALLE SOCIETÀ MULTICULTURALI

La cittadinanza nel processo di costruzione dello Stato ha avuto un ruolo fondamentale, esprimendo il legame stabile, che affondava le sue radici in una storia ed in una cultura comuni, tra un gruppo di persone e lo Stato, da cui il diritto faceva discendere uno *status* particolare, costituito da un complesso di situazioni soggettive attive e passive. Da qui derivava la distinzione tra i cittadini e gli **stranieri**, che non potevano vantare nel territorio dello Stato il complesso di diritti propri dei cittadini. Oggi, però, la distinzione è in crisi. Già si è visto come i cittadini dell'Unione europea possono vantare una serie di diritti anche nei confronti degli Stati membri dell'Unione diversi da quello di cui hanno la cittadinanza nazionale. Devono aggiungersi le conseguenze che sulla materia in esame derivano per effetto degli afflussi migratori di massa nei Paesi più ricchi e liberi, dell'utilizzazione di stranieri extracomunitari in diverse attività economiche, del sostanziale stabilirsi in tali Paesi di singoli e di intere famiglie provenienti da altri Paesi e da differenti civiltà. Pertanto, alla distinzione tra cittadini e stranieri tende a subentrare un'altra, basata sulla nozione più lata di "residente" (→ § XI.3.1).
Anche attraverso il riconoscimento di tali diritti agli stranieri residenti si intende fornire una risposta ai problemi sollevati dall'affermazione delle **società multiculturali**, per cui nell'ambito del territorio dello Stato si trovano a coesistere gruppi con diverse provenienze geografiche, differenti tradizioni culturali e religiose, insomma appartenenti a civiltà diverse. La coesistenza pacifica di tali gruppi oggi difficilmente può avvenire attraverso l'assimilazione alla cultura comune ai cittadini dello Stato e, perciò, sembra richiedere la garanzia del mantenimento della rispettiva identità culturale e l'equiparazione ai cittadini nel godimento di un nucleo fondamentale di diritti. In questo modo si garantisce la permanenza delle identità particolari, a condizione, però, che queste non pretendano di trasformarsi in un assoluto imponendosi, cioè, alle altre identità culturali. Tutto ciò rinvia al valore fondamentale che nelle odierne democrazie pluraliste assume il *principio di tolleranza*.

5. Lo Stato come apparato

Lo Stato si differenzia da altre organizzazioni politiche che pure hanno realizzato il monopolio della forza legittima in un determinato territorio (come, per esempio, i Comuni italiani del XIV secolo), per la presenza di *un apparato organizzativo servito da una burocrazia professionale*. L'organizzazione è *stabile* nel tempo ed ha carattere *impersonale* perché esiste e funziona sulla base di *regole predefinite*.

La complessa attività dell'apparato è scomposta, secondo diversi criteri, in numerosi compiti minori, ciascuno dei quali è esercitato da strutture minori. In questo modo si traduce nell'organizzazione statale il più generale principio di divisione del lavoro. Naturalmente, l'apparato organizzativo e le strutture che lo compongono sono azionati da uomini, ma questi operano nei limiti delle competenze assegnate e di procedure prestabilite. Tutto ciò comporta che l'esistenza dell'apparato prescinde dalle concrete persone fisiche che lo fanno funzionare.

Una persona, quindi, può essere sostituita con un'altra, purché questa abbia l'addestramento specificamente richiesto per lo svolgimento dei compiti particolari che dovrà adempiere. Poiché l'apparato esiste indipendentemente dalle persone che lo fanno funzionare, esso ha carattere impersonale.

Il funzionamento dell'apparato presuppone la presenza di una **burocrazia** professionale. Quest'ultima è formata di soggetti che "per vivere" prestano la loro opera professionale a favore dello Stato, eseguendo compiti amministrativi nel rispetto di determinate regole tecniche.

L'apparato statale civile e militare nello Stato assoluto era alle dipendenze della corona, che concentrava la titolarità delle funzioni pubbliche; dopo l'avvento dello Stato liberale, le funzioni pubbliche furono divise tra più organi di vertice da cui, sia pure secondo modalità diverse, dipendeva l'apparato con la sua burocrazia. In ogni caso, le dimensioni dell'apparato sono cresciute progressivamente, anche perché alla burocrazia statale si sono affiancate altre burocrazie pubbliche preposte ad enti diversi dallo Stato (come i Comuni), fino ad arrivare alla situazione attuale. Oggi le burocrazie degli apparati pubblici dei maggiori Paesi variano fra i tre ed i sei milioni di persone e hanno spese complessive che sovente sono pari alla metà del prodotto interno lordo (cioè della complessiva produzione di beni e servizi del Paese).

✓ LE DIMENSIONI DELL'APPARATO STATALE

Per renderci conto delle dimensioni dell'apparato statale è utile richiamare qualche dato numerico. Sull'effettiva consistenza della burocrazia italiana dopo l'unificazione non esistono dati assolutamente certi. Secondo le stime più attendibili, dai 2.859 posti in organico del 1861 si sarebbe passati agli 11.407 del 1876. Verso la fine del secolo l'Italia, con una popolazione di 31 milioni di abitanti, contava 90.618 dipendenti pubblici. Nello stesso anno, la Francia, con 38 milioni e mezzo di abitanti, aveva 416.000 dipendenti, l'Austria-Ungheria, con 41 milioni e 300 mila abitanti, 63.535 dipendenti, il Belgio, con 31 milioni di abitanti, aveva 47.880 dipendenti. Perciò in Italia i dipendenti pubblici rappresentavano il 3 per mille della popolazione contro l'11 della Francia e l'8 del Belgio. Naturalmente le dimensioni della burocrazia sono cresciute con l'incremento dei compiti dello Stato. Nel 1991 gli addetti al settore pubblico in Italia ammontavano a 4,2 milioni di persone, e quindi il numero di addetti per ogni 100 abitanti era pari a 6,5. In Francia ed in Gran Bretagna questo rapporto era pari rispettivamente a 8,8 e 9,2.

6. LO STATO COME PERSONA GIURIDICA

La nozione di **persona giuridica** è centrale nel sistema giuridico. È il soggetto cui l'ordinamento attribuisce *la capacità di agire in modo giuridicamente rilevante e di costituire centri di imputazione di effetti giuridici*. Infatti, oltre alle persone fisiche, l'ordinamento giuridico può attribuire la "soggettività giuridica" a entità immateriali. Le persone giuridiche non sono altro che figure soggettive immateriali tendenzialmente equiparate, quanto alla capacità d'imputazione giuridica, alle persone fisiche. Le associazioni riconosciute e le società commerciali sono esempi a tutti noti di persone giuridiche. Esse sono disciplinate dal diritto privato (artt. 1-42 cod. civ.). Ma vi sono poi persone giuridiche disciplinate dal diritto pubblico, cioè da apposite leggi che istituiscono **enti pubblici** a cui è affidata la cura di particolari interessi pubblici.

✓ STATO ORDINAMENTO, STATO PERSONA, STATO COMUNITÀ ... NOZIONI!

Nel linguaggio tecnico è comune l'uso di qualificazioni diverse del termine "Stato" per evidenziare alcuni diversi profili. Spesso sono qualificazioni che assumono un significato preciso solo nel contesto teorico in cui si collocano. Usuale però è la contrapposizione tra **Stato persona** e **Stato comunità**. Il primo termine è usato per indicare l'apparato dello Stato, l'organizzazione del potere pubblico, i soggetti che governano: perciò si usano anche espressioni sostanzialmente equivalenti (e talvolta meno popolari) come *Stato apparato, Stato Governo, Stato ente, Stato soggetto* o *Stato in senso stretto*. Il secondo termine indica invece l'intera organizzazione sociale, la società civile pluralistica dotata di propri ordinamenti, di proprie organizzazioni, di autonomia: per cui si usano anche espressioni come *Stato collettività, Stato nazione* ecc. Infine si usa l'espressione **Stato ordinamento** per lo più per indicare l'insieme dei due fenomeni, la somma dello Stato persona e dello Stato comunità.

Anche oggi spesso si dice che lo Stato (per esempio, lo Stato italiano) ha la personalità giuridica. Ma si tratta di un'affermazione che non corrisponde alla realtà. Infatti, giuridicamente lo Stato non agisce mai unitariamente, come avviene invece per altri enti (per esempio, il Comune). Nelle liti, attive e passive, parte in giudizio non è mai lo Stato, bensì un certo ministro, o il prefetto, o il dirigente, o un'altra parte dell'apparato. Anche i rapporti di diritto sostanziale intercorrono tra un determinato soggetto (per esempio, un privato o un altro ente pubblico) e una parte dell'apparato che prende il nome di "organo". Così pure la responsabilità civile riguarderà sempre un determinato organo, piuttosto che lo Stato in quanto tale. Perciò, se si vuole descrivere la realtà correttamente, non resta altro che definire lo Stato come "*un'organizzazione disaggregata*", cioè come "*un congiunto organizzato di amministrazioni diverse*" (M.S. Giannini).

7. Gli enti pubblici

Infatti lo Stato non esaurisce il mondo dei "pubblici poteri". Accanto allo Stato esistono numerosi e diversi enti pubblici, come le Regioni, le Province, i Comuni, dotati di personalità giuridica. In termini onnicomprensivi, gli **enti pubblici** possono essere definiti come *quegli apparati costituiti dalle comunità per il perseguimento dei propri fini, i quali sono riconosciuti come persone giuridiche o comunque come soggetti giuridici*. Essi sono tenuti distinti rispetto alle persone giuridiche private (come le associazioni riconosciute, le fondazioni, le società, tutte regolate dal codice civile), le quali sono strumenti offerti all'autonomia privata delle persone fisiche per meglio perseguire i propri interessi leciti, quali che siano. Invece, gli enti pubblici sono istituiti per il soddisfacimento degli *interessi ritenuti comuni ad una determinata comunità*, cioè degli **interessi pubblici** (per esempio, la comunità territoriale locale espressa nell'ente Comune).

Nello Stato contemporaneo coesistono numerosissimi interessi pubblici, spesso tra loro in conflitto (come può essere il caso dell'interesse allo sviluppo industriale e di quello alla tutela ambientale, che attualmente in Italia fanno capo a distinti ministeri), per cui si parla di *eterogeneità degli interessi pubblici*. Inoltre viene riconosciuta l'**autonomia politica** delle comunità locali (artt. 5 e 114 Cost.), per cui sono istituiti alcuni enti rappresentativi delle collettività territoriali (Regioni, Comuni, Province). I loro organi sono eletti direttamente dai cittadini e possono esprimere maggioranze e indirizzi politici diversi da quelli dello Stato, con l'osservanza dei limiti previsti dalla Costituzione. Questi enti territoriali assumono un rilievo crescente, non solo per il loro numero (in Italia esistono venti Regioni oltre cento Province e più di ottomila Comuni), ma per l'ampiezza delle loro funzioni. Nelle organizzazioni pubbliche contemporanee esistono anche molti altri tipi di enti, istituiti per soddisfare interessi pubblici, che non sono espressioni di collettività territoriali: gli enti pubblici non territoriali, gli enti pubblici economici, le autorità amministrative indipendenti, ecc.

8. L'EVOLUZIONE DELLE FORME DI STATO

Lo Stato assoluto è la prima forma dello Stato moderno. Esso nacque in Europa tra il quattrocento ed il cinquecento e si affermò nei due secoli successivi: si caratterizzava per l'esistenza di un apparato autoritario separato e distinto dalla società e per l'affermazione di un *potere sovrano* attribuito interamente al **Re**, o meglio alla **Corona**. Questa si distingueva dal Re perché non era una persona fisica ma un *organo* dello Stato, dotato quindi dei requisiti dell'impersonalità e della continuità garantiti da precise leggi di successione che impedivano la vacanza del trono.

Lo **Stato assoluto** è quel modello di Stato in cui il potere sovrano è *concentrato* nelle mani della Corona, che perciò era titolare sia della funzione legislativa che di quella esecutiva, mentre il potere giudiziario era esercitato da Corti e Tribunali formati da giudici nominati dal Re. La volontà del Re era la fonte primaria del diritto e, quindi, ciò che egli voleva aveva efficacia di legge (*quod principi placuit legis habet vigorem*). Il suo potere assoluto non incontrava limiti legali (il Re era *legibus solutus*), né poteva essere condizionato dai desideri dei sudditi. Ciò perché il potere regio non derivava da scelte umane, ma era ritenuto di origine divina.

Lo **Stato liberale** è una forma di stato che nasce tra la fine del settecento e la prima metà dell'ottocento, a seguito della crisi dello Stato assoluto, dello sviluppo del modo di produzione capitalistico e dell'affermazione della borghesia. I *caratteri strutturali* che definiscono la forma di stato liberale sono caratterizzati:

a) da una *finalità* politico costituzionale *garantistica*. Lo Stato è considerato uno *strumento per la tutela delle libertà e dei diritti degli individui*, in primo luogo del diritto di proprietà;

b) dalla concezione dello *Stato minimo*. Se lo scopo dello Stato liberale è esclusivamente quello di garantire i diritti, allora deve trattarsi di uno *Stato limitato*, titolare cioè solamente di quelle funzioni necessarie all'adempimento della finalità garantistica (in particolare, le funzioni giurisdizionale, di tutela dell'ordine pubblico, di difesa militare, di politica estera, di emissione della moneta). Uno Stato quindi che, a differenza dello Stato assoluto, si astiene dall'intervenire nella sfera economica, affidata alle relazioni ed alle autoregolazioni dei soggetti privati. Nei suoi programmi rientrano perciò un basso livello di tassazione (corrispondente alla limitata attività degli apparati pubblici) e il pareggio di bilancio (lo Stato deve evitare di intraprendere sono investimenti tali da comportare un massiccio ricorso all'indebitamento);

c) dal *principio di libertà individuale*. Lo Stato riconosce e tutela la libertà personale, la proprietà privata, la libertà contrattuale, la libertà di pensiero e di stampa, la libertà religiosa, la libertà di domicilio, ma si tratta di libertà riferite esclusivamente all'*individuo*. Lo Stato liberale, pertanto, si contrappone agli assetti giuridici di origine feudale, sopravvissuti in larga parte anche durante l'assolutismo, i quali conoscevano dei *corpi intermedi* (le corporazioni professionali, i ceti, come la nobiltà e il clero) che assorbivano l'individuo e dai quali dipendeva gran parte dei diritti dei singoli. Invece, il pieno sviluppo dei traffici commerciali e l'autonomia che si intende garantire al singolo individuo, fanno sì che lo Stato liberale escluda qualsiasi diaframma tra sé ed i singoli cittadini, definendo un sistema giuridico che presuppone una società formata da individui eguali di fronte alla legge;

d) dalla *separazione dei poteri*. Lo Stato liberale affida la tutela dei diritti individuali ad una peculiare tecnica di organizzazione, cioè la *separazione dei poteri*. Il potere politico viene cioè suddiviso tra soggetti istituzionali diversi, che si controllano reciprocamente;

e) dal *principio di legalità*. La tutela dei diritti è affidata inoltre alla *legge*. La sua caratterizzazione come *Stato di diritto* significa, infatti, che ogni limitazione della sfera di libertà riconosciuta a ciascun individuo deve avvenire per mezzo della legge. Tutta l'attività dei pubblici poteri deve essere fondata su una previa autorizzazione legislativa e non esistono potestà pubbliche che non siano espressamente previste dalla legge;

✓ "STATO LIBERALE" E "STATO DI DIRITTO"

Stato liberale e *Stato di diritto* sono due espressioni che spesso si confondono, e non senza ragione: essi infatti sono nati assieme, figli della stessa ideologia. Ma quando si parla di "*Stato liberale*" si fa riferimento proprio alla ideologia "liberista" e individualista, all'idea dello Stato minimo che si limita a garantire le condizioni di pace e di sicurezza entro le quali si può liberamente svolgere l'iniziativa dei privati. Lo **Stato di diritto**, invece, è concetto più giuridico: esso si basa su alcuni pilastri necessari (la separazione dei poteri, il principio di legalità, la tutela dei diritti, il principio di eguaglianza) i quali possono adattarsi anche ad uno Stato che non aderisce alla ideologia liberale. Infatti, anche i moderni *Stati sociali* si riconoscono come *Stati di diritto*, pur avendo superato e rinnegato i tratti più marcatamente ideologici dello Stato liberale e il suo ristretto modo di intendere il principio di rappresentanza.

f) dal *principio rappresentativo*. Anche nello Stato assoluto erano sopravvissuti i parlamenti medievali, ma questi rappresentavano dei corpi collettivi distinti e contrapposti (come la nobiltà, il clero, o determinate città); viceversa, le assemblee legislative dello Stato liberale rappresentano l'intera "nazione" o l'intero "popolo", come entità complessiva. Pertanto, i singoli parlamentari devono agire liberi da mandati vincolanti da parte del rispettivo collegio elettorale (si parla, perciò, di "*divieto di man-*

dato imperativo"). Ma i rappresentanti vengono comunque eletti da un corpo elettorale assai ristretto, essenzialmente circoscritto alla classe borghese. Di conseguenza, esiste una forte omogeneità sociale e culturale tra i rappresentanti, autori della legge, ed i soggetti cui la legge si applica. Tale omogeneità costituisce la principale garanzia che la legge abbia effettivamente contenuti tali da renderla strumento di garanzia della proprietà e delle altre libertà individuali.

Lo **Stato di democrazia pluralista** si afferma a seguito di un lungo processo di trasformazione dello Stato liberale, che porta all'allargamento della sua base sociale. Lo Stato monoclasse si trasforma così in uno **Stato pluriclasse**: l'elemento determinante per l'approdo a questa forma di stato è da ravvisare nel processo di allargamento dell'elettorato attivo, che è culminato nel *suffragio universale*.

✓ LA PROGRESSIVA ESTENSIONE DEL DIRITTO DI VOTO

Il diritto di voto, che nello Stato liberale era limitato a pochi, sulla base del censo e della cultura, è stato esteso progressivamente, attraverso una serie di tappe intermedie. Così, per esempio, nel Regno Unito, il processo ebbe inizio nel 1832 (con il *Representation of the People Act*) e, dopo varie altre riforme (in particolare, nel 1867 e nel 1884), ebbe una spinta decisiva nel 1919 con l'introduzione del suffragio universale e raggiunse il suo culmine nel 1969, allorché il diritto elettorale venne attribuito al compimento del diciottesimo anno di età. In Italia un primo incremento notevole dell'elettorato si realizzò con la riforma del 1882 (gli elettori arrivarono a rappresentare il 6,9% della popolazione), ma fu solo nel 1912 che si introdusse il suffragio "quasi universale", perché il diritto di voto era accordato a tutti i cittadini maschi che avessero compiuto ventun anni e sapessero leggere e scrivere, o avessero prestato servizio militare per un certo tempo (questa riforma portò l'elettorato a rappresentare il 23,2% della popolazione, con un aumento di oltre cinque milioni di persone). Bisognò aspettare il 1946 per estendere il diritto di voto anche alle donne, mentre nel 1975 l'età al raggiungimento della quale il diritto di voto viene attribuito è stata abbassata da ventuno a diciotto anni. Altri Paesi, come la Francia, la Germania e la Svizzera, già dal 1890 riconoscevano il suffragio universale maschile, ma le condizioni politiche di quei Paesi impedirono per lungo tempo che si realizzasse un reale ingresso delle masse popolari nella vita politica.

Ciò che conta nel passaggio dallo Stato liberale a quello di democrazia pluralista è che l'ampliamento "quantitativo" della base elettorale ne provoca anche una profonda trasformazione "qualitativa". In particolare, tre trasformazioni hanno determinato il modo di essere dello Stato di democrazia pluralista:

– l'affermazione dei partiti di massa, che organizzano la partecipazione politica di milioni di elettori;
– la configurazione degli organi elettivi come luogo di confronto e di scontro di interessi eterogenei;
– il riconoscimento, insieme ai diritti di libertà già garantiti dallo Stato liberale, di **diritti sociali** come strumenti di integrazione nello Stato dei gruppi sociali più svantaggiati;
– l'estensione dell'amministrazione pubblica, alla quale è affidato il compito di organizzazione le prestazioni sociali e i relativi servizi, tipici dello **Stato sociale**.

9. Stato unitario, Stato federale, Stato regionale

I modelli di organizzazione dello Stato contemporaneo nei suoi rapporti con le collettività locali sono diversi. Si suole distinguere tra **Stato unitario** e **Stato composto**: nel primo, il potere è attribuito al solo Stato centrale o comunque a soggetti periferici da esso dipendenti (in questo caso si parla di **decentramento amministrativo** o burocratico, perché i soggetti periferici fanno parte dell'organizzazione statale); nel secondo, il potere è distribuito tra lo Stato centrale ed enti territoriali da esso distinti, che sono titolari del potere di indirizzo politico e delle funzioni legislativa e amministrativa in determinate materie, ed agiscono mediante organi rappresentativi che sono espressione delle popolazioni locali (in tal caso si parla di **decentramento politico**).

Lo Stato unitario ha caratterizzato a lungo l'esperienza europea (con le rilevanti eccezioni della Germania e della Svizzera), mentre quel tipo di Stato composto che è lo Stato federale ha caratterizzato l'esperienza degli Stati Uniti d'America. Da alcuni anni, però, anche in Europa ha avuto successo lo Stato composto, nelle sue due varianti di: 1) *Stato federale*; 2) *Stato regionale*.

Numerosi sono gli esempi di Stati qualificati come federali, sicché è molto difficile costruire un modello unitario. Ad ogni modo, di regola, i caratteri tipici dello **Stato federale** vengono individuati nel modo seguente:

a) l'esistenza di un ordinamento statale federale, dotato di una Costituzione scritta e rigida, e di alcuni enti politici territoriali dotati di proprie Costituzioni (tali enti hanno denominazioni diverse: Stati membri in USA, Brasile, Messico, Australia; Länder in Germania e Austria; Province in Canada e Argentina; Regioni in Belgio);

b) la previsione da parte della *Costituzione federale di una ripartizione di competenze tra Stato centrale e Stati membri* con riguardo alle tre tradizionali funzioni (legislativa, esecutiva e giurisdizionale), con la conseguenza che, per modificare questa ripartizione, deve essere seguito il procedimento di revisione costituzionale;

c) l'esistenza di un *Parlamento bicamerale, in cui cioè esiste una Camera rappresentativa degli Stati membri* (la quale è variamente denominata: *Senato* negli USA ed in Australia, Canada, Argentina, Brasile, Messico e Belgio; *Consiglio federale* in Austria e Germania);

d) la partecipazione degli Stati membri al procedimento di revisione costituzionale, che può essere diretta ovvero indiretta tramite la partecipazione allo stesso procedimento della seconda Camera; la presenza di una Corte costituzionale in grado di risolvere i conflitti tra Stato federale e Stati membri.

✓ L'ORIGINE STORICA DEGLI STATI FEDERALI

Gli esempi storici più importanti di Stati federali sono nati da un processo di associazione di Stati inizialmente indipendenti. Il primo passo di questo processo è, di regola, costituito dalla nascita di una **Confederazione di Stati** (Stati Uniti 1777-1787, Svizzera 1815-1848, Germania 1815-1867). Con questa espressione si indica una forma di aggregazione tra Stati indipendenti e sovrani, per far fronte a comuni esigenze di carattere militare ed economico, la quale non dà vita ad uno Stato nuovo, in quanto si fonda su un trattato di diritto internazionale concluso tra gli Stati e non su una nuova Costituzione. Come si osservava, in molti casi la Confederazione si è trasformata in Stato federale

(USA, 1787; Svizzera 1848; Federazione tedesca del nord e Impero tedesco 1871). Non mancano però gli esempi di processi inversi, per cui dalla dissoluzione dello Stato unitario è nato uno Stato federale (Austria 1920; Germania 1949; Belgio, che si è trasformato nel 1970-71 in Stato regionale e nel 1994 in Stato federale).

Lo **Stato regionale**, di regola, è distinto da quello federale, nell'ampio genere dello Stato composto, per i seguenti caratteri:

a) la presenza di una Costituzione statale che riconosce e garantisce l'esistenza di **enti pubblici territoriali** dotati di autonomia politica, cioè capaci di darsi un proprio indirizzo politico, sia pure nell'ambito dei limiti posti dalla Costituzione (*Regioni* in Italia, *Comunità autonome* in Spagna), e dotati di propri statuti (ma non di una propria Costituzione);

b) l'attribuzione costituzionale alle Regioni di competenze legislative e amministrative; una partecipazione assai limitata all'esercizio di funzioni statali ed in particolare a quella di revisione costituzionale; la mancanza di una seconda Camera rappresentativa delle Regioni; l'attribuzione ad una Corte costituzionale del compito di risolvere i conflitti tra Stato e Regioni, assicurando comunque la preminenza dell'interesse nazionale, ove se ne accerti l'esistenza, anche nelle materie di competenza regionale.

In realtà, la distinzione tra Stato federale e Stato regionale, nella concreta esperienza costituzionale, è difficile da tracciare; infatti, l'utilità della distinzione è contestata da una parte della dottrina costituzionalista. La distinzione fondamentale, perciò, resta quella tra Stato unitario e Stato composto e tra Stati a forte decentramento politico e Stati a decentramento politico limitato.

Altra distinzione che è molto importante per comprendere il funzionamento di uno Stato composto è quella tra **federalismo duale** e **federalismo cooperativo**: il primo, tipico dell'esperienza liberale, vede una forte divisione tra lo Stato federale e gli Stati membri, per cui ognuno opera nell'ambito delle sue attribuzioni senza interferenze con l'altro; viceversa il secondo, che si sviluppa con la crescita dei compiti dei poteri pubblici nelle democrazie pluraliste, si caratterizza per la presenza di interventi congiunti e coordinati nelle stesse materie da parte dello Stato centrale e degli stati membri (o delle Regioni).

10. La potestà pubblica

Lo Stato e gli enti pubblici, di regola, sono collocati dalle norme giuridiche in una posizione di *supremazia* rispetto ai soggetti privati. Per tale ragione gli effetti giuridici degli atti da essi compiuti, ed in primo luogo l'obbligo di osservarli, derivano esclusivamente dalla loro manifestazione di volontà, essendo irrilevante il consenso o il dissenso dell'interessato. Le leggi, i provvedimenti amministrativi e le sentenze producono effetti nei confronti dei loro destinatari, anche se questi non vi hanno prestato alcun consenso e persino se dissentono dal loro contenuto. Questo potere di determinare unilateralmente effetti giuridici nella sfera dei destinatari dell'atto, indipendentemente dal loro consenso (→ § VIII.2), prende il nome di **potestà pubblica** o di **potere di imperio**. Le potestà pubbliche però devono essere attribuite dalla legge e devono essere esercitate in modo conforme al modello legale. Al di fuori di quanto previsto espressamente dalla legge un'autorità pubblica non può esercitare alcuna potestà (**principio di legalità**).

Ben diversa è la posizione dei soggetti privati che, almeno in via tendenziale, sono collocati su un piano di parità giuridica e possono provvedere da sé e liberamente a disciplinare i propri rapporti, nel rispetto dei limiti stabiliti dalla legge (perciò si parla di **principio di autonomia privata**).

Occorre però aggiungere che attualmente lo Stato e gli altri enti pubblici sempre più frequentemente utilizzano istituti tipici del diritto privato per soddisfare interessi pubblici, con la conseguenza che, in questi casi, i rapporti instaurati con altri soggetti si svolgono su un *piano paritario*. Ciò avviene, per esempio, quando un Comune invece di espropriare un immobile lo acquista con un contratto di compravendita. In tanti altri casi, vengono utilizzati istituti propri del diritto privato per soddisfare un interesse pubblico, come quando un Comune per erogare un servizio pubblico locale (per esempio, lo smaltimento dei rifiuti urbani, la gestione di un parcheggio pubblico, i trasporti pubblici urbani, e così via) utilizza lo strumento della società per azioni.

✓ LA CADUTA DELLE ANTICHE DISTINZIONI: GLI ORGANISMI DI DIRITTO PUBBLICO

La tendenza a rendere sempre meno rilevante la distinzione tra soggetti privati ed enti pubblici è accentuata per effetto dell'influenza del diritto comunitario. Quest'ultimo, infatti, non conosce la distinzione tra le due categorie di soggetti, ma ha elaborato la nozione di **organismo di diritto pubblico**. Al diritto comunitario non interessano le varie qualificazioni giuridico-formali, diverse da paese a paese, che potrebbero essere d'ostacolo per il funzionamento del mercato unico: l'obiettivo è di evitare che il danaro pubblico finisca nelle casse di operatori privati senza che sia assicurata una gara pubblica e trasparente a cui le imprese di tutti i paesi comunitari possano partecipare su piano di parità. Non si vuole che le imprese nazionali siano avvantaggiate rispetto alle altre in relazione alle opere pubbliche e agli acquisti da parte degli apparati pubblici, che ammontano spesso ad importi molto grandi, poiché si potrebbe così gravemente distorcere la concorrenza e il mercato, alla pari di qualsiasi altro aiuto o privilegio che lo Stato volesse dare alle proprie imprese. La nozione di "organismo di diritto pubblico" assicura che anche ad enti che formalmente non fanno parte della pubblica amministrazione vengono applicate le direttive in materia di appalti pubblici, se prendono soldi pubblici. Così, per esempio, una società per azioni (cioè un soggetto privato regolato dal codice civile), se è costituita da un Comune per l'erogazione di un servizio pubblico (come la distribuzione del gas o la raccolta dei rifiuti), rientra nella nozione comunitaria di "organismo di diritto pubblico" e pertanto, se intende affidare a terzi la realizzazione di un'opera pubblica o richiede a terzi la fornitura di beni o di servizi, dovrà rispettare le regole sugli appalti al pari di un ente pubblico (come il Comune, la Regione o un'amministrazione dello Stato). Ormai la nozione di organismo di diritto pubblico è stata accolta anche dal diritto italiano, ai fini dell'applicazione della propria normativa sugli appalti e di altre norme di diritto pubblico.

11. Uffici ed organi

Ognuno degli apparati minori in cui si articola l'organizzazione dello Stato e degli altri enti pubblici può essere configurato come una "macchina organizzativa" congegnata in modo tale da soddisfare gli interessi pubblici per la cui cura è stata creata. Perciò opera secondo regole prestabilite che delineano un particolare *disegno organizzativo*, rivolto allo svolgimento di determinati servizi, a ciascuno dei quali è preposta una o più persone, e che ha una sua assegnazione di beni strumentali e di risorse finanziarie. L'*unità strutturale elementare dell'organizzazione* si chiama **ufficio**. Il disegno organizzativo prefigura l'ufficio come un servizio prestato da persone, ma questo servizio è considerato in astratto, prescindendo dalle persone fisiche che vi sono concretamente preposte. Un ufficio potrebbe essere momentaneamente privo di titolare (si dice allora che c'è una "vacanza" dell'ufficio), ma non per questo l'ufficio scompare.

Naturalmente ciascun apparato, per adempiere i suoi compiti, deve poter instaurare rapporti giuridici con altri soggetti. A tal fine l'apparato deve servirsi di una particolare categoria di uffici che prendono il nome di **organi**. La dottrina giuridica ha lungamente dibattuto su cosa debba intendersi esattamente per organo, ma in questa sede può essere accolta la seguente definizione: "*l'organo è un ufficio particolarmente qualificato da una norma come idoneo ad esprimere la volontà della persona giuridica e ad imputarle l'atto e i relativi effetti*" (M.S. Giannini). La persona giuridica (l'*ente*) può avere parecchi *uffici*, di cui però solo alcuni (gli *organi* appunto) hanno la capacità giuridica di compiere atti giuridici (ossia, come si dice correttamente, a manifestare verso l'esterno la volontà dell'*ente*). Per esempio, un ministero è composto di centinaia di uffici cui sono preposte migliaia di persone: non tutti però possono manifestare la volontà dell'apparato compiendo atti che vengono giuridicamente imputati allo stesso. Solamente i titolari di pochi uffici sono abilitati dal diritto a fare questo, e tali uffici prendono appunto il nome di "organi". Così sarà un dirigente a stipulare contratti per il ministero, impegnandolo giuridicamente; a sua volta il dirigente avrà un ufficio di segreteria che però non potrà agire all'esterno imputando effetti giuridici al ministero. L'organo fa parte dell'organizzazione (ha un rapporto di "immedesimazione organica" con la persona giuridica), mentre la singola persona fisica che vi è preposta ha con la persona giuridica un particolare rapporto che si chiama rapporto di servizio, da cui scaturiscono diritti e doveri reciproci.

Degli organi si usano fare molte classificazioni. Tra le più importanti meritano di essere ricordate le seguenti. Una prima classificazione consente di distinguere gli **organi rappresentativi**, i cui titolari sono eletti direttamente dal corpo elettorale o che comunque sono istituzionalmente collegati ad organi elettivi (l'esempio più importante è costituito dal Parlamento), dagli **organi burocratici**, cui sono preposte persone che professionalmente prestano la loro attività in modo pressoché esclusivo a favore dello Stato o di altri enti pubblici, senza alcun rapporto con il corpo elettorale. Come si è visto, all'origine dello Stato vi era un'organizzazione di tipo burocratico che, solamente dopo la crisi delle monarchie assolute e la rivoluzione francese, è stata affiancata da un'organizzazione rappresentativa collegata al corpo elettorale.

Un'altra distinzione è quella tra **organi attivi, consultivi e di controllo**: i primi decidono per l'apparato di cui sono parte, e quindi assolvono un compito deliberativo; i secondi danno dei consigli (che si chiamano "*pareri*") ai primi sul modo in cui esercitare il loro potere decisionale; i terzi devono verificare la conformità alle norme (come si dice, la "*legittimità*"), ovvero la opportunità (cioè il "*merito*") di atti compiuti da altri organi. È opportuno aggiungere che i pareri espressi dagli organi consultivi si distinguono a loro volta in:

a) **parere facoltativo**, se l'organo deliberativo ha la facoltà di richiederlo, ma non l'obbligo;
b) **parere obbligatorio**, qualora essi debbono essere obbligatoriamente richiesti;
c) **parere vincolante**, che devono essere obbligatoriamente seguiti dall'organo che decide.

Il principio è che, se la legge non lo prevede espressamente, i pareri non sono vincolanti: perciò, salvo che la legge non dica il contrario, consentono all'organo che decide di agire in difformità dagli stessi, con l'unica conseguenza di un aggravio di motivazione.

12. Organi costituzionali

Tra gli organi i più rilevanti sono gli **organi costituzionali**. Questa categoria comprende gli organi dotati delle seguenti caratteristiche:

– sono *elementi necessari* dello Stato, nel senso che la mancanza di uno di essi determinerebbe l'arresto della complessiva attività statale;
– sono *elementi indefettibili* dello Stato, nel senso che non può aversi la loro soppressione o sostituzione con altri organi senza determinare un mutamento dello Stato (per es. se venisse soppresso il Parlamento cambierebbe radicalmente la forma del nostro Stato);
– la loro struttura di base è interamente dettata dalla Costituzione;
– ciascuno di essi si trova in *condizione di parità giuridica* con gli altri organi costituzionali (il che, ovviamente, non impedisce differenze, anche notevoli, di autorità politica).

In sintesi, si può affermare che gli organi costituzionali si differenziano dagli altri non soltanto per una diversità di funzioni, ma soprattutto per una differenza di posizione, poiché solo essi individuano lo Stato in un determinato momento storico.

13. L'amministrazione pubblica. Servizi e funzioni

L'attività amministrativa si distingue in **funzione pubblica** e **servizio pubblico**.
La prima si caratterizza per i poteri autoritativi, che si esercitano unilateralmente e producono conseguenze giuridiche nella sfera del destinatario indipendentemente dal

suo consenso. Classiche funzioni pubbliche sono quelle dirette alla difesa e alla tutela dell'ordine pubblico. La seconda si svolge senza l'uso di poteri autoritativi, anche se il relativo comportamento è adempimento di un obbligo imposto da una legge a tutela di interessi generali. Perciò, mentre il provvedimento con cui è espropriato un bene ad un privato o la multa per divieto di sosta costituiscono esercizio di funzione pubblica, l'attività di cura dei malati da parte delle Aziende sanitarie locali, oppure la raccolta dei rifiuti urbani in un Comune sono servizi pubblici.

Il concetto di "servizio pubblico" è complesso. Per la sua comprensione la dottrina si è in un primo tempo basata sulla concezione soggettiva, in base alla quale (semplificando) potevano considerarsi servizi pubblici tutte le prestazioni di attività assegnate alla responsabilità di un soggetto pubblico. In seguito questa impostazione è stata messa in discussione, specie di fronte alla forte crescita del ruolo dei soggetti privati quali erogatori di attività analoghe in forza di atti di "concessione del servizio". Si è così approdati ad una concezione "oggettiva" degli stessi servizi, che allargava il novero di questi a tutte le attività che in quanto tali rispondevano a interessi di carattere generale. In tal modo l'attenzione si è focalizzata sulla *natura dell'attività* e perdeva di rilievo la *natura del soggetto gestore*.

Nella prospettiva giuspubblicistica, nessuna delle due letture pare completamente soddisfacente. I servizi pubblici sembrano attività scomponibili in tre momenti:

a) in prima battuta occorre che le attività siano attribuite all'amministrazione direttamente dalla legge, o in base ad atti che la legge disciplina. Si pensi in questo senso rispettivamente alla legge istitutiva del servizio sanitario, che attribuisce le attività di prevenzione, diagnosi, cura e riabilitazione alle Usl, o all'atto del consiglio comunale che assume come proprio servizio il trasporto degli inabili al lavoro. Si tratta di atti di "*assunzione del servizio*", in forza dei quali essi entrano nella titolarità dell'amministrazione, la quale in tal modo è obbligata alla soddisfazione dei relativi bisogni;

b) l'erogazione delle attività è poi "programmata", nell'intento di giungere ad una definizione puntuale dei destinatari, delle condizioni e dei costi di erogazione delle prestazioni (con variabilità significativa, a secondo delle scelte di chi è di volta in volta competente, delle tariffe poste a carico dell'utenza). In questa seconda "fase" inoltre si definisce la forma di erogazione delle prestazioni;

c) infine vi è la fase dell'erogazione vera e propria che potrà essere posta direttamente in carico all'amministrazione pubblica, oppure affidata a soggetti esterni ad essa. In quest'ultimo caso si possono configurare modelli giuridici ed economici diversi, che vanno dalla concessione all'appalto di servizi (con conseguenti differenze nel regime delle responsabilità per le prestazioni offerte).

✓ CI SONO SERVIZI E SERVIZI ...

Il novero dei servizi pubblici, così estesosi negli ultimi decenni, ricomprende attività anche molto diverse tra loro, per cui, a fronte di una difficile definizione complessiva, gli studiosi si sono piuttosto indirizzati verso un'opera di classificazione dei servizi in ragione di diversi criteri. È però la legge a introdurre la distinzione forse più rilevante, e cioè quella tra **servizi pubblici a rilevanza economica** e **servizi privi di rilevanza economica**. La distinzione in realtà non si fonda esclusivamente sulla natura dell'attività "in sé" (ad es. lo smaltimento dei rifiuti, o il prestito di libri), ma prende forma anche in relazione alle scelte che si fanno in relazione alla sua erogazione. Due elementi assumono rilievo: il tipo di attività che si prefigura (per caratteristiche intrinseche, o dell'ambito territoriale, o del numero e tipo di utenti) di un certo tipo, e la forma di gestione la cui scelta è rimessa all'ente, che potrà adottare o meno, secondo i casi, forme e modalità di gestione tipiche dell'impresa.
È importante introdurre una precisazione. L'Unione europea, in ragione della sua connaturata tendenza a promuovere la libera circolazione di servizi, professioni e beni, e quindi la libera concorrenza, ha di fatto cercato di limitare i casi in cui determinate attività, potenzialmente idonee a stare sul mercato, fossero assunte dalle amministrazioni pubbliche come servizi pubblici e sottoposte a un regime comunque "speciale". Si è però riconosciuto (art. 106 TFUE) agli Stati membri la possibilità di operare la distinzione in ragione della "specifica missione" affidata ai gestori pubblici. In questo senso prende forme la differenza tra **liberalizzazione dei servizi** (o *privatizzazione sostanziale*), e cioè il ritorno di determinate attività nella piena autonomia degli operatori privati, e quindi sul mercato, dalla *privatizzazione formale*, che invece consiste nella scelta di un'amministrazione di gestire con *forme privatistiche* (per es. società per azioni) attività che sono già (e restano) servizi in mano pubblica. In quest'ultimo caso, per rispetto alle indicazioni comunitarie, si possono però introdurre regole di tipo concorrenziale per l'affidamento ai privati di alcune di queste attività.

II. L'UNIONE EUROPEA

1. Origini e sviluppi

La storia della Comunità europea inizia nel 1951, con la stipulazione del Trattato di Parigi che istituisce la CECA (Comunità europea del carbone e dell'acciaio). Con i Trattati di Roma del 1957 (entrati in vigore il 1° gennaio 1958) vengono istituite la CEE (Comunità economica europea) e l'Euratom (Comunità europea per l'energia atomica).

Nel 1965, con il Trattato di Bruxelles, gli organi esecutivi (il Consiglio e la Commissione) delle tre Comunità vengono fusi.

Nel 1976 viene decisa l'elezione diretta a suffragio universale del Parlamento europeo.

Nel 1987 entra in vigore l'Atto unico europeo, che segna una notevole espansione delle competenze formalmente attribuite alla Comunità europea (politica sociale, ambiente, coesione economica e sociale, ecc.) e procedure decisionali più agili.

Nel 1992 viene firmato il Trattato di Maastricht, entrato in vigore alla fine del 1993: la competenza della Comunità si estende ulteriormente nel campo della politica economica e della moneta e viene istituita l'**Unione europea**, che è un completamento delle comunità europee, integrate da due nuovi "pilastri", la politica estera e di sicurezza comune (PESC) e la cooperazione nei settori della giustizia e degli affari interni (GAI).

Dopo l'entrata in vigore (1° dicembre 2009) del Trattato di Lisbona (noto anche come Trattato di riforma), l'Unione europea ha definitivamente sostituito la Comunità europea.

Anche geograficamente la Comunità europea si era nel frattempo allargata. Al nucleo originale di sei Paesi (Italia, Francia, Germania, Belgio, Olanda, Lussemburgo), si sono aggiunti in seguito Regno Unito, Irlanda e Danimarca (1972), Grecia (1979), Spagna e Portogallo (1985), Austria, Finlandia e Svezia (1994), Polonia, Estonia, Lettonia, Lituania, Repubblica Ceca, Slovacchia, Ungheria, Slovenia, Cipro e Malta (2004), Romania e Bulgaria (2007), Croazia (2013), mentre è sempre più in dubbio l'ingresso futuro della Turchia. L'Unione contava ormai ventotto stati e quasi 500 milioni di cittadini, che parlano 23 lingue "ufficiali"; ma con il *referendum* del giugno 2016 il Regno Unito ha deciso per l'uscita dall'Unione europea, dando luogo a un processo lungo e complicato (c.d. ***Brexit***).

Le Comunità europee sono sorte con l'obiettivo di assicurare ai Paesi europei una pace duratura dopo gli sconvolgimenti delle due guerre mondiali scoppiate nel corso del novecento. Tale obiettivo andava raggiunto integrando le economie dei Paesi fondatori. Perciò le libertà previste dal Trattato di Roma erano finalizzate all'instaurazione di un mercato comune: le libertà di circolazione delle persone, dei beni, dei capitali e dei servizi. Successivamente, con la crescita dell'Europa politica – soprattutto dopo l'introduzione dell'elezione diretta del Parlamento Europeo – cominciò ad affermarsi la questione dei diritti dei cittadini europei, da far valere nei confronti del nuovo potere pubblico europeo. Il riconoscimento dei diritti fondamentali nell'ordinamento europeo è avvenuto per effetto della giurisprudenza della Corte di giustizia (vedi poi). Questa evoluzione dall'Europa del mercato all'Europa dei diritti, è stata codificata dall'art. 6 del Trattato dell'Unione: "*L'Unione rispetta i diritti fondamentali quali sono garantiti dalla Convenzione europea per la salvaguardia dei diritti dell'uomo e delle libertà fondamentali, firmata a Roma il 4 novembre 1950, e quali risultano dalle tradizioni costituzionali comuni degli Stati membri, in quanto principi generali del diritto comunitario*". Successivamente si è sviluppato un ampio dibattito sull'opportunità di tradurre i diritti di origine giurisprudenziale in diritti proclamati in un documento di natura costituzionale. L'obiettivo era non solo quello di consolidare la tutela di questi diritti, ma anche quello di realizzare una più profonda integrazione tra i cittadini dell'Unione europea, fondando quest'ultima su alcuni valori condivisi. Il primo risultato di questo dibattito è stata la proclamazione, in occasione del Consiglio europeo riunito a Nizza nel dicembre del 2000, della **Carta dei diritti dell'Unione europea**. Quest'ultima è articolata in sei "capi", ciascuno riconducibile ad un valore o principio fondamentale, dedicati rispettivamente a: *dignità umana, libertà, uguaglianza, solidarietà, cittadinanza, giustizia,* cui si aggiunge un "capo" sulle disposizioni generali. Sebbene la Carta formalmente non fosse inizialmente dotata di uno specifico valore giuridico, i giudici comunitari e quelli nazionali ne hanno utilizzato le clausole in alcune loro pronunce. Alla fine il Trattato di Lisbona le ha conferito piena efficacia giuridica.

2. Le competenze e i rapporti con gli Stati membri

Gli Stati membri (tra cui l'Italia) hanno trasferito all'Unione europea poteri rilevanti, attribuendo loro sia la competenza a produrre, in determinati ambiti, norme giuridiche – che sono efficaci e vincolanti per gli Stati e tendenzialmente prevalgono sul loro diritto interno, talora con effetti diretti per i cittadini degli Stati membri – nonché il potere di adottare, in certi campi (come la politica agricola e la politica monetaria), decisioni prima riservate agli Stati. In questo modo, poteri che tradizionalmente definivano il nucleo della sovranità – come il potere normativo ed il governo della moneta – sono stati trasferiti a organizzazioni sovranazionali.

Le competenze dell'UE sono solo quelle espressamente previste dai Trattati (**principio di attribuzione**, art. 5 TUE e art. 7 TFUE). Esse, pertanto, non hanno competenze generali, ma specifiche e funzionali al raggiungimento degli obiettivi espressamente fissati. Anche se – occorre aggiungere – esse riguardano campi rilevantissimi: libera circolazione delle merci, dei lavoratori, dei servizi e dei capitali nel mercato unico; disciplina della concorrenza; agricoltura; trasporti; politica economica e monetaria; occupazione; politica sociale, istruzione e formazione professionale; protezione dei consumatori; industria; ricerca e sviluppo tecnologico; tutela dell'ambiente, ecc.

Il principio di tassatività delle attribuzioni è parzialmente temperato in due casi: in primo luogo, la UE può esercitare i poteri necessari per realizzare gli scopi del Trattato, pur se questo non lo prevede espressamente (**principio di autointegrazione** del diritto comunitario, art. 352 TFUE); inoltre, alla UE si applica il **principio dei poteri impliciti**, elaborato dalla giurisprudenza della Corte di giustizia, per il quale l'attribuzione di una certa competenza comporta anche quella del potere di adottare tutte le misure necessarie per il suo esercizio efficace ed adeguato.

La UE, inoltre, deve fare uso solo dei mezzi strettamente necessari agli obiettivi da realizzare, ricorrendo a misure proporzionate ai risultati da raggiungere e non eccessive rispetto ad essi (**principio di proporzionalità**, art. 5 TUE). Nel caso di competenze concorrenti, attribuite, cioè, congiuntamente alla UE e agli Stati membri, l'intervento delle prime è ammesso solo se l'obiettivo dell'azione comunitaria non possa essere sufficientemente realizzato dagli Stati membri, e possa, invece, in relazione alle dimensioni o agli obiettivi dell'azione, essere meglio perseguito in ambito comunitario (**principio di sussidiarietà**, art. 5 TUE). Bisognerà, quindi, stabilire volta per volta quale livello sia più idoneo a perseguire gli obiettivi comunitari, preferendo quello in cui l'esercizio delle funzioni sia più efficace ed adeguato. L'azione comunitaria potrà, dunque, espandersi o restringersi, in relazione al variare delle circostanze concrete (carattere mobile o dinamico del principio di sussidiarietà).

✓ LA SUSSIDIARIETÀ FUNZIONA COME UN ASCENSORE

Bisogna stare attenti a non confondere il principio di sussidiarietà con quello di decentramento. Infatti, esso non comporta necessariamente il favore per la collocazione delle competenze al livello territoriale di governo più "basso", e perciò più "vicino" ai cittadini. La sussidiarietà richiede che la competenza, in relazione alla sua natura, sia collocata al livello territoriale dove possa essere esercitata nel modo migliore, cioè più efficiente, efficace ed adeguato alle finalità perseguite. Perciò si può osservare che il principio, a seconda delle caratteristiche della competenza presa in considerazione ovvero in relazione all'evolversi dei problemi e dei contesti socio-economici, può condurre talora a spostare verso l'alto (in altri casi verso il livello di governo più basso) l'esercizio dei poteri e delle competenze. Usando una metafora, potrebbe dirsi che la sussidiarietà funziona come un ascensore.

Il Trattato UE prevede, infine, che gli Stati coadiuvino le istituzioni europee nello svolgimento dei suoi compiti, adempiendo agli obblighi previsti ed evitando comportamenti che possono compromettere la realizzazione degli scopi comunitari (**principio di leale cooperazione**, art. 4.3 TUE).

3. L'ORGANIZZAZIONE

L'organizzazione comunitaria si articola in diversi organi:

a) il **Consiglio europeo** è l'organo di impulso politico, chiamato a definirne gli orientamenti politici generali, ma privo di poteri normativi propri (art. 15 TUE). È composto dai Capi di Stato o di Governo di ciascuno Stato membro e dal Presidente della Commissione. Il Presidente, che rappresenta l'UE all'esterno, è eletto a maggioranza qualificata, dura in carica due anni e mezzo e non può ricoprire cariche nazionali;

b) il **Consiglio** esercita, congiuntamente al Parlamento europeo, la funzione legislativa e la funzione di bilancio; coordina le politiche generali di tutti gli Stati membri (art. 16 TUE). È formato da un rappresentante di ogni Stato, componente del Governo, in relazione alla materia trattata, o in alcuni casi dai Capi di Stato o di Governo, ed è presieduto, a turno, da ciascuno dei suoi componenti, per un periodo di sei mesi. Le deliberazioni del Consiglio sono generalmente assunte a *maggioranza qualificata*, che tiene conto anche della popolazione rappresentata da ogni suo membro. In casi specifici è richiesto il *consenso unanime* degli Stati. Nell'esercizio delle sue funzioni, il Consiglio è coadiuvato dal **Comitato dei Rappresentanti Permanenti** (COREPER), organo composto dai rappresentanti permanenti degli Stati membri (art. 240 TFUE), incaricato di preparare i lavori del Consiglio e, specialmente, di sottoporre al suo esame gli atti da deliberare, nonché di eseguire i compiti che lo stesso gli affida;

c) la **Commissione europea** si può considerare come il centro dei processi di decisione e come l'organo di propulsione dell'ordinamento comunitario. Essa dispone, infatti, di poteri di iniziativa normativa per gli atti che il Consiglio adotta; di poteri di decisione amministrativa e di regolamentazione; di poteri di controllo verso gli Stati riguardo all'adempimento degli obblighi comunitari, che possono sfociare in un ricorso di fronte alla Corte di giustizia ed in una condanna per lo Stato inadempiente. Inoltre, la Commissione può esercitare un controllo "indiretto" sugli Stati membri, attraverso le segnalazioni di soggetti privati, cittadini ed imprese, relative alla mancata attuazione del diritto comunitario: si crea, così, *un rapporto "trilatero"*, che coinvolge la Commissione, le amministrazioni nazionali ed i privati. Rilevante è il ruolo della Commissione riguardo alla gestione dei finanziamenti comunitari: essa stabilisce l'ammontare dei Fondi strutturali, cioè dei finanziamenti stanziati dalla Comunità per esigenze di sviluppo economico, occupazionale e formativo degli Stati membri, e la loro ripartizione ai singoli Stati; istituisce, disciplina e finanzia le azioni comunitarie, cioè iniziative specifiche riguardanti settori determinati, come l'ambiente urbano o i mass media, rivolte sempre agli Stati.

La Commissione, dopo l'uscita del Regno Unito (*Brexit*), è composta di ventisette membri (ogni Stato ha diritto di averne uno), che durano in carica cinque anni, scelti in base alle loro competenze generali e alle garanzie di indipendenza offerte, e designati di comune accordo dagli Stati membri e dal futuro presidente della stessa. Il Parlamento europeo elegge il presidente su proposta del Consiglio ed approva la composizione della Commissione; il Parlamento può censurare, sempre collettivamente, la Commissione, costringendola alle dimissioni. I membri della Commissione sono designati dal Consiglio su proposta degli Stati: ma il presidente della Commissione deve essere d'accordo sulla loro designazione, assegna loro le competenze e può chiedere e ottenere le loro dimissioni. Fa parte della Commissione, anzi ne è il Vicepresidente, l'Alto rappresentante per gli affari esterni, che rappresenta l'UE nella politica estera;

d) il **Parlamento europeo** è composto dai rappresentanti (che con l'elezione del 2009 sono 750) dei cittadini dell'Unione, eletti in ciascuno Stato (il più piccolo ne elegge 6, il più grande 96), per cinque anni, a suffragio universale e diretto (art. 14 TUE). Il PE è, dunque, un organo rappresentativo e dotato di legittimazione democratica, che partecipa ormai pienamente al processo di formazione degli atti normativi, attraverso la **procedura legislativa ordinaria** (l'ex **procedura di codecisione**), disciplinata dall'art. 294 TFUE. In essa, l'adozione degli atti normativi, proposti dalla Commissione, richiede il consenso sia del PE che del Consiglio, il dissenso dei quali è comunque superabile con la convocazione di un apposito Comitato di conciliazione, chiamato a trovare un accordo tra i due organi. Sono poi previste diverse **procedure legislative speciali**, sempre però basate sulla partecipazione di entrambi gli organi legislativi.

Il PE dispone inoltre di un potere di iniziativa legislativa indiretta, esercitato tramite la Commissione. Inoltre, il PE risponde alle petizioni dei cittadini comunitari e nomina un **Mediatore**, chiamato ad indagare sui casi di cattiva amministrazione delle istituzioni comunitarie, denunciati dagli stessi cittadini. Il PE è, infine, titolare di *poteri di controllo verso la Commissione*, che si sostanziano nell'istituzione di *commissioni temporanee di inchiesta* (art. 226 TFUE), o nella presentazione di *interrogazioni* (art. 230 TFUE); ma, soprattutto, nel *voto di fiducia iniziale sul presidente e sui membri della Commissione* e nella possibilità di approvare una *mozione di censura* verso la stessa, che ne provoca le dimissioni (art. 234 TFUE). Il peso del PE si è concretamente manifestato nel caso della Commissione Santer, dimessasi nel 1999, per effetto della sola presentazione di una mozione di censura da parte del PE, e ancor prima di un suo voto;

e) la **Corte di giustizia** è l'organo giurisdizionale comunitario, chiamato ad assicurare il rispetto del diritto nell'interpretazione ed applicazione del Trattato (art. 19 TUE). È composta da tanti giudici quanti sono gli Stati membri ed ha il compito di giudicare sulle violazioni del diritto comunitario, commesse dagli Stati membri o dalle istituzioni europee, sulla legittimità degli atti normativi comunitari, e di interpretare il diritto comunitario in via pregiudiziale. La Corte è coadiuvata dal *Tribunale di primo grado*, titolare di competenze specifiche, le cui sentenze possono essere impugnate di fronte alla Corte stessa per motivi di solo diritto (art. 256 TFUE);

f) la **Corte dei conti** è l'organo di controllo contabile della Comunità, chiamata ad esaminare le entrate e le spese della stessa e degli organi da essa creati (art. 287 TFUE);

g) il **Comitato economico e sociale** è un organo consultivo del Consiglio, della Commissione e del PE (art. 301 TFUE). È composto dai rappresentanti delle diverse categorie economiche e sociali ed esprime i suoi pareri obbligatoriamente, nei casi previsti dal Trattato, o su richiesta delle istituzioni comunitarie, o di propria iniziativa;

h) il **Comitato delle Regioni** è anch'esso un organo consultivo delle istituzioni europee (art. 305 TFUE). È composto dai rappresentanti delle collettività regionali e locali, delle quali esprime le istanze a livello comunitario. Il Comitato è consultato obbligatoriamente dalle istituzioni comunitarie, nei casi previsti dal Trattato, o su loro richiesta; può anche esprimersi di propria iniziativa.

4. Il mercato, tra Stato e Unione europea

Lo Stato liberale e democratico sono sempre stati associati all'esistenza di un'economia di mercato. Ma nel moderno **Stato sociale** la libertà del mercato e dei suoi operatori (le imprese, le banche ecc.) incontrano limiti necessari al raggiungimento di finalità sociali o per contrastare le crisi economiche, dando luogo ad un'economia mista, in cui il ruolo dello Stato si è progressivamente esteso attraverso vari strumenti. Sono sorte imprese pubbliche o enti pubblici economici che operano con gli stessi strumenti delle imprese private ma non hanno il profitto come loro obiettivo principale. Spesso queste imprese sono gestite da società per azioni a partecipazione pubblica (le Poste italiane, per es., sono una società per azioni il cui capitale è tutto detenuto dal Ministero dell'economia).

Sin dall'origine i Trattati istitutivi della Comunità europea ponevano al centro degli obiettivi l'instaurazione di un *mercato comune*, un mercato interno caratterizzato dall'eliminazione, fra gli Stati membri, degli ostacoli alla libera circolazione delle merci, delle persone, dei servizi e dei capitali. Questo comportava l'adozione da parte della Comunità e degli Stati membri di una politica economica fondata sullo stretto coordinamento delle politiche degli Stati membri, ispirata al principio di una *economia di mercato aperta e in libera concorrenza*.

Questi principi sono ribaditi dal Trattato sull'Unione europea – TUE, secondo cui *l'Unione instaura un mercato interno e si adopera per lo sviluppo sostenibile dell'Europa, basato su una crescita economica equilibrata e sulla stabilità dei prezzi, su un'economia sociale di mercato fortemente competitiva* (art. 3.3), nonché dal Trattato sul funzionamento dell'Unione europea – TFUE, secondo cui la politica economica dell'Unione è fondata sullo *stretto coordinamento delle politiche economiche degli Stati membri, sul mercato interno e sulla definizione di obiettivi comuni, condotta conformemente al principio di un'economia di mercato aperta e in libera concorrenza* (art. 119.1).

✓ IL MERCATO: ORDINE SPONTANEO O COSTRUZIONE GIURIDICA?

Anche se non mancano teorie che configurano il mercato quale un ordine spontaneo (come quella di Hayek), secondo la concezione prevalente, il mercato ha bisogno di norme ordinatrici, cioè di regole giuridiche che diano ordine al mercato, strutturino le relazioni economiche, fissino i principi che presiedono alla produzione ed allo scambio dei beni. *Quindi economia di mercato e libera concorrenza non esistono in natura ma sono il risultato di istituti giuridici*, quali ad esempio quelli che definiscono le capacità e le responsabilità dei soggetti, individuano la commerciabilità di certe categorie di beni, reprimono certi comportamenti perché lesivi della libertà di concorrenza, vietano certi contratti e dispongono meccanismi di tutela del consumatore. Anzi, poiché l'economia di mercato richiede la regolarità e le prevedibilità dell'agire, senza di cui non è possibile il calcolo economico, il mercato ha bisogno di essere governato da regole. Incerto è l'esito dell'affare, ma le regole entro cui si muovono i soggetti devono essere certe. Il mercato, quindi, non è un'entità a-storica ed a-giuridica, non preesiste al diritto, ma esiste proprio in quanto ha un *suo statuto giuridico* (N. Irti). Anzi, poiché le norme (nazionali e comunitarie) variano in funzione dei beni economici oggetto dello scambio e/o dei soggetti che li producono e li scambiano, *non esiste un solo mercato, bensì una pluralità di mercati, tanti quanti sono i nuclei di norme che regolano la produzione e lo scambio dei beni*.

Alla creazione di un mercato unico europeo si è giunti utilizzando tre strumenti previsti dai Trattati: 1) la *libertà di circolazione delle merci, dei lavoratori, dei servizi e dei capitali* (le c.d. **quattro libertà**, capisaldi del liberalismo economico della Comunità); 2) il *divieto degli aiuti finanziari*; 3) la *disciplina della concorrenza*, e sotto qualsiasi forma, dello Stato alle imprese, salve alcune specifiche eccezioni. Gli Stati non possono cercare di impedire la creazione di un mercato comune limitando la circolazione delle merci e dei fattori produttivi (per esempio, attraverso tariffe doganali), oppure introducendo un privilegio per le proprie imprese, ed in particolare per le imprese pubbliche, erogando loro aiuti finanziari che creano ostacoli all'ingresso nel mercato nazionale di imprese straniere. I primi due tipi di disposizioni mirano proprio ad evitare questi comportamenti degli Stati, ponendo a loro carico l'obbligo di astenersi da tali comportamenti. Invece, le disposizioni del terzo tipo si rivolgono non agli Stati ma direttamente alle imprese che operano nel mercato, al fine di sanzionare quei comportamenti che falsano il gioco della concorrenza, per esempio attraverso concentrazioni che portano al monopolio. Perciò il Trattato contiene un'analitica disciplina della concorrenza, ponendo una serie di divieti (potenzialmente dotati di "effetto diretto": → § VII.7) ed affidando alla Commissione il compito di assicurarne l'osservanza da parte delle imprese che operano nel mercato unico.

Ma il diritto comunitario non si limita a garantire un mercato unico, basato sul principio della libertà di concorrenza, e perciò a vietare tutti gli interventi dello Stato che alterano la logica concorrenziale, ma ha posto le premesse giuridiche per la drastica riduzione, se non proprio l'eliminazione, dei monopoli pubblici o legati a diritti di esclusiva. Perciò anche quelle attività tradizionalmente configurate come servizi pubblici devono essere, in larga misura, sottoposte alle regole della concorrenza.

✓ LA LIBERALIZZAZIONE DEI SERVIZI PUBBLICI

Il Trattato prevede che le *imprese incaricate della gestione di servizi di interesse economico generale* (cioè quelle che, nella terminologia giuridica italiana, esercitano "servizi pubblici") *siano sottoposte alle norme del Trattato, ed in particolare alle regole sulla concorrenza, nei limiti in cui l'applicazione di tali norme non osti all'adempimento, in linea di diritto e di fatto, della specifica missione loro affidata* (art. 86.2, ora sostituito dall'art. 106.2 del TFUE). Questa disposizione è stata interpretata dalla Corte di giustizia nel senso che si riferisce a qualsiasi attività di produzione di beni e servizi, salvo quelle ritenute *"tipiche prerogative dei pubblici poteri"* (come il controllo e la polizia dello spazio aereo o la polizia portuale), o non economiche, come quelle attinenti ai sistemi scolastici e di protezione sociale. È così intervenuta una radicale modifica di uno dei tratti caratterizzanti la nozione di "servizio pubblico" proprio della tradizione giuridica dell'Europa continentale, cioè quello della esclusiva "politicità" della decisione di considerare una determinata attività economica come servizio pubblico. Inoltre, ne deriva una riduzione dello spazio dell'impresa in mano pubblica, sempre più esposta alla concorrenza dei gestori privati; dall'altra parte, lo stesso Trattato CE pone il *divieto di discriminazioni fondate sulla nazionalità* (art. 12, e poi gli artt. da 81 a 89, ora sostituiti dagli artt. 18 e da 106 a 109 del TFUE), con la conseguenza che deve considerarsi illegittimo mantenere in mano pubblica talune imprese in nome dell'interesse nazionale ad evitare che la loro proprietà sia acquisita da cittadini di altri Stati.
Questi cambiamenti sono stati favoriti anche dall'inefficienza economica che ha molto spesso caratterizzato le gestioni pubbliche, con costi che la "crisi fiscale" dello Stato ha reso non più sopportabile; dall'integrazione dei mercati, ostacolata dalle frammentazioni delle discipline nazionali dei servizi pubblici; dallo sviluppo tecnologico in diversi settori che spesso ha fatto venire meno il fondamento di fatto di alcuni monopoli pubblici, cioè l'esistenza di circostanze fisiche e tecniche che impedivano

all'imprenditore privato di rendere un servizio accessibile a tutti (pensiamo a quanto è avvenuto nel settore delle telecomunicazioni, dove lo sviluppo tecnologico ha fatto sì che, per assicurare che tutti abbiano il servizio a prezzi ragionevoli, non c'è alcun bisogno di affidarlo ad un operatore soltanto). Tutto ciò spiega il rigore con cui gli organi europei hanno avviato politiche di *liberalizzazione* di interi settori, che vengono sottratti a diritti di esclusiva e aperti alla concorrenza, attraverso l'adozione di regolamenti e direttive (per esempio, per quanto riguarda le telecomunicazioni), ma anche con specifiche azioni di contrasto delle attività delle residue imprese pubbliche monopolistiche, che sono sottoposte alle regole della concorrenza.

5. L'Unione monetaria e i parametri di Maastricht

Il mercato unico è stato completato dalla creazione di una moneta unica (l'*EURO*), nonché dalla definizione e dalla conduzione di una *politica monetaria e di una politica del cambio* uniche, gestite direttamente da istituzioni comunitarie – il **Sistema europeo di banche centrali (SEBC)**, indipendente sia dalle istituzioni nazionali che da quelle comunitarie – in luogo degli Stati che aderiscono all'Unione economica e monetaria, prevista dal Trattato di Maastricht (1993) e avviata nel 1999.

Tra le finalità principali dell'Unione europea vi è quello di mantenere *la stabilità dei prezzi* (art. 3.2 TUE). In particolare, il TFUE ribadisce che l'obiettivo principale della politica monetaria e della politica del cambio è quello della stabilità dei prezzi e, fatto salvo questo obiettivo, di sostenere le politiche generali dell'Unione conformemente al principio di un'economia di mercato aperta e in libera concorrenza (art. 119.2). Perciò la politica monetaria e la politica del cambio comuni devono avere un obiettivo prioritario: la stabilità dei prezzi, e quindi la lotta all'inflazione (che consiste appunto nell'innalzamento del livello dei prezzi). Solo dopo avere assicurato questo obiettivo, può servire a sostenere le altre politiche della Comunità, ma anche qui conformandosi ad un altro principio, quello della **libertà di concorrenza**.

Esiste, pertanto, una stretta correlazione tra mercato aperto basato sulla libera concorrenza, moneta unica e stabilità dei prezzi. La moneta unica e la politica monetaria e del cambio comuni consolidano il mercato comune, perché così sono eliminati i residui strumenti attraverso cui gli Stati potevano proteggere le rispettive economie nazionali riducendo l'integrazione in un unico mercato comune. Inoltre, moneta unica e stabilità dei prezzi facilitano i calcoli economici degli operatori che intendono svolgere la loro attività in un unico grande mercato.

Ma l'instaurazione di una moneta unica impone un certo grado di convergenza tra le economie degli Stati partecipanti all'Unione. Ciò è richiesto in quanto in un mercato unico e aperto l'inflazione può essere esportata dai Paesi con economie più deboli ai Paesi con economie più solide (il problema, infatti, nella fase di gestazione della moneta unica è stato avvertito soprattutto dai tedeschi).

Da qui deriva la necessità che gli Stati che aderiscono all'Unione abbiano condizioni finanziarie interne tali da ridurre i pericoli di inflazione.

✓ I PARAMETRI DI MAASTRICHT

L'**Unione monetaria europea** stabilisce una serie di *vincoli alle politiche di bilancio* dei Paesi membri (con eccezione del Regno Unito, Danimarca, Svezia, che hanno scelto di restare fuori dall'Euro, e della Grecia, che ha potuto rientrare nei parametri solo in un secondo tempo). Agli Stati nazionali, infatti, viene imposto il rispetto di *"finanze pubbliche sane"* e, pertanto, il Trattato prevede che due volte l'anno gli Stati membri sottopongano i loro bilanci, quello in corso e quello previsto, ad una procedura di esame. L'obiettivo è quello di evitare i disavanzi eccessivi (che sono ritenuti i principali sintomi di finanze non sane). Secondo il Trattato CE ed il Protocollo aggiuntivo un **disavanzo** è *ritenuto eccessivo* se:
- il disavanzo supera la soglia del 3% del Prodotto Interno Lordo (PIL);
- il debito pubblico supera la soglia del 60% del PIL.

Per la verifica dei parametri di convergenza deve farsi riferimento al conto consolidato delle pubbliche amministrazioni che comprende, oltre alle amministrazioni statali, anche le Regioni, gli Enti locali e gli Enti di previdenza. Qualora in un Paese membro un disavanzo risulti eccessivo, la Commissione europea deve preparare un rapporto al Consiglio, che può fare delle raccomandazioni al Paese in questione. Ove queste non siano prese in considerazione possono essere emesse delle sanzioni pecuniarie. Questa disciplina è stata completata dal cosiddetto ***Patto di stabilità e crescita***, concordato in occasione del Consiglio europeo di Amsterdam nel giugno 1997. In virtù del *Patto di stabilità* i Paesi aderenti si impegnano a porsi un obiettivo di bilancio pubblico in pareggio nel medio termine.

Queste prescrizioni si spiegano in quanto, nella prospettiva del Trattato, la politica di bilancio deve essere diretta ad assicurare la stabilità dei prezzi ed ha un ruolo strumentale rispetto alla politica monetaria. Ciò ha imposto ai Paesi aderenti all'Unione, e particolarmente all'Italia, un'opera di risanamento finanziario che ha consentito di rispettare i "**parametri di Maastricht**". Il risanamento finanziario ed il rispetto dei vincoli comunitari si appoggiano su procedure decisionali congegnate in modo tale da garantire il rispetto di tali vincoli ponendo freni alla crescita incontrollata della spesa ed all'indebitamento.

L'unione economica e monetaria comporta una moneta ed una politica monetaria unica gestite dal Sistema europeo di Banche centrali, che è un organismo di tipo "federale" composto dalle banche centrali nazionali e, in posizione sovraordinata, dalla Banca centrale europea (BCE). Oltre a definire e attuare la politica monetaria dell'Unione, il SEBC svolge le operazioni in cambi, gestisce le riserve ufficiali in valuta degli Stati membri, promuove il regolare funzionamento dei sistemi di pagamento, gestisce tutte le informazioni statistiche. Nel SEBC, le Banche centrali – in Italia si chiama Banca d'Italia – svolgono fondamentalmente due compiti: concorrere, tramite il proprio vertice istituzionale, cioè il Governatore, a determinare le decisioni del Consiglio direttivo della BCE; dare attuazione a tali decisioni entro il confine del proprio Paese. Occorre aggiungere che la vigilanza del mercato del credito è rimasta alle Banche centrali, anche se occorre sottolineare come anche questo, per effetto di direttive comunitarie, è un mercato concorrenziale, in cui i controlli della Banca centrale sono di natura esclusivamente tecnica, prevalentemente a tutela degli utenti e della trasparenza del mercato. In questo contesto istituzionale, dunque, la funzione monetaria è stata integralmente sottratta alle autorità nazionali ed è concepita come attività "tecnica", completamente separata dai poteri politici nazionali e comunitari.

6. La crisi finanziaria in Europa e la nuova *governance* economica

In questo contesto istituzionale, dunque, la funzione monetaria è stata integralmente sottratta alle autorità nazionali ed è concepita come attività "tecnica", completamente separata dai poteri politici nazionali e comunitari.

Secondo il meccanismo introdotto con il Trattato di Maastricht e confermato dal Trattato sul funzionamento dell'Unione Europea (TFUE), la politica monetaria doveva essere condotta a livello sovranazionale dalla BCE, mentre le politiche di bilancio – la determinazione delle spese pubbliche, delle entrate e del debito pubblico – erano di competenza dei singoli Stati.

Il *Patto di stabilità e crescita* aveva aggiunto una sorveglianza *ex post* delle politiche di bilancio.

I fatti però hanno dimostrato che questo meccanismo non è riuscito ad imporre la riduzione del debito pubblico e del disavanzo di bilancio in modo da assicurare il rispetto dei parametri di Maastricht, né è riuscito ad impedire che gli squilibri macroeconomici e di bilancio di alcuni Paesi si riflettessero sulla stabilità finanziaria di tutta l'**Eurozona** (cioè di quella parte dell'Unione europea che ha adottato l'euro).

Nel 2010, il debito pubblico della Grecia era pari al 140,2% del PIL, dell'Irlanda al 97,4%, della Spagna al 64,4%, del Portogallo al 93%, dell'Italia al 118%. In questo contesto è aumentato il rischio, percepito dai mercati finanziari, che alcuni Stati non fossero più in grado di pagare i propri debiti (insolvenza o *default* dello Stato). Ne è derivato l'aumento notevole degli interessi che questi Stati hanno dovuto pagare agli acquirenti dei titoli di debito pubblico (gli interessi sono infatti il prezzo del denaro preso in prestito dagli Stati e questo prezzo aumenta quanto più cresce il rischio di un mancato rimborso del prestito). In questo modo si innesta un circolo vizioso: l'elevato *stock* di debito pubblico fa aumentare i tassi di interesse, ma l'aumento dei tassi di interesse significa aumento della spesa dello Stato, che è finanziata con altro debito pubblico. La conseguenza è stata l'aggravarsi della crisi finanziaria degli Stati il cui volume complessivo di debito è andato crescendo. I mercati finanziari, mossi ora da intenti speculativi, ora dalla paura dell'insolvenza dello Stato, hanno prima colpito con la richiesta di alti tassi di interesse uno Stato specifico, ma poi la paura e la speculazione si sono estesi da uno Stato all'altro, determinando così quello che è stato chiamato il rischio di "contagio".

In questo modo si evidenziavano alcuni dei limiti istituzionali dell'Unione economica e monetaria. Gli Stati hanno messo in comune la politica monetaria ma hanno mantenuto la titolarità delle politiche di bilancio e non hanno previsto alcun meccanismo che in caso di crisi assicurasse il pagamento del debito pubblico.

I punti critici principali sono due. Il primo è che in caso di crisi delle finanze pubbliche di uno Stato, manca un meccanismo che garantisca la sua solvibilità. Normalmente, in casi del genere c'è il "garante di ultima istanza" rappresentato dalla Banca centrale che può stampare nuova moneta con cui pagare i debiti, col rischio però di far aumentare l'inflazione.

Questo non può avvenire per gli Stati dell'Eurozona, perché essi non dispongono più della politica monetaria, che è stata trasferita alla BCE, la quale, peraltro, ha come compito principale quello di assicurare la stabilità dei prezzi, quindi di evitare l'inflazione. Il secondo punto critico è dato dalla debolezza dei meccanismi istituzionali con cui assicurare che gli Stati perseguano veramente l'obiettivo di avere finanze pubbliche "sane", visto che la politica di bilancio è rimasta nelle loro attribuzioni.

Per affrontare la grave crisi delle finanze degli Stati dell'Eurozona, sono state introdotte importanti riforme, che vanno nella direzione di un rafforzamento dell'integrazione europea.

In questo contesto, la nuova ***governance* economica europea** – introdotta tra il 2010 ed il 2012 – ha rafforzato il coordinamento a livello europeo delle politiche economiche nazionali e reso più efficace la sorveglianza sulle politiche di bilancio degli Stati membri dell'Eurozona. Essa ha come conseguenza una significativa limitazione dell'autonomia decisionale degli Stati, soprattutto di quelli che hanno un livello elevato di debito pubblico e rischiano l'insolvenza. I quali, infatti, sono tenuti a seguire le politiche economiche determinate in sede europea e ad adottare le riforme dirette a ridurre il disavanzo di bilancio ed il debito pubblico e a rendere più competitiva la loro economia (le cosiddette "riforme strutturali").

Le principali innovazioni adottate dopo il 2010 sono le seguenti:

a) il **semestre europeo**, che consiste in una procedura finalizzata al coordinamento preventivo delle politiche economiche e di bilancio degli Stati membri. Il calendario del semestre europeo è articolato nel modo seguente: 1) nel mese di gennaio, la Commissione elabora *l'analisi annuale sulla crescita* in cui indica le prospettive macroeconomiche e formula le proposte strategiche per l'economia europea; 2) nel mese di marzo, la Commissione predispone un rapporto sulla base del quale il Consiglio europeo indica i principali obiettivi di politica economica per l'UE e per l'Area Euro e le possibili strategie di riforma per conseguire tali obiettivi (linee guida); 3) nel mese di aprile gli Stati membri, tenuto conto delle suddette indicazioni, comunicano alla Commissione i propri obiettivi di medio termine e le principali azioni di riforma che intendono adottare e che sono contenuti nei *Programmi di stabilità* e nei *Programmi nazionali di riforma*; 4) nei mesi di giugno e luglio il Consiglio europeo e il Consiglio dei ministri finanziari, sulla base della valutazione dei programmi di stabilità, forniscono indicazioni specifiche per ciascun Paese. Il Consiglio può invitare uno Stato membro a rivedere il programma presentato; 5) nei mesi successivi ciascuno Stato, sulla base delle precedenti decisioni del Consiglio e della Commissione, predispone il bilancio e le misure di politica economica finalizzate al loro conseguimento;

b) la nuova *sorveglianza macroeconomica e finanziaria*, introdotta con il cosiddetto *six pack* (ossia con un insieme di sei regolamenti comunitari), che ha modificato il Patto di stabilità e crescita. In estrema sintesi, è stato introdotto un meccanismo di sorveglianza sui dati macroeconomici di ciascun Paese (quali il debito esterno, il saldo corrente, ecc.), per cui se la Commissione ritiene che vi siano degli squilibri può chiedere allo Stato di adottare misure di politica economica dirette alla loro eliminazione. Vi è poi il *braccio preventivo* del Patto di stabilità e crescita, in base al quale la Commissione esercita il controllo sulle finanze pubbliche dello Stato, attraverso una valutazione della dinamica della spesa pubblica, con l'obiettivo di raggiungere il pareggio di bilancio;

c) il **Trattato sulla stabilità, sul coordinamento e sulla *governance* dell'Unione europea**, firmato il 2 marzo 2012, la cui parte fondamentale è il patto di bilancio (cosiddetto ***fiscal compact***). Si tratta di un vero e proprio trattato internazionale stipulato al di fuori dei Trattati su cui si fonda l'UE. Ad esso non hanno aderito il Regno Unito e la Repubblica Ceca. Il nuovo Trattato si caratterizza soprattutto per l'introduzione di due regole. La prima consiste nell'introduzione del pareggio di bilancio, o più precisamente del divieto per il deficit strutturale di superare lo 0,5% del PIL, nel corso di un ciclo economico. Regola che dovrà essere recepita dagli ordinamenti nazionali, possibilmente con una modifica costituzionale (per l'Italia → § III.5). La seconda consiste nell'individuazione di un percorso di riduzione del debito pubblico, in rapporto al PIL. In particolare, è stato stabilito che il rapporto debito/PIL deve diminuire ogni anno di 1/20 della distanza tra il suo livello effettivo e la soglia del 60% (per esempio se il debito è pari al 120% del PIL, la riduzione va calcolata sulla parte eccedente il parametro di Maastricht, cioè sul 60%; questo ammontare deve diminuire di un ventesimo l'anno, che per l'Italia equivale a alcune decine di miliardi di euro per ogni anno!);

d) l'introduzione di un meccanismo di solidarietà diretto ad aiutare gli Stati in difficoltà finanziarie. istituendo un meccanismo permanente di intervento diretto ad assicurare la stabilità finanziaria nell'area euro: il **Meccanismo europeo di stabilità (MES)**;

e) la creazione di un'**Unione Bancaria**, diretta a evitare i rischi di "contagio" tra sistema finanziario privato e finanza pubblica degli Stati.

7. L'Europa dopo la pandemia

La principale risposta dell'UE alla gravissima crisi economica provocata dal Covid-19 è stata l'adozione, a seguito di un travagliato processo decisionale, di un nuovo strumento: **Next Generation EU (NGEU)**, la cui fonte normativa si trova essenzialmente nel regolamento UE 2021/241. Esso mette a disposizione degli Stati membri un ingente quantitativo di risorse finanziarie (750 miliardi di euro) sotto forma di trasferimenti finanziari (*grants* pari a 390 miliardi) e di prestiti a tassi estremamente convenienti (*loans* pari a 360 miliardi di euro), durante il periodo 2021-2026 (più precisamente gli impegni giuridici devono essere contratti entro il 31 dicembre 2023 e i pagamenti effettuati entro il 31 dicembre 2026). La gran parte di queste risorse sono previste in un fondo di nuova istituzione (il *Recovery and Resilience Facility, RRF*, dotato di 672,5 miliardi di euro), mentre altri gravano su altri programmi presenti nel bilancio pluriennale dell'UE (il *Quadro finanziario pluriennale*).

Con *Next Generation EU* è stato previsto di incrementare il bilancio della UE per l'importo di 750 miliardi di euro a prezzi costanti 2018, tramite nuovi finanziamenti che sono convogliati agli Stati membri. Per raccogliere le risorse finanziarie necessarie l'UE emette propri titoli di debito pubblico, cioè si finanzia sui mercati finanziari internazionali a condizioni molto vantaggiose (trattandosi di un debitore certamente solvibile) e poi trasferisce queste risorse agli Stati, in parte come prestiti in parte come trasferimenti puri e semplici. I prestiti contratti dall'UE, con l'emissione del debito, sono poi rimborsati secondo un calendario in modo da ridurre costantemente le passività entro il 31 dicembre 2058.

✓ IL PIANO PER LA RIPRESA E LA RESILIENZA (PNRR)

La *condizione* per accedere a queste risorse è che ciascuno Stato predisponga un proprio **Piano per la ripresa e la resilienza (PNRR)**, che indica gli *investimenti* e le *riforme* da attuare secondo uno specifico *cronoprogramma*. Quindi non solo investimenti ma anche riforme, ritenute necessarie per assicurare la resilienza (cioè la capacità di affrontare le crisi e di superarle) economica e sociale dello Stato membro, la creazione di posti di lavoro e il rafforzamento del suo potenziale di crescita. Il Piano di ciascun Paese – presentato entro il 30 aprile 2021 – è valutato dalla Commissione alla luce di tali obiettivi e delle raccomandazioni specifiche per ciascun Paese adottate nell'ambito del semestre europeo. Inoltre anche l'effettivo contributo alla transizione verde e digitale costituisce una condizione per ottenere una valutazione positiva. A questo riguardo è precisato che una quota importante delle risorse ricevute sia destinata alla transizione verde (almeno il 37%) e digitale (almeno il 20%). Nell'elaborazione del Piano, inoltre, gli Stati hanno dovuto seguire delle *linee guida* elaborate dalla Commissione. La valutazione finale della Commissione deve poi essere approvata dal Consiglio, a maggioranza qualificata, su proposta della stessa Commissione. L'erogazione dei finanziamenti avviene secondo precise cadenze ed è subordinata all'adempimento delle obbligazioni assunte da parte dello Stato. Qualora uno o più Stati membri ritengano sussistenti gravi scostamenti dal soddisfacente conseguimento dei pertinenti target intermedi e finali, essi possono chiedere al Presidente del Consiglio europeo di rinviare la questione al successivo Consiglio europeo (il cosiddetto *freno di emergenza*).

Il PNRR, come tutti gli strumenti di assistenza finanziaria (quali il MES), è sottoposto ad una forma di *condizionalità*, ma in questo caso la condizionalità non è finalizzata a realizzare la sostenibilità delle finanze pubbliche, quanto piuttosto a realizzare la ripresa, a rendere l'economia dello Stato membro resiliente e realizzare obiettivi occupazionali e sociali.

III. L'ORGANIZZAZIONE COSTITUZIONALE IN ITALIA

1. PRINCIPI DEL SISTEMA ELETTORALE

I sistemi elettorali sono macchine estremamente complesse, fatte di molti congegni diversi. Qui ci limiteremo a tracciare i lineamenti più generali, con particolare riferimento al sistema elettorale adottato in Italia per le elezioni del Parlamento: ricordando che si vota anche per gli altri livelli di governo (Parlamento europeo, Regioni e Comuni) e che, per capire come funziona il sistema, si dovrebbe tener conto anche di almeno due altri elementi fondamentali, che qui dobbiamo trascurare: il sistema dei partiti e il loro finanziamento; le regole sulle campagne elettorali e il loro finanziamento.

1.1. *Diritto di votare e di essere eletti*

Il passaggio dallo Stato liberale a quello di democrazia pluralista ha comportato l'introduzione del suffragio universale (→ § I.8). L'art. 48 Cost. afferma infatti che sono elettori tutti i cittadini, uomini e donne, che hanno raggiunto la maggiore età. Questa norma disciplina, pertanto, il cosiddetto **elettorato attivo**, cioè la capacità di votare. Esso è subordinato al possesso di due requisiti positivi: la *cittadinanza italiana* e la *maggiore età*.

✓ COME SI PERDE L'ELETTORATO ATTIVO

Tutti coloro che possiedono i requisiti vengono iscritti d'ufficio nelle **liste elettorali**. L'elettorato attivo viene escluso in presenza di alcune condizioni che danno luogo alla perdita del diritto di voto (si parla anche di *perdita della capacità elettorale*). Più precisamente, ai sensi dell'art. 48.4 Cost., ciò può avvenire solamente: 1) per *cause di incapacità civile*; 2) per *effetto di sentenze penali irrevocabili*, che per espressa previsione di legge portano alla perdita del diritto di voto; 3) per cause di *indegnità morale*. Secondo il diritto privato italiano, civilmente incapaci sono i minori e gli interdetti, mentre parzialmente capaci sono gli inabilitati. Tuttavia, il legislatore (d.P.R. 223/1967) ha riconosciuto la capacità elettorale ai ricoverati in ospedale psichiatrico, agli interdetti ed agli inabilitati. Per quanto concerne invece la seconda causa di perdita della capacità elettorale, la legge ha individuato quali sentenze penali irrevocabili di condanna determinano questo effetto; si tratta di sentenze pronunciate per delitti fascisti; mentre altre sentenze riguardanti un numero considerevole di delitti e contravvenzioni portano alla sospensione per cinque anni del diritto di voto. La stessa legge ha individuato i casi di "indegnità morale", escludendo temporaneamente dal diritto di voto coloro che sono sottoposti alle misure di prevenzione di polizia e coloro che sono sottoposti all'interdizione temporanea dai pubblici uffici. Invece, i condannati a pena che comporta l'interdizione perpetua dai pubblici uffici sono esclusi in via definitiva dal diritto di voto.

L'art. 48.2 Cost. pone alcuni principi che caratterizzano il diritto di voto, e più precisamente:

1. il *voto è personale*, con la conseguenza che è escluso il voto per procura;
2. il *voto è eguale*, secondo un principio basilare di un sistema democratico, che esclude radicalmente la possibilità che a certi soggetti sia attribuito il voto plurimo;
3. il *voto è libero*, con la conseguenza che la legge vieta e sanziona le coartazioni che possono derivare dall'esercizio di certe funzioni (pubblici ufficiali, ministri di ogni culto, ecc.) e considera reato l'elargizione di denaro e di cibo nell'imminenza delle elezioni;
4. il *voto è segreto*, laddove la segretezza serve a garantire l'effettiva libertà dello stesso (l'unica eccezione riguarda i ciechi, i quali per votare possono farsi accompagnare nella cabina elettorale);
5. il *voto è dovere civico*, ma si tratta di una formula assai ambigua: da una parte perché il costituente espressamente evitò di qualificarlo come dovere giuridico, dall'altra parte perché non ci sono sanzioni nei confronti di chi non vota, con la conseguenza che l'*astensionismo* può ritenersi perfettamente ammissibile e lecito.

✓ IL VOTO DEGLI ITALIANI ALL'ESTERO

Anche i *cittadini italiani residenti all'estero* hanno diritto di voto per l'elezione del Parlamento. La legge cost. 1/2000 ha introdotto un 3° comma dell'art. 48, il quale riconosce il diritto di voto anche a tale categoria di cittadini, rinviando alla legge la determinazione dei requisiti e delle modalità per l'esercizio del diritto. I cittadini residenti all'estero dovranno votare in un'apposita circoscrizione elettorale, la *Circoscrizione estero,* nella quale vengono eletti dodici deputati e sei senatori (così è stato stabilito nella successiva legge cost. 1/2001). Pertanto, il numero complessivo dei deputati e dei senatori è stato lasciato invariato, mentre sono stati proporzionalmente ridotti i parlamentari eletti sul territorio nazionale. La legge 459/2001 stabilisce le concrete modalità di voto.

Dall'elettorato attivo, di cui ci siamo fin qui occupati, va distinto l'**elettorato passivo**, che consiste nella capacità di essere eletto. Il principio generale è quello dell'eleggibilità di tutti gli elettori, salvo restrizioni particolari previste dalla Costituzione.

✓ LA RAPPRESENTANZA DI GENERE

Malgrado la proclamata eguaglianza nei diritti politici, in Italia le donne sono da sempre sottorappresentate nelle istituzioni e in particolare nelle assemblee elettive. Non sono mancati tentativi di rimediare a questa situazione attraverso congegni "paritari" inseriti nelle leggi elettorali (generalmente congegni imposti dalle leggi dello Stato alle elezioni locali), ma almeno all'inizio la Corte costituzionale li ha bocciati: non per il loro obiettivo, giudicato sacrosanto, ma per le tecniche impiegate: la sent. 422/1995, per esempio, censura la legge per le elezioni nei comuni minori per aver previsto un meccanismo che vieta che in una lista i candidati di un sesso superino di oltre due terzi i candi-

dati dell'altro. Norme del genere – dice la Corte – non si propongono di "rimuovere" gli ostacoli che impediscono alle donne di raggiungere determinati risultati, ma, per il modo in cui è organizzata la legge in cui sono inserite, mirano ad assicurare direttamente il risultato (si tratterebbe perciò di un caso di *reverse discrimination*: → § VII.3).
Le polemiche scatenate da questa sentenza hanno portato a una (non molto efficace) revisione dell'art. 51 Cost. e poi a un ammorbidimento della stessa Corte costituzionale: ma soprattutto a scrivere leggi più attente. Specie le leggi elettorali regionali hanno introdotto meccanismi molto efficaci, come la "**preferenza di genere**" prevista dalla legge campana (l'elettore può esprimere una seconda preferenza solo se è per un candidato di sesso diverso dalla prima), è "promossa" dalla Corte costituzionale (sent. 4/2010). In seguito la legge 215/2012 ha esteso l'applicazione della "preferenza di genere" alle elezioni comunali.

L'**ineleggibilità parlamentare** consiste in un impedimento giuridico, precedente all'elezione, che non consente a chi si trova in una delle cause ostative previste dalla legge di essere validamente eletto. L'**incompatibilità** invece è quella situazione giuridica in cui il soggetto, validamente eletto, non può cumulare nello stesso tempo la funzione di parlamentare con altra carica.

Diverso è il *fondamento giuridico* che sta alla base delle due figure: le ineleggibilità mirano a garantire in prima istanza la *libertà di voto e la parità di chances* tra i candidati, in modo che il procedimento elettorale si svolga con correttezza senza indebite influenze sulla competizione; invece, le incompatibilità sono volte in special modo ad assicurare che *l'imparziale esercizio delle funzioni elettive* non venga minacciato da conflitti di interessi o da motivi di ordine funzionale.

Sul piano degli *effetti*, le differenze sono cospicue: le cause di ineleggibilità hanno natura invalidante e determinano la nullità della stessa elezione; le cause di incompatibilità sono invece "caducanti" e producono la decadenza del titolare della carica elettiva qualora questi non faccia venire meno la causa di incompatibilità. Ciò significa che *le cause di incompatibilità possono essere rimosse* attraverso l'*opzione* da parte dell'interessato fra le due cariche.

✓ CAUSE DI INELEGGIBILITÀ

La legislazione ordinaria relativa alle ineleggibilità parlamentari è ancor oggi in gran parte costituita dal d.P.R. 361/1957, risultante dall'approvazione del T.U. delle leggi *"recanti norme per l'elezione della Camera dei deputati"* (così come modificato dalle nuove leggi elettorali della Camera dei deputati e del Senato della Repubblica). Le *cause di ineleggibilità* possono essere ricondotte, per comodità espositiva, a tre gruppi:
– il primo comprende titolari di cariche di governo degli enti locali, funzionari pubblici, alti ufficiali (presidenti di giunte provinciali, sindaci di Comuni con popolazione superiore a 20.000 abitanti, capi e vice capi della polizia, capi di gabinetto dei ministeri, commissari di governo, ecc.) che per la carica ricoperta potrebbero esercitare una *captatio benevolentiae* sull'elettore o incidere sulla *par condicio* dei candidati. La Corte costituzionale ha dichiarato l'illegittimità della lett. a) dell'art. 7 del T.U., che prevedeva l'ineleggibilità parlamentare per i consiglieri regionali (sent. 344/1993). Tali cause di ineleggibilità non hanno effetto se le funzioni esercitate siano cessate almeno 180 giorni prima della data di scadenza del quinquennio di durata della Camera dei deputati;
– il secondo riguarda soggetti aventi rapporti di impiego con Governi esteri (diplomatici, consoli, addetti alle legazioni e consolati esteri, ecc.) (art. 9);

– il terzo gruppo riguarda quelle categorie di soggetti aventi peculiari rapporti economici con lo Stato (concessionari di pubblici servizi, dirigenti e consulenti di aziende sovvenzionate dallo Stato, ecc.) (art. 10).
Per questi ultimi due gruppi, la legge non prevede espressamente il termine entro cui la carica deve essere abbandonata per evitare di incorrere nella situazione di ineleggibilità. Tuttavia, per omogeneità di trattamento con le ipotesi comprese nel primo gruppo, si ritiene che le dimissioni debbano aver luogo comunque prima dell'atto di presentazione della candidatura.
A questi gruppi è da aggiungere la categoria dei magistrati (esclusi quelli in servizio presso le magistrature superiori), ritenuti non eleggibili nelle circoscrizioni sottoposte, in tutto o in parte, alla giurisdizione degli uffici in cui hanno svolto le proprie funzioni nei sei mesi antecedenti la data di accettazione della candidatura (art. 8, così come modificato dalla legge 13/1997).

Le cause di ineleggibilità, che sopraggiungono nel corso del mandato elettivo, prendono il nome di **ineleggibilità sopravvenute**. Esse di norma si trasformano in *cause di incompatibilità*, seguendone il relativo regime giuridico.

✓ UN *TERTIUM GENUS*: LA "NON CANDIDABILITÀ"

Istituto diverso sia dall'ineleggibilità che dall'incompatibilità parlamentare è quello della cosiddetta **incandidabilità** (introdotto dalla legge 16/1992, e utilizzato più di recente dalla cosiddetta "legge anticorruzione", legge 190/2012), che consiste in una inidoneità funzionale assoluta non rimovibile dall'interessato. Ne sono colpiti coloro che hanno subìto condanne per determinati reati (in particolare, delitti connessi al fenomeno mafioso, relativi al traffico di droga o armi, alcuni delitti dei pubblici ufficiali, reati commessi con abuso di potere o con violazione di doveri inerenti ad una pubblica funzione), o da misure di prevenzione inerenti a pericolosità di tipo mafioso. Le conseguenze sono di particolare gravità: la nullità dell'elezione o la decadenza nel caso di sopravvenienza delle cause anzidette.

Quanto alle cause di *incompatibilità parlamentare*, a parte quelle direttamente previste dalla Costituzione (incompatibilità con altre cariche, come il Presidente della Repubblica, il consigliere regionale ecc.), esse sono previste dalla legislazione ordinaria è contenuto nella legge 60/1953, che prevede incompatibilità con la titolarità di uffici pubblici o privati derivanti da nomina o designazione governativa (art. 1), con cariche in enti o associazioni che gestiscono servizi per conto dello Stato (art. 2) ed infine incompatibilità per le cariche direttive ricoperte negli istituti bancari o in società per azioni con prevalente esercizio di attività finanziarie (art. 3).

È importante sottolineare come secondo la Costituzione (art. 66) sia la stessa Camera cui il parlamentare appartiene a giudicare se esso si trovi o meno, al momento dell'elezione o successivamente, in una condizione di ineleggibilità o di incompatibilità. Contro queste decisioni non è possibile ricorrere davanti ad un Giudice. Invece, nel caso di elezioni regionali, provinciali e comunali, le ineleggibilità e le incompatibilità possono essere fatte valere davanti al Giudice ordinario.

1.2. *Modelli di sistema elettorale*

Il **sistema elettorale** è il meccanismo attraverso cui i voti espressi dagli elettori si trasformano in seggi. Il sistema elettorale si compone fondamentalmente di tre parti:

1. il *tipo di scelta* che spetta all'elettore;

2. la dimensione del **collegio**, che è l'ambito preso in considerazione per la ripartizione dei seggi in base ai voti (si chiama anche **circoscrizione elettorale**, se l'ambito è territoriale). Si distingue:

a) il *collegio unico*, che si ha quando esiste un solo collegio che serve a ripartire tra i candidati tutti i seggi in palio;

b) la previsione di *più collegi*, ciascuno dei quali eleggerà un certo numero di parlamentari. Quando, come avviene più frequentemente, ci sono più collegi, bisogna distinguere a seconda delle dimensioni del collegio, cioè del numero di parlamentari che vengono eletti nel collegio. Sotto questo profilo, possiamo distinguere ancora tra il **collegio uninominale**, in cui risulta eletto un solo candidato, e il **collegio plurinominale**, in cui vengono eletti due o più candidati. Occorre aggiungere che, nell'ambito dei collegi plurinominali, corre una grossa differenza tra i collegi in cui si elegge un piccolo numero di parlamentari (da tre a cinque) e collegi in cui si elegge un numero elevato di parlamentari (per esempio, venti o venticinque). Infatti, nel primo caso solo i partiti più grandi avranno effettive possibilità di accesso in Parlamento, poiché i seggi da attribuire sono pochi; viceversa, nel secondo caso, essendo elevato il numero dei seggi da ripartire, anche i partiti più piccoli avranno la possibilità di ottenere qualche seggio. Ciò vuol dire che i collegi di dimensioni piccole determinano il carattere selettivo del sistema elettorale, mentre, in presenza di collegi di dimensioni elevate, il sistema assume carattere proiettivo (più avanti spiegheremo meglio il significato di questi termini);

3. la **formula elettorale**, che è il meccanismo attraverso cui si procede – sulla base dei voti espressi – alla ripartizione dei seggi tra i soggetti che hanno partecipato alla competizione elettorale.

Tenendo conto della *formula elettorale*, i sistemi elettorali si distinguono in *maggioritari* e *proporzionali*.

A) Nei **sistemi elettorali maggioritari**, il seggio in palio è attribuito a chi ottiene la maggioranza dei voti. Questo significa una cosa importante: ai fini dell'attribuzione dei seggi contano solo i voti confluiti sul candidato che ottiene la maggioranza dei suffragi, mentre gli altri voti finiscono per non contare nulla. Nell'ambito dei sistemi maggioritari occorre poi distinguere due ipotesi:

a) se è richiesta la *maggioranza assoluta*: in questo caso, per essere eletti, occorre avere ottenuto almeno la metà più uno dei voti validi. Se nessun candidato la raggiunge, le discipline elettorali prevedono, di regola, un *secondo turno di votazione*. Al secondo turno, a seconda delle scelte fatte nei diversi sistemi elettorali, accedono i due candidati risultati più votati al primo turno, oppure tutti quei candidati che hanno conseguito una percentuale minima di voti; al secondo turno è eletto il candidato che ottiene più voti;

b) se è richiesta la *maggioranza relativa*: in questo caso è eletto semplicemente chi ottiene più voti, anche se questi non raggiungono la metà più uno dei voti validi. Gli esempi storicamente più importanti di maggioritario a turno unico sono offerti dal Regno Unito, dal Canada, dagli Stati Uniti.

B) I **sistemi elettorali proporzionali** sono quelli in cui i seggi in palio sono distribuiti a seconda della quota di voti ottenuta da ciascuna lista in competizione. Perciò, a differenza di quelli maggioritari, si tiene conto, ai fini della ripartizione dei seggi, di tutte le liste di candidati che abbiano ottenuto una quantità di voti almeno pari ad una percentuale minima, che prende il nome di **quoziente elettorale**. Tutte le liste che raggiungono questo livello minimo partecipano alla ripartizione dei seggi in rapporto al numero di voti ottenuto da ciascuna. Pertanto, i seggi in palio non saranno attribuiti tutti alla lista che ottiene più voti, ma verranno ripartiti tra le varie liste in relazione alla rispettiva consistenza numerica. Una volta attribuiti i seggi a ciascuna lista, si passa a vedere quali candidati di ciascuna lista sono stati eletti. Allo scopo possono essere seguiti due metodi principali:

a) se l'elettore può esprimere, oltre al voto per la lista, una o più preferenze per i candidati della lista, sono eletti i candidati con numero di preferenze più elevato;

b) se manca la possibilità di esprimere preferenze, i seggi sono attribuiti seguendo l'ordine dei candidati nella lista (la cosiddetta **lista bloccata**, che attribuisce grande potere ai dirigenti di partito, perché questi, scegliendo l'ordine dei candidati, sostanzialmente scelgono coloro che potranno essere eletti).

Un *sistema maggioritario* ha un *effetto selettivo*, nel senso che l'accesso alle aule parlamentari viene consentito esclusivamente a chi ottiene più voti nei collegi, e quindi solamente alle forze politiche maggiori. Invece, tutte le forze minori che, pur ottenendo percentuali anche significative di voti, non raggiungono la maggioranza nei singoli collegi, non avranno rappresentanza parlamentare. Viceversa, i *sistemi proporzionali* garantiscono l'accesso in Parlamento anche alle minoranze politiche, avendo come obiettivo quello di *fotografare la realtà politica del Paese*, sicché si può dire che essi hanno un *effetto proiettivo*.

Bisogna precisare però che l'effetto più o meno selettivo del sistema può dipendere altresì da fattori diversi dalla formula elettorale. Abbiamo già visto come la dimensione del collegio può ostacolare oppure favorire l'accesso alla rappresentanza parlamentare delle forze politiche minori (collegi con pochi seggi hanno effetto selettivo, mentre collegi con molti seggi hanno effetto proiettivo). Si può aggiungere che in alcuni sistemi, pur in presenza di formule proporzionali, un certo grado di selettività è dato dalla presenza di una **clausola di sbarramento**, in virtù della quale possono accedere alla ripartizione dei seggi solamente le liste che a livello nazionale abbiano conseguito una percentuale significativa di voti (per esempio, in Germania il 5%), con la conseguenza di escludere i partiti più piccoli. Un altro modo di coniugare formule proporzionali ed effetto selettivo consiste nella previsione di un **premio di maggioranza**, per cui le coalizioni che superino una certa percentuale di voti hanno attribuito in premio un certo numero di seggi.

In conclusione, si può osservare che *il sistema elettorale influenza l'assetto del si-*

stema politico e, poiché quest'ultimo condiziona il funzionamento della forma di governo, gli equilibri di quest'ultima sono spesso collegati alle caratteristiche del sistema elettorale. Più precisamente, il sistema elettorale influenza il numero dei partiti che compongono il sistema politico (i *sistemi selettivi* favoriscono la riduzione del numero dei partiti, mentre i *sistemi proiettivi* favoriscono la loro moltiplicazione), ed anche il tipo di rapporto che si instaura tra i partiti medesimi (il maggioritario a doppio turno, per esempio, tendenzialmente favorisce l'aggregazione, perché per vincere al secondo turno i partiti devono stringere alleanze che tengano conto dei risultati ottenuti al primo turno).

1.3. *Il sistema di elezione del Parlamento in Italia*

Sino al 1993 in Italia le due Camere del Parlamento erano elette con un *sistema proporzionale*. Una società attraversata da profonde fratture e un sistema politico fortemente polarizzato dal punto di vista ideologico ponevano in primo piano l'esigenza di garantire la reciproca sopravvivenza di forze politiche ed ideologiche, inizialmente molto distanti; stimolavano inoltre la necessità di favorire la ricerca dell'accordo in luogo della contrapposizione che, stante le caratteristiche della società e del sistema politico, avrebbe potuto sfociare in esiti violenti e distruttivi del sistema. La legge elettorale proporzionale assicurava a tutte le forze politiche garanzie di sopravvivenza, evitava la concentrazione di troppo potere nelle forze maggioritarie, incentivava – in un Parlamento in cui nessun partito aveva la maggioranza assoluta dei seggi ed in cui le forze di opposizione avevano assicurata una consistente rappresentanza parlamentare – la ricerca dell'accordo e della mediazione.

Perciò, il sistema elettorale proporzionale è stato una componente importante del **parlamentarismo compromissorio**, che per molti anni ha caratterizzato la democrazia italiana: un sistema basato su accordi tra maggioranza di governo e partiti di opposizione, piuttosto che sulla loro contrapposizione.

Le trasformazioni della società italiana, con il superamento delle iniziali contrapposizioni ideologiche, la crisi dei partiti e le crescenti difficoltà di funzionamento del parlamentarismo compromissorio, hanno prodotto una spinta verso una **democrazia maggioritaria**. Questa spinta ha avuto il momento di più alta tensione politica con il *referendum* elettorale del 1993, che ha avuto una delle più elevate percentuali di sì (oltre l'80%) dell'intera storia del *referendum* in Italia. Questo *referendum* riguardava l'abrogazione di alcune norme della legge elettorale del Senato. Infatti, per motivi abbastanza casuali, la legislazione per l'elezione del Senato consentiva che, attraverso l'abrogazione di alcune sue norme, il sistema si trasformasse in senso prevalentemente maggioritario-uninominale che ha favorito il bipolarismo, ossia la formazione di due coalizioni politiche contrapposte.

Tuttavia, nel 2005 il sistema elettorale maggioritario è stato abbandonato. Al suo posto è stato introdotto un *sistema elettorale proporzionale* (legge 270/2005, il c.d. ***Porcellum***) che ha reso estremamente difficile la formazione di coalizioni politiche stabili e ha suscitato molte critiche di incostituzionalità. Anche la legge elettorale per la Camera approvata nel 2015 (il c.d. *Italicum*) è stata però dichiarata parzialmente illegittima dalla Corte costituzionale (sent. 35/2017).

Il sistema elettorale che risulta dai tagli apportati dalle decisioni della Corte è un sistema proporzionale con voto di preferenza ed un premio di maggioranza alla Camera per la lista che ottenga il 40% dei voti. Ma non è certamente questo l'unico sistema compatibile con i principii formulati dal Giudice delle leggi. La Corte ha ribadito che la Costituzione non impone un particolare sistema elettorale, quindi neppure uno proporzionale. Piuttosto – ed è questa la novità delle decisioni in esame – impone che via sia un bilanciamento degli interessi costituzionalmente protetti ai fini della formazione dell'organo parlamentare – rappresentatività e governabilità – e che via sia una proporzione tra i mezzi scelti e gli obiettivi perseguiti.

2. La forma di governo italiana

La **forma di governo** è il complesso dei rapporti che legano gli organi costituzionali politici, cioè il Presidente della Repubblica, il Parlamento e il Governo. La forma di governo italiana, delineata dalla Costituzione, è una *forma di governo parlamentare*, basata sul **rapporto di fiducia** tra Governo e Parlamento. Per garantire una certa stabilità di questo rapporto, la Costituzione detta una disciplina abbastanza precisa e molto elastica dei modi con cui si esso inizia e finisce.

A) Per quanto riguarda la sua *formazione*, la disciplina è contenuta negli artt. 92.2, 93 e 94 Cost. Essi consacrano le seguenti regole:

1. il Presidente della Repubblica nomina il Presidente del Consiglio (art. 92.2);
2. i ministri sono nominati dal Presidente della Repubblica su proposta del Presidente del Consiglio;
3. i membri del Governo, prima di assumere le loro funzioni, devono *giurare* nelle mani del Capo dello Stato (art. 93);
4. entro dieci giorni dalla sua formazione il Governo deve presentarsi alle Camere per ottenere la *fiducia* (art. 94.3);
5. la *fiducia* è accordata e revocata mediante *mozione motivata* votata per appello nominale (art. 94.2).

B) Per quanto riguarda la cessazione del Governo dalla carica, la Costituzione prevede la **mozione di sfiducia**, che è l'atto con cui il Parlamento interrompe il rapporto di fiducia con il Governo, obbligandolo alle dimissioni.

1. La mozione di sfiducia, al pari di quella iniziale di fiducia, deve essere *motivata* e votata per **appello nominale** (i parlamentari sono chiamati uno alla volta ad esprimere il proprio voto).
2. La mozione di sfiducia deve essere *firmata da almeno un decimo* dei componenti della Camera.
3. La mozione non può essere messa in discussione prima di *tre giorni* dalla sua presentazione.
4. Il voto contrario di una o di entrambe le Camere su una proposta del Governo non comporta obbligo di dimissioni (art. 94.4).

5. Se la mozione di sfiducia è approvata anche solo da una Camera, il Governo è obbligato a dimettersi.

Il voto per **appello nominale** significa che ogni membro della Camera viene chiamato ed esprime pubblicamente il suo voto. Ciò comporta una chiara assunzione di responsabilità politica da parte di chi fa cadere il Governo nei confronti degli elettori e dei partiti, impedendo il fenomeno dei c.d. **franchi tiratori** (nel gergo parlamentare si chiamano così i deputati che si nascondono dietro al voto segreto per minare la maggioranza). Inoltre, la mozione di sfiducia non può essere messa in discussione prima di *tre giorni* dalla sua presentazione. In questo modo, si assicura la presenza di un periodo di decantazione e di riflessione, prima della votazione della sfiducia e si scoraggiano i colpi di mano (i c.d. **assalti alla diligenza**).

Di fatto, però, questa disciplina volta alla razionalizzazione della fiducia non ha mai operato, in quanto nell'esperienza repubblicana le **crisi di Governo** sono nate non già a seguito della presentazione di una mozione di sfiducia, bensì a causa della rottura degli accordi tra i partiti che davano vita alla maggioranza ed al Governo. Ciò deriva dal fatto che la **maggioranza politica** che ha sostenuto i Governi in Italia è sempre stata una **coalizione** di più partiti: la rottura della coalizione causa le dimissioni del Governo senza che sia necessario un voto del Parlamento (c.d. **crisi extraparlamentari**).

✓ FIDUCIA PARLAMENTARE E "GOVERNI TECNICI"

Quanto esposto non esclude che, in fasi di mutamento politico, i partiti preferiscano non impegnarsi in modo particolarmente visibile in un'alleanza politica. In queste fasi si è fatto ricorso a Governi con un'identità politica sbiadita, aventi dichiaratamente una funzione transitoria, in attesa che maturassero gli accordi tra le forze politiche. A seconda delle circostanze si è parlato di **Governi ponte**, **Governi di transizione**, **Governi tecnici**, e così via. Ma, comunque, anche in questi casi il Governo ha dovuto avere l'iniziale investitura fiduciaria, che presuppone il sostegno da parte di alcune forze politiche (magari ottenuto ricorrendo all'espediente dell'astensione in sede di votazione della fiducia).

Non direttamente prevista dalla Costituzione è la **questione di fiducia**, che può essere posta dal Governo su una sua iniziativa che richiede l'approvazione parlamentare (per esempio, un disegno di legge). In questo caso, il Governo dichiara che, ove la sua proposta non dovesse essere approvata dal Parlamento, trattandosi di una proposta necessaria per l'attuazione dell'indirizzo concordato con la maggioranza, riterrà venuta meno la fiducia di quest'ultima e, come conseguenza, rassegnerà le sue dimissioni. La questione di fiducia, dunque, costituisce uno strumento attraverso cui il Governo rivendica la sua responsabilità per l'attuazione dell'indirizzo e, ponendo l'alternativa secca tra approvazione e crisi, opera come mezzo di pressione sulla maggioranza, affinché resti compatta e coerente con le scelte di indirizzo su cui si basa il rapporto di fiducia con il Governo. Alla *questione di fiducia* si applicano regole analoghe a quelle previste per la *mozione di sfiducia*, per cui il Governo ne trae evidenti vantaggi: la discussione viene aggiornata (così da consentire alla maggioranza di serrare i ranghi), la votazione è per appello nominale e, per di più, viene bloccata la votazione degli emendamenti presentati (vedi art. 116 del Reg. Camera).

3. Il Governo

Il **Governo** è un organo costituzionale complesso, formato dal Presidente del Consiglio, dai ministri e dall'organo collegiale Consiglio dei ministri. Il Governo esercita una quota rilevante dell'attività di *indirizzo politico*, delle potestà pubbliche proprie della *funzione esecutiva*, nonché importanti poteri normativi; ma la dimensione effettiva del suo potere politico dipende dagli equilibri della complessiva forma di governo e dal grado di attuazione dei principi del decentramento politico e dell'economia di mercato.

Pertanto, il ruolo del Governo italiano, le modalità della sua formazione e del suo funzionamento hanno risentito notevolmente dei diversi equilibri assunti dalla complessiva forma di governo.

Per ciò che riguarda la *struttura*, l'art. 92.1 Cost. si limita a citare quali sono gli **organi governativi necessari**, cioè il *Presidente del Consiglio* ed i *ministri*: insieme essi danno vita ad un terzo organo, il *Consiglio dei ministri*. Questa elencazione stabilisce gli organi di cui necessariamente si compone il Governo, ma non esclude che la legge ne individui altri, purché rispetti le competenze dei primi direttamente stabilite in Costituzione. Infatti, nell'esperienza repubblicana si è vista l'affermazione di altri organi, che possono esserci o non esserci nella singola compagine governativa, trattandosi di **organi governativi non necessari** (come il Vice-presidente del Consiglio, i ministri senza portafoglio, i sottosegretari di Stato). Particolare rilievo assumono i **Comitati interministeriali**, che hanno competenze a deliberare in via definitiva su determinati oggetti, adottando atti produttivi di effetti giuridici verso l'esterno. In particolare, fra questi, va menzionato il **CIPE** (**Comitato interministeriale per la programmazione economica**), cui la legislazione attribuisce competenze in materia di politica economica, soprattutto mediante la fissazione di indirizzi generali e la ripartizione di risorse finanziarie in alcuni settori.

✓ LA DISCIPLINA DEL GOVERNO

Per quanto riguarda il *funzionamento*, l'art. 95 Cost. rinvia alla **legge sull'ordinamento della Presidenza del Consiglio dei ministri** per una più puntuale disciplina dell'organizzazione e del funzionamento del Governo; questa legge è stata approvata solamente nel 1988 (legge 23 agosto 1988, n. 400); in attuazione della stessa sono stati adottati il **regolamento interno del Consiglio dei ministri** (con Decreto del Presidente del Consiglio dei ministri 10 novembre 1993). Più di recente, nel 1999, sono stati emanati un decreto legislativo di riordinamento delle Presidenza del Consiglio (d.lgs. 303/1999) ed un decreto legislativo di riordino dell'amministrazione centrale (cioè dei ministeri e della Presidenza del Consiglio).
Per quanto concerne i *rapporti con la pubblica amministrazione*, le regole costituzionali sono fissate dagli artt. 95, 97 e 98 (→ § V.2).

I principi che presiedono al riparto di funzioni tra gli organi che compongono il Governo sono:

1. il *principio della responsabilità politica di ciascun ministro*, che, per il nesso esistente tra responsabilità e potere (dire che un soggetto è responsabile di qualche cosa

equivale a dire che quel soggetto ha il potere di fare quella cosa), comporta il riconoscimento dell'autonomia di ciascun ministro nella direzione del suo ministero (cioè del ramo dell'amministrazione statale cui è preposto);

2. il *principio della responsabilità politica collegiale*, incentrata nel Consiglio dei ministri, che è l'organo che assume tutte le decisioni rilevanti per l'indirizzo politico, cioè sulle questioni che riguardano la *politica generale del Governo*;

3. il *principio della direzione politica monocratica*, basata cioè sui poteri del Presidente del Consiglio. Il Presidente del Consiglio ha il potere di indirizzare **direttive politiche e amministrative** ai ministri, in attuazione della politica generale del Governo; questo potere, ritenuto implicito nell'attribuzione dei compiti di direzione della politica generale, consiste nell'individuazione di fini politici o di principi di azione, che comunque lasciano spazio all'autonomia dei ministri in ordine alle modalità di attuazione.

✓ COME IL PRESIDENTE FA FUNZIONARE IL CONSIGLIO DEI MINISTRI

Il *regolamento interno del Consiglio dei ministri* ha previsto che:
– il ministro che intende proporre un provvedimento da inserire all'ordine del giorno del Consiglio ne deve fare richiesta al Presidente del Consiglio, insieme con la relativa documentazione;
– almeno cinque giorni prima della riunione del Consiglio dei ministri, il Presidente del Consiglio dirama a tutti i ministri gli schemi dei provvedimenti su cui il Consiglio dovrà deliberare;
– gli schemi dei provvedimenti ed i relativi documenti devono essere esaminati nel corso di una *riunione preparatoria presso la Presidenza del Consiglio*, da tenere almeno due giorni prima della seduta del Consiglio, al fine di pervenire alla loro redazione definitiva;
– nessuna questione può essere inserita all'ordine del giorno del Consiglio dei ministri se non è stata esaminata nel corso della riunione preparatoria.
Attraverso questa disciplina si conseguono due risultati. In primo luogo, si assicura la circolazione delle informazioni all'interno del Governo sulle questioni sulle quali dovrà deliberare il Consiglio, che, grazie alla previa informazione, potrà risolvere i problemi di coordinamento tra le diverse iniziative ministeriali; in secondo luogo, si concentra nel Presidente del Consiglio e nelle sue strutture serventi (cioè la Presidenza del Consiglio) il coordinamento preventivo delle attività dei ministri, visto che solo dopo la riunione preparatoria e la redazione di una proposta di deliberazione compatibile con l'indirizzo del Governo, essa viene iscritta all'ordine del giorno della seduta del Consiglio dei ministri.

La forma di governo parlamentare prevista dalla Costituzione italiana esclude che il corpo elettorale *formalmente* possa scegliere il Presidente del Consiglio, ma la disciplina costituzionale (artt. 92, 93, 94) è compatibile tanto con diverse modalità di formazione del Governo. Determinante è la legislazione elettorale. Per lunghissimo tempo la formazione del Governo è avvenuta secondo prassi coerenti con un sistema elettorale proporzionale che non consentiva agli elettori di scegliere la coalizione che avrebbe espresso il Governo. La riforma elettorale del 1993 (c.d. *Mattarellum*), che è seguita a un *referendum* abrogativo votato a larga maggioranza dagli elettori, ha invece introdotto un sistema bipolare in cui le coalizioni si formavano prima delle elezioni, già indicando il *leader* che avrebbe presieduto il Governo in caso di vittoria. Ma nel 2006 una nuova legge elettorale (c.d. *Porcellum*) ha nuovamente complicato le cose, sino al punto da essere dichiarata illegittima dalla Corte costituzionale (→ § III.1.3).

Attualmente si sta discutendo una nuova riforma elettorale (c.d. ***Italicum***) che dovrebbe ripristinare un sistema bipolare.

La Costituzione si limita a prevedere che il Capo dello Stato nomini il Presidente del Consiglio e, su sua proposta, i ministri (art. 92). Tale norma costituzionale affida al Capo dello Stato, eventualmente dopo avere svolto le consultazioni, la nomina del Presidente del Consiglio, che poi propone al Capo dello Stato la *lista dei ministri* da nominare. Ma la scelta dei ministri, nei Governi di coalizione, è oggetto di delicate (e spesso lunghe) trattative trai partiti: perciò, la prassi ha visto l'affermazione di una figura non espressamente contemplata dalla Costituzione, cioè l'**incarico** per la formazione del Governo, il cui conferimento precede la nomina del Presidente del Consiglio e dei ministri.

Se manca una coalizione elettorale o se i risultati elettorali non consentono alla coalizione che ha vinto le elezioni di godere di una sicura maggioranza parlamentare, cresce la discrezionalità del Capo dello Stato nella scelta della persona cui conferire l'incarico per la formazione del Governo. La discrezionalità del Presidente della Repubblica si allarga notevolmente nelle fasi di crisi del sistema politico, quando a lui è rimesso il compito di trovare quella personalità che possa coalizzare attorno a sé una maggioranza e abbia le caratteristiche adatte per fronteggiare l'eccezionalità di questi periodi. In taluni di questi casi il Presidente della Repubblica ha scelto personalità di grande autorevolezza tecnica, non appartenenti a nessun partito o addirittura non elette, formando dei Governi che sono stati chiamati **Governi tecnici** (l'ultimo esempio ne è stato il Governo Monti, nominato nel novembre 2011), che oltre ad avere la fiducia costituzionalmente necessaria godono del costante sostegno dello stesso Capo dello Stato.

Esaurita l'attività dell'incaricato e formata la lista dei ministri, il Presidente della Repubblica **nomina** con proprio decreto il Presidente del Consiglio e quindi, su proposta di quest'ultimo, i ministri. Dopo la nomina, entro un brevissimo periodo (di regola meno di ventiquattro ore) il Presidente del Consiglio ed i ministri, ai sensi dell'art. 93 Cost., prestano **giuramento** nelle mani del Presidente della Repubblica. *Con il giuramento, ai sensi dello stesso articolo, il Governo è immesso nell'esercizio delle sue funzioni*, e perciò termina il procedimento della sua formazione.

4. Il Parlamento

4.1. *La struttura del Parlamento*

La struttura dei Parlamenti moderni può essere bicamerale o monocamerale. La Costituzione italiana ha optato per la prima alternativa, prevedendo l'articolazione del Parlamento in due Camere: la Camera dei deputati ed il Senato della Repubblica (art. 55.1).

✓ BICAMERALISMI E MONOCAMERALISMO

Il bicameralismo caratterizza principalmente gli Stati federali (→ § I.9) e rinviene la sua ragion d'essere nell'esigenza di avere una Camera in cui siano rappresentati gli Stati membri (il *Bundesrat* in Germania, il Senato negli USA). Invece, negli ordinamenti non federali, il bicameralismo è giustificato in quanto la seconda Camera dovrebbe consentire di meglio ponderare le decisioni che il Parlamento assume. In questi ordinamenti, però, di regola c'è un **bicameralismo imperfetto**: le due Camere hanno una diversa composizione e hanno poteri diversi: in alcuni ordinamenti (per es., Francia, Germania, Regno Unito, Irlanda e Spagna) la seconda Camera non può votare la sfiducia al Governo; di regola, nella materia finanziaria è prevista una preminenza della "prima Camera", sia per quanto concerne l'iniziativa delle leggi che la decisione (per es. nel Regno Unito); sono presenti meccanismi per superare l'eventuale contrasto tra i due rami del Parlamento facendo prevalere la prima Camera (così in Francia, in caso di contrasto fra le due Camere, il Governo ha il potere di far decidere in modo definitivo la prima Camera).
Il **monocameralismo**, invece, si collega all'esigenza di rafforzare il Parlamento, soprattutto in quei sistemi costituzionali che vedono nell'Assemblea l'organo in cui si esprime la sovranità popolare (l'antecedente storico, infatti, è offerto dall'Assemblea monocamerale della convenzione francese degli anni 1792-1793), sebbene sia stato previsto anche da Costituzioni recenti che non accolgono l'idea dell'onnipotenza parlamentare (Portogallo, 1976, Svezia, 1975, Danimarca, 1953).

La Costituzione (artt. 55-82) – e soprattutto la prassi – ha optato per un **bicameralismo perfetto** (o **paritario**), con due Camere dotate delle medesime funzioni, aventi lievissime differenziazioni strutturali, ed ha previsto un aggancio del Senato al territorio regionale (il Senato è "*eletto a base regionale*" dice l'art. 57) dal significato non ben delineato. Di conseguenza, ciascuna Camera può deliberare la concessione o il ritiro della fiducia al Governo (art. 94), mentre la formazione di una legge richiede che ciascuno dei due rami del Parlamento adotti una deliberazione avente ad oggetto il medesimo testo legislativo ("*la funzione legislativa è esercitata collettivamente dalle due Camere*", afferma l'art. 70).

Vi sono solamente alcune *differenziazioni relative alla composizione dei due rami del Parlamento*: Camera e Senato hanno una consistenza numerica differente (dopo la riforma costituzionale del 2020, 315 sono i deputati e 200 sono i senatori elettivi), e solo per la seconda Camera è previsto che il Presidente della Repubblica possa nominare cinque "senatori a vita" (art. 59 Cost.). Sono stabilite età diverse per essere eletti deputati e senatori (rispettivamente 25 e 40 anni) ed età diverse per eleggere deputati e senatori (rispettivamente 18 e 25 anni). Ma le differenze strutturali si fermano qui. La legge cost. 2/1963 ha stabilito una durata analoga per entrambi i rami del Parlamento, che è pari a cinque anni (il periodo in cui le due Camere durano in carica si chiama **legislatura**). Le leggi elettorali per le due Camere, pur presentando qualche differenza nel meccanismo di riparto dei seggi (specie in ragione della "base regionale" che deve caratterizzare l'elezione del Senato), sono caratterizzate entrambe dalle stesse regole di fondo, il che però non garantisce dal rischio che nelle due Camere vi siano maggioranze politiche diverse con conseguente rischio di stallo decisionale.

La conseguenza del bicameralismo paritario italiano è l'appesantimento del processo decisionale parlamentare, poiché prima che la legge si perfezioni è necessario che le due Camere approvino il medesimo testo e se una vi apporta qualche modifica dopo l'approvazione dell'altra, quest'ultima dovrà pronunciarsi una seconda volta. Un processo decisionale lungo, con tante "tappe", aumenta le possibilità che i gruppi portatori di interessi sezionali trovino accesso nel circuito parlamentare, per ottenere modifiche dei progetti di legge a loro vantaggio, anche a scapito della qualità della legislazione e della coerenza dell'indirizzo politico della maggioranza.

Attualmente è in corso un procedimento di revisione della Costituzione rivolto a superare il bicameralismo "perfetto" e a rendere il Senato una camera di rappresentanza territoriale.

4.2. *Il Parlamento in seduta comune*

La Costituzione ha previsto anche il **Parlamento in seduta comune**, che è un organo collegiale composto da tutti i parlamentari (deputati e senatori) per lo svolgimento di alcune particolari funzioni. È considerato però un *collegio imperfetto*, perché non è padrone del proprio ordine del giorno; viene riunito solo per specifiche funzioni, tassativamente elencate dalla Costituzione, che consistono in compiti *elettorali* e nella funzione *accusatoria*:

a) l'elezione del Presidente della Repubblica (cui partecipano anche i delegati dalle Regioni: → § III.6);
b) l'elezione di cinque giudici costituzionali (→ § IX.4);
c) l'elezione di un terzo dei componenti del Consiglio superiore della magistratura (→ § IX.3);
d) la votazione dell'elenco dei cittadini dal quale si sorteggiano i membri "aggregati" alla Corte costituzionale per giudicare sulle accuse costituzionali (→ § IX.4);
e) la messa in stato d'accusa del Presidente della Repubblica (→ § IX.4).

Esso è presieduto dal Presidente della Camera dei deputati e per il suo funzionamento si applicano le disposizioni del regolamento della Camera dei deputati.

4.3. *I regolamenti e l'organizzazione del Parlamento*

Tanto l'organizzazione interna del Parlamento quanto lo svolgimento delle sue funzioni trovano la loro disciplina fondamentale nel testo costituzionale e nei regolamenti parlamentari. A questi ultimi la Costituzione demanda la disciplina del *funzionamento interno di ciascuna Camera* e la disciplina del procedimento legislativo. Ciascuna Camera adotta il proprio regolamento a *maggioranza assoluta* dei suoi membri. Il fatto che non sia sufficiente la maggioranza semplice si spiega in quanto i regolamenti definiscono le regole del funzionamento del Parlamento, le quali devono avere un certo grado di stabilità (sono *le regole del gioco parlamentare*) e possibilmente essere condivise dalle forze di maggioranza e da quelle di minoranza. La riserva di competenza regolamentare operata dall'art. 64 Cost. fonda pure i c.d. *regolamenti minori*, cioè quei regolamenti che singoli organi parlamentari (per esempio, le commissioni bicamerali di vigilanza) si danno per disciplinare la propria organizzazione interna.

La disciplina contenuta nei regolamenti parlamentari varia in funzione dei diversi equilibri della forma di governo che, da parte sua, concorre a determinare. I regolamenti parlamentari e le loro modifiche, infatti, sono stati approvati in tutte le fasi di modificazione degli equilibri della forma di governo e, operando nell'ambito dei limiti ricavabili dalla Costituzione, hanno definito diversi tipi di rapporto tra maggioranza e minoranze, tra Governo e Parlamento.

Ciascun ramo del Parlamento ha un'organizzazione interna complessa, dove agiscono diversi organi: il presidente d'assemblea, l'ufficio di presidenza, le commissioni, i gruppi parlamentari, la conferenza dei capigruppo.

I due **Presidenti dell'assemblea** rappresentano rispettivamente la Camera dei deputati ed il Senato della Repubblica ed hanno il compito di regolare l'attività di tutti i loro organi facendo osservare il regolamento: sulla base di questo, dirigono la discussione e mantengono l'ordine, giudicano della ricevibilità dei testi, sovrintendono all'organizzazione interna, alle funzioni attribuite ai Questori e assicurano il buon andamento delle strutture amministrative di supporto all'attività parlamentare, impartendo le necessarie direttive. Le differenze più significative fra Presidente della Camera dei deputati e Presidente del Senato della Repubblica, secondo il testo costituzionale, sono le seguenti: il primo presiede il Parlamento in seduta comune ed il secondo supplisce il Capo dello Stato nelle ipotesi d'impedimento ai sensi dell'art. 86 Cost. Entrambi devono essere sentiti dal Presidente della Repubblica, prima di sciogliere anticipatamente le Camere (art. 88 Cost.).

Successivamente all'elezione dei Presidenti, le Camere provvedono all'elezione dei *vicepresidenti*, dei *deputati (o senatori) questori* e dei *segretari* che costituiscono l'Ufficio di presidenza, il cui compito, secondo i regolamenti parlamentari, è quello di coadiuvare il Presidente nell'esercizio delle sue funzioni.

I regolamenti parlamentari stabiliscono che, nell'Ufficio di presidenza, siano rappresentati tutti i gruppi parlamentari; a tal fine il Presidente, prima dell'elezione dei membri di detto ufficio, promuove le opportune intese fra i gruppi parlamentari. In questo modo si assicura la presenza di parlamentari riconducibili agli schieramenti di maggioranza e opposizione.

Un ruolo fondamentale nell'organizzazione di ciascuna Camera è svolto dai **gruppi parlamentari**. Con questa espressione normalmente si indicano le unioni dei membri di una Camera, espressione dello stesso partito o movimento politico, che si costituiscono con organizzazione stabile e disciplina di gruppo. La Costituzione si limita a menzionarli agli artt. 72 e 82 per stabilire che le commissioni, sia quelle permanenti che le commissioni d'inchiesta, devono essere formate in modo da rispecchiare la consistenza dei gruppi parlamentari. Pertanto, quanto attiene la costituzione e le funzioni dei gruppi si ricava dai regolamenti della Camera dei deputati (artt. 14-15) e del Senato (artt. 14-16). Gli statuti dei partiti disciplinano anch'essi i gruppi, incaricandoli di tradurre in decisioni parlamentari la linea politica approvata dai vertici del partito stesso.

Il rilievo particolare dei gruppi in Parlamento si evince da quelle disposizioni regolamentari, le quali prevedono che entro pochi giorni dalla prima riunione (due alla Camera, tre al Senato) i parlamentari debbano "dichiarare" a quale gruppo appartengono. I parlamentari che non effettuano la dichiarazione di voler far parte di un determinato gruppo (per esempio, perché espressione di un piccolo partito che non è in grado di formare un gruppo autonomo, oppure perché in conflitto con il partito nelle cui file sono stati eletti) confluiscono in un unico gruppo denominato **gruppo misto**.

Le **commissioni parlamentari** sono organi collegiali che possono essere *permanenti o temporanei, monocamerali o bicamerali.* La costituzione sia delle Giunte che delle Commissioni deve avvenire in modo da rispecchiare la *proporzione* dei vari gruppi parlamentari.

Le *commissioni parlamentari temporanee* (come le commissioni d'inchiesta previste dall'art. 82 Cost.) assolvono compiti specifici e durano in carica il tempo stabilito per l'adempimento della loro particolare funzione. Le *commissioni permanenti* sono invece organi stabili e necessari di ciascuna Camera, titolari di importanti poteri nell'ambito del procedimento legislativo e sono "specializzate" per materia. Inoltre, esse si riuniscono per ascoltare e discutere comunicazioni del Governo e per esercitare le funzioni di *indirizzo, di controllo e di informazione* secondo quanto stabilito dal regolamento; si riuniscono poi *in sede consultiva* per esprimere pareri.

La **funzione consultiva del Parlamento** ha assunto nei tempi più recenti un grande rilievo. Ciò è in parte dovuto alle trasformazioni che hanno riguardato il sistema delle fonti, nel quale si privilegia l'esercizio delegato della funzione legislativa e la potestà regolamentare dell'esecutivo (→ § VII).

Le **commissioni bicamerali** sono formate in parte eguale da rappresentanti delle due Camere. Anche la loro formazione deve rispecchiare la proporzione dei vari gruppi parlamentari. Con legge sono state istituite commissioni bicamerali con poteri di controllo, di indirizzo e di vigilanza.

Le **Giunte** sono organi collegiali previsti dai regolamenti parlamentari per l'esercizio di funzioni diverse da quelle legislative e di controllo:

a) per l'esercizio di compiti di garanzia della corretta osservanza del regolamento e di elaborazione di proposte di modifica dello stesso (giunta per il regolamento);

b) per la verifica dell'assenza di cause di ineleggibilità e di incompatibilità e per la garanzia delle prerogative parlamentari (rispettivamente giunta delle elezioni e giunta delle autorizzazioni a procedere, alla Camera; al Senato unificate in una sola giunta).

4.4. *Il funzionamento del Parlamento*

La durata in carica delle due Camere è pari a *cinque anni*. La stessa Costituzione prevede che le funzioni della Camera dei deputati e del Senato possano essere esercitate anche al di là del termine di scadenza, nel caso della *prorogatio* (art. 61.2 Cost.) e della **proroga** con legge, che può essere disposta solo nel caso di guerra (art. 60.2 Cost.). La ***prorogatio***, invece, è un istituto in virtù del quale l'organo scaduto non cessa di esercitare le sue funzioni, fino a quando non si sia provveduto al suo rinnovo. Al fine di assicurare la continuità funzionale del Parlamento, la Costituzione stabilisce che i poteri delle Camere scadute sono prorogati "*finché non siano riunite le nuove Camere*". La *prorogatio* cessa con la "*prima riunione delle nuove Camere*": va però considerato che i neoeletti acquistano lo *status* di parlamentare al momento della proclamazione.

Altri aspetti del funzionamento del Parlamento riguardano la validità delle sedute e le modalità del voto parlamentare.

Per la **validità della seduta**, la Costituzione richiede la maggioranza dei componenti, ciò significa che il numero legale (***quorum* strutturale**) della seduta si raggiunge con la partecipazione alla stessa della metà più uno dei deputati o dei senatori. Il numero legale si presuppone esistente fino al momento in cui, richiesta la verifica da parte di alcuni parlamentari o dal Presidente dell'Assemblea, se ne accerti la mancanza. In quest'ultimo caso, la seduta è rinviata o è tolta. Per la **validità delle deliberazioni** è richiesta, salvo che la Costituzione non prescriva maggioranze diverse, la maggioranza dei presenti (***quorum* funzionale**).

I regolamenti di Camera e Senato dettano disposizioni differenti circa il computo delle **astensioni**. Astenuto è colui che, al momento della votazione, non si esprime in modo né favorevole, né contrario, ma per l'appunto si astiene. Alla Camera, i deputati i quali abbiano dichiarato di astenersi sono computati ai fini del numero legale nelle votazioni in cui esso debba essere accertato, ma sono considerati come *non presenti* nel computo della maggioranza richiesta per l'adozione della deliberazione (artt. 46 e 48 Reg.). Al contrario, al Senato (artt. 107-108 Reg.) chi è intenzionato ad astenersi si allontana fisicamente dall'aula o dalla commissione, così da raggiungere un risultato analogo a quello che si raggiunge alla Camera dei deputati (cioè di non essere computati ai fini della determinazione della maggioranza richiesta per l'approvazione del provvedimento).

✓ MAGGIORANZE

Di regola le Camere deliberano votando a **maggioranza relativa o semplice** (basta la metà più uno dei *voti espressi*), ma in alcuni casi previsti dalla Costituzione occorrono quorum deliberativi più elevati, come la **maggioranza assoluta** (pari alla metà più uno dei *membri del collegio*), oppure una **maggioranza qualificata** (corrispondente ad una porzione assai consistente dei *membri del collegio*, per esempio i 2/3). Prevedendo **quorum deliberativi** elevati sostanzialmente si rende difficile ai soggetti che formano la maggioranza di decidere da soli e si fa in modo che su certe questioni le minoranze siano, in qualche misura, associate alla decisione. Naturalmente ciò avviene allorché si deve decidere in ordine ad oggetti che, per la loro natura, coinvolgono direttamente interessi vitali delle minoranze. Perciò, la Costituzione italiana stabilisce maggioranze speciali: 1) per l'elezione del Presidente della Repubblica, che è un organo di garanzia costituzionale; 2) per l'elezione dei giudici costituzionali di nomina parlamentare; 3) per la funzione di revisione costituzionale e per l'approvazione di leggi costituzionali; 4) per l'approvazione del regolamento interno con cui ciascuna Camera disciplina la sua organizzazione ed il suo funzionamento; 5) per alcune specifiche leggi (per es., la legge di amnistia o quella che disciplina il bilancio).

In ordine alle modalità del voto, la regola generale è quella secondo cui si procede con **voto palese**, l'eccezione è il **voto segreto**. Questo a seguito della "storica" limitazione del voto segreto, disposta dalla Camera e dal Senato con la novella regolamentare del 1988, dopo che lo stesso Governo aveva sollevato il problema. Al voto segreto si fa ricorso tutte le volte nelle quali le deliberazioni riguardino persone; può essere richiesto da un certo numero di parlamentari il voto segreto per le leggi che riguardino principi e diritti di libertà costituzionali, i diritti della famiglia di cui agli artt. da 29 a 31, i diritti della persona umana di cui all'art. 32.2 Cost. (artt. 49 Reg. Camera; 113 Reg. Senato). Il voto può essere espresso per alzata di mano, per appello nominale, mediante procedimento elettronico, per schede.

Per regola generale le sedute delle Camere sono pubbliche; il **principio della pubblicità dei lavori parlamentari** si concretizza anche attraverso i resoconti sommari e stenografici delle discussioni che si svolgono all'interno del Parlamento. La consultazione tramite *internet* delle banche dati della Camera dei deputati e del Senato della Repubblica consentono a tutti coloro che hanno desiderio di conoscere e studiare l'attività parlamentare di attingere informazioni di varia natura e di poter ricostruire lo svolgimento delle singole attività.

I regolamenti di Camera e Senato tendono ad assicurare *tempi certi* all'esame dei progetti inseriti nel programma e poi nel calendario: è stabilito *preventivamente* il *tempo disponibile* per la discussione. Il Governo può fare così affidamento su *tempi predeterminati* per l'esame dei disegni di legge con i quali intende attuare il suo indirizzo.

V'è inoltre una **corsia preferenziale** per la manovra di bilancio (disegni di legge di bilancio e provvedimenti collegati: → § III.5) e per le leggi comunitarie.

✓ IL METODO DELLA PROGRAMMAZIONE DEI LAVORI

Il metodo della programmazione serve a bilanciare le *esigenze della maggioranza*, che ha il diritto di realizzare l'indirizzo su cui è stata accordata la fiducia al Governo, e la *garanzia del ruolo delle opposizioni*.

L'ordine dei lavori si basa sulla predisposizione del **programma**, del **calendario** e dell'**ordine del giorno.** Il *programma* contiene l'elenco degli argomenti che la Camera intende esaminare, sulla base delle indicazioni del Governo e dei gruppi, con le relative priorità per un periodo di tempo di almeno due mesi e, comunque non superiore a tre mesi (Il regolamento del Senato parla di sessioni bimestrali). Il *calendario* specifica il programma e indica quali materie saranno trattate nelle singole sedute previste; l'*ordine del giorno*, che organizza i lavori di ogni singola seduta, ha a questo punto una funzione esecutiva. Tanto il programma che il calendario sono approvati, alla Camera dei deputati, con il consenso dei Presidenti dei gruppi che rappresentano i tre quarti dei componenti la Camera. Qualora tale maggioranza non sia raggiunta, il programma e il calendario sono predisposti dal Presidente – per un periodo di tempo pari ad una settimana – e diventano esecutivi dopo la comunicazione all'assemblea. Per il Senato, programma e calendario sono approvati dalla Conferenza dei presidenti dei gruppi all'unanimità; se non si raggiunge l'unanimità, il Presidente predispone uno schema che comunica all'assemblea: è quest'ultima a deliberare su eventuali proposte di modifica.

Programma e calendario riservano una parte del tempo agli argomenti indicati dai gruppi diversi da quelli che sostengono la maggioranza.

La Conferenza dei presidenti dei gruppi parlamentari determina il tempo a disposizione dei gruppi per la discussione degli argomenti iscritti nel calendario. Alla Camera dei deputati, il regolamento tiene conto della reale articolazione delle forze politiche e stabilisce che a tutti i gruppi spetta una quota uguale di tempo, a cui se ne aggiunge un'altra stabilita in proporzione della consistenza di ciascun gruppo. Tutte le volte nelle quali la Camera è chiamata a discutere dei disegni di legge d'iniziativa governativa, la Conferenza deve attribuire ai gruppi delle opposizioni una quota più ampia di quella riservata ai gruppi della maggioranza (art. 24.7).

✓ LE PREROGATIVE PARLAMENTARI

Con l'espressione prerogative parlamentari si fa riferimento agli istituti che, in deroga al diritto comune, mirano a salvaguardare il libero e ordinato esercizio delle funzioni parlamentari, ponendole al riparo dai condizionamenti che altri poteri dello Stato potrebbero esercitare. Pertanto, le prerogative non sono privilegi dei singoli, ma garanzie dell'indipendenza del Parlamento, con la conseguenza che sono irrinunciabili e indisponibili da parte del singolo parlamentare. In particolare, esse dovrebbero servire a tutelare la libertà di opinione dei parlamentari, che sta alla base di un corretto svolgimento della vita parlamentare, e a porli a riparo da azioni della magistratura penale che siano pretestuose, in quanto dirette solamente a condizionarne l'operato politico.
L'art. 68 Cost. prevede due distinti istituti:
1. l'**insindacabilità** in qualsiasi sede (penale, civile, disciplinare) per le opinioni espresse ed i voti dati nell'esercizio delle funzioni parlamentari;
2. l'**immunità penale**, in virtù della quale il parlamentare non può essere sottoposto a misure restrittive della libertà personale o domiciliare, né a limitazioni della libertà di corrispondenza e comunicazione senza la previa autorizzazione della Camera di appartenenza (salvo che non sia colto in flagranza di reato o non sia condannato in via definitiva).
Le due prerogative hanno un'efficacia temporale differente: la prima copre l'attività del parlamentare anche dopo che sia venuto a scadenza il mandato; la seconda ha come presupposto il fatto che il parlamentare sia ancora in carica, ed è dunque limitata alla durata della legislatura.

4.5. *La funzione legislativa del Parlamento. Il procedimento legislativo*

Il **procedimento** è una serie coordinata di atti rivolti ad uno stesso risultato finale: il risultato del procedimento legislativo è la **legge formale**. Gli atti di cui si compone il procedimento legislativo sono:

– l'iniziativa legislativa;
– la deliberazione legislativa delle Camere;
– la promulgazione.

Ognuno di questi atti è il prodotto di un subprocedimento, o "fase" del procedimento principale, che ora dobbiamo esaminare.

A) L'**iniziativa legislativa** consiste nella presentazione di un **progetto di legge** ad una Camera. Nel linguaggio tecnico – mutuato dal regolamento della Camera dei deputati – i progetti di legge si chiamano **disegni di legge** se presentati dal Governo o **proposte di legge** negli altri casi. Il progetto di legge consta di due parti:

– il testo dell'articolato che il proponente sottopone all'esame della Camera, nella speranza che venga trasformato in legge;
– la relazione che accompagna l'articolato e che ne illustra gli scopi e le caratteristiche.

L'iniziativa legislativa è riservata ad alcuni soggetti tassativamente indicati dalla Costituzione.

a) *Iniziativa governativa.* Il Governo (art. 71.1 Cost.) è l'unico soggetto che ha potere di iniziativa su tutte le materie: su alcune materie (che rientrano tra quelle coperte da *riserva di legge formale*: → § VI.5) l'iniziativa legislativa è anzi riservata al Governo.

b) *Iniziativa parlamentare.* Ogni deputato e ogni senatore può presentare progetti di legge alla Camera cui appartiene, salvo ovviamente per le materie in cui l'iniziativa è riservata al Governo. Nella prassi è frequente che le proposte siano collettive, siano cioè sottoscritte da più parlamentari (spesso dai capi di diversi gruppi parlamentari).

c) *Iniziativa popolare.* L'art. 71.2 Cost. prevede che il progetto di legge possa essere proposto da parte di 50.000 elettori. Questa disposizione (come quelle sui *referendum* degli artt. 75 e 138) è rimasta disapplicata sino all'entrata in vigore della legge 352/1970, che disciplina il meccanismo della richiesta e della raccolta delle firme (che va effettuata entro sei mesi). Non vi sono limiti all'iniziativa popolare, salve sempre le materie riservate all'iniziativa governativa.

d) *Iniziativa regionale.* L'art. 121.2 Cost. riconosce ai Consigli regionali (cioè alle assemblee elettive delle Regioni: → § IV.7) il potere di presentare progetti di legge alle Camere. Per questa iniziativa non è indicato alcun limite particolare. Le analoghe norme degli Statuti speciali ricollegano invece l'iniziativa delle rispettive Regioni all'"interesse regionale".

e) *Iniziativa del CNEL.* Al CNEL (→ § III.7) l'art. 99 Cost. attribuisce l'iniziativa legislativa senza stabilire dei limiti precisi.

L'iniziativa legislativa non crea mai un obbligo per la Camera di deliberare. Il progetto di legge presentato è stampato e distribuito ai membri della Camera, a cui il presidente dà notizia: ma che la sua discussione sia inserita nei programmi di lavoro della Camera dipende dalla valutazione politica della Conferenza dei capigruppo, cui spetta il potere di selezionare gli argomenti da trattare. La pratica del c.d. **insabbiamento** non è quindi un fenomeno patologico della vita parlamentare, ma il risultato del disinteresse che i gruppi parlamentari dimostrano nei confronti della proposta.

B) L'**approvazione delle leggi** spetta a ciascuna Camera. L'art. 72.1 Cost. vieta che un progetto di legge sia discusso direttamente dalla Camera: prima deve essere esaminato dalla *commissione permanente* competente (→ § III.4.3). Ma le funzioni che la commissione è chiamata a svolgere sono diverse a seconda della "sede" in cui è chiamata ad esaminare il progetto: in relazione alla diversa "sede" in cui lavora la commissione, diverse sono anche le funzioni che è chiamata a svolgere l'assemblea (detta anche "aula").

In relazione alle diverse funzioni che svolgono la commissione e l'aula, si distinguono tre procedimenti principali:

a) *procedimento ordinario* (per **commissione referente**): spetta al presidente della Camera individuare la commissione competente per materia. Il presidente della commissione o un relatore da lui incaricato (che potrà essere anche il presentatore del progetto) espone le linee generali della proposta di legge, provocando una discussione generale su di essa. Si passa poi alla discussione articolo per articolo e alla votazione degli eventuali **emendamenti** (è il termine tecnico con cui si indicano le modifiche al testo originale). Il testo viene approvato assieme a una relazione finale, nella quale vengono esposti l'attività svolta e gli orientamenti emersi durante i lavori; viene nominato un relatore che ha l'incarico di riferire all'aula: se le divergenze d'opinione sono forti, possono essere presentate relazioni di minoranze.

In aula la discussione procede per tre "letture", che rispecchiano le fasi della discussione in commissione. La prima "lettura" è introdotta dai relatori e consiste nella discussione generale, e può chiudersi con il voto di un "ordine del giorno di non passaggio agli articoli", che decreterebbe la conclusione (negativa) del procedimento. Altrimenti, senza che ci sia una votazione, si passa alla seconda "lettura", che prevede la discussione dei singoli articoli, degli eventuali emendamenti e la votazione del testo definitivo di ogni articolo. È questa la fase più lunga e complessa del procedimento di approvazione, perché il diritto di emendamento è un aspetto assai importante del diritto di iniziativa di ogni parlamentare. Per le votazioni valgono le regole generali: si procede di regola per voto palese mediante procedimento elettronico; la maggioranza richiesta è quella semplice o relativa;

b) *procedimento per* **commissione deliberante (o legislativa)**. È una particolarità del nostro ordinamento, ereditata dal fascismo: essa è prevista dall'art. 72.3 Cost. Consente alla commissione di assorbire tutte le fasi del procedimento di approvazione, sostituendo l'aula: la commissione esaurisce tutte e tre le "letture" senza che il progetto di legge debba essere discusso e votato dall'assemblea. Data la particolarità di questo procedimento, molte sono le garanzie di cui è circondato:

– alcune *materie* sono escluse dal procedimento per commissione deliberante. L'art. 72.4, infatti, prescrive il procedimento ordinario per le proposte di legge costituzionale, per le leggi in materia elettorale, per le leggi di delegazione legislativa *ex* art. 76, per le leggi di autorizzazione alla ratifica dei trattati internazionali *ex* art. 80, per le leggi di approvazione dei bilanci *ex* art. 81. Per queste materie, dunque, vi è una **riserva di assemblea**;

– in qualsiasi momento, sino alla approvazione finale della legge in commissione, il progetto di legge è "*rimesso*" all'assemblea (e segue quindi il procedimento ordinario) quando ne facciano richiesta il Governo o minoranze politiche della Camera (1/10) o della commissione stessa (1/5) (art. 72.3);

c) *procedimento per* **commissione redigente**. Questo procedimento, detto anche "misto", è una via di mezzo tra i due precedenti: non è previsto dalla Costituzione, ma dai regolamenti parlamentari, con significative differenze tra Camera e Senato. Il tratto comune è che questo procedimento serve a sgravare l'assemblea dalla discussione e approvazione degli emendamenti, decentrandoli in commissione e riservando all'aula l'approvazione finale. Inoltre, valgono per questo procedimento le stesse garanzie che circondano il procedimento per commissione deliberante, per quanto riguarda l'esclusione delle materie coperte da "*riserva di assemblea*" e la richiesta che il progetto sia rimesso all'aula.

Oltre ai tre procedimenti descritti, i regolamenti delle Camere prevedono delle procedure abbreviate per l'esame di progetti di legge dichiarati urgenti. Non si tratta di procedimenti diversi, ma solo di meccanismi di riduzione dei tempi richiesti per il compimento delle fasi dei procedimenti descritti.

Esauriti i lavori in una Camera, il progetto di legge viene trasmesso all'altra Camera. Qui inizia il procedimento di approvazione dall'inizio, essendo libera la seconda Camera di scegliere il procedimento da seguire. Essa è libera di apportare qualsiasi emendamento al testo approvato dalla prima Camera, con la conseguenza che questa dovrà esaminare nuovamente il testo del progetto, così come emendato dalla seconda Camera (ma l'esame articolo per articolo sarà limitato alle parti emendate dalla seconda Camera): così il progetto di legge potrà viaggiare più volte da una Camera all'altra (in gergo parlamentare questo ripetuto tragitto si chiama ***navette***) sino a quando le due Camere non avranno approvato il medesimo testo. Solo a questo punto la fase dell'approvazione sarà conclusa.

C) La **promulgazione** fa diventare la legge **efficace** (cioè produttiva di effetti giuridici). Spetta al Presidente della Repubblica promulgare le leggi: il Governo deve trasmettere la legge al Presidente della Repubblica, che deve promulgarla entro trenta giorni (il termine si fa decorrere dall'approvazione definitiva da parte della seconda Camera).

Il Presidente della Repubblica svolge un controllo formale (il testo approvato dalle due Camere deve essere identico) e sostanziale: egli, infatti, ha il potere di *rinviare* la legge alle Camere, con un *messaggio* motivato. Non perfettamente definibili sono i motivi per cui il Presidente può disporre il **rinvio della legge**: è pacifico che lo possa fare per motivi di illegittimità costituzionale ed è altrettanto pacifico che non lo possa fare per motivi attinenti al merito politico della legge, cioè contestando le scelte politiche che il Parlamento ha compiuto. In mezzo ci sta un'ampia area di motivi, attinenti a ragioni assai generali di convenienza, di coerenza con gli indirizzi legislativi, di compatibilità con i princìpi costituzionali: un'ampia area, residuale e non ben definibile in positivo, cui si dà convenzionalmente il nome di "**merito costituzionale**".

Alla promulgazione segue la pubblicazione sulla *Gazzetta ufficiale*, e l'entrata in vigore (→ § VI.2).

4.6. *Le altre funzioni del Parlamento*

Oltre alla funzione legislativa, il Parlamento svolge altre funzioni di rilievo.

La più importante è quella citata in precedenza (→ § III.2), con riguardo al *rapporto di fiducia* con il Governo. È la **funzione parlamentare di controllo politico**, che si concretizza in singoli istituti di diritto parlamentare il cui comune denominatore è quello di essere diretti a far valere la responsabilità politica del Governo nei confronti del Parlamento.

Gli istituti di cui ci stiamo occupando sono: le interrogazioni, le interpellanze, le mozioni, le risoluzioni e gli ordini del giorno:

a) l'**interrogazione** è una domanda che un parlamentare rivolge, per iscritto, al Governo avente ad oggetto la veridicità o meno di un determinato fatto. I regolamenti parlamentari dispongono che il Governo possa dichiarare di non poter rispondere – esponendone però i motivi – ovvero che preferisce differire la risposta, indicando una data per la quale si avrà la sua risposta;

b) nell'**interpellanza**, l'interpellante chiede, per iscritto, di conoscere quale sia l'intenzione politica del Governo, in riferimento a un fatto o a una determinata situazione, date – queste ultime – per scontate;

c) la **mozione** può essere presentata da un presidente di un gruppo parlamentare o da dieci parlamentari alla Camera e da otto parlamentari al Senato. Il fine per il quale si presenta una mozione è quello di determinare una discussione e la deliberazione della Camera su questioni che incidono sull'attività del Governo: il Governo può porre la questione di fiducia;

d) al contrario della mozione, la **risoluzione** può essere proposta *anche in commissione*. La risoluzione ha come fine quello di manifestare un orientamento o definire un indirizzo. La risoluzione al pari della mozione condiziona l'indirizzo governativo;

e) l'**ordine del giorno** è un atto d'indirizzo rivolto al Governo che ha carattere accessorio, nel senso che si inserisce nella discussione di un altro atto, per lo più una legge: serve a dettare direttive su come deve essere applicata. Il Governo può accettarlo o meno, ma comunque resta un atto politico che, secondo l'opinione prevalente, non produce effetti al di fuori dei rapporti tra Governo e Camera.

La Costituzione attribuisce a ciascuna Camera la facoltà di istituire **commissioni d'inchiesta** su *materie di pubblico interesse*, con i *poteri e i limiti dell'autorità giudiziaria* (art. 82 Cost.). Si tratta, pertanto, di un potere "monocamerale", anche se nella prassi si istituiscono Commissioni *bicamerali* di inchiesta, che vengono deliberate da entrambe le Camere (generalmente con una legge).

L'*oggetto* dell'inchiesta deve riguardare una "*materia di pubblico interesse*"; formula amplissima, dalla quale è difficile dedurre effettivi limiti di ammissibilità dell'inchiesta.

La commissione d'inchiesta è *formata in modo da rispecchiare la proporzione dei gruppi parlamentari*; il principio della proporzionalità è integrato nella prassi da quello di rappresentatività, così che tutti i gruppi sono rappresentati in seno alla commissione.

5. Il processo di bilancio tra Governo e Parlamento

L'esercizio dei compiti dello Stato richiede l'uso di risorse finanziarie assai ingenti. I servizi forniti, da quelli più elementari (come la tutela dell'ordine pubblico e l'esercizio della giurisdizione) a quelli tipici dello "Stato sociale", che sono diretti a promuovere l'eguaglianza dei cittadini, indipendentemente dai loro redditi (come la sanità, l'istruzione, la previdenza), hanno costi elevati. Altrettanto elevati sono i costi che lo Stato deve sopportare per pagare gli stipendi della burocrazia e per procurarsi e gestire i mezzi con cui erogare i servizi. Perciò lo Stato, da un lato, deve imporre tributi con cui ottenere le risorse finanziarie necessarie per il suo funzionamento e, dall'altro lato, deve erogare la spesa pubblica grazie alla quale i suoi compiti possono essere effettivamente esercitati.

La disciplina delle entrate e quella della spesa costituiscono i due aspetti della finanza pubblica. Entrambi i profili formano oggetto di un'essenziale disciplina costituzionale. Per quanto concerne le entrate sono stabiliti due principi fondamentali. Il primo è quello secondo cui "*tutti sono tenuti a concorrere alle spese pubbliche in ragione della loro capacità contributiva. Il sistema tributario è informato a criteri di progressività*" (art. 53 Cost.). Ciò significa che tutti devono pagare le imposte il cui ammontare è determinato in funzione del reddito di ciascuno. L'**imposizione fiscale** però non è proporzionale, bensì ispirata al **principio di progressività**. Questo significa che la percentuale di reddito prelevata dal fisco cresce col crescere del livello di reddito.

L'altro principio fondamentale è quello della riserva di legge (→ § VI.5) secondo cui "*nessuna **prestazione personale o patrimoniale** può essere imposta se non in base alla legge*" (art. 23 Cost.). Tra le prestazioni patrimoniali certamente rientrano le imposte, che pertanto devono essere previste con legge. L'imposizione tributaria, quindi, è oggetto di una *riserva di legge* relativa (→ § VI.5).

In materia di entrate e di spesa, la disciplina costituzionale è posta principalmente dall'art. 81, recentemente modificato per rafforzare il principio del **pareggio di bilancio**. Il 3° comma dell'art. 81, infatti, impone l'**obbligo di copertura delle leggi di spesa**, cioè che ogni nuova spesa debba essere coperta con una nuova corrispondente entrata tributaria o in alternativa con una riduzione delle spese previste.

La nuova disciplina costituzionale è in sintonia con quanto disposto in sede europea dal cosiddetto ***fiscal compact***, sottoscritto dagli Stati nel marzo del 2012, che impone loro il principio del pareggio di bilancio da sancire possibilmente a livello costituzionale (→ § II.6).

Il nuovo testo dell'art. 81 prevede che lo Stato assicura l'equilibrio tra le entrate e le spese del proprio bilancio, tenendo conto delle fasi avverse e delle fasi favorevoli del ciclo economico. Quindi, piuttosto che di "pareggio", nel testo costituzionale si è scelto di parlare di "**equilibrio di bilancio**".

Il principio si applica non solo allo Stato ma a tutto il complesso delle pubbliche amministrazioni. Infatti, il nuovo testo dell'art. 97 Cost., modificato con la medesima legge costituzionale, stabilisce che le pubbliche amministrazioni, in coerenza con l'ordinamento dell'Unione europea, assicurano l'equilibrio dei bilanci e la sostenibilità del debito pubblico.

Le nuove regole di bilancio sono estese espressamente alle Regioni ed agli enti locali. Infatti, è stato modificato l'art. 119 Cost. (→ § IV.6), precisando che essi hanno autonomia finanziaria nel rispetto dell'equilibrio dei relativi bilanci, e concorrono ad assicurare l'osservanza dei vincoli economici e finanziari derivanti dall'ordinamento dell'Unione europea.

La riforma costituzionale prevede poi (art. 81.6 Cost.) che il contenuto della legge di bilancio, le norme fondamentali e i criteri volti ad assicurare l'equilibrio tra le entrate e le spese dei bilanci e la sostenibilità del debito del complesso delle pubbliche amministrazioni siano stabiliti attraverso una *legge approvata a maggioranza assoluta* dei componenti di ciascuna Camera, nel rispetto dei principi definiti con *legge costituzionale*. In attuazione dell'art. 81.6 Cost., e con la maggioranza ivi prevista, è stata approvata la legge 12/2013. Essa disciplina anche il ricorso all'indebitamento delle Regioni e degli enti locali e le modalità attraverso cui le Regioni e gli enti locali concorrono alla sostenibilità del debito del complesso delle pubbliche amministrazioni. Inoltre, la legge ha istituito l'**Ufficio parlamentare di bilancio**, che è un organismo indipendente per l'analisi e la verifica degli andamenti di finanza pubblica e per la valutazione dell'osservanza delle regole di bilancio.

Il **ciclo di bilancio** si articola in una serie di passaggi procedurali, ciascuno dei quali vede come protagonista un documento di programmazione finanziaria. Gli strumenti della programmazione sono i seguenti:

– il **Documento di economia e finanza** (**DEF**) da presentare alle Camere entro il 10 aprile di ogni anno, per le conseguenti deliberazioni parlamentari, dopo avere sentito la Conferenza permanente per il coordinamento della finanza pubblica. Il DEF contiene nella prima sezione il **Programma di stabilità** e tutti gli elementi e le informazioni richiesti dai regolamenti dell'Unione europea e dal Codice di condotta sull'attuazione del *Patto di stabilità e crescita*, con specifico riferimento agli obiettivi da conseguire per accelerare la riduzione del debito pubblico. La seconda sezione contiene varie informazioni, di cui le più importanti concernono l'andamento della spesa pubblica, con riferimento al triennio successivo, nonché le previsioni sui flussi di entrata e di spesa, a legislazione vigente, e sulla pressione fiscale. La terza contiene lo schema del *Programma nazionale di riforma*, con l'indicazione dello stato di avanzamento delle riforme richieste per rispettare i parametri finanziari europei e quanto previsto nell'ambito del semestre europeo, con particolare riferimento al superamento degli squilibri macroeconomici ed alla crescita della competitività;
– la *Nota di aggiornamento del DEF*, da presentare alle Camere entro il 27 settembre di ogni anno per le conseguenti deliberazioni parlamentari;
– il disegno di **legge di bilancio**, da presentare alle Camere entro il 20 ottobre di ogni anno;
– il disegno di **legge di assestamento**, da presentare alle Camere entro il 30 giugno di ogni anno;
– gli eventuali disegni di legge **collegati alla manovra di finanza pubblica**, da presentare alle Camere entro il mese di gennaio di ogni anno.

La legge di bilancio contiene il **bilancio di previsione**, che costituisce la base per la gestione finanziaria dello Stato. Essa è articolata in due sezioni.

La *prima sezione* contiene, per il periodo compreso nel triennio di riferimento, le disposizioni in materia di entrata e di spesa, con effetti finanziari compresi nel triennio considerato dal bilancio. Si tratta di disposizioni riguardanti le entrate e le spese aventi come oggetto misure quantitative, funzionali a realizzare gli obiettivi indicati nei documenti di programmazione (si tratta dunque di *norme innovative, che modificano la legislazione precedente*).

La *seconda sezione* contiene le previsioni di entrata e di spesa, espresse sia in termini di cassa che di competenza, *formate sulla base della legislazione vigente*, apportando a tali previsioni, alle quali viene in ogni caso assicurata autonoma evidenza contabile, le variazioni determinate dalla prima sezione della legge. Distinti articoli della seconda sezione stabiliscono lo stato di previsione dell'entrata e gli stati di previsione della spesa distinti per ministeri e il quadro generale riassuntivo con riferimento al triennio.

A questo riguardo va precisata la distinzione tra **bilancio di previsione** e **bilancio di cassa**: il primo quantifica l'entità prevista delle entrate che le amministrazioni statali acquisiranno il diritto di percepire (entrate che si prevede di accertare) e l'entità prevista delle spese che le amministrazioni statali assumeranno l'obbligo di effettuare (spese che si prevede di impegnare); il secondo, invece, quantifica l'entità delle entrate che saranno effettivamente incassate e delle spese che saranno effettivamente sostenute. Pertanto *la competenza tiene conto del momento in cui sorge il titolo giuridico* dal quale deriva l'entrata o la spesa; *la cassa invece si riferisce al compimento, di fatto, delle operazioni* di incasso e di pagamento.

L'art. 81.4 Cost. stabilisce che *ogni legge che importi nuove o maggiori spese deve individuare i mezzi finanziari per farvi fronte*. È questo l'obbligo costituzionale di **copertura finanziaria** per le leggi di spesa, che vale non solo per le leggi statali ma anche per le leggi delle Regioni.

6. Il Presidente della Repubblica

Nei sistemi parlamentari il **Capo dello Stato** è un organo di non facile definizione: può assumere ruoli politico-costituzionali differenti, che oscillano tra i due estremi dell'*organo di garanzia costituzionale* e dell'*organo governante*.

La razionalizzazione del parlamentarismo operata dalla Costituzione italiana ha previsto (Titolo II della Parte II, artt. 83 ss.) un Presidente della Repubblica, distinto e autonomo dal Governo, dotato di poteri propri, che è "*il Capo dello Stato e rappresenta l'unità nazionale*" (art. 87.1). Ma, la Costituzione non dice quale deve essere il complessivo ruolo del Presidente della Repubblica. Essa, infatti, si limita:

a) a fissare alcune caratteristiche dell'organo, cioè l'ampia rappresentatività che deriva dalle modalità di elezione che lo sganciano dalla maggioranza;

b) ad attribuirgli alcuni poteri, di cui i più rilevanti sono nominare il Presidente del Consiglio, sciogliere anticipatamente il Parlamento, rinviare le leggi, nominare alcune alte cariche, ecc.;

c) a porre alcuni sicuri limiti all'esercizio degli stessi poteri, che consistono principalmente nell'obbligo che i suoi atti siano controfirmati (art. 89) dal Governo (che esercita così un controllo sull'attività del Capo dello Stato, il quale perciò non può agire in totale contrapposizione al Governo ed alla maggioranza) e nella necessità che il Governo dopo la sua nomina si presenti in Parlamento per ottenere la fiducia (art. 94), impedendo così la formazione di "Governi presidenziali", nominati dal Capo dello Stato contro il Parlamento;

d) a sancire e garantire la sua irresponsabilità politica (art. 89).

✓ I POTERI "A FISARMONICA" DEL CAPO DELLO STATO

Determinati gli argini costituzionali entro cui può operare il Presidente della Repubblica, il concreto ruolo che egli può assumere nel sistema varia a seconda dei mutevoli equilibri della forma di governo e del sistema politico. A seconda delle diverse fasi politiche, variano sia le modalità di esercizio dei poteri presidenziali, sia il tipo di potere che viene esercitato e che caratterizza il ruolo presidenziale. Perciò i poteri del Capo dello Stato sono "*a fisarmonica*", ossia si espandono in certe fasi politiche e si contraggono in altre. Tutto ciò, ancor più delle caratteristiche umane delle singole persone che hanno rivestito la carica, può spiegare il differente grado di "interventismo" nella vita politico-costituzionale dei vari Presidenti. Perciò l'esperienza italiana ha visto sia l'immagine del garante-imparziale di Einaudi che quella del tutore attivo di un certo assetto della forma di governo di Scalfaro.

Il Presidente della Repubblica è eletto dal *Parlamento in seduta comune* (→ § IV.2), integrato dai delegati regionali eletti dai rispettivi Consigli (tre per ogni Regione, ad eccezione della Val d'Aosta che ne ha uno solo), in modo da garantire la rappresentanza delle minoranze (art. 83.1 Cost.). La presenza dei delegati regionali dovrebbe rafforzare la caratterizzazione del Presidente della Repubblica come "*rappresentante dell'unità nazionale*" (art. 87 Cost.).

I requisiti per essere eletto Presidente della Repubblica sono indicati dall'art. 84 Cost.: la cittadinanza italiana, il compimento del cinquantesimo anno di età ed il godimento dei diritti civili e politici. Inoltre, la Costituzione dispone espressamente l'incompatibilità dell'ufficio di Presidente della Repubblica con qualsiasi altra carica. L'elezione del Presidente della Repubblica avviene a scrutinio segreto e con la maggioranza dei 2/3 dell'Assemblea; dopo il terzo scrutinio, è richiesta solo la *maggioranza assoluta*, cioè il voto favorevole della metà più uno degli aventi diritto al voto. Il *quorum* elevato dovrebbe servire a evitare che il Presidente sia espressione della sola maggioranza politica e, pertanto, costituisce la premessa per un ruolo presidenziale che comunque non sia riconducibile all'indirizzo di maggioranza e gli consenta di far valere esigenze sistemiche superiori (il rispetto della Costituzione, il buon funzionamento del sistema, ecc.).

Il mandato presidenziale decorre dalla data del giuramento e dura per un periodo di sette anni. Durante tale mandato il Presidente della Repubblica dispone di un assegno personale e di una dotazione (consistente nell'attribuzione al patrimonio indisponibile dello Stato di alcuni beni immobili per la residenza del Presidente della Repubblica e per gli uffici presidenziali, a cui si aggiunge un assegno periodico); alle dipendenze esclusive del Presidente è posta una struttura amministrativa, chiamata **Segretariato generale della Presidenza della Repubblica**.

La Costituzione stabilisce che "*nessun atto del Presidente della Repubblica è valido se non è controfirmato dai Ministri proponenti che ne assumono la responsabilità*" ed aggiunge che "*gli atti che hanno valore legislativo e gli altri indicati dalla legge sono controfirmati anche dal Presidente del Consiglio dei Ministri*" (art. 89).

La **controfirma** è, quindi, la firma apposta da un membro del Governo sull'atto adottato e sottoscritto dal Presidente della Repubblica; essa è requisito di *validità* (→ § VI.4) dell'atto e la sua apposizione rende irresponsabile il Presidente per l'atto adottato, trasferendo la relativa responsabilità in capo al Governo.

La controfirma garantisce, dunque, la irresponsabilità del Capo dello Stato e obbliga il Governo a cooperare con il Presidente in tutte le funzioni che egli svolge. Egli non può essere chiamato a rispondere sul terreno della *responsabilità politica*: infatti, la Costituzione non ha previsto nessun meccanismo che consenta di realizzare la rimozione anticipata dalla carica del Presidente della Repubblica. Certamente, come tutti i titolari di organi costituzionali, il Presidente può essere sottoposto alla critica politica; ma questa è l'espressione della generale libertà di critica che caratterizza la democrazia pluralista, senza che essa dia luogo ad una forma di responsabilità politica, mancando del tutto la possibilità giuridica che alla critica segua la rimozione dalla carica.

Per quanto concerne, invece, la *responsabilità giuridica del Presidente della Repubblica*, occorre distinguere gli atti posti in essere nell'esercizio delle sue funzioni, da quelli che adotta come qualsiasi altro cittadino. Per i primi la Costituzione (art. 90) prevede esclusivamente una responsabilità penale per i *reati di alto tradimento e attentato alla Costituzione*. Sicché, al di fuori di queste ipotesi estreme il Presidente è giuridicamente irresponsabile e, in relazione a tali fatti, non potrà essere perseguito neppure dopo che è cessato il suo mandato.

Diverso è il regime degli atti e dei comportamenti non riconducibili all'esercizio delle funzioni presidenziali. L'opinione prevalente ritiene che il Capo dello Stato sia penalmente responsabile per i fatti commessi e qualificabili come reati ed estranei all'esercizio delle sue funzioni, anche se (pure nel silenzio del documento costituzionale) l'azione penale sarebbe improcedibile per tutta la durata del mandato, onde evitare che il Capo dello Stato possa essere in balia di un qualsiasi giudice cui passi per la testa di agire penalmente contro di lui; mentre sarebbe civilmente responsabile al pari di qualsiasi altro cittadino.

Tutte le volte in cui il Presidente della Repubblica non può adempiere le sue funzioni, queste sono esercitate dal *Presidente del Senato* (art. 86 Cost.). La **supplenza** è, quindi, un istituto che consente la continuità delle funzioni presidenziali, anche nell'ipotesi nella quale il Capo dello Stato non possa adempierle a causa di un impedimento.

Nel caso di *impedimento permanente*, così pure di morte o di dimissioni, scatta sempre la supplenza del Presidente del Senato, ma in questo caso il Presidente della Camera dei deputati, ai sensi dell'art. 86.2, avvia il procedimento per l'elezione del nuovo Presidente della Repubblica.

7. Gli organi ausiliari

Gli **organi ausiliari** sono quegli organi cui sono attribuite funzioni di ausilio nei confronti di altri organi; tali funzioni sono prevalentemente riconducibili a compiti di iniziativa, di controllo e consultivi. Gli organi ausiliari previsti dalla Costituzione sono: il Consiglio nazionale dell'economia e del lavoro, il Consiglio di Stato e la Corte dei conti. Essi sono disciplinati nell'ambito del Titolo III dedicato al Governo, sebbene svolgano funzioni ausiliarie anche nei confronti del Parlamento.

A) Il **Consiglio nazionale dell'economia e del lavoro** (art. 99 Cost. e, in attuazione di questo, la legge 936/1986) è composto di esperti e di rappresentanti delle categorie produttive in misura che tenga conto della loro importanza numerica e qualitativa. Secondo la legge, i componenti del CNEL sono 121, oltre al Presidente, e di essi 12 sono esperti "esponenti della cultura economica, sociale e giuridica", 10 rappresentano le associazioni di promozione sociale e del volontariato, mentre i restanti 99 sono rappresentanti delle categorie produttive di beni e servizi nel settore pubblico e privato. Sono nominati con d.P.R., previa deliberazione del Consiglio dei ministri, e durano in carica cinque anni. Attraverso il CNEL, i costituenti intendevano integrare il circuito della rappresentanza politica con una rappresentanza diretta di interessi, per fronteggiare le difficoltà del primo sul versante del raccordo con la società. Tuttavia, la rapida evoluzione che, nel tempo presente, subiscono i rapporti sociali rende molto difficile che il CNEL possa rappresentare la complessità sociale ed il diverso "peso" che assumono, in un determinato periodo storico, gli interessi dei diversi gruppi socio-economici. Questi ultimi, del resto, tendono ad instaurare rapporti e negoziati diretti con i titolari degli organi costituzionali, saltando sia la mediazione dei partiti, sia quella di organi di rappresentanza degli interessi come il CNEL. Ciò spiega lo scarso successo che ha avuto il CNEL e la sua scarsissima incidenza sul processo decisionale politico.

B) Il **Consiglio di Stato** (art. 100 Cost.) è organo di consulenza giuridico-amministrativa del Governo ed organo giurisdizionale di appello della giustizia amministrativa (→ § IX.1).

C) La **Corte dei conti** (art. 100.2 Cost.) esercita:

a) il *controllo preventivo di legittimità* su alcuni atti delle amministrazioni statali, nonché il controllo sulla gestione, introdotto dalla legge, delle amministrazioni statali, regionali e degli enti locali;

✓ LA "REGISTRAZIONE" DEGLI ATTI DEL GOVERNO

La Corte dei conti esercita un controllo preventivo di legittimità su alcuni atti delle amministrazioni statali (individuati dall'art. 3 della legge 20/1996), tra cui: i provvedimenti emanati a seguito di deliberazione del Consiglio dei ministri, gli atti normativi a rilevanza esterna (esclusi i decreti legislativi ed i decreti legge), gli atti di programmazione comportanti spese e gli atti generali attuativi di norme UE, ecc. La Corte "registra" gli atti in questione, cioè ne attesta la conformità alla legge. Ove, invece, ravvisi un contrasto con una norma di grado superiore o con le previsioni di bilancio, lo rinvia al Governo spiegandone i motivi; il Governo, di regola, si adegua alle decisioni della Corte, ma se, per ragioni politiche, intende adottare egualmente l'atto, lo restituisce alla Corte chiedendone la "**registrazione con riserva**", cioè sotto la sua responsabilità politica. La Corte invia l'elenco degli atti registrati con riserva al Parlamento, affinché possa esercitare il suo sindacato politico sull'azione del Governo. Qui si intravede la funzione originale della Corte dei conti, nata come *longa manus* del Parlamento, adibita al controllo puntuale delle attività del Governo.

b) il *controllo successivo sulla gestione del bilancio dello Stato*, che termina nel giudizio di parificazione del rendiconto consuntivo dello Stato e delle gestioni annesse, con cui la Corte controlla la rispondenza o meno delle previsioni finanziarie contenute nel bilancio preventivo dello Stato, con i risultati della gestione finanziaria esposti nel rendiconto consuntivo. Sugli esiti del controllo, la Corte dei conti riferisce al Parlamento con apposita relazione;

c) partecipa, nei casi e nelle forme stabilite dalla legge, al *controllo sulla gestione finanziaria* degli enti cui lo Stato contribuisce in via ordinaria; questo controllo si realizza in vari modi, che vanno dalla partecipazione di consiglieri della Corte dei conti ai consigli di amministrazione o ai collegi dei revisori di tali enti, all'obbligo degli enti di far conoscere tutta la loro gestione finanziaria alla Corte e di adeguarsi alle direttive che al riguardo sono emanate. La Corte costituzionale ha chiarito che il controllo permane anche nei confronti degli enti pubblici trasformati in società per azioni, fino a quando lo Stato conserva la partecipazione prevalente al capitale sociale (sent. 466/1993);

d) esercita la funzione giurisdizionale in materia di *giudizi di responsabilità dei pubblici funzionari* per il danno recato alle amministrazioni pubbliche statali, regionali e locali, e nei di *giudizi di conto*, resi, cioè, sui conti presentati da coloro che hanno una funzione di maneggio di denaro, beni o valori di amministrazioni pubbliche; ha giurisdizione riservata anche in materia di *pensioni (civili e militari)*.

La funzione di controllo è esercitata da apposite sezioni della Corte; quella giurisdizionale è svolta dalle sezioni regionali (una per ogni Regione, con sede nel capoluogo, tranne che nel Trentino Alto Adige dove sono state istituite due sezioni, una a Trento e l'altra a Bolzano) e dalle sezioni centrali in funzione di giudice di appello (in Sicilia esiste una apposita sezione di appello).

IV. L'ORGANIZZAZIONE REGIONALE E DEL GOVERNO LOCALE

1. Lo Stato regionale

L'organizzazione costituzionale italiana prevede, accanto agli apparati dello Stato centrale, un complesso sistema di autonomie regionali e locali. La Costituzione prevede infatti uno **Stato regionale** e autonomista, basato su Regioni dotate di:

– **autonomia politica** (art. 114), cioè sulla capacità di darsi un proprio indirizzo politico, anche diverso da quello dello Stato;
– **autonomia legislativa** (art. 117) e **amministrativa** nelle materie espressamente indicate dalla Costituzione (art. 118);
– **autonomia finanziaria** (art. 119), cioè l'attribuzione di risorse finanziarie necessarie per esercitare le loro competenze, anche attraverso tributi regionali e la partecipazione ai proventi di tributi statali, nonché la libertà di stabilire come e in quali settori spendere le risorse che affluiscono nei loro bilanci.

Le Regioni, cui si doveva applicare la disciplina prevista dalla Costituzione, sono quindici. Ad esse si aggiungevano altre cinque regioni (Sicilia, Sardegna, Friuli Venezia Giulia, Trentino Alto Adige, Valle d'Aosta) dotate di un'autonomia differenziata, più ampia di quella delle altre regioni, e definita nei suoi contenuti dallo statuto di ciascuna di queste regioni, approvato con legge costituzionale. Mentre le regioni disciplinate direttamente dalla Costituzione sono state denominate **regioni ordinarie**, le altre sono state chiamate **regioni speciali**. Condizioni di particolare autonomia sono state pure riconosciute alle **Province autonome** di Trento e Bolzano.

Le regioni ordinarie sono state istituite concretamente solo nel 1970.

Nel 2001 il Parlamento ha approvato una legge costituzionale (legge cost. 3/2001) di riforma organica del Titolo V della Parte II della Costituzione. La nuova disciplina costituzionale ha profondamente mutato l'assetto dei rapporti tra Stato, Regioni ed enti locali, realizzando un forte decentramento politico: essa ha avuto effetti di notevole impatto sull'intero assetto costituzionale. La riforma, comunque, piuttosto che delineare uno "Stato federale", basato sullo Stato centrale ed i singoli Stati membri (o Regioni), che restano "padroni" dell'ordinamento degli enti territoriali minori, ha disegnato una **Repubblica delle autonomie**, articolata su più livelli territoriali di governo (Comuni, Città metropolitane, Province, Regioni), ciascuno dotato di autonomia politica costituzionalmente garantita. La riforma costituzionale del 2001 è stata preceduta da un'altra legge costituzionale (legge cost. 1/1999), che aveva modificato la forma di governo regionale, introducendo l'elezione popolare diretta del Presidente della Giunta e ampliando l'autonomia statutaria in materia di forma di governo.

2. La ripartizione delle competenze tra Stato, Regioni ed enti locali

La Costituzione ha previsto che la Repubblica è articolata in Comuni, Province, Città metropolitane, Regioni e Stato, tutti costituzionalmente dotati di autonomia. Il nuovo testo dell'art. 114, pertanto, pone sullo stesso piano lo Stato e gli altri enti territoriali minori, garantendo a ciascuno di essi una sfera di autonomia politica nell'ambito di quell'unità complessiva che è la *Repubblica*. L'autonomia comporta, in primo luogo, l'attribuzione a Comuni, Province, Città metropolitane e Regioni di autonomia statutaria nell'ambito dei principi fissati dalla Costituzione (art. 114.2).

La scelta a favore di una "Repubblica delle autonomie" ha delle immediate conseguenze sul modo in cui sono ripartite le competenze – sia quelle legislative che quelle amministrative – tra lo Stato e gli altri enti territoriali. In un sistema in cui è prevista la parità di rango (equiordinazione) degli enti territoriali, la legge statale e la legge regionale sono pure pariordinate, e la prima ha perduto quella posizione di prevalenza che aveva nel precedente sistema. Lo Stato, pertanto, ha perduto *la potestà legislativa generale*, che aveva nel precedente assetto, perché d'ora in poi può legiferare solamente nelle materie individuate dalla Costituzione ed espressamente a lui riservate. Inoltre, la legge statale e la legge regionale sono sottoposte agli stessi limiti: *rispetto della Costituzione*, nonché *dei vincoli derivanti dall'ordinamento europeo e dagli obblighi internazionali*. Un quadro più preciso del riparto delle funzioni legislative verrà tracciato in seguito con specifico riferimento alle competenze in materia sanitaria (→ § XII.8).

Anche sul piano della *potestà regolamentare*, la competenza dello Stato è limitata alle materie di competenza legislativa esclusiva, mentre in ogni altra materia la potestà regolamentare è riservata alle Regioni (→ § VII.6).

Come si è visto, secondo l'interpretazione prevalente dell'originario testo costituzionale doveva operare il **principio del "parallelismo delle funzioni"**, per cui nelle materie di competenza legislativa delle Regioni, queste ultime esercitavano anche le funzioni amministrative, mentre, in tutte le altre, le funzioni amministrative erano imputate allo Stato. Con la "legge Bassanini" del 1997, prima, e con la riforma costituzionale, poi, si è tentato di superare questo principio con l'attribuzione ai Comuni della generalità delle funzioni amministrative, con la sola eccezione di quelle che, per assicurarne l'esercizio unitario, siano conferite a Province, Città metropolitane, Regioni e Stato, sulla base dei principi di **sussidiarietà** (il livello di governo superiore interviene solo quando l'amministrazione più vicina ai cittadini non possa da sola assolvere al compito: → § II.2 e § XIII.5), **differenziazione** (enti dello stesso livello possono avere competenze diverse) e **adeguatezza** (le funzioni devono essere affidate ad enti che abbiano requisiti sufficienti di efficienza). Pertanto, a seguito della riforma costituzionale, tutte le funzioni dell'amministrazione pubblica dovrebbero essere tendenzialmente assegnate ad un'*amministrazione locale*, salvo che non vi sia l'esigenza di unificarne l'esercizio ad un livello più elevato.

Anche il nuovo testo costituzionale *ha mantenuto le cinque Regioni speciali*, il cui ordinamento e le cui funzioni sono stabiliti dai rispettivi statuti, approvati con legge costituzionale. Fino all'adeguamento di questi alla disciplina del nuovo Titolo V della Parte II della Costituzione, è previsto che le nuove disposizioni costituzionali si applicano anche alle Regioni speciali ed alle Province autonome di Trento e Bolzano, per le parti in cui prevedono forme di autonomia più ampie rispetto a quelle già attribuite (art. 10, legge cost. 3/2001). Occorre, però, aggiungere che, nel nuovo assetto costituzionale, le differenziazioni tra Regioni potranno crescere, sicché si potrebbe parlare di una *diffusione della specialità*. Infatti, le stesse Regioni ordinarie potrebbero ottenere *forme ulteriori di autonomia* rispetto a quelle previste dalla disciplina costituzionale, con riguardo alle materie attualmente affidate alla potestà legislativa concorrente, all'organizzazione del giudice di pace, alle norme generali sull'istruzione, alla tutela dell'ambiente, dell'ecosistema e dei beni culturali.

3. I RACCORDI TRA I DIVERSI LIVELLI TERRITORIALI DI GOVERNO

Negli Stati federali, o comunque a forte decentramento politico, si pone il problema dei *raccordi* (ossia degli strumenti di collegamento e di coordinamento) *tra i diversi livelli territoriali di governo*. È ingenuo, infatti, credere che ciascun ente territoriale possa operare in piena autonomia ed in modo assolutamente separato dagli altri, solo perché il testo costituzionale ha individuato le materie di competenza di ciascun ente. Infatti, in una società industriale ad intenso mutamento ed a forte sviluppo tecnologico, le materie sono sempre interconnesse e qualsiasi problema complesso (dall'ambiente alle infrastrutture, dalla riconversione di settori economici in crisi al sistema dei trasporti) richiede il coordinamento di tutti i centri di potere pubblico, e non la parcellizzazione dell'indirizzo politico. Anche per questo, alcune competenze statali sono di tipo "**trasversale**", tagliano cioè più materie (come, per esempio, per le competenze statali relative alla "tutela della concorrenza", i "livelli essenziali" delle prestazioni pubbliche e la "tutela dell'ambiente", che ovviamente incidono su numerose materie, anche di competenza regionale).

La riforma costituzionale del 2001 non ha previsto quel meccanismo di raccordo presente in numerosi Stati federali che è la *Camera delle regioni*, la quale, inserendo le Regioni nello stesso procedimento di formazione della legge, fa sì che l'esatta determinazione di ciò che può fare lo Stato e di ciò che invece è attribuito alle Regioni sia di volta in volta negoziato politicamente. Attualmente, pertanto, i raccordi principali sono costituiti dal sistema delle conferenze.

✓ DALLA COMMISSIONE BICAMERALE INTEGRATA AL SENATO DELLE AUTONOMIE

La **Commissione parlamentare per le questioni regionali** è un organo bicamerale previsto dalla Costituzione del 1948 per svolgere compiti consultivi, limitati essenzialmente all'ipotesi di scioglimento anticipato dei Consigli regionali. La nuova disciplina introdotta con la riforma costituzionale del 1999 prevede (art. 126 Cost.) che, con decreto motivato del Presidente della Repubblica, sentita la Commissione bicamerale, siano disposti lo *scioglimento del Consiglio regionale* e la *rimozione del Presidente della Giunta* che abbiano compiuto atti contrari alla Costituzione o gravi violazioni di legge, oppure ancora per ragioni di sicurezza nazionale.
Ma è stato l'art. 11, legge cost. 3/2001, a valorizzare la Commissione, con l'attribuzione di rilevanti funzioni di raccordo tra Stato e Regioni. Ma, a diversi anni di distanza, nessun atto attuativo è stato deliberato e l'ipotesi della "Commissione bicamerale integrata" sembra ormai abbandonata e sostituita dal progetto di modificare il Senato trasformandolo nella "Camera delle autonomie".

Il "sistema delle Conferenze" è stato creato già prima della riforma costituzionale del 2001 e costituisce ancora oggi il principale strumento con cui si svolge la "leale collaborazione" tra Stato, Regioni e autonomie locali. Il nucleo fondamentale è la **Conferenza permanente per i rapporti tra lo Stato, le Regioni e le Province autonome di Trento e Bolzano** (la c.d. "**Conferenza Stato-Regioni**"), a cui è stata affiancata la **Conferenza Stato, Città e autonomie locali**: per le materie ed i compiti di interesse comune, le due Conferenze sono riunite insieme nella **Conferenza unificata**.

Queste Conferenze (la cui disciplina è dettata dal d.lgs. 281/1997) sono presiedute dal Presidente del Consiglio, o da un ministro da lui delegato, e sono formate da alcuni ministri e dai Presidenti delle Regioni (la Conferenza Stato-Regioni) ovvero dai rappresentati degli enti locali (la Conferenza delle autonomie locali). Esse sono sedi di confronto tra il Governo e le istituzioni regionali e locali, coinvolte nell'elaborazione del contenuto di alcuni atti del Governo che incidono sugli interessi e le competenze delle Regioni. Il più delle volte ciò avviene attraverso la previsione normativa secondo cui determinati atti del Governo (per esempio, il disegno di legge di bilancio o il disegno di legge comunitaria) devono essere preceduti dal parere di una di tali Conferenze: questo parere, di regola, non è giuridicamente vincolante, ma politicamente è dotato di grande forza, cosicché, se le Regioni riescono ad esprimerlo in modo unitario, è assai improbabile che il Governo se ne discosti. In altri casi, specie laddove lo Stato svolga funzioni di raccordo di attività ricadenti nelle competenze regionali, è previsto lo strumento dell'**intesa**, ossia del consenso delle Regioni, che così sono chiamate alla codecisione dell'atto.

4. Il principio di leale collaborazione

La giurisprudenza della Corte costituzionale da tempo ritiene che il **principio di leale collaborazione** "*deve governare i rapporti tra lo Stato e le Regioni nelle materie e in relazione alle attività in cui le rispettive competenze concorrono o si intersechino imponendo un contemperamento dei rispettivi interessi*" (sent. 242/1997). Le leggi statali hanno stabilito numerose forme di collaborazione, che vanno dalla previsione secondo cui determinati atti devono essere adottati dallo Stato, previa intesa con la Regione, alla richiesta di pareri, all'istituzione di organi misti, formati da rappresentanti dello Stato e da rappresentanti delle Regioni, allo scambio di informazioni, ecc.

Il bisogno di cooperazione tra diversi livelli di governo si fa sentire ancora più insistente a seguito della riforma costituzionale del 2001, poiché il tendenziale livellamento tra di essi ha tolto allo Stato quella posizione di supremazia che era ben rappresentata dai richiami costituzionali alla prevalenza dell'interesse nazionale. Nella costituzione del 1948 era previsto che le leggi regionali incontrassero un limite "politico" nell'**interesse nazionale**: il Governo poteva bloccarle e provocare una decisione dell'organo politico nazionale di vertice, il Parlamento. Benché questo meccanismo non sia mai stato attivato, la prevalenza dell'interesse nazionale, ossia delle esigenze unitarie, è stato fatto valere dal Governo di fronte alla Corte costituzionale impugnando tutte le leggi che contraddicevano quello che il Governo riteneva meritare una disciplina unitaria, "non frazionabile". Avendo allora il controllo preventivo sulle leggi regionali (che poteva impugnare davanti alla Corte costituzionale prima che entrassero in vigore), il Governo godeva di una posizione di supremazia rispetto alle Regioni.

L'eliminazione nel 2001 di qualsiasi riferimento all'interesse nazionale e l'imporsi invece una visione dei rapporti tra i diversi livelli di governo che "*obbedisce ad una concezione orizzontale-collegiale ... più che ad una visione verticale-gerarchica degli stessi*" (sent. 31/2006), hanno provocato un rafforzamento delle esigenze di cooperazione.

Per esempio, le "*competenze trasversali*" dello Stato che, come si è detto, "tagliano" più materie attribuite alle Regioni, di modo che, anche in queste, lo Stato può intervenire in nome della tutela di esigenze unitarie e di coordinamento. Ma la Corte gli chiede di non agire unilateralmente, ma sempre attraverso procedure di collaborazione con le Regioni.

Un'altra esigenza di raccordo riguarda l'esercizio del **potere estero** delle Regioni ed i rapporti delle stesse con l'Unione europea. Lo Stato conserva la potestà legislativa esclusiva in ordine a "*politica estera e rapporti internazionali dello Stato; rapporti dello Stato con l'Unione Europea; diritto d'asilo e condizione giuridica dei cittadini di Stati non appartenenti all'Unione Europea*". Tuttavia, nelle materie di sua competenza la Regione può concludere accordi con Stati e intese con enti territoriali interni ad altro Stato. Ma ciò può avvenire solamente nei casi e con le forme disciplinati da leggi dello Stato (art. 117.9 Cost.), che quindi deve prevedere meccanismi che assicurino il raccordo tra la politica estera dello Stato e le attività di rilievo internazionale delle Regioni. Inoltre, è previsto che le Regioni e le Province autonome di Trento e di Bolzano, nelle materie di loro competenza, partecipino alle decisioni dirette alla formazione degli atti normativi dell'Unione europea e provvedano all'attuazione e all'esecuzione degli accordi internazionali e degli atti UE. Ma, anche in questo caso, la partecipazione alla formazione ed all'attuazione degli atti UE deve avvenire *nel rispetto delle norme di procedura stabilite da legge dello Stato, che disciplina le modalità di esercizio del potere sostitutivo del Governo in caso di inadempienza* (art. 117.5 Cost.).

Infine, va evidenziato che il Governo può esercitare il **potere sostitutivo** nei confronti degli organi delle Regioni, delle Città metropolitane, delle Province e dei Comuni. In caso di mancato rispetto di norme e trattati internazionali o della normativa europea o di pericolo grave per l'incolumità e la sicurezza pubblica, ovvero quando lo richiedono la tutela dell'unità giuridica o dell'unità economica e, in particolare, la tutela dei livelli essenziali delle prestazioni concernenti i diritti civili e sociali (art. 120.2 Cost.), il Governo può surrogarsi, emanando l'atto necessario direttamente o attraverso un **commissario *ad acta***. L'esercizio di questo potere straordinario (che però si accompagna ad un analogo potere che le Regioni possono esercitare nei confronti degli enti locali, per assicurare il corretto esercizio delle funzioni ad essi conferite dalla Regione stessa) è comunque circondato da forti garanzie per l'ente "sostituito", che deve essere preventivamente diffidato e messo in termini per adempiere "spontaneamente".

5. I RAPPORTI TRA LE REGIONI E GLI ENTI LOCALI

Un problema politico-istituzionale che ha sempre accompagnato l'evoluzione dello "Stato-regionale" in Italia è stato quello dei rapporti tra Stato e Regioni, da una parte, e gli enti locali (Comuni, Province, e più recentemente le Città metropolitane), dall'altra. Il testo originario della Costituzione del 1948 con una norma ancora oggi in vigore stabiliva che "*la Repubblica riconosce e promuove le autonomie locali*" (art. 5 Cost.) e demandava, con una disposizione oggi abrogata, a "*leggi generali*" il compito di determinare i principi cui si doveva ispirare l'autonomia degli enti locali (art. 128). Tuttavia, l'attuazione di questi principi è avvenuta con molto ritardo e, quando le Regioni ordinarie sono state istituite, i Comuni e le Province hanno dovuto fare i conti con un nuovo "centralismo": quello delle Regioni che evitavano di attribuire ai Comuni le funzioni amministrative nelle materie di loro competenza e tendevano a mantenere una posizione di sopraordinazione e di controllo nei confronti degli enti locali.

L'avvio del cambiamento si è avuto con la legge 142/1990, che ha riformato l'ordinamento degli enti locali rendendoli più efficienti; poi c'è stata la riforma del 1993, che ha introdotto l'elezione diretta del Sindaco e del Presidente della Provincia; quindi è stato emanato il testo unico degli enti locali (d.lgs. 267/2000), che ha riordinato la materia. Più di recente, attraverso un processo di riforma alquanto caotico e culminato nella c.d. ***legge Delrio*** (legge 56/2014), si è profondamente rivisto l'ordinamento dell'**ente intermedio**, quello che si colloca tra il Comune e la Regione. La Provincia rimane, ma diventa un ente di "secondo grado", i cui organi non sono eletti direttamente dai cittadini ma dagli organi dei Comuni che ne fanno parte. Il sistema degli enti locali si basa dunque su:

– il **Comune**, ente locale rappresentativo della propria comunità, di cui cura gli interessi e promuove lo sviluppo, dotato di autonomia statutaria, normativa, organizzativa e amministrativa, nonché di autonomia impositiva e finanziaria nell'ambito delle leggi di coordinamento della finanza pubblica; i suoi organi (sindaco e consiglio) sono eletti direttamente dai cittadini;

– la **Provincia,** è un ente intermedio tra Comune e Regione, i cui organi (presidente e consiglio) sono eletti dai sindaci e dai consiglieri dei Comuni ricompresi. Un terzo organo, l'assemblea, riunisce tutti i sindaci. La Provincia ha funzioni "di area vasta", di coordinamento (urbanistica, ambiente, trasporti, rete scolastica), ma anche di gestione (strade, edilizia scolastica, ecc.);

– la **Città metropolitana**, istituita dopo il 2014 soltanto nelle città maggiori (Torino, Milano, Venezia, Genova, Bologna, Firenze, Bari, Napoli e Reggio Calabria, più Roma Capitale). In linea di principio essa si sostituisce alla Provincia ed è governata da un sindaco metropolitano (che di regola è il sindaco del capoluogo), da un consiglio eletto dai sindaci e dai consiglieri dei Comuni compresi nella sua area, e dalla conferenza metropolitana che riunisce tutti i sindaci. La Città metropolitana si occupa soprattutto dei piani territoriali, del coordinamento dei servizi e della mobilità;

– le **Unioni di Comuni**, che sono enti locali costituiti da due o più Comuni per l'esercizio associato di funzioni o servizi di competenza.

✓ LA PROVINCIA: UN ENTE INUTILE DA SOPPRIMERE?

Già nei lavori dell'Assemblea Costituente, la prospettiva della soppressione della Provincia era largamente condivisa, anche se poi alla fine non riuscì a prevalere. Il fatto è che la Provincia non è nata come un ente a base democratica, rispondente alle esigenze di autogoverno delle comunità locali, ma piuttosto come un'articolazione periferica dello Stato centrale che, attraverso il Prefetto (che della Provincia era il capo), metteva "sotto controllo" i Comuni. Negli ultimi tempi, sotto la pressione dell'esigenza di ottenere tagli alla spesa pubblica attraverso la eliminazione degli "enti inutili", anche la Provincia è stata oggetto di una serie di provvedimenti legislativi tesi a ridurne il numero e a trasformarle in enti di "secondo livello", i cui organi non avrebbero dovuto essere eletti direttamente dal popolo. Ma a questa importante riforma si è dato corso attraverso lo strumento meno adatto, il decreto-legge (→ § VII.4): per questo motivo la Corte costituzionale l'ha bocciata (sent. 220/2013), affermando però tra le righe che l'autonomia provinciale è costituzionalmente garantita. Di conseguenza il Governo aveva presentato una proposta di riforma che mirava a eliminare dal testo costituzionale qualsiasi riferimento alle Province: ma la riforma costituzionale è stata bocciata dal *referendum* del 4 dicembre 2016. La battaglia sulla sopravvivenza delle Province è tutt'altro che decisa!

Con la legge cost. 3/2001 la condizione degli enti locali è cambiata profondamente. Infatti, prima di questa riforma la loro autonomia risultava sostanzialmente "decostituzionalizzata", visto che le regole e gli strumenti della stessa erano demandati alle scelte del legislatore (in particolare di quello statale). Con la riforma costituzionale del 2001, invece, l'autonomia di Comuni, Province e Città metropolitane ottiene la più ampia garanzia costituzionale, a partire dal già citato art. 114 che pone questi enti sullo stesso piano della Regione e dello Stato. Vi è quindi la garanzia dell'autonomia di ciascuno di tali enti del potere di darsi autonomamente un proprio *statuto*, il quale stabilisce: *le norme fondamentali dell'organizzazione dell'ente* e, in particolare, specifica le attribuzioni degli organi e le forme di garanzia e di partecipazione delle minoranze, i modi di esercizio della rappresentanza legale dell'ente, anche in giudizio, nonché i criteri generali in materia di organizzazione dell'ente, le forme di collaborazione tra Comuni e Province, della partecipazione popolare, del decentramento, dell'accesso dei cittadini alle informazioni e ai procedimenti amministrativi, lo stemma e il gonfalone (così già l'art. 6 del d.lgs. 267/2000).

Ma l'innovazione più importante operata dalla riforma del 2001 consiste nella previsione costituzionale secondo cui – in nome del principio di sussidiarietà – l'amministrazione pubblica deve essere, in linea tendenziale, un'amministrazione locale. Infatti, l'art. 118 Cost., stabilisce che le *funzioni amministrative sono attribuite ai Co-*

muni. Coerentemente con questa previsione costituzionale, lo stesso art. 118 stabilisce che i Comuni, le Province e le Città metropolitane sono titolari di **funzioni proprie**, oltre a quelle loro conferite con legge statale o regionale. Lo Stato, però, conserva la "potestà legislativa esclusiva" per quanto riguarda "*legislazione elettorale, organi di governo e funzioni fondamentali di Comuni, Province e Città metropolitane*" (art. 117.2, lett. p), Cost.).

✓ CHE COSA SONO LE "FUNZIONI FONDAMENTALI"?

Uno dei punti difficili della riforma costituzionale è l'interpretazione del riferimento alle **funzioni fondamentali** di Comuni, Province e Città metropolitane. Secondo una prima tesi, lo Stato dovrebbe indicare con propria legge le "funzioni fondamentali" degli enti locali, sottraendo questa individuazione alla Regione (per il pericolo, avvertito dagli enti locali, che questa riservi a sé la maggioranza delle funzioni amministrative a scapito degli enti locali). Secondo un'altra tesi, invece, gli enti locali entrano nel nuovo assetto costituzionale con le "funzioni storiche", che costituiscono il loro patrimonio derivante dalla normativa previgente (tali funzioni costituirebbero le "funzioni proprie" degli enti locali). In questa prospettiva, le "funzioni fondamentali", disciplinate con legge dello Stato", sarebbero solamente quelle relative alla disciplina organizzativa degli organi di governo (il Consiglio, la Giunta, il Sindaco o il Presidente della Provincia). I Comuni, le Province e le Città metropolitane, inoltre, hanno potestà regolamentare in ordine alla disciplina dell'organizzazione e dello svolgimento delle funzioni loro attribuite (art. 117.6 Cost.).
Certamente, quello esposto è un principio di difficile realizzazione pratica in un Paese in cui ci sono ben 8.110 Comuni, alcuni dei quali di ridottissime dimensioni e con un apparato amministrativo assai esile. La Costituzione, tuttavia, offre la possibilità di un contemperamento del principio del carattere locale dell'amministrazione, poiché lo stesso art. 118 dice che, in via eccezionale, per assicurarne l'esercizio unitario, le funzioni amministrative possono essere conferite a Province, Città metropolitane, Regioni e Stato, sulla base dei principi di *sussidiarietà, differenziazione e adeguatezza*. Ciò significa che si potrà dare luogo ad una ripartizione delle funzioni che tenga conto delle caratteristiche o della tipologia (data, per esempio, dal numero degli abitanti) dei Comuni che dovranno esercitare le funzioni amministrative.

Per quanto riguarda, infine, i raccordi tra la Regione e gli enti locali, la Costituzione prevede che, in ogni Regione, lo statuto deve disciplinare il **Consiglio delle autonomie locali**, in cui siedono i rappresentanti degli enti locali; esso deve funzionare come organo con funzioni consultive (art. 123.4).

6. FINANZA REGIONALE E FINANZA LOCALE

Nei sistemi federali, l'autonomia degli enti territoriali riguarda anche il versante finanziario. Si usa l'espressione **federalismo fiscale** per indicare un sistema di finanza pubblica che riconosce tanto l'autonomia finanziaria degli enti territoriali (Stati membri o Regioni) – con i connessi poteri di imposizione tributaria e di determinazione del modo in cui spendere le risorse disponibili – quanto l'esistenza di interventi finanziari centrali – sotto forma di trasferimenti, con cui realizzare obiettivi di politica economica e sociale non tutelati dagli enti territoriali. L'art. 119 Cost. (recentemente modificato dalla legge cost. 1/2012) garantisce l'**autonomia finanziaria**, sia sul versante delle entrate che su quello delle spese, a favore delle Regioni e degli enti locali. Questo riconoscimento significa che gli enti territoriali:

a) devono avere entrate proprie e il potere di concorrere a determinarne la composizione e la quantità;
b) devono poter stabilire liberamente come spendere le risorse di cui dispongono.

Svolgendo tale principio, la Costituzione prevede che Regioni ed enti locali abbiano una finanza alimentata sia con tributi ed entrate proprie, sia con compartecipazioni al gettito di tributi statali riferibili al loro territorio (che significa una percentuale del prelievo tributario realizzato mediante tributi previsti e applicati dallo Stato). L'autonomia finanziaria comporta altresì che Regioni ed enti territoriali potranno avere autonomia di scelta sia in ordine al livello di imposizione tributaria, sia su come impiegare le risorse che hanno a disposizione.

Lo Stato non ha però perduto il potere di intervenire nella disciplina della finanza regionale, tutt'altro. Infatti, l'art. 117.3 (modificato dalla legge cost. 1/2012) prevede la materia "*coordinamento della finanza pubblica e del sistema tributario*". Trattandosi di "potestà legislativa concorrente", però, lo Stato potrà introdurre solamente i "principi fondamentali" rimettendo tutto il resto della disciplina alle Regioni. Mentre lo Stato ha "potestà legislativa esclusiva" in ordine alla "*armonizzazione dei bilanci pubblici*" (disciplinata dal d.lgs. 118/2011 e successive modificazioni) e alla "*perequazione delle risorse finanziarie*" (→ § VII.8). Mentre lo Stato ha "potestà legislativa esclusiva" in ordine alla "*armonizzazione dei bilanci pubblici*" e alla "*perequazione delle risorse finanziarie*".

Lo sviluppo di questi principi comporterà, tra l'altro, che le Regioni e gli enti locali saranno dotati di risorse finanziarie diverse a seconda della ricchezza economica del rispettivo territorio. Infatti, il gettito dei tributi (ossia il provento derivante dall'applicazione dei tributi) – sia di quelli statali riferibili al territorio regionale e devoluti alle Regioni e agli enti locali, sia di quelli istituiti direttamente dalle Regioni – varia in funzione della ricchezza tassata. Pertanto, le Regioni più povere avranno meno mezzi finanziari e quelle più ricche avranno più risorse su cui contare. Al fine di evitare che, per effetto di tale disciplina, tra i diversi enti territoriali si creino delle differenze di disponibilità finanziarie eccessive, mettendo a repentaglio l'unità del Paese, è previsto un **fondo perequativo**, a favore dei *territori con minore capacità fiscale per abitante*. Il "fondo perequativo" ha la funzione di assegnare agli enti territoriali economicamente più deboli delle risorse aggiuntive, consentendo così di finanziare integralmente le funzioni pubbliche loro attribuite.

In aggiunta al "fondo perequativo", è previsto (art. 119.5 Cost.) che lo Stato possa destinare risorse aggiuntive ed effettuare interventi speciali in favore di determinati enti, al fine di promuovere lo sviluppo economico, la coesione e la solidarietà sociale, ovvero per rimuovere gli squilibri economici e sociali, per favorire l'effettivo esercizio dei diritti della persona, o per provvedere a scopi diversi dal normale esercizio delle funzioni. I Comuni, le Province, le Città metropolitane e le Regioni hanno anche un proprio **patrimonio**, attribuito secondo i principi generali fissati con legge dello Stato, e possono ricorrere all'**indebitamento**, ma solamente per finanziare spese di investimento (come costruire opere pubbliche e, quindi, con l'esclusione delle "spese correnti" come sono quelle per pagare gli stipendi).

Il processo di attuazione dell'art. 119 Cost. ha avuto come momento centrale l'approvazione della legge 42/2009 (c.d. "*attuazione del federalismo fiscale*"). È una legge che delega il Governo ad adottare una serie di decreti legislativi aventi come oggetto l'attuazione dell'art. 119 Cost., al fine di assicurare l'autonomia finanziaria delle Regioni e degli enti locali.

L'idea portante è che venga istituita una tendenziale correlazione tra responsabilità finanziaria e responsabilità amministrativa. Dovrà perciò esserci un legame tra il prelievo tributario ed il beneficio fornito ai cittadini, attraverso l'esercizio delle attività amministrative, dall'ente territoriale che percepisce il gettito. In questo modo i cittadini dovrebbero essere messi nelle condizioni di valutare il modo in cui sono utilizzate, dai titolari degli organi politici dei diversi livelli territoriali di governo, le risorse che essi devono cedere ai poteri pubblici attraverso l'imposizione tributaria, il che dovrebbe favorire la responsabilità politica degli eletti nei confronti degli elettori.

Un altro principio della legge delega è quello della territorialità dei tributi regionali e locali e della riferibilità al territorio della compartecipazione al gettito dei tributi statali. Questo principio comporta che i territori più ricchi produrranno un gettito tributario più elevato che andrà ad alimentare l'esercizio di compiti amministrativi i cui benefici si produrranno nei confronti dei territori su cui grava la tassazione.

Da questo sistema derivano almeno due problemi di grande rilievo: come assicurare che, attraverso le risorse proprie attribuite alle Regioni ed agli enti locali, sia comunque garantita la copertura finanziaria integrale delle funzioni che essi devono esercitare a tutela dei diritti dei loro cittadini; e come garantire un certo livello di solidarietà tra le diverse aree territoriali evitando che le differenze di gettito tra territori ricchi e territori svantaggiati sia talmente intensa da pregiudicare l'eguaglianza dei cittadini e l'unità nazionale.

La legge delega individua solo le direttrici di massima che solo in parte sono state sviluppate dai decreti delegati. La crisi finanziaria e la decretazione d'emergenza, il tribolato dibattito politico attorno all'imposta sulla casa (l'IMU) e le altre tasse comunali hanno complicato il quadro e rinviata la definizione di un quadro definitivo delle finanze locali.

✓ IL REBUS DEI "COSTI STANDARD"

Il tema più difficile nel processo di attuazione della delega è come quantificare il finanziamento necessario alle Regioni per garantire la copertura finanziaria delle loro prestazioni. Il metodo della c.d. "spesa storica" (ossia quanto si è versato in passato alle singole Regioni per sostenerne la spesa nei singoli servizi) appare inadeguato, perché non premia l'efficienza ma il suo contrario: perciò si vogliono individuare invece i **costi standard** di ogni singola prestazione, in modo che sia possibile confrontare l'efficienza delle Regioni nell'erogazione dei servizi. È un'operazione assai complicata, perché le esigenze delle popolazioni delle singole Regioni sono diverse (per es. la spesa sanitaria è necessariamente più alta laddove più alta è l'età media; la spesa farmaceutica è più alta dove la popolazione è più povera, e quindi non paga il ticket, ecc.), ed è davvero difficile individuare le singole prestazioni (sanitarie, farmaceutiche, ospedaliere, socio-assistenziali, ecc.) e non è affatto semplice individuare quali concrete prestazioni andrebbero prese in considerazione. Siccome però la spesa sanitaria impegna circa l'80% dei bilanci regionali, è soprattutto su questa che si è concentrata l'attenzione.

7. LA FORMA DI GOVERNO REGIONALE

La legge cost. 1/1999 ha modificato gli artt. da 121 a 126 della Costituzione introducendo una forma di governo regionale basata sull'**elezione popolare diretta del Presidente della Regione**. Più precisamente questa legge costituzionale ha previsto: una forma di governo transitoria, vigente fino a quando la Regione non disciplinerà autonomamente la sua forma di governo attraverso il proprio statuto ed una propria legge elettorale; una forma di governo disciplinata dallo statuto di ciascuna Regione, "*in armonia con la Costituzione*".

A seguito della riforma costituzionale del 1999, e in attesa dei nuovi Statuti regionali, la forma di governo regionale transitoria si basa su due strutture egualmente legittimate dal corpo elettorale. Da una parte, c'è il **Consiglio regionale**, eletto dagli elettori regionali, titolare della funzione legislativa, del potere di fare proposte alle Camere e delle altre funzioni conferitegli dalla Costituzione e dalle leggi gode della classica prerogativa delle assemblee elettive, cioè dell'insindacabilità dei suoi membri per le opinioni espresse e i voti dati (art. 122.4 Cost.: → § III.4). Dall'altra parte, c'è il **Presidente della Regione** eletto a suffragio universale e diretto dall'intero corpo elettorale regionale. Il Presidente eletto rappresenta la Regione, dirige la politica della Giunta e ne è responsabile, promulga le leggi ed emana i regolamenti regionali, dirige le funzioni amministrative delegate dallo Stato alla Regione (in tal caso deve conformarsi alle istruzioni del Governo della Repubblica). La **Giunta regionale** è l'organo esecutivo della Regione (cioè titolare della funzione amministrativa); ma essa è diretta politicamente dal Presidente eletto, cui la Costituzione affida il *potere di nominare i componenti della Giunta, nonché il potere di revocarli.*

Le relazioni tra il Consiglio regionale, da una parte, ed il Presidente eletto e la Giunta, dall'altra, sono riconducibili al modello della *forma di governo neoparlamentare*. Infatti, il Consiglio regionale *può esprimere la sfiducia nei confronti del Presidente della Giunta mediante mozione motivata*, sottoscritta da almeno un quinto dei suoi componenti ed approvata per appello nominale a maggioranza assoluta dei componenti. Questa mozione non può essere messa in discussione prima che siano trascorsi almeno tre giorni dalla sua presentazione. L'approvazione della mozione di sfiducia determina le dimissioni della Giunta e lo scioglimento del Consiglio regionale, con la conseguenza che si andrà a nuove elezioni per il rinnovo di entrambi gli organi.

✓ IL PRINCIPIO "*SIMUL STABUNT, SIMUL CADENT*"

Sia la forma di governo transitoria stabilita dalla legge costituzionale, sia la forma di governo stabilita dallo Statuto regionale, se opta per l'elezione diretta del Presidente della Regione, sono caratterizzate dal principio del "***simul stabunt, simul cadent***". Con questa espressione latina si intende dire che il Presidente della Giunta ed il Consiglio regionale sono eletti contestualmente e che il venir meno di uno dei due organi determina la scadenza anticipata dell'altro ed il ricorso a nuove elezioni per il rinnovo di entrambi gli organi. In questo modo si intendono conseguire i seguenti risultati:

a) evitare cambiamenti di maggioranze e di Governi in corso di legislatura, senza il pronunciamento del corpo elettorale;

b) assicurare la stabilità dei Governi regionali e la loro legittimazione derivante dalla diretta scelta popolare e non solo da accordi fra i partiti;

c) assicurare la contestualità delle elezioni del Presidente e del Consiglio, in modo tale da rendere più probabile che essi appartengano alla stessa coalizione, evitando così i rischi di "coabitazione". Occorre aggiungere che lo stesso effetto dello scioglimento anticipato del Consiglio regionale e della rimozione del Presidente della Giunta, si verifica nel caso di impedimento permanente, morte, dimissioni volontarie o rimozione del Presidente, ovvero nel caso di dimissioni contestuali della maggioranza dei componenti il Consiglio.

L'assetto descritto della forma di governo regionale è previsto dalla Costituzione, che, però, affida allo Statuto di ciascuna Regione la competenza a determinare, in armonia con la Costituzione, la forma di governo e i principi fondamentali di organizzazione e di funzionamento (art. 123.1). Con la conseguenza che lo Statuto regionale potrà integrare e modificare il modello costituzionale e, in ultima istanza, potrà anche escludere l'elezione diretta del Presidente della Regione. La nuova disciplina costituzionale affida poi alla legge regionale il compito di stabilire il sistema di elezione e i casi di ineleggibilità e incompatibilità del Presidente e degli altri componenti della Giunta regionale, nonché dei consiglieri regionali, nei limiti dei principi fondamentali determinati con legge della Repubblica, la quale fissa altresì la durata degli organi elettivi.

I "nuovi" Statuti delle Regioni ordinarie hanno tutti optato per l'elezione diretta del Presidente, ma ancora poche Regioni si sono dotate di una propria legge elettorale. Le altre sono rette dalla disciplina transitoria, che ha previsto l'applicazione della vigente legge elettorale (quella del 1995) con i seguenti adattamenti:

a) sono candidati alla Presidenza della Regione i capilista delle liste regionali;

b) è proclamato eletto Presidente della Regione il candidato che ha conseguito il maggior numero di voti validi in ambito regionale;

c) il Presidente della Regione fa parte del Consiglio regionale;

d) entro dieci giorni dalla proclamazione, il Presidente della Regione nomina i componenti della Giunta, tra i quali un vicepresidente, e può successivamente revocarli;

e) se il Consiglio approva una mozione di sfiducia, entro tre mesi si procede all'indizione di nuove elezioni del Consiglio regionale e del Presidente della Regione.

Secondo l'art. 123 Cost. ogni Regione ha uno Statuto che ne determina la forma di governo e i principi fondamentali di organizzazione e funzionamento. Pertanto, la Costituzione attribuisce alla Regione la facoltà di disciplinare la forma di governo, discostandosi da quella transitoria dalla stessa prevista. Il sistema che ne segue può, quindi, essere così sintetizzato:

a) la Costituzione fissa un criterio generale di elezione a suffragio universale e diretto del Presidente della Regione;

b) in questo contesto istituzionale, il rapporto tra il Presidente della Regione e il Consiglio regionale è retto dal principio "*simul stabunt, simul cadent*", per cui qualsiasi ipotesi di cessazione del Presidente determinerebbe altresì lo scioglimento del Consiglio regionale;

c) il Consiglio potrebbe sempre votare una mozione di sfiducia contro il Presidente della Regione e questa possibilità non sarebbe derogabile da parte dello Statuto;

d) le Regioni, nell'esercizio della loro potestà statutaria, potrebbero allontanarsi da questo modello e orientarsi verso una diversa modalità di elezione del Presidente della Regione (fino ad escludere l'elezione diretta del Presidente, ritornando a sistemi parlamentari con la scelta del Presidente dopo le elezioni o all'elezione consiliare dello stesso);

e) qualora invece la Regione scegliesse di confermare l'elezione a suffragio universale e diretto del Presidente della Regione dovrebbe rispettare la disciplina dell'art. 126 Cost., secondo cui:

1. il Consiglio regionale può esprimere la sfiducia con mozione motivata, sottoscritta da almeno un quinto dei suoi componenti e approvata per appello nominale a maggioranza assoluta dei componenti; detta mozione non può essere messa in discussione prima di tre giorni dalla presentazione;
2. l'approvazione della mozione di sfiducia comporta la rimozione del Presidente e il contestuale scioglimento del Consiglio regionale;
3. i medesimi effetti conseguono alla rimozione, all'impedimento permanente, alla morte o alle dimissioni volontarie del Presidente, nonché alle dimissioni contestuali della maggioranza dei componenti il Consiglio.

8. LA FORMA DI GOVERNO DEGLI ENTI LOCALI

La forma di governo del Comune e della Provincia è stata modellata dalla legge 81/1993, modificata dalla legge 265/1999. Dopo la riforma *Delrio* (→ § IV.5), gli organi della Provincia non sono più eletti direttamente dai cittadini e anche i rapporti tra gli organi hanno perso "politicità", per cui occorre occuparsi solo dei Comuni.

La forma di governo dei Comuni si basa sull'**elezione popolare diretta del Sindaco** che costituisce in Italia il primo caso di sistema elettorale che ha consentito la scelta popolare diretta del capo dell'Esecutivo.

Per quanto riguarda invece l'elezione dei Consigli comunali, è prevista una combinazione di elementi del maggioritario e del proporzionale, che si realizza secondo modalità diverse per i Comuni con popolazione fino a 15.000 abitanti e per i Comuni con oltre 15.000 abitanti.

Il Sindaco dura in carica *cinque anni* e non può ricoprire più di due mandati consecutivi (salvo che uno dei due mandati abbia avuto una durata inferiore a due anni, sei mesi e un giorno).

V. L'AMMINISTRAZIONE PUBBLICA

1. Pluralismo amministrativo e molteplicità dei modelli amministrativi

L'amministrazione dello Stato liberale seguiva un sistema organizzativo unitario. In particolare, nell'Europa continentale, si era diffuso il **modello ministeriale** di derivazione francese. L'amministrazione si identificava essenzialmente con l'amministrazione statale e quest'ultima era articolata in organismi strutturati gerarchicamente: al vertice della **gerarchia amministrativa** c'era un organo chiamato ministro. Quest'ultimo, in quanto capo gerarchico dell'amministrazione, poteva impartire ordini ai funzionari addetti ai diversi uffici in cui si organizzava il ministero ed era l'unico organo dello stesso, cioè l'unico ufficio competente a manifestare all'esterno, in termini giuridicamente impegnativi, la volontà del ministero. I ministri, in quanto componenti del Governo (→ § III.3), riconducevano tutti i ministeri all'unitaria politica del Governo, da cui quindi l'amministrazione dipendeva e che dell'operato dell'amministrazione rispondeva politicamente.

In questo sistema amministrativo, non c'era spazio per l'autonomia degli enti locali, che, pertanto, venivano definiti dalla dottrina giuridica come **enti autarchici**. Con questa definizione, si intendeva che Comuni e Province potevano perseguire interessi propri in quanto fossero anche interessi dello Stato. Gli enti locali quindi diventavano una sorta di strumento dello Stato centrale che, perciò, esercitava sulla loro attività penetranti controlli.

Nell'odierno Stato di democrazia pluralista, ed in particolare in quello italiano, l'uniformità dell'amministrazione è stata da tempo abbandonata a favore di un sistema in cui sono seguiti diversi schemi di organizzazione. Da una parte, l'amministrazione è diventata pluralistica, cioè si è articolata in una molteplicità di strutture tra di loro autonome, e quindi portatrici di indirizzi politici differenti. Come abbiamo visto nel precedente capitolo, alle Regioni e agli enti locali è stata riconosciuta e costituzionalmente garantita l'autonomia politica, amministrativa, finanziaria. Dall'altra parte, anche a livello di amministrazione statale, il pluralismo sociale comporta l'attribuzione, alle diverse branche dell'amministrazione, del compito di curare interessi non solo diversi ma anche divergenti e conflittuali.

In questo contesto, non solo l'amministrazione si "pluralizza", articolandosi in centri amministrativi distinti, talora autonomi, e comunque portatori di interessi divergenti. Poiché diverse sono le esigenze per soddisfare le quali si crea un'amministrazione e poiché differenti sono i compiti che ciascuna di esse esercita, variano anche i modelli organizzativi utilizzati. Le amministrazioni pubbliche hanno perduto l'uniformità organizzativa e seguono piuttosto modelli diversi: ai ministeri – peraltro organizzati secondo schemi differenti da struttura a struttura –, si affiancano così altre figure, come gli enti pubblici di vario tipo (→ § I.7), le agenzie, le autorità amministrative indipendenti, ecc. A ciò si aggiunge che le amministrazioni pubbliche diverse da quelle statali hanno riconosciuti poteri di autoorganizzazione – divenuti particolarmente estesi soprattutto dopo la legge cost. 3/2001 – che permettono loro di adottare soluzioni organizzative ritagliate sulle specifiche esigenze di ciascuna di esse.

2. Il Governo e la pubblica amministrazione

Ciascun **ministro** è, di regola, preposto ad uno dei grandi rami dell'amministrazione statale, che prende il nome di **ministero**. Perciò il ministro ha una doppia veste istituzionale: da una parte, partecipa alla formazione dell'indirizzo politico in quanto membro del Consiglio dei ministri; dall'altra, costituisce il vertice amministrativo di un ministero, chiamato a realizzare quell'indirizzo.

Secondo il modello dell'amministrazione per ministeri, nato nella Francia di Napoleone e trapiantato negli altri Paesi dell'Europa continentale, ciascun ministero doveva essere configurato come una struttura verticistica e gerarchizzata, che si esprimeva all'esterno e operava giuridicamente tramite il ministro. Quest'ultimo, perciò, era l'organo abilitato a manifestare la volontà del ministero, impegnandolo giuridicamente; il ministro si serviva di una molteplicità di uffici a lui legati da un **rapporto di gerarchia**, che cioè gli consentiva di impartire loro ordini e di avocare a sé la trattazione di ogni affare di loro competenza. Questo modello è stato abbandonato in Italia, soprattutto dopo il 1993.

L'organizzazione dei ministeri attualmente è basata sul principio della **separazione tra politica e amministrazione**: agli organi di governo (Consiglio dei ministri, prima, e ministro, poi) spetta l'esercizio della funzione di indirizzo politico e amministrativo, che consiste nella determinazione degli obiettivi e dei programmi da attuare, e la verifica della rispondenza dei risultati dell'attività amministrativa agli indirizzi impartiti; ai **dirigenti amministrativi**, invece, spetta l'adozione degli atti e dei provvedimenti amministrativi che impegnano l'amministrazione verso l'esterno, nonché la gestione finanziaria, tecnica e amministrativa, anche mediante il potere di adottare gli atti di spesa, di organizzazione del personale e dei mezzi strumentali di cui l'amministrazione si serve.

✓ Il difficile rapporto tra politica e amministrazione

Il problema che il rapporto tra politica e amministrazione pone sul piano costituzionale può essere sintetizzato nei due interrogativi seguenti: 1) come è possibile ricondurre l'amministrazione e la burocrazia al principio democratico, e quindi al potere di direzione e controllo politico del corpo elettorale e delle istituzioni rappresentative che esso esprime? 2) come è possibile evitare che l'amministrazione pubblica operi per favorire gli amici e i clienti di chi detiene il potere politico, realizzando discriminazioni tra i cittadini, in violazione del principio di eguaglianza e di parità nel godimento dei diritti costituzionali? Il primo quesito evoca il rischio di una burocrazia priva di ogni controllo democratico e, perciò, in grado di perseguire i propri interessi di gruppo professionale o, peggio, gli interessi materiali della persona titolare dell'ufficio, in spregio rispetto alle esigenze dei cittadini e della società. Il secondo interrogativo, invece, richiama il pericolo di un'amministrazione strumento della lotta politica, espressione di una parte e, perciò, mezzo di oppressione nei confronti delle minoranze. Nel primo caso, il pericolo è l'eccesso di autonomia; nel secondo, l'eccesso di subordinazione politica. La soluzione offerta al primo problema da una tradizione che si richiama al costituzionalismo inglese era basata sul principio della responsabilità ministeriale: per tutti gli atti posti in essere da ciascun ramo dell'amministrazione statale, risponde politicamente davanti al Parlamento il ministro che è stato preposto a quel ramo di amministrazione. In questo modo, l'amministrazione e la burocrazia sono indirettamente ricondotte (tramite la responsabilità del Governo) al circuito democratico rappresentativo. Da qui, la configurazione dell'amministrazione come strumento di realizzazione dell'indirizzo politico del Governo e l'anonimato della burocrazia (all'esterno, infatti, appare solamente il ministro). La soluzione del secondo problema è stata generalmente rinvenuta nel principio di legalità, in quanto l'amministrazione deve agire nei modi stabiliti dalla legge.

Ma la prima soluzione sottovaluta i seguenti pericoli: la responsabilità per gli atti dell'amministrazione può essere più fittizia che reale, in quanto in un parlamentarismo basato su linee di divisione partitica è estremamente improbabile che il Parlamento chiami in causa la responsabilità del Governo votandogli la sfiducia; inoltre, amministrazioni di dimensioni notevoli generalmente sfuggono alla capacità del ministro di dirigere e controllare davvero tutta l'attività, con la conseguenza che esistono ampi settori dell'azione amministrativa in relazione ai quali non c'è nessun effettivo responsabile. La soluzione del secondo problema, basata sul *principio di legalità* (→ § successivo), non tiene conto delle trasformazioni della legge e dell'amministrazione: la prima, frutto del compromesso tra più interessi, assume sovente caratteri di vaghezza e di genericità; la seconda ha assunto compiti, il cui svolgimento concreto difficilmente si presta ad essere predefinito dalla legge.

L'ordinamento giuridico italiano ha proposto soluzioni nuove al rapporto tra politica e amministrazione: a) l'amministrazione è separata dalla sfera dell'indirizzo politico-amministrativo, sicché ai dirigenti sono attribuiti tutti i potere di gestione amministrativa, che essi devono esercitare in conformità alla legge; b) tra sfera politica e sfera amministrativa però non c'è incomunicabilità, visto che agli organi di governo spetta il compito di stabilire gli obiettivi ed i programmi che gli organi burocratici devono realizzare; c) per il modo in cui operano nel perseguimento di tali obiettivi, i dirigenti sono valutati ed incorrono, nel caso di esiti negativi di tale valutazione, in una nuova specie di responsabilità, che è la **responsabilità dirigenziale**.

In particolare, il ministro, periodicamente e comunque non oltre dieci giorni dall'entrata in vigore della legge di bilancio, definisce *obiettivi, priorità, piani e programmi* da attuare ed emana le conseguenti **direttive generali**, cui dovranno conformarsi i dirigenti. Le direttive indicano obiettivi da perseguire, modalità di azione, standard da rispettare, ma non possono avere contenuti concreti, propri degli atti di gestione riservati ai dirigenti. Inoltre, il ministro assegna a ciascun ufficio di livello dirigenziale generale le risorse umane, materiali ed economico-finanziarie necessarie per realizzare gli obiettivi assegnati. I dirigenti sono preposti ai diversi uffici di livello dirigenziale dagli organi di governo e, nel caso di risultati negativi della loro gestione o nel caso di mancato raggiungimento degli obiettivi loro affidati, l'incarico può essere revocato (*responsabilità dirigenziale*).

✓ LE TRASFORMAZIONI DELL'AMMINISTRAZIONE STATALE

In passato, i ministeri sono stati sempre numerosi (circa una ventina), e poiché ciascun ministro fa parte del Consiglio dei ministri, quest'ultimo collegio è stato composto da un numero particolarmente elevato di membri; circostanza questa che ha limitato la funzionalità dell'organo. Un'altra conseguenza di tale situazione è stata la frammentazione di competenze riguardanti la medesima materia tra più strutture ministeriali, cosa che ha reso difficile sia l'elaborazione di un indirizzo politico unitario, sia il coordinamento delle attività amministrative di attuazione.
La soluzione di questi problemi è stata tentata con il d.lgs. 300/1999, che ha drasticamente ridotto il numero dei ministeri. Ma l'esigenza di mantenere gli equilibri politici tra i partiti della coalizione costituisce un forte ostacolo alla diminuzione del numero dei ministeri, che, infatti, sono ritornati a crescere nel 2001 e ancor più nel 2006, con la formazione del secondo Governo Prodi. Quest'ultimo, subito dopo il giuramento (ancor prima di ricevere la fiducia parlamentare), ha adottato un decreto-legge di modifica del citato d.lgs. 300/1999, che, introducendo nuovi ministeri, li porta al numero complessivo di 18. Nel 2006 accanto ai 18 ministri "con portafoglio" ne sono stati nominati 8 "senza portafoglio". Ma gli ultimo Governi hanno drasticamente ridotto la composizione: il Governo Renzi, per es., ha "solo" 61 membri in tutto.
Accanto ai ministeri, secondo il d.lgs. 300/1999, operano le **Agenzie**, le quali sono strutture amministrative che svolgono attività a carattere tecnico-operativo di interesse nazionale, dotate di piena autonomia e sottoposte al potere di indirizzo e di vigilanza di un ministro.

3. I PRINCIPI COSTITUZIONALI SULL'AMMINISTRAZIONE

È certamente sbagliato identificare le amministrazioni pubbliche con l'amministrazione statale, piuttosto esse costituiscono una realtà assai articolata e sono riconducibili ad enti e soggetti differenti. Esistono però dei principi costituzionali comuni a tutte le amministrazioni.

I principi costituzionali sull'amministrazione sono i seguenti:

a) la **legalità della pubblica amministrazione** e la riserva di legge in materia di organizzazione. Il primo principio non è scritto direttamente in Costituzione, ma si ricava dal generale principio della divisione dei poteri e, implicitamente, da alcune disposizioni costituzionali. Il **principio di legalità** può definirsi come la sottoposizione dell'amministrazione alla legge, nel senso che l'amministrazione può fare solo ciò che è previsto dalla legge e nel modo da essa indicato. È evidente la distinzione rispetto all'attività del soggetto privato, che deve agire nell'ambito della legge: cioè deve rispettare i limiti posti dalla legge, ma nell'ambito di questi limiti è libero di agire come crede. Invece, per l'amministrazione è la stessa legge che predetermina il modo in cui l'amministrazione deve agire. Tutto ciò però non deve indurre a ritenere che l'amministrazione sia completamente vincolata. Il più delle volte, infatti, l'amministrazione effettua delle scelte tra diverse possibilità di azione (c.d. *discrezionalità amministrativa* su cui → § VIII.4), tutte riconducibili al modello legale. Se nello Stato liberale il rapporto tra legge e amministrazione aveva carattere assorbente e l'amministrazione poteva essere raffigurata come *macchina di esecuzione della legge*, le cose cambiano con la crescita e il mutamento dei compiti delle amministrazioni. Sia nelle amministrazioni dello Stato sociale, che nelle amministrazioni che intervengono nell'economia, assume grande rilievo il *risultato socio-economico dell'attività*, e non solo la conformità al modello legale – che oltretutto, a causa della natura di queste attività, non può che avere carattere generico –.

Per quanto concerne, poi, l'organizzazione degli uffici pubblici, la Costituzione (art. 97.1) pone una *riserva di legge relativa* (→ § VI.5). La tendenza recente è quella di ridurre il campo di intervento legislativo nella materia dell'organizzazione amministrativa, riducendola alla fissazione di pochi principi organizzativi e rinviando le scelte più puntuali a regolamenti di organizzazione (→ § VII.6), in modo tale da assicurare la flessibilità delle strutture ed il loro rapido adeguamento alle diverse esigenze, che vanno di volta in volta emergendo;

b) l'**imparzialità della pubblica amministrazione** (art. 97), che vieta di effettuare discriminazioni tra soggetti non sorrette da alcun fondamento razionale, e perciò arbitrarie. L'imparzialità è la traduzione sul piano amministrativo del generale principio di eguaglianza (→ § X.3); non esclude che l'amministrazione operi per il perseguimento degli obiettivi fissati dagli organi di governo, ma impone che, nel perseguire tali obiettivi, l'amministrazione osservi la legge e operi una valutazione dei diversi interessi coinvolti nelle sue decisioni;

c) il **buon andamento della pubblica amministrazione** (art. 97), che richiede un'attività amministrativa che risponda ai canoni dell'**efficienza** (sia cioè in grado di realizzare il miglior rapporto tra mezzi impiegati e risultati conseguiti) e dell'**efficacia** (sia cioè capace di raggiungere gli obiettivi prefissati). Invero, per lungo tempo, questo principio costituzionale è stato inteso in senso riduttivo, rendendo evanescente la distinzione rispetto a quello di legalità ed a quello di imparzialità. In tempi più recenti, invece, tanto nella giurisprudenza costituzionale che nella legislazione ordinaria, ha assunto un peso crescente. Per cui ormai vi sono numerose sentenze della Corte costituzionale secondo cui l'art. 97, insieme all'imparzialità, intende garantire il valore dell'efficienza e alla stregua di tale principio, ha riconosciuto la conformità a Costituzione della riforma (d.lgs. 29/1993) che ha privatizzato e contrattualizzato il rapporto di lavoro con le amministrazioni pubbliche (sent. 309/1997).

Sul piano legislativo, va segnalata la legge generale sul procedimento amministrativo (241/1990), secondo cui "*l'attività amministrativa persegue i fini determinati dalla legge ed è retta da criteri di economicità, di efficacia e di pubblicità*". In attuazione del principio costituzionale del buon andamento, è stata approvata un'importante riforma avente come finalità lo "snellimento" e la "semplificazione" dell'attività amministrativa;

d) il principio del **concorso pubblico** per l'accesso al rapporto di lavoro con le pubbliche amministrazioni, per cui, salvo i casi stabiliti dalla legge, agli impieghi con le amministrazioni pubbliche si accede mediante concorso (art. 97.3). Si tratta di un principio che costituisce specificazione di quelli di imparzialità e di buon andamento, e che pone il merito personale come criterio per selezionare i soggetti con cui le amministrazioni instaurano rapporti di lavoro. La Corte costituzionale ha precisato che l'esigenza di operare una selezione in base al merito comporta: che i concorrenti al concorso pubblico devono essere valutati da commissioni composte in modo che sia prevalente la presenza di esperti; che non sono ammesse promozioni e passaggi da una qualifica all'altra non preceduti da idonee modalità concorsuali;

e) il **dovere di fedeltà**, che è sancito in termini generali per tutti i cittadini (→ § X.14) e che si specifica nel dovere di adempiere le pubbliche funzioni con disciplina e onore, prestando giuramento nei casi previsti dalla legge (art. 54). Ciò che si vuole assicurare è un'amministrazione non partigiana che, nell'attuazione dell'indirizzo amministrativo, non sia influenzata da legami di dipendenti pubblici con gruppi, associazioni, partiti, ecc. Perciò la stessa Costituzione attribuisce alla legge la competenza ad introdurre **limiti al diritto di iscrizione ai partiti politici** per i magistrati, i militari di carriera in servizio attivo, i funzionari ed agenti di polizia, i rappresentanti diplomatici e consolari all'estero (art. 98.3);

f) il principio della **separazione tra politica e amministrazione**, di cui si è già detto, secondo cui gli organi di governo determinano obiettivi e programmi e gli organi burocratici hanno la titolarità dei poteri di gestione amministrativa, in modo tale da evitare ingerenze della politica nelle puntuali e specifiche scelte amministrative.

La Costituzione non formula espressamente tale principio, ma afferma che "*nell'ordinamento degli uffici sono determinate le sfere di competenza, le attribuzioni e le responsabilità proprie dei funzionari*" (art. 97.2). Questa disposizione fa intendere che esistono funzionari dotati di poteri propri e di conseguenti responsabilità, realizzando una separazione tra la sfera dell'indirizzo politico-amministrativo e quella della gestione amministrativa. Separazione che, però, non comporta la totale autonomia della burocrazia e la sua indifferenza rispetto alle decisioni della sfera politica. Infatti, la stessa Costituzione prevede che il Governo abbia un suo indirizzo amministrativo e che i ministri siano individualmente responsabili degli atti dei loro dicasteri (art. 95), con ciò ammettendo che il ministro ha il potere, almeno, di dirigere l'attività del ministero. Il rapporto tra gli organi di governo e l'amministrazione, dunque, non è né di totale immedesimazione né di totale indipendenza; l'amministrazione è separata dagli organi di governo, anche se funzionalmente collegata agli stessi in quanto tenuta ad attuarne l'indirizzo amministrativo;

✓ LO "SPOILS SYSTEM" E L'IMPARZIALITÀ DELL'AMMINISTRAZIONE

A partire dal 1993, nell'ordinamento italiano sul principio della separazione tra politica e amministrazione si è innestato quello che affida agli organi politici il potere di nomina dei dirigenti, i quali perciò ricevono un incarico a termine che dura tanto quanto il governo che l'ha conferito. Il principio, inizialmente introdotto con riferimento alle amministrazioni statali (d.lgs. 29/1993 e d.lgs. 65/2001) è stato poi esteso alle amministrazioni comunali (d.lgs. 267/2000) e regionali. Si tratta di una soluzione ritenuta coerente con la "democrazia maggioritaria" e l'alternanza, per cui quando a seguito delle elezioni, cambia la maggioranza ed il Governo, il nuovo Governo potrà conferire gli incarichi dirigenziali a soggetti, dotati dei requisiti previsti dalla legge, con i quali esiste però un rapporto di fiducia. Il cambio dei vertici dell'amministrazione ad ogni cambiamento del Governo è conosciuto dall'amministrazione statunitense con il nome di ***spoils system***. Il problema che, però, si pone nel diritto italiano è quello della sua compatibilità col principio costituzionale dell'imparzialità dell'amministrazione (art. 97), che ha come corollario quello secondo cui il funzionario pubblico è al servizio esclusivo della Nazione e non di una determinata parte politica. La Corte costituzionale, tuttavia, ha legittimato, anche se solo parzialmente, questa tendenza. Infatti, da una parte, ha riconosciuto l'esigenza che alcuni incarichi, quelli dei diretti collaboratori dell'organo politico, siano attribuiti *intuitu personae*, vale a dire con una modalità che miri a rafforzare la coesione tra l'organo politico regionale (che indica le linee generali dall'azione amministrativa e conferisce gli incarichi in esame) e gli organi di vertice dell'apparato burocratico (sentt. 103 e 104/2007, 233/2006). La stessa Corte, dall'altra parte, ha dichiarato l'illegittimità costituzionale delle norme regionali che estendevano la regola della cessazione degli incarichi conferiti dal precedente organo di governo anche agli incarichi dirigenziali di livello "non apicale" non conferiti direttamente dall'organo politico. Nelle sentenze più recenti questi principi hanno trovato conferma.

g) la **responsabilità personale dei pubblici dipendenti**, che esclude ogni forma di immunità per gli atti da essi compiuti in violazione dei diritti (art. 28 Cost.). Si tratta di una responsabilità diretta che il dipendente ha solidalmente con lo Stato o con l'ente pubblico da cui dipende (→ § XIV);

✓ IL REGIME DEI CONTROLLI SULLE AMMINISTRAZIONI

Il **controllo amministrativo** consiste nel verificare la *corrispondenza* di un determinato atto ad *un parametro* predeterminato e nell'irrogare *una misura* come esito del controllo. Nel **controllo di legittimità**, il parametro è costituito da una *norma legislativa*, e la funzione del controllo consiste nell'assicurare il rispetto della legge da parte dell'amministrazione; in caso di difformità tra l'atto e la norma, la misura potrà avere le caratteristiche più svariate, che vanno dalla mancata apposizione del visto sull'atto che ne impedisce l'efficacia giuridica (ove il *controllo sia preventivo*, ossia si svolga prima che l'atto abbia acquistato efficacia), all'annullamento dell'atto già efficace (ove il *controllo sia successivo*). Quando le amministrazioni pubbliche erano considerate esclusivamente come esecutrici della legge, indifferenti rispetto ai risultati socio-economici delle loro attività, e ciascun atto amministrativo era considerato, proprio per questa ragione, isolatamente dagli altri, i controlli preventivi di legittimità imperversavano. Poi ci si rese conto che questi controlli potevano essere un fattore di rallentamento eccessivo dell'attività amministrativa, in violazione del principio del buon andamento, che non impedivano la corruzione amministrativa, che talora funzionavano come impropri strumenti di contrattazione politica; di conseguenza è nata una spinta alla drastica riduzione dei controlli preventivi di legittimità. La recente legge cost. 3/2001 ha eliminato la previsione di controlli di legittimità sugli atti amministrativi delle Regioni e degli enti locali. Per cui l'unico attualmente previsto in Costituzione è il *controllo preventivo di legittimità su atti del Governo* da parte della Corte dei conti (art. 100 Cost.).
All'eclissi dei controlli di legittimità, si contrappone però la diffusione di un nuovo tipo di controllo: il **controllo di gestione**, che è diretto a verificare l'operato delle amministrazioni (ed in particolare dei dirigenti) alla stregua del parametro costituito dagli obiettivi fissati. Tale operazione valutativa comporta, anche attraverso l'impiego di tecniche aziendalistiche, un analitico controllo sulla gestione delle risorse, ancorato ai criteri di economicità e di efficienza. Esso è svolto da appositi organismi istituiti all'interno delle amministrazioni, chiamati *servizi di controllo interno e nuclei di valutazione*. Inoltre, il controllo sulla gestione del bilancio delle amministrazioni pubbliche e sui fondi di provenienza europea – verificando la legittimità e la regolarità delle gestioni, il funzionamento dei controlli interni, la corrispondenza dei risultati amministrativi agli obiettivi stabiliti dalla legge, valutando costi, modi e tempi dell'attività – è effettuato dall'esterno dell'amministrazione da parte della Corte dei conti.

h) dopo la riforma del Titolo V, l'amministrazione pubblica deve essere, in linea tendenziale, una *amministrazione locale*. Infatti, l'art. 118 Cost., stabilisce che le *funzioni amministrative sono attribuite ai Comuni*. Coerentemente con questa previsione costituzionale, lo stesso art. 118 stabilisce che i Comuni, le Province e le Città metropolitane sono titolari di *funzioni proprie*, oltre a quelle loro conferite con legge statale o regionale (→ § IV.2).

4. I PRINCIPI SUL PROCEDIMENTO AMMINISTRATIVO

L'attività delle pubbliche amministrazioni, di regola, prima di adottare il *provvedimento amministrativo* (→ § VIII.1), vede la confluenza di svariati altri atti preparatori del provvedimento finale. Il pluralismo degli interessi pubblici ed il fatto che essi normalmente fanno capo ad amministrazioni diverse richiede infatti che la decisione finale sia il risultato di un processo di valutazione e di ricomposizione di svariati interessi pubblici. Ciò richiede, pertanto, che gli uffici cui fanno capo tali interessi prendano parte all'attività amministrativa, con atti diversi, come atti di natura istruttoria o pareri, nulla-osta, e così via. Per esempio, se un soggetto vuole costruire un immobile dovrà munirsi di un'apposita concessione edilizia. Ma prima che il Comune rilasci la concessione edilizia, occorrerà valutare l'istanza del privato e la sua compatibilità con le scelte effettuate dal piano regolatore. Tale valutazione viene effettuata da un organo tecnico (la commissione edilizia) che rilascia un parere. Se poi la costruzione incide su un terreno tutelato dal punto di vista paesaggistico o per l'importanza storico-artistica, ci vorrà anche un apposito nulla-osta da parte dell'amministrazione competente (che di norma è la Soprintendenza per i beni ambientali e culturali), che dovrà valutare l'istanza alla luce dell'interesse specifico che tutela (quello della salvaguardia dei beni ambientali e di quelli storico-artistici).

Insomma esistono svariati atti amministrativi strumentali rispetto all'adozione del provvedimento finale. In questo caso si dice che siamo in presenza di un **procedimento amministrativo**. Quest'ultimo può essere definito come *una sequenza di atti preordinati all'adozione del provvedimento finale*. È un fenomeno che non riguarda solamente l'esercizio della funzione amministrativa, perché anche altre funzioni (come la formazione del Governo o la produzione di una legge) si svolgono secondo sequenze procedimentali più o meno complesse. Sicché può dirsi che il procedimento è un modo di esercizio di tutte le funzioni pubbliche.

A seconda della funzione degli svariati atti che confluiscono nel procedimento, essi possono essere raggruppati in fasi distinte. Il procedimento amministrativo si articola quindi nelle seguenti fasi:

1. la *fase dell'iniziativa*, aperta con l'istanza del soggetto interessato ad ottenere il provvedimento finale, oppure dall'iniziativa della stessa amministrazione (in questo caso si parla di procedimento aperto *d'ufficio*);
2. la *fase istruttoria*, in cui si accertano gli elementi di fatto e di diritto su cui si dovrà basare la decisione dell'amministrazione.

In questa fase si effettua l'esame dei documenti, e si effettuano accertamenti di fatto attraverso verifiche, sopralluoghi ed indagini di vario tipo. Sempre in questa fase, intervengono i pareri espressi dalle strutture che svolgono compiti consultivi, nonché gli atti di consenso espressi da altre amministrazioni preposte alla tutela di interessi diversi e che devono essere coordinati con gli interessi di cui è portatrice l'amministrazione competente ad adottare il provvedimento finale. Questi atti prendono il nome di **nulla-osta**; essi indicano che l'amministrazione interessata non ritiene che sussistano, dal punto di vista dell'interesse pubblico affidato alla sua tutela, ostacoli all'adozione del provvedimento finale di competenza di un'altra amministrazione;

3. la *fase costitutiva*, che è quella in cui si adotta il provvedimento amministrativo vero e proprio;

4. la *fase integrativa dell'efficacia*, che si ha quando il provvedimento, per diventare produttivo di effetti giuridici, deve essere seguito da qualche adempimento ulteriore (come la sottoposizione ad un determinato regime di pubblicità). In tali casi il provvedimento è perfetto dopo la sua adozione, ma diventa efficace solamente dopo il compimento di questi adempimenti previsti dalla legge.

In numerosi Paesi, nel corso del novecento, sono state adottate leggi che codificano i principi cui le amministrazioni pubbliche devono attenersi nello svolgimento del procedimento. In Italia, dopo un lungo dibattito, una **legge generale sul procedimento amministrativo** è stata approvata con la legge 241/1990 e poi modificata dalla legge 15/2005. Viene stabilito che l'attività amministrativa deve conformarsi ai seguenti principi:

1. l'amministrazione persegue i fini stabiliti dalla legge (*principio di legalità*) ed opera sulla base dei criteri di *economicità* (che indica il rapporto tra i mezzi impiegati ed i fini perseguiti), di *efficacia* (che indica il grado di realizzazione degli obiettivi prefissati), di *trasparenza* (cioè di conoscibilità all'esterno dell'attività amministrativa) e di *pubblicità*. Alla luce di tali esigenze, è stato introdotto il *divieto di aggravare il procedimento*, per cui l'amministrazione non può chiedere ai privati adempimenti, o introdurre particolari incombenze, se esse non siano strettamente imposte da esigenze istruttorie;

✓ TRASPARENZA, ACCESSO CIVICO E ANTICORRUZIONE

La **trasparenza amministrativa** consiste *nell'accessibilità totale dei dati e dei documenti posseduti dalle pubbliche amministrazioni*, allo scopo di meglio tutelare i diritti dei cittadini, promuovere la partecipazione degli interessati all'attività amministrativa e favorire forme diffuse di controllo sul perseguimento delle funzioni istituzionali e sull'utilizzo delle risorse pubbliche. La piena attuazione del principio comporta che l'amministrazione diventi una sorta di "casa di vetro", pienamente accessibile e controllabile da parte di tutti i cittadini.
Il principio è stato progressivamente attuato nell'ordinamento italiano, a partire dalla *legge sul procedimento amministrativo*, che ha riconosciuto ai soggetti privati, compresi quelli portatori di interessi diffusi, il **diritto di accesso** ai documenti amministrativi.
Il ***decreto trasparenza*** (d.lgs. 33/2013), che ha introdotto due innovazioni importanti: a) *l'obbligo per le pubbliche amministrazioni di pubblicare* sui loro siti istituzionali i più importanti documenti che riguardano la loro organizzazione e la loro attività; il successivo d.lgs. 97/2016, adottato sulla base della delega contenuta nella *legge Madia*, ha previsto che tutte le pubbliche amministrazioni hanno *l'obbligo di pubblicare* sul *sito istituzionale* documenti e informazioni riguardanti la vita dell'ente; b) l'istituto dell'**accesso civico**, che consiste nel diritto di chiunque di richiedere alle pubbliche amministrazioni documenti, informazioni e dati, nel rispetto dei limiti eccezionali posti per la tutela di altri interessi giuridicamente rilevanti (artt. 5 e 5-*bis* d.lgs. 33/2013, come modificata dal d.lgs. 97/2016).
L'accesso civico può essere rifiutato solamente per evitare un pregiudizio concreto alla tutela di interessi pubblici primari (sicurezza pubblica, sicurezza nazionale, questioni militari e relazioni internazionali ecc.) o se vi si oppone la protezione dei dati personali, Al fine di definire l'ambito delle predette esclusioni dell'accesso civico, l'*Autorità nazionale anticorruzione*, d'intesa con il *Garante per la protezione dei dati personali*, sentita la *Conferenza unificata* (→ § IV.3), adotta linee guida recanti indicazioni operative.

La trasparenza concorre a prevenire la corruzione. Anche promuovere la trasparenza rientra, pertanto, tra i compiti dell'**Autorità nazionale anticorruzione (ANAC)** (istituita dalla l. 190/2012), c'è la prevenzione della corruzione nelle amministrazioni pubbliche, nonché di vigila il delicato settore degli appalti pubblici. Per rendere più efficace la sua attività, è previsto che all'interno di ciascuna pubblica amministrazione sia nominato un responsabile per la prevenzione della corruzione, che, di norma, coincide con il responsabile per la trasparenza. Tale ufficio opera nell'ambito di un *Piano triennale per la prevenzione della corruzione* adottato dall'amministrazione, sulla base delle indicazioni dell'Autorità nazionale anticorruzione.

2. ogni procedimento, che segua ad istanza di parte, ovvero debba essere iniziato d'ufficio, deve concludersi attraverso un provvedimento espresso (la pubblica amministrazione ha il *dovere di provvedere*);

3. il procedimento deve concludersi entro un *termine certo*, stabilito per ogni procedimento o dalla legge o mediante regolamento. In assenza di una previsione espressa, il termine è di novanta giorni. Il decorso del termine è sospeso quando la legge o i regolamenti prevedono che il provvedimento sia preceduto dall'acquisizione di valutazioni tecniche da parte di organi competenti, oppure allorché l'amministrazione debba acquisire informazioni o certificazioni relative a fatti, stati o qualità non attestati in documenti già in possesso dell'amministrazione o non direttamente acquisibili presso altre pubbliche amministrazioni. Decorso inutilmente il termine, senza che l'amministrazione abbia provveduto, il privato interessato può proporre ricorso giurisdizionale al TAR avverso il "silenzio-rifiuto" (→ § VIII.6);

4. ogni provvedimento amministrativo, compresi quelli concernenti l'organizzazione amministrativa, lo svolgimento dei pubblici concorsi ed il personale, deve essere *motivato* (→ § VIII.5). Inoltre, in ogni atto notificato al destinatario, devono essere indicati l'autorità davanti alla quale può proporsi ricorso ed il relativo termine;

5. ogni procedimento deve avere un *funzionario responsabile*, che deve seguire il procedimento dall'inizio alla sua conclusione, curando gli atti istruttori, le comunicazioni e le notificazioni necessarie, chiedendo i pareri necessari, valutando i requisiti di legittimazione ed i presupposti per l'emanazione del provvedimento, accertando i fatti e convocando, ove occorra, apposite *conferenze di servizio* (vedi la finestra che segue);

6. i soggetti interessati hanno diritto a *partecipare al procedimento*. In particolare, l'amministrazione deve comunicare l'*avvio del procedimento* tramite comunicazione personale. Nei procedimenti ad istanza di parte, il responsabile del procedimento, prima della formale adozione di un provvedimento negativo, comunica tempestivamente agli istanti i motivi che ostano all'accoglimento della domanda. Questi ultimi hanno il diritto di presentare per iscritto le loro *osservazioni*, eventualmente corredate da documenti. Inoltre, qualunque soggetto, portatore di interessi pubblici o privati, nonché i portatori di interessi diffusi (come quelli attinenti alla tutela ambientale) costituiti in associazioni o comitati, cui possa derivare un pregiudizio dal provvedimento, hanno facoltà di intervenire nel procedimento presentando *memorie scritte e documenti*, che l'amministrazione ha l'obbligo di valutare;

✓ AMMINISTRARE CON IL CONSENSO

L'amministrazione agisce attraverso potestà pubbliche, che consentono di modificare unilateralmente la sfera giuridica del destinatario del provvedimento amministrativo, indipendentemente dal concorso della sua volontà. In questo caso, l'amministrazione si presenta quale autorità, ed il rapporto con il privato si caratterizza per la posizione di supremazia della prima. Ma l'esigenza di ricercare il miglior assetto degli interessi coinvolti, di rendere più celere l'attività amministrativa e di evitare successivi contenziosi con il privato hanno spinto, in tempi recenti, ad introdurre dei moduli consensuali nell'agire amministrativo. In particolare, sono previsti due tipi di accordi tra l'amministrazione ed i privati. Il primo è dato dagli **accordi procedimentali atipici**, con i quali l'amministrazione pubblica ed il privato determinano insieme il contenuto discrezionale del provvedimento finale, che è comunque adottato dall'amministrazione pubblica, recependo il contenuto dell'accordo. Il secondo tipo è dato dagli **accordi sostitutivi di un provvedimento** finale, che rendono superflua l'adozione del provvedimento finale, ma che possono essere utilizzati esclusivamente nei casi previsti dalla legge (come avviene, per esempio, in materia urbanistica, nella quale un piano di attuazione può essere sostituito da una convenzione di lottizzazione).
Il modulo consensuale può essere utilizzato, altresì, nei rapporti tra pubbliche amministrazioni diverse. Infatti, più amministrazioni possono concludere tra loro accordi per disciplinare lo svolgimento in collaborazione di attività di interesse comune. Più recentemente è stato previsto che, al fine di svolgere in modo coordinato funzioni e servizi determinati, gli enti locali possono stipulare tra loro apposite convenzioni.

7. la *semplificazione amministrativa* che, coerentemente con il principio di economicità, comporta la ricerca della massima snellezza operativa, della conclusione in tempi certi e rapidi, della riduzione degli oneri imposti ai privati. Tra le previsioni della legge dirette a realizzare la semplificazione dell'attività amministrativa, si possono citare le seguenti: a) quando la legge chiede che l'autorità procedente, prima di adottare un provvedimento, richieda un parere, la stessa autorità ha la facoltà di provvedere anche in mancanza di esso, qualora siano trascorsi novanta giorni dalla sua richiesta; b) quando l'esercizio di un'attività sia subordinato ad autorizzazione, licenza, nulla osta, ecc., comprese le domande per iscrizioni in albi o ruoli, richieste per l'esercizio di attività imprenditoriali, commerciali o artigianali, il *provvedimento dell'amministrazione è sostituito da una* **Segnalazione certificata di inizio di attività (SCIA)** se il suo rilascio dipenderebbe esclusivamente dall'accertamento di requisiti e se non si è in presenza di vincoli ambientali, paesaggistici, culturali, militari, ecc. I requisiti tecnici vengono attestati da tecnici abilitati incaricati dall'interessato e gli eventuali pareri sono sostituiti da autocertificazioni. L'attività può iniziare subito, ma l'amministrazione può entro 60 giorni contestare la regolarità della Segnalazione e fermare l'attività. Decorsi i 60 giorni, può intervenire solo in presenza di gravi danni per il pubblico interesse (art. 49 del d.l. 78/2010, convertito con modifiche dalla legge 122/2010); c) vi è infine il *silenzio-assenso* (→ § VIII.6), che opera allorché sia trascorso un certo periodo di tempo senza che l'amministrazione abbia adottato un provvedimento espresso: l'inerzia dell'amministrazione equivale a provvedimento favorevole.

✓ CONFERENZA DEI SERVIZI

Il principale strumento di semplificazione, introdotto dalla legge del 1990 e più volte oggetto di regolamentazione (contenuta ora nel d.lgs. 127/2016), è la **conferenza di servizi**. Tralasciando le regole specifiche che si applicano nei diversi settori, vengono previsti due modelli di conferenza di servizi, caratterizzati da diverse modalità di svolgimento, in relazione alla complessità della decisione da prendere o alla espressione, da parte delle amministrazioni coinvolte, di dissensi o di condizioni che richiedono una modifica progettuale.

A) la *conferenza semplificata* è la modalità ordinaria di svolgimento della conferenza e si tiene senza riunioni (in modalità "asincrona"), mediante la semplice trasmissione per via telematica, tra le amministrazioni partecipanti, delle comunicazioni, delle istanze e della relativa documentazione, degli schemi di atto, degli atti di assenso ecc. La conferenza viene perciò "dematerializzata", grazie all'uso di comunicazione elettronica che consente una valutazione contestuale degli interessi pubblici, per lo più senza riunioni. Il termine perentorio per l'invio delle determinazioni da parte delle amministrazioni coinvolte, nella conferenza semplificata, è stabilito dall'amministrazione procedente e non può essere superiore a 45 giorni. Quando tra le amministrazioni coinvolte nella conferenza ve ne sono di quelle preposte alla tutela ambientale, paesaggistico-territoriale, dei beni culturali o alla tutela della salute dei cittadini, il termine di conclusione della conferenza è di 90 giorni (se norme specifiche non stabiliscono un termine diverso). In linea di principio, la mancata comunicazione della determinazione da parte di un'amministrazione equivale ad assenso senza condizioni

B) la *conferenza simultanea* (con riunione) si svolge solo quando strettamente necessaria, in limitati casi indicati espressamente dalla legge (ad esempio decisioni o progetti complessi, casi di dissenso ritenuti non superabili, VIA regionale ecc.). Ciascun ente o amministrazione convocato alla riunione è rappresentato da un unico soggetto abilitato ad esprimere definitivamente e in modo univoco e vincolante la posizione dell'amministrazione stessa su tutte le decisioni di competenza della conferenza, anche indicando le modifiche progettuali eventualmente necessarie ai fini dell'assenso. I lavori della conferenza simultanea si concludono entro 45 giorni dalla data della prima riunione che diventano 90 di fronte a determinazioni complesse che coinvolgono amministrazioni preposte alla tutela ambientale, paesaggistico-territoriale, dei beni culturali e della salute dei cittadini (se norme specifiche non stabiliscono un termine diverso).

La disciplina della conferenza di servizi prevede un meccanismo per il superamento dei dissensi delle amministrazioni preposte alla tutela di *interessi qualificati* (la tutela ambientale, paesaggistico-territoriale, dei beni culturali, nonché la tutela della salute e della pubblica incolumità), nonché di Regioni e Province autonome. L'opposizione può essere proposta dalle amministrazioni portatrici di interessi qualificati solo a condizione di avere espresso "in modo inequivoco" il proprio motivato dissenso prima della conclusione dei lavori della conferenza.

Per le amministrazioni statali l'opposizione deve essere proposta dal ministro. L'opposizione è indirizzata al Presidente del Consiglio e sospende l'efficacia della determinazione motivata di conclusione della conferenza. Il Presidente del Consiglio, entro 15 giorni dalla ricezione dell'opposizione, indice una riunione cui partecipano le amministrazioni coinvolte nella conferenza al fine di trovare una soluzione condivisa. L'eventuale accordo sostituisce a tutti gli effetti la determinazione di conclusione della conferenza. In assenza di accordo può essere convocata una seconda riunione, e se non si perviene all'accordo si apre una seconda fase. Infatti, entro i successivi 15 giorni, la questione è rimessa al Consiglio dei ministri, che delibera con la partecipazione del Presidente della Regione o della Provincia interessata. Se il Consiglio dei ministri respinge l'opposizione, la determinazione motivata di conclusione della conferenza acquista efficacia definitiva. Il Consiglio dei ministri può anche accogliere in maniera parziale l'opposizione modificando il contenuto della determinazione di conclusione della conferenza.

✓ ARRIVA IL "DECRETO SEMPLIFICAZIONI"

Nel quadro delle misure dirette a fronteggiare la grave crisi economica che è seguita alla *pandemia da Covid-19*, importanti misure di **semplificazione amministrativa** sono state varate per rendere più rapida l'azione amministrativa e ridurre gli oneri burocratici che gravano sui privati, sono state introdotte nel 2020 e nel 2021. In particolare nel 2020 è stato emanato il c.d. **decreto semplificazioni** (d.l. 76/2020, convertito nella legge 120/2020), che vuole realizzare un'accelerazione degli investimenti e della realizzazione delle infrastrutture attraverso la semplificazione delle procedure in materia di contratti pubblici e di edilizia. Alcune delle misure di semplificazione sono limitate nel tempo, altre sono stabili.
Il successivo d.l. 77/2021, che disciplina la *governance* del *Piano nazionale di ripresa e resilienza – PNRR*, ha introdotto importanti misure di semplificazione: alcune sono limitate ai procedimenti degli interventi del PNRR, mentre altre hanno una portata generale e quindi sono stabili. Tra le prime, vi è la disciplina del **potere sostitutivo** in caso di inadempienza di un soggetto attuatore (Regioni, Province autonome, enti locali) di progetti o interventi del PNRR: il Presidente del Consiglio, su proposta della cabina di regia o del ministro competente, assegna al soggetto attuatore un termine non superiore a 30 giorni per provvedere; In caso in cui l'inadempimento permanga, il Consiglio dei ministri individua il soggetto cui attribuire, in via sostitutiva, il potere di provvedere ad adottare gli atti necessari all'attuazione del Piano. Questi soggetti possono essere un'amministrazione, un ente, un organo, un ufficio, ovvero uno o più commissari *ad acta* appositamente nominati. Vi sono poi misure dirette a superare un eventuale dissenso, diniego, opposizione o altro atto idoneo a precludere la realizzazione del progetto.
Altre misure di semplificazione riguardano le procedure per gli appalti concernenti gli interventi di attuazione del PNRR e la *verifica dell'impatto ambientale (VIA) dei progetti* di attuazione del PNRR, con modifiche alla disciplina generale prevista dal Codice dell'ambiente (d.lgs. 152/2006, e successive modifiche). È istituita anche una *Sovrintendenza speciale per il PNRR*, a cui spettano le funzioni di tutela dei beni culturali e paesaggistici nei casi in cui questi ultimi siano interessati dagli interventi del PNRR sottoposti alla valutazione di impatto ambientale (VIA).
Alcune misure di semplificazione hanno carattere stabile e riguardano in particolare il procedimento di *verifica dell'impatto ambientale* (VIA) e i conseguenti provvedimenti di rilascio di tutte le autorizzazioni, intese, concessioni, licenze, nulla osta, pareri, concerti e assensi comunque denominati necessari alla realizzazione e all'esercizio di un progetto.

La legge sul procedimento amministrativo ha anche previsto un'ampia garanzia del **diritto di accesso** ai documenti amministrativi. Questo diritto viene riconosciuto a *chiunque vi abbia interesse per la tutela di situazioni giuridicamente rilevanti*. Esso ha come oggetto una nozione di documento amministrativo molto ampia, visto che in esso è compresa *ogni rappresentazione grafica, fotocinematografica, elettromagnetica o di qualunque altra specie del contenuto di atti, anche interni, formati dalle pubbliche amministrazioni* e concernenti attività di pubblico interesse. Per "pubblica amministrazione", in questo caso, si intendono tutti i soggetti di diritto pubblico, nonché i soggetti di diritto privato, limitatamente alla loro attività di pubblico interesse, disciplinata dal diritto nazionale o europeo. Il diritto di accesso è escluso: per i documenti coperti da segreto di Stato, nei procedimenti tributari e in altri procedimenti in cui prevalgono le esigenze di protezione dei dati personali o di sicurezza nazionale. Chi intende accedere ad un documento amministrativo, deve fare una domanda motivata all'amministrazione che lo detiene. In caso di rifiuto, il richiedente può adire il TAR che, ove riconosca il diritto del richiedente, ordina all'amministrazione di esibire il documento all'interessato.

✓ L'AUTOCERTIFICAZIONE

Chi intende partecipare ad un concorso pubblico, ovvero ad una gara d'appalto, o comunque prende parte ad un procedimento amministrativo deve provare di avere i requisiti richiesti in generale dalla legge e più in particolare dall'amministrazione interessato. Ciò richiedeva, fino a un recente passato, la produzione di un numero elevato di certificazioni, che si risolvevano per il privato in una notevole perdita di tempo. Per alleviare questa situazione, è stata prevista la cosiddetta **autocertificazione**. Grazie ad essa le dichiarazioni rese dall'interessato possono sostituire sia le normali certificazioni concernenti stati, qualità personali e fatti quali la data e il luogo di nascita, la residenza, la cittadinanza, il godimento dei diritti civili e politici, lo stato di celibe, coniugato, vedovo, lo stato di famiglia, sia gli atti di notorietà concernenti stati, qualità personali o fatti che siano a diretta conoscenza dell'interessato (la relativa disciplina si rinviene nel d.P.R. 445/2000). Naturalmente, l'amministrazione ha il potere di accertare d'ufficio la corrispondenza al vero delle autocertificazioni.

5. I contratti della pubblica amministrazione

Le pubbliche amministrazioni, per il raggiungimento dei loro fini, possono servirsi anche degli strumenti offerti dal diritto privato, ed in particolare dei contratti. Alla persona giuridica pubblica, infatti, è riconosciuta la stessa capacità dei soggetti privati. Quindi le amministrazioni, per il raggiungimento dei loro fini, invece di agire autoritativamente in posizione di supremazia rispetto al privato, possono stipulare contratti. Questi si distinguono in **contratti attivi** e **contratti passivi**: con i primi l'amministrazione acquisisce delle entrate, mentre i secondi comportano una spesa.

Tra i contratti conclusi dall'amministrazione, per soddisfare i suoi bisogni, una particolare importanza rivestono quelli di **appalto pubblico**, che sono i contratti conclusi dall'amministrazione con un imprenditore privato, che quindi opera con una propria organizzazione e con gestione dell'attività richiesta a proprio rischio, in cambio di un corrispettivo pattuito con l'amministrazione. L'oggetto del contratto può essere la realizzazione di un'opera nuova (per esempio, la costruzione di una strada o di un ospedale), ovvero la fornitura di determinati beni (per esempio, un'automobile, dei computer, ecc.), oppure la prestazione di determinati servizi a favore dell'amministrazione (per esempio, un servizio di pulizia). Nel primo caso, si parla di *appalto di opere pubbliche*, nel secondo, di *appalto di forniture* e, nel terzo, di *appalto di servizi*.

Il fatto che l'amministrazione operi mediante contratti non significa, però, che essa sia sottoposta interamente al diritto privato e che non si possano applicare regimi speciali in funzione degli interessi pubblici in gioco. L'attività contrattuale della pubblica amministrazione è sottoposta a regole speciali, soprattutto per quanto riguarda le modalità di scelta del privato contraente. Quest'ultima, di regola, avviene al termine di particolari procedimenti amministrativi, che sono stati disciplinati col fine particolare di assicurare che l'interesse pubblico sia effettivamente perseguito e che l'amministrazione non cerchi di avvantaggiare qualche imprenditore a scapito di qualcun altro, in modo tale che sia garantito il principio dell'imparzialità amministrativa. E ciò avviene, di norma, assicurando adeguata pubblicità al procedimento di scelta del privato contraente e garantendo la concorrenza tra i soggetti privati che intendono stipulare un contratto con la pubblica amministrazione. Le procedure di scelta, che sono state strutturate per realizzare queste finalità, sono chiamate **procedimenti ad evidenza pubblica**.

In tempi recenti, la materia ha formato oggetto di regolamentazione europea. Sono state infatti emanate numerose direttive europee, che hanno definito i principi della disciplina degli appalti pubblici, sicché il legislatore nazionale ha dato attuazione a tali direttive. La disciplina è attualmente contenuta nel d.lgs. 50/2016. Le regole sono ispirate soprattutto dall'obiettivo di realizzare un mercato unico aperto, cioè libero da ostacoli alla concorrenza tra operatori economici di diversa nazionalità.

✓ PROCEDURE DI APPALTO

Di regola, la formazione del contratto è preceduta da una *deliberazione di contrattare*, con la quale si decide che l'amministrazione stipulerà un determinato contratto, di cui viene determinato lo scopo e l'oggetto del contratto, le sue clausole essenziali e si individuano le modalità attraverso cui verrà scelto il privato contraente. C'è poi il procedimento vero e proprio di scelta del contraente. Le procedure di scelta possono essere di tipo diverso (esistono anche procedimenti speciali previsti per specifici settori, di cui qui non si dà conto). Seguendo la terminologia di derivazione europea, si parla di **procedura aperta** quando qualsiasi soggetto privato, che abbia i requisiti richiesti dall'amministrazione, può partecipare alla gara per aggiudicarsi il contratto. Per assicurare la massima partecipazione degli operatori economici, l'amministrazione assicura un'ampia pubblicità (secondo ben precise regole legislative) al **bando di gara**. Quest'ultimo contiene gli elementi essenziali dell'ipotesi di contratto individuata nella delibera a contrarre, specifica la prestazione richiesta al privato, indica i requisiti di idoneità tecnica, economica e finanziaria il cui possesso è necessario per poter partecipare alla gara, stabilisce come sarà scelta l'offerta che si aggiudicherà la gara (per esempio, quella che fa il maggior ribasso sul prezzo posto a base d'asta). Le modalità di presentazione dell'offerta sono comunque tali che l'amministrazione non abbia margini particolari di discrezionalità dovendo solamente verificare un determinato elemento dell'offerta (di regola solo il prezzo).
Al contrario da quella ora esaminata, la **procedura ristretta** si caratterizza per la preventiva limitazione dei concorrenti alla gara, che viene effettuata dall'amministrazione attraverso la formulazione di un invito a gareggiare che viene rivolto solamente a determinati soggetti. Vi è dunque la pubblicazione del bando, che indica i requisiti di partecipazione; i candidati presentano richiesta di invito e l'amministrazione individua i candidati in possesso dei requisiti previsti; i candidati selezionati vengono invitati a presentare le offerte.
Vi è infine la **procedura negoziata**, in cui l'amministrazione consulta operatori economici appositamente scelti e negoziano con essi le condizioni dell'appalto. È una procedura a cui si può ricorrere solo in casi specifici (per esempio quando nelle procedure ordinarie tutte le offerte presentate risultano irregolari o inammissibili; oppure se l'appalto pubblico di lavori essi sono realizzati unicamente a scopo di ricerca, sperimentazione o messa a punto. In casi davvero particolari (per es. quando, per ragioni di natura tecnica o artistica ovvero attinenti alla tutela di diritti esclusivi, il contratto possa essere affidato unicamente ad un operatore economico determinato), la procedura negoziata può essere avviata anche senza pubblicazione del bando.

Infine, il **dialogo competitivo** è una procedura nella quale la stazione appaltante, in caso di appalti particolarmente complessi, avvia un dialogo con i candidati ammessi a tale procedura (che inizia ovviamente con la pubblicazione del bando e la preselezione dei candidati), al fine di elaborare le soluzioni atte a soddisfare le sue necessità, sulla base della quale i candidati selezionati saranno invitati a presentare le offerte. L'amministrazione può discutere con i candidati ammessi tutti gli aspetti dell'appalto, garantendo la parità di trattamento di tutti i partecipanti.
I procedimenti terminano con l'**aggiudicazione**, che è l'atto amministrativo con cui, riconoscendo l'esito del procedimento, viene individuato il soggetto con il quale concludere il contratto. Segue finalmente la **stipulazione** del medesimo. Una volta esaurito il procedimento ad evidenza pubblica, si passa all'esecuzione del contratto che, in linea di principio, è regolata dal diritto privato.

6. I SERVIZI PUBBLICI

L'attività amministrativa diversa da quella che utilizza gli strumenti del diritto privato, si distingue in **funzione pubblica** e **servizio pubblico** (→ § I.12).

I servizi pubblici sono una categoria composita, per non dire confusa, perché di essi si occupano molte leggi di settore e anche la normativa dell'UE, con la conseguenza che la terminologia e la disciplina è molto incerta. In generale, i servizi pubblici fanno riferimento ad una *prestazione* diretta a soddisfare interessi della collettività nel suo complesso (per esempio, il servizio antincendi o la protezione civile) o dei suoi singoli componenti (per esempio, i servizi sanitari o quelli di trasporto).

In passato la tutela dell'interesse pubblico spingeva il legislatore a fare sì che i servizi pubblici (soprattutto quelli rivolti alla collettività) venissero riservati in monopolio all'amministrazione pubblica, ovvero a soggetti sottoposti a poteri di direzione e di controllo da parte di una pubblica amministrazione: così, per esempio, sono sorti gli **enti previdenziali** che assicurano le pensioni (l'INPS, per es.) o gli enti di protezione dei lavoratori dagli infortuni (INAIL). Ma spesso i servizi pubblici richiedono una gestione decentrata, come nel caso dell'istruzione (il cui servizio è affidato agli **istituti scolastici** e alle **università**) o dell'assistenza sanitaria (principalmente affidata alle **aziende sanitarie locali – ASL**). Tuttavia, soprattutto per l'influsso del diritto europeo, alcune attività costituenti servizio pubblico (dal trasporto aereo alla distribuzione del gas) sono state privatizzate e aperte alla concorrenza.

Un'importante distinzione va tracciata tra i **servizi di rilevanza economica** e i **servizi privi di rilevanza economica** (vedi la legge 326/2003). I primi hanno la caratteristica di essere forniti secondo condizioni di mercato, così da bilanciare costi e ricavi; consistono in prestazioni sufficientemente omogenee e standardizzate, e quindi posso adattarsi ad una produzione con tecniche industriali (si chiamano perciò anche **servizi industriali**). Per queste loro caratteristiche, questi servizi sono soggetti all'attenzione dell'UE, che mira a garantire condizioni di concorrenza e di mercato nel loro affidamento. Essi però possono essere sostenuti dal finanziamento pubblico nel caso dei ***servizi universali***: sono servizi di pubblica utilità (trasporto ferroviario, poste, energia elettrica, televisione, ecc.) che devono essere garantiti all'intera collettività con uno standard minimo predefinito di qualità accessibile a tutti gli utenti a prescindere dalla loro ubicazione geografica e offerti ad un prezzo accessibile.

I servizi di interesse generale, ma privi di rilevanza economica, sono invece sottratti alle norme sulla concorrenza: tipici esempi sono la sanità, l'assistenza e la previdenza sociale, l'istruzione pubblica. Essi possono essere gestiti sia da operatori pubblici che privati, talvolta in forma di impresa in altri casi da enti o da soggetti non imprenditoriali. La pubblica amministrazione gode di larga discrezionalità nella scelta delle modalità di organizzazione del servizio.

Un regime particolare è previsto per i **servizi pubblici locali**, che sono quelli diretti a soddisfare bisogni di una collettività locale e la cui fornitura rientra, di regola, fra i compiti del Comune. Sono, a titolo di esempio, la distribuzione dell'acqua potabile, la raccolta e lo smaltimento dei rifiuti, il trasporto delle persone all'interno del Comune, l'illuminazione delle vie. Questi servizi hanno una disciplina generale dettata dalla legge e poi sono organizzati dall'ente locale impiegando una varietà di strumenti, talvolta gestendoli direttamente, più spesso affidandone la gestione ad altri soggetti, che possono essere pubblici o privati.

✓ I SERVIZI PUBBLICI: UNA DISCIPLINA IN CONTINUA EVOLUZIONE

La disciplina statale dei servizi pubblici locali è in continua evoluzione. Attualmente l'art. 113 TUEL stabilisce che il conferimento della titolarità del servizio pubblico locale consistente in "attività di rilevanza economica" può avvenire a favore di:

a) società di capitali individuate attraverso l'espletamento di gare con procedure ad evidenza pubblica;

b) società a capitale misto pubblico e privato nelle quali il socio privato venga scelto attraverso l'espletamento di gare con procedure ad evidenza pubblica, che abbiano dato garanzia di rispetto delle norme interne e europee in materia di concorrenza;

c) società a capitale interamente pubblico, a condizione che l'ente o gli enti pubblici titolari del capitale sociale esercitino sulla società un controllo analogo a quello esercitato sui propri servizi e che la società realizzi la parte più importante della propria attività con l'ente o gli enti pubblici che la controllano.

Quest'ultima ipotesi si sostanzia in un recepimento pieno del modello dell'***in house providing*** (o "delegazione interorganica") per cui la società affidataria *diretta* del servizio (quindi senza il preventivo espletamento di una pubblica gara come, invece, avviene nelle ipotesi precedenti) sia in sostanza una specie di articolazione organizzativa dell'amministrazione pubblica, priva di capacità decisionali distinte da quelle dell'amministrazione da cui dipende.

Invece, per i servizi pubblici locali "privi di rilevanza economica", la legge ammette la gestione attraverso: aziende speciali; istituzioni; società a partecipazione pubblica degli enti locali a capitale interamente pubblico, ovvero, nei casi più semplici, direttamente dall'amministrazione (si parla, in quest'ultimo caso, di gestione diretta "in economia").

VI. FONTI DEL DIRITTO: NOZIONI GENERALI

1. Fonti di produzione

Nel linguaggio comune la parola "fonte" indica la sorgente inesauribile di determinate sostanze o situazioni (fonte d'acqua o di guai, per esempio). Nel linguaggio giuridico essa si è tecnicizzata e indica gli strumenti di produzione del diritto. La definizione tradizionale è la seguente: *dicasi* **fonte del diritto** *l'atto o il fatto abilitato dall'ordinamento giuridico a produrre norme giuridiche, cioè a innovare all'ordinamento giuridico stesso.* È una definizione almeno in parte ricorsiva, cioè circolare: è l'ordinamento giuridico a indicare i modi in cui si forma e si rinnova l'ordinamento giuridico.

Ciò pone immediatamente il problema di come si istituisca inizialmente l'ordinamento giuridico, da dove inizi il circolo.

Gli ordinamenti moderni si istituiscono tutti attraverso un *processo costituente* di cui si parlerà in seguito. Ciò significa che è la stessa Costituzione a indicare gli atti che possono produrre il diritto, cioè le fonti: non tutte, perché in un ordinamento a struttura gerarchica (→ § VI.4), come sono tutti quelli moderni, basta che la Costituzione indichi le fonti ad essa immediatamente inferiori, dette perciò anche **fonti primarie**, cioè le leggi e gli atti ad esse equiparati (→ § VII.2), perché saranno poi queste a regolare le fonti ancora inferiori (**fonti secondarie**). È considerato un compito tipico e necessario di ogni Costituzione regolare le fonti primarie: è proprio quello che fa la nostra Costituzione negli artt. 70-81.

Le norme di un ordinamento giuridico che indicano le fonti abilitate a innovare l'ordinamento stesso si chiamano usualmente norme di riconoscimento oppure fonti sulla produzione delle norme.

2. Pubblicazione "ufficiale" e entrata in vigore degli atti normativi

Le fonti di produzione (e sulla produzione) del diritto vanno attentamente distinte dalle **fonti di cognizione**. Queste non sono altro che gli strumenti attraverso i quali si viene a conoscere le fonti di produzione. In Italia vi sono fonti (di cognizione) ufficiali e fonti private. La più importante delle fonti ufficiali è la **Gazzetta ufficiale (G.U.)**.

Altre fonti ufficiali sono i *Bollettini (o Gazzette) ufficiali* delle Regioni (*B.U.R.*) e la *Gazzetta ufficiale della Unione europea (GUUE)*. Anche a livello comunale e provinciale vi sono strumenti di informazione ufficiale dell'attività normativa dell'ente (art. 124 del T.U. Enti locali).

Che siano ufficiali ha ovviamente grande importanza, perché il testo in esse pubblicato è quello che "**entra in vigore**", diviene cioè obbligatorio per tutti. Infatti, tutti gli atti normativi devono essere pubblicati su una fonte ufficiale perché i cittadini e gli organi preposti all'applicazione del diritto lo possano conoscere. Proprio per consentire lo studio e la conoscenza dei nuovi atti, questi non "*entrano in vigore*" immediatamente dopo la pubblicazione ma, se non è altrimenti disposto, soltanto dopo la c.d. "***vacatio legis***", un periodo, di regola di 15 giorni, in cui gli effetti del nuovo atto sono sospesi. Trascorso questo periodo, il nuovo atto è pienamente obbligatorio: vige la presunzione di conoscenza della legge ("***ignorantia legis non excusat***") e l'obbligo del giudice di applicarla, senza bisogno che siano le parti a provarne l'esistenza ("***iura novit curia***").

3. Fonti-fatto e fonti-atto

Le fonti di produzione si distinguono in due categorie: le **fonti-atto** (o **atti normativi**) e le **fonti-fatto** (o **fatti normativi**). La distinzione è importante e ricca di conseguenze pratiche. Le fonti-atto sono parte degli **atti giuridici**, che potremmo definire come *i comportamenti consapevoli e volontari che danno luogo a effetti giuridici.* Rispetto alla categoria generale degli atti giuridici, gli atti normativi hanno due caratteristiche specifiche:

a) quanto agli effetti giuridici, gli atti normativi hanno la capacità di porre norme vincolanti per tutti (perciò sono "fonti del diritto");

b) quanto ai comportamenti, questi devono essere imputabili a soggetti cui lo stesso ordinamento riconosce il potere di porre in essere tali atti. Insomma, le fonti-atto implicano non solo un *agire volontario,* ma l'agire volontario di un *organo a ciò abilitato dall'ordinamento giuridico.*

Perché la volontà del soggetto possa produrre effetti normativi, e quindi essere vincolante per tutti, bisogna che essa sia riconoscibile. Da qui l'esigenza che ogni atto normativo si manifesti esteriormente nei modi specifici che lo stesso ordinamento determina per ciascun tipo di fonte. Ogni tipo di fonte ha una sua *forma essenziale,* che i singoli atti devono rispettare per essere riconoscibili come appartenenti a quella fonte. La forma tipica dell'atto è data da una serie di elementi quali l'intestazione all'autorità emanante (per es., "Decreto del Presidente della Repubblica", o "Decreto ministeriale"), il nome proprio dell'atto (il *nomen juris*: per es. "legge", "decreto-legge", "legge regionale", ecc.), il procedimento di formazione dell'atto stesso.

Per **procedimento** si intende quella sequenza di atti preordinata al risultato finale: per le fonti-atto, il risultato finale del procedimento è appunto l'emanazione dell'atto normativo. Nell'ordinamento italiano i procedimenti per la formazione delle fonti-atto variano a seconda del tipo di fonte e verranno studiati nel cap. VII: qualsiasi atto normativo la cui formazione non rispetti il procedimento prescritto ha un vizio di forma.

Le **fonti-fatto** sono invece una categoria residuale, sono cioè tutte le altre fonti che l'ordinamento riconosce e di cui ordina o consente l'applicazione, non perché prodotte dalla volontà di un determinato soggetto indicato dall'ordinamento, ma per il semplice "fatto" di esistere. Appartengono alla categoria dei **fatti giuridici**, cioè a quegli eventi naturali (la nascita, per esempio) o sociali (il pugno che Tizio sferra a Caio) che producono conseguenze rilevanti per l'ordinamento. La differenza specifica che distingue i fatti normativi dalla categoria generale dei fatti giuridici è che da essi l'ordinamento fa dipendere il sorgere di norme vincolanti per tutti.

Tradizionalmente la fonte-fatto per eccellenza è considerata la **consuetudine**. Questa nasce, soprattutto in ordinamenti primitivi, da un comportamento sociale ripetuto nel tempo (è l'elemento "oggettivo" della consuetudine) sino al punto che, dimenticata o da sempre ignorata la sua origine, esso viene sentito come obbligatorio, giuridicamente vincolante (è l'elemento "soggettivo"). La consuetudine ebbe perciò grande importanza in tutti gli ordinamenti che si sono sviluppati lentamente, sinché hanno tenuto un buon livello di coesione sociale. In essi, anzi, il "diritto comune", l'antica tradizione dei padri, la legge immemorabile poteva anche rappresentare la più alta delle fonti del diritto, quella che nessun atto di volontà avrebbe potuto legittimamente mutare.

Oggi però la consuetudine è quasi scomparsa dagli ordinamenti moderni che, come il nostro, si ispirano al sistema della codificazione. Vi sono ormai solo pochi richiami nel codice, soprattutto in materia contrattuale. In certi casi, agli usi è consentito anche di disporre in modo diverso dalla regola generale fissata dal codice, derogandola (sulla deroga → § VI.4).

C'è ovviamente il problema della conoscenza di questi usi. Essa è facilitata dalle raccolte provinciali tenute dalle Camere di commercio. Ma queste raccolte sono semplici "fonti di cognizione" degli usi: come dice l'art. 9 delle ***Disposizioni preliminari al Codice civile*** (dette comunemente "***Preleggi***"), gli usi in esse pubblicati "*si presumono esistenti sino a prova contraria*".

Benché la consuetudine sia da sempre la fonte-fatto per eccellenza, oggetto di molti e importanti studi teorici, essa oggi non è più, almeno nel nostro ordinamento, la fonte-fatto più importante. È perciò un errore continuare a definire le fonti-fatto avendo presente la sola consuetudine. Ciò che distingue le fonti-fatto dalle fonti-atto non è che le seconde sono fonti scritte e imputabili alla volontà di un soggetto preciso mentre le prime no (sarebbero cioè fonti non-scritte e involontarie, come appunto lo è la consuetudine). Fonti-fatto per il nostro ordinamento sono anche tutte quelle fonti che producono norme richiamate dal nostro ordinamento, ma non prodotte dai nostri organi. Vi sono due esempi macroscopici di fonti-fatto nel nostro ordinamento. Il primo sono le norme prodotte dall'Unione europea. Sia ben chiaro che esse non solo sono fonti "scritte" e "volute", poste in essere cioè dagli organi della Unione europea: sono cioè per l'ordinamento europeo, applicando ad esso le nostre categorie, delle *fonti-atto*. Tuttavia, siccome esse sono prodotte da organi che non appartengono al nostro ordinamento, per questo motivo esse sono considerate dal nostro ordinamento come meri "*fatti*" normativi.

Analoghe osservazioni valgono per le **norme di diritto internazionale privato**. Queste sono le norme che regolano l'applicazione della legge quando i soggetti o i beni coinvolti nel caso sottoposto al giudice sono collegati a ordinamenti giuridici diversi: per es., che accade se un cittadino italiano e una cittadina austriaca litigano per l'affidamento dei figli comuni o per la successione nei beni immobili siti in Italia, ma lasciati in eredità da un comune parente bulgaro? La soluzione a questi intricati rebus giuridici è data dalle disposizioni sull'applicazione della legge contenute nella legge 31 maggio 1995, n. 218 (*Riforma del sistema italiano di diritto internazionale privato*). Il giudice italiano in certi casi si può trovare ad applicare le leggi di un altro paese, per es. il codice civile austriaco o la legge bulgara sulle successioni. Queste fonti, che sarebbero indubbiamente *fonti-atto* nel rispettivo ordinamento di appartenenza, sono invece *fonti-fatto* per il nostro.

4. Le antinomie e tecniche di risoluzione

Antinomie si chiamano, con parola d'origine greca, i contrasti tra norme. Si ha antinomia quando le disposizioni esprimono significati tra loro incompatibili, ossia norme che qualificano lo stesso comportamento in modi contrastanti (lo permettono e lo vietano, lo dichiarano obbligatorio e facoltativo, ecc.). È compito dell'interprete risolvere le antinomie, individuando la norma applicabile al caso. Talvolta ciò è possibile con gli strumenti dell'interpretazione, ossia attribuendo alle *disposizioni* in gioco un significato che le renda reciprocamente compatibili (è la c.d. *interpretazione sistematica*). Ma talvolta il testo delle disposizioni non consente di ricavarne *norme* coerenti. Allora bisogna scegliere.

I criteri elaborati dalla scienza giuridica per scegliere la norma da applicare in caso di antinomia sono stati spesso codificati nelle leggi. Tre sono i criteri che ora esamineremo: il criterio cronologico, il criterio gerarchico e il criterio della specialità.

4.1. *Il criterio cronologico e l'abrogazione*

Il **criterio cronologico** dice che, in caso di contrasto tra due norme, si deve preferire quella più recente a quella più antica. È un criterio indiscutibile, almeno negli ordinamenti moderni, che sono dinamici: in essi è ovvio che la "legge" non può essere dettata una volta per sempre, ma deve adeguarsi al continuo cambiamento della realtà. Quando la Costituzione dispone che "*la* funzione *legislativa è esercitata collettivamente dalle due Camere*" (art. 70), accoglie implicitamente il criterio cronologico, cioè una visione dinamica dell'ordinamento (fuori dalla quale non avrebbe neppure senso parlare di "funzione" legislativa).

La prevalenza della norma nuova sulla vecchia si esprime attraverso la **abrogazione**.

L'abrogazione è l'effetto che la norma più recente produce nei confronti di quella meno recente: l'effetto consiste nella cessazione dell'efficacia della norma giuridica precedente.

L'**efficacia** è una figura generale del diritto, e consiste nell'idoneità di un fatto o di un atto a produrre effetti giuridici, cioè a costituire, modificare o estinguere situazioni giuridiche. L'efficacia di una norma è la sua applicabilità come regola dei rapporti giuridici. La norma diventa efficace quando la disposizione da cui è tratta entra in vigore (o meglio, quando entra in vigore l'atto che contiene quella disposizione, e quindi dopo la pubblicazione di esso e trascorsa la *vacatio legis*). Vige il **principio di irretroattività** degli atti normativi: essi, cioè, dispongono solo per il futuro, e non hanno effetti per il passato. Questo principio è codificato dall'art. 11 delle "Preleggi": "*La legge non dispone che per l'avvenire: essa non ha effetto retroattivo*". Si tratta però di un principio generale non recepito dalla Costituzione, che vieta soltanto la retroattività delle norme penali incriminatrici (art. 25.2: "*Nessuno può essere punito se non in forza di una legge che sia entrata in vigore prima del fatto commesso*"). Per cui il principio posto dalle "Preleggi" può essere derogato dalle singole leggi, che possono disporre la propria retroattività: è chiaro però che una legge retroattiva, che vada ad incidere su rapporti giuridici già sorti, può incontrare serie difficoltà nel superare il controllo di ragionevolezza della Corte costituzionale (→ § X.3).

Il principio di irretroattività vale anche per l'abrogazione. Se questa è un effetto prodotto dal nuovo atto sulle norme precedenti, esso opera, in mancanza di disposizioni contrarie (derogatorie rispetto al principio di irretroattività), solo per il futuro. La vecchia norma perde efficacia dal giorno dell'entrata in vigore del nuovo atto, e questo significa non solo che non sarà più la regola dei rapporti giuridici sorti dopo quella data, ma anche che tutti i rapporti precedenti restano in piedi e rimangono regolati da essa. La vecchia norma, benché abrogata, sarà quindi pur sempre la norma che il giudice dovrà applicare ai vecchi rapporti. Può quindi capitare che il giudice si trovi ad applicare ancora norme abrogate da diversi anni. In gergo si dice che l'abrogazione opera ***ex nunc*** ("da ora").

L'effetto abrogativo può essere prodotto da fenomeni assai diversi (a parte esamineremo il caso del tutto particolare dell'abrogazione a seguito di *referendum*: → § VII.5). L'art. 15 delle "Preleggi" elenca tre ipotesi di abrogazione:

a) "per dichiarazione espressa del legislatore" (c.d. **abrogazione espressa**);

b) "per incompatibilità tra le nuove disposizioni e le precedenti" (c.d. **abrogazione tacita**);

c) "perché la nuova legge regola l'intera materia già regolata dalla legge anteriore" (c.d. **abrogazione implicita**).

Le tre forme di abrogazione sono diverse per questa ragione: l'abrogazione espressa è il contenuto di una *disposizione*: di solito si tratta di uno degli articoli finali della legge in cui si scrive: "*sono abrogate le seguenti disposizioni:*", segue l'elenco degli atti, articoli, commi e, talvolta, singole porzioni degli enunciati legislativi ("*dalla parola X alla parola Y*"). Siamo sul piano della legislazione, dei testi scritti, delle disposizioni: ovviamente ciò che il legislatore dispone vale per tutti (o, come si dice in gergo, "***erga omnes***").

Tutto diverso è il caso dell'abrogazione tacita. Qui l'abrogazione non è affatto disposta dal legislatore, non è il contenuto di un'apposita disposizione. Anzi, il problema nasce proprio da questo, dal fatto che il legislatore non si è preoccupato, emanando le nuove disposizioni, di eliminare le vecchie. È quindi il giudice (o più generalmente l'interprete) a dover fare pulizia, perché si trova di fronte a un'antinomia: egli deve ritenere che prevalga la norma successiva perché questa è la conseguenza di un principio fondamentale in un sistema rappresentativo, quello per cui la volontà di un Parlamento (e della generazione che esso rappresenta) non può vincolare la volontà dei parlamenti (e delle generazioni) futuri. Ma il giudice non può eliminare le disposizioni, perché esse appartengono al mondo dei testi, della legislazione: può operare solo con gli strumenti dell'interpretazione, e questi gli dicono (come le "Preleggi" ribadiscono) di preferire la norma più recente e di considerare la vecchia come abrogata.

Quanto agli effetti temporali, l'abrogazione tacita è identica a quella esplicita (entrambe operano *ex nunc*); ma ciò non vale per gli effetti spaziali, perché, mentre le disposizioni del legislatore valgono sempre per tutti (*erga omnes*), le operazioni intellettuali del giudice (che si chiamano "interpretazione") valgono solo nel singolo giudizio (*inter partes*) e non vincolano affatto gli altri giudici. Perché, come dice l'art. 101.2 Cost., "*i giudici sono soggetti soltanto alla legge*" e non anche alla interpretazione fornita dagli altri giudici. Ciò significa che, quando non è il legislatore a fare pulizia nei testi normativi, le opinioni dei giudici rispetto a quale norma sia in vigore e quale sia invece abrogata possono diversificarsi e restare a lungo diverse.

✓ UTILI ESEMPI DI DISPOSIZIONI INUTILI

Spesso il legislatore, troppo indaffarato per potersi soffermare a ripulire l'ordinamento dalle disposizioni vecchie, conclude le leggi con una disposizione che dice: "*sono abrogate le disposizioni incompatibili con la presente legge*". È una formula di stile, di pessimo stile perché non serve a nulla, dato che: a) la incompatibilità non sorge tra enunciati legislativi (disposizioni), ma tra i loro significati (norme); b) se l'interprete rileva un contrasto tra norme, procede con l'abrogazione tacita senza bisogno che il legislatore lo autorizzi ogni volta a farlo.
Altro esempio di disposizione inutile è quella con cui il legislatore ordinario cerca talvolta di "rafforzare" la propria legge, prescrivendo che essa possa essere abrogata solo in modo esplicito. È una disposizione che, se funzionasse, violerebbe il principio che si è appena enunciato nel testo, per cui il Parlamento non può vincolare i parlamenti futuri; ma non funziona: come disse Bentham, appartiene a quegli impegni che sono come le catene che indossano gli attori sul palcoscenico – "servono a fare rumore ma non a legare"!

Il terzo tipo di abrogazione, quella c.d. implicita, è in tutto simile all'abrogazione tacita. Non c'è infatti una disposizione che dichiari l'abrogazione della legge precedente, ma è l'interprete che trae dal fatto che il legislatore abbia riformato la materia un argomento per sostenere che la vecchia legge debba ritenersi abrogata e le sue norme non debbano più essere applicate (ai rapporti successivi all'entrata in vigore della nuova legge, ovviamente). Questa abrogazione opera perciò sul piano dell'interpretazione, non su quello della legislazione.

Diversa dall'abrogazione è la **deroga**. La deroga nasce da un contrasto tra norme di tipo diverso, nel senso che la norma derogata è una norma generale, mentre la norma derogante è una norma particolare: è semplicemente un'eccezione alla regola. Per es., l'art. 1573 cod. civ. dice, a proposito della durata dei contratti di locazione, che essi non possono essere stipulati per un periodo eccedente i trent'anni: ma gli artt. 1607 e 1629 "derogano" a questa regola generale per i contratti di locazione di case e per i fondi destinati al rimboschimento, prevedendo termini maggiori. Un altro esempio di deroga può essere l'esclusione dall'obbligo di pagare le tasse entro un certo termine per i residenti in una zona calamitata.

La differenza tra abrogazione e deroga sta essenzialmente in questo: la norma abrogata perde efficacia per il futuro, e può riprendere a produrre effetti soltanto nel caso in cui il legislatore emani una ulteriore disposizione che lo prescriva (è il caso della c.d. "**reviviscenza della norma abrogata**"); la norma derogata non perde invece la sua efficacia, ma viene limitato il suo campo di applicazione: per cui, se dovesse essere abrogata la norma derogante, automaticamente si riespande l'ambito di applicazione della regola generale.

Simile alla deroga è la **sospensione** dell'applicazione di una norma, sospensione limitata ad un certo periodo e spesso a singole categorie o zone. L'esclusione dei cittadini calamitati dall'obbligo di pagare le tasse può essere costruita anche come una sospensione della legge generale: passato il termine previsto, la norma generale riprende tutta la sua applicabilità.

4.2. *Il criterio gerarchico e l'annullamento*

Il **criterio gerarchico** dice che in caso di contrasto tra due norme si deve preferire quella che nella **gerarchia delle fonti** occupa il posto più elevato. Anche questo è un criterio indiscutibile, almeno negli ordinamenti moderni, che sono sempre strutturati secondo una pluralità di fonti disposte sui diversi gradini di una scala gerarchica. Quando la Costituzione dispone che la Corte costituzionale giudica della "*legittimità costituzionale delle leggi e degli atti aventi forza di legge*" (art. 134), disegna implicitamente una gerarchia, per cui in caso di contrasto la Costituzione prevale sulla legge e sugli atti a questa equiparati. Analogamente, le "Preleggi" disegnano una gerarchia, ancora valida, tra la legge, i regolamenti e le consuetudini (art. 1), dicendo che la legge prevale sul regolamento (art. 4) e questo sulla consuetudine (art. 8).

La prevalenza della norma superiore su quella inferiore si esprime attraverso l'**annullamento**. L'annullamento è l'effetto di una **dichiarazione di illegittimità** che *un giudice* (non qualsiasi interprete) pronuncia nei confronti di un atto, di una disposizione o di una norma. A seguito della dichiarazione di illegittimità, l'atto, la disposizione o la norma perdono validità. La **validità** è una figura generale del diritto, e consiste nella conformità di un atto o di un negozio giuridico rispetto alle norme che lo disciplinano (la "validità", essendo riferibile ai soli atti – normativi e non – è un concetto più ristretto di "**legittimità**", che significa pur sempre conformità alle leggi, ma si riferisce a qualsiasi comportamento, e quindi anche ai fatti). L'atto invalido è un atto "viziato": mentre l'abrogazione – espressione del criterio cronologico – opera nel ricambio fisiologico dell'ordinamento, l'annullamento – espressione del criterio gerarchico – colpisce situazioni patologiche che si verificano in esso.

I "vizi" possono essere di due tipi: **vizi formali** o **vizi sostanziali**. I primi riguardano la "forma" dell'atto: per es., perché esso è emanato da un organo non competente oppure il procedimento seguito per la sua formazione non corrisponde a quanto prescritto dalle norme superiori. In questo caso, sarà l'intero *atto* ad essere viziato. I secondi riguardano i contenuti normativi di una disposizione, cioè le *norme*: la disposizione sarà viziata perché produce un'antinomia, un contrasto con norme tratte da disposizioni di rango superiore.

In linea generale, quando un giudice dichiara l'illegittimità di un atto normativo, questa dichiarazione ha effetti generali (*erga omnes*): in seguito ad essa, l'atto annullato non può essere più applicato a nessun rapporto giuridico, anche se sorto in precedenza all'annullamento. Al contrario dell'abrogazione, dunque, l'annullamento non opera solo per il futuro, ma anche per il passato (*ex tunc*). Attenzione però, perché gli effetti dell'annullamento si avvertono solo per quei rapporti giuridici che l'interessato possa sottoporre a un giudice, che siano cioè ancora "azionabili": questi si dicono **rapporti "pendenti"** (o "**aperti**"), in contrapposizione ai **rapporti "esauriti"** (o "**chiusi**"), i quali non possono più essere dedotti davanti al giudice. Come si "chiudano" i rapporti è stabilito dai singoli rami dell'ordinamento: in genere, i rapporti si chiudono con il decorso del tempo (estinzione del diritto per **prescrizione**; perdita della possibilità di esercitare il diritto, cioè **decadenza**), oppure per volontà dell'interessato (**acquiescenza**), od ancora perché il rapporto è stato definito con una sentenza ormai non più impugnabile (**giudicato**).

4.3. *Il criterio della specialità*

Il **criterio della specialità** dice che in caso di contrasto tra due norme si deve preferire la norma speciale a quella generale, anche se questa è successiva. Il problema è che cosa sia "genere" e cosa "specie" è spesso questione di opinioni. Un esempio: una legge disciplina in via generale i criteri di assegnazione degli alloggi di edilizia pubblica, dando precedenza in successione, per es., al reddito, al numero dei componenti del nucleo familiare, alla residenza nel Comune; un'altra legge disciplina in via generale lo *status* del personale militare, prescrivendo che i militari che si spostano per servizio abbiano precedenza nell'assegnazione degli alloggi pubblici: allora, dovendo decidere se l'assegnazione di un alloggio vada a un militare non residente e con piccolo nucleo familiare o a un civile residente, con reddito minore e famiglia più numerosa, qual è la *lex specialis* che deve prevalere?

La preferenza per la norma speciale non si esprime né con riferimento all'*efficacia* della norma (come per l'abrogazione), né con riferimento alla sua *validità* (come per l'annullamento). Le norme in conflitto rimangono entrambe efficaci e valide: l'interprete opera solamente una scelta circa quale norma applicare; l'altra norma semplicemente "non è applicata". Mettiamo per esempio che nell'ordinamento ci sia una norma che definisce la "piccola impresa", stabilendone certi requisiti; ma esce una legge che, occupandosi dei contributi pubblici, definisce la "piccola impresa" secondo criteri diversi: se la questione che sta trattando riguarda proprio i contributi pubblici, l'interprete applicherà la seconda legge, perché è più specifica, ma l'altra legge resta ovviamente in vigore.

Come si vede, la prevalenza della norma speciale consiste nella *deroga*: essa è l'effetto tipico della prevalenza della norma speciale su quella generale.

5. Riserve di legge e principio di legalità

La **riserva di legge** è lo strumento con cui la Costituzione regola il concorso delle fonti nella disciplina di una determinata materia. L'obiettivo è di evitare che, in materie particolarmente delicate, manchi una disciplina legislativa capace di vincolare il comportamento degli organi del potere esecutivo (la polizia e la burocrazia). Essa, perciò, è una regola circa l'esercizio della funzione legislativa: impone al legislatore di disciplinare una determinata materia, impedendogli di lasciare che essa venga disciplinata, in tutto o in parte, da atti che stanno ad un livello gerarchico più basso della legge. È dunque evidente che la riserva di legge acquista un significato preciso soltanto dove vi sia una Costituzione *rigida* (→ § VII.1), perché solo in questo caso i limiti posti dalla Costituzione alla funzione legislativa possono imporsi al legislatore e, se violati, causare l'illegittimità della legge prodotta. Insomma, è attraverso la riserva di legge (ed alcuni tipi di riserva, in particolare) che si produce, nei sistemi a Costituzione rigida, quella maggior complessità e differenziazione dell'ordinamento giuridico che si cerca poi di spiegare e rappresentare con l'introduzione del "criterio della competenza" (→ § precedente).

Diverso significato ha il **principio di legalità**. Esso affonda le sue radici nello *Stato di diritto*, della cui definizione è anzi elemento integrante (→ § I.8): si afferma quindi già in un'esperienza istituzionale che preesiste alle moderne costituzioni rigide. Il principio di legalità prescrive che l'esercizio di qualsiasi potere pubblico si fondi su una previa norma attributiva della competenza: la sua *ratio* è di assicurare un uso regolato, non arbitrario, controllabile, "giustiziabile", del potere. È talmente propedeutico rispetto alle costituzioni moderne, che esse spesso non si preoccupano di recepirlo espressamente, considerandolo sottinteso: la nostra Costituzione, per esempio, dà per scontato che il principio di legalità ispiri il nostro ordinamento, anche se si è soliti ritrovare accenni più o meno espliciti ad esso in varie disposizioni, come negli artt. 23 (prestazioni personali), 25.2 (legalità delle pene), 101.2 (soggezione dei giudici alla legge), 113 (legalità dell'amministrazione).

✓ Legalità "formale" e legalità "sostanziale"

Si distinguono due diversi concetti di legalità, contrassegnati rispettivamente dall'aggettivo "formale" e "sostanziale". Il **principio di legalità formale** richiede soltanto che l'esercizio di un potere pubblico si basi su una previa norma di attribuzione della competenza: per es., l'art. 17.1, lett. a), della legge 400/1988, dicendo che il Governo può emanare regolamenti per *"l'esecuzione delle leggi e dei decreti legislativi"* (→ § VII.6) fissa una norma di competenza che, probabilmente, soddisfa la legalità in senso formale. Il **principio di legalità sostanziale** richiede invece che l'esercizio del potere pubblico sia limitato e diretto da specifiche norme di legge, tali da restringere la discrezionalità dell'autorità agente: per es., l'art. 17.3 della stessa legge 400/1988, dicendo che il regolamento ministeriale può essere emanato solo *"quando la legge espressamente conferisca tale potere"* (→ § VII.6), esprime, probabilmente, l'esigenza di una legalità in senso sostanziale. I "probabilmente" stanno a indicare che la cosa non è pacifica, e che sul problema di quale "legalità" vada rispettata nelle singole situazioni le opinioni assai spesso divergono.

L'introduzione della Costituzione rigida ha comportato l'estensione del principio di legalità anche a quelle attività in cui più direttamente si esprime la sovranità, e che in precedenza erano considerate "libere", politiche, insindacabili. La funzione legislativa è oggi sottoposta al principio di legalità: essa è attribuita, regolata e limitata dalla Costituzione. La riserva di legge è appunto una delle regole limitative del potere legislativo poste dalla Costituzione: essa si presenta perciò come un risultato dell'estensione della legalità alla stessa attività legislativa.

Di riserve di legge vi sono diverse tipologie:

a) la **riserva di legge formale** ordinaria impone che sulla materia intervenga il solo atto legislativo prodotto attraverso il procedimento parlamentare (→ § III.4), con esclusione quindi degli altri atti equiparati alla legge formale stessa. La *ratio* di questa riserva è semplice: sono riservate alla approvazione parlamentare tutte quelle leggi che rappresentano strumenti attraverso i quali il Parlamento controlla l'operato del Governo. È il Governo a stipulare i *trattati internazionali* e a chiedere al Parlamento di autorizzarne la ratifica da parte del Presidente della Repubblica (art. 80); è il Governo a predisporre i bilanci e a chiederne l'approvazione al Parlamento (art. 81); è il Governo a emanare provvedimenti urgenti che si sostituiscono alla legge, e a chiedere al Parlamento di approvarli e trasformarli in legge (art. 77.2); mentre è necessariamente il Parlamento a decidere se e quali poteri legislativi delegare al Governo (artt. 76 e 77.1) e quali poteri conferirgli in caso di guerra (art. 78).

Insomma, in tutti questi casi il Parlamento esprime con la legge la sua partecipazione ad un procedimento decisionale che ha il Governo come protagonista: siccome gli atti equiparati alla legge formale, i c.d. *atti con forza di legge* (→ § VII.2), sono tutti atti del Governo, se non vi fosse una riserva di *legge formale*, il Governo approverebbe con un suo atto il suo stesso operato. Per evitare ogni possibilità di confusione tra controllore e controllato, la Costituzione impiega in tutti questi casi l'espressione "*le Camere ... con legge*", individuando così non solo l'atto, ma anche l'organo a favore del quale opera la riserva.

✓ LEGGE, LEGGE FORMALE, LEGGE ORDINARIA

> Quando la Costituzione rinvia alla "**legge**", non sempre usa questa espressione in senso tecnico. Nello stesso linguaggio corrente, si usa spesso "legge" come sinonimo di "diritto" (si "studia legge", si "viola la legge", "la legge è eguale per tutti", ecc., sono espressioni ricorrenti in cui la parola è usata in senso generico). Così anche in Costituzione: per es., la "*violazione di legge*" per cui è sempre ammesso il ricorso in Cassazione (art. 111.2) è la violazione di qualsiasi norma di diritto, e l'eguaglianza "*davanti alla legge*" (art. 3.1) è eguaglianza davanti al diritto oggettivo, a prescindere dalla fonte che lo abbia prodotto. Inoltre, quando la Costituzione ci dice che "*la legge provvede*" ad assolvere i compiti dei genitori che non ne abbiano la possibilità (art. 30.1), che "*la legge assicura ai figli nati fuori del matrimonio ogni tutela, ecc.*" (art. 30.2), che "*la legge*" provvede agli interventi a favore delle zone di montagna (art. 44.2) o alla tutela dell'artigianato (art. 45.2): in tutti questi casi il riferimento alla "legge" è del tutto generico (sinonimo di diritto o di Repubblica) e non fonda una "riserva di legge".
> Anche quando si usa la parola "legge" in senso tecnico, vi è qualche margine di ambiguità: infatti una cosa è la *legge formale* (che è la legge approvata dal Parlamento), un'altra la *legge ordinaria* (che include anche gli atti con forza di legge: per questa distinzione → § VII.2).

b) le semplici *riserve di legge* prescrivono che la materia da esse considerata sia disciplinata dalla *legge ordinaria* (includendo anche gli atti con forza di legge, dunque), escludendo o limitando l'intervento di atti di livello gerarchico inferiore alla legge, cioè dei regolamenti amministrativi (→ § VII.6). La *ratio* della riserva di legge è di assicurare che la disciplina di materie particolarmente delicate venga decisa con la garanzia tipica insita nel procedimento parlamentare: è vero che, operando la riserva a favore della legge ordinaria, essa ammette non solo la legge formale ma anche gli atti con forza di legge; ma è anche vero che, come dopo vedremo (→ § VII.3 e 4), l'emanazione dell'atto con forza di legge da parte del Governo è sempre preceduta o seguita da una legge formale.

A seconda dei rapporti tra legge e regolamento si distinguono due tipi di riserve di legge:

b1) la **riserva assoluta** esclude qualsiasi intervento di fonti sub-legislative dalla disciplina della materia, che, pertanto, dovrà essere integralmente regolata dalla legge formale ordinaria o da atti ad essa equiparata. Riserve di questo tipo si ritrovano soprattutto nella parte della Costituzione dedicata alle libertà fondamentali: l'esempio più tipico è dato dall'art. 13.2, che consente che la libertà personale sia limitata (tramite, arresto, perquisizioni, ecc.) "*nei soli casi e modi previsti dalla legge*". La *ratio* è facilmente intuibile: le libertà fondamentali sono rivendicate contro il "potere", contro lo Stato e il suo potere coercitivo, che è detenuto dal Governo e dalle strutture dei pubblici poteri che dipendono da esso. Ecco perché le limitazioni di queste libertà devono essere decise con le garanzie della legge), e sono esclusi perciò i regolamenti dell'esecutivo. Anzi, siccome la legge, per quanto possa essere analitica, lascia comunque un certo margine di discrezionalità a chi deve applicarla, per vincolare ulteriormente l'attività dei poteri pubblici in materia di libertà fondamentali, molte disposizioni costituzionali alla riserva assoluta di legge aggiungono la **riserva di giurisdizione**. In questo modo, ogni atto dei poteri pubblici che incida sulla libertà, non solo deve essere previsto "in astratto" dalla legge, ma deve essere autorizzato "in concreto" dal giudice ("*per atto motivato dell'autorità giudiziaria*", come dice ancora l'art. 13.2: si vedano anche gli artt. 13.3, 14.2, 15.2, 21.3, 21.4);

b2) la **riserva relativa** non esclude che alla disciplina della materia concorra anche il regolamento amministrativo, ma richiede che la legge disciplini preventivamente almeno i princìpi a cui il regolamento deve attenersi. Tipico esempio di riserva relativa è fornito dall'art. 97.1 ("*i pubblici uffici sono organizzati secondo disposizioni di legge*"). Sta alla legge decidere quanto strette debbano essere le maglie della sua disciplina, ma una legge deve esserci e non può limitarsi a conferire al Governo un potere normativo in bianco. Ponendo la riserva relativa di legge, la Costituzione pone quindi contemporaneamente un vincolo al legislatore (che deve dettare almeno la disciplina generale della materia) e al potere esecutivo (i cui atti sono sottoposti, in forza della riserva relativa, al *principio di legalità sostanziale*: → § VI.5);

c) in alcuni casi la Costituzione dispone che per disciplinare una certa materia non solo occorre una legge formale, ma che questa sia approvata attraverso un *procedimento rinforzato*. Alcuni esempi:

• l'art. 7 prevede che i rapporti tra Stato e Chiesa cattolica, già regolati dal "Concordato" (→ § X.9), possano essere modificati solo previo accordo tra le due parti. Nel procedimento di formazione della legge, avremo perciò un "aggravamento", nel senso che l'iniziativa legislativa sarà anticipata da un accordo stipulato tra il Governo e la Santa sede, e il Parlamento non potrà procedere a emendamenti senza che sia prima raggiunto l'accordo su di essi;

• l'art. 8 prevede una situazione simile per le "intese" che il Governo può raggiungere con i rappresentanti dei c.d. "culti acattolici", preventive alla disciplina dei loro rapporti con lo Stato (→ § X.9);

• il "nuovo" art. 116.3 prevede che con *legge formale*, approvata a maggioranza assoluta (primo "rafforzamento") "*sulla base di intesa fra lo Stato e la Regione interessata*" (secondo "rafforzamento"), su iniziativa della stessa e sentiti gli enti locali (terzo "rafforzamento per procedimento"), si possano riconoscere a determinate Regioni "*forma e condizioni particolari di autonomia*" riguardanti alcune specifiche materie (rafforzamento "per contenuto");

• gli artt. 132 e 133 prevedono vari procedimenti per modificare le circoscrizioni territoriali delle Regioni, delle Province e dei Comuni: attraverso l'obbligo di consultazione delle assemblee elettive locali e della popolazione interessata, vengono introdotti "rafforzamenti" dei procedimenti di formazione della legge costituzionale (art. 132.1), delle leggi statali (artt. 132.2 e 133.1) e della legge regionale (art. 133.2).

La *ratio* di queste riserve di legge è di limitare il potere della maggioranza politica nei confronti delle minoranze, siano esse comunità religiose o comunità locali: la maggioranza può fare la legge solo al "costo" di ottenere il consenso dei soggetti che rappresentano la comunità minoritaria interessata.

Vi sono poi alcune leggi che, a seguito di riforma del testo costituzionale, devono essere approvare a maggioranza diversa da quella *relativa*:

• l'art. 81.6 Cost., modificato dalla legge cost. 1/2012 (→ § III.5), prevede che la legge per la disciplina del bilancio sia approvata a *maggioranza assoluta* (→ § III.4);

• l'art. 79, per l'approvazione di leggi di amnistia e indulto, che devono essere approvate (anche nella votazione articolo per articolo) a maggioranza dei 2/3.

VII. LE FONTI DELL'ORDINAMENTO ITALIANO

1. Costituzione e leggi costituzionali

La **Costituzione** rappresenta il vertice della gerarchia delle fonti (→ § VI.4) dell'ordinamento italiano. Essa è quindi il fondamento di tutte le fonti del diritto: in particolare, essa disciplina analiticamente le *fonti primarie*, ossia le fonti ad essa immediatamente inferiori.

✓ LA COSTITUZIONE ITALIANA

La Costituzione italiana repubblicana entrò in vigore il 1° gennaio 1948. Essa fu approvata dall'Assemblea costituente, eletta nel giugno 1946 contemporaneamente al **referendum istituzionale**, con cui si scelse tra monarchia e repubblica. Furono le prime elezioni a suffragio universale (anche femminile) che si fossero svolte in Italia.
I lavori per la Costituzione furono lunghi e complessi, tanto da dover prorogare più volte la propria durata, inizialmente prevista in otto mesi (ed invece l'AC funzionò sino alla fine del gennaio 1948). L'AC nominò una commissione (detta *"dei 75"*, perché tanti ne erano i componenti), con l'incarico di elaborare un progetto di Costituzione. Su questo l'AC iniziò a discutere nel marzo 1947, per poi approvare il testo finale il 22 dicembre 1947.
Merita sottolineare quest'ultimo dato. La Costituzione fu approvata con quasi il 90% dei voti dell'AC, nonostante si fosse già prodotta una frattura politica netta tra le forze politiche che avevano guidato la transizione dal fascismo alla repubblica. Il 31 maggio 1947 (poco più di due mesi dopo l'inizio della discussione del progetto di Costituzione in AC, dunque) De Gasperi aveva formato infatti il suo IV Governo, escludendone per la prima volta i socialisti e i comunisti.
Il largo consenso che si formò sul testo finale della Costituzione spiega alcune caratteristiche della nostra Costituzione. È una Costituzione "lunga", perché un consenso così vasto si è potuto realizzare soltanto sommando, e non selezionando, le istanze, gli interessi e i valori delle diverse componenti. È una Costituzione "aperta", nel senso che non pretende di individuare il punto di equilibrio tra i diversi interessi, ma si limita ad elencarli, a giustapporli, lasciando alla legislazione successiva di individuare il punto di bilanciamento.
Questo aspetto della Costituzione è stato molto spesso criticato e considerato un difetto irrimediabile. È una critica sbagliata, non solo sul piano storico, ma anche su quello teorico, dato che tutte le costituzioni del '900 nascono necessariamente da un compromesso tra diverse forze politiche, ed è questo compromesso che le rende tutte "lunghe" e "aperte". Se la Costituzione viene scritta per fissare le regole del gioco, regole che non si potranno modificare se non con il consenso di larga parte dei giocatori, la Costituzione non potrà certo dire quale dei giocatori è destinato a vincere la partita. Ognuno vorrà introdurvi le regole che ritiene necessarie per proteggere la propria posizione e si comporterà con grande prudenza, pensando piuttosto a immettere quelle regole che gli assicurino di non essere rapidamente eliminato dal gioco, piuttosto che quelle che gli facilitino la vittoria.

È una Costituzione *rigida*, nel senso che il suo mutamento (chiamato, in linguaggio tecnico, **revisione costituzionale**) è soggetto a un procedimento particolare. Con lo stesso procedimento sono approvate anche le *"altre" leggi costituzionali* che la Costituzione stessa prevede per la sua integrazione.

Il procedimento di formazione della **legge costituzionale** è tra i più "facili" in confronto con quelli previsti dalle altre costituzioni rigide. Esso è una variazione del procedimento legislativo ordinario, che si esamina nei prossimi paragrafi. Mentre il procedimento ordinario prevede una sola deliberazione, a *maggioranza relativa* (→ § III.4), di ciascuna Camera sullo stesso testo, seguita dalla promulgazione da parte del Presidente della Repubblica, il procedimento per le leggi costituzionali, disciplinato dall'art. 138 Cost., prevede due deliberazioni successive da parte di ciascuna Camera. In tutto vi saranno dunque quattro deliberazioni, sul medesimo testo: due in ogni ramo del Parlamento.

La prima deliberazione è a *maggioranza relativa*: basta che i *sì* superino i *no*. Siccome in questa fase le Camere possono apportare al progetto di legge costituzionale qualsiasi emendamento, il progetto è destinato a viaggiare tra Camera e Senato (la c.d. **navette**) tante volte quante sono necessarie ad ottenere il voto favorevole di entrambe sul medesimo testo.

La seconda votazione può essere effettuata solo dopo che sia trascorso un intervallo di tre mesi dalla prima. I regolamenti delle Camere (art. 123 Reg. Senato; art. 99 Reg. Camera) vietano che siano portati emendamenti al testo votato in precedenza, perché altrimenti il procedimento dovrebbe ripartire dall'inizio. Nella seconda approvazione si aprono due strade alternative. Se il consenso sulla riforma è così ampio che nella votazione in ciascuna Camera si esprime a favore la *maggioranza qualificata dei 2/3* dei membri di essa, la legge è fatta e viene promulgata dal Presidente della Repubblica. Se ciò non avviene, basta che la legge sia approvata con la *maggioranza assoluta* (metà più uno dei membri di ciascuna Camera). Ma in questo caso non si tratta di un'approvazione definitiva: il testo approvato dal Parlamento è pubblicato sulla *Gazzetta Ufficiale* (con il titolo: "*Testo di legge costituzionale approvato in seconda votazione a maggioranza assoluta, ma inferiore ai due terzi dei membri di ciascuna Camera*": così prescrive l'art. 3.1 della legge 352/1970), in modo da darne la massima pubblicità; entro tre mesi dalla pubblicazione può essere chiesto un *referendum* popolare, in modo da sottoporre il testo ad approvazione popolare. Lo possono chiedere minoranze del corpo elettorale (con la raccolta di 500.000 firme), minoranze territoriali (cinque consigli regionali) e, quel che più conta, minoranze politiche: bastano le firme di 1/5 dei membri di una Camera. Se nel *referendum*, per la cui validità non è richiesto un *quorum* minimo di votanti (al contrario che per il *referendum* abrogativo: → § VII.5), i consensi superano i voti sfavorevoli (oppure se il *referendum* non è richiesto), la legge viene promulgata; altrimenti la volontà della maggioranza parlamentare è vanificata.

✓ LEGGI COSTITUZIONALI: LE DUE IPOTESI DELL'ART. 138

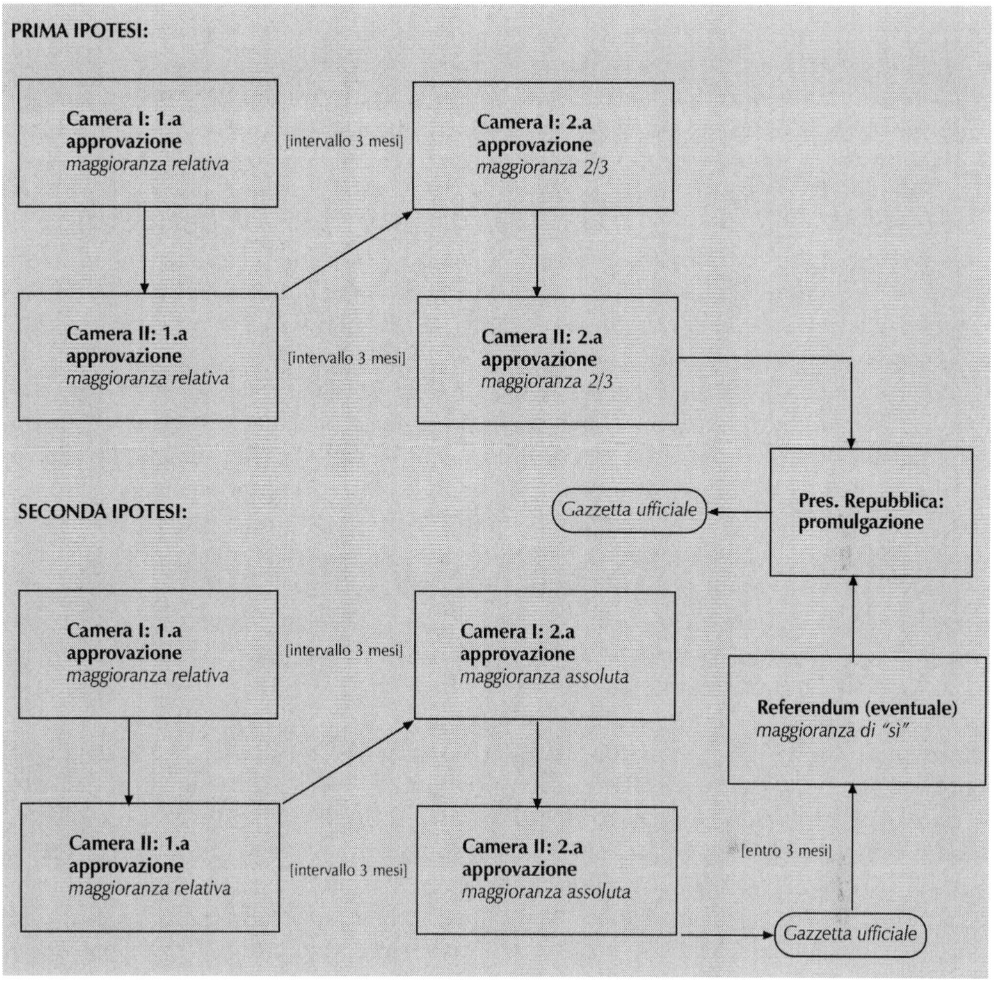

NB.: Il procedimento può iniziare indifferentemente nella Camera o nel Senato.

Il doppio binario tracciato dall'art. 138 Cost. è frutto di grande saggezza. La via principale per modificare la Costituzione è il consenso di uno schieramento di forze politiche così vasto da riprodurre le stesse condizioni di compromesso tra le diverse componenti politiche che hanno consentito a questa Costituzione di nascere. Però, per non rendere troppo difficile il meccanismo e per non regalare a minoranze parlamentari relativamente piccole il potere di veto, si è prevista anche la possibilità che la modificazione della Costituzione sia voluta e decisa dalla sola maggioranza di governo, salvo la possibilità per le opposizioni di ricorrere al corpo elettorale.

Va notato che in Italia, al contrario di altri paesi europei, non sono previsti procedimenti differenziati per le piccole modifiche del testo costituzionale e per le riforme di grande rilievo: il procedimento è lo stesso. Se, come da molti anni si va ripetendo, fosse necessario modificare intere parti del testo costituzionale, si dovrebbe comunque procedere attraverso il meccanismo ordinario, e quindi affidare alle Camere il compito di approvare, articolo per articolo, dopo la discussione e la votazione di tutti i possibili emendamenti proposti dai parlamentari, il medesimo testo normativo e riapprovarlo a maggioranza (almeno) assoluta in seconda lettura; con l'eventualità poi di dover sottoporre un testo così complesso alla approvazione popolare.

Non tutta la Costituzione è però revisionabile. Vi è almeno un *limite "esplicito"* alla revisione del testo costituzionale, posto dall'art. 139: "*La forma repubblicana non può essere oggetto di revisione costituzionale*". Come si è già sottolineato, la scelta a favore della repubblica era stata compiuta dal popolo prima che l'Assemblea costituente si fosse insediata, per cui lo stesso potere di scelta dei costituenti ne è rimasto vincolato: si potrebbe dire quindi che l'art. 139 è "dichiarativo" di un limite imposto dallo stesso *referendum* istituzionale.

Se si collega strettamente l'art. 139 al *referendum* istituzionale, si dovrebbe propendere per un'interpretazione restrittiva della locuzione "*forma repubblicana*", riducendola cioè a quella scelta della repubblica, anziché della monarchia, che gli elettori espressero nel 1946. Invece è prevalsa in Italia un'interpretazione estensiva tale da comprendere nella "*forma repubblicana*" non soltanto il carattere elettivo (e non ereditario) del Capo dello Stato, ma il principio della sovranità popolare, di cui l'elezione del Capo dello Stato è solo un'applicazione. Perciò, nell'interpretazione che ha prevalso, l'art. 139 viene connesso con l'art. 1, cioè la "*forma repubblicana*" è considerata inscindibile dal carattere "*democratico*" della Repubblica e dall'appartenenza della sovranità al popolo (art. 1).

In questo modo il "limite esplicito" alla riforma costituzionale si allarga e si arricchisce di molto, perché si pongono al riparo dalla revisione anche quei principi – il carattere elettivo e rappresentativo delle istituzioni, la libertà e l'eguaglianza del voto, le libertà di espressione, di associazione, di riunione, ecc. – che sembrano indispensabili per poter definire "democratico" un ordinamento politico. Ovviamente si parla dei soli "principi", non anche delle singole norme di dettaglio (con cui la Costituzione li attua: le singole disposizioni costituzionali possono essere sempre modificate, purché le modifiche non siano tali da compromettere, appunto, il "principio"). Per esempio, la libertà di voto non sarebbe certo compromessa da una riforma, anche radicale, del sistema elettorale oppure del numero o delle funzioni degli organi elettivi, ma soltanto da quelle norme che producessero, nel caso, una palese violazione della parità del voto, oppure che affidassero il reale potere decisionale a organi autocratici, sprovvisti di legittimazione elettorale.

Un'altra via per l'estensione e l'arricchimento dei limiti alla revisione costituzionale è stata elaborata sulla base dell'interpretazione di altre disposizioni costituzionali: l'art. 2, che dichiara "*inviolabili*" i diritti dell'uomo, porrebbe a riparo dalla revisione anche tutte quelle libertà che sono elencate dagli artt. 13 e successivi (e che la stessa Costituzione dichiara talvolta "*inviolabili*"); l'art. 5, dichiarando la Repubblica "*una e indivisibile*", escluderebbe invece ogni ipotesi legale di secessione o divisione del paese. La Corte costituzionale ha avallato questa tesi, distinguendo in seno alle norme costituzionali dei "princìpi supremi" che resisterebbero alla revisione costituzionale.

2. Legge formale ordinaria e atti con forza di legge

La **legge formale** è l'atto normativo prodotto dalla deliberazione delle Camere e promulgato dal Presidente della Repubblica. È, e soprattutto è stata in passato, la fonte del diritto per eccellenza, sino al punto di diventare sinonimo di "diritto". La "forma" della legge è quindi data dal particolare procedimento prescritto dalla Costituzione per la sua formazione. Attraverso questo procedimento sono formate sia le *leggi ordinarie* che le *leggi costituzionali*. Infatti, il procedimento di formazione delle leggi costituzionali non è che una variante aggravata del procedimento legislativo ordinario (sommariamente descritto nel § III.4). Con l'espressione *legge formale* si indica quindi sia la legge che occupa nella gerarchia delle fonti lo stesso gradino della Costituzione (*legge costituzionale*), sia la legge che occupa il gradino immediatamente inferiore (*legge formale ordinaria*).

Gli **atti con forza di legge** sono invece atti normativi (→ § VI.3) che non hanno la "forma" della legge (cioè, non sono prodotti dalla deliberazione delle Camere e promulgati dal Presidente della Repubblica), ma sono equiparati alla legge formale ordinaria: occupano la sua stessa posizione nella scala gerarchica, e perciò possono validamente abrogarla (hanno la stessa "**forza attiva**" della legge ordinaria) ed essere da essa e solo da essa abrogati (hanno la stessa "**forza passiva**"). Sono quindi fonti che possono sostituirsi alla legge, almeno laddove la Costituzione non ponga una *riserva di legge formale* (→ § VI.5). *Leggi formali ordinarie* e *atti con forza di legge* costituiscono insieme le **fonti primarie** (od **ordinarie**: lo stesso termine "**legge ordinaria**" è spesso usato in senso largo, come comprensivo di tutti gli atti che stanno, nella gerarchia delle fonti, sullo stesso gradino della legge formale ordinaria). Alla categoria delle *fonti primarie* si contrappone quella delle *fonti secondarie*, poste ad un gradino inferiore nella gerarchia delle fonti (→ § VI.4) e costituite dai *regolamenti amministrativi* (→ § VII.6).

"*La funzione legislativa è esercitata collettivamente dalle due Camere*", dice la Costituzione all'art. 70, e gli articoli immediatamente successivi (71-74) dettano la disciplina di massima (quella di dettaglio è rinviata ai regolamenti delle Camere: → § III.4) del procedimento di formazione della legge formale. Rispetto alla *regola* che attribuisce alle Camere la funzione legislativa, gli atti con forza di legge rappresentano un'*eccezione*: rappresentano i casi in cui la "funzione legislativa" non è svolta in "forma" legislativa. Come *deroga* (→ § VI.4) alla regola costituzionale, essi non possono essere previsti da fonti che non abbiano il rango costituzionale. Infatti, sono gli stessi articoli successivi della Costituzione a indicare le eccezioni, cioè gli atti con forza di legge:

- art. 75: il *referendum* abrogativo delle leggi;
- art. 76: il decreto legislativo delegato;
- art. 77: il decreto-legge;
- art. 78: i decreti del Governo in caso di guerra.

A questi atti, le leggi costituzionali che hanno approvato gli Statuti delle Regioni ad autonomia speciale ne hanno aggiunto un altro:

- il decreto di attuazione dello Statuto.

Questi e non altri sono gli atti con forza di legge dello Stato previsti dal nostro ordinamento e che nei paragrafi successivi saranno esaminati. Eventuali innovazioni all'elenco possono essere introdotte soltanto con *legge costituzionale*. Qualsiasi tentativo da parte del legislatore ordinario di introdurre nuovi tipi di atti con forza di legge sarebbe illegittimo, per violazione dell'art. 70 Cost. Questo principio si traduce nel *divieto alla legge ordinaria di creare fonti con essa concorrenziali*.

3. Legge di delega e decreto legislativo delegato

La **legge di delega** è la legge con cui le Camere possono attribuire al Governo l'esercizio del proprio potere legislativo. Il **decreto legislativo** (chiamato anche "**decreto delegato**") è il conseguente *atto con forza di legge* emanato dal Governo in esercizio della delega conferitagli dalla legge. Lo strumento della delega legislativa è usato soprattutto per affrontare argomenti tecnicamente molto complessi e "tecnici". Tutti quattro i "codici" attualmente vigenti sono stati prodotti attraverso la delega legislativa, così come lo sono le principali riforme degli apparati amministrativi e del sistema tributario.

La delega di funzioni legislative al Governo è un'eccezione alla regola generale, stabilita dall'art. 70 Cost., per cui la funzione legislativa è esercitata dal Parlamento. L'art. 76 Cost. delimita il potere di delega, fissando alcuni vincoli precisi alla legge di delegazione, vincoli il cui mancato rispetto costituisce un vizio di illegittimità costituzionale della legge stessa e dei decreti delegati emanati in forza di essa.

a) Innanzitutto, la delega può essere conferita esclusivamente con *legge formale* (è infatti il Parlamento che delega l'esercizio del "suo" potere legislativo): si tratta cioè di una delle materie coperte da *riserva di legge formale* (vige infatti la *riserva di assemblea* → § III.4) per di più è una legge che deve essere approvata con il *procedimento ordinario*.

b) In secondo luogo, la delega può essere conferita soltanto al Governo, inteso nella sua collegialità (il Consiglio dei ministri), e non ai singoli organi che lo compongano (i ministri o i Comitati interministeriali, per es.).

c) In terzo luogo, l'art. 76 prescrive che la legge di delega contenga delle indicazioni minime (i c.d. *contenuti necessari*):

c1) Deve restringere l'ambito tematico della funzione delegata, indicando un *oggetto definito*. La delega non può essere generale, perché altrimenti il Parlamento svuoterebbe di significato l'art. 70; la delega deve essere circoscritta a singoli argomenti. Spetta al Parlamento decidere se l'oggetto sia più o meno esteso: può trattarsi di una delega che riguarda un argomento molto specifico, come può trattarsi invece di una delega assai vasta, che riguarda settori assai ampi della legislazione (un intero codice o la riforma dell'amministrazione pubblica, per esempio).

Spesso la stessa legge contiene più disposizioni di delega al Governo: il Parlamento si limita a tracciare la cornice normativa del nuovo assetto legislativo della materia, affidando al Governo il compito di precisare il dettaglio delle singole parti del disegno.

c2) Deve restringere l'ambito temporale della funzione delegata, indicando un *tempo limitato* entro il quale il decreto deve essere emanato. La delega, quindi, non può essere permanente, ma solo a termine. Non vi sono però criteri precisi per determinare la durata massima della delega: anche per questo aspetto è il Parlamento a decidere.

c3) Deve restringere l'ambito della discrezionalità del Governo, indicando i *princìpi e criteri direttivi* che servono da guida per l'esercizio del potere delegato. La determinazione degli interessi da soddisfare e degli scopi da perseguire resta quindi una competenza riservata al Parlamento, che ad essa non può legittimamente rinunciare. La Corte costituzionale ha più volte ripetuto che la legge di delega che mancasse di definire i princìpi e i criteri direttivi sarebbe illegittima, ma ha anche sempre lasciato alla valutazione del Parlamento la scelta del grado di precisione e di analiticità di queste indicazioni. Sembra doversi concludere che difficilmente una legge di delega possa essere dichiarata illegittima perché troppo scarse e inutili sono le indicazioni dei princìpi e criteri direttivi che essa offre (mentre mai sarà illegittima la legge che pone indicazioni di principio eccessivamente vincolanti la discrezionalità del Governo); ma che, tuttavia, siccome spetta al Parlamento indicare i princìpi innovativi che il Governo deve seguire e attuare, l'eventuale scarsità di indicazioni nella legge di delega si tradurrà in una ridotta capacità del decreto delegato di innovare ai princìpi della legislazione vigente. In altre parole, i princìpi e i criteri direttivi fissati dalla legge di delega aprono la strada alle norme del decreto delegato: se essi sono carenti, più limitato è il potere normativo conferito al Governo.

Nella prassi legislativa si registra questo fenomeno: la carenza nella legge di delega di *norme sostanziali* che valgono come princìpi e criteri direttivi è spesso equilibrata dall'introduzione di *norme procedurali*: al Governo viene prescritto di sottoporre lo schema di decreto delegato al parere di determinati organi. Per lo più, si tratta di organi parlamentari, cioè delle commissioni permanenti competenti per materia o di commissioni bicamerali anche costituite *ad hoc*; altre volte possono essere soggetti esterni al Parlamento, come le Regioni. La Corte ha avallato questa prassi, affermando che il decreto delegato prodotto in violazione di questi "*limiti ulteriori*" (ulteriori a quelli previsti dall'art. 76 Cost., appena esaminati) sarebbe considerato illegittimo per eccesso di delega.

Il potere esecutivo esercita le proprie funzioni attraverso la forma del *decreto*. Decreti sono anche gli atti che il Governo emana nell'esercizio delle attribuzioni legislative che gli sono riconosciute dalla Costituzione.

Quanto ai decreti emanati in forza della legge di delega (i c.d. "**decreti delegati**"), la loro formazione segue questo procedimento:

– proposta del ministro (o dei ministri) competente;
– delibera del Consiglio dei ministri;
– (eventuali adempimenti ulteriori, se prescritti dalla legge di delega o *ex* art. 14.4, legge 400/1988);
– (eventuale deliberazione definitiva del Consiglio dei ministri, a seguito dei pareri espressi dai soggetti consultati);
– emanazione da parte del Presidente della Repubblica (art. 87.5 Cost.).

Di tutte le fasi procedimentali deve essere data indicazione nella "*premessa*" del decreto.

Spesso la delega legislativa non costituisce il principale contenuto della legge approvata dal Parlamento, ma un suo completamento. Capita cioè che, nelle norme finali di una legge di riforma, il Parlamento deleghi il Governo ad emanare norme di attuazione, di coordinamento o transitorie (dirette, quest'ultime, a disciplinare la fase di transizione tra la disciplina vecchia e quella nuova). La particolarità di queste deleghe è che, per lo più, in essa manca un'espressa indicazione dei "princìpi e criteri direttivi": come si è detto in precedenza, ciò significa che il potere normativo delegato al Governo risulterà assai ridotto, non potendo portare innovazioni che tocchino i princìpi stabiliti dalle leggi precedenti.

Un particolare caso di delega accessoria è quella che autorizza il Governo a coordinare le leggi esistenti in una certa materia, raccogliendole in un **testo unico**. È un lavoro prezioso di semplificazione legislativa, perché il Governo può procedere alla selezione delle norme vigenti, abrogando esplicitamente quelle che ritiene superflue o tacitamente abrogate: anche laddove il testo unico non dichiari l'espressa abrogazione di una determinata norma, il fatto stesso che il Governo emani il testo unico comporta una "riforma" dell'intera materia, e quindi un ottimo argomento per ritenere abrogate tutte le norme precedentemente in vigore.

✓ ATTENZIONE AI "TESTI UNICI"!

Il termine "**testo unico**", così come il termine "**codice**", non designa un tipo di fonte, ma un tipo di tecnica legislativa: guarda al contenuto o alla funzione dell'atto normativo designato, non alla sua appartenenza a questa o a quella tipologia di fonte. Per questo motivo, con l'espressione "testo unico" vengono indicati atti che, pur svolgendo la medesima funzione di raccolta, selezione e coordinamento della legislazione vigente, sono però di natura completamente diversa. Si distinguono due tipologie di T.U.: quelli *innovativi* e quelli *di compilazione*. I primi sono vere e proprie fonti del diritto ("innovano" al diritto oggettivo): sono quelli di cui abbiamo appena parlato, cioè sono dei *decreti delegati* che, per la loro particolare funzione, vengono chiamati "testi unici" (così come altri decreti delegati, per la loro specifica funzione, vengono detti "codici"). Gli altri, cioè i T.U. di mera compilazione, sono delle raccolte della normativa vigente "compilata" per comodità degli uffici amministrativi: chi la compila (o meglio, chi la firma) è di solito il ministro, in quanto vertice gerarchico della struttura burocratica (ma altrettanto potrebbe fare un Assessore regionale o l'alto dirigente di un ramo della amministrazione). Questi T.U., quindi, non sono *"fonti di produzione"*, ma semplici *"fonti di cognizione"*, strumenti che il superiore gerarchico mette a disposizione dei sottoposti per facilitare la loro ricerca della norma vigente. Rispetto alle altre fonti di cognizione, la loro particolarità è data dal fatto di inserirsi nel rapporto di direzione, che è tipico della struttura gerarchica: per cui, ciò che il superiore gerarchico dice essere la norma vigente, benché non abbia alcun significato per l'ordinamento generale (né i giudici né i cittadini devono tenerne conto), costituisce una direttiva vincolante per i sottoposti, i quali sono tenuti ad applicare la legge vigente così come individuata e interpretata dall'autorità sovrapposta. La "forza" di questi T.U. è stata perciò giustamente paragonata a quella delle **circolari** (→ § VIII.1), che rappresentano infatti il tipico strumento di "direzione" burocratica, con cui il superiore guida il comportamento del sottoposto. Quest'ultimo è tenuto, in nome del rapporto di gerarchia, ad applicare il T.U. (e la circolare) anche nelle relazioni con i cittadini, *come se* fosse "legge": ma "legge" non è.

4. Decreto-legge e legge di conversione

Il **decreto-legge** è un *atto con forza di legge* che il Governo può adottare "*in casi straordinari di necessità e urgenza*": in caso di eventi "naturali" catastrofici (i terremoti e la pandemia da Covid-19 sono stati casi emblematici di massiccio ricorso a decreti-legge, oltre che ad altre "fonti" minori).

Entra in vigore immediatamente dopo la pubblicazione in *Gazzetta Ufficiale*, ma gli effetti prodotti sono provvisori, perché i decreti-legge "*perdono efficacia sin dall'inizio*" se il Parlamento non li "*converte in legge*" entro 60 giorni dalla loro pubblicazione. La disciplina del decreto-legge (e in generale quella dei poteri normativi del Governo) è contenuta nell'art. 77 Cost. e nell'art. 15 della legge 400/1988.

Il decreto-legge deve essere deliberato dal Consiglio dei ministri, emanato dal Presidente della Repubblica e immediatamente pubblicato sulla *Gazzetta Ufficiale*. Vale per il decreto-legge quanto si è detto sulla "premessa" del decreto delegato, ma con qualcosa in più: infatti l'art. 15 della legge 400/1988 prescrive che esso sia pubblicato "*con la denominazione di "decreto-legge" e con l'indicazione, nel preambolo, delle circostanze straordinarie di necessità e di urgenza che ne giustificano l'adozione, nonché dell'avvenuta deliberazione del Consiglio dei ministri*". Inoltre il decreto-legge "*deve contenere la clausola di presentazione al Parlamento per la conversione in legge*" (art. 15.4).

La cosa più interessante, e che emerge con chiarezza dall'esempio appena riportato, è che lo stesso decreto-legge stabilisce il momento della sua entrata in vigore: di solito il momento è il giorno stesso della pubblicazione (come nell'esempio) o il giorno successivo.

Il giorno stesso della pubblicazione, il decreto-legge deve essere presentato alle Camere, "*che* – come stabilisce l'art. 77.2 Cost. – *anche se sciolte, sono appositamente convocate e si riuniscono entro cinque giorni*": infatti la conversione del decreto-legge rientra tra i poteri delle Camere in regime di *prorogatio* (→ § III.4). "Presentando" il decreto-legge il Governo chiede al Parlamento di produrre la **legge di conversione**, per cui il decreto-legge viene "presentato" come allegato di un disegno di legge, il cui contenuto si risolve in un'unica disposizione: "*È convertito in legge il decreto-legge XY, concernente, ecc.*". Si dà così avvio ad un procedimento legislativo che deve concludersi – promulgazione compresa – entro il termine tassativo di 60 giorni.

I decreti-legge, se non convertiti in legge entro 60 giorni, "*perdono efficacia sin dall'inizio*". Della mancata conversione per decorrenza del termine o del rifiuto di conversione da parte del Parlamento, viene data notizia immediata in *Gazzetta Ufficiale*.

La perdita di efficacia del decreto-legge è chiamata "**decadenza**" e costituisce un fenomeno unico nell'ambito delle fonti del diritto, ben diverso dall'*abrogazione* e dall'*annullamento* (→ § VI.4). Infatti la decadenza travolge tutti gli effetti prodotti dal decreto-legge, probabilmente anche lo stesso *giudicato*. La situazione che si crea è paradossale: quando il decreto entra in vigore, esso è pienamente efficace e va applicato; ma se decade, tutto ciò che si è compiuto in forza di esso è come se fosse stato compiuto senza una base legale, arbitrariamente. Tutti gli effetti prodotti vanno eliminati perché costituiscono – una volta persa la base legale – degli illeciti: va ripristinata perciò la situazione precedente. Ciò significa, per esempio, la reviviscenza delle disposizioni abrogate dal decreto-legge; la restituzione degli importi eventualmente riscossi dallo Stato per imposte introdotte dal decreto; la revoca dei provvedimenti amministrativi emanati per eseguire il decreto-legge, ecc.

È evidente che la situazione che si crea a seguito della decadenza è in molti casi insostenibile: talvolta non è neppure possibile ripristinare la situazione precedente (come si fa, per esempio, a restituire l'importo pagato dai consumatori a seguito dell'aumento di un prezzo imposto?). L'art. 77 Cost. appresta due strumenti attraverso i quali è possibile trovare una soluzione:

a) la c.d. **legge di sanatoria** degli effetti del decreto-legge decaduto. Si tratta di una legge *riservata alle Camere* (sulla *riserva di legge formale* → § VI.5) con cui si possono "*regolare … i rapporti giuridici sorti sulla base dei decreti non convertiti*" (art. 77.3). Ovviamente, attraverso questo strumento, è il Parlamento a risolvere il nostro problema. Però vanno considerati due aspetti:

– innanzitutto il Parlamento, quando decida di non convertire il decreto-legge, non è affatto tenuto ad approvare la legge di sanatoria. Si tratta di una decisione politica, come tale libera e non affatto indipendente dalla scelta, politica anch'essa, di coprire o meno la responsabilità del Governo;

– in secondo luogo, non è una soluzione tecnicamente praticabile sempre e comunque. Se, per esempio, decade il decreto che ha introdotto una nuova imposta, il Parlamento potrà regolare i modi della restituzione dell'indebito (prevedendo, per esempio, che il relativo importo può essere compensato con imposte ancora da versare), ma non potrà "sanare", nel senso che "chi ha pagato ha pagato" e non può chiedere alcuna restituzione. Insomma, è fuorviante parlare di legge di "sanatoria", perché gli effetti prodotti da decreto-legge non sono affatto "sanati": il Parlamento può, appunto, "regolare i rapporti giuridici sorti", ma nel rispetto dei principi costituzionali e, in particolare, del *principio di eguaglianza* (→ § X.3), cioè del divieto di trattare situazioni eguali in maniera diversa e situazioni diverse in maniera eguale (nel nostro esempio, l'obbligo di pagare l'imposta graverebbe ingiustamente sui soli cittadini zelanti che lo hanno già assolto!). Inoltre, essendo la c.d. legge di sanatoria una legge tipicamente retroattiva, incontra tutti i limiti in cui incorrono le deroghe al principio di irretroattività (→ § VI.4.1);

b) l'altro strumento è individuabile in questo inciso dell'art. 77.2: "*… il Governo adotta, sotto sua responsabilità, provvedimenti provvisori …*". La responsabilità di cui si parla non è solo quella *politica*: che il Governo risponda al Parlamento, non solo dei suoi atti, ma anche della sua "simpatia politica", è principio ispiratore della forma di governo parlamentare, e non ci sarebbe stato bisogno di ripeterlo qui. Si tratta invece di responsabilità *giuridica*, nei suoi vari tipi:

– responsabilità *penale*: i ministri (quelli che hanno partecipato alla riunione del Consiglio dei ministri in cui è stato approvato il decreto-legge, senza mettere a verbale il proprio dissenso) rispondono singolarmente degli eventuali reati commessi con l'emanazione del decreto-legge. Dopo la riforma, nel 1989, dell'art. 96, la responsabilità penale dei ministri è fatta valere dalla giurisdizione ordinaria, previa autorizzazione parlamentare.

Ma è ovvio che di reato deve trattarsi, corredato dal necessario "elemento psicologico" (il *dolo*, cioè la volontà dell'evento; per determinati reati anche la *colpa*, cioè un rapporto causale tra l'evento e la negligenza, l'imprudenza o l'imperizia dell'agente): il che rende alquanto difficile il verificarsi di ipotesi in cui il decreto-legge inneschi questo tipo di responsabilità. Difficile ma non impossibile (il decreto-legge può segnare l'inizio di un *golpe*, ma può essere anche lo strumento per favorire o danneggiare irrimediabilmente un imprenditore, magari membro del Governo stesso): per cui la sua previsione ha un debole, ma pur efficace effetto deterrente;

– responsabilità civile: i ministri rispondono solidalmente degli eventuali danni prodotti ai terzi *ex* art. 2043 cod. civ.: "Qualunque fatto doloso o colposo, che cagiona ad altri un danno ingiusto, obbliga colui che ha commesso il fatto a risarcire il danno";

– responsabilità *amministrativo-contabile*: i ministri che hanno espresso voto favorevole al decreto-legge rispondono solidalmente degli eventuali danni prodotti allo Stato (c.d. **danno erariale**); se lo Stato ha dovuto risarcire il danno subìto dal terzo, per la responsabilità civile solidale di cui si è appena detto, si deve rivalere sui ministri. In questi casi sarà la procura della Corte dei conti a promuovere l'azione di responsabilità.

5. Altri atti con forza di legge

Sebbene il decreto-legge e il decreto legislativo delegato siano i due principali atti con forza di legge, esistono nel nostro ordinamento altri due decreti che occupano quella posizione nella gerarchia delle fonti. Ovviamente, trattandosi di fonti primarie, anch'essi sono previsti da fonti di rango costituzionale (per il principio di tipicità e tassatività delle fonti primarie: → § VII.2): il fondamento di questi due ulteriori tipi di atti con forza di legge si trova, rispettivamente, nell'art. 78 Cost. e negli Statuti delle Regioni ad autonomia speciale.

a) *Decreti emanati dal Governo in caso di guerra.* L'art. 78 Cost. dispone che "le Camere deliberano lo stato di guerra e conferiscono al Governo i poteri necessari". Si ritiene che tra i poteri conferiti all'esecutivo vi possa essere anche una sorta di delega anomala al Governo, cui deve essere concesso il potere di emanare norme con forza di legge, derogando alle procedure legislative ordinarie. Questi atti potrebbero forse essere autorizzati anche a sospendere determinate libertà costituzionali. Si tratta dunque di atti *extra ordinem*, dietro ai quali si profila nuovamente la necessità come super-fonte del diritto. Fortunatamente non vi sono state sinora applicazioni concrete dell'art. 78.

b) *Decreti legislativi di attuazione degli Statuti speciali.* Gli Statuti delle Regioni speciali, che sono leggi costituzionali (→ § VII.8) prevedono che all'attuazione dello Statuto e trasferimento delle funzioni, degli uffici e del personale dallo Stato alla Regione stessa si provveda con un particolare tipo di atto: si tratta di un decreto legislativo, emanato dal Presidente della Repubblica, previa deliberazione del Consiglio dei ministri, su proposta di un'apposita commissione paritetica formata da membri designati in parti eguali dal Governo e dalla assemblea regionale. Sono atti con forza di legge, a cui è attribuita una competenza specifica e riservata: la loro emanazione avviene senza una delega legislativa del Parlamento.

c) *Il referendum abrogativo*. Il ***referendum*** è la richiesta fatta al corpo elettorale di esprimersi direttamente su una determinata questione. Esso è dunque uno strumento di *democrazia diretta*, una delle "*forme*" in cui la Costituzione prevede che il popolo eserciti la "sua" sovranità (art. 1.2 Cost.), senza l'interposizione di rappresentanti.

Il *referendum* abrogativo è lo strumento con cui il corpo elettorale può incidere *direttamente* sull'ordinamento giuridico attraverso la abrogazione di leggi o atti con forza di legge dello Stato, oppure di singole *disposizioni* in essi contenute. Come ha detto la Corte costituzionale (sent. 29/1987), esso è "*un atto-fonte dell'ordinamento dello stesso rango della legge ordinaria*". Al corpo elettorale è data la possibilità, per iniziativa di gruppi di minoranza (o degli enti regionali che rappresentano una minoranza territoriale) di contestare le scelte compiute dalla maggioranza dei rappresentanti dell'elettorato stesso: essi hanno varato la legge, il corpo elettorale la abroga.

Come spesso si dice, è una forma di legislazione "negativa", nel senso che serve solo a togliere, abrogare, le disposizioni di legge, non anche ad aggiungerne di nuove.

6. LE FONTI SECONDARIE: I REGOLAMENTI

Con il termine "**regolamento**" si designano atti normativi difficilmente riconducibili a tipologie unitarie. *Regolamenti* sono emanati da un'infinità di organismi pubblici e privati (si pensi ai regolamenti condominiali, per esempio). Il termine, insomma, è impiegato per indicare le più svariate tipologie di atto normativo. In alcuni casi, però, il termine *regolamento* designa atti tipici, fonti dell'ordinamento giuridico generale: questo è il caso dei **regolamenti amministrativi**, categoria in cui rientrano i *regolamenti dell'esecutivo* (a loro volta divisi in *regolamenti governativi* e *regolamenti ministeriali* o *interministeriali*), i *regolamenti regionali* e i *regolamenti degli enti locali* (→ § VII.8 e 9) (nonché i *regolamenti* di altre autorità amministrative di cui non si tratta in questo manuale).

La tradizionale definizione dei **regolamenti amministrativi** come atti *sostanzialmente legislativi* ma *formalmente amministrativi* rispecchia ancora bene l'attuale realtà soprattutto dei regolamenti dell'esecutivo. I regolamenti infatti non si distinguono dalle leggi ordinarie per *contenuto* o per *importanza*: vi sono leggi minute e di scarsa importanza (le c.d. **leggine**) e vi sono regolamenti che, al contrario, dettano la disciplina normativa di settori di rilevantissimo interesse. Quale spazio normativo possa occupare il regolamento dipende dalla legge: questo perché il regolamento è una **fonte secondaria**, sottoposta nella gerarchia delle fonti alle *fonti primarie*, cioè alla legge e agli atti con forza di legge.

I regolamenti amministrativi più importanti sono i **regolamenti dell'esecutivo**, sono emanati dagli organi dell'esecutivo (infatti hanno sempre la "forma" del *decreto*) attraverso un procedimento che non ha le garanzie di controllo parlamentare che caratterizzano le leggi e gli atti con forza di legge.

La Costituzione non disciplina i regolamenti dell'esecutivo: essa si limita a disciplinare la formazione della legge formale e gli atti ad essa equiparati.

I regolamenti sono menzionati indirettamente dall'art. 87.5, che, enumerando le attribuzioni del Presidente della Repubblica, include anche l'emanazione di essi. Tuttavia la riforma costituzionale del "Titolo V" (→ § IV.1), ha introdotto un'importante innovazione (art. 117.6 Cost.): ha stabilito il **principio di "parallelismo" tra funzioni legislative e funzioni regolamentari**, limitando la potestà del Governo di emanare regolamenti alle sole materie sulle quali lo Stato ha *potestà legislativa esclusiva* (vedi poi) e riservando alle Regioni il potere regolamentare in tutte le altre materie. Oggi, perciò, i regolamenti del Governo sono fonti a competenza limitata dalla Costituzione.

Sono disciplinati dall'art. 17 della legge 400/1988, che distingue tra i *regolamenti del Governo* e i regolamenti di altre autorità dell'esecutivo, cioè i ministri e le "*autorità sottordinate al ministro*". Tale distinzione si riflette sul fondamento legale dei regolamenti: mentre per i *regolamenti governativi* il fondamento del potere normativo è costituito dallo stesso art. 17, che assolve la funzione di norma attributiva in generale del potere stesso, per i *regolamenti ministeriali* (e quelli ad essi assimilabili) occorre che il potere di emanare l'atto sia espressamente conferito dalle singole leggi ordinarie (sono cioè sottoposti al *principio di legalità in senso sostanziale*: → § VI.5).

In secondo luogo, l'art. 17.3 ripete la graduazione gerarchica interna ai regolamenti dell'esecutivo: i regolamenti ministeriali "*non possono dettare norme contrarie a quelle dei regolamenti emanati dal Governo*".

I *regolamenti governativi* sono deliberati, su proposta di uno o più ministri, dal Consiglio dei ministri, previo parere del Consiglio di Stato (→ § III.7). Si tratta di un parere *obbligatorio* (va richiesto), ma non *vincolante*: per cui il Governo può discostarsene motivando (i motivi verranno indicati nella relazione che il ministro proponente presenta al Consiglio dei ministri); talvolta le specifiche leggi prescrivono al Governo di acquisire anche il parere di altri organi, in particolare quello delle commissioni parlamentari. Il regolamento viene poi emanato con **decreto del Presidente della Repubblica** con proprio decreto (assume quindi la forma del **d.P.R.**). L'atto è così perfetto, ma non ancora efficace: deve passare il controllo di legittimità della Corte dei conti, la quale provvede al visto e alla registrazione (→ § III.7); infine viene pubblicato sulla *Gazzetta Ufficiale*.

I regolamenti ministeriali sono invece emanati dal ministro (hanno quindi la forma del **decreto ministeriale**: **d.m.**), sempre previo parere del Consiglio di Stato (e degli altri organi eventualmente prescritti dalla legge); con lo stesso procedimento, ma con **decreto interministeriale** sono emanati i regolamenti che riguardano materie di competenza di più ministri. Prima dell'emanazione devono essere comunicati al Presidente del Consiglio dei ministri, che può esercitare la facoltà prevista dall'art. 5.2, lett. c), della legge 400/1988 (sospendere l'adozione dell'atto e provocare una deliberazione del Consiglio dei ministri). Sono soggetti anch'essi al controllo della Corte dei conti e sono pubblicati nella *Gazzetta Ufficiale*. La legge 400/1988 prescrive infine (art. 17, ultimo comma) che tutti i regolamenti rechino nel titolo la denominazione, appunto, di "*regolamento*": questa innovazione, apparentemente marginale, è invece importante, perché concorre a tipizzare la fonte regolamentare, distinguendola dai numerosi decreti presidenziali e ministeriali che farciscono la *Gazzetta Ufficiale*.

L'art. 17.1 della legge 400/1988 distingue diverse tipologie di regolamento *governativo*. In parte esse rispecchiano analoghe classificazioni contenute nella legge 100/1926, classificazioni che hanno fatto lungamente discutere la dottrina. Esse si basano sul diverso rapporto che il regolamento avrebbe con la legge, con la *riserva di legge* e con le competenze legislative delle Regioni. Ma la stessa legge 400/1988 non è affatto esauriente nella spiegazione delle diverse tipologie, che spesso vengono confuse nell'uso corrente:

a) **regolamenti di esecuzione** delle leggi. Sono regolamenti che il Governo adotta anche senza una specifica autorizzazione legislativa (il fondamento della loro legalità è dunque la stessa legge 400/1988) quando avverta la necessità di emanare norme che assicurino l'operatività della legge, dei decreti con forza di legge e i regolamenti UE (vedi poi). Possono avere una funzione interpretativa – applicativa della legge oppure di disciplinare le modalità procedurali per l'applicazione di essa. Ovviamente incontrano un limite costituzionale laddove sia prevista una *riserva assoluta di legge* (→ § VI.5). Tuttavia si ritiene che regolamenti di *stretta esecuzione* possano essere emanati anche in materia coperta da riserva assoluta: a condizione però che essi non integrino la *fattispecie* legislativa, non servano cioè a precisare e integrare le norme poste dalla legge; la loro funzione deve limitarsi a predisporre gli strumenti amministrativi e procedurali necessari a rendere operativa la legge. Questo è il compito tipico del "potere esecutivo", che esso deve assolvere sempre, anche quando non ci siano specifiche autorizzazioni legislative;

b) **regolamenti d'attuazione**: essi sono emanati per "l'attuazione e l'integrazione delle leggi e dei decreti legislativi recanti norme di principio, esclusi quelli relativi a materie riservate alla competenza regionale" (art. 17.1, lett. b), legge 400/1988). Qui siamo nel tipico schema del riparto di compiti normativi tra legge e regolamento, in presenza di una riserva di legge relativa: la legge deve dettare almeno i princìpi della materia, lasciando al regolamento la disciplina di dettaglio. Di conseguenza il potere regolamentare si fonderà su un'esplicita previsione della legge da attuare;

c) **regolamenti indipendenti**: sono emanati nelle "materie in cui manchi la disciplina da parte di leggi o di atti aventi forza di legge, sempre che non si tratti di materie comunque riservate alla legge" (art. 17.1, lett. c) della legge 400/1988). Sono una figura molto contestata, sospettata di ledere i princìpi della separazione dei poteri e della legalità dell'amministrazione. Soprattutto, si tratta di una figura il cui spazio di operatività è estremamente limitato, in un sistema di legislazione ipertrofica come il nostro, in cui per altro molte materie sono coperte da riserva di legge. In sostanza, la disposizione della legge rappresenta il fondamento di un potere normativo residuale, che potrebbe essere esercitato dal Governo, nel rispetto di tutti i princìpi ricavabili dalla legislazione vigente, solo in quegli interstizi dell'ordinamento che – non coperti da riserva di legge, e per di più rientranti nelle materie in cui il "nuovo" art. 117.6 consente allo Stato di emanare regolamenti – non sono già disciplinati dalla legge: uno spazio, come si vede, così ridotto da non suscitare grande allarme;

d) **regolamenti di organizzazione**: sono un residuo storico, risalente all'epoca prerepubblicana, quando l'esecutivo aveva una riserva di competenza sull'organizzazione dei pubblici uffici. Oggi la materia è coperta da *riserva relativa di legge*, per cui i regolamenti di organizzazione non sono diversi dai regolamenti di esecuzione o di attuazione. Va però segnalata la tendenza attuale ad un'accentuazione dell'autonomia dell'esecutivo nel plasmare la pubblica amministrazione: il segno più evidente di questa tendenza è l'aggiunta, disposta dalla legge 59/1997, all'art. 17 della legge 400/1988 di un comma 4°-*bis* che "*delegifica*" (→ § successivo) l'organizzazione e la disciplina degli uffici pubblici.

Per i **regolamenti ministeriali** (e per quelli *interministeriali*) non c'è un problema di classificazione: come già detto, essi possono essere emanati esclusivamente se una legge conferisce tale potere. È vero però che nella prassi accade talvolta che non sia la legge, ma un *regolamento governativo* a prevederli: è parte della più generale e incontenibile tendenza del Governo ad abusare dei poteri normativi, sottraendosi al rispetto tassativo delle forme legali e dei limiti posti dalla legge. Il controllo preventivo di legittimità esercitato dalla Corte dei conti e l'impugnazione successiva dei regolamenti davanti al giudice amministrativo (oltre che davanti alla Corte costituzionale nei conflitti di attribuzione promossi dalle Regioni: → § IX.4) sono gli strumenti disponibili per ripristinare la legalità.

L'art. 17.2 della legge 400/1988 disciplina un fenomeno che aveva fatto molto discutere già in passato: quello dei **regolamenti c.d. "delegati" o "autorizzati"**. La particolarità di questi regolamenti è di provocare un apparente effetto abrogativo delle leggi precedenti. La loro funzione, infatti, è di produrre la c.d. "**delegificazione**", cioè la sostituzione della precedente disciplina di livello legislativo con una nuova disciplina di livello regolamentare. L'assenza nel nostro ordinamento di una "riserva di regolamento amministrativo", parallela alla riserva di legge ordinaria, favorisce infatti l'inarrestabile tendenza del legislatore ordinario ad occuparsi delle materie più disparate, irrigidendone la disciplina, che dovrà in seguito essere modificata sempre con legge ordinaria. La delegificazione si propone come rimedio all'espansione ipertrofica della legislazione ordinaria, rimedio che opera declassando la disciplina della materia dalla legge al regolamento.

✓ DELEGIFICAZIONE, *DEREGULATION*, SEMPLIFICAZIONE

Tre parole d'ordine hanno da tempo accompagnato il dibattito politico: delegificazione, deregolamentazione e semplificazione. Benché spesso confuse, esse esprimono cose assai diverse. La **delegificazione** muove, come si è appena visto, ad un abbassamento del livello della disciplina normativa che regola una materia, nella convinzione che, sostituendo la legge con il regolamento, si possa velocizzare l'adeguamento delle regole alla realtà. La **deregolamentazione** (***deregulation*** è il termine originale) punta invece alla drastica riduzione dell'insieme delle regole che imbrigliano l'attività dei privati in un certo settore, nella convinzione che, senza l'oppressione di "lacci e lacciuoli", l'iniziativa privata e il mercato possano finalmente riespandersi, con tutti i conseguenti effetti benefici. La **semplificazione** intende invece eliminare, o almeno attenuare, il peso e i costi degli asfissianti procedimenti burocratici, che inutilmente opprimono la vita dei privati e delle imprese. Come si vede, sono tre cose nettamente diverse: delegificare non significa affatto ridurre il numero delle norme in vigore su una certa materia. Anzi, spesso il passaggio da una disciplina legislativa ad una ministeriale

comporta maggiore analiticità delle regole. Quindi, non è affatto detto che la delegificazione influisca positivamente anche sulla semplificazione. La *deregulation* comporta, invece, di regola, una semplificazione amministrativa, una riduzione dei procedimenti, degli oneri, ecc.: ma può anche significare invece aumentare la discrezionalità dell'amministrazione, che potrebbe trovarsi meno vincolata da criteri normativi nelle valutazioni di sua competenza.
In comune, i programmi impliciti in questi tre termini hanno essenzialmente questo: tendono tutti ad adeguare l'apparato statale al mercato, alla sua dinamica, al suo bisogno di libertà. Verso questo obiettivo, allora, questi programmi incontrano anche altre "parole magiche": per esempio, la "autoregolamentazione", che è alla base del fiorire delle "autorità indipendenti".

Naturalmente il regolamento amministrativo non può produrre l'abrogazione delle leggi, perché violerebbe la gerarchia delle fonti; né può essere autorizzato a farlo da una legge ordinaria, perché questa violerebbe il principio di tipicità e tassatività delle fonti primarie. Perciò la dottrina aveva elaborato una spiegazione del fenomeno, che ora è ripresa pari pari dall'art. 17.2 della legge 400/1988: è la legge ordinaria a disporre l'abrogazione della legislazione precedente, facendo però decorrere l'effetto abrogativo dalla data di entrata in vigore del regolamento, la cui emanazione essa autorizza. Si tratta di un regolamento governativo di attuazione, che non può essere previsto in materie coperte da *riserva assoluta* di legge: la legge che lo prevede deve determinare "*le norme generali regolatrici della materia*" e disporre l'abrogazione delle norme legislative precedenti, che il regolamento dovrà sostituire sviluppando i princìpi contenuti nella legge stessa.

✓ L'EMERGENZA COVID-19 E LE FONTI

La Costituzione non prevede esplicitamente uno **stato di emergenza** che comporti l'attribuzione al Governo di poteri normativi necessari a fronteggiare la situazione eccezionale: si limita a prevedere la dichiarazione dello stato di guerra (che implica il conferimento di particolari poteri, non specificati dalla disciplina costituzionale, al Governo, e il decreto-legge. Alcuni ritengono che i provvedimenti di emergenza troverebbero una legittimazione nei tradizionali princìpi del *primum vivere* e della *salus reipubblicae*, che sarebbero stati implicitamente riconosciuti dalla Costituzione. Ovviamente si tratterebbe di poteri che devono rispettare alcuni limiti derivanti dalla stessa Costituzione: in primo luogo la necessaria intermediazione della fonte primaria, che a sua volta non potrebbe attribuire ai provvedimenti emergenziali la stessa forza della legge. Il principio di legalità impone che i provvedimenti di emergenza adottati dall'Esecutivo arrivino al termine di una catena normativa che abbia il suo inizio nell'atto legislativo.
Fonte normativa primaria fondamentale è il **Codice della protezione civile** (d.lgs. 1/2018), che prevede sia il Consiglio dei ministri competente a proclamare lo stato di emergenza "sulla base dei dati e delle informazioni disponibili" ("dati univoci e concordanti" richiede la Corte cost. 127/1995); emergenza che può essere provocata da eventi calamitosi di origine naturale o derivanti dall'attività dell'uomo e che può anche richiedere l'intervento coordinato di più enti o amministrazioni, ma deve comunque essere sottoposta a precisi limiti temporali.
I poteri normativi di emergenza hanno avuto un largo impiego in occasione della crisi sanitaria determinata dall'epidemia da Covid-19 nel 2020 (→ § XII.3). Il 31 gennaio 2020 il Consiglio dei ministri ha adottato la delibera recante "la dichiarazione dello stato di emergenza in conseguenza del rischio sanitario connesso all'insorgenza di patologie derivanti da agenti virali trasmissibili" e da quel momento si è sviluppata una catena normativa in cui si sono succeduti decreti-legge (il primo è stato il d.l. 6/2020 che ha previsto il potere di adottare misure di contenimento dell'epidemia) e d.P.C.M (→ P. I, § IV.4.8), con i quali sono state emanate le concrete misure (obblighi di quarantena, divieti

di assembramenti, ecc.), restrittive dei diritti fondamentali, quali la libertà di circolazione e di riunione.
Il massiccio impiego di d.P.C.M. ha dato luogo a molte critiche quanto al rispetto del controllo parlamentare, del principio di legalità, delle riserve di legge. Nella gestione dell'emergenza sanitaria si sono aggiunti atti di altre autorità, tra cui le ordinanze del ministro della salute e numerosissime ordinanze dei Presidenti di Regione. Il problema che si è posto ha riguardato il loro rapporto con le fonti statali e in particolare con i d.P.C.M., visto che spesso esse introducevano misure più restrittive delle libertà rispetto a quanto previsto a livello statale. Il frazionamento su base regionale della disciplina che riguarda i diritti fondamentali ha riacutizzato polemiche sul senso e i limiti delle autonomie regionali.

7. Le fonti dell'Unione europea

Così come l'Unione europea è un'istituzione complessa e "in divenire", che sfugge a precise classificazioni secondo i parametri tradizionali (→ § II.1), anche il sistema delle fonti che formano l'*ordinamento giuridico* europeo non è semplice da disegnare.

La distinzione fondamentale da cui muovere è tra il *diritto convenzionale* e il *diritto derivato*. Le fonti del **diritto convenzionale** consistono nei *trattati* con cui l'Unione europea è stata istituita e successivamente modificata e sviluppata. Nei trattati sono disciplinati gli organi dell'Unione e i loro poteri normativi: questi si esprimono attraverso *atti normativi* che costituiscono il **diritto derivato**.

Non è infrequente sentire definire i trattati come la "*Costituzione*" dell'Unione: in effetti sono una fonte gerarchicamente sovraordinata al diritto derivato, ed un apposito organo di tipo giurisdizionale (la **Corte di giustizia dell'Unione europea**: → § II.3) è istituito dai trattati per garantire questa prevalenza gerarchica ("*assicura il rispetto del diritto nella interpretazione e nella applicazione del presente Trattato*": art. 19 TUE).

Le fonti del *diritto derivato* si distinguono anzitutto in atti *vincolanti* e *non vincolanti*. Degli atti *non vincolanti* è detto rapidamente: sono le **raccomandazioni UE** (inviti rivolti agli Stati a conformarsi ad un certo comportamento) e i **pareri** (che esprimono il punto di vista di un organo su un determinato oggetto), che ogni organo dell'Unione europea può emanare.

Anche se non sono del tutto privi di efficacia giuridica – perché, come la *Corte di giustizia* ha affermato, essi hanno pur sempre una funzione di guida per l'interprete (funzione particolarmente accentuata per le *raccomandazioni* espresse dalla *Commissione*) – questi atti non esprimono norme in senso tradizionale, vincolanti e sanzionabili. Sono invece pienamente atti normativi le *fonti vincolanti*. Esse si distinguono in tre tipologie, profondamente diverse in linea di principio:

a) **Regolamenti UE**: hanno le caratteristiche che sono tipiche, all'interno del nostro ordinamento, della *legge*. Hanno portata generale, nel senso che non si rivolgono a soggetti determinati, ma pongono norme generali e astratte; sono obbligatori in tutti i loro elementi, nel senso che non possono essere applicati solo parzialmente nei singoli Stati (salvo che non sia lo stesso regolamento a prevederlo); infine, caratteristica più importante, il *regolamento UE* è "*direttamente applicabile in ciascuno degli Stati membri*" (art. 288.2 TFUE). La "**diretta applicabilità**" significa che non è necessario (e neppure ammesso) un atto dello Stato che ne ordini l'esecuzione nell'ordinamento nazionale, perché il regolamento s'impone per forza propria, e la sua applicazione è obbligatoria per tutti, compresi i giudici e la pubblica amministrazione dello Stato membro. Da qui nascono i problemi di un possibile contrasto tra i regolamenti UE e le leggi interne, problemi che saranno affrontati nei paragrafi successivi;

b) **Direttive UE**: sono atti normativi che hanno come destinatario gli Stati membri (e non dunque tutti i soggetti giuridici dell'Unione, come i regolamenti), e li vincolano "*per quanto riguarda il risultato da raggiungere, salva restando la competenza degli organi nazionali in merito alla forma e ai mezzi*" (art. 288.3 TFUE). Lo Stato ha quindi un *obbligo di risultato*, che deve raggiungere entro il termine fissato dalla direttiva; ha invece *discrezionalità* (→ § VIII.4) per ciò che riguarda la scelta delle forme e dei mezzi: ciò significa che lo Stato può scegliere, in applicazione delle norme del *proprio ordinamento*, se dare attuazione alla direttiva con legge, con regolamento o anche solo con comportamenti dell'amministrazione pubblica, purché assicuri un'attuazione piena, corretta e certa. Eccezionalmente anche singole norme contenute nelle direttive possono avere **effetto diretto,** cioè possono creare direttamente diritti in capo ai singoli, anche senza l'intermediazione dell'atto normativo statale. Le ipotesi più frequenti sono i *divieti* posti da direttive (o dagli stessi Trattati, come il divieto di discriminazione): essi operano *direttamente* anche per lo Stato che non avesse dato esecuzione alla direttiva, nel senso che l'interessato potrà agire per vedersi riconoscere il beneficio che quella norma gli assicura;

c) **Decisioni UE**: hanno caratteristiche che sono tipiche, nel nostro ordinamento, del provvedimento amministrativo. Sono obbligatorie in tutti i loro elementi e sono *direttamente applicabili*, come i regolamenti UE; ma, a differenza di questi, hanno *portata particolare*, si rivolgono cioè a soggetti specifici, che possono essere uno Stato membro o una determinata persona giuridica (per esempio, una società commerciale).

Aderendo alla Comunità europea, l'Italia ha accettato le condizioni di appartenenza fissate dal Trattato: ha accettato, in particolare, che le "leggi" europee entrassero direttamente nel proprio ordinamento, senza l'intermediazione del legislatore nazionale. La *Corte di giustizia* ha poi affermato la *prevalenza del diritto europeo* su quello interno; sicché le norme europee non solo entrano direttamente nel nostro ordinamento, ma prevalgono sulle norme interne contrastanti.

La sent. 170/1984 della Corte costituzionale ha spiegato che le autorità italiane che s'imbattono in norme interne in contrasto con le norme europee *con effetto diretto* devono disapplicarle e applicare le norme europee; se, invece, queste *non hanno effetto diretto*, allora la legge interna potrà essere dichiarata illegittima dalla stessa Corte costituzionale (→ § IX.4).

I giudici hanno uno strumento specifico per risolvere i problemi che derivano dall'intreccio tra i due sistemi. Questo strumento è il **rinvio pregiudiziale** alla *Corte di giustizia della UE*. Esso può essere impiegato quando, nel corso di un giudizio qualsiasi, il giudice abbia dubbi circa la *validità* di una norma derivata rispetto ai Trattati (e, in questo modo, il giudice può risolvere i dubbi circa la competenza degli organi europei ad emanare un determinato atto), oppure circa l'*interpretazione* delle disposizioni europee (in questo modo il giudice può risolvere il problema, per esempio, se una determinata norma europea abbia o meno *effetto diretto*, oppure se una certa norma interna sia o meno compatibile con l'ordinamento europeo).

L'Italia ha detenuto per anni il record negativo nell'attuazione delle norme europee. Per ovviare a questa situazione è stata disciplinata l'esecuzione degli "**obblighi comunitari**", ossia degli adempimenti che derivano dagli atti normativi europei e dalle sentenze della Corte di giustizia.

✓ LA PROCEDURA D'INFRAZIONE

Quando la Commissione – su richiesta di uno Stato membro o d'ufficio (magari su sollecitazione di un privato) – rileva che uno Stato non ha adempiuto correttamente ad un obbligo che gli deriva dal diritto dell'UE, avvia un **procedimento d'infrazione**, che anticipa la fase contenziosa, e mira ad ottenere dallo Stato in questione l'adempimento dell'obbligo.
La fase precontenziosa inizia con una "lettera di messa in mora", con cui la Commissione invita lo Stato membro a comunicare, entro un termine prefissato, le sue osservazioni sul problema riscontrato. In seguito, emanando un "parere motivato", la Commissione specifica i motivi che spingono la Commissione a ritenere che lo Stato, nonostante le osservazioni prodotte, sia inadempiente, fissando un termine entro cui deve porre fine all'infrazione. Se si riscontra la permanenza dell'inadempimento, la Commissione apre la fase contenziosa presentando un *ricorso per inadempimento* alla Corte di giustizia.
Se la Corte riconosce l'inadempimento da parte dello Stato, lo condanna ad adempiere. Sull'adempimento vigila ancora la Commissione che, nel caso lo Stato non provveda, può nuovamente metterlo in mora e infine proporre un nuovo ricorso alla Corte, la quale può infliggere allo Stato inadempiente una sanzione pecuniaria di diversi milioni di euro, commisurata alla gravità, alla durata dell'inadempimento e alla capacità finanziaria dello Stato.

Il Parlamento approva ogni anno, su iniziativa del Governo, la **legge di delegazione europea**, che contiene una delega al Governo per il recepimento delle direttive e di altri atti dell'UE: il disegno di legge dev'essere presentato entro il 28 febbraio di ogni anno.

Ogni anno viene approvata anche la **legge europea**, che serve ad adeguare le norme italiane a quelle europee allo scopo, principalmente, di interrompere le *procedure d'infrazione* promosse dalla Commissione UE contro l'Italia per mancato rispetto di obblighi di adeguamento.

L'attuazione delle norme europee ricade sulle Regioni nelle materie affidate alla loro competenza legislativa. Lo Stato ha, in base agli artt. 117.5 e 120.2, il potere di sostituirsi alle Regioni (→ § IV.4) che non abbiano adempiuto correttamente agli obblighi di attuazione, dato che è lo Stato il soggetto che fa parte dell'UE e che risponde degli inadempimenti che si verificano nel suo territorio, quale sia l'ente o l'organo che lo abbia causato. Per questa ragione, l'art. 43 della legge 234/2012 riconosce allo Stato il **diritto di rivalsa** nei confronti della Regione e di qualsiasi altro ente pubblico che si sia reso responsabile della violazione del diritto europeo.

8. Le fonti regionali

Sono **fonti dell'ordinamento regionale**: lo Statuto, la legge regionale e il regolamento regionale.

A) Lo ***Statuto***. Tutte le Regioni hanno uno *Statuto*, ma gli statuti sono di tipo diverso: proprio per questa diversità si distinguono le Regioni "*a statuto speciale*" da quelle "*a statuto ordinario*" (→ § IV.1).

La diversità riguarda anzitutto la funzione che gli Statuti svolgono. Gli Statuti delle Regioni speciali servono a disciplinare i loro "poteri", oltre alla loro organizzazione. Infatti, mentre le Regioni ordinarie sono sottoposte a una disciplina comune, dettata dal Titolo V della Costituzione, e in particolare dall'art. 117 che ne definisce la potestà legislativa, le cinque Regioni speciali (e le due Province autonome di Trento e Bolzano) hanno ciascuna una propria disciplina, derogatoria rispetto a quella comune dettata dalla Costituzione. Per esse, dunque, lo Statuto costituisce il fondamento stesso dell'autonomia, di cui definisce i limiti e i modi di esercizio. Mirando a dettare una disciplina derogatoria della Costituzione, gli **Statuti delle Regioni speciali** sono adottati con *legge costituzionale* (→ § VII.1): è quanto dispone l'art. 116 Cost. rinviando allo Statuto speciale la definizione di "*forme e condizioni particolari di autonomia*".

Diversa è la funzione degli **Statuti delle Regioni ordinarie**. Per esse le "*forme e condizioni di autonomia*" sono già definite dalla Costituzione. Però, dopo la riforma costituzionale del 1999 (legge cost. 1/1999), gli Statuti delle Regioni ordinarie hanno acquisito una funzione molto importante. Mentre in precedenza era la stessa Costituzione a disciplinare i tratti fondamentali della "forma di governo" delle Regioni, lasciando agli Statuti uno spazio normativo assai ridotto (servivano a disciplinare "*in armonia con la Costituzione e con le leggi della Repubblica*" l'organizzazione interna della Regione, l'esercizio del diritto di iniziativa e del *referendum*, la pubblicazione delle leggi e dei regolamenti), ora è demandato agli Statuti di ridefinire integralmente la "*forma di governo*" della Regione (art. 123.1 Cost.: → § IV.7).

In seguito, con la legge cost. 2/2001, anche alle Regioni speciali è stata concessa una certa autonomia nello scegliersi la forma di governo (e la legge elettorale). Un'unica legge costituzionale ha modificato ogni singolo statuto speciale, prevedendo che la Regione (o la Provincia autonoma) possa dotarsi di una propria "**legge statutaria**" che ridisegni la forma di governo e il sistema elettorale. Si tratta di una legge regionale "rinforzata" (→ § VII.1), perché deve essere approvata a maggioranza assoluta e può essere poi sottoposta ad un *referendum* approvativo se lo richiede una frazione del corpo elettorale o dell'assemblea regionale: significative differenze ci sono però per la Valle d'Aosta e le Province Autonome di Trento e Bolzano.

B) ***Leggi regionali***. La **legge regionale** è una *legge ordinaria formale* (→ § VII.1) che si colloca tra le fonti primarie, parificata quindi alla legge statale. Alle leggi regionali sono in tutto e per tutto equiparate le **leggi provinciali** emanate dalle Province di Trento e Bolzano, per la particolare autonomia loro riconosciuta dallo Statuto della Regione Trentino-Alto Adige.

Il procedimento di formazione della legge regionale è disciplinato in minima parte dalla *Costituzione*, in parte dallo *Statuto* (soprattutto per quanto riguarda l'iniziativa e la promulgazione) e per il resto (essenzialmente per quanto riguarda i lavori nella fase deliberativa, nell'àmbito dei principi comunque fissati dallo Statuto) dal *regolamento interno* del Consiglio regionale.

Allo Stato è consentito solo d'impugnare le leggi regionali successivamente alla loro pubblicazione, cioè quando esse già sono in vigore, senza poter esercitare un veto preventivo.

Dopo la riforma del Titolo V della Costituzione (2001), il nuovo art. 117 stabilisce:

a) un elenco di "materie" su cui c'è **potestà legislativa esclusiva dello Stato** (art. 117.2);

b) un elenco di "materie" su cui le Regioni hanno **potestà legislativa concorrente** (art. 117.3). La "concorrenza" consiste in questo: la legislazione dello Stato determina i "**principi fondamentali della materia**", mentre il resto della disciplina compete alle Regioni che, ovviamente, devono rispettare i "principi" fissati dallo Stato;

✓ L'ELENCAZIONE DELLE MATERIE DA PARTE DEL NUOVO ART. 117

La riforma costituzionale del 2001, per individuare le materie attribuite alle diverse specie di competenza legislativa, utilizza una terminologia, per molti aspetti, diversa da quella impiegata dal vecchio testo dell'art. 117. Di conseguenza si aggrava il problema – tipico di tutti gli Stati a forte decentramento politico – dell'esatta determinazione dei confini delle materie. A titolo esemplificativo si può ricordare come lo Stato mantiene la potestà legislativa esclusiva in materie quali: diritto d'asilo e condizione giuridica dei cittadini di Stati non appartenenti all'Unione europea; immigrazione; rapporti tra la Repubblica e le confessioni religiose; difesa e forze armate; sicurezza dello Stato; armi, munizioni ed esplosivi; moneta, tutela del risparmio e dei mercati finanziari; sistema valutario; sistema tributario e contabile dello Stato; organi dello Stato e relative leggi elettorali, referendum statali, elezione del Parlamento europeo; ordinamento e organizzazione amministrativa dello Stato e degli enti pubblici nazionali; ordine pubblico e sicurezza ad esclusione della polizia amministrativa locale; cittadinanza, stato civile e anagrafe; giurisdizione e norme processuali, ordinamento civile e penale, giustizia amministrativa; norme generali sull'istruzione; previdenza sociale; dogane, protezione dei confini nazionali e profilassi internazionali; pesi, misure e determinazione del tempo; tutela dell'ambiente, dell'ecosistema e dei beni culturali.
Quanto alla potestà legislativa concorrente, a titolo esemplificativo, si può ricordare che sono affidati a questa specie di competenza legislativa materie quali: commercio con l'estero; tutela e sicurezza del lavoro; istruzione, salva l'autonomia delle istituzioni scolastiche e con esclusione dell'istruzione e della formazione professionale; professioni; ricerca scientifica e tecnologica e sostegno all'innovazione per i settori produttivi; tutela della salute; alimentazione; ordinamento sportivo; protezione civile; governo del territorio; porti e aeroporti civili; grandi reti di trasporto e di navigazione; ecc.
Il riparto può essere modificato solo con norma costituzionale. Infatti la legge cost. 1/2012 ha "spostato" la "armonizzazione dei bilanci" dall'elenco delle materie concorrenti a quello delle materie "esclusive".

c) una clausola residuale per cui in tutte le materie non comprese nei due elenchi precedenti, spetta alle Regioni la potestà legislativa (**potestà legislativa residuale delle Regioni**).

Questo è lo schema generale. Ma, per comprendere come esso funziona, bisogna tenere presente alcuni fattori ulteriori, che sono ancora in fase di messa a punto attraverso la prassi e la giurisprudenza della Corte costituzionale.

a) Gli *obblighi internazionali*. Mentre in precedenza era solo la legislazione regionale ad essere tenuta al rispetto degli obblighi internazionali contratti dallo Stato (sia nel senso del divieto di assumere impegni giuridici nell'ordinamento internazionale attraverso la stipulazione di trattati, cioè di esercitare il c.d. **potere estero**; sia nel senso del divieto di legiferare in contrasto con gli impegni assunti dallo Stato in sede internazionale), il nuovo art. 117.1 Cost. sembra parificare la posizione del legislatore regionale e quella del legislatore statale vincolando entrambi al rispetto, oltre che degli obblighi derivanti dall'UE, anche degli **obblighi internazionali**. Quindi, anche la legge statale è illegittima se in contrasto con i trattati internazionali.

Inoltre, per la prima volta alle Regioni viene consentito (art. 117.9) di stipulare "*accordi con Stati e intese con enti territoriali interni ad altro Stato*", rinviando alla legge statale la disciplina "*dei casi e delle forme*" con cui questa facoltà può essere esercitata. Problema delicato, perché, se la Regione può assumere in nome proprio impegni sul piano internazionale, è chiaro che questi impegni non potrebbero in seguito essere contraddetti dalle successive leggi, né della Regione né dello Stato.

b) Le *interferenze statali nelle materie regionali*. Tra le competenze "esclusive" dello Stato, ve ne sono diverse il cui ambito non è circoscrivibile, perché rappresentano piuttosto degli obiettivi o dei valori, spesso di rango costituzionale. Esse "tagliano" le materie di competenza regionale (la Corte costituzionale le ha perciò chiamate "**materie trasversali**") nel senso che le leggi statali che perseguono tali obiettivi possono incidere anche in materie riservate alle Regioni. Sono riservati allo Stato, per esempio, la *tutela della concorrenza* (art. 117.2, lett. e)), l'*ordinamento civile e penale* (lett. f)), la *determinazione dei livelli essenziali delle prestazioni concernenti i diritti civili e sociali* (lett. m)), le *funzioni fondamentali degli enti locali* (lett. p)), la *tutela dell'ambiente, dell'ecosistema e dei beni culturali* (lett. s)).

Come è facile intuire, questa situazione rende assai incerto il confine tra le competenze dei due enti (lo Stato e la Regione) e frequente il conflitto. La Corte costituzionale cerca di risolverlo valutando, di volta in volta, quale sia l'interesse (ossia, la materia) "prevalente" (e quindi quale sia l'ente competente) e quanto invece l'intreccio sia così stretto da rendere indispensabile la collaborazione tra i due enti.

c) La *sussidiarietà*. L'art. 118 Cost. introduce la sussidiarietà come criterio di distribuzione delle *funzioni amministrative* (→ § IV.2). La sussidiarietà può comportare che alcune funzioni amministrative vengano attratte verso l'alto perché non possono essere convenientemente esercitate in basso o perché richiedono un coordinamento centrale. Il caso si è concretamente posto con il programma delle grandi infrastrutture e degli insediamenti strategici di interesse nazionale previsto dalla c.d. "legge obiettivo". La Corte, con la famosa sent. 303/2003, non solo ha ammesso che lo Stato avochi a sé "in sussidiarietà" una funzione amministrativa di programmazione e coordinamento, ma anche che emani le norme legislative necessarie a definire le forme e le procedure con cui svolgere tale funzione, perché una "copertura" legislativa è imposta dal *principio di legalità* (→ § VI.5). Sicché la sussidiarietà finisce con consentire talvolta uno "sconfinamento" dello Stato dalle sue materie: in questi casi, però, la Corte richiede che sia sempre rispettato il "principio di leale collaborazione", ossia che le Regioni siano fortemente coinvolte nelle decisioni.

✓ E LE REGIONI SPECIALI?

La riforma del Titolo V ha riguardato solo le Regioni ordinarie. La potestà legislativa delle Regioni speciali resta perciò regolata dai loro vecchi Statuti speciali: le modifiche introdotte dalla la legge cost. 2/2001 riguardano, come si è detto, la forma di governo, ma non le competenze. Per questo aspetto essi restano legati alla vecchia logica, per cui si elencano le attribuzioni regionali (e non quelle statali come nel "nuovo" art. 117 Cost.); essi contengono diversi elenchi di materie di competenza regionale, divisi secondo il "livello" di potestà regionale:
a) la *potestà esclusiva* è la più ampia e caratteristica, in quanto le regioni ordinarie ne sono prive;
b) la *potestà concorrente* (non prevista nel solo Statuto della Valle d'Aosta), che incontra gli stessi limiti della omologa competenza delle regioni ordinarie (ma diverse sono le materie elencate);
c) la *potestà integrativa* o *attuativa*, che consente alla Regione speciale di emanare norme, in alcune specifiche materie, per adeguare la legislazione dello Stato alle particolari esigenze regionali.
Per evitare che dopo la riforma del Titolo V le Regioni speciali si trovino svantaggiate rispetto a quelle ordinarie, la riforma introduce la c.d. "**clausola di maggior favore**" per cui, "*sino all'adeguamento dei rispettivi statuti, le disposizioni della presente legge costituzionale si applicano anche alle Regioni a statuto speciale ed alle province autonome di Trento e di Bolzano per le parti in cui prevedono forme di autonomia più ampie rispetto a quelle già attribuite*" (art. 10 legge cost. 3/2001).

C) ***Regolamenti regionali.*** Le riforme costituzionali hanno profondamente inciso sulla funzione regolamentare delle Regioni, sia per ciò che riguarda la competenza degli organi, sia per l'estensione del potere.

Spetta agli Statuti regionali disciplinare la titolarità e i modi di esercizio della potestà regolamentare: essi si sono regolati in modo diverso, per lo più riconoscendo però che i regolamenti sono di competenza dell'esecutivo, anche se si è cercato di mantenere in capo al Consiglio regionale qualche potere di controllo o di interferenza.

La riforma costituzionale del "Titolo V" ha introdotto il ***principio di "parallelismo" tra funzioni legislative e funzioni regolamentari*** limitando la potestà del Governo di emanare regolamenti alle sole materie sulle quali lo Stato ha *potestà legislativa esclusiva* e riservando alle Regioni il potere regolamentare in tutte le altre materie.

È ovvio che nella gerarchia delle fonti dell'ordinamento regionale, i regolamenti siano sottoposti alle leggi: ma queste sono sottoposte allo Statuto. Spetta quindi allo Statuto decidere se le leggi possano liberamente disporre della funzione regolamentare (cioè stabilire se, quando e chi possa emanare regolamenti amministrativi) oppure se vi siano oggetti (quali, per esempio, la disciplina organizzativa e dei procedimenti amministrativi) che sono di *competenza riservata ai regolamenti* (e quindi all'esecutivo), oppure ancora se l'esecutivo possa dare attuazione direttamente con regolamento ("saltando" quindi l'intervento della legge regionale) alle leggi dello Stato (nelle funzioni da questo delegate) o alle norme UE. Come si vede, buona parte della disciplina della potestà regolamentare dipende dallo Statuto regionale e può dunque differenziarsi notevolmente da Regione a Regione.

9. Le fonti delle autonomie locali

La riforma del Titolo V ha modificato anche la posizione costituzionale degli enti locali (→ § IV.1) delle loro fonti normative. La "pariordinazione" degli enti locali (Comuni, Province e Città metropolitane), delle Regioni e dello Stato quali componenti che "costituiscono" la Repubblica (art. 114.1) ha infatti riflessi anche sul piano del sistema delle fonti. L'art. 114.2 attribuisce rilevanza costituzionale agli **Statuti degli enti locali**, mentre l'art. 117.6 riconosce ad essi la "*potestà regolamentare in ordine alla disciplina dell'organizzazione e dello svolgimento delle funzioni loro attribuite*".

Se, dunque, è nella Costituzione che gli enti locali ritrovano il fondamento della loro autonomia, è però la legge a determinarne le competenze e le modalità di esercizio. L'autonomia normativa degli enti locali si svolge perciò tutta con atti subordinati alla legge, a quella statale come a quella regionale. La Costituzione attribuisce alla competenza esclusiva del legislatore statale la disciplina della legislazione elettorale degli enti locali, degli "*organi di governo*" e delle loro "*funzioni fondamentali*". Spetta poi alla legge statale o a quella regionale, secondo le rispettive competenze, conferire agli enti locali le altre funzioni (altre rispetto a quelle "fondamentali"), secondo i principi di sussidiarietà, differenziazione e adeguatezza.

A) *Statuti*. La legge 142/1990 – che è stata "assorbita" nel **T.U. delle leggi sull'ordinamento degli enti locali** (d.lgs. 267/2000) – prevede che Comuni e Province si dotino di uno Statuto, approvato dal Consiglio con maggioranze particolari (voto favorevole di 2/3 dei consiglieri assegnati, in prima votazione; oppure in seguito con doppia votazione a maggioranza assoluta), che deve dettare le norme fondamentali sull'organizzazione dell'ente (rapporti tra gli organi, ordinamento degli uffici e dei servizi pubblici, forme di garanzia e di partecipazione delle minoranze, collaborazione con altri enti, partecipazione e decentramento, ecc.).

B) *Regolamenti*. "*Nel rispetto dei principi fissati dalla legge e dello statuto, il comune e la provincia adottano regolamenti nelle materie di propria competenza ed in particolare per l'organizzazione e il funzionamento delle istituzioni e degli organismi di partecipazione, per il funzionamento degli organi e degli uffici e per l'esercizio delle funzioni*" (art. 7 T.U.). Il **regolamento** è lo strumento normativo tipico degli enti locali. Serve non soltanto all'organizzazione dell'ente (in attuazione dello Statuto) ma anche a disciplinare le materie che sono di sua competenza. Benché sia una fonte secondaria, esso è fortemente percepito dai cittadini, perché regola aspetti assai importanti della loro attività (per esempio, l'urbanistica e l'edilizia, il commercio, il traffico, ecc.).

Il nuovo art. 117.6 concede un inedito riconoscimento costituzionale all'autonomia regolamentare degli enti locali. L'innovazione è di difficile interpretazione perché, se è vero che la riforma sembra voler "riservare" uno spazio di autonomia agli enti locali per ciò che riguarda la propria organizzazione e il modo in cui farla funzionare, è pur sempre anche vero che i regolamenti amministrativi sono fonti subordinate alle leggi, siano esse dello Stato o delle Regioni. Anche su questo punto qualche chiarimento può essere offerto dagli Statuti regionali, nel senso di dettare una disciplina delle leggi (e dei regolamenti) regionali che sia rispettosa della necessaria (e costituzionalmente protetta) autonomia regolamentare degli enti locali. La Corte costituzionale (sent. 246/2006) ha affermato che il legislatore regionale, che nell'ambito delle proprie materie legislative può decidere o meno di decentrare le funzioni amministrative agli enti locali, non può però limitare la potestà regolamentare propria dei Comuni o delle Province in riferimento all'organizzazione ed all'esercizio delle funzioni loro affidate dalla Regione.

VIII. GLI ATTI E I PROVVEDIMENTI AMMINISTRATIVI

1. Atti normativi, atti amministrativi, provvedimenti

Le *fonti del diritto*, e in particolare gli *atti normativi* (per questi termini → § VI.1 e 3) pongono regole *generali* (nel senso che si rivolgono all'intera collettività) e *astratte* (nel senso che valgono in qualsiasi tempo e circostanza). Gli individui e i loro comportamenti sono invece particolari e concreti. È compito dei soggetti che si occupano dell'**applicazione del diritto** applicare le *norme giuridiche*, generali e astratte, ai casi specifici e concreti.

✓ L'APPLICAZIONE DEL DIRITTO

L'applicazione del diritto può avvenire in modi diversi: per esempio, stipulando un contratto, celebrando il matrimonio, riconoscendo un figlio, sottoscrivendo il testamento, ecc. uno o più soggetti privati si trovano ad "applicare in concreto" regole giuridiche prescritte in via generale e astratta (la disciplina dei contratti, del matrimonio, ecc.) dal codice civile o da altre leggi. Altro modo di applicare il diritto è quello delle amministrazioni pubbliche, quando esse esercitano i poteri conferiti loro dalla legge: così, per esempio, l'amministrazione comunale che rilascia una concessione edilizia, applica le fattispecie generali astratte della legislazione urbanistica al caso specifico del cittadino che ha richiesto il provvedimento. Altro modo ancora di applicare il diritto è quello del giudice: sia del giudice penale che esamina il fatto specifico compiuto da Tizio, per valutare se esso rientri nella fattispecie generale e astratta qualificata dalla legge penale come, mettiamo, "furto con destrezza"; sia del giudice civile o di quello amministrativo che invece sono chiamati a valutare, rispettivamente, se il contratto stipulato tra privati o la concessione rilasciata dal Comune siano o meno conformi alla previsione di legge. In questo capitolo si descriverà come le amministrazioni pubbliche applicano il diritto attraverso i propri atti; nel capitolo VIII si vedrà invece come sono organizzati gli apparati giudiziari (come i giudici applichino il diritto è invece oggetto di studio delle "procedure" civile, penale, amministrativa; come il diritto sia applicato dai privati è invece oggetto di studio dei rami "civilistici" delle scienze giuridiche).

La pubblica amministrazione agisce attraverso **atti amministrativi**. Sono "atti giuridici" in quanto "comportamenti consapevoli e volontari che danno luogo a effetti giuridici". Attraverso essi la pubblica amministrazione esercita i particolari poteri che sono ad essa attribuiti per la cura degli interessi pubblici (→ § V.3). Questi poteri sono attribuiti dalla legge (principio di legalità: → § VI.5) e si giustificano appunto con la prevalenza dell'interesse pubblico su quello del privato.

La categoria degli atti amministrativi è molto generica. In essa rientrano *atti normativi* (quindi generali e astratti) quali i *regolamenti amministrativi* dello Stato (→ § VII.6), delle Regioni (→ § VII.8) e degli enti locali (→ § VII.9), **atti di programmazione** (piani e programmi che determinano gli obiettivi dell'azione di una o più amministrazioni, ma talvolta contengono anche vere e proprie norme regolamentari), **direttive amministrative** (atti di indirizzo con cui un organo politico-amministrativo orienta il comportamento di altri organi amministrativi) o anche **meri atti amministrativi** (cioè atti che non hanno rilevanza esterna, anche se spesso attraverso essi si snoda il *procedimento amministrativo*: → § V.4).

✓ ARRIVA LA CIRCOLARE!

Chiunque abbia operato, o anche solo frequentato un'amministrazione sa che l'atto apparentemente più importante è la "circolare". La **circolare amministrativa** in realtà non è né un atto normativo né un atto a rilevanza esterna. Nasce come mezzo di comunicazione ("lettera circolare") di istruzioni e comunicazioni, ed è divenuta lo strumento con cui il vertice di un'amministrazione comunica alle varie strutture le novità normative, ne chiarisce la portata, dà istruzioni sull'organizzazione degli uffici o sull'applicazione delle norme. È, insomma, uno strumento attraverso cui "viaggiano" comunicazioni e istruzioni di varia natura, che di regola nascono e muoiono all'interno dell'amministrazione (dove devono essere seguite per il rapporto di gerarchia che sussiste tra chi le emana e chi ne è destinatario). Siccome poi gli uffici sono tenuti ad applicarle nei rapporti con il pubblico, ecco che le circolari acquistano una certa rilevanza anche fuori dai palazzi dell'amministrazione (è il genere di problema che già si è sottolineato a proposito dei "testi unici compilativi": → § VII.3).

Gli atti amministrativi che producono effetti esterni, e quindi influiscono sulle situazioni giuridiche dei soggetti cui sono destinati, creando nuovi diritti o doveri, si chiamano **provvedimenti amministrativi**. Di regola il provvedimento amministrativo è l'atto finale di un procedimento amministrativo che, articolandosi in diverse fasi (l'iniziativa, l'istruttoria, l'acquisizione di pareri, la decisione, ecc.), nelle quali vengono prodotti diversi atti amministrativi privi di rilevanza autonoma, culmina appunto con il "provvedimento".

✓ LE ORDINANZE, TRA EMERGENZA E LEGALITÀ:
ABUSI DELL'ESECUTIVO E REAZIONI DEI GIUDICI

Ci sono alcuni atti che la cui natura (normativa o provvedi mentale) è dubbia. I più dibattuti sono le **ordinanze amministrative** che, in base a specifiche previsioni di legge (per esempio, il vecchio T.U. delle leggi di pubblica sicurezza e la più recente legge sulla protezione civile), possono essere emanate in casi di urgenza e necessità, anche in deroga alle disposizioni di legge, per fronteggiare situazioni eccezionali e destinate ad esaurirsi nel tempo. Esse, pertanto, dovrebbero produrre effetti nei limiti – anche spaziali e temporali – che ne legittimano l'adozione, ma hanno un contenuto non predeterminabile per via legislativa. L'indeterminabilità a priori del contenuto e la deroga alle norme legislative ed all'ordine normale delle competenze, hanno da sempre posto il problema della compatibilità delle ordinanze di necessità e di urgenza con il principio di legalità, cui è sottoposta l'attività amministrativa. La Corte costituzionale ha precisato che le ordinanze di necessità e di urgenza non sono da ricomprendere tra le fonti del nostro ordinamento giuridico, perché sono autorizzate, non a modificare, ma solo a derogare (→ § VI.4) provvisoriamente il diritto vigente, e non sono quindi equiparabili ad atti con forza di legge; ed inoltre la autorizzazione ad emanarle deve essere disposta da una legge che delimiti il loro contenuto, indichi il presupposto, la materia, la finalità dell'intervento e l'autorità legittimata (sent. 4/1977). Molto discusse sono però in particolare le ordinanze della Protezione civile, nate per affrontare stati di emergenza (come le calamità naturali), ma poi estese dalla legislazione successiva ad ambiti del tutto diversi, come i "grandi eventi" (mondiali di calcio, regate internazionali, vertici internazionali, ecc.), creando ampie zone di attività amministrativa sottratta alla disciplina generale: contro questa prassi ha incominciato a reagire la Corte dei conti, ritenendo che rientrino tra i "grandi eventi" "solo quegli eventi che, pur se diversi da calamità naturali e catastrofi, determinano situazioni di grave rischio per l'integrità della vita, dei beni, degli insediamenti e dell'ambiente dai danni o dal pericolo di danni"; negli altri casi le ordinanze non possono sottrarsi al comune regime degli atti dell'esecutivo, compreso il controllo preventivo di legittimità (Corte dei conti, Deliberazione n. 5/2010). E non meno discusse anche le "ordinanze per la sicurezza" che il sindaco "quale ufficiale del governo, adotta ... al fine di prevenire e di eliminare gravi pericoli che minacciano l'incolumità pubblica e la sicurezza urbana" (legge 125/2008). Ma ancora una volta è intervenuta la Corte costituzionale (sent. 115/2011) a ridimensionare il plateale *vulnus* alla tipicità delle fonti e al principio di legalità.

2. Caratteri del provvedimento amministrativo

Con il provvedimento amministrativo l'autorità amministrativa fa valere la prevalenza dell'interesse pubblico sull'interesse dei privati. Lo può fare soltanto se la legge le conferisce il potere (principio di legalità) e se questo è esercitato nelle forme previste dalla legge stessa (e quindi attraverso un procedimento prefissato). A queste condizioni l'amministrazione pubblica può agire unilateralmente, cioè provocare modificazioni nella sfera giuridica di un privato (per esempio, espropriandone il fondo o infliggendoli una sanzione per divieto di sosta) senza il suo consenso ed anche contro la sua volontà.

Riassumendo, i provvedimenti amministrativi hanno in comune alcune caratteristiche:

a) **unilateralità** e **autoritarietà**. Con questi termini si indica il particolare potere che distingue l'autorità amministrativa, che agisce *unilateralmente* perché non è condizionata dal consenso del destinatario, e *autoritariamente* per la prevalenza dell'interesse pubblico che persegue. Non sempre il provvedimento amministrativo produce effetti sfavorevoli per il privato: anzi, molte volte è il privato a richiedere il provvedimento (per esempio, la concessione edilizia, l'autorizzazione ad aprire un certo esercizio commerciale, l'esenzione dal pagamento delle tasse scolastiche, ecc.). In questi casi i caratteri dell'unilateralità e dell'autoritarietà si stemperano e diventano meno percettibili: mentre sono evidenti quando l'amministrazione impone la sua volontà con effetti sfavorevoli per il privato (per esempio ordinando la demolizione di un edificio abusivo, la rimozione dell'auto in divieto di sosta, elevando una contravvenzione, ecc.). Gli atti sfavorevoli manifestano il carattere della **imperatività**, che è appunto la capacità di imporre la volontà dell'amministrazione su quella del privato;

b) **tipicità**. Con questo termine si indicano le conseguenze dell'applicazione del *principio di legalità* (→ § VI.5). L'amministrazione può esercitare poteri autoritativi solo se la legge le conferisce la **competenza** (intesa come il complesso di funzioni che un ufficio esercita per legge per il perseguimento di fini pubblici): la legge deve precisare che *tipo di provvedimento* l'amministrazione può emanare (c.d. principio di **nominatività**), e indicare quale interesse pubblico lo giustifichi, quali siano i presupposti per la sua emanazione, attraverso quale procedimento debba essere formato, quali effetti esso produca. Attraverso la legge il cittadino è messo in condizione di prevedere quando e come l'amministrazione pubblica possa esercitare la sua autorità: in ciò si manifesta l'aspetto garantistico del principio di legalità;

c) **esecutività** ed **esecutorietà**. Con questi termini si indica l'idoneità dei provvedimenti amministrativi ad essere direttamente esecutivi, senza la necessità di un preventivo intervento del giudice (*esecutività*), nonché la capacità che la legge riconosce talvolta all'amministrazione di portare direttamente in esecuzione coattiva determinati provvedimenti (*esecutorietà*). Mentre, se un comune debitore non paga, il creditore deve ricorrere al giudice per chiedere la condanna del debitore (la sentenza del giudice è il "*titolo esecutivo*") e poi l'esecuzione coattiva della sentenza, se non si paga una contravvenzione amministrativa (la classica "multa") è la stessa amministrazione a procedere, previa diffida, all'esecuzione coattiva. Ciò non significa affatto che il cittadino resti privo di tutela: è semplicemente invertito l'onere dell'azione, perché l'iniziativa del ricorso al giudice non è a carico di chi pretende, se a pretendere è l'amministrazione che ha emanato il provvedimento, ma di chi si oppone e impugna il provvedimento stesso.

✓ NON TUTTO È "PROVVEDIMENTO"

L'amministrazione pubblica non procede soltanto *autoritativamente* attraverso provvedimenti. A parte la normale **attività di diritto privato della PA** (in cui rientrano, per esempio, l'affitto dei locali o gli acquisti di beni e servizi che sono necessari al funzionamento dell'amministrazione, che ovviamente è retta dalle comuni regole civilistiche (anche se, essendo l'acquirente un soggetto pubblico, vigono complicate norme volte soprattutto a garantire l'imparzialità e la correttezza della formazione della volontà dell'acquirente), la legislazione più recente favorisce l'impiego di strumenti non autoritativi, quali gli **accordi amministrativi** tra amministrazioni e tra amministrazioni e privati (sulle convenzioni (→ § XII.12 e § XIII.7): anzi, la legge 15/2005, modificando i principi che regola il procedimento amministrativo, pone come regola generale che la pubblica amministrazione, *"nell'adozione di atti di natura non autoritativa, agisce secondo le norme di diritto privato"*. In questo modo l'amministrazione persegue la soddisfazione dell'interesse pubblico non *unilateralmente*, usando la propria autorità, ma consensualmente, *bilateralmente* (o *plurilateralmente*), ottenendo il consenso e la collaborazione del privato (e degli altri eventuali soggetti). Tuttavia, traccia permanente della supremazia dell'interesse pubblico, l'amministrazione può sempre recedere unilateralmente dall'accordo *"per sopravvenuti motivi di interesse pubblico"*, salvo però *"l'obbligo di provvedere alla liquidazione di un indennizzo in relazione agli eventuali pregiudizi verificatisi in danno del privato"* (art. 11.4 della legge 241/1990).

3. Tipologia dei provvedimenti amministrativi

Se classifichiamo i provvedimenti amministrativi dal punto di vista degli interessi del privato che ne è destinatario, la grande divisione passa tra i **provvedimenti favorevoli** e i **provvedimenti sfavorevoli**. La distinzione è intuitiva:

a) i primi ampliano la sfera giuridica del privato (sono perciò anche detti **provvedimenti ampliativi**). Ciò può accadere o attraverso la rimozione di ostacoli che limitano l'esercizio di poteri o facoltà di cui il privato è titolare (questo *tipo* di provvedimento si chiama **autorizzazione**) oppure attraverso l'attribuzione di nuove posizioni giuridiche al privato (questo *tipo* di provvedimento si chiama **concessione**).

✓ AUTORIZZAZIONE E CONCESSIONE: CHE DIFFERENZA C'È?

Autorizzazione e *concessione* sono due figure tipiche di provvedimento amministrativo, che però subiscono molte varianti nella legislazione vigente (che non sempre impiega una terminologia adeguata: viene per esempio definita dalla legislazione urbanistica *concessione edilizia* quella che in realtà altro non è che una *autorizzazione*). La differenza fondamentale è questa: l'**autorizzazione** è espressione di un potere di controllo e di vigilanza che l'amministrazione esercita per tutelare interessi pubblici che possono essere minacciati dall'esercizio indiscriminato dei diritti individuali. Tipici esempi sono la "licenza" commerciale, la "patente" di guida, la "abilitazione" all'esercizio di una professione, il "porto d'armi", la "concessione" ad edificare, ecc. Tendenzialmente l'amministrazione rilascia l'autorizzazione accertati determinati requisiti personali o la sussistenza delle condizioni previste dalla legge: l'autorizzazione non ha scadenza, semmai l'amministrazione ne chiede il "rinnovo" per accertare la permanenza dei requisiti iniziali. La **concessione** invece serve per attribuire al privato diritti attinenti l'uso di risorse collettive: lettini e ombrelloni sono distribuiti su tratti di spiaggia "data in concessione", così come l'etere è utilizzato dalle reti televisive perché i "canali" di trasmissione sono dati in concessione: anche i servizi pubblici (le linee urbane di trasporto, i taxi, i trasporti aerei, la pulizia delle strade, ecc.) sono dati in concessione. Dalla concessione, che è a termine, nasce un rapporto giuridico tra il privato e l'amministrazione, che è regolato da un'apposita *convenzione*.

Vi sono poi altri tipi di provvedimenti favorevoli, come le **ammissioni** (ad una scuola o Facoltà, ad un ordine professionale, ecc.), gli **esoneri** (dalle tasse universitarie o la **esenzione** dal servizio militare), gli **incentivi** (finanziamenti concessi dall'autorità per raggiungere determinati obiettivi). Il tratto comune è che, di regola, l'iniziativa del procedimento che porta al provvedimento favorevole è esercitata dal privato interessato, che deve farne "domanda" (o "istanza").

b) I *provvedimenti sfavorevoli* sono quelli che incidono negativamente nella sfera giuridica del privato, comportando la privazione totale o la limitazione parziale dell'esercizio di un diritto (sono perciò anche detti *provvedimenti ablatori* o *privativi*). Essi possono riflettersi *sui diritti fondamentali* (quando non siano tutelati dalla *riserva di giurisdizione*: → § VI.5), come nel caso degli *ordini* o dei *divieti* che l'amministrazione rivolge ai cittadini, per esempio per sciogliere un corteo che si manifesta violento, o per limitare la circolazione dei veicoli. Possono riflettersi anche sui *diritti reali* (per esempio, la proprietà), come nell'**espropriazione** (che è il provvedimento con cui l'amministrazione, per realizzare un'opera pubblica, trasferisce la proprietà di un immobile dal privato proprietario a se stessa o a chi realizza l'opera stessa), nella *requisizione* (motivata, per esempio, dall'urgenza di reperire alloggi o automezzi di soccorso per i sinistrati) o l'*occupazione* temporanea di un determinato suolo. Possono infine riflettersi sui *diritti di credito*, come nel caso delle **sanzioni amministrative** che fanno sorgere in capo al soggetto privato l'obbligo di prestazioni pecuniarie (per esempio, di pagare i tributi o la contravvenzione) o non pecuniarie (per esempio, di demolire l'edificio abusivo).

✓ NÉ FAVOREVOLI, NÉ SFAVOREVOLI

Non tutti i provvedimenti dell'amministrazione pubblica possono essere visti nell'ottica tipica del privato e quindi classificati in termini di favorevole-sfavorevole. Innanzitutto perché vi sono atti che non sono rivolti ai singoli, ma all'intera collettività o comunque a un numero non determinabile di soggetti. Sono **provvedimenti amministrativi generali**, quali quelli che fissano determinate tariffe o determinano la localizzazione di una serie di impianti. Particolarmente importanti sono i provvedimenti generali che hanno *effetti conformativi della proprietà*, quali sono i piani urbanistici e in particolare i *piani regolatori generali* (sono gli strumenti tradizionali che definiscono l'utilizzazione dei suoli nel territorio di un Comune, stabilendo i vincoli, limiti e condizioni dell'attività edilizia e, quindi, dell'uso della proprietà privata dei suoli).

4. Discrezionalità amministrativa

L'attività di applicazione delle leggi da parte della amministrazione pubblica è solo raramente un'attività di semplice esecuzione della legge, priva di qualsiasi margine di valutazione di opportunità. Naturalmente non mancano esempi di **attività vincolata**: se, per esempio, un cittadino richiede che gli sia rilasciato il passaporto, l'ufficio competente deve provvedere ad una serie di riscontri relativi allo stato personale o alla "fedina penale", ma si tratta di semplici riscontri che non comportano alcun giudizio di opportunità. Non è certo questa attività vincolata però a fare dell'amministrazione la detentrice di una quota così importante del potere pubblico.

D'altra parte, l'attività della pubblica amministrazione non è mai *attività interamente libera*. I soggetti privati possono agire del tutto liberi, salvi i limiti negativi posti dalla legge. Ma, nell'ambito del lecito (la **liceità** è definibile solo in negativo, come ciò che non è vietato dalle leggi), il privato è libero di scegliere ciò che vuole, di comportarsi come crede: la pubblica amministrazione non lo è. Essa è infatti vincolata dalla legge (ancora il principio di legalità) ed è la legge che definisce le finalità, gli obiettivi, l'**interesse pubblico** che deve perseguire. La legge non è solo un limite negativo per l'amministrazione. La legge conferisce all'amministrazione il potere-dovere di realizzare un determinato interesse pubblico (che può essere realizzare le strade, assicurare l'ordine pubblico, costruire parcheggi, garantire l'assistenza medica o l'istruzione superiore, o qualsiasi altra cosa).

Difficilmente la legge può indicare anche tutto ciò che l'amministrazione deve fare per raggiungere il suo obiettivo: per questo, in genere, l'attività dell'amministrazione non è di semplice esecuzione, ma richiede delle scelte, e queste scelte sono legittime se orientate all'interesse pubblico che la legge assegna in cura all'amministrazione (la **legittimità dell'attività amministrativa** è perciò definita in positivo, come relazione tra ciò che l'amministrazione fa e ciò che la legge le prescrive di fare).

Lo spazio di scelta che la legge attribuisce all'amministrazione, perché questa realizzi l'interesse pubblico, si chiama **discrezionalità amministrativa**. La scelta discrezionale può riguardare l'opportunità o meno di provvedere (o come si dice in gergo, l'*an*), il momento in cui farlo (il *quando*), la misura o il contenuto del provvedimento (il *quantum* o il *quid*), gli strumenti (il *quomodo*).

Il più delle volte all'amministrazione non è attribuita soltanto la scelta dei mezzi con cui raggiungere un determinato obiettivo, ma la valutazione di come, in relazione all'oggetto concreto, bilanciare interessi pubblici o pubblici e privati concorrenti. Per esempio, se un Comune intende costruire una strada per migliorare il collegamento con una sua frazione, da "bilanciare" ci possono essere numerosi interessi: l'interesse dell'amministrazione a ridurre i costi, evitando manufatti dispendiosi; l'interesse dei privati residenti nelle zone di attraversamento al contenimento dell'impatto acustico; l'interesse dei proprietari a non vedere danneggiate attività economiche importanti; gli interessi collettivi al paesaggio, alla sicurezza, all'ambiente, ecc.

✓ DISCREZIONALITÀ: TECNICA O POLITICA?

Lo stesso termine discrezionalità amministrativa viene impiegato per denotare fenomeni piuttosto diversi. Vi sono valutazioni discrezionali che hanno un contenuto essenzialmente tecnico (si parla infatti di **discrezionalità tecnica**): basti pensare alle decisioni di una commissione di concorso che deve valutare la preparazione dei candidati o all'accertamento da parte della soprintendenza ai beni artistici delle qualità artistico – architettoniche di un edificio storico. Dove non vi sia certezza sui dati tecnico-scientifici e non vi sia un'apposita struttura tecnica dell'amministrazione cui affidare la valutazione, si procede con l'istituzione di una commissione formata, appunto, da tecnici. Ma, per esempio, decidere dove localizzare una discarica non dipende soltanto da valutazioni tecniche: il tecnico potrà dire quali siano le zone in cui non c'è rischio di infiltrazione nelle falde acquifere o dove la rete di trasporti rende più economico lo smaltimento dei rifiuti; ma è essenzialmente politica la decisione se, a parità di rischi e di costi, sia preferibile localizzare l'impianto nel Comune X, dove potrebbe però danneggiare le attività turistiche, o nel Comune Y, dove potrebbero subire pregiudizio l'ambiente e l'agricoltura. La complessità di tante decisioni discrezionali si riflette sulla complessità dei procedimenti. Se potenziare il trasporto su ferro o su gomma è una scelta politica, ed è probabilmente il contenuto di una legge. Scelta un'opzione, bisogna decidere quali siano le linee a cui dare precedenza: qui la scelta è in parte tecnica (situazione di fatto, mobilità, costi, ecc.) e in parte politica (favorire la crescita economica di un territorio piuttosto che decongestionare una zona a rischio ambientale). Tracciato il piano generale delle opere, bisogna procedere a definire in concreto i singoli percorsi: anche qui la scelta è in parte tecnica (qualità dei terreni, vincoli tecnici, comparazione dei costi) e in parte politica, perché bisogna bilanciare tra diversi interessi pubblici e tra interessi pubblici e privati. Poi la componente tecnica potrà avere il sopravvento per tutto ciò che attiene le scelte che riguardano la concreta realizzazione dei manufatti: alla fine della catena di decisioni, potranno anche esserci semplici atti vincolati (per esempio, il collaudo di un'opera o la corresponsione di un indennizzo ai proprietari di terreni provvisoriamente occupati).

In genere, è la stessa legge a identificare gli interessi che devono essere tenuti presenti nella decisione. Il *procedimento amministrativo* (disciplinato in via generale dalla legge 241/1990, più volte modificata) si articola appunto attraverso pareri, nulla osta, conferenze di servizi, in modo che l'amministrazione abbia occasione di acquisire le opinioni delle strutture che hanno in cura gli altri specifici interessi concorrenti: altri ancora sono gli strumenti di intervento dei privati nel procedimento (→ § V.4). L'amministrazione che agisce deve perciò rispettare le prescrizioni della legge, svolgendo adeguata attività istruttoria (l'**istruttoria** è appunto la fase del procedimento in cui vengono acquisiti gli elementi di fatto, le informazioni tecniche, i pareri, ecc.): ma poi dovrà procedere alla valutazione comparativa degli interessi in gioco, al loro bilanciamento. Il criterio che presiede a questa valutazione è il **principio di proporzionalità** che significa:

a) congruità del provvedimento al raggiungimento del suo fine;
b) riduzione del sacrificio richiesto agli altri interessi pubblici, che dev'essere limitato allo stretto necessario;
c) riduzione del sacrificio richiesto agli interessi dei privati, anch'essi da limitare allo stretto necessario;
d) verifica che non siano disponibili strumenti meno "costosi" in termini di sacrificio degli interessi pubblici e privati concorrenti.

Delle attività svolte in fase istruttoria e delle valutazioni che hanno condotto alla decisione (e quindi anche del rispetto del principio di proporzionalità) deve esser dato conto nella **motivazione** del provvedimento discrezionale. L'art. 3 della legge 241/1990 dispone che "*Ogni provvedimento amministrativo, compresi quelli concernenti l'organizzazione amministrativa, lo svolgimento dei pubblici concorsi ed il personale*" – ma con eccezione per gli atti normativi e per quelli a contenuto generale, per i quali la motivazione non è richiesta – "*deve essere motivato … La motivazione deve indicare i presupposti di fatto e le ragioni giuridiche che hanno determinato la decisione dell'amministrazione, in relazione alle risultanze dell'istruttoria*". È nella motivazione che devono trasparire la razionalità e la ragionevolezza del procedimento e del ragionamento che ha guidato l'amministrazione nell'uso del potere discrezionale. Ed è proprio la motivazione l'oggetto principale su cui si appunta l'attenzione del giudice chiamato a sindacare la legittimità dell'atto.

5. Vizi del provvedimento amministrativo

5.1. *Definizioni*

I "vizi" del provvedimento amministrativo ne compromettono la "validità". Le nozioni di *efficacia* e di *validità* (→ § VI) si applicano anche ai provvedimenti amministrativi.

Il provvedimento diventa *efficace* quando, a conclusione del procedimento (e quindi reso "perfetto" l'atto), si sia svolta anche l'ulteriore fase di *integrazione dell'efficacia*, ossia i *controlli preventivi* eventualmente previsti dalla legge e le forme di comunicazione, notificazione o pubblicazione prescritte. Il provvedimento è *valido* quando è conforme alle norme vigenti: a tutte le norme, quindi alle *regole* e ai *principi* poste dalle *fonti del diritto*.

I casi di invalidità – detti anche **vizi del provvedimento amministrativo** – vanno distinti in due ampie categorie. I casi di *nullità* dell'atto amministrativo da quelli di *illegittimità*.

A) La **nullità** (o **inesistenza**: nel diritto pubblico, al contrario che nel diritto privato, non c'è differenza) è causata da motivi tanto gravi da impedire che l'atto amministrativo "perfezioni" la sua formazione. La legge 15/2005, aggiungendo l'art. 21 *octies* alla legge 241/1990 sul procedimento amministrativo, ha disciplinato così i casi generali di nullità del provvedimento (altri possono essere previsti da specifiche leggi): la nullità colpisce l'atto:

– per la mancanza degli "*elementi essenziali*": tali sono tradizionalmente individuati nell'*oggetto* dell'atto (che non può essere indeterminato o inidoneo), nel *contenuto* (che deve essere lecito), nella *volontà* del soggetto agente (che sarebbe viziata, per esempio, in caso di violenza fisica) e nella *forma essenziale* (quando una determinata forma – per esempio, la forma scritta – è prescritta dalla legge);
– per "*difetto assoluto di attribuzione*", perché emesso da un soggetto sprovvisto di autorità amministrativa (per esempio, da un soggetto che non ricopre più la carica) o da un'autorità assolutamente incompetente (non semplicemente un organo sbagliato, ma un soggetto del tutto privo di tutela di quel tipo di interessi: per esempio, dal Sindaco di un Comune diverso da quello competente): in questo caso si parla tradizionalmente di **incompetenza assoluta**;
– perché è stato adottato "*in violazione o elusione del giudicato*", ossia contro una decisione definitiva del giudice.

Le conseguenze che derivano dalla nullità di un atto amministrativo (che può essere dichiarata soltanto dal *giudice amministrativo*: → § IX.1) sono radicali, perché la nullità non è sanabile, non ci sono termini di decadenza per rilevarla e l'eventuale esecuzione di un provvedimento nullo può essere fonte di illecito.

B) L'**illegittimità** dell'atto amministrativo copre l'intera area del contrasto tra l'atto e le norme vigenti che si inserisce, da un lato, tra le ipotesi, gravissime e rare, della nullità e, dall'altro, tra quelle lievi che rientrano nella "mera **irregolarità**", e che sono prive di conseguenza per la validità dell'atto (al massimo possono causare conseguenze disciplinari per il funzionario che le ha commesse).

5.2. *Ipotesi di illegittimità dell'atto amministrativo*

Per tradizione (ma ora anche per espressa previsione dell'art. 21 *octies* della legge 241/1990, aggiunto dalla legge 15/2005), i vizi di legittimità degli atti amministrativi sono divisi in tre categorie:

a) **incompetenza**: si ha quando il provvedimento è emanato da un'amministrazione che ha la potestà sulla materia (altrimenti vi sarebbe *nullità*, come si è visto, per *carenza di potere*, detta anche *incompetenza assoluta*), ma da un organo incompetente (si chiama infatti **incompetenza relativa**). Un esempio può essere il provvedimento emanato dal Sindaco o dal Presidente della Regione al posto del dirigente;

b) **violazione di legge**: è il puntuale contrasto tra il provvedimento con qualsiasi norma giuridica vigente (il termine "legge" è quindi inteso nel senso più vasto; ovviamente esso comprende anche le norme di origine europea: → § VII.7).

Tipiche sono le violazioni delle norme sul procedimento, ma con alcune attenuazione introdotte dalla legge 15/2005: essa infatti nega l'annullabilità di provvedimenti adottati "*in violazione di norme sul procedimento o sulla forma degli atti qualora, per la natura vincolata del provvedimento, sia palese che il suo contenuto dispositivo non avrebbe potuto essere diverso da quello in concreto adottato*". In particolare il provvedimento non è annullabile "*per mancata comunicazione dell'avvio del procedimento qualora l'amministrazione dimostri in giudizio che il contenuto del provvedimento non avrebbe potuto essere diverso da quello in concreto adottato*". Quello che si vuole evitare è che il privato si appigli a difetti formali facendo "saltare" provvedimenti amministrativi che, anche se perfettamente regolari, non avrebbero potuto essere diversi.

Siccome anche l'incompetenza e, come ora vedremo, l'eccesso di potere costituiscono "violazione della legge", si può dire che il vizio specifico di "violazione di legge" rappresenta una figura residuale, che contiene tutte quelle ipotesi di violazione di norme vigenti che non toccano la competenza dell'organo né l'uso della *discrezionalità amministrativa*, la quale è oggetto specifico dell'eccesso di potere;

c) **eccesso di potere**: è il vizio specifico della discrezionalità amministrativa. Esso quindi non può colpire gli *atti vincolati* della pubblica amministrazione. Nasce dal tentativo storico del giudice di annullare i provvedimenti amministrativi che, benché non presentassero contrasti puntuali con le disposizioni vigenti, si manifestassero chiaramente viziati nel ragionamento e nelle valutazioni attraverso le quali si è formata la volontà dell'organo amministrativo. I "vizi" di questo tipo sono stati classificati in "figure sintomatiche" dell'eccesso di potere.

5.3. *Figure sintomatiche dell'eccesso di potere*

Le **figure sintomatiche** dell'eccesso di potere sono le ipotesi tipiche, elaborate dalla giurisprudenza, di difetti nel processo di formazione delle scelte discrezionali della pubblica amministrazione. Le principali figure sintomatiche sono le seguenti:

a) **sviamento di potere**. Il potere amministrativo è "sviato" quando un provvedimento, previsto dalla legge per tutelare un determinato interesse, viene impiegato per un fine del tutto diverso. Non è che il fine perseguito sia di per sé illecito (scatterebbero allora sanzioni penali): è semplicemente che si persegue un fine diverso da quello perseguito da quel tipo di provvedimento, si viola perciò la sua *tipicità* (→ § VIII.2);

✓ IL CASO: PER QUALI MOTIVI PUÒ ESSERE CACCIATO IL PRESIDENTE DEL CONSIGLIO COMUNALE?

Il Presidente del Consiglio comunale non piace più alla maggioranza: in occasione di un paio di importanti delibere, vota contro alla maggioranza che lo ha eletto, e questa sua libertà di giudizio suscita un'immediata reazione politica. Il Consiglio vota la sua revoca: ma egli ricorre al giudice amministrativo, che gli dà ragione. Afferma infatti che il potere di revoca può essere esercitato soltanto per motivi istituzionali, in quanto il Presidente usi i propri poteri a fini di parte. Esaminata la motivazione dell'atto di revoca, il giudice amministrativo scopre invece che le ragioni del provvedimento di revoca sono tutte politiche: lo giudica perciò illegittimo per *sviamento di potere "perché il potere di revocare il Presidente del Consiglio è stato esercitato con motivazioni (politiche) diverse da quelle (istituzionali) che ne costituiscono la funzione tipica secondo la logica del sistema"*. Come dire: con quello strumento tipico – la revoca – si possono sanzionare comportamenti lesivi della dignità del Consiglio o dell'imparzialità del Presidente, non punire il dissenso politico (la sentenza del giudice amministrativo è stata confermata dal Consiglio di Stato, V sez., 25 novembre 1999, n. 1983).

b) **travisamento dei fatti**: si ha quando il provvedimento si basa su una erronea ricostruzione delle circostanze (per esempio, si impone un vincolo storico-artistico su un palazzo ritenendolo antico, mentre non lo è; oppure il questore nega il permesso di soggiorno ad uno straniero a causa della sua pericolosità basandosi sul fatto che siano pendenti due processi penali, mentre l'interessato è già stato prosciolto);

c) **contraddittorietà interna** o **evidente illogicità**: colpisce il provvedimento "stupido", che muove da premesse in contrasto con la decisione o di per sé inconsistenti: tale, per esempio, è stata giudicata la decisione di una commissione di concorso di attribuire alle risposte esatte riguardanti le stesse domande di un test scritto un valore diverso a seconda della quantità di risposte esatte che il candidato aveva dato. La contraddizione può anche manifestarsi tra provvedimenti in qualche modo connessi (**contraddizione tra più provvedimenti**);

d) **disparità di trattamento**: è il classico caso di violazione del principio di eguaglianza (→ § X.3). La può denunciare, per esempio, l'imprenditore, che si vede escluso da un contributo, concesso viceversa ad un suo concorrente che pur si trova nella sua stessa situazione;

e) **vizi della motivazione**: tutte le figure sintomatiche portano il giudice a controllare la motivazione. La motivazione dei provvedimenti amministrativi discrezionali è obbligatoria (l'assenza infatti costituisce un caso di *violazione di legge*), e dalla motivazione il giudice può ricostruire non solo le fasi del procedimento, ma anche gli elementi che hanno portato alla decisione e quindi pure gli eventuali "sintomi" dell'eccesso di potere. In alcuni casi è la stessa motivazione a manifestarsi "viziata", perché presenta palesi contraddizioni, è incerta, insufficiente, ecc.;

f) **violazione delle prassi amministrative**: si ha quando l'amministrazione, senza un'adeguata motivazione, si discosta da circolari, direttive od anche dalla precedente costante interpretazione di una disposizione;

g) **ingiustizia manifesta**: per esempio per lesione della proporzionalità tra infrazione e sanzione.

Le figure sintomatiche, sono state elaborate dalla prassi giurisprudenziale per uno scopo preciso: sindacare le scelte discrezionali *dall'esterno* delle scelte dell'amministrazione, per quegli errori o quelle manchevolezze del processo di formazione della volontà della pubblica amministrazione che sono percepibili da parte di un soggetto – il giudice, appunto – cui la legge non attribuisce il potere di valutare l'opportunità delle scelte da compiere, che quindi non può entrare *all'interno* del **merito amministrativo**. La divisione dei poteri traccia una linea di separazione netta tra ciò che compete all'amministrazione (e quindi al potere esecutivo) e ciò che compete al giudice. Quale sia il modo migliore per tutelare un interesse pubblico è una valutazione attribuita alla pubblica amministrazione, di cui risponde politicamente il vertice politico dell'esecutivo (il Governo, il Ministro, il Presidente della Regione, il Sindaco, ecc.). Il giudice, a cui il privato cittadino si rivolge per chiedere la tutela dei propri interessi contro i provvedimenti amministrativi, non può giudicare se la decisione assunta dall'amministrazione sia più o meno opportuna: quello che può fare è controllare che essa sia corretta, corrispondente alle norme vigenti, e non "viziata" da errori evidenti di percorso. Le figure sintomatiche si limitano a dare un nome agli errori più tipici. Non sono sempre ipotesi perfettamente separabili e spesso si sovrappongono, perché è frequente che lo stesso "errore" possa rientrare tra figure diverse. D'altra parte, i princìpi di ragionevolezza e proporzionalità che, come si è visto, oggi sono considerati i criteri generali che devono ispirare l'attività discrezionale della pubblica amministrazione, non rientrano in nessuna di queste figure, che sono state elaborate un secolo e mezzo fa. Quindi, il provvedimento che venga emanato non rispettando questi princìpi, manifesterà vizi che di volta in volta potranno trovare casa in una delle figure tradizionali ("illogicità e perplessità della motivazione", "motivazione insufficiente", "ingiustizia manifesta", ecc.) o in una combinazione di esse.

È importante notare che, siccome il procedimento è costituito da una serie ordinata di atti rivolti alla produzione del provvedimento, il vizio che colpisce qualsiasi atto del procedimento si riflette poi negativamente sulla validità del provvedimento finale, che potrà essere dichiarato illegittimo per **invalidità derivata** dall'illegittimità di un atto del procedimento.

5.4. *L'autotutela*

L'amministrazione pubblica che emana un provvedimento viziato può, prima che esso venga annullato da un giudice, utilizzare alcuni strumenti per "riparare" i vizi. Si parla in questi casi di **sanatoria**. Per esempio, se l'atto è viziato per incompetenza, viene sanato se lo **ratifica** (eccezionalmente anche dopo l'impugnazione) l'organo competente. Se invece i vizi riguardano il procedimento (per esempio, manca un parere o un'attività istruttoria), il provvedimento può in certi casi essere sanato se interviene in seguito l'atto mancante (si parla in questi casi di **convalida**). Anche i vizi formali sono in genere sanabili o possono persino essere considerati dal giudice ininfluenti.

Ovviamente non tutti i vizi sono sanabili. In questi casi l'amministrazione può procedere (in "**autotutela**", come si dice) emanando un ulteriore provvedimento: l'**annullamento d'ufficio**. Si tratta di un atto discrezionale: l'amministrazione deve infatti valutare se sussista uno specifico interesse pubblico ad annullare l'atto, perché non è sufficiente che si constati che esso è illegittimo. Infatti, annullare un atto già efficace può comportare conseguenze sia per i privati che per gli interessi pubblici assai rilevanti, ed è indispensabile che l'amministrazione ne valuti con attenzione l'opportunità: l'art. 21-*nonies*, aggiunto alla legge 241/1990 dalla riforma del 2005, prescrive appunto all'amministrazione di provvedere all'annullamento "*entro un termine ragionevole e tenendo conto degli interessi dei destinatari e dei controinteressati*".

✓ NON SEMPRE AGIRE IN AUTOTUTELA È SCELTA DISCREZIONALE

Un'amministrazione pubblica decide di annullare d'ufficio in autotutela la concessione di un grosso contributo comunitario ad un'impresa costruttrice, la quale reagisce ricorrendo al giudice amministrativo per eccesso di potere, mancata valutazione dell'interesse pubblico concreto, omessa ponderazione dell'interesse della ricorrente, ecc. Ma il giudice (T.A.R. Sardegna, sez. I, sent. 27/2012) fa osservare che sulla legittimità di quel contributo si era espressa la Corte di giustizia europea, dichiarandolo illegittimo. In questo caso l'annullamento in autotutela non è un atto discrezionale, ma obbligatorio: come la stessa Corte di giustizia ha dichiarato (sent. *Kühne & Heitz*, C-453/00), l'obbligo di cooperazione gravante sulle pubbliche amministrazioni nazionali con le istituzioni europee si estende fino ad esigere l'annullamento in autotutela di provvedimenti amministrativi contrastanti con il diritto europeo anche quando si tratti di atti del tutto legittimi al tempo della loro emanazione.

È discrezionale anche un altro provvedimento "di secondo grado", la **revoca** di un provvedimento: essa non riguarda provvedimenti "viziati", ma toglie efficacia ad un provvedimento in vigore per ragioni connesse al mutamento dell'interesse pubblico o della situazione di fatto. La revoca del provvedimento è dunque sempre possibile, ma fa sorgere in capo all'amministrazione l'onere di indennizzare il pregiudizio che ne derivi ai privati interessati al provvedimento revocato (art. 21 *quinquies* della legge 241/1990 "riformata").

✓ IL CASO: INTERESSE PUBBLICO O INTERESSE INCONFESSABILE?

Un'amministrazione universitaria fa una gara per aggiudicare dei lavori di ristrutturazione di un immobile. Vince l'impresa X e l'impresa Y impugna perché l'impresa X non aveva i requisiti richiesti. Il giudice amministrativo dà ragione al ricorrente e annulla l'aggiudicazione della gara. L'impresa Y pensa di ottenere finalmente l'affidamento dei lavori, ma non è così: l'amministrazione, in via di autotutela, decide di annullare il bando di gara e di rifarlo. L'impresa Y ricorre, e vince ancora. Osserva infatti il giudice che il potere dell'amministrazione di rinnovare la gara d'appalto deve basarsi su una corretta valutazione dell'interesse pubblico e dell'esigenza di non vanificare le aspettative del soggetto che ha chiesto e ottenuto l'annullamento della gara precedente. Invece, "*nel caso in esame, il provvedimento di revoca non si sottrae, principalmente attraverso il confronto con il nuovo bando* (che riproduce, pressoché fedelmente, quello precedente), *al sospetto di sviamento, formulato dal ricorrente con riferimento alla volontà dell'amministrazione di eludere e vanificare gli effetti della pronuncia giurisdizionale*" (Cons. St., sez. VI, sent. 14 gennaio 2000, n. 244). È interessante notare che l'annullamento d'ufficio, essendo un atto discrezionale, sottostà alla normale strategia di controllo dell'eccesso di potere. Infatti il giudice accenna allo "sviamento" e, nella parte della motivazione non riportata, argomenta sul "travisamento dei fatti" che la motivazione della decisione rivela.

Infine, il Governo dispone di un potere di annullamento d'ufficio di ogni atto amministrativo emanato da qualsiasi autorità amministrativa, sempre per motivi di illegittimità e in nome di uno specifico interesse pubblico. È un potere riconosciuto dalla legge "*a tutela dell'unità dell'ordinamento*", ovviamente a carattere straordinario. Solo gli atti amministrativi delle Regioni ne sono immuni, grazie ad una sentenza della Corte costituzionale (sent. 229/1989).

6. Tutela nei confronti dei provvedimenti amministrativi

6.1. *Definizioni*

Tutta la teoria del provvedimento amministrativo, della discrezionalità, dei vizi e dell'eccesso di potere in particolare è finalizzata ad un unico obiettivo: garantire al cittadino la tutela dei propri interessi, pur mantenendo fermo il principio che l'interesse pubblico prevale su quello privato a condizione che l'amministrazione abbia agito correttamente. La tutela degli interessi del privato può giovarsi di due strade: il *ricorso amministrativo* e il *ricorso giurisdizionale*. Il **ricorso amministrativo** è un'istanza che il privato rivolge all'amministrazione per chiedere l'annullamento o la revoca di un provvedimento illegittimo o, in certi casi, semplicemente inopportuno; il **ricorso giurisdizionale** è invece lo strumento con cui il privato impugna il provvedimento illegittimo di fronte al giudice, rivolgendosi quindi ad un organo "terzo" (→ § IX.2).

6.2. *Ricorsi amministrativi*

Vi sono quattro tipi di ricorso amministrativo:

a) il **ricorso gerarchico proprio** è un rimedio riconosciuto *in via generale* (salvo che la specifica legge, su cui si fonda l'atto, non lo escluda), attraverso il quale il privato può chiedere all'organo gerarchicamente superiore a quello che ha emanato l'atto di annullare, revocare o riformare l'atto amministrativo che lo riguarda, invocando sia motivi di legittimità che di merito, quindi di opportunità.

Il ricorso va presentato entro 30 giorni dal giorno in cui l'atto è stato notificato (o in cui il privato ne ha avuto conoscenza) ed è considerato respinto se entro 90 giorni l'amministrazione non risponde;

✓ QUANDO L'AMMINISTRAZIONE TACE

L'esigenza di rafforzare la garanzia degli interessi dei cittadini ha spinto il legislatore a dare un significato anche al silenzio dell'amministrazione. Che si fa se l'amministrazione non risponde alle richieste o ai ricorsi dei cittadini? Il **silenzio significativo** consiste nella qualificazione giuridica che l'ordinamento assegna all'inerzia dell'amministrazione. Abbiamo appena visto un esempio di **silenzio rigetto**: l'amministrazione che non risponde al ricorso del privato si considera averlo rigettato, il che consente al cittadino di rivolgersi al giudice senza dover ulteriormente attendere. La giurisprudenza amministrativa ha attribuito un significato a tutte le ipotesi di inerzia dell'amministrazione di fronte a richieste di un provvedimento da parte dei privati: in questi casi il privato può ricorrere al giudice amministrativo per contestare il **silenzio della pubblica amministrazione** ed il giudice può arrivare persino a nominare un **commissario *ad acta*** che emana il provvedimento discrezionale al posto dell'amministrazione. Le leggi possono attribuire in certi casi il significato di **silenzio diniego** all'inerzia dell'amministrazione e prevedere invece, in altri casi, che l'inerzia dell'amministrazione sia da considerarsi come **silenzio assenso**: se l'amministrazione non risponde alla richiesta del privato, decorso il termine, la richiesta s'intende accolta (un provvedimento fittizio di cui spetterà semmai all'amministrazione, quando vi fossero i presupposti, procedere all'annullamento d'ufficio, in autotutela). Le riforme alla legge 241/1990 introdotte nel 2005 hanno fatto del silenzio assenso la regola: quando il privato chiede "*il rilascio di provvedimenti amministrativi il silenzio dell'amministrazione competente equivale a provvedimento di accoglimento della domanda, senza necessità di ulteriori istanze o diffide*", salvo che l'amministrazione non comunichi tempestivamente il "diniego". Anzi, per gran parte dei procedimenti di autorizzazione vale la regola per cui il privato non ha bisogno di chiedere il provvedimento autorizzatorio, ma gli è sufficiente presentare la "*segnalazione di inizio d'attività*" (la c.d. *SCIA*) (→ § V.4): dovrà essere l'amministrazione ad attivarsi in tempo utile a impedire al privato le attività per le quali non abbia titolo.

b) il **ricorso gerarchico improprio** è invece un rimedio di carattere *eccezionale* (quindi è proponibile solo se previsto dalla legge) e consiste nell'istanza rivolta ad un organo diverso dal superiore gerarchico (che in certi casi neppure c'è) e che deve essere individuato, appunto, dalla legge;

c) il **ricorso in opposizione** è anch'esso un rimedio di carattere *eccezionale* (quindi è proponibile solo se previsto dalla legge): esso va rivolto allo stesso organo che ha emanato l'atto, nel disperato tentativo di fargli cambiare idea. Rispetto ad un semplice reclamo (che ovviamente si può sempre fare) ha il vantaggio di obbligare sempre l'amministrazione a rispondere (vale il meccanismo del silenzio-rigetto) e di sospendere i termini di decadenza dal ricorso giurisdizionale;

d) il **ricorso straordinario al Capo dello Stato** è uno strumento generale che ha due caratteristiche particolari: può essere proposto solo se non ci sono altri ricorsi amministrativi disponibili (o sono già stati respinti), ed è alternativo al *ricorso giurisdizionale* (o si sceglie l'uno o si sceglie l'altro). Infatti, come il ricorso giurisdizionale, può essere proposto solo per motivi di legittimità: ha il solo vantaggio di essere proponibile entro 120 giorni dalla notificazione o conoscenza dell'atto, mentre il ricorso giurisdizionale è proponibile entro 60 giorni. La decisione del ricorso, solo formalmente imputabile al Presidente della Repubblica, è in larga parte determinata dal parere che obbligatoriamente esprime il Consiglio di Stato. Ciò non muta però la natura del ricorso, che resta uno strumento amministrativo e non assume natura giurisdizionale (come ha ribadito la Corte costituzionale nella sent. 254/2004).

6.3. *Il ricorso giurisdizionale*

Il privato, destinatario di un provvedimento illegittimo, non ha alcuna necessità di ricorrere in via amministrativa, perché può impugnare il provvedimento direttamente davanti al giudice. L'art. 113 Cost. garantisce una "copertura totale": "*Contro gli atti della pubblica amministrazione, è sempre ammessa la tutela giurisdizionale dei diritti e degli interessi legittimi dinanzi agli organi di giurisdizione ordinaria e amministrativa*", aggiungendo poi che "*tale tutela giurisdizionale non può essere esclusa o limitata a particolari mezzi di impugnazione o per determinate categorie di atti*". In altre parole, il *diritto di azione* (→ § VIII.2) è assicurato: tuttavia la nostra costituzione ha previsto che i conflitti tra i privati e la pubblica amministrazione non siano (o almeno, non siano tutti) decisi dai *giudici ordinari*, ma siano (almeno in larga parte) devoluti ad un *giudice speciale* (→ § VIII.1), chiamato **giudice amministrativo** (si vedano infatti l'art. 125.2, che prevede l'istituzione di organi di giustizia amministrativa di primo grado, e l'art. 100.1, che qualifica il Consiglio di Stato come "*organo di tutela della giustizia nell'amministrazione*").

Le ragioni di questa scelta, che ha radici nella tradizione italiana, è di garantire che la legittimità degli atti della pubblica amministrazione sia giudicata da un *giudice speciale*: un giudice che abbia una formazione diversa da quella degli altri giudici, che conosca il modo di funzionare dell'amministrazione, ma allo stesso tempo presenti le indispensabili garanzie di "terzietà" rispetto alle parti in causa, il privato e l'amministrazione. Tuttavia al giudice amministrativo non arrivano tutti i conflitti tra cittadini e pubblica amministrazione: la costituzione prevede un *riparto di giurisdizione* (→ § VIII.1) che, in linea di massima, segue questa distinzione: quando il cittadino e l'amministrazione stanno sullo stesso piano (o, come si dice, il privato vanta un "*diritto soggettivo*") il giudice competente è quello ordinario, cioè il *giudice civile*; quando invece il conflitto è tra l'interesse pubblico e l'interesse del privato (il privato, di fronte all'*autorità* dell'amministrazione, vanta un semplice "*interesse legittimo*"), la competenza è del *giudice amministrativo*.

6.4. *Diritto soggettivo e interesse legittimo*

Secondo la nozione tradizionale, si ha un **diritto soggettivo** quando un determinato bene o vantaggio è garantito dall'ordinamento giuridico. Il bene garantito può essere il più vario: l'appartamento che ho ereditato, la somma che mi devono, il servizio a cui mi sono abbonato. L'acquisto e il godimento del bene è indipendente dall'intervento della pubblica amministrazione. Il diritto del privato, però, può scontrarsi con un interesse pubblico, e trovarsi perciò di fronte all'amministrazione che lo ha in cura: l'autorità amministrativa ha il potere di limitare o addirittura sopprimere quel diritto. Il mio terreno può servire per costruirci una strada o un ospedale: l'autorità amministrativa può sopprimere il mio diritto di proprietà, trasferendolo al soggetto che costruisce la strada o l'ospedale, mediante un atto di espropriazione per pubblica utilità. All'espropriato viene corrisposta una somma di denaro come indennità, ma nel frattempo il suo diritto di proprietà è venuto meno. L'espropriato comunque non perde ogni tutela: l'ordinamento tutela il suo interesse a difendersi da un'amministrazione che operi in difformità dalla legge o eccedendo dal potere che essa le assegna. Perciò egli può agire davanti al giudice amministrativo, che dovrà giudicare proprio sulla conformità dell'atto al modello normativo: nel caso in cui risulti violato tale modello dovrà pronunciare *l'annullamento dell'atto illegittimo*, ripristinando il diritto del privato. Insomma, anche quando il privato subisce una compressione del suo diritto soggettivo, in nome della prevalenza dell'interesse pubblico perseguito dall'amministrazione, l'ordinamento gli garantisce l'interesse alla legittimità dell'azione amministrativa. Questa situazione soggettiva prende appunto il nome di **interesse legittimo**. Quest'ultimo pertanto può essere definito come la situazione di vantaggio che si possiede di fronte al potere dell'amministrazione e che si sostanzia nella garanzia della legittimità dell'atto amministrativo.

In pratica, perciò, la regola – secondo cui si fanno valere i diritti soggettivi nei confronti della pubblica amministrazione davanti al giudice ordinario e gli interessi legittimi davanti al giudice amministrativo – si risolve nella seguente: si ha giurisdizione del giudice ordinario quando l'amministrazione ha agito *priva di autorità*, vuoi perché ha deciso di impiegare strumenti di diritto privato (→ § VI.1), vuoi perché ha agito in **carenza assoluta di potere**, ossia in quelle circostanze che comportano la *nullità* del provvedimento; mentre si ha giurisdizione del giudice amministrativo quando l'amministrazione ha agito *con autorità*, ma il privato ritiene che il provvedimento presenti vizi di legittimità che ne potrebbero causare *l'annullamento*. Però, come poi si vedrà (→ § VIII.1), il riparto di giurisdizione tra il giudice ordinario e il giudice amministrativo è oggi sempre meno basato sulla contrapposizione tra diritto soggettivo e interesse legittimo, e sempre più spesso fissato per materia dal legislatore. Resta comunque una differenza fondamentale: che solo il giudice amministrativo potrà *annullare* l'atto impugnato con effetti *erga omnes*, mentre il giudice ordinario potrà solo *disapplicarlo* con effetti *inter partes* (per questa distinzione: → § VI.4).

IX. LA TUTELA DEI DIRITTI: GIUDICI E CORTE COSTITUZIONALE

1. Giudici ordinari e giudici speciali

Il sistema giudiziario italiano si caratterizza per la contestuale presenza di più giurisdizioni: sono istituiti *i giudici ordinari, i giudici amministrativi, i giudici contabili, i giudici tributari* e *i giudici militari*. La competenza dei giudici è stabilita dalla legge secondo criteri differenti che tengono conto o della *materia* su cui la giurisdizione va esercitata o della *posizione giuridica* vantata dal soggetto di diritto.

I **giudici ordinari** amministrano la giustizia civile e penale attraverso organi giudicanti e organi requirenti. Gli **organi giudicanti civili** si dividono in organi di primo grado (giudice di pace e tribunale) e di secondo grado (Corte d'appello); le decisioni del giudice di pace si possono impugnare in appello dinanzi al tribunale; le decisioni assunte dal tribunale in primo grado possono essere impugnate presso la Corte d'appello.

Anche tra gli **organi giudicanti penali** vi sono organi di primo grado (il giudice di pace, il tribunale, la corte d'assise) e organi di secondo grado (la Corte d'appello, la Corte d'assise d'appello, il tribunale della libertà).

Gli **organi requirenti** sono i Pubblici ministeri che esercitano l'azione penale e agiscono nel processo a cura di interessi pubblici. Perciò, il **Pubblico ministero** (PM) attiva, attraverso l'esercizio dell'azione penale, la giurisdizione penale per l'accertamento di eventuali reati e la condanna dei loro autori. Inoltre, agisce anche nel processo civile, nei casi stabiliti dalla legge a tutela di interessi pubblici. La differenza tra questi due campi di azione è notevole, perché mentre il ruolo del PM nel processo civile è interamente rimesso alla legge, nel campo penale nessuna legge può cancellare o modificare l'obbligo per il PM di esercitare l'azione penale, in quanto tale obbligo è previsto dalla Costituzione (art. 112). **Obbligo dell'azione penale** significa che il PM non può scegliere discrezionalmente se avviare o meno l'azione in relazione al tipo di reato, ma è tenuto a intraprendere la sua azione sempre e comunque in presenza di una *notitia criminis* dotata di un certo fondamento. In questo modo la Costituzione vuole evitare che l'attivazione della giurisdizione penale sia condizionata da scelte a favore di qualcuno o contro qualcun altro, e quindi sia caratterizzata dall'imparzialità. Ciò spiega perché la Costituzione garantisce l'indipendenza del PM (art. 108.2) e dispone che il PM goda delle garanzie stabilite nei suoi riguardi dalle norme sull'ordinamento giudiziario (art. 107.4). La Corte costituzionale, sulla base di queste disposizioni, ritiene che l'esercizio dell'azione penale richieda "l'imprescindibile requisito" dell'indipendenza del PM (sent. 88/1991).

Gli uffici del PM si rinvengono presso i tribunali (sia quelli ordinari che quelli per i minorenni), presso la Corte d'appello e presso la Corte di cassazione. Presso quest'ultima è istituita anche la **Direzione nazionale antimafia**, che si affianca alla **Direzione investigativa antimafia**, istituita presso il ministero dell'interno con il compito di assicurare lo svolgimento, in forma coordinata, delle investigazioni preventive relative alla criminalità organizzata, nonché di effettuare le indagini di polizia giudiziaria riguardanti delitti di tipo mafioso o comunque riconducibili all'associazione medesima.

La funzione giurisdizionale di primo grado nelle controversie in cui sono coinvolti soggetti con età inferiore ai diciotto anni è esercitata dal **Tribunale per i minorenni**, organo collegiale formato da due magistrati professionali e da due esperti. In sede penale esso si configura come giudice unico di prima istanza nei confronti di tutti i soggetti che al momento della commissione del reato non avevano ancora raggiunto i diciotto anni. In sede civile, invece, il tribunale per i minorenni è competente a giudicare in una serie di casi tassativamente indicati dalla legge in cui il giudice interviene nell'interesse del minore (come l'adozione nazionale e l'adozione internazionale).

I **giudici amministrativi** sono i tribunali amministrativi regionali, istituiti uno in ciascuna Regione ed eventualmente articolati in sezioni, e il Consiglio di Stato (che in Sicilia opera attraverso il Consiglio di giustizia amministrativa per la Regione Siciliana). Alla giurisdizione amministrativa è affidata la tutela giurisdizionale degli interessi legittimi, che prevede la possibilità che siano annullati gli atti della pubblica amministrazione (→ § VIII.5). Secondo la tradizione giuridica italiana il criterio per distinguere fra la giurisdizione del giudice ordinario e quella dei giudici amministrativi è costituito dalla natura della situazione giuridica soggettiva da tutelare. Più precisamente, al giudice ordinario spettano le controversie in materia di *diritti soggettivi*, al giudice amministrativo quelle in materia di *interessi legittimi*.

Il **Consiglio di Stato**, assomma in sé, oltre a poteri giurisdizionali (è giudice d'appello dei tribunali amministrativi regionali), anche poteri consultivi che possono essere attivati dal Governo dal momento che si tratta di un organo ausiliario del governo stesso (→ § III.7).

La **Corte dei conti** (→ § III.7), opera attraverso sezioni regionali (primo grado) e sezioni centrali (secondo grado). In generale, la Corte dei conti esercita la giurisdizione in tema di responsabilità dei pubblici amministratori qualora abbiano recato un danno economico ai soggetti pubblici dai quali dipendono.

I **giudici tributari** (le commissioni tributarie provinciali e regionali) esercitano la giurisdizione nelle controversie fra i cittadini e l'amministrazione finanziaria dello Stato. I **giudici militari**, in tempo di guerra, esercitano la giurisdizione secondo quanto stabilito dalla legge; in tempo di pace, esercitano la giurisdizione solo sui reati commessi dagli appartenenti alle forze armate (art. 103.3 Cost.).

2. Principi costituzionali in tema di giurisdizione

La Costituzione pone alcuni principi fondamentali in tema di giurisdizione. In primo luogo, il **principio della precostituzione del giudice** (detto anche **principio del giudice naturale**): "*nessuno può essere distolto dal giudice naturale precostituito per legge*" (art. 25 Cost.). Si tratta di una fondamentale garanzia per i cittadini: nessuno può trovarsi ad essere giudicato da un giudice appositamente costituito dopo la commissione di un determinato fatto; la legge deve indicare i criteri astratti (per esempio, di competenza territoriale, di valore, ecc.) impiegando i quali sia possibile predeterminare quasi automaticamente quale sia l'organo giudiziario competente a giudicare di una certa questione. È pure posto il divieto di istituire **giudici speciali**, cioè organi che sono formati fuori dall'ordinamento giudiziario, cioè alla giurisdizione ordinaria; mentre è possibile istituire sezioni specializzate presso i tribunali ordinari (art. 102 Cost.). Non ricadono nel divieto tutte quelle giurisdizioni speciali a cui si è accennato nel paragrafo precedente (giudici amministrativi, tribunali militari, Corte dei conti, ecc.), in quanto si tratta di giurisdizioni previste dalla stessa Costituzione e in larga parte preesistenti ad essa. Anche per le giurisdizioni speciali già esistenti sono però assicurate forme di indipendenza che rappresentano una importante garanzia per tutti i cittadini.

Portata generale hanno le disposizioni costituzionali che vogliono *che la giustizia sia amministrata in nome del popolo* (art. 101), che immaginano *una partecipazione popolare alla stessa giurisdizione* (art. 102.3), che *impongono al giudice la sola soggezione alla legge* (art. 101.1) stabilendo che *la disciplina dell'ordinamento giudiziario sia rimessa alla competenza della legge, e che sempre la legge assicuri l'indipendenza delle giurisdizioni speciali e del pubblico ministero* (art. 108). A ciò si aggiunge che, secondo la Costituzione, *i provvedimenti giurisdizionali devono essere motivati* e che, contro le decisioni dei giudici ordinari è ammesso *ricorso alla Corte di cassazione* che rappresenta il più alto grado di giudizio.La **Corte di cassazione** si configura come *giudice di legittimità*, cioè competente a conoscere le sole violazioni di legge compiute dagli organi giurisdizionali di grado inferiore (non si occupa dunque della ricostruzione dei fatti). La Corte di cassazione inoltre risolve i conflitti di competenza insorti fra i giudici ordinari e i conflitti di giurisdizione fra giudice ordinario e giudice speciale. In questo senso la Corte di cassazione si configura come organo di chiusura del sistema giudiziario a cui le disposizioni dell'ordinamento giudiziario affidano la funzione di "**nomofilachia**", cioè la soluzione delle questioni interpretative più controverse, al fine di indirizzare l'attività giurisdizionale degli organi giudicanti e requirenti.

La Costituzione garantisce il diritto di agire in giudizio per la tutela dei propri diritti e interessi legittimi e afferma che la difesa è "*un diritto inviolabile in ogni stato e grado del procedimento*" (art. 24). La tutela giurisdizionale di diritti e interessi legittimi è azionabile sia nei confronti di soggetti privati che nei confronti dello Stato e di altri enti pubblici (art. 113). La garanzia del **diritto di difesa**, unitamente al principio del giudice naturale precostituito per legge dovrebbero fondare la necessità che il processo si caratterizzi: 1) per il **contraddittorio** fra le parti, il quale esige che vi sia un confronto dialettico paritario tra le parti processuali lungo lo svolgimento di tutte le fasi processuali; 2) per la **imparzialità** e la **terzietà del giudice**, la cui decisione può essere accettata dalle parti e dalla società in quanto provenga da un soggetto competente ad applicare e interpretare il diritto in modo imparziale e quindi autonomo rispetto agli opposti interessi delle parti, che affrontano la contesa giudiziaria. Questi principi, a seguito della legge cost. 2/1999, si trovano ora chiaramente formulati nel nuovo testo dell'art. 111.

La Costituzione stabilisce che la nomina dei magistrati debba avvenire per *concor-*

so (art. 106.1).Le disposizioni costituzionali sanciscono l'autonomia e l'indipendenza del potere giudiziario. L'art. 104.1 Cost. afferma che "*la magistratura costituisce un ordine autonomo indipendente da ogni altro potere*". L'**autonomia dell'ordine giudiziario** è una garanzia destinata ad esplicare i suoi effetti all'interno dell'ordine giudiziario stesso e fa sì che ciascun magistrato possa determinarsi autonomamente senza ricevere alcun condizionamento da altri magistrati appartenenti all'ordine giudiziario. L'**indipendenza dell'ordine giudiziario** è riferita al potere giudiziario nel suo complesso, ma si tratta di una garanzia costituzionale destinata ad esplicare i suoi effetti in riferimento all'esercizio concreto della funzione giurisdizionale, in quanto tutela ogni singolo magistrato da tutti quei condizionamenti che possono provenire da poteri diversi dal potere giudiziario.

L'art. 107.1 Cost. afferma che "*i magistrati sono inamovibili*"; ciò significa che i magistrati senza il loro consenso non possono essere trasferiti ad una sede diversa da quella che occupano. L'ordinamento prevede la possibilità che il magistrato possa essere trasferito ad altra sede solo con un provvedimento del Consiglio superiore della magistratura (CSM) nei casi di incompatibilità previsti dall'ordinamento giudiziario (r.d.lgs. 511/1946), e contempla pure l'eventualità che un giudice possa essere trasferito ad altra sede – sempre con provvedimento del CSM – qualora non sia in grado di amministrare giustizia nella sua sede nelle condizioni richieste dal prestigio dell'ordine giudiziario.

3. Organi di garanzia dell'autonomia e dell'indipendenza dei magistrati

A garanzia dell'autonomia e dell'indipendenza della magistratura, la Costituzione italiana ha previsto che tutti i provvedimenti riguardanti la carriera e in generale lo *status* dei magistrati ordinari devono essere adottati da un organo che è sganciato dal Governo, cioè il **Consiglio superiore della magistratura** (CSM). Il CSM è composto (art. 104.2 Cost.) da tre *membri di diritto* (il Presidente della Repubblica, che lo presiede, il primo presidente della Cassazione, il Procuratore generale della Corte di cassazione), da membri eletti dai magistrati ordinari che devono rappresentare i due terzi del Collegio (i cosiddetti *membri togati*) e dai cosiddetti *membri laici*, che costituiscono il restante terzo, e che sono eletti dal Parlamento in seduta comune.

L'indipendenza dei giudici speciali è assicurata da altri organi collegiali modellati sull'esempio del CSM.

Essi sono: il **Consiglio di presidenza della giurisdizione amministrativa**, il **Consiglio di presidenza della Corte dei conti**, il **Consiglio di presidenza della magistratura tributaria**, il **Consiglio della magistratura militare**.

4. La Corte costituzionale

4.1. *La giustizia costituzionale e la Corte costituzionale*

Per "**giustizia costituzionale**" s'intende un sistema di controllo giurisdizionale del rispetto della Costituzione. La giustizia costituzionale è la principale garanzia della *rigidità* della Costituzione (→ § VII.1): consente di reagire a *determinate* infrazioni della Costituzione rivolgendosi in *determinati* modi ad un *determinato* giudice.

Il modello italiano di giustizia costituzionale è basato su un organo particolare, la **Corte costituzionale**. Tra i suoi poteri, anzi il principale di essi, c'è quello di dichiarare l'**illegittimità delle leggi** volute dal Parlamento, massimo organo rappresentativo; ha inoltre il compito di giudicare il comportamento degli organi costituzionali dello Stato, in caso di violazione delle attribuzioni di un altro organo, e di giudicare della responsabilità penale del Capo dello Stato. Il principio democratico vorrebbe che nessuno dei poteri dello Stato avesse una legittimazione diversa da quella che deriva dalla rappresentanza elettorale. Ma la Corte costituzionale non può avere una struttura "rappresentativa": che senso avrebbe che fosse una "terza camera" elettiva a sindacare le scelte legislative compiute dalla maggioranza politica in Parlamento? e che garanzie avrebbero le minoranze se, per difendere i propri diritti o le proprie prerogative dalle decisioni della maggioranza politica, si dovessero rivolgere ad un organo che, se fosse rappresentativo, sarebbe probabilmente dominato dalla stessa maggioranza politica?

Se la Costituzione "rigida" ha come suo principale obiettivo porre certi "valori" e certe istituzioni fuori del gioco politico – togliendoli dalla disponibilità della maggioranza politica che nasce dalle elezioni, domina il Parlamento e sceglie il "suo" Governo – allora l'organo chiamato a difendere la "legalità costituzionale" non può essere espressione della maggioranza, cioè non deve essere "rappresentativo". La Costituzione rigida ha bisogno di un organo "neutro", chiamato ad usare la Costituzione come un testo normativo e a giudicare del suo rispetto con gli strumenti e le tecniche che sono proprie del giudice.

Per raggiungere questo obiettivo, la Costituzione italiana disciplina con attenzione la composizione della Corte:

a) in primo luogo richiede ai suoi componenti un'elevata qualificazione tecnico-giuridica: essi devono essere scelti "*fra i magistrati anche a riposo delle giurisdizioni superiori ordinaria e amministrativa, i professori ordinari di università in materie giuridiche e gli avvocati dopo venti anni di esercizio*" (art. 135.2);

b) in secondo luogo i 15 giudici della Corte sono scelti da organi diversi, in modo da assicurare un certo equilibrio nella composizione: cinque giudici sono *eletti* dal Parlamento in seduta comune (→ § III.4), a *scrutinio segreto* e con *maggioranza qualificata* (due terzi dei componenti l'assemblea: dopo il terzo scrutinio è sufficiente la *maggioranza dei tre quinti* dei componenti); cinque sono *nominati* dal Presidente della Repubblica; cinque sono nominati dalle supreme magistrature ordinarie e amministrativa (tre dai magistrati di Cassazione, ed uno ciascuno dai magistrati del Consiglio di Stato e della Corte dei conti);

c) infine ai giudici della Corte è garantita l'immunità ("*I giudici della Corte costituzionale non sono sindacabili, né possono essere perseguiti per le opinioni espresse e i voti dati nell'esercizio delle loro funzioni*": art. 5 legge cost. 1/1953) e *l'inamovibilità* (cioè non possono essere rimossi né sospesi dal loro ufficio se non a seguito di una deliberazione della stessa Corte, e solo per sopravvenuta incapacità fisica o civile o "*per gravi mancanze nell'esercizio delle loro funzioni*": art. 3 legge cost. 1/1948).

I giudici della Corte durano in carica 9 anni.

4.2. *Competenze della Corte costituzionale*

Le competenze della Corte costituzionale sono elencate dall'art. 134 Cost. La Corte costituzionale giudica:

a) sulle controversie relative alla legittimità costituzionale delle leggi e degli atti, aventi forza di legge, dello Stato e delle Regioni;
b) sui conflitti di attribuzione tra i poteri dello Stato e su quelli tra lo Stato e le Regioni, e tra le Regioni;
c) sulle accuse promosse contro il Presidente della Repubblica, a norma della Costituzione.

Inoltre la legge cost. 1/1953 ha aggiunto alle competenze della Corte costituzionale il *giudizio di ammissibilità* sulle richieste di *referendum* abrogativo disciplinato dall'art. 75 Cost.

I paragrafi che seguono si limiteranno ad esaminare la più rilevante – almeno ai fini di questo libro – di queste attribuzioni, quella che riguarda il giudizio di costituzionalità delle leggi.

4.3. *Il giudizio di legittimità costituzionale delle leggi*

Le leggi e gli atti con forza di legge dello Stato e le leggi regionali possono essere sottoposte alla Corte costituzionale solo in due modi:

a) nel *giudizio principale* promosso con **ricorso** dello Stato (contro una legge regionale) o della Regione (contro una legge dello Stato o di un'altra Regione), entro 60 giorni dalla pubblicazione dell'atto impugnato. L'impugnazione deve essere decisa dall'organo politico di vertice: il Consiglio dei ministri per lo Stato, la Giunta regionale per la Regione. Nel giudizio davanti alla Corte costituzionale le parti potranno essere solo il Presidente del Consiglio dei ministri e il Presidente della Regione (o i Presidenti se le Regioni che hanno impugnato sono più d'una);
b) nel *giudizio incidentale*, sollevato da un giudice durante un qualsiasi giudizio. Se il giudice, se si persuade, anche su sollecitazione delle parti, che la legge che sta applicando è in contrasto con una norma della Costituzione (ritiene il dubbio *non manifestamente infondato*) e se ritiene che il giudizio non possa andare avanti senza applicare quella legge (ritiene quindi che la questione sia *rilevante*), sospende il giu-

dizio ed emana un'**ordinanza** motivata con cui investe la Corte costituzionale della questione di legittimità costituzionale. Le parti del giudizio principale possono costituirsi in giudizio, ma anche se non lo fanno la Corte prosegue lo stesso. Le parti possono difendersi nell'udienza pubblica davanti alla Corte, ma non possono modificare la questione sollevata dal giudice, che resta fissata dall'ordinanza che egli ha emanato.

La Corte costituzionale deve decidere della questione così come essa le viene prospettata. Può dichiarala inammissibile (per es. perché manca la rilevanza, è palesemente infondata, non riguarda un atto con forza di legge, ecc.) o deciderla nel merito, con una sentenza *di rigetto* o una *di accoglimento.*

4.4. *Le decisioni della Corte costituzionale e i loro effetti*

La Corte costituzionale deve decidere della questione così come essa le viene prospettata. Può dichiarala inammissibile (per es. perché manca la rilevanza, è palesemente infondata, non riguarda un atto con forza di legge, ecc.) o deciderla nel merito, con una sentenza *di rigetto* o una *di accoglimento*:

a) la sentenza di rigetto dichiara *non fondata* la questione di legittimità costituzionale. Questo non vuol dire che la legge impugnata sia dichiarata "costituzionalmente legittimità", ma semplicemente che il dubbio di illegittimità non è fondato. Qualsiasi altro giudice può sollevare in seguito la stessa questione: l'unico effetto della decisione di rigetto è che impedisce al giudice che l'ha sollevata di proporla di nuovo. Dovrà chiudere il suo processo applicando la legge (oppure può impugnarla di nuovo ma per motivi diversi);

b) la sentenza di accoglimento invece dichiara la *illegittimità costituzionale* della disposizione impugnata. La conseguenza è il suo *annullamento* (→ § VI.4): quella disposizione non potrà più essere applicata né dal giudice né dall'amministrazione pubblica. Per cui la sentenza di accoglimento fa sentire i suoi effetti anche su tutti i rapporti giuridici precedenti alla sua emanazione, ai quali la legge incostituzionale non dovrà più essere applicata. Ovviamente questi effetti possono interessare solo i rapporti giuridici ancora "*aperti*", cioè solo quelli che possono ancora essere portati davanti a un giudice (perché non è intervenuta prescrizione, decadenza, rinuncia, ecc.).

✓ COME TI MANTENGO APERTO UN RAPPORTO GIURIDICO

Quando il legislatore introduce un'imposta nuova – il che, ahimè, capita piuttosto spesso – si verifica talvolta un evento che un osservatore esterno fa fatica a spiegarsi. Il contribuente, poco entusiasta, paga il nuovo tributo ma, allo stesso tempo, ne chiede la restituzione all'amministrazione finanziaria. È il suo abile commercialista a suggerirgli un comportamento così contraddittorio. Perché? Semplice, per mantenere "aperto" il suo rapporto giuridico. L'amministrazione gli risponderà negativamente, avendo egli ottemperato ad un obbligo di legge; o forse non gli risponderà affatto. In entrambi i casi il nostro contribuente impugnerà il rifiuto dell'amministrazione (anche il silenzio può equivalere ad un rifiuto: è il c.d. *silenzio-rigetto*, → § VIII.6) di fronte al giudice amministrativo, evitando di compiere qualsiasi atto che possa accelerare i lunghi tempi della giustizia: una sapiente condotta processuale può garantirgli che il suo caso resti, tra un rinvio e un'impugnazione, *sub iudice* per numerosi anni. La sua speranza è che, nel frattempo, qualcuno impugni – nel corso di un giudizio parallelo al suo – la legge di fronte alla Corte costituzionale: se ciò avviene, e se la Corte dovesse dichiarare la legge illegittima, ecco che allora il nostro contribuente potrà far valere la sentenza nel suo giudizio. Beneficerà della dichiarazione di illegittimità senza neppure affrontare i costi di un giudizio di fronte alla Corte. Perché è vero che il giudizio davanti alla Corte è ispirato al principio di gratuità (gli atti sono esenti da tasse – art. 21 della legge 87/1953; non vi è condanna alle spese – art. 19 norme int.), ma gli avvocati invece costano!

4.5. *La Corte costituzionale e la c.d. "giustizia politica"*

Con l'espressione **giustizia politica** si suole fare riferimento a quelle funzioni che la Corte costituzionale esercita quando giudica sulle *accuse promosse contro il Presidente della Repubblica*. L'art. 134 Cost. prevede infatti che la Corte costituzionale possa essere attivata per giudicare dei reati di alto tradimento e di attentato alla Costituzione di cui all'art. 90.1 Cost.

Il Presidente della Repubblica non è responsabile degli atti compiuti nell'esercizio delle sue funzioni eccetto che per *alto tradimento* e *attentato alla Costituzione* (→ § III.6). In questo caso è messo in stato d'accusa dal *Parlamento in seduta comune* (→ § III.4) a *maggioranza assoluta* dei suoi membri (art. 90.2 Cost.) e giudicato dalla **Corte costituzionale in composizione integrata** da sedici membri tratti a sorte da un elenco di cittadini aventi i requisiti per l'eleggibilità a senatore che il Parlamento compila ogni nove anni (art. 135.7 Cost.).

✓ IL PROCEDIMENTO DI *IMPEACHMENT*

Il procedimento consta di due fasi:
a) la prima fase si svolge dinanzi al Parlamento in seduta comune, competente a deliberare la **messa in stato d'accusa** (***impeachment***) nei confronti del Presidente della Repubblica. La deliberazione del Parlamento in seduta comune è preceduta da una attività di indagine svolta da un Comitato, costituito dai membri delle Giunte per le immunità del Senato e della Camera, che dispone di un termine di cinque mesi (prorogabile una sola volta di tre mesi) per acquisire e valutare il materiale probatorio relativo alla *notitia criminis*. I poteri di cui dispone il sopraddetto Comitato sono piuttosto ampi: possono infatti essere disposte intercettazioni telefoniche, perquisizioni personali e domiciliari ed anche misure cautelari limitative della libertà personale degli inquisiti (art. 7 della legge 219/1989). Al termine dell'attività di indagine il Comitato può:
– ritenere palesemente infondata l'accusa e procedere con propria ordinanza all'archiviazione;
– presentare una relazione sulla messa in stato di accusa;
– dichiarare la propria incompetenza nel caso in cui il reato di cui si tratta non rientri tra quelli previsti dall'art. 90 Cost.
Sulle conclusioni presentate dal Comitato, il Parlamento in seduta comune procede alla votazione: la messa in stato d'accusa deve essere approvata a *maggioranza assoluta* dei propri componenti con l'indicazione degli addebiti e delle prove su cui si fonda l'accusa (art. 17.2 della legge 20/1962). In attesa del giudizio, il Presidente della Repubblica può essere sospeso dalla carica, in via cautelare, con ordinanza della Corte costituzionale;
b) la seconda fase, eventuale, si svolge di fronte alla Corte costituzionale nella sua composizione integrata.
Il processo dinanzi alla Corte costituzionale in composizione integrata si conclude con sentenza non soggetta a impugnazione, a meno che dopo la condanna non emergano fatti nuovi tali da far riaprire

un altro procedimento dinanzi alla Corte per la revocazione della sentenza. Per reati così gravi possono essere comminate le sanzioni penali nei limiti del massimo di pena stabilito dalle leggi vigenti al momento del fatto, nonché le sanzioni costituzionali, amministrative e civili adeguate al fatto (art. 15 della legge 1/1953).

Prima della modifica intervenuta con la legge cost. 1/1989 anche i **reati ministeriali** rientravano nella cosiddetta giustizia politica. Infatti originariamente l'art. 96 Cost. prevedeva la messa in stato d'accusa, da parte del Parlamento in seduta comune, del Presidente del Consiglio dei ministri e dei ministri per i reati commessi nell'esercizio delle loro funzioni. Il relativo giudizio penale si svolgeva dinanzi alla Corte costituzionale. La legge cost. 1/1989 ha modificato l'art. 96 Cost., investendo la magistratura ordinaria della competenza a giudicare dei *reati ministeriali* anche se *previa autorizzazione da parte della Camera di appartenenza se il membro del Governo è deputato o senatore, dal Senato nelle altre ipotesi.*

L'art. 9.3 della legge cost. 1/1989 prevede che l'autorizzazione possa essere negata solo a *maggioranza assoluta* dei componenti l'Assemblea e *se l'inquisito abbia agito per la tutela di un interesse dello Stato costituzionalmente rilevante ovvero per il perseguimento di un preminente interesse pubblico nell'esercizio delle funzioni di governo.* Competente a svolgere le indagini sui reati in oggetto è uno speciale collegio giudiziario (perciò chiamato "**Tribunale dei ministri**") istituito presso il tribunale del capoluogo del distretto di Corte d'appello competente per territorio e composto da tre magistrati sorteggiati fra quelli dei tribunali del distretto. Infine, per ciò che riguarda l'individuazione dei reati ministeriali, può essere affermato che si tratta di reati comuni commessi nell'esercizio di funzioni di governo, come per esempio quelli contro la pubblica amministrazione.

X. DIRITTI COSTITUZIONALI

1. Libertà e diritti costituzionalmente garantiti

Una delle componenti essenziali, presenti in tutte le costituzioni moderne, è la disciplina dei diritti e delle libertà. Essa ha fortemente risentito delle trasformazioni delle concezioni dello Stato, dando luogo ad un processo di sovrapposizione delle discipline più recenti su quelle più antiche, che rende particolarmente difficile orientarsi in questa parte delle costituzioni. Difficile anzitutto sotto il profilo terminologico, poiché a termini e concezioni antiche, sono venuti sommandosi problematiche del tutto nuove che hanno imposto la loro propria terminologia e le proprie categorie. In questo settore del diritto costituzionale, perciò, la terminologia e le classificazioni non sono stabilizzate e variano sensibilmente da autore a autore. È necessario tuttavia introdurre alcune nozioni.

a) Si parla generalmente di **situazioni giuridiche soggettive** per indicare sia le posizioni giuridiche attive o di vantaggio, quali le libertà e i diritti, che le posizioni giuridiche passive o di svantaggio, quali i doveri e gli obblighi (si pensi al dovere di difendere la Patria e all'obbligo del servizio militare di cui all'art. 52), che la Costituzione disciplina. Delle posizioni giuridiche passive si tratterà brevemente in seguito (→ § X.14). Le posizioni giuridiche attive si distinguono generalmente (per tacere di ulteriori più complesse, ma non più utili, classificazioni) in **libertà** e in **diritti**, ma la distinzione è poco precisa: il termine "libertà" sottolinea l'aspetto negativo, di non costrizione; il termine "diritto" privilegia l'aspetto positivo, di pretesa. È ovvio quindi che si parla prevalentemente di "libertà" con riferimento alle rivendicazioni tipiche del costituzionalismo liberale, tutte rivolte a respingere lo Stato fuori dalle scelte individuali (**libertà negative**); ed è pure ovvio che si parli prevalentemente di "diritti" con riferimento alle rivendicazioni sociali più recenti, quelle stesse che si ispirano al principio di eguaglianza sostanziale (→ § X.3) e si esprimono nella richiesta di servizi sociali, ausili per gli strati più deboli della popolazione, ecc. (**diritti positivi**). Ma, come si vede, sono distinzioni che hanno più un rilievo ideologico che un significato tecnico per il diritto costituzionale: per il quale, anzi, l'*aspetto negativo* (la richiesta di non essere costretto) e l'*aspetto positivo* (la richiesta di strumenti per realizzare i propri obiettivi) sono sempre presenti e strettamente legati in ogni "libertà" e in ogni "diritto" sanciti dalla Costituzione. Così, per esempio, il "diritto" alla salute, come pretesa di ricevere dal potere pubblico prestazioni sanitarie adeguate, ha un immediato risvolto "negativo" nella "libertà" da trattamenti sanitari obbligatori (→ § XII.2); mentre la libertà, classicamente negativa, di poter esprimere il proprio pensiero ha un riflesso "positivo" nella richiesta allo Stato di garantire il più ampio accesso ai mezzi di comunicazione.

Va poi considerato un secondo aspetto, su cui spesso si accumulano gli equivoci: il problema dell'intervento dell'autorità pubblica. Gli equivoci nascono dalla convinzione, assai diffusa, che – mentre per le libertà ciò che si chiede allo stato è essenzialmente l'astensione da qualsiasi intervento, e quindi che la loro tutela non abbia "costi" per la finanza pubblica – per i diritti invece sia indispensabile l'intervento pubblico, e quindi essi siano "costosi". Questa convinzione è priva di serio fondamento. Se prendiamo le tipiche libertà "negative" – per esempio la libertà personale (ossia la libertà da coercizioni fisiche), la libertà di domicilio, o la proprietà privata – vediamo che esse chiedono ingenti interventi e "costi" pubblici. Quale garanzia avrebbe infatti l'integrità fisica degli individui senza un ingente (e costoso) apparato di pubblica sicurezza posto a protezione di essa o senza il complesso (e costoso) apparato giudiziario? E cosa sarebbe la proprietà senza un apparato di protezione che tuteli, non solo attraverso strumenti di polizia, ma anche attraverso il servizio antincendi, la sistemazione delle acque, la protezione civile e la "garanzia" pubblica per le calamità naturali? Ancora una volta si può notare che la distinzione ha basi più ideologiche che "oggettive".

Che esistano diritti del tutto "negativi", ossia che consistono in una pura richiesta di astensione rivolta agli altri soggetti pubblici o privati, è un mito: tutti i diritti e le libertà hanno bisogno di un'organizzazione pubblica e dunque sono "costosi"; in fin dei conti è sempre una questione di scelta tra "politiche pubbliche" decidere se rafforzare le garanzie (e i costi) delle "libertà" o quella dei "diritti". Sono gli organi pubblici a dover decidere come impiegare le risorse finanziarie: si può decidere, per esempio, di migliorare le prestazioni pubbliche nella garanzia della incolumità fisica delle persone e della protezione della proprietà, destinando maggiori risorse all'organizzazione degli apparati della polizia, migliorando il trattamento dei proprietari espropriati, rafforzando le garanzie processuali per chi subisce limitazioni alla libertà personale (il che però potrebbe significare anche un aumento delle difficoltà di giungere ad una rapida punizione di chi si macchia di crimini contro l'integrità fisica o la proprietà); oppure si può decidere di rafforzare la protezione dei diritti sociali, migliorando le prestazioni sanitarie o il sistema pensionistico. Non esistono diritti o libertà che prescindano da questa scelta, perché non esistono diritti o libertà la cui garanzia non dipenda dall'intervento degli apparati pubblici.

b) Un'altra distinzione assai comune è tra **diritti assoluti** e **diritti relativi**. "Assoluti" non vuol dire illimitati (diritti illimitati non esistono, come poi vedremo), ma che si possono far valere nei confronti di tutti, cioè *erga omnes*. Essi possono essere **diritti della persona** (per esempio, la libertà personale, la libertà di domicilio o il diritto alla *privacy*) o **diritti reali** (per esempio, la proprietà), ma hanno comunque per contenuto una *libertà* il cui esercizio non richiede prestazioni da parte di terzi se non l'astensione: l'effetto *erga omnes* è perciò essenzialmente un divieto di interferenza per gli altri soggetti. Di contro, "relativi" sono i *diritti* che possono essere fatti valere solo nei confronti di soggetti determinati, ai quali si chiede una prestazione: il diritto che i minori vantano nei confronti dei genitori al mantenimento e all'educazione (art. 30 Cost.), il diritto del lavoratore ad una retribuzione proporzionata alla quantità e qualità del suo lavoro (art. 36.1 Cost.), o tutti i c.d. **diritti so-**

ciali (→ § X.10) che si possono vantare nei confronti dello Stato (per esempio, il diritto alle cure mediche gratuite: art. 32.1 Cost.; oppure il c.d. *diritto allo studio*: art. 34.4 Cost.).

Questa distinzione ha però più una funzione classificatoria che riflessi pratici. Tutti i diritti hanno bisogno di una disciplina normativa: anche quelli "assoluti" necessitano di regole che fissino i modi con cui essi possono essere limitati (per esempio, attraverso l'espropriazione della proprietà privata per pubblica utilità) e il punto d'equilibrio tra l'interesse di chi li vanta e gli altri soggetti (si legga, per esempio, quanto scrivono l'art. 42.3 Cost. a proposito della funzione sociale della proprietà). Per cui non è affatto detto che la legge non possa far dipendere anche il godimento di determinati "diritti assoluti" da prestazioni di altri soggetti: basti pensare al regime di autorizzazione – concessione cui è sottoposto lo sfruttamento edilizio della proprietà fondiaria. D'altra parte, anche i c.d. diritti relativi hanno un riflesso "negativo" che opera nei confronti di tutti: il mio diritto alla salute, che si incarna in una pretesa alle prestazioni sanitarie dello Stato, mi garantisce anche dall'azione pregiudizievole degli altri privati, attraverso la tutela penale e civile. Come pretesa alle prestazioni sanitarie, esso opera solo se e in quanto tali prestazioni siano disciplinate dalla legge; come divieto di recarmi pregiudizio, esso è *self-executing*: in entrambi i casi, però, si tratta di un diritto garantito dalla Costituzione, per cui la legge, che non mi assicurasse prestazioni adeguate o che non mi tutelasse a sufficienza da pregiudizi arrecatimi da terzi, potrebbe essere dichiarata illegittima.

c) Un notevole credito ha avuto in passato la distinzione tra **diritti individuali** e **diritti funzionali**. La differenza starebbe in questo: i primi (i diritti individuali) sono attribuiti alla persona in quanto tale, per un suo vantaggio personale e per le finalità che il singolo è libero di scegliere ed apprezzare, indipendentemente dai vantaggi o dagli svantaggi che ne possano derivare per la collettività; mentre i secondi (i diritti funzionali) sono attribuiti al singolo per il perseguimento di finalità predeterminate a vantaggio della comunità, e non liberamente scelte dall'individuo. Classico diritto "individuale" sarebbero quindi, per esempio, la libertà personale, la libertà di domicilio, la libertà di corrispondenza, ecc.; diritti "funzionali" sarebbero invece il diritto di proprietà, le potestà familiari, ecc.

Oggi questa distinzione ha perso qualsiasi utilità. Tutti i diritti, "individuali" o "funzionali" che siano, subiscono la concorrenza di altri diritti o interessi con cui devono conciliarsi: il "bilanciamento degli interessi" è la regola dell'applicazione di ogni diritto, di cui fissa il limite "negativo". D'altra parte, nessuno pensa che i diritti, neppure quelli che si definiscono "funzionali", possano essere caratterizzati da un limite "positivo", un vincolo di scopo che ne condiziona l'esercizio. È la legge che può fissare limiti all'esercizio della libertà imprenditoriale (art. 41.2), limiti al godimento della proprietà (art. 42.2), o limiti all'eguaglianza dei coniugi al fine di salvaguardare "*l'unità familiare*" (art. 29.2): e queste leggi potranno essere sottoposte al giudizio della Corte costituzionale, perché valuti se il bilanciamento tra le opposte esigenze compiuto dal legislatore sia equilibrato e ragionevole, esattamente come valuterebbe i limiti che il legislatore introducesse, per esempio, alla libertà personale, alla libertà di domicilio o alla libertà di corrispondenza per assicurare, poniamo, le esigenze della giustizia o del fisco.

d) Di ormai antica tradizione è la distinzione tra *diritti soggettivi* e *interessi legittimi*: essa però sta su un piano un po' diverso da quello delle distinzioni precedenti, perché guarda essenzialmente alla tutela giurisdizionale dei diritti, cioè al loro aspetto processuale (→ § IX.1).

La distinzione tra diritti soggettivi e interessi legittimi può avere rilievo anche a proposito dei diritti fondamentali: non nel senso che i diritti fondamentali possano essere classificati negli uni o negli altri, ma nel senso che in certe situazioni alcuni diritti soggettivi possono "degradare" ad interesse legittimo. Ciò avviene quando la Costituzione preveda che l'esercizio di determinati diritti possa essere condizionato da comportamenti della pubblica amministrazione, per esempio, attraverso provvedimenti ablatori (l'espropriazione, per esempio) o divieti. Così, per esempio, la libertà di riunione in luogo pubblico, che è un diritto assoluto sancito dall'art. 17 Cost., può essere degradata ad interesse legittimo quando, "*per comprovati motivi di sicurezza o di incolumità pubblica*", il questore la vieti: ai promotori resta la possibilità di impugnare il divieto davanti al giudice amministrativo, difendendo un "*interesse legittimo*" alla regolarità del provvedimento (in questo modo possono contestare, tra l'altro, la sussistenza di circostanze di luogo, di tempo e di modo poste a motivazione del provvedimento). Ma se lo stesso provvedimento di divieto della riunione fosse emanato in assoluta carenza di potere, per esempio dal capo dei vigili urbani, o fosse completamente privo di motivazione, allora probabilmente esso non avrebbe la forza di degradare il diritto di riunione, e l'interessato potrebbe difendere il suo "*diritto soggettivo*" davanti al giudice ordinario.

e) Diverse suddivisioni vengono usualmente adoperate per distinguere i diritti in diverse categorie in base al loro contenuto. Ma, si badi, esse hanno funzione essenzialmente classificatoria: sono utili per indicare i diritti costituzionali per gruppi, senza doversi impegnare in lunghe elencazioni. Anche qui si userà una classificazione "di comodo", distinguendo tra libertà che tutelano l'individuo, le libertà che tutelano le formazioni sociali, i c.d. "diritti sociali", le libertà economiche e i diritti politici. Sono distinzioni che non separano fenomeni totalmente diversi (in fondo, è ovvio che è sempre l'individuo il titolare dei diritti e delle libertà), ma piuttosto segnano livelli diversi in una scala di intensità della tutela accordata dalla Costituzione. Perché è ovvio che la tutela è più stringente dove è in gioco la stessa libertà fisica della persona (non a caso garantita dal primo articolo della parte che la Costituzione dedica ai diritti, l'art. 13) e poi si va progressivamente allentando, man mano che ci si allontana dalla persona fisica per allargarsi a beni situati in punti più lontani della sfera d'azione dell'individuo come, per esempio, l'economia.

2. Strumenti di tutela

La vera novità delle costituzioni moderne, delle costituzioni *rigide* (→ § VII.1) per intendersi, è non solo (e non tanto) di aver allargato il catalogo delle libertà e dei diritti alle esigenze proprie dello Stato sociale, ma di aver potenziato gli strumenti di garanzia anche dei "vecchi" diritti. Ovviamente l'intero sistema giuridico potrebbe essere letto in chiave di protezione dei diritti; tuttavia la Costituzione ha introdotto alcuni strumenti specificamente orientati a questo obiettivo.

I congegni di protezione dei diritti e delle libertà sono ovviamente diversi e diversi sono i piani su cui operano. Eccone i principali.

a) La *riserva di legge*. Alla legge è riservata la disciplina dei casi e dei modi con cui le libertà possono essere limitate.

b) La *riserva di giurisdizione*: è un meccanismo che rafforza assai spesso la riserva assoluta di legge, perché serve a ridurre ulteriormente lo spazio di valutazione discrezionale lasciato all'autorità pubblica. La riserva di giurisdizione condiziona ogni provvedimento restrittivo delle libertà individuali ad una previa autorizzazione (o, in casi d'urgenza, ad una pronta convalida) da parte del giudice (meccanismi di questo tipo sono previsti dagli artt. 13.2, 13.3, 14.2, 15.2, 21.3, 21.4 Cost.).

c) La *tutela giurisdizionale*. "*Tutti possono agire in giudizio per la tutela dei propri diritti e interessi legittimi*". Questa disposizione dell'art. 24.1 Cost. garantisce la più ampia possibilità di ricorrere al giudice per ogni violazione dei propri diritti, sia essa perpetrata dagli apparati pubblici che da altri soggetti privati. Il ***diritto alla difesa*** è un completamento indispensabile delle norme costituzionali che riconoscono i diritti e le libertà, che, senza di quello, risulterebbero svuotate di significato giuridico.

✓ CHI TUTELA I "DIRITTI DI TUTTI"?

Può agire davanti al giudice civile o amministrativo soltanto chi abbia un *interesse concreto*, dimostri cioè di rischiare di subire un danno (patrimoniale, morale, ecc.) ingiusto, e *attuale*, cioè che sussista al momento del giudizio. Tizio può ricorrere al giudice per opporsi ad una speculazione edilizia se, per esempio, è il proprietario di un fondo adiacente e dimostra di subire un danno patrimoniale dalle opere progettate. Ma non lo potrebbe fare in nome del comune interesse all'ambiente e al rispetto delle regole urbanistiche. Soltanto se le opere in corso realizzano una ipotesi di reato, egli può segnalarlo alla Procura della Repubblica perché questa inizi un'indagine penale. Ciò spiega il sempre più frequente ricorso all'esposto penale per far valere gli **interessi diffusi** di fronte a piccoli e grandi episodi di speculazione, inquinamento, disservizio o cattiva amministrazione. Ma ciò spinge – sia i giudici che lo stesso legislatore – nella direzione dell'estensione dell'area del penalmente illecito, che invece dovrebbe essere, in un paese civile, rigorosamente limitata alla protezione dei valori sociali fondamentali. Anche per questa ragione la legislazione recente va nella direzione di riconoscere la *legittimazione ad agire*, per la protezione dei c.d. **interessi collettivi**, alle associazioni che di questi interessi si fanno protettrici. È questa la scelta operata dalle leggi in materia di ambiente, di tutela dei consumatori o di lotta alle discriminazioni.

d) La *responsabilità del funzionario*. L'art. 28 Cost. stabilisce il principio della *responsabilità diretta* dei funzionari e dei dipendenti pubblici per gli "*atti compiuti in violazione di diritti*". Nell'intenzione dei costituenti questa doveva essere una norma di chiusura rafforzativa della tutela dei diritti fondamentali sanciti negli articoli precedenti, ma dalla serie di modifiche apportate nei lavori dell'Assemblea costituente è uscita una disposizione dal significato non molto chiaro. Per quanto il significato attuale attribuito alla disposizione sia alquanto ridotto, l'esistenza di forme di responsabilità penale e amministrativa a carico dei funzionari pubblici, e la responsabilità civile solidale dello Stato, costituiscono indubbiamente una garanzia dei diritti soggettivi, sia per il suo valore deterrente sia per la tutela risarcitoria che viene assicurata.

e) Il *sindacato di legittimità costituzionale*. L'introduzione del giudizio di legittimità delle leggi riveste un'importanza decisiva per la tutela dei diritti fondamentali. La Corte costituzionale infatti è chiamata a controllare che la legislazione ordinaria – che, come si è appena visto, ha il compito di attuare i principi costituzionali in tema di diritti – non travalichi e comprima le garanzie sino ad annullarle. Ciò però significa anche che l'effettivo contenuto dei diritti e delle libertà, nonché la concreta individuazione delle garanzie costituzionali dipendono dalle interpretazioni fornite dalla giurisprudenza della Corte costituzionale. Non è dunque un eccesso di realismo dire che i diritti fondamentali sono quello che la Corte dice che essi siano: perciò diventa inevitabile occuparci delle tecniche che la Corte costituzionale impiega per applicare le disposizioni costituzionali in tema di diritti fondamentali.

3. Il principio di eguaglianza

L'art. 3 Cost. enuncia il **principio di eguaglianza** e ne dà una formulazione complessa. Nel primo comma, esso esprime il principio di *eguaglianza formale*, nonché una serie di specifici divieti di discriminazione (c.d. *nucleo forte* dell'eguaglianza); nel secondo comma, esprime il principio di *eguaglianza sostanziale*.

a) La formulazione tradizionale del principio di **eguaglianza formale** prescrive che *si devono trattare in modo eguale situazioni eguali e in modo diverso situazioni diverse*. Questo principio si dice *formale* perché è enunciato come una formula astratta, che nulla ci dice delle situazioni di cui si sta trattando né sulla disciplina di cui si discute: è formale quanto lo può essere una formula algebrica ("*se* $x = y$, *allora deve essere* $dx = dy$", dove x e y sono le situazioni e d è la disciplina giuridica).

A chi si rivolge questa prescrizione? Essenzialmente al legislatore, cui l'art. 3.1 vieta di creare privilegi o discriminazioni ingiustificate. Il punto è proprio questo: siccome il diritto si occupa degli uomini e dei loro comportamenti, e gli uomini sono per natura diversi e diverse le situazioni che essi creano, tra esse non vi è mai eguaglianza o diseguaglianza assoluta, ma semplice somiglianza o dissomiglianza. Tizio ruba una mela per sfamarsi; Caio ruba un portafoglio per comprarsi la droga: i due atti possono essere "eguali", ossia costituire la stessa fattispecie di furto, ma quante differenze vi possono essere tra i due "racconti" che li descrivono? Dire che due cose si assomigliano significa affermare che tra esse le affinità sono più significative delle diversità: per cui il giudizio di eguaglianza formale non è affatto un giudizio "formale", ma rinvia a valutazioni circa la significatività delle differenze e delle somiglianze tra le situazioni, ossia alla loro giustificabilità. Ciò spiega perché il principio di eguaglianza formale sia all'origine del controllo di **ragionevolezza** delle leggi, che è diventato lo schema che domina larga parte dei giudizi della Corte costituzionale sulla legittimità delle leggi: è "ragionevole" che la legge preveda la stessa pena per Tizio e per Caio, oppure, all'opposto, che consenta trattamenti penali diversi per due azioni che sono egualmente classificabili come "furto"? È ragionevole che la legge escluda le coppie non sposate dai contributi per la casa, quando esse, alla pari di quelle "legittime", hanno lo stesso obbligo di provvedere al mantenimento dei figli?

b) Il **nucleo forte del principio di eguaglianza** vieta distinzioni "*di sesso, di razza, di lingua, di religione, di opinioni politiche, di condizioni personali e sociali*": vieta, insomma, discriminazioni che sono particolarmente odiose in qualsiasi sistema democratico. Le vieta in modo assoluto? No: per esempio, nessuno dubiterebbe della legittimità di una legislazione che, come quella esistente, favorisse l'occupazione o l'imprenditoria femminile, oppure incentivasse il lavoro giovanile in alcune aree economicamente depresse, incentivasse l'accesso all'istruzione superiore di studenti meno abbienti o agevolasse l'insegnamento delle lingue "minori". Il "nucleo forte" non comporta dunque un divieto assoluto al legislatore di introdurre differenziazioni basate sui fattori indicati, ma vieta di farne il motivo di una discriminazione nel godimento dei diritti e delle libertà: mentre ammette la legislazione "positiva" (o "premiale") se e nella misura in cui sia necessaria a impedire che il sesso, la lingua, ecc. divengano elementi di una *discriminazione di fatto*, cioè il motivo di un handicap sociale.

✓ DALL'EGUAGLIANZA FORMALE ALLA LOTTA ALLA DISCRIMINAZIONE

Nella lotta contro le discriminazioni sessuali, razziali, religiose ecc., accanto al generale principio costituzionale contenuto nell'art. 3 Cost., si è sviluppata nella più recente legislazione ordinaria una **tutela antidiscriminatoria**, che ha l'obiettivo di combattere gli effetti di pratiche discriminatorie provenienti da soggetti pubblici o privati.
La legge 40/1998 ha introdotto alcune norme (ora recepite nel *Testo unico sull'emigrazione* – d.lgs. 286/1998, artt. 46 s.) che considerano antidiscriminatorio "ogni comportamento che, direttamente o indirettamente, comporti una distinzione, esclusione, restrizione o preferenza basata sulla razza, il colore, l'ascendenza o l'origine nazionale o etnica, le convinzioni e le pratiche religiose, e che abbia lo scopo o l'effetto di distruggere o di compromettere il riconoscimento, il godimento o l'esercizio, in condizioni di parità, dei diritti umani e delle libertà fondamentali in campo politico, economico, sociale e culturale e in ogni altro settore della vita pubblica". Chi subisce queste discriminazioni può agire di fronte al giudice civile senza particolari formalità ed ottenere in breve tempo un provvedimento che ordini la cessazione del comportamento pregiudizievole e rimuova gli effetti della discriminazione. Con il d.lgs. 215/2003 (che attua una direttiva europea), la legittimazione ad agire è stata estesa anche alle associazioni che lottano contro le discriminazioni.

c) Il **principio di eguaglianza sostanziale** punta esattamente a questo: a "*rimuovere gli ostacoli di ordine economico e sociale*" che impediscono l'eguale godimento dei diritti e delle libertà. È un programma d'intervento quello che la Costituzione indica al legislatore, che ha il compito di eliminare, appunto, gli handicap sociali. Ma questo compito può essere assolto soltanto derogando al principio di eguaglianza formale. Come si è visto, infatti, la legislazione "positiva" non può che rivolgersi a singole categorie di individui, quelle da togliere dall'attuale posizione di svantaggio sociale, escludendo dai benefici gli altri. Mentre il principio di eguaglianza formale sembra promettere leggi il più generali e astratte possibili, il principio di eguaglianza sostanziale sembra volere l'esatto opposto, cioè leggi che tendano a provvedere alle singole situazioni di svantaggio.

Questo apparente contrasto tra i due principi di eguaglianza, enunciati nei due commi dell'art. 3 Cost., è stato spesso enfatizzato – con riferimento a tutte le costituzioni del secondo dopoguerra – come l'inconciliabile contrasto tra lo Stato liberale (→ § I.9), basato sull'eguaglianza formale degli individui, e lo Stato sociale (→ § XI.1), programmaticamente rivolto ad affermare l'eguaglianza sostanziale. Ma, se dal piano delle ideologie politiche si passa a quello della concreta applicazione giurisprudenziale, si scopre che i due principi non sono inconciliabili ma interdipendenti. Può considerarsi del tutto irrilevante, nel calcolo degli aspetti di somiglianza e di dissomiglianza tra i comportamenti delle persone, ciò che segna le loro profonde diversità economiche e sociali? Per esempio, risponde al criterio di eguaglianza formale la legge che, in nome della parità dei contraenti, lasci il datore di lavoro libero di prevedere nel contratto di lavoro il licenziamento della dipendente nel caso in cui si trovi in stato di gravidanza? E, sull'altro piano, può la protezione del contraente più debole, per esempio del lavoratore, portare ad una limitazione della libertà di contrarre del datore di lavoro così penetrante da impedirgli in ogni caso il licenziamento?

Come si vede i due principi di eguaglianza si limitano e si completano a vicenda: quello "sostanziale" impedisce l'eccesso di rigore dell'eguaglianza formale, stempera la *dura lex* che non ammette eccezioni in nome della giustizia; l'eguaglianza formale impedisce alle azioni "positive" di diventare a loro volta fonte di ingiustizia, dando luogo a casi di "**discriminazione all'incontrario**" (***reverse discrimination***, secondo la nota espressione coniata dalla giurisprudenza americana). Dove si trova il punto di equilibrio? Ancora una volta è il giudizio di ragionevolezza a dircelo.

4. Cittadini e stranieri

In certi casi la Costituzione riconosce a tutti la tutela dei diritti (artt. 2, 19, 21.1, 22, 24.1, 25, 32.2, 34), in altri casi solo ai cittadini (si vedano per esempio gli artt. 3.1, 16, 17, 18, 38.1 e, ovviamente, gli artt. 48-54 sui diritti politici). Il problema che si pone è se e in quale misura i diritti che la Costituzione riserva espressamente ai cittadini possano essere estesi agli stranieri: questa estensione, infatti, non può essere considerata automatica sulla sola base del principio di eguaglianza, dato che l'art. 3.1 si riferisce espressamente ai soli cittadini.

Va preso in considerazione anzitutto l'art. 10.2, che per lo ***status* giuridico dello straniero** pone una riserva di legge rinforzata (per contenuto) (→ § VI.5): "*la condizione giuridica dello straniero è regolata dalla legge in conformità delle norme e dei trattati internazionali*". È sulla base di questa disposizione che si possono giustificare estensioni dei diritti fondamentali agli stranieri anche nei casi in cui la Costituzione sembrerebbe riservarli ai soli cittadini.

✓ L'ESTENSIONE DEI DIRITTI AGLI STRANIERI

> Due esempi per tutti: in base ai trattati europei (e del diritto derivato) è stato esteso ai cittadini degli altri Stati dell'UE l'elettorato attivo e passivo per le elezioni del Parlamento europeo (legge 9/1989 e legge 483/1994) e per le elezioni comunali (d.lgs. 197/1996); la legge 203/1994 ha autorizzato la ratifica della Convenzione di Strasburgo sulla partecipazione degli stranieri alla vita pubblica a livello locale che, oltre a prevedere l'allargamento a tutti gli stranieri residenti del diritto di voto e di essere eletti nelle elezioni locali (ma questa parte della Convenzione non è stata ratificata dall'Italia, che però ha riconosciuto agli stranieri, con la legge 40/1998, il diritto di partecipare alla vita pubblica locale), ne sancisce anche il diritto di espressione, di riunione, di associazione e di organizzazione politica. L'altro esempio, di rilevanza ancora più generale, è la ***Convenzione europea per la salvaguardia dei diritti dell'uomo e delle libertà fondamentali*** (abbreviata in **CEDU**), firmata a Roma il 4 novembre 1950 e recepita nel nostro ordinamento con la legge 848/1955: essa riconosce espressamente a tutti i diritti fondamentali, sia pure formulandoli in modo parzialmente diverso e perlopiù meno "garantista" rispetto alla nostra Costituzione, e garantendo uno *standard* minimo di tutela anche agli stranieri.

Va detto però che la Corte costituzionale ha seguito anche un'altra via per estendere la protezione dei diritti ai non-cittadini: essa fa perno sull'art. 2 Cost. che sancisce, con norma la cui posizione in testa alla Costituzione ne sottolinea la portata generale, il riconoscimento dei "*diritti inviolabili dell'uomo*". Sull'interpretazione di questa disposizione si è sviluppato un intenso dibattito; ma su un punto la Corte è stata subito chiara: che l'art. 2 si ricollega ai diritti che gli artt. 13 ss. definiscono specificamente come "inviolabili", con la conseguenza che essi appartengono *all'uomo inteso come essere libero*, senza quindi discriminazioni a danno degli stranieri.

In conclusione, attraverso un doppio meccanismo – l'interpretazione dei diritti "inviolabili" alla luce dell'art. 2 Cost., e quindi come diritti dell'"uomo", e non del solo "cittadino"; l'applicazione delle garanzie riconosciute agli stranieri in base ai trattati internazionali, a cui le leggi sono vincolate in forza dell'art. 10.2 Cost. – la Corte è giunta ad affermare il principio per cui la garanzia dei diritti "inviolabili" si estende allo straniero anche laddove la Costituzione li attribuisce ai soli cittadini. Ma occorrono tre precisazioni:

A) innanzitutto, almeno nell'applicazione che normalmente viene data dai giudici ordinari a questo principio, l'estensione opera nei confronti dei soli diritti definibili "*inviolabili*" sulla base della Costituzione. Per gli altri diritti, continua ad avere applicazione la regola fissata dall'art. 16 delle *Preleggi* (→ § VI.3), che ammette lo straniero a godere dei "*diritti civili attribuiti al cittadino*" a condizione di reciprocità: quindi bisognerà dimostrare che la legislazione del Paese da cui lo straniero proviene riconosce lo stesso diritto ai cittadini italiani.

✓ PRELEGGI E LEGGI SULL'IMMIGRAZIONE

> La disposizione delle *Preleggi* non è stata abrogata espressamente dal T.U. emanato con d.lgs. 286/1998. Però l'art. 2 di questa legge sembra sovrapporre la sua disciplina a quella delle *Preleggi*. Esso prevede che:

– allo straniero *"comunque presente alla frontiera o nel territorio dello Stato"* (quindi anche se entratovi clandestinamente) sono riconosciuti i *diritti fondamentali* della persona umana previsti dalle norme di diritto interno, dalle convenzioni internazionali in vigore e dai principi di diritto internazionale generalmente riconosciuti. Questa disposizione non sembra introdurre quindi principi nuovi rispetto a quanto si è appena descritto. Così come non sembra innovativa la successiva disposizione che garantisce comunque allo straniero *"la parità di trattamento con il cittadino relativamente alla tutela giurisdizionale dei diritti e degli interessi legittimi, nei rapporti con la pubblica amministrazione e nell'accesso ai pubblici servizi, nei limiti e nei modi previsti dalla legge"*. Viene invece introdotta una disciplina dell'immigrazione che si basa sulla programmazione degli ingressi fondata sul sistema delle quote e su un documento programmatico, la cui approvazione è promossa, con cadenza triennale, dal Presidente del Consiglio, approvato dal Consiglio dei ministri ed emanato con apposito decreto del Capo dello Stato;
– lo straniero *"regolarmente soggiornante nel territorio dello Stato"* gode dei *diritti in materia civile* attribuiti al cittadino italiano, *"salvo che le convenzioni internazionali in vigore per l'Italia e la presente legge dispongano diversamente"*: ed in particolare gode dei diritti di partecipazione ai rapporti economici, del diritto al lavoro e delle posizioni di garanzia nel corso del rapporto di lavoro, delle prestazioni di garanzia e di sicurezza sociale, nonché di quelle relative all'accesso all'istruzione e all'edilizia pubblica e, più in generale, ai servizi pubblici. Questa disposizione sembra sovrapporsi all'art. 16 delle *Preleggi*, tanto che essa prevede una apposita disciplina per l'accertamento delle regole da applicare *"nei casi in cui la presente legge o le convenzioni internazionali prevedano la condizione di reciprocità"*;
– sempre se *"regolarmente soggiornante"*, lo straniero *"partecipa alla vita pubblica locale"* (già alcuni statuti comunali hanno ammesso gli stranieri a partecipare ai *referendum* locale), nonché viene equiparato al cittadino relativamente ai diritti alla tutela giurisdizionale e nei rapporti con la pubblica amministrazione.

In conclusione, l'ambito di applicazione dell'art. 16 delle *Preleggi* sembra ormai assai limitato, rimanendo come norma residuale destinata ad applicarsi soltanto agli stranieri non regolarmente soggiornanti e, comunque, per questioni che non attengano ai diritti fondamentali;

B) in secondo luogo, l'eguaglianza dello straniero nel godimento dei diritti inviolabili è un *principio*, non una *regola* tassativa. Questo significa che non è vietato al legislatore di prevedere oneri o limitazioni particolari a carico degli stranieri, purché essi siano ragionevolmente giustificabili sulla base della loro particolare condizione di straniero. Ossia la condizione di straniero può essere il motivo che giustifica la ragionevolezza di un certo grado di scostamento della disciplina dello straniero da quella del cittadino: "*non può escludersi che, tra cittadino e straniero, benché uguali nella titolarità di certi diritti di libertà, esistano differenze di fatto che possano giustificare un loro diverso trattamento nel godimento di quegli stessi diritti*" (sent. 104/1969), differenze "*che il legislatore può apprezzare e regolare nella sua discrezionalità, la quale non trova altro limite se non nella razionalità del suo apprezzamento*" (sent. 144/1970). È per questa via che sono stati ammessi, per gli stranieri, limiti di tempo e particolari autorizzazioni per il soggiorno in Italia, l'obbligo di denunciare gli spostamenti nel territorio italiano, la possibilità dell'espulsione, l'obbligo di denuncia dell'assunzione al lavoro, ecc.

✓ IL DIRITTO D'ASILO TRA COSTITUZIONE E UNIONE EUROPEA

L'art. 10 Cost. assicura il **diritto d'asilo** *"allo straniero al quale sia impedito nel territorio del suo Paese l'effettivo esercizio delle libertà democratiche garantite dalla Costituzione italiana"*. È un diritto riconosciuto anche dalla Convenzione di Ginevra del 1951 e dal protocollo ONU sullo status di rifugiato del 1967, nonché dall'Unione europea ❸. La disciplina per l'esame della domanda diretta a ottenere la protezione internazionale e la condizione del rifugiato sono dettate dall'Unione e sono attualmente contenute nel cosiddetto **sistema Dublino** (si tratta del regolamento UE 604/2013, cosiddetto **Dublino III**, e del regolamento di esecuzione 118/2014), e in alcune direttive. Il diritto di asilo è riferito soprattutto ai rifugiati politici e comporta un permesso di soggiorno di cinque anni, rinnovabili, oltre a una serie di altri benefici, come il rilascio di titoli di viaggio per potersi recare all'estero, il ricongiungimento con i familiari, il diritto di fare domanda per ottenere la cittadinanza per naturalizzazione solo dopo cinque anni. Chi è oggetto di questo tipo di protezione internazionale non può essere sottoposto a estradizione o ad espulsione. L'**estradizione** è la consegna di una persona ad uno Stato straniero affinché sia sottoposta a giudizio o all'esecuzione di una sentenza, mentre l'**espulsione** è l'atto con il quale lo Stato allontana dal proprio territorio lo straniero.
Il diritto dell'Unione prevede anche una **protezione sussidiaria** (recepita anche nell'ordinamento italiano), che riguarda le persone che fuggono da situazioni di grave pericolo (ad esempio conflitti interni). La durata del relativo permesso di soggiorno è di tre anni e comporta benefici analoghi a quella dei rifugiati (ma non il diritto di fare domanda di cittadinanza).
Coloro che non hanno avuto riconosciuto lo status di rifugiato e non hanno neppure i requisiti per l'ammissione nello spazio europeo possono essere allontanati e rimpatriati nello Stato di origine: lo stesso vale per chi vede revocato lo status di rifugiato poiché rappresenta una minaccia per la sicurezza, o è stato condannato per un reato particolarmente grave. La "direttiva rimpatri" (2008/115) disciplina i rimpatri di chi non ha titolo per soggiornare nello spazio europeo. Però la Carta dei diritti (→ § II.1). statuisce che nessuno può essere allontanato, espulso o estradato verso uno Stato in cui esiste un rischio serio di essere sottoposto alla pena di morte, alla tortura, o ad altre pene o trattamenti inumani o degradanti (art. 19). Secondo la Corte, fintanto che il cittadino di un Paese extra-Ue o un apolide abbia un fondato motivo di essere perseguitato nel suo Paese di origine o di residenza, questa persona deve essere qualificata come rifugiato ai sensi delle direttive europee e della Convenzione di Ginevra, e ciò indipendentemente dal fatto che lo status di rifugiato le sia stato espressamente riconosciuto (sent. 14 maggio 2019, in C-391-16, C-77/17 e C-78/17).

C) in terzo luogo, l'Unione europea sviluppa una politica comune in materia di asilo, immigrazione, e controllo delle frontiere esterne, fondata sulla solidarietà tra gli Stati membri (art. 67 TFUE). Vengono disciplinati i visti e gli altri titoli di soggiorno di breve durata; i controlli a cui sono sottoposte le persone che attraversano le frontiere esterne; le condizioni alle quali i cittadini dei Paesi terzi possono circolare liberamente nell'Unione per un breve periodo; l'istituzione di un sistema integrato di gestione delle frontiere esterne; l'assenza di controlli sulle persone, a prescindere dalla nazionalità, all'atto dell'attraversamento delle frontiere interne (art. 77 TFUE). Su tutto ciò si ritornerà in seguito (→ § XIII.9.F).

5. L'EVOLUZIONE DELLE NOZIONI COSTITUZIONALI

Tutte le disposizioni costituzionali, e quelle sui diritti in particolare, impiegano termini tecnici che necessitano di una definizione. Non vi è un concetto "naturale" che ci dica con sicurezza che cosa sia la libertà personale, il domicilio, la corrispondenza e la comunicazione, la riunione, l'associazione, ecc. Ognuno di questi termini, ed ogni altro termine "tecnico" impiegato dalla Costituzione, presenta rilevanti problemi di definizione. Sono termini "tecnici" perché impiegati usualmente dai tecnici di diritto e spesso dalla stessa legislazione precedente alla Costituzione, ma questo non significa affatto che la "nozione costituzionale" che essi evocano debba essere ancorata agli usi terminologici in voga al momento dell'entrata in vigore della Costituzione.

La Corte costituzionale ha sistematicamente respinto l'idea che le nozioni costituzionali siano "pietrificate", ossia che esse debbano essere intese nel senso cui venivano impiegate dai giuristi o dalla legislazione precedente. Tutto all'opposto, la Corte ha accreditato la tesi che i concetti costituzionali evolvono così come evolve la coscienza sociale, la legislazione ordinaria, la giurisprudenza di merito, la stessa tecnologia. Ovviamente ogni nozione presenta un nucleo storico, indiscutibile: che la libertà personale, per esempio, riguardi anzitutto l'integrità fisica delle persone, che il domicilio sia innanzitutto l'abitazione, o che la corrispondenza indichi in primo luogo la lettera chiusa che il mittente invia al destinatario è fuori discussione. Ma le definizioni dei termini giuridici, e di quelli costituzionali in particolare, presentano, attorno ad un nucleo duro, indiscusso, storicamente consolidato, una vasta area che va sfumando man mano che ci si allontana dal nucleo iniziale e rispetto alla quale problemi di definizione si pongono di continuo. La garanzia della libertà personale ci tutela anche, per esempio, dalle prove cui la polizia della strada ci sottopone per verificare se stiamo guidando in stato di ebbrezza? La tutela del domicilio si estende sino a coprire la nostra autovettura? È corrispondenza anche la posta elettronica?

La definizione dei termini costituzionali – come in genere è sempre stata la definizione dei termini giuridici – non è dunque statica, fissata una volta per tutte, ma ha uno sviluppo dinamico, e l'arbitro di questo sviluppo è la Corte costituzionale, sollecitata di continuo dalle questioni sempre nuove che le vengono sottoposte dai giudici.

Se l'area dei beni o degli interessi protetti dalla Costituzione è in continua mutazione, ciò significa che la disposizione legislativa che la Corte ha ritenuto un giorno non contrastante con le garanzie sancite da una disposizione costituzionale può risultare, in un secondo momento, con essa incompatibile. È il fenomeno del c.d. "**anacronismo legislativo**", cui spesso la Corte si richiama per modificare precedenti sentenze di rigetto, mutando indirizzo interpretativo. L'*anacronismo* può essere causato da un mutamento dei costumi sociali, dalla evoluzione scientifico-tecnologica o dalla stessa evoluzione della legislazione ordinaria. La disciplina legislativa di una certa materia (per esempio, del diritto di famiglia) viene riformata, ma nell'ordinamento resta qualche disposizione che risponde a principi della vecchia legislazione. In questo caso, non muta il significato delle disposizioni costituzionali, ma la Corte, operando con il *giudizio di ragionevolezza* (→ § X.3), dichiara illegittima la norma "rimasta indietro", e quindi anacronistica.

Sempre più spesso la Corte costituzionale fa uso delle convenzioni internazionali per "aggiornare" il significato delle disposizioni costituzionali. Ciò vale in particolare per la *Convenzione europea dei diritti dell'uomo*. Questa infatti contiene una formulazione dei principali diritti di libertà, talvolta coincidenti nella sostanza con le formulazioni costituzionali, ma in altri casi diverse, se non addirittura contrastanti.

Nelle sue fondamentali sentt. 348 e 349/2007 la Corte costituzionale ha stabilito che tutti i trattati internazionali (salvo i trattati europei, che hanno uno statuto particolare) si pongono come limite per la legislazione ordinaria e quindi come parametro interposto nei giudizi di legittimità sulle leggi italiane; l'unica particolarità della CEDU rispetto agli altri trattati (non europei) consiste nella soggezione all'interpretazione della Corte di Strasburgo, alla quale gli Stati contraenti sono vincolati ad uniformarsi, salvo che essa non contrasti con la Costituzione italiana. Ma i giudici non possono mai disapplicare le leggi italiane contrastanti con la CEDU o con gli altri trattati internazionali (con eccezione, ancora, per i trattati europei).

6. Bilanciamento dei diritti

Il **bilanciamento dei diritti** è una tecnica impiegata in genere da tutte le corti costituzionali per risolvere questioni di costituzionalità in cui si registri un contrasto tra diritti o interessi diversi.

I diritti e le libertà costituzionali sono espressi come **principi**. I principi sono un tipo di **norma giuridica**, che si distingue dalle **regole** perché sono dotati di un elevato grado di genericità e non sono circostanziati. In quanto principi, i diritti sono affermati in modo assoluto, senza gerarchie o precedenze. Considerati in astratto, i principi non collidono mai, non sono mai incompatibili, ma i conflitti tra essi si verificano sistematicamente nell'applicazione concreta. Per esempio, non c'è nessuna incompatibilità in astratto tra il diritto alla vita e il diritto alla salute, o tra il diritto alla salute e la libertà di coscienza, o tra la libertà di coscienza e la libertà di espressione, o tra questa e la tutela dei monumenti. Ma, in concreto, i conflitti sorgono di continuo e chiedono di essere risolti in concreto: nel caso dell'aborto entrano in conflitto il diritto alla salute della madre e quello alla vita del concepito; rifiutando la trasfusione di sangue per il figlio una coppia di testimoni di Geova ha imposto all'attenzione della Corte il contrasto tra libertà religiosa, dovere di educazione e diritto (o obbligo?) alla salute; chi nutre sentimenti religiosi spesso accusa la critica atea di blasfemia; nessuno può ritenere che la sua libertà di espressione gli consenta di coprire con manifesti le opere d'arte oppure le insegne stradali (quindi anche la sicurezza del traffico è un interesse antagonista); e così via all'infinito.

In non pochi casi, è la stessa Costituzione ad indicare in nome di quali interessi il diritto costituzionale può essere limitato (per esempio, i "*motivi di sanità e di incolumità pubblica*" e i "*fini economici e fiscali*", di cui all'art. 14; il "*buon costume*" che limita la libertà di culto e quella di espressione del pensiero, ecc.): in questo modo il costituente ha cercato di indicare il limite oltre al quale la garanzia del diritto cessa del tutto o subisce una eccezione, ma soprattutto ha inteso limitare la discrezionalità del legislatore ordinario o delle autorità pubbliche nell'apportare restrizioni a quelle specifiche libertà (chiaro è in questo senso l'esempio dell'art. 17, che consente di vietare le riunioni in luogo pubblico solo per "*comprovati motivi di sicurezza e di incolumità pubblica*"). Ciò però non significa affatto che, regolando i rapporti sociali, la legge ordinaria non si possa trovare nella necessità di apportare ulteriori attenuazioni alla garanzia dei diritti, anche di quelli che la Costituzione definisce inviolabili, quando essi si trovano in concorrenza con altri diritti o interessi.

Si possono individuare almeno tre ipotesi generali di conflitto tra interessi (o diritti):

a) *concorrenza tra soggetti diversi nel godimento dello stesso diritto*: le risorse sono limitate, e quindi c'è un problema di regolazione della concorrenza. Ovviamente il caso più evidente è quello delle prestazioni sociali: le ristrettezze del bilancio pubblico comportano l'esigenza di contemperare le esigenze di tutti gli interessati alle prestazioni sanitarie, assistenziali, scolastiche, ecc. Ma lo stesso problema si può porre anche per l'esercizio di altre libertà: per esempio, la libertà di espressione si scontra con una fisiologica ristrettezza degli spazi (per i manifesti elettorali, per esempio) o dei mezzi (i canali televisivi o i mezzi pubblicitari di finanziamento della stampa);

b) *concorrenza tra interessi individuali non omogenei*: alcuni degli esempi citati in precedenza pongono questo tipo di problema. Il conflitto sull'aborto vede contrapposti interessi eterogenei vantati da soggetti diversi: tra l'interesse alla salute della madre, l'interesse alla vita del nascituro e (ma la Corte non lo ha ammesso a bilanciamento) l'interesse "educativo" del padre. Ma questo può accadere in infinite altre ipotesi: il conflitto tra il diritto di proprietà del padrone di casa e il diritto all'abitazione dell'inquilino, il diritto di cronaca e il diritto di riservatezza, il diritto all'educazione religiosa dei figli e il diritto alla salute dei figli stessi, il diritto a protestare e manifestare le proprie idee e il diritto di non sentire le proteste e i discorsi altrui (specie se ciò avviene di notte, turbando il riposo), ecc.;

✓ UN CASO STORICO DI "BILANCIAMENTO": LA SENTENZA SULL'ABORTO

Il codice penale, che risale agli anni '30, porta tracce evidenti dell'etica fascista. Tra queste, l'inserimento dell'**aborto** tra i "delitti contro la integrità e la sanità della stirpe". Una donna viene processata per aver compiuto tale reato: ma al giudice penale sorge un dubbio di legittimità della norma del codice. Non si tratta, egli specifica nell'ordinanza, di un attacco frontale e assoluto alla legittimità della repressione penale dell'aborto, ma di un dubbio circostanziato: è legittima la repressione penale dell'aborto nel caso in cui sia accertata la pericolosità della gravidanza per il benessere fisico e l'equilibrio psichico della donna? La giurisprudenza, infatti, ammetteva il c.d. "aborto terapeutico" nei soli casi in cui ricorresse uno "stato di necessità": è la clausola generale (art. 54 cod. pen.) per cui non può essere punito chi commetta il fatto *"costretto dalla necessità di salvare sé od altri dal pericolo attuale di un danno grave alla persona"*. Ma non era questa la situazione dell'imputata: essa era affetta "solo" da una grave forma di miopia (22 diottrie) e preoccupata di non trasmettere la stessa malformazione all'eventuale figlio, nonché di non aggravarla in sé con la gravidanza, cosa non affatto improbabile.
La sentenza sull'aborto è una delle pronunce più celebri in cui la Corte ha impiegato tecniche di bilanciamento. La Corte, interrogata su un aspetto particolare del problema, dà una risposta parziale: dichiara la *disposizione* illegittima *"nella parte in cui non prevede che la gravidanza possa venir interrotta quando l'ulteriore gestazione implichi danno, o pericolo, grave, medicalmente accertato ... e non altrimenti evitabile, per la salute della madre"* (sent. 27/1975). Anche se non sono ancora gli anni in cui la Corte parla espressamente di bilanciamento degli interessi, è al bilanciamento che essa fa ricorso. Riconosce che *"la tutela del concepito ... abbia fondamento costituzionale"*, e lo trova, appunto, nell'art. 31 e nell'art. 2. Nascere sarebbe, dunque, un diritto inviolabile, ma inviolabile è anche il diritto alla salute della madre. Il fatto è che non si può nascere o procreare solo a metà: o si privilegia un diritto o l'altro. E allora la Corte ritiene che si deve privilegiare il diritto della madre, perché *"non esiste equivalenza fra il diritto non solo alla vita ma anche alla salute di chi è già persona,*

come la madre, e la salvaguardia dell'embrione che persona deve ancora diventare". Tuttavia la preferenza non è assoluta, perché altrimenti l'altro interesse non sarebbe "bilanciato", ma del tutto sacrificato. Per assicurarne almeno un'operatività minima, la Corte chiede che siano rispettate alcune condizioni: che la minaccia per la salute della madre sia un pericolo di danno, non attuale come chiederebbe l'art. 54 cod. pen., ma almeno fondato su seri accertamenti medici; e che tutto il possibile sia fatto per salvare la vita del feto. In questi termini la Corte traccia la strada di un'equilibrata composizione degli interessi in gioco, lungo la quale devono incamminarsi, ognuno per svolgere il proprio compito, sia il giudice che il legislatore.

c) *concorrenza tra interessi individuali e interessi collettivi*: questa forse è la tipologia più ricca di conflitti, dove gli esempi – tutti rigorosamente concreti (nel senso che qui si richiamano sempre casi effettivamente prospettati alla Corte costituzionale) – si sprecano. La "sicurezza della viabilità" e la tutela dei monumenti possono prevalere sulla libertà di espressione (sent. 129/1970), che può essere limitata anche in nome dell'economia pubblica o della sicurezza del credito (da cui il reato di aggiotaggio dell'art. 501 cod. pen.: sentt. 123/1976 e 73/1983); l'efficienza delle forze armate può prevalere sulla libertà di riunione "in luoghi militari" (sent. 24/1989); la libertà negativa di associazione può cedere davanti ad interessi pubblici come, per esempio, la tutela dei consumatori (è il caso degli ordini professionali); l'esigenza di funzionalità della giustizia può prevalere sulla coscienza del giudice (che, se chiamato ad autorizzare l'aborto della minore, non può esercitare, come il medico, il diritto all'obiezione: sent. 196/1987), sul diritto di cronaca, sul segreto professionale del giornalista circa le sue fonti di informazione, ecc.

Come si vede, è davvero impossibile tracciare gerarchie e precedenze tra diritti e interessi. Quando la Corte costituzionale è chiamata a giudicare della legittimità del compromesso tra interessi confliggenti fissato dalla legge non può basarsi su considerazioni astratte circa la maggior o minor importanza di un interesse o dell'altro, ma deve procedere con valutazioni che in parte ricordano e in parte si sovrappongono a quelle tipiche del giudizio di ragionevolezza e in parte rievoca le "figure sintomatiche" dell'eccesso di potere amministrativo (→ § VIII.4).

7. I "NUOVI DIRITTI"

La tecnica del bilanciamento degli interessi consente alla Corte di prendere in considerazione anche interessi che non hanno uno specifico riconoscimento in Costituzione. Spesso vengono chiamati "**nuovi diritti**", per indicare, più che altro, l'assenza di una specifica disciplina costituzionale (con particolare riferimento ai diritti sociali (→ § XI.4). La Corte, per esempio, ha talvolta affermato l'esistenza di un *diritto fondamentale all'abitazione*, in altri casi ha riconosciuto il diritto all'*identità sessuale*, oppure al proprio decoro e alla reputazione, la riservatezza, la libertà sessuale, ecc. Lo stesso "*diritto alla vita*" (di cui la Corte ha abbondantemente trattato a proposito dell'aborto) e la "*libertà di coscienza*" (alla cui base vi sono i diversi casi di legittima obiezione) non hanno un loro specifico "ancoraggio" in Costituzione.

✓ IL DIRITTO A PROCREARE E LE SUE COMPLICAZIONI

Anche il diritto alla procreazione è entrato nei "nuovi diritti". Il progresso della medicina consente infatti di impiegare molte tecniche per superare i problemi di infertilità della coppia e facilitare la soddisfazione delle aspettative procreative. Come spesso avviene, è proprio il progresso scientifico e tecnologico ad aprire la porta ai nuovi diritti: ma, come accade altrettanto spesso, quel progresso apre la porta anche al timore di molti che possa sfuggire al controllo e generare abusi. È il tema, molto dibattuto negli ultimi anni, della ricerca in materia genetica e delle pratiche mediche in materia di *riproduzione medicalmente assistita*: i timori hanno prevalso e portato all'approvazione di una disciplina (legge 40/2004) molto restrittiva del ricorso a questa pratica e, soprattutto, assolutamente restrittiva per ciò che riguarda la ricerca genetica sulle cellule staminali, che possono essere tratte dagli embrioni non impiegati per la procreazione. Il tema è stato oggetto di un dibattito molto acceso, culminato nella campagna elettorale sul *referendum* abrogativo della legge 40, *referendum* che però non ha avuto alcun esito per mancanza del *quorum*, come è stato riferito altrove. Ma in seguito la legge 40 è stata crivellata da dichiarazioni di illegittimità costituzionale da parte della Corte costituzionale.

Parte della dottrina ha ritenuto che questi diritti abbiano un fondamento nell'art. 2 Cost. La disposizione "*la Repubblica riconosce e garantisce i diritti inviolabili dell'uomo*" è letta come un "**catalogo aperto dei diritti**", ossia come una formula in bianco che consente di "importare" nel sistema dei diritti tutelati dalla nostra Costituzione tutti quegli interessi che l'evoluzione della coscienza sociale (ed anche delle convenzioni internazionali) porta ad accreditare. È piuttosto evidente che dietro a questa interpretazione vi è un'opzione ideologica di più ampia portata: l'idea che i "*diritti*" preesistano al "*diritto*", e che compito del secondo sia "riconoscere" i primi, adeguare le leggi ad essi. Perciò attraverso la lettura "aperta" dell'art. 2 Cost. si fanno passare tutti i dettami ispirati a concezioni giusnaturalistiche, che solo apparentemente vanno nella direzione dell'ampliamento del catalogo dei diritti fondamentali. Infatti, allargando il novero dei diritti fondamentali, raggiungono il risultato opposto di rendere più ristretto l'ambito di godimento di ognuno di essi, costretto a bilanciarsi con nuovi interessi, tutti potenzialmente concorrenti. Il "diritto alla vita", per esempio, è stato assunto come interesse antagonista al diritto alla salute della madre; ed oggi i "nuovi diritti" elaborati dalla bioetica si affacciano con evidenti intenti di contrastare le "vecchie" libertà.

La Corte costituzionale è stata in passato assai ferma a negare la lettura "aperta" dell'art. 2, ritenendo che i "diritti inviolabili" di cui quella disposizione parla cumulativamente non siano altro che gli stessi diritti di cui gli articoli successivi trattano in modo distinto (teoria del "**catalogo chiuso dei diritti**"). Questo non le ha però impedito di introdurre nel bilanciamento anche "nuovi" interessi degni di considerazione: poco importa poi che essi siano tratti in via d'interpretazione dalle disposizioni costituzionali (il "diritto alla vita", per esempio, può essere considerato un presupposto di tutti i diritti, a partire dalla libertà personale e dal diritto alla salute; la libertà di coscienza è un presupposto della libertà religiosa e della libertà di espressione), oppure siano semplicemente interessi che, nello specifico giudizio di bilanciamento, possono essere considerati un limite capace di contrastare diritti e libertà di più sicuro ancoraggio costituzionale (il diritto all'abitazione può rientrare, per esempio, negli interessi sociali cui l'art. 42 Cost. "funzionalizza" il diritto dei proprietari di casa). E anche quando la Corte costituzionale ha dovuto occuparsi dell'identità sessuale, essendo stata contestata la legittimità della legge che consente ai transessuali la correzione delle indicazioni anagrafiche del sesso, ha difeso la legittimità della legge sulla base principalmente del diritto alla salute del transessuale, contestando gli argomenti mossi sulla base dell'art. 2 (invocato dal giudice remittente per contestare, non per supportare il diritto all'identità sessuale, per le conseguenze "sociali" che avrebbe il mutamento artificiale del sesso).

Ciò non toglie che la Corte abbia, in alcuni casi, tratto il riconoscimento del "nuovo diritto" dall'art. 2 Cost. Ma non sembra che ciò abbia comportato affatto un'adesione della Corte alla teoria del "catalogo" aperto. Il richiamo all'art. 2 è servito piuttosto come argomentazione aggiuntiva per giustificare un assai più normale (e ideologicamente meno impegnativo) bilanciamento degli interessi.

8. I DIRITTI NELLA SFERA INDIVIDUALE

La tecnica usata dalla Costituzione per scrivere le garanzie dei diritti procede secondo una logica precisa, che presuppone uno schema di classificazione. Negli artt. 13-16 essa enumera i diritti legati all'individuo, alla sua sfera più intima; negli artt. 17-21 enumera diritti che toccano l'attività pubblica degli individui; negli artt. 29-34 si occupa della solidarietà sociale, e quindi delle prestazioni pubbliche dirette a rimuovere le cause della diseguaglianza sociale, secondo il programma dell'eguaglianza sostanziale annunciato dall'art. 3.2 (→ § X.3c); gli artt. 35-47 definiscono, come dichiara la stessa rubrica del Titolo III, le c.d. libertà economiche; ed infine, gli artt. 48-51 si occupano delle libertà politiche.

I diritti legati alla sfera individuale sono a loro volta costruiti con una tecnica a spirale, che inizia con l'***habeas corpus*** (art. 13), cioè con il bene più "fisicamente" connesso all'individuo, la libertà della persona fisica appunto; poi allarga la tutela all'ambito spaziale immediatamente circostante all'individuo, il domicilio; poi ancora si estende alla comunicazione tra persone e alla circolazione. Questo crea una continuità nella tutela della sfera individuale, che non ha soluzione alcuna ed ha portato la libertà personale a saldarsi con altri diritti sanciti dalla Costituzione: la libertà di domicilio (dove finisce la tutela della persona fisica, comprensiva degli oggetti che si portano addosso, e dove inizia la tutela del domicilio, che è estesa, come si vedrà, anche a tutti gli spazi di cui la persona dispone a titolo esclusivo?), la libertà di circolazione (quali limitazioni al movimento della persona rientra nell'una o nell'altra libertà?), il divieto di prestazioni personali dell'art. 23 Cost. (se la polizia mi costringe a farmi fotografare o preleva le mie impronte digitali lede la libertà personale o è solo una prestazione imposta?), il divieto di trattamenti sanitari obbligatori (art. 32.2: → § XII.2), ecc.

È vero che, l'area garantita da una libertà si salda con quella garantita dalle altre, sicché la garanzia complessiva dei diritti si rafforza; ma l'intensità della tutela varia da una all'altra libertà, attenuandosi man mano che ci si allontana dal nucleo fondamentale della libertà personale. Perciò è spesso indispensabile decidere se una certa situazione ricada sotto la garanzia accordata da questo o quell'articolo della Costituzione.

I limiti che incontrano queste libertà fondamentali sono sempre quelli legati alle esigenze individuali di tutela dei propri diritti (l'integrità personale, la proprietà, la riservatezza, ecc.) dalle aggressioni portate da altri individui, e l'esigenza collettiva che sia assicurato l'ordine pubblico e la repressione dei reati. Il codice penale reprime i reati compiuti ai danni dei beni fondamentali di ognuno di noi (la vita, la salute, la casa, la proprietà, ecc.). La tutela è affidata alle forze di polizia: però anch'esse possono oltrepassare i limiti e violare i nostri beni; per cui molto attenta è la Costituzione nell'assicurare l'intervento dei giudici a limitare i poteri della polizia.

✓ IL CASO: I TESTIMONI DI GEOVA E L'EMOTRASFUSIONE

Fuori dai pochi casi previsti dalla legge, ognuno può rifiutare di essere sottoposto ad un trattamento sanitario. Prevale dunque la volontà individuale. E se l'individuo sceglie deliberatamente di rifiutare un trattamento medico indispensabile per la sua sopravvivenza? Il problema si pone assai spesso, e in certi casi coinvolge intere categorie di cittadini. Per esempio, per motivi religiosi i Testimoni di Geova sono tenuti a rifiutare le trasfusioni di sangue. Il problema (giuridico) non si pone dove il rifiuto sia posto da un adulto capace di intendere e volere (o meglio, si pone solo nei termini dell'accertamento della sua capacità): diventa invece drammatico quando i genitori rifiutino l'autorizzazione a praticare la trasfusione al figlio minorenne. Il diritto-dovere di mantenere ed educare i figli, che l'art. 30 Cost. pone a carico dei genitori, entra in concorrenza qui con il diritto alla libertà religiosa dei genitori stessi: fino a che punto le loro scelte religiose possono incidere sulla vita del figlio? È una domanda tremenda, che può toccare un'infinità di prospettive e di problematiche, anche se nel caso del negato permesso alla trasfusione raggiunge un apice di drammaticità. La Cassazione (sez. I pen., sent. 13 dicembre 1983) ha risolto il problema affermando che (a) la professione religiosa non può essere assunta a base di una dichiarazione di incapacità dei genitori (la quale avrebbe consentito un intervento sostitutivo degli organi pubblici), ma che (b) si è fuori dall'esercizio della libertà religiosa quando essa si esprima in comportamenti contrari a obblighi e divieti che *"nell'ambito di una civiltà tutti considerano necessari ad un'ordinata vita civile"*. I genitori che, negando il permesso, causarono la morte della figlia minore furono condannati per omicidio colposo.

Una particolare rilevanza ha assunto oggi la tutela dei **dati personali**. Di fronte al potenziamento delle tecnologie informatiche, il problema di proteggere la sfera dell'intimità personale dalla raccolta e dal trattamento dei dati che riguardano la singola persona (uso di strumenti elettronici di pagamento, registrazione dei passaggi autostradali, informazioni bancarie, informazioni sanitarie, comunicazioni telefoniche e telematiche, ecc.), sia il legislatore europeo che quello nazionale hanno sottoposto a disciplina e a controllo ogni attività, pubblica o privata, di raccolta e di trattamento dei dati personali. In particolare, la legge 675/1996 ("*Tutela delle persone e di altri soggetti rispetto al trattamento dei dati personali*") ha istituito un'*Autorità garante* chiamata appunto a vigilare sull'uso dei dati, ponendo sotto una disciplina particolarmente restrittiva i c.d. **dati sensibili**, cioè "*i dati personali idonei a rivelare l'origine razziale ed etnica, le convinzioni religiose, filosofiche o di altro genere, le opinioni politiche, l'adesione a partiti, sindacati, associazioni od organizzazioni a carattere religioso, filosofico, politico o sindacale, nonché i dati personali idonei a rivelare lo stato di salute e la vita sessuale*". La complessa disciplina della protezione dei dati è raccolta nel *Codice in materia di protezione dei dati personali* (d.lgs. 206/2003), la cui applicazione è poi regolata dal *Garante*, cui spetta anche il compito di emanare i **Codici di deontologia e di buona condotta**.

Anche la tutela della salute pubblica può giustificare limitazioni alle libertà fondamentali dell'individuo. La libertà di circolazione, per esempio, è garantita ai cittadini: ma la legge può preveder limitazioni alla circolazione "*in via generale per motivi di sanità o di sicurezza*" (art. 16.1 Cost.).

I provvedimenti tipici che rientrano nelle limitazioni consentite dall'art. 16 sono i c.d. "*cordoni sanitari*", istituiti per evitare il propagarsi di un'epidemia o per prevenire il contagio in zone dove si sono verificati gravi incidenti ambientali. Ma vi rientrano anche le misure restrittive disposte dalle forze di pubblica sicurezza in occasione di perquisizioni o "retate" estese ad interi blocchi di edifici.

9. I DIRITTI NELLA SFERA PUBBLICA

I diritti che attengono alla sfera pubblica dell'individuo sono posti a tutela della dimensione sociale della persona. Essa si esprime in due direzioni, ovviamente fortemente collegate: da un lato, nella *libertà di espressione* del proprio pensiero (art. 21 Cost.), con tutto ciò che comporta sul piano della regolazione dell'uso dei potenti strumenti di diffusione delle idee, quali la stampa e la televisione; dall'altro, nella libertà di riunirsi (art. 17 Cost.) e di associarsi (art. 18 Cost.), dando luogo a quelle "*formazioni sociali*" in cui, come afferma l'art. 2 Cost., "*si svolge la personalità*" dell'individuo.

✓ INDIVIDUO, FAMIGLIA E FORMAZIONI SOCIALI

Con l'espressione "**formazione sociale**" ci si riferisce genericamente ad ogni tipo di organizzazione o di comunità che si frapponga tra l'individuo e lo Stato. In questo senso generico essa è stata impiegata nell'art. 2 Cost.: in seguito, norme particolari si riferiscono a specifiche formazioni sociali, come le minoranze linguistiche (art. 6), le confessioni religiose (artt. 8, 19 e 20), le associazioni (art. 18), la famiglia (artt. 29-31), la scuola (artt. 33-34), i sindacati (art. 39), le comunità di lavoratori e utenti (art. 43), le cooperative (art. 45), i partiti politici (art. 49). Ma tra le formazioni sociali possono farsi rientrare anche forme comunitarie prive di alcun altro riconoscimento, come le c.d. "famiglie di fatto" non fondate sul matrimonio, così come organizzazioni assai complesse e sofisticate quali le società commerciali o le fondazioni.

Il riconoscimento delle formazioni sociali è stato il lascito del solidarismo cattolico, mentre era stato il programma della cultura liberale illuministica lo sradicare tutto ciò che limitava l'individuo e si frapponeva tra lui e lo Stato. Tuttavia va osservato che, benché anche durante i lavori della Costituente si sia spesso parlato dei "diritti" delle formazioni sociali, l'art. 2 si esprime in termini del tutto diversi. Il centro di imputazione di tutti i "diritti inviolabili" che la Repubblica "riconosce e garantisce" è sempre ed esclusivamente l'individuo: è all'"uomo" (termine che include sia i cittadini che gli stranieri) che tali diritti sono riconosciuti, "sia come singolo sia nelle formazioni sociali". Si noti che "nelle" significa, da un lato, che le formazioni sociali sono un luogo in cui (e uno strumento per cui) l'uomo realizza la sua personalità, ma, dall'altro, che all'individuo sono garantiti i diritti inviolabili anche nei confronti delle formazioni sociali in cui si trova situato, formazioni che non hanno mai il diritto di opprimere l'individuo. La formazione sociale non dispone di "diritti" opponibili agli individui che la compongono; gli individui sono liberi di scegliere se darvi vita e liberi di uscirne quando lo decidano. I vincoli, di tipo contrattuale, sorgono semmai tra gli individui che fanno parte dell'organizzazione sociale, quale conseguenza della libera decisione di istituirla e farne parte.

Lo stesso può ripetersi a proposito della più tipica delle formazioni sociali, la **famiglia**. Benché l'art. 29 Cost. dichiari di "riconoscere i diritti" della famiglia fondata sul matrimonio, in nessuna parte dell'ordinamento giuridico italiano si reperiscono segni di una titolarità di diritti che spetti alla "famiglia" come soggetto collettivo, anziché agli individui che la compongono. Anzi, l'art. 29.2 costituisce la base su cui i coniugi possono rivendicare ognuno per sé l'eguaglianza morale e giuridica, e nell'art. 30 sono i figli a ritrovare il fondamento dei propri diritti individuali. Insomma, l'unità della famiglia può essere il motivo che comporta un certo affievolimento dei diritti dei coniugi e dei figli, così come può essere il motivo di un intervento positivo da parte degli apparati pubblici: ma tutti i diritti iniziano e finiscono negli individui che la famiglia la compongono.

È chiaro che queste libertà sono strettamente connesse alla iniziativa politica delle persone: o meglio, è l'iniziativa politica (ma certo non solo questa) che in larga parte si svolge "usando" le riunioni, le associazioni, i canali di comunicazione, ecc. Per cui la tutela di queste libertà ha il doppio significato di garantire la sfera di interessi "sociali" dei cittadini, ma anche di garantire il buon funzionamento del dibattito democratico. Proprio per questa ragione, la legislazione previgente alla Costituzione, di ispirazione fascista, era fortemente restrittiva per quanto riguarda l'esercizio di questi diritti: e siccome sia il codice penale che il "testo unico" delle leggi di pubblica sicurezza (il c.d. "*T.u.l.p.s.*": r.d. 773/1931) sono rimasti in vigore, è stato compito della Corte costituzionale togliere uno ad uno i meccanismi normativi più repressivi, né si può dire che l'opera sia stata definitivamente completata.

Vi è però da aggiungere che i meccanismi repressivi dell'esercizio delle libertà della sfera pubblica spesso servono a proteggere altri interessi della collettività: taluni di questi meccanismi, escogitati dalla legislazione fascista per chiari scopi di repressione politica, possono perciò sopravvivere se e in quanto siano volti alla protezione di altri interessi sociali (sono quindi casi di "*eterogenesi dei fini*"). La stessa Costituzione, nelle norme poste a garanzia di queste libertà, fa uso di clausole limitative tese a proteggere interessi sociali come il "*buon costume*" o l'incolumità e la sicurezza pubblica (il c.d. "*ordine pubblico*"). Ma per le libertà della sfera pubblica il *bilanciamento* con gli interessi degli altri all'esercizio della stessa libertà (si pensi a due fazioni opposte che vogliono manifestare nella stessa piazza) o con altri interessi rilevanti (si pensi al conflitto permanente tra *libertà di cronaca* e *diritto alla privacy*) è la regola.

Un problema particolare è legato alla **libertà di coscienza,** cioè alla libertà di coltivare profonde convinzioni interiori e di agire di conseguenza. Essa non ha un esplicito riconoscimento in Costituzione, così come non l'hanno la libertà di pensiero o di fede religiosa: ciò che interessa al diritto (e alla Costituzione) non sono i fenomeni interiori, che sono per loro stessa natura incontrollabili, ma la disciplina delle manifestazioni esteriori, "sociali", della coscienza, del pensiero e della fede. Così, per esempio, l'art. 19 riguarda la *libertà di culto*, l'art. 21 la *libertà di manifestazione del pensiero.*

La libertà di coscienza e la libertà religiosa sono tutelate attraverso:

a) il *divieto di discriminazione* (le distinzioni per "*religione*" e per "*opinioni politiche*" sono vietate dal "*nucleo duro*" del principio di eguaglianza (→ § X.3);

b) l'*eguaglianza tra le confessioni religiose* (prescrive l'art. 8.1 Cost.: "*tutte le confessioni religiose sono egualmente libere davanti alla legge*"), i rapporti delle quali con lo Stato sono regolati dal **concordato** (per la religione cattolica) e dalle **intese** con le confessioni non cattoliche (art. 8.3 Cost.), che hanno esteso ad altre religioni molti privilegi di carattere fiscale, finanziario, pastorale, in precedenza riservati alla chiesa cattolica;

✓ CONCORDATO E INTESE

Si chiama "**concordato**" lo strumento con cui uno Stato e la Chiesa cattolica regolano i loro rapporti reciproci, dando luogo ad una disciplina particolare. Il "regime concordatario" non è l'unica soluzione possibile: in Francia, per es., prevale un atteggiamento laico di programmatica indifferenza rispetto alle scelte religiose dei cittadini, senza che lo Stato ritenga necessario regolare con appositi atti i propri rapporti con la Chiesa cattolica o con altre confessioni. In Italia, invece, dopo che la "crisi romana" (con l'annessione di Roma al Regno d'Italia, nel 1870) aveva interrotto i rapporti tra lo Stato e la Chiesa, gli stessi vennero formalmente ristabiliti (la c.d. *Conciliazione*) con i ***Patti lateranensi*** del 1929. Essi sono un *trattato internazionale* che la Costituzione richiama per affermare il *principio concordatario*, ossia l'esigenza che i rapporti con la religione cattolica siano regolati sulla base di un concordato (con il conseguente *"rafforzamento"* del procedimento di formazione delle leggi di esecuzione dei *Patti*: → § VII.2) e non unilateralmente dalla Stato.
L'art. 8.3 prevede che invece i rapporti delle *confessioni acattoliche* con lo Stato siano *"regolati per legge sulla base di intese con le relative rappresentanze"*: è una *riserva di legge rinforzata per procedimento* (→ § VII.2). Ma le **intese** hanno incominciato ad essere stipulate solo dopo la riforma del Concordato, e sinora solo alcune confessioni, le più tradizionali, hanno potuto ottenerne una. Perché interessano le intese? Perché sono fonte di grandi privilegi: oltre al bisogno di regolare questioni relative al rito matrimoniale, alla sepoltura, al conforto dei malati e dei carcerati, ciò che attrae è il profilo del finanziamento (l'8 per mille) e delle agevolazioni fiscali: ciò spinge anche confessioni tradizionalmente "separatiste" rispetto allo Stato a cedere su qualcuna delle proprie convinzioni.

c) la *libertà di culto*. L'art. 19 Cost. garantisce a tutti il "*diritto di professare liberamente la propria fede*": tutela quindi l'aspetto individuale della libertà religiosa, mentre l'art. 8 tutela l'aspetto istituzionale (la "**confessione**"). La **libertà di culto** si estende a tutte le attività generalmente collegate ad esso, dal proselitismo ai rituali. L'aspetto "negativo" (→ § X.1) della libertà si manifesta su due diversi versanti: da un lato, la libertà a non svolgere alcuna attività di culto (a questa libertà fanno appello coloro che contestano l'esposizione del crocifisso nelle aule scolastiche e negli edifici pubblici), dall'altro la pari tutela della libertà di coloro che non professano alcuna fede religiosa (i c.d. "atei").

Invece il diritto di agire "secondo coscienza" è implicito in tutti i diritti di libertà e, come è proprio dei diritti di libertà, incontra i limiti posti dalle leggi. Ma, in certi casi, il diritto stesso consente all'individuo di superare il limite posto dalla legge e, nel conflitto tra quanto prescrive la legge e quanto prescrive il suo "foro interno", seguire il secondo: sono i casi di "**obiezione di coscienza**". Essa è il rifiuto da parte dell'individuo di compiere atti, prescritti dall'ordinamento, ma contrari alle proprie convinzioni. Lo stesso rifiuto di giurare è una forma di obiezione. Ma è lo stesso ordinamento a prevedere in alcuni casi il diritto di "obiettare". Il caso più noto – dopo che l'obiezione al servizio militare obbligatorio è caduta insieme alla leva obbligatoria, sospesa dal 2004 – è l'obiezione consentita al personale sanitario dalla legge sull'aborto (legge 194/1978): diritto che invece la Corte costituzionale ha rifiutato di estendere al giudice tutelare che la legge stessa incarica di autorizzare l'interruzione della gravidanza da parte della minore, in sostituzione del consenso dei genitori (sent. 196/1987). Vi è poi una legge che consente di obiettare ai medici, ai tecnici e agli studenti universitari che, per motivi di coscienza, non voglio prendere parte ad attività di sperimentazione animale (legge 413/1993), ed un'altra che consente al personale sanitario di non prendere parte a pratiche di procreazione assistita (legge 40/2004).

Tutte le dichiarazioni relative all'obiezione di coscienza (come, del resto, tutti i dati relativi alle convinzioni filosofiche o alle appartenenze religiose) rientrano tra i "*dati sensibili*" oggetto di particolare protezione da parte del *Garante della privacy*.

10. I DIRITTI "SOCIALI"

Per "**diritti sociali**" comunemente s'intendono i diritti dei cittadini a ricevere determinate "prestazioni" dagli apparati pubblici: sono i "diritti" caratteristici dello "*Stato sociale*" (→ § I.8). Si è già osservato che questo tipo di definizione può generare qualche equivoco: sia perché *tutti* i diritti si basano su una "prestazione" degli organi pubblici, e perciò "costano", sia perché anche i diritti "sociali" hanno un "contenuto minimo" che è comunque protetto direttamente dalla Costituzione, anche dove lo Stato non abbia organizzato la sua "prestazione".

Non v'è dubbio però che i "diritti sociali" siano espressi in Costituzione come programmi la cui attuazione è rinviata alla attività successiva degli organi pubblici. Così, per esempio, l'art. 30.2, parlando del mantenimento e dell'educazione dei figli, afferma che "*nei casi di incapacità dei genitori, la legge provvede a che siano assolti i loro compiti*"; l'art. 31 dispone che "*la Repubblica agevola con misure economiche e altre provvidenze la formazione della famiglia, ecc. …*"; in base all'art. 32.1, "*La Repubblica tutela la salute come fondamentale diritto dell'individuo e interesse della collettività, e garantisce cure gratuite agli indigenti*"; l'art. 34.3 garantisce che "*i capaci e meritevoli, anche se privi di mezzi, hanno diritto di raggiungere i gradi più alti degli studi*"; l'art. 36.1 riconosce al lavoratore una retribuzione "*in ogni caso sufficiente ad assicurare a sé e alla famiglia un'esistenza libera e dignitosa*"; l'art. 38 fonda il sistema dell'assistenza e della previdenza sociale. Come si vede, sono tutte disposizioni ispirati da esigenze di *eguaglianza sostanziale* (→ § X.3) e quindi dal principio di *solidarietà* espresso dagli artt. 2 e 3.2.

Nei primi anni di applicazione della Costituzione, specie prima dell'istituzione della Corte costituzionale, queste disposizioni costituzionali venivano interpretate come "*norme programmatiche*", ossia come programmi assegnati al legislatore futuro: impegnativi sul piano politico dunque, ma privi di applicabilità diretta, quindi non "giustiziabili", ossia incapaci di fondare un'azione davanti al giudice per ottenere tali prestazioni. Poi la prassi dell'applicazione giurisprudenziale ha mostrato che la più "programmatica" delle disposizioni costituzionali contiene aspetti "precettivi", direttamente applicabili. Per esempio, l'art. 4 Cost., che "*riconosce a tutti i cittadini il diritto al lavoro*", è considerato tutt'oggi una esemplare "norma programmatica": ma non ha impedito, in anni passati, ai giudici di basare sul profilo "negativo" di questo "diritto" il divieto dei "picchetti" che durante gli scioperi impediscono ai "crumiri" di andare a lavorare. Ma vi è di più: la Corte costituzionale ha sempre ripetuto che i diritti di "prestazione" devono essere "bilanciati" con esigenze di tipo organizzativo e di finanza pubblica; lo Stato può graduare le prestazioni (per esempio, l'assistenza sanitaria o la misura delle pensioni) sulla base delle disponibilità finanziarie. Come le cronache quotidiane ci insegnano, il "*Welfare*" non è solo questione di "diritti", ma anche di politica economica. Tuttavia – ha anche sempre ripetuto la Corte – le esigenze della finanza pubblica o di funzionalità dell'organizzazione non possono consentire una compressione tale dei diritti "sociali" da intaccarne il "minimo essenziale".

I diritti sociali sono pur sempre diritti: non sono comprimibili a piacere e godono comunque di una difesa giurisdizionale. Non si contano, per esempio, le sentenze della Corte costituzionale che hanno dichiarato illegittime disposizioni rivolte a controllare la spesa pubblica per pensioni o per l'assistenza sanitaria perché esse non garantivano il "minimo vitale" delle prestazioni, e con ciò infrangevano la garanzia costituzionale di un diritto, "sociale" sì, ma pur sempre fondamentale.

✓ IL CASO: GLI HANDICAPPATI E L'ISTRUZIONE SUPERIORE

La legge 118/1971 disciplina, tra l'altro, l'inserimento scolastico dei portatori di handicap. Si occupa prevalentemente della scuola dell'obbligo, ma poi, in un comma "residuale", conclude dicendo: *"sarà facilitata, inoltre, la frequenza degli invalidi e mutilati civili alle scuole medie superiori ed universitarie"*. Il TAR Lazio l'impugna lamentando che questa norma, che comunque parla solo degli invalidi e non anche degli handicappati, promette ma non garantisce nulla: le norme "programmatiche" degli artt. 2, 3.2, 30, 31, 34, 38 Cost. vengono "attuate" da un'altra norma programmatica! È quello che riconosce la Corte costituzionale: *"la disposizione impugnata ha indubbiamente un contenuto esclusivamente programmatorio, limitandosi ad esprimere solo un generico impegno ed un semplice rinvio ad imprecisate e future facilitazioni. Il suo tenore non è perciò idoneo a conferire certezza alla condizione giuridica dell'handicappato ..."* (sent. 215/1987). Ne è scaturita una decisione assai coraggiosa della Corte, in cui, con un dispositivo "sostitutivo", ha dichiarato illegittima la disposizione *"nella parte in cui, in riferimento ai soggetti portatori di handicap, prevede che "Sarà facilitata", anziché disporre che "È assicurata" la frequenza alle scuole medie superiori"*. E così la norma "programmatica" si è trasformata in diritto soggettivo!

La Costituzione non predispone particolari strumenti di tutela per i diritti "sociali": i riferimenti alla "legge", alla "Repubblica" o allo "Stato" sono sostanzialmente equivalenti e stanno a significare che i compiti che la Costituzione attribuisce gravano sugli apparati pubblici. È attraverso la legislazione ordinaria che questi diritti vengono organizzati in prestazione e in servizi: gli strumenti di tutela di cui dispone il cittadino sono quelli comuni apprestati dall'ordinamento.

Essendo ispirati ad istanze di *eguaglianza sostanziale*, le norme che disciplinano le prestazioni e i servizi sono generalmente derogatorie rispetto al principio di *eguaglianza formale* (→ § X.3): per esempio, riservano determinate prestazioni alle persone meno abbienti (per esempio, i libri scolastici gratuiti), oppure regolano la percentuale del costo della prestazione pubblica posta a carico del privato sulla base del reddito (per esempio, il *ticket* sanitario). Larga parte del contenzioso che si crea di fronte ai giudici verte dunque sull'esclusione di una determinata categoria o situazione dalle prestazioni previste dalla legge: si richiama quindi all'eguaglianza formale (art. 3.1 Cost.) chiedendo al giudice di estendere in via d'interpretazione la categoria dei beneficiari delle prestazioni pubbliche, in modo da includervi il ricorrente, oppure, se gli strumenti dell'interpretazione non lo consentono, di impugnare la legge davanti alla Corte costituzionale per chiederle di dichiarare illegittima la legge "nella parte in cui" esclude dai benefici la sub-categoria a cui appartiene il ricorrente stesso (sono le c.d.

"*sentenze additive*"). Meno frequenti sono i ricorsi in cui si lamenta la violazione, non tanto del principio di eguaglianza, ma del "contenuto essenziale" del diritto: in questi casi si contesta non il trattamento più sfavorevole di una determinata categoria rispetto a quella dei beneficiari, ma piuttosto il cattivo "bilanciamento" tra il diritto tutelato dalla Costituzione e le esigenze di contenimento della spesa pubblica.

In un modo o nell'altro, il contenzioso che si genera in relazione ai diritti "sociali" è sempre teso all'allargamento delle prestazioni e, quindi, della spesa pubblica. Nessuno infatti agirebbe davanti al giudice per farsi escludere da un beneficio (gli basterebbe non chiederlo); e se qualcuno agisse per far eliminare un beneficio a cui non ha diritto, il giudice gli risponderebbe che non ha interesse ad agire.

11. I SERVIZI SOCIALI

Lo strumento con cui i diritti sociali sono resi concreti è costituito dalla rete dei **servizi sociali**. Si tratta di un complesso di servizi, di cui alcuni sono riservati ai soli lavoratori e loro familiari, altri all'intera comunità: il ramo del diritto che ne studia l'organizzazione è la *legislazione sociale*.

I principali meccanismi attraverso cui si svolge la protezione della sicurezza sociale sono i seguenti:

A) la **previdenza sociale**. L'art. 38 Cost. è uno dei pilastri dello Stato sociale e della rete di sicurezza sociale che esso intende predisporre riconoscendo i diritti all'assistenza, alla previdenza, alla salute e all'istruzione. L'obiettivo è di garantire condizioni adeguate di vita ai cittadini che versano in condizioni di debolezza economica o di disagio sociale, per liberarli da quello stato di bisogno che – come scrive l'art. 3.2 – impedisce il pieno godimento dei diritti civili e politici.

L'art. 38 ha un doppio obiettivo: da un lato tutela degli inabili al lavoro e gli indigenti (1° e 3° comma), garantendo loro il mantenimento e l'assistenza sociale (→ lett. C) integralmente a carico del bilancio pubblico, nel rispetto di un principio di solidarietà; dall'altro tutela i lavoratori (2° comma), assicurando loro "*mezzi, adeguati alle loro esigenze di vita in caso di infortunio, malattia, invalidità e vecchiaia, disoccupazione involontaria*". Si tutelano quindi i lavoratori ed i loro familiari dai rischi derivanti dalla perdita del lavoro a causa di malattie o infortuni, ma anche si garantisce loro, dopo la cessazione del lavoro per limiti di età, la pensione, e quindi di una relativa tranquillità economica. Ciò a fronte di una contribuzione obbligatoria da parte del lavoratore lungo tutto l'arco della vita lavorativa e proporzionata alla retribuzione percepita. Si tratta dunque di una assicurazione obbligatoria, che fa capo ad alcuni enti pubblici (di cui l'**INPS – Istituto nazionale della previdenza sociale**, è il più importante).

I diritti previdenziali dei lavoratori sono garantiti da un principio di automaticità delle prestazioni obbligatorie, in modo da metterli al riparo da eventuali "dimenticanze" da parte del datore di lavoro che non abbia versato i contributi obbligatori (così già Corte cost. 76/1966). Essi sono garantiti anche a livello europeo: nell'ambito delle norme relative alla libera circolazione dei lavoratori è istituito un sistema che assicura ai lavoratori migranti e ai loro familiari il cumulo di tutti i periodi presi in considerazione dalle varie legislazioni nazionali e il pagamento delle prestazioni. I sistemi previdenziali nazionali restano però diversi, essendosi limitata la Unione europea ad emanare solo norme per il coordinamento delle prestazioni.

Il sistema previdenziale è caratterizzato da un rapporto di reciprocità tra prestazione lavorativa e trattamento pensionistico: ma è un rapporto non definito dalla Costituzione, che lascia aperta la scelta tra un sistema tipo mutualistico (dominato da una stretta proporzionalità tra contributi versati durante la vita lavorativa e provvidenze erogate a titolo di pensione) e un sistema solidaristico (le provvidenze erogate al lavoratore in pensione sono rapportate ai suoi bisogni più che ai contributi versati, con chiari intenzioni perequative). Per cui anche la legislazione ordinaria ha potuto seguire strade diverse: per esempio, la legge 353/1995 ha applicato il c.d. *metodo contributivo*, che legando la pensione erogata ai contributi versati (salva comunque la garanzia della *pensione minima garantita*), riformando il sistema precedente che si fondava invece sul c.d. *metodo retributivo*, che determina invece l'importo della pensione in rapporto percentuale alla retribuzione goduta e all'anzianità contributiva. Il problema è infatti quello di mantenere il sistema previdenziale in equilibrio finanziario nonostante l'allungamento della vita delle persone che crea una progressiva sproporzione tra il numero dei lavoratori che contribuiscono e il numero dei pensionati che beneficiano della previdenza sociale: una forzata solidarietà tra generazioni che pone a carico di coloro che sono inseriti nella vita produttiva il costo delle prestazioni erogate a chi ha smesso di lavorare.

Il complesso delle principali prestazioni previdenziali è così riassumibile:

a) *assicurazione contro gli infortuni sul lavoro e le malattie professionali*: è un'assicurazione obbligatoria, la cui gestione è affidata all'**Istituto nazionale per l'assicurazione contro gli infortuni del lavoro (INAIL)**: essa accolla il rischio professionale del lavoratore al datore di lavoro;

b) *assicurazione contro l'invalidità*, intesa come malattia che limita in modo permanente le capacità professionali del lavoratore e che dà diritto o ad un assegno o ad una pensione, secondo che la limitazione sia parziale o totale;

c) *pensione di vecchiaia*: essa è corrisposta ai lavoratori che abbiano raggiunto l'età oltre la quale il legislatore ritiene cessata la capacità lavorativa (c.d. "*età pensionabile*"): la legislazione ordinaria può prevedere però che il lavoratore prosegua la sua attività anche dopo aver raggiunto l'età stabilita cumulando reddito da lavoro e prestazione previdenziale;

d) *pensione di anzianità*: ne ha diritto il lavoratore che, pur non avendo ancora raggiunto l'età pensionabile, ha maturato una anzianità di lavoro e di contribuzione stabilita dal legislatore;

e) *indennità per la disoccupazione involontaria*: si tratta di provvidenze che vengono corrisposte a chi perde il lavoro non per sua volontà. Sono i c.d. *ammortizzatori sociali*;

B) l'**assistenza sanitaria**. Il diritto all'assistenza sanitaria è uno degli aspetti del **diritto alla salute**, l'unico diritto che la Costituzione (art. 32) espressamente definisce "fondamentale". Al tema è dedicato il cap. XII;

C) l'**assistenza sociale**. L'art. 38.1 Cost. ha ispirato un sistema assistenziale complesso, a cui è dedicato il cap. XIII.

12. Il diritto all'istruzione. Libertà della scuola

L'art. 34 Cost. pone due principi: il principio di eguaglianza nell'accesso alla scuola e il diritto all'istruzione. "*La scuola è aperta a tutti*" è una specificazione dell'*eguaglianza formale*, perché garantisce l'accesso a qualsiasi grado dell'istruzione scolastica a tutti, senza distinzione tra cittadini e stranieri o discriminazione, per esempio, per portatori di handicap o per sesso (perciò è stata dichiarata illegittima dalla Corte costituzionale – sent. 173/1983 – le disposizioni di legge che riservavano alle sole donne la formazione scolastica per insegnare nelle scuole materne). L'istruzione però è anche un dovere, per ciò che riguarda la c.d. "scuola dell'obbligo".

Vi è poi una applicazione del principio di *eguaglianza sostanziale*, nell'impegno della Repubblica (intesa come complesso dei poteri pubblici) di assicurare l'effettività dell'accesso all'istruzione. Da qui discendono sia il principio di gratuità dell'istruzione obbligatoria, sia il sistema del **diritto allo studio**. È un sistema fatto di "*borse di studio, assegni alle famiglie ed altre provvidenze*": espressioni che alludono ad un complesso articolato di sostegni finanziari rivolti ad abbattere i costi dell'istruzione superiore (quella non obbligatoria e gratuita) e a consentire il mantenimento di chi studia e della sua famiglia. Il principio che pone la costituzione è quello del concorso pubblico, che necessariamente si deve basare su un parametro meritocratico ("*i capaci e i meritevoli*", di cui all'art. 34.3 Cost.).

Gli stessi principi valgono anche per l'istruzione universitaria. Per essa gli interventi di diritto allo studio – che è reso più complicato per la mobilità degli studenti sul territorio – sono organizzati attraverso apposite Aziende regionali, che agiscono sulla base di indicazioni, definite dal Governo, dei livelli essenziali delle prestazioni da erogare.

L'art. 33.1 Cost. tutela quella particolare forma di espressione del pensiero che è l'insegnamento, sia esso inteso come insegnamento scolastico che come qualsiasi altra forma di trasmissione del sapere. I commi successivi regolano la **libertà della scuola**, imperniata sul principio del pluralismo scolastico. Accanto alla scuola pubblica, la cui istituzione è un obbligo per lo Stato, è sancita la libertà delle scuole private: a queste è garantita la "parità", quanto ai titoli rilasciati, ma anche la libertà ideologica. Le scuole private, cioè, possono essere delle "**organizzazioni di tendenza**", ispirate ad un programma educativo ideologico o confessionale preciso, sino al punto di poter scegliere e licenziare i propri insegnanti secondo la loro rispondenza o meno ai canoni comportamentali dell'ideologia o della fede, così come possono scegliere di non ammettere studenti che quei canoni non condividono. Chiunque può istituire una scuola "caratterizzata" ideologicamente, quale sia l'ideologia (con il solo limite del "buon costume"), e può chiedere l'equipollenza con la scuola pubblica subendo i controlli e le verifiche necessarie, le quali però non possono incidere mai nelle scelte "culturali". È però evidente che qui si ingenera un difficile bilanciamento tra la libertà della scuola a scegliersi uno specifico orientamento ideologico, e la libertà *nella* scuola, che tutela la libertà di coscienza del singolo docente: secondo la Corte cost. (sent. 195/1972, che decide il noto "*caso Cordero*") è la prima a prevalere, perché altrimenti la scuola di tendenza non avrebbe possibilità di esistere, mentre il docente è sempre libero di aderire o meno al programma ideologico di una determinata scuola privata.

Però queste scuole devono vivere "*senza oneri per lo Stato*" (art. 33.3 Cost.).

L'interpretazione di questa disposizione è molto discussa sia in sede politica che in sede teorica, con argomentazioni spesso speciose. Così come non è detto che il "servizio pubblico" scolastico debba avere esclusivamente un gestore pubblico (se non addirittura statale), perché è ormai normale che i servizi pubblici abbiano anche gestori privati (si pensi ai telefoni, alla televisione o agli ospedali), così non appare affatto accettabile l'idea che un servizio "pubblico" venga affidato ad un gestore che ha finalità così "private" da essere ispirate ad un determinato credo ideologico o religioso. Il "pluralismo" è ciò che consente l'esistenza delle scuole "di tendenza", ma deve essere anche la regola inderogabile del servizio pubblico.

Oggi la linea di tendenza della legislazione statale e regionale sembra essere di aggirare il problema del finanziamento pubblico *diretto* alla scuola privata, attraverso una forma di finanziamento *indiretto*: non si erogano contributi all'istituzione scolastica, ma alle famiglie. Siccome la scuola privata, priva di risorse pubbliche, funziona grazie alle rette pagate dagli iscritti, sostenendo le spese scolastiche delle famiglie, si assorbe nel finanziamento pubblico anche il costo di accesso alle scuole private, e quindi di funzionamento delle stesse. Tutto ciò avviene spostando il problema dalla natura della scuola al diritto della famiglia di scegliere. In molte Regioni ciò ha portato a istituire dei "buoni scuola" che consentono alle famiglie di scegliere se impiegarlo nella scuola pubblica o in quella privata. Non è certo una strada costituzionalmente necessitata, dato che la Corte costituzionale aveva anzi affermato (sent. 36/1982) che dalla garanzia costituzionale della *libertà di scelta* del tipo di scuola preferito "*non può certo dedursi l'obbligo della Repubblica di assumersi gli oneri eventualmente necessari per esercitarla*", e che "*il principio di parità di trattamento fra scuola pubblica e scuola privata non può spingersi fino alla determinazione dell'obbligo della Repubblica di assumersi gli oneri eventualmente necessari per l'esercizio di tale ultima scuola*" (ord. 668/1988). Certo è che, lasciando le famiglie arbitri della scuola da scegliere per i figli, si perde qualsiasi possibilità di riscontro oggettivo delle caratteristiche delle scuole e del rispetto da parte di esse dei principi di non discriminazione, tolleranza, pluralismo, ecc. che sembrano caratteristiche indispensabili di un servizio pubblico.

La materia è attualmente disciplinata dalla legge 62/2000, che cerca di dare risposta a questi problemi. Essa istituisce il **sistema nazionale di istruzione**, costituito dalle scuole statali e dalle scuole paritarie private e degli enti locali. Le scuole paritarie, che sono abilitate a rilasciare titoli di studio aventi valore legale, sono istituzioni scolastiche non statali, che, a partire dalla scuola per l'infanzia, corrispondono agli ordinamenti generali dell'istruzione. Alle scuole paritarie private è assicurata piena libertà per quanto concerne l'orientamento culturale e l'indirizzo pedagogico-didattico. Il progetto educativo indica l'eventuale ispirazione di carattere culturale o religioso. Esse però devono corrispondere ad una serie di requisiti:

– che l'insegnamento sia improntato ai princìpi di libertà stabiliti dalla Costituzione;

– che l'iscrizione alla scuola sia aperta a tutti gli studenti i cui genitori ne facciano richiesta, purché in possesso di un titolo di studio valido per l'iscrizione alla classe che essi intendono frequentare, *e ne accettino il progetto educativo*, compresi gli alunni e gli studenti con *handicap*;– che le attività extra-curriculari che presuppongono o esigono l'adesione ad una determinata ideologia o confessione religiosa non siano comunque obbligatorie per gli alunni;

– che l'istituzione e il funzionamento degli organi collegiali siano improntati alla partecipazione democratica;

– che il personale docente sia fornito del titolo di abilitazione e si applichino i contratti collettivi nazionali di settore.

Oltre a speciali esenzioni fiscali, queste scuole possono rientrare in un piano di finanziamento della "spesa scolastica" delle famiglie, gestito – con non indifferenti differenziazioni – dalle Regioni, cui sono attribuite le funzioni relative al finanziamento delle scuole non statali, incluse quelle paritarie.

"*La Repubblica detta le norme generali sulla istruzione ed istituisce scuole statali per tutti gli ordini e gradi*": così l'art. 33 Cost. Dopo la riforma costituzionale del Titolo V, l'art. 117.2 Cost., lett. n), attribuisce alla competenza esclusiva dello Stato le "*norme generali sull'istruzione*", mentre il comma successivo assegna alla potestà legislativa concorrente (→ § VII.8) la materia "*istruzione, salva l'autonomia delle istituzioni scolastiche*".

Come si vede il sistema delle competenze è complesso. La Corte costituzionale (sent. 290/1994) aveva già affermato che spetta allo Stato "*di dettare le regole generali vòlte ad assicurare, senza distinzione di aree geografiche, un trattamento scolastico in condizioni di eguaglianza a tutti i cittadini*", e quindi "*individuare le discipline oggetto di insegnamento in ciascun tipo di scuola, oltre a stabilire l'orario di studio da dedicare a ogni disciplina*". Allo Stato spetta peraltro anche il compito di definire i "livelli essenziali" delle prestazioni scolastiche e del diritto allo studio (i livelli sono attualmente definiti dal d.lgs. 226/2005), mentre la competenza legislativa della Regione resta evidentemente circoscritta. Posto che il personale docente e amministrativo delle scuole dipende dallo Stato, per cui anche la dotazione e la definizione di compiti e di impegno orario compete alla legislazione esclusiva statale (Corte cost. 279/2005), la competenza regionale riguarda essenzialmente gli aspetti organizzativi, dalla programmazione della rete scolastica alla gestione degli aspetti finanziari e della distribuzione del personale tra le istituzioni scolastiche (Corte cost. 13/2004). Ma la Regione non può comprimere l'autonomia degli istituti scolastici, che è un'**autonomia funzionale**.

✓ CHE COS'È L'AUTONOMIA FUNZIONALE?

Questa locuzione è impiegata usualmente per distinguere determinati enti pubblici (come le Università o le Camere di commercio) dagli enti territoriali rappresentativi (come i Comuni e le Province): al contrario di questi ultimi, essi non sono dotati di *autonomia politica*, ma di un'autonomia che attiene all'*esercizio delle funzioni* che svolgono per la collettività; i loro vertici non sono nominati dall'alto, ma sono in genere eletti dai soggetti interessati all'esercizio di quelle funzioni, che tramite questi enti si "autogovernano". Presuppongono quindi che la comunità dei soggetti portatori degli interessi governi autonomamente, e che gli organi di governo siano espressione della stessa comunità. Ciò vale per gli organi delle Camere di commercio, eletti dagli imprenditori, e per quelli delle Università, eletti dal corpo docente, dal personale e dai rappresentanti degli studenti. Ma vale molto meno per le istituzioni scolastiche, nelle quali il carattere "rappresentativo" è limitato agli organi collegiali, che hanno un peso ancora limitato nel "governo" della scuola stessa.

L'autonomia scolastica si svolge essenzialmente sul piano didattico e organizzativo: ogni istituzione scolastica predispone un piano "personalizzato" dell'offerta formativa, che specifica le scelte attinenti ai percorsi educativi di ogni singola scuola, nonché le metodologie e degli strumenti didattici, ivi compresi i libri di testo. Spetta ancora agli istituti scolatici di definire gli orari complessivi e dei vari insegnamenti, le attività di ricupero, le modalità d'impiego dei docenti, ecc.

Il riconoscimento dell'autonomia scolastica segna una tappa in un processo di passaggio da una scuola di Stato alla costruzione di un *sistema nazionale d'istruzione* che si basa sull'autonomia funzionale delle scuole, su una loro differenziazione anche in ragione delle diversità territoriali. È quindi significativo che alle Regioni sia riconosciuto dalla legislazione vigente (legge 53/2003) la possibilità di inserire nei piani di studio una "*quota ... relativa agli aspetti di interesse specifico*" delle Regioni stesse. Ma di un processo si tratta, ancora lontano da compiersi.

13. I DIRITTI POLITICI

"Politici" sono i diritti riconosciuti ai cittadini di partecipare alla vita politica e alla formazione delle decisioni pubbliche. Attraverso di essi si realizza il principio della *sovranità popolare*, enunciato dall'art. 1.2 Cost. Questa disposizione richiama le altre norme costituzionali che fissano "*forme*" e "*limiti*" dell'esercizio della sovranità da parte del popolo: ossia, appunto, i "**diritti politici**" dei cittadini, elencati negli artt. 48-51 Cost. Tali sono l'*elettorato attivo e passivo* (→ § III.1) per l'elezione delle assemblee rappresentative a tutti i livelli di governo (Stato, Regione, Provincia, Comune); i vari tipi di *referendum*, la libertà di organizzazione dei partiti, il diritto di petizione, il diritto di accedere agli uffici pubblici (art. 51 Cost.).

Sono tutti argomenti già trattati nel corso di questo volume: questo paragrafo serve perciò solo da richiamo. Si noti che la Costituzione riserva questi diritti ai soli "*cittadini*", seguendo in ciò la tradizione che lega la titolarità dei diritti politici allo *status* di membro della collettività (il c.d. *status activae civitatis*). Ma, come già si è visto, l'apertura del nostro ordinamento all'ordinamento UE e a quello internazionale sta portando ad un temperamento di questo principio tradizionale, il cui segno più evidente è l'estensione dell'elettorato attivo e passivo, seppure limitatamente alle elezioni amministrative, ai cittadini europei (e forse un giorno anche agli stranieri residenti in Italia).

I diritti politici si possono perdere (→ § III.1). La loro perdita può essere conseguenza o della perdita della capacità d'agire per infermità mentale o di una condanna per gravi reati. L'**interdizione dai pubblici uffici**, che comprende tra l'altro la perdita dell'elettorato attivo e passivo e di ogni incarico pubblico, è infatti una *pena accessoria* che accompagna le condanne più gravi: può essere perpetua (per condanne non inferiori a cinque anni) o temporanea (per condanne non inferiori a tre anni: art. 28 cod. pen.; particolari ipotesi sono previste da leggi speciali per reati di sfruttamento della prostituzione, di evasione fiscale, ecc.). Inoltre una **sospensione dei diritti politici** è prevista per coloro che sono sottoposti a misure di prevenzione, a libertà vigilata, ecc.

14. I DOVERI COSTITUZIONALI

La Costituzione contiene vari riferimenti ai "doveri" dei cittadini, ma per lo più si tratta di principi non facilmente traducibili in regole di comportamento. Così, per esempio, i "*doveri inderogabili di solidarietà politica, economica e sociale*", posti dall'art. 2 Cost., oppure il "*dovere di svolgere, secondo le proprie possibilità e la propria scelta, un'attività o una funzione che concorra al progresso materiale o spirituale della società*" posto dall'art. 4.2 Cost., non impediscono certo a nessuno di vivere di rendita sperperando le proprie ricchezze in egoistiche dissolutezze. È realistico prevedere che, al massimo della loro utilizzazione pratica, queste disposizioni possano entrare, con una funzione decorativa, in catene argomentative con cui la Corte costituzionale giustifica la "ragionevolezza" di qualche disposizione legislativa che limita l'autonomia privata.

Difficile è l'interpretazione del "*dovere di fedeltà alla Repubblica*" previsto dall'art. 54.1 Cost. Nell'ordinamento italiano non si è fatta strada la tendenza a fare del **dovere di fedeltà** un principio capace di bilanciare e "funzionalizzare" i diritti di libertà, di giustificare cioè la repressione del dissenso politico "radicale" che, specie negli anni della "guerra fredda", ha caratterizzato certe democrazie "protette" come la Germania federale e gli Stati Uniti d'America. Il dovere di fedeltà esprime il suo significato normativo perciò essenzialmente nei confronti di chi assume cariche pubbliche, mentre per la generalità dei cittadini si risolve nel tautologico obbligo di rispettare la Costituzione e le leggi: ma, anche in questo caso, non si può escludere che l'art. 54.1 Cost. possa essere invocato a difesa, per esempio, delle norme del codice penale che puniscono i "*delitti contro la personalità internazionale dello Stato*" (artt. 241 ss.), quali "*l'intelligenza con lo straniero*" o lo "*spionaggio*".

Insomma, i "*doveri*" costituzionali si riducono essenzialmente a due: il "sacro" **dovere di difesa della patria** (art. 52.1 Cost.) e il **dovere di pagare le tasse** (art. 53.1 Cost.). Al primo corrisponde l'**obbligo del servizio militare**, se e come lo disciplina la legge ordinaria (art. 52 Cost.: è appena il caso di ricordare che dal 2005 è sospeso il servizio obbligatorio di leva); ma i riflessi del dovere di difesa possono essere assai più vasti, toccando, in caso di guerra, tutti i cittadini, non solo i militari. Al dovere di "*concorrere alle spese pubbliche in ragione delle (proprie) capacità contributive*" corrisponde l'obbligo per lo Stato di costruire un sistema tributario "*informato a criteri di progressività*" (art. 53.2). In questo articolo ricompare la doppia anima del principio di eguaglianza: la regola che proporziona i tributi alla capacità contributiva rispecchia il *principio di eguaglianza formale*, mentre la regola della *progressività* è ispirata da esigenze di *eguaglianza sostanziale*. Ma dei complessi problemi che caratterizzano il sistema delle imposte e dei tributi si occupa in specifico il *Diritto tributario*.

15. LE PRESTAZIONI IMPOSTE

L'art. 23 Cost. detta una disciplina generale degli obblighi e dei doveri specifici di *prestazione personale* o *patrimoniale*. In realtà la disciplina si risolve in una *riserva di legge* che, per di più, è considerata solo *relativa*. Molti, anzi, vedono in questa disposizione la trascrizione in Costituzione del *principio di legalità* (→ § VI.5), poiché vieterebbe l'esercizio di qualsiasi potere autoritativo se non è fondato sulla legge. Ed è indubbio che il **divieto di prestazioni imposte** ha un'origine storica molto risalente: oggi però la sua applicazione tende a confondersi con le prestazioni tributarie, perché i tributi, disciplinati dalla norma "speciale" dell'art. 53 Cost., costituiscono la categoria di gran lunga principale delle "prestazioni" disciplinate, in via "generale", dall'art. 23 Cost. Di conseguenza, quando le prestazioni sono di natura tributaria, la riserva di legge dell'art. 23 si "rafforza" per i "contenuti" (il principio di proporzionalità e di progressività) dell'art. 53.

Anche l'espropriazione, disciplinata dall'art. 42.3 Cost., può essere vista come una "specie" delle prestazioni imposte. Le altre ipotesi sono soprattutto di prestazioni di carattere *patrimoniale* (per esempio, tariffe o tributi per servizi essenziali gestiti in via esclusiva da enti pubblici), mentre quelle *personali* sono marginali (per esempio, l'obbligo di spalare la neve di fronte alla proprietà privata).

XI. ORIGINI E SVILUPPO DEI SISTEMI DI *WELFARE*. BASI COSTITUZIONALI E DEFINIZIONI DELLA MATERIA

1. Le origini del *Welfare State* e le ripercussioni sui sistemi costituzionali

Come si è anticipato nelle pagine precedenti (→ § I.8), la Costituzione italiana delinea una forma di Stato ben diversa da quelle schiettamente liberali che si erano diffuse a metà del XIX secolo.

Concentrate essenzialmente nello sforzo di delimitare l'esercizio del potere pubblico attraverso l'elencazione di diritti soggettivi pubblici, di libertà individuali, quelle Carte fondamentali rispondevano allo spirito del tempo, tutto mirato ad affermare il ruolo e la dignità dell'individuo in seno alla società e nei confronti dello Stato.

Come quelle carte fondamentali si erano diffuse per la crescita dei commercianti e degli artigiani, e quindi per l'affermazione della borghesia, a rappresentare le sue pretese, nella seconda metà del secolo è un'altra mutazione del sistema economico a far evolvere ancora il modello: l'industrializzazione dei processi produttivi. Questa raggiunge, almeno in Europa (specie in Germania e in Inghilterra) e nell'America del nord, livelli mai conosciuti prima, portando con sé mutamenti sociali rilevantissimi. Si pensi al cambiamento nelle dinamiche reddituali, con lo straordinario aumento del lavoro subordinato e operaio, o alle dimensioni del fenomeno di inurbamento, con la migrazione di amplissime fasce della popolazione dalle campagne a quelle città nelle cui periferie andavano via via a insediarsi le nuove fabbriche.

L'industrializzazione porta con sé la crescita di una nuova classe sociale di stipendiati (il proletariato, a dirla come Karl Marx), deboli sotto il profilo della rappresentanza politica e contrattuale, eppure essenziali nelle dinamiche della produzione.

Spesso incapaci di provvedere, con il proprio reddito, ad alcuni bisogni essenziali della loro esistenza, nel tempo anch'essi traducono queste necessità nella pretesa di garanzie, che si rivelano ben presto molto diverse da quelle liberali. Sorge, in questo contesto, una nuova e fino ad allora inedita visione del **principio di eguaglianza** (→ § X.3) molto distante da quella che si era fino a quel momento perseguita. La lettura precedente del principio, discendente dal pensiero giudaico e cristiano, insisteva sull'uguale natura degli uomini e, a partire dall'intuizione illuministica, sul loro essere ugualmente capaci di razionalità. Su queste basi, i primi ordinamenti democratici ritennero di dare concretezza al principio vietando discriminazioni ingiustificate e orientandosi a offrire a tutti pari opportunità di successo, favorendo il libero dispiegarsi delle capacità e dei talenti individuali.

Al disagio delle classi sociali emergenti dalla rivoluzione industriale tutto ciò non bastava. L'affermazione delle uguali opportunità rimaneva un concetto del tutto astratto e utopico per classi sociali prive di istruzione, di aiuto nella cura di anziani, bambini e malati o di garanzie in caso di licenziamento.

Nelle riflessioni teoriche, ben prima che nella pratica politica, ciò si tradusse nel tentativo di superare la concezione "statica" di eguaglianza, focalizzata sull'eguale natura umana, per tentare progressivamente di sostituirla con un'altra, "dinamica". L'attenzione si spostava dalla affermazione di uguali punti di partenza al governo delle relazioni sociali e, rifiutando l'idea dell'ineluttabilità delle vicende dei singoli, si predicava piuttosto la necessità di un impegno dei pubblici poteri, mirato a correggere le aberrazioni della libera iniziativa individuale e a colmare le distanze che rendevano di fatto molto diverse le *chances* di successo degli individui.

Il progetto, molto più ambizioso, è quindi quello di un contrasto alle disparità nei "risultati", con il passaggio da una lettura solamente "commutativa" a una in chiave "redistributiva" dell'eguaglianza, che trasforma un principio fino ad allora inerte in un programma di azione costante per le istituzioni pubbliche.

E così, la concezione antagonista della relazione tra individui e Stato, che nella visione liberale promuove l'astensione di quest'ultimo da interferenze nella vita e nelle decisioni delle persone (finché si mantengono nella sfera del lecito), lascia spazio ad un'altra che, diversamente, sollecita l'aiuto delle istituzioni pubbliche, affinché intervengano a favore dei cittadini in alcune fasi delicate della loro esistenza, o che sostengano le fasce più deboli o emarginate della società o ancora, nelle ipotesi più radicali, che si prendano cura di ognuno "dalla culla alla tomba". Al di là delle diverse connotazioni, l'idea che sottende a questa impostazione è che sia proprio l'intervento equilibratore dello Stato a permettere a ogni persona di condurre un'esistenza dignitosa e realizzare appieno la propria personalità, nell'intento di garantire a tutti una libertà declinata non solo in negativo, come "assenza" (di vincoli, imposizioni, controlli), ma anche in positivo, come capacità di essere cittadini a pieno titolo.

Il conflitto fra le due impostazioni appare, in prima approssimazione, insanabile, venendo a prefigurare due opposte concezioni del ruolo dello Stato: da una parte lo si immagina come soggetto che si astiene, secondo il canone del "*laissez faire, laissez passer*"; dall'altra ne si chiede la presenza, se ne invoca l'intervento, anche forte, in spazi sempre più ampi della società, rendendo pubblica, organica, laica e costante quella serie di iniziative che fino ad allora erano state lasciate all'opera di organizzazioni private di volontariato e carità, alle società di mutuo soccorso operaio o alla cooperazione.

E così, a seconda della composizione sociale, della sensibilità politica nonché delle vicende e delle condizioni storiche specifiche, i vari Stati conoscono reazioni molto diverse: si va da un rifiuto deciso delle nuove istanze a una loro traduzione, pur solida, in interventi ben delimitati e mirati a rimediare allo stato di bisogno (si pensi alla adozione del *New Deal* di Roosvelt), fino a una loro assunzione come cifra essenziale dell'azione pubblica nei paesi che conosceranno le rivoluzioni di stampo comunista, ove l'anelito per l'eguaglianza arriva a travolgere qualsiasi considerazione per i diritti di libertà individuale di origine ottocentesca.

In Europa, invece, si tenta una mediazione.

Si ritiene comunemente che le prime politiche volte a un contrasto strutturale delle diseguaglianze, propriamente ascrivibili al modello comunemente rubricato come ***Welfare State***, siano quelle adottate nel secondo dopoguerra in Inghilterra (ove già nel 1601 si era adottata una prima *Poor Law* per il sostegno alle famiglie non in grado di sostenersi e, poi nell'800, si era tentato l'esperimento delle *workhouse*, quali luoghi di lavoro e accoglienza per i disoccupati).

Nel 1942, infatti, fu redatto e presentato il Rapporto *Beveridge* (dal nome dell'economista che diresse lo studio) in cui si suggeriva l'adozione di alcune misure propriamente "sociali" (quali l'introduzione di una prima forma organica di assistenza sanitaria pubblica e un fondo per il pensionamento) che furono accolte e messe in atto dal governo laburista di Clement Attlee il quale, entrato in carica dopo Winston Churchill nel 1945, guidò la ricostruzione dell'Inghilterra.

In altri paesi europei, tra cui l'Italia, l'evoluzione si registra non tanto in forza dell'assunzione di misure legislative o amministrative, quanto piuttosto a partire dalla redazione di un nuovo testo costituzionale, resosi indispensabile e urgente con la fine del secondo conflitto mondiale.

✓ L'UGUAGLIANZA SOSTANZIALE NELLA COSTITUZIONE DI WEIMAR

In realtà secondo molti commentatori si dovrebbe considerare come primo esempio di Costituzione attenta alla promozione dell'eguaglianza sostanziale quella di Weimar, approvata nel 1919. Di fatto quella Carta rappresentò un tentativo rilevantissimo di innovazione sotto l'ispirazione degli ideali democratici: in essa, oltre a introdursi la forma repubblicana in Germania dopo la fine dell'Impero degli Hohenzollern, per la prima volta venivano rubricati una serie di diritti di ispirazione filantropico sociale a favore dei poveri, dei malati e della maternità.

Due sono le ragioni per le quali questo riferimento non convince. Innanzitutto, come dato oggettivo, è da ricordare che questi diritti, come l'intera seconda parte della Costituzione di Weimar, rimasero del tutto inattuati (pur rimanendo la stessa in vigore, almeno formalmente, fino alla fine della Seconda Guerra Mondiale). In secondo luogo, sotto un profilo più sostanziale, si ritiene che Weimar rappresenti di fatto l'epigono (pur fortemente innovativo) delle sperimentazioni tentate nei diversi paesi europei, mirato a contenere l'onda di malessere sociale che attraversava quegli anni, piuttosto che a costruire una vera e propria cittadinanza sociale. Si pensi in questo senso alla legislazione sociale promossa dallo stesso Bismark in Germania, o alle controverse e ambigue politiche di Crispi e Giolitti in Italia, o anche a quelle più decise attuate da Nitti in seguito alle indicazioni della Commissione Reale per il dopoguerra.

Ciò che animava queste iniziative, pur tra loro diverse, era promuovere interventi a favore dei bisognosi, avendo in effetti in mente l'obiettivo di perseguire la pace sociale e l'ordine pubblico, in uno spirito ancora fortemente improntato alla carità e alla beneficenza, piuttosto che fondato su diritti veri e propri.

È dunque in questa fase che si realizza il passaggio dalla forma di Stato più propriamente liberal-democratica a una **forma di Stato democratico-sociale**, secondo una formula (pur non accolta pacificamente da tutta la dottrina) che vuole rappresentare il tentativo, nei testi costituzionali, di coniugare i diritti di libertà "tradizionali" – le libertà appunto negative – con quelli che sono i "nuovi" diritti a carattere sociale, ovvero le libertà positive. Ciò avviene in diversi modi: o attraverso un'esplicita dichiarazione, come nelle Costituzioni tedesca e spagnola, o implicitamente, attraverso i riferimenti presenti nelle disposizioni relative al principio di eguaglianza e ai diritti sociali, come in Francia e in Italia.

2. Il fondamento dello Stato democratico sociale in Italia. Libertà socialmente rilevanti e diritti a prestazione

Come si è già visto (→ § X.3), il riferimento essenziale nella nostra Carta fondamentale è quello di cui all'art. 3, dedicato al *principio di eguaglianza*, il quale nei suoi due commi illustra perfettamente il passaggio dal concetto tipicamente liberale, fondato sull'idea del contrasto alla discriminazione, a quello più propriamente sociale. Nell'ultimo comma, infatti, la Repubblica s'impegna, col complesso delle proprie istituzioni, a contrastare attivamente quelle disparità che impediscono agli individui di sviluppare appieno la propria personalità e di partecipare alla vita politica, sociale ed economica del Paese, accogliendo così quelle che erano le istanze descritte nel capitolo precedente.

A questo proposito, anche alla luce di quanto si è già detto in questo volume, è appena il caso di segnalare come, in questo secondo comma, l'uso del termine "persona" abbia la capacità di evocare e sollecitare, allo stesso tempo, la dimensione individuale e quella sociale, e sia quindi elemento di sintesi e mediazione fra le istanze liberali e quelle più propriamente egalitarie. La soluzione che si propone per quello che è stato ed è il più profondo conflitto ideologico dei nostri tempi risiede, quindi, per i nostri costituenti, in una visione rinnovata degli stessi concetti di libertà, di eguaglianza, di Stato di diritto e, soprattutto, di "uomo" quale soggetto di diritto. La sua libertà non si concretizza più nel restare intangibile e isolato, ma piuttosto nella sua capacità di essere parte attiva e consapevole delle tante reti di relazioni in cui si trova a vivere e operare.

Seguendo questa impostazione, lo Stato promuove "la sintesi dei principi di libertà e di eguaglianza" (H. Kelsen), assumendo un ruolo di arbitro nella ripartizione dei benefici e dei sacrifici e vigilando per garantire uno svolgimento equilibrato e corretto delle relazioni sociali ed economiche, secondo quello che è il mutare delle condizioni, della sensibilità e degli orientamenti (anche ideologici).

Se questa è dunque la visione (etica, prima che giuridica) che si pone a fondamento della nostra attuale forma di Stato, dobbiamo chiederci come queste premesse si concretizzino, ovvero quali siano, sempre nella Carta costituzionale, i diritti che possiamo rubricare come "sociali", e che vanno a comporre, nel loro insieme, il quadro della protezione e del supporto offerti alle persone nello svolgersi della loro esistenza.

Questo esame, è bene precisare, non è mirato solo, o soprattutto, alla definizione di un catalogo dei diritti sociali (che costituisce comunque una categoria aperta, come già anticipato (→ § X.10) e riprenderemo in seguito), quanto piuttosto a vedere in concreto quali siano le posizioni oggetto di tutela, e in che modo la stessa tutela sia assicurata.

Infatti, fin da un primo sguardo alle singole previsioni costituzionali, ci si accorge di come le forme con cui la Costituzione assicura quelle garanzie che, in senso generale, definiamo come "sociali", in realtà cambino significativamente in relazione al contesto specifico in cui si affermano. È dunque evidente come sia importante, per il percorso che ci proponiamo, tracciare una distinzione, in seno a questa categoria, tra le diverse forme e, in particolare, tra quelle che in effetti si vengono a concretizzare come vere e proprie affermazioni di libertà (e che, quindi, necessitano per la loro realizzazione di una mera astensione da parte dei poteri pubblici da spazi ben definiti della vita dei cittadini) e quelle che, al contrario, sollecitano un intervento concreto, "fattivo" da parte delle istituzioni, e, quindi, la predisposizione di un "sistema" per l'erogazione dei relativi servizi.

In questo senso, in seno alla categoria generale dei diritti sociali, prende corpo la distinzione tra **libertà "socialmente rilevanti"** e **diritti sociali "a prestazione"**.

Le prime sono libertà in negativo che si manifestano e realizzano in spazi sociali: pur proprie della persona in quanto tale, si dispiegano pienamente e diventano visibili solo al momento in cui questa si venga a porre in un contesto più ampio come la famiglia, il luogo di studio o di lavoro, o quando agisca (mossa da diversi interessi) in seno alla società.

I secondi, invece, sono vere e proprie pretese di prestazioni che vanno a configurarsi diversamente in relazione alla natura e alla tipologia dei servizi che sono stati predisposti per la soddisfazione dei diversi bisogni. Di fatto quindi questi diritti, che incarnano le libertà positive nel senso fin qui descritto, se osservati dal punto di vista del cittadino (o, potremmo dire, dell'utente) si manifestano come posizioni giuridiche di vantaggio, ma di natura variabile (e quindi, a diversa gradazione di tutela); se osservati, invece, dal punto di vista delle istituzioni pubbliche, gli stessi diritti ci appaiono come le linee guida essenziali rivolte al legislatore per la costruzione (normativa, prima che amministrativa) dei servizi alla persona.

3. L'ESTENSIONE DELLA TUTELA COSTITUZIONALE PER AMBITI DI SOCIALIZZAZIONE

Fatta questa precisazione, possiamo passare a esaminare quali siano questi diritti nel nostro testo costituzionale e a quali profili si riferiscano.

Per partire in questa ricostruzione, le prime solide indicazioni vengono senza dubbio dal *Titolo II della prima Parte della Costituzione*, dedicato ai *Rapporti Etico-Sociali* (artt. 29-34) e dalla *prima Parte del Titolo III* (artt. 35-40), dedicata invece ai *Rapporti Economici.*

Seguendo una classificazione diffusa anche nella dottrina giuridica, ma che mutua dall'impostazione degli studi sociologici, possiamo procedere a una distinzione delle previsioni contenute in queste norme, articolata in ragione dei diversi *ambiti di socializzazione*, ovvero dei diversi contesti in cui la persona, nello svolgersi della sua esistenza, costruisce e sviluppa relazioni "rilevanti" (c.d. **formazioni sociali**: → § X.9).

In questa concezione, la classificazione progredisce proprio con il progredire della vita, e quindi pone la *famiglia come luogo di socializzazione primaria.*

3.1. *La famiglia*

I diritti relativi all'ambito familiare (vedi però § X.9), inteso come primo fondamentale spazio di realizzazione della persona in cui la dignità del singolo va affermata e tutelata, si ritrovano negli artt. da 29 a 31, e comprendono:

– i diritti relativi al matrimonio e alla vita coniugale, e precisamente la libertà di contrarre matrimonio, cui si connette il diritto alla assistenza morale e materiale tra coniugi (esplicitato agli artt. 143 e 146 cod. civ.), e il diritto all'eguaglianza morale e giuridica dei coniugi;

– i *diritti relativi alla genitorialità*, e in particolare il diritto alla procreazione, la tutela della maternità e la disciplina relativa alla ricerca della paternità e il diritto/dovere al mantenimento, all'istruzione e all'educazione dei figli in ambito familiare;

– i diritti della condizione filiale (legittima e naturale), che consistono innanzitutto nel diritto (speculare a quello appena ricordato) al mantenimento e alla educazione da parte dei genitori, nella tutela dei figli nati al di fuori del matrimonio, che deve essere compatibile con i diritti dei membri della famiglia; nelle garanzie poste a favore dei figli con genitori incapaci di provvedere alla loro cura.

Come è facile vedere si tratta, in tutti questi casi, di diritti che, per loro stessa natura, sono da realizzarsi esclusivamente attraverso una coerente attività normativa del legislatore mirata a garantire, a queste asserzioni, uno sviluppo fedele e una declinazione coerente anche con il mutare del sentire sociale.

✓ LE FORME DI FAMIGLIA "NON TRADIZIONALE"

In questo senso, si pensi al superamento della concezione "tradizionale" di famiglia, di cui all'art. 29 Cost., attraverso l'approvazione della legge n. 76 del 20 maggio 2016 (c.d. Legge Cirinnà).

Prima dell'approvazione della predetta legge, molte erano state le istanze che, con sensibilità e declinazioni diverse, avevano portato a riflettere sulle forme di famiglia "non tradizionale".

Il tema era stato oggetto di numerose proposte di riforma e di accesi confronti dentro e fuori le aule parlamentari. Si pensi che i primi tentativi risalgono al 1986, con disegni di legge presentati dalla "Interparlamentare donne Comuniste" e da Arcigay.

Il citato intervento normativo, ritenutosi necessario dopo la condanna della Corte di Strasburgo all'Italia per il mancato riconoscimento delle unioni civili tra persone dello stesso sesso, istituisce e regola gli istituti giuridici dell'unione civile e delle convivenze di fatto.

L'unione civile è la dichiarazione di due persone maggiorenni dello stesso sesso, di fronte all'ufficiale di stato civile e in presenza di due testimoni, di voler costituire un'unione personale e patrimoniale fra loro. Con l'atto, registrato successivamente nell'archivio dello stato civile, le parti acquistano lo status familiare giuridico di unito civilmente.

La legge e i suoi decreti attuativi (5, 6, 7 del 19 gennaio 2017) fanno riferimento a divieti, cause di nullità, doveri e obblighi reciproci previsti per il matrimonio, ad eccezione dell'obbligo di fedeltà e a quello di collaborazione. Ulteriore differenza, non di poco conto, rispetto al matrimonio è la impossibilità per il partner di adottare il figlio minore dell'altro, secondo quanto dispone, nel caso del matrimonio, la legge sull'adozione (n. 184/1983).

È importante precisare che il legislatore ha declinato l'unione civile, come anche le convivenze di fatto, quali specifiche formazioni sociali ai sensi dell'art. 2 Cost. Si evince la volontà di incardinare tali forme non nell'art. 29 Cost., che continua a fare riferimento alla sola "famiglia tradizionale", bensì nell'art. 2 Cost., che sancisce la tutela dei diritti inviolabili dell'uomo, come singolo e nelle formazioni sociali.

Le convivenze di fatto, invece, configurano l'unione affettiva stabile e la reciproca assistenza morale e materiale tra due persone maggiorenni, etero o omosessuali, che non abbiano vincoli di parentela, affinità, adozione, matrimonio o unione civile. In termini giuridici, al contrario di quanto previsto per le unioni civili, la qualifica di convivente non porta all'acquisizione di uno *status familiae*. Ciononostante, la legge stabilisce, per i conviventi di fatto, alcuni diritti e doveri simili a quelli previsti per il coniuge. Tra tutti, l'assistenza morale e materiale per il coniuge che si trovi in carcere o in ospedale e la facoltà di designare il convivente come rappresentante, tutore, curatore o amministratore di sostegno, nei casi stabiliti dalla legge. Sono previsti, inoltre, diritti sulla casa del convivente, in caso di decesso del conduttore, oltre alla possibilità di disciplinare i rapporti patrimoniali relativi alla loro convivenza.

In questo senso possiamo affermare che, anche per la prossimità con quella che è la sfera più intima e personale degli individui, la scelta dei nostri costituenti è stata quella di intervenire soprattutto attraverso l'affermazione di prerogative individuali che escludono ogni forma di intervento dei pubblici poteri. Con diritti di libertà, pur nello specifico significato che abbiamo assegnato a tale espressione.

In senso parzialmente diverso muove soltanto il contenuto di cui all'art. 31, che introduce la previsione, ampia e quindi in gran parte indeterminata, di un impegno della Repubblica a:

– agevolare la formazione della famiglia e l'adempimento dei compiti relativi, e ciò specialmente per le famiglie numerose;
– proteggere la maternità, l'infanzia e la gioventù.

In questo modo, viene ad aggiungersi alle libertà appena ricordate anche l'impegno delle istituzioni a farsi parte attiva nel sostegno all'ambito familiare.

Ciò avviene con l'indicazione di pochissimi criteri e quindi un consistente rinvio al legislatore ordinario: le uniche specificazioni, infatti, consistono in un espresso riferimento a misure di natura economica (fiscali, tariffarie, stipendiali) per la prima azione; mentre per la seconda si esplicita la possibilità di intervenire anche favorendo "istituti necessari a tale scopo", espressione che, pur nella sua genericità, lascia intendere che sia ammessa la possibilità di operare in questo senso anche con l'intervento diretto di amministrazioni pubbliche, a cui attribuire funzioni specifiche e l'erogazione di servizi dedicati (→ § XIII.3).

In effetti, il tema sarà di fatto ripreso con forza e ampio rilievo dalla legge 328/2000, che all'art. 16.1 valorizza esplicitamente i molteplici compiti che le famiglie svolgono tanto nello sviluppo della vita quotidiana quanto, e soprattutto, nei momenti critici e di disagio, e ne dà quindi una lettura nuova, come vero e proprio elemento propulsore di protezione sociale.

3.2. *La scuola*

Due, e distinti, sono, invece, i cosiddetti *luoghi di socializzazione secondaria* che si incontrano proseguendo nella ricostruzione che abbiamo proposto: *la scuola e il lavoro*.

Per ciò che concerne la *scuola* (→ § X.12), le disposizioni costituzionali si concentrano in sole due disposizioni, pur fittissime di prescrizioni, gli artt. 33 e 34. In essi, assume decisamente maggior rilievo l'insieme dei diritti a prestazione, e le pur rilevantissime libertà che si affermano in queste poche righe assumono senso compiuto se lette (anche) come indicazioni per la definizione del modello amministrativo che provvede alla formazione scolastica e universitaria. Infatti, molte di quelle che appaiono semplici affermazioni di diritti e garanzie per gli individui, di fatto in questo caso devono essere interpretate anche come linee guida per la costruzione del sistema deputato all'istruzione, caratteristica che ben si comprende se si ricorda chc gli interventi in questo settore sono stati tra i primi e tra i più fortemente reclamati dai movimenti sociali ricordati al capitolo precedente.

Risulta quindi di una certa difficoltà elencare quelle che possono essere considerate come libertà "negative" (→ § X.1). In questo senso si segnalano forse soltanto i *diritti* che caratterizzano le relazioni interne al sistema educativo, e che consistono sostanzialmente nella **libertà di ricerca e di insegnamento** dei docenti e, in parallelo, nella *libertà del discente di esprimere le proprie opinioni.*

Hanno diversamente valore in entrambi i sensi le norme rubricabili sotto la generica formula del **diritto allo studio**, e cioè quelle disposizioni che disciplinano il sistema di istruzione nel suo complesso. Esse includono il diritto universale di accesso all'istruzione scolastica, espresso nella formula che impone al sistema di essere "aperto a tutti"; il diritto a scegliere la scuola; il diritto/obbligo all'istruzione inferiore gratuita, che si riferisce almeno ai primi otto anni del percorso scolastico; e infine il diritto dei più capaci e meritevoli di raggiungere i gradi più alti degli studi, reso effettivo anche attraverso con borse di studio, assegni alle famiglie e altre provvidenze attribuite per concorso.

Le ricadute sotto il *profilo più propriamente amministrativo* di queste ultime norme sono evidenti, e in alcuni casi vengono rafforzate e ampliate da altre disposizioni esplicite in questo senso. Nel complesso si prefigurano quindi come prescrizioni a carico della Repubblica (e specialmente del legislatore statale) numerose indicazioni per la disciplina del sistema di istruzione, e precisamente:

– il dovere di istituire e gestire scuole (e università) pubbliche (**diritto all'istruzione pubblica**);
– l'organizzazione di questo sistema basata sul libero accesso per cittadini e non;
– il carattere plurale del sistema scolastico (e universitario), aperto anche all'offerta, parificata, da parte di "enti e privati", cui è strettamente connessa l'equipollenza tra il trattamento degli allievi delle scuole private e quelli delle scuole statali;
– la strutturazione degli studi in cicli successivi, di cui il primo (scuola primaria e secondaria di I grado) non deve prevedere spese per l'iscrizione e la frequenza;
– più in generale, l'orientamento a favorire, con provvidenze economiche, la continuazione negli studi degli allievi migliori, con una valutazione basata sul loro merito e attribuita in base ad una procedura concorsuale;
– l'obbligo di prevedere un esame di Stato per la conclusione del I e del II ciclo scolastico e l'abilitazione all'esercizio professionale;
– la previsione di uno *status* di speciale autonomia per le istituzioni di alta cultura, le università e le accademie.

3.3. *Il lavoro*

Storicamente trainante nella definizione e per l'evoluzione del sistema di sicurezza sociale, il tema del lavoro travalica decisamente le norme presenti nei Titoli che abbiamo fino a qui considerato e si afferma, fin dalla prima riga del testo costituzionale, come l'elemento sul quale si fonda la nostra Repubblica. Residuo dell'idea (respinta dall'Assemblea Costituente) di una "Repubblica di lavoratori", questa affermazione fa comunque emergere la (già ricordata, → § XI.1) invincibile vocazione sociale del nostro modello costituzionale il quale, rifiutata ogni idea di censo e privilegio ereditario, ritrova nel lavoro l'unico criterio di affermazione delle persone e il terreno comune della loro partecipazione alla società. In questo modo, il lavoro diviene talmente rilevante da non poter essere considerato soltanto come uno degli ambiti a cui si dedicano le disposizioni costituzionali, ma piuttosto assurge a una vera e propria chiave di lettura dell'intero testo.

All'altissima affermazione di cui all'art. 1 fanno eco quelle dell'art. 4, che riprendono ed espandono il tema sempre in seno ai Principi fondamentali. La declinazione che del lavoro fa questo articolo è complessa, multiforme.

Da una parte si afferma il **diritto al lavoro** (1° comma), non come attribuzione a ciascuno del diritto di ottenere una specifica occupazione, quanto piuttosto come affermazione della *libertà di scelta della attività professionale.* Sull'opposto versante, il secondo comma del medesimo articolo impone a tutti il *dovere di svolgere una attività o una funzione* (coniugazione essenziale del più generale dovere di solidarietà di cui all'art. 2), che richiede a ogni cittadino di impegnarsi, attraverso il lavoro che ha scelto, in quella realizzazione di se stessi che è anche progresso di tutti.

Resta sullo sfondo di entrambe le prospettive, rilevantissimo ai nostri fini, il disegno del ruolo che in materia viene riconosciuto alle istituzioni pubbliche.

La Costituzione, affermando la libertà/dovere per ogni cittadino di scegliere e svolgere un lavoro, di fatto riconosce e mantiene per questo ambito la struttura di mercato, di cui rispetta le dinamiche dell'offerta e della domanda (e quindi gli esiti della negoziazione collettiva e individuale), riservandosi però il compito di evitare le possibili distorsioni, di tutelare i lavoratori come parti "deboli" della relazione contrattuale e di operare per creare le condizioni di massima occupazione.

È alla luce di questa impostazione che vanno lette le norme che aprono il Titolo III della Parte I. In queste, infatti, si dà ulteriore specificazione alla visione costituzionale sul lavoro ponendo una serie di condizioni, priorità e limiti al libero manifestarsi dell'autonomia privata. A differenza dell'art. 4, che tratta di qualsiasi occupazione, anche gratuita o autonoma, qui è infatti il lavoro di tipo subordinato a essere preso in considerazione, e quindi si trova una impostazione più focalizzata, tutta improntata a mettere in atto forme di protezione e garanzia che devono ritenersi irrinunciabili e inderogabili, se non per accedere a soluzioni di maggior favore per il lavoratore.

In questo senso, si segnalano innanzitutto le norme che intervengono direttamente a definire temi e termini contrattuali, quali il **diritto ad una retribuzione proporzionata** alla quantità e qualità del lavoro e sufficiente ad assicurare a sé stessi e alla famiglia un'esistenza libera e dignitosa (art. 36.1 Cost.), il **diritto a ferie e riposo set-**

timanale (artt. 36.2, 36.3 Cost.), la riserva di legge sulla durata massima della giornata lavorativa, il **diritto a parità di trattamento retributivo** delle donne e dei minori (artt. 37.1, 37.3 e 51.1 Cost.). In particolare, a quest'ultima previsione fanno eco, con ancor più determinazione, alcune disposizioni che affermano la garanzia per una conservazione della funzione familiare alle lavoratrici, una specifica tutela nei confronti del lavoro minorile e, nei confronti sia delle madri che dei loro bambini, l'impegno per un regime di protezione speciale. Non è riscontrabile, al contrario, alcun richiamo al lavoro precario, né ad eventuali tutele giuridiche per i lavoratori che si ritrovano a vivere situazioni di costante incertezza professionale.

Ad ogni modo, la natura di queste disposizioni, pur indispensabili a definire l'estensione del nostro sistema di *welfare*, è inedita rispetto alla distinzione fin qui proposta tra libertà e diritti a prestazioni. Come si era premesso, le forme di tutela variano in ragione del contesto in cui la tutela opera: in questo caso, proprio per la natura di mercato (pur specialissimo) che ha il lavoro, siamo davanti a interventi che si vengono a connotare come contenuti e criteri di massima per la contrattazione collettiva delle parti le quali, pur risultandone condizionate, non vengono espropriate della loro autonomia.

Accanto a queste, nello stesso Titolo sono rubricate le norme che sanciscono le diverse *libertà sindacali* (art. 39 Cost.), *il diritto di sciopero* (art. 40 Cost.), e il *diritto di collaborazione nella gestione delle aziende* (art. 46 Cost.). In questo caso si tratta dell'affermazione di vere e proprie libertà, a titolarità individuale ma con una necessaria dimensione associativa e, nel caso dello sciopero, a fruizione necessariamente collettiva.

Come veri e propri diritti di prestazione garantiti dalla Costituzione possiamo invece distinguere:

– l'impegno delle istituzioni pubbliche a *curare la formazione e l'elevazione professionale dei lavoratori* (art. 35.2), che assegna al sistema delle prestazioni sociali l'ampia sfera delle attività relative all'educazione professionale di base e ricorrente, mirate rispettivamente all'avvio al lavoro e al miglioramento o alla riconversione delle capacità professionali (e quindi della posizione occupazionale). A questa disposizione si connette, in senso rafforzativo, quella di cui all'art. 38.3, che prevede specifiche misure, in questo senso, a favore dei soggetti inabili e "minorati";

– il complesso delle prestazioni destinate ad assicurare ai lavoratori "*mezzi adeguati alle loro esigenze di vita*" in caso di infortunio, malattia, invalidità, vecchiaia, disoccupazione involontaria (art. 38.2). È questa la norma che dà fondamento al complesso delle funzioni e dei servizi previdenziali e pensionistici;

– infine, l'amplissima previsione di un complesso di azioni mirate ad assicurare a tutti i cittadini "*inabili al lavoro e sprovvisti dei mezzi necessari per vivere*" il diritto al mantenimento e all'assistenza sociale (art. 38.1).

A questo proposito sono necessarie alcune precisazioni.

Innanzitutto, è rilevante annotare come la Costituzione, per l'intero novero dei compiti previsti dall'art. 38, si preoccupi di specificare, da un lato, che a essi provvedono "*organi ed istituti predisposti o integrati dallo Stato*" (3° comma) e, dall'altro (4° comma), che l'assistenza privata è libera. Si dà vita, in questo modo, a un sistema di intervento misto, nel quale però l'apporto pubblico è necessario e quindi immancabile.

In secondo luogo, è importantissimo notare come l'art. 38, in particolare con la formula di cui al primo comma, di fatto travalichi la sfera del lavoro e degli occupati e assuma come destinatari delle attività di sostegno il ben più ampio novero dei cittadini. Il lavoro, in questo caso, resta sullo sfondo, appunto come strumento di possibile realizzazione sociale, come "misura" della capacità di partecipazione dei cittadini alla vita collettiva e come mezzo di sostentamento. L'intento di queste disposizioni è, però, quello di occuparsi di chi, per le più diverse ragioni, è temporaneamente o cronicamente incapace di svolgere un'attività lavorativa e, quindi, delle persone in quanto tali e delle loro necessità nei momenti più difficili della loro esistenza.

In questo senso, si apre l'ampio dibattito che ha visto sia la dottrina che la giurisprudenza costituzionale affrontare il tema del "bisogno" e della sua definizione che, seppur qui evocato in correlazione alla capacità lavorativa degli individui, di fatto va letto in una accezione molto più ampia che finisce oggi per collocare l'art. 38.1 a fondamento dell'intero sistema degli interventi assistenziali.

4. Diritti costituzionali e servizi alla persona: delimitazione dell'oggetto di studio e tratti caratteristici

Dopo aver seguito, nei paragrafi precedenti, la progressione dei diversi ambiti di socializzazione in cui l'individuo conduce la propria esistenza, si tratta ora di rivolgere la nostra attenzione a quella sfera di diritti che attengono non solo alla persona in quanto tale, senza alcun riguardo a una dimensione (familiare, scolastica, professionale) o condizione specifica (l'essere o meno cittadino italiano, o lavoratore), ma che attengono piuttosto a uno *stato di bisogno* specifico, che cercano di prevenire o a cui intendono rimediare.

Si apre così la nostra trattazione a quello che sarà l'oggetto specifico dei prossimi capitoli, che si occuperanno essenzialmente dei "**servizi alla persona**", intendendo con questa espressione il novero di quelle *prestazioni offerte ai singoli come membri di una comunità, e che intervengono su quella che è la sfera del suo benessere individuale e sociale, psichico e fisico*. In questo senso, e in prima approssimazione, intendiamo quindi riferirci all'insieme dei diritti che mirano a garantire la salute (→ § XII.1), la partecipazione e la socializzazione delle persone, contrastando le limitazioni e il disagio da qualsiasi causa siano originati.

Diverse le ragioni che motivano questa delimitazione del tema.

Da una parte, seguendo l'articolazione degli studi in materia, non vi è dubbio che famiglia, scuola e lavoro rappresentino ambiti disciplinari specifici che rimandano a trattazioni organiche e distinte, anche in ragione delle caratteristiche che, come abbiamo visto, ciascuno di questi solleva, e non soltanto sotto il profilo giuridico-istituzionale. Dunque, pur non dimenticando le indubbie connessioni con le politiche e gli interventi proprie di quei settori (si pensi per tutti alla trasversalità dell'assistenza alla maternità e all'infanzia o degli interventi di contrasto alle nuove povertà), è bene focalizzare l'attenzione di queste pagine sui tratti propri delle prestazioni alla persona.

In secondo luogo, la sfera di attività a cui rivolgiamo la nostra attenzione si segnala, per molti versi, come quella più significativa e rappresentativa dell'intero sistema di *welfare*, rispetto al quale si pone come centrale e paradigmatica. Si consideri, ad esempio, la rilevantissima quantità di risorse (organizzative, professionali, economiche) che vengono impiegate nei servizi sanitari. Si pensi, ancora, al ruolo determinante che questo complesso di servizi riveste nella percezione e nella valutazione della qualità della condizione di "cittadinanza" (qui intesa in senso sociale, ampio). Non a caso, seguendo riflessioni analoghe a queste, tutti i più importanti istituti di ricerca (ISTAT, EUROSTAT, CENSIS), nel valutare l'impegno finanziario e gli effetti dei diversi interventi nel "sociale", si riferiscono espressamente ed esclusivamente a questi servizi.

D'altra parte, una volta che si sia motivata questa limitazione del campo di studio, se ne devono tracciare alcuni tratti caratteristici.

Si deve innanzitutto sottolineare come in questo ambito quelli che qui, e anche nel testo costituzionale, sono rubricati come "diritti", di fatto abbiano assunto e assumano, nell'ordinamento, natura a volte diversa. In questo senso s'intende sottolineare come la loro natura di "posizioni pretensive" nei confronti di soggetti pubblici designati all'erogazione dei relativi servizi abbia di fatto provocato la loro traduzione in interessi legittimi (→ § VIII.5.4) o, ancora, la loro coniugazione in ulteriori specificazioni e forme, che di volta in volta ne limitano e condizionano la portata e l'effettività (su questi temi torneremo, *amplius*, ai paragrafi successivi).

✓ UN CASO ESEMPLARE: IL DIRITTO ALL'ABITAZIONE

In questo senso è paradigmatico il caso del **diritto all'abitazione**. Questo diritto ha origini lontane, ma stenta ancora a definirsi pienamente nei diversi ordinamenti. In particolare in Italia, dopo un lungo dibattito su un suo possibile significato "forte", di diritto a ottenere un alloggio da parte dei pubblici poteri (che contrasta con le evidenti caratteristiche di libero mercato del settore immobiliare), esso è venuto ad assumere, sulla base di un'interpretazione dell'art. 47.2 Cost., a opera della dottrina della fine degli anni '70 e della giurisprudenza costituzionale (si vedano le sentt. 217/1988, relativa all'acquisizione della prima casa da parte di giovani lavoratori subordinati, e 404/1988, relativa alla coabitazione della famiglia di fatto) di un decennio più tardi, un significato più debole, ma di certo non sterile.
Oggi quindi possiamo configurare il *diritto sociale all'abitazione* se non come un diritto perfetto e autonomo, come un solido principio ispiratore del legislatore, strumentale alla realizzazione di un'esistenza dignitosa per l'individuo e, comunque, complementare ad altri diritti.

Inoltre è da metter ben in evidenza il fatto che, per quanto disposto dal già ricordato art. 38.3 e 4, ma anche per le scelte organizzative che nel tempo si sono succedute nel dare struttura a detti servizi, in questo ambito si rende particolarmente evidente anche *l'apporto congiunto di soggetti privati nella determinazione dell'offerta complessiva di prestazioni*. La co-presenza di soggetti di natura differente può in realtà assumere diverse configurazioni: si va dalla più aperta concorrenza alle più diverse forme di relazione convenzionale o contrattuale, fino alla recente affermazione di quei modelli di separazione e collaborazione che oggi vengono tentati in nome del principio di sussidiarietà orizzontale.

Resta sullo sfondo la constatazione di essere in presenza di un ambito aperto a una pluralità di apporti che, per esplicita affermazione costituzionale, da una parte vede la presenza necessaria delle istituzioni pubbliche e dall'altra conosce anche una regolata, ma piena, apertura agli apporti delle organizzazioni private. Questa particolare circostanza si verifica senza dubbio in ragione del fatto che non esistono, per questo settore, le condizioni tecniche, logistiche o economiche per giustificare una presenza monopolistica, escludente ed esclusiva, di un soggetto a discapito degli altri. D'altro canto, però, è anche la testimonianza di una duplice *ratio* delle norme costituzionali, che da una parte impongono la garanzia della presenza pubblica a presidiare questi bisogni, e dall'altra vogliono, e addirittura favoriscono, quell'apporto solidale (più o meno spontaneo e disinteressato) dei soggetti privati che ha storicamente rappresentato la prima forma di intervento in queste situazioni (si pensi alle mutue operaie, alle prime cooperative o alle istituzioni caritatevoli di assistenza e beneficenza).

Vi è infine da determinare quale sia il novero di questi "diritti" sociali, e quindi quale sia l'estensione dei servizi alla persona che, per le ragioni ricordate, costituiranno l'oggetto di studio dei prossimi capitoli.

Il compito non è semplice. Infatti, la prima cosa che dobbiamo segnalare è che questo complesso di diritti è senza dubbio la categoria più sfumata e soggetta a espansione in seno a un testo, quello costituzionale, che è in questo senso aperto e "recettivo". Il riferimento è appunto alla disposizione di cui all'art. 2 Cost., che "*riconosce e garantisce*" i diritti inviolabili delle persone. Con questa espressione, oltre ad affermare la loro inalienabilità e irrinunciabilità (e quindi il loro rappresentare l'essenza delle garanzie costituzionali), secondo una oramai consolidatissima linea di interpretazione della Corte costituzionale, ci si riferisce non soltanto e specificamente ai diritti esplicitamente enumerati dalla Carta fondamentale (in particolare dall'art. 13 in poi), ma anche all'apertura verso "nuovi" diritti e libertà che emergono dall'evolvere della società e delle relazioni tra le persone, dal mutare dell'economia e del mondo (→ § X.7). Si pensi a quanta strada ha fatto la Corte costituzionale: dalla affermazione del diritto alla libertà sessuale nel 1987 all'inserimento del minore in una famiglia e al diritto all'abitazione nel 1988; dal diritto all'accompagnamento per gli inabili nel 1989 all'abbandono del proprio paese nel 1992, dal riconoscimento del diritto alla vita nel 1996 alle recentissime decisioni sui metodi artificiali di fecondazione. È la legislazione stessa a portare avanti la tutela dei diritti non espressamente contemplati in Costituzione: esempi ne sono lo Statuto dei Lavoratori e l'introduzione del divorzio nel 1970; il riconoscimento dei diritti del cittadino nelle Forze Armate e alle norme sull'obiezione di coscienza, così come il riconoscimento dei diritti dei transessuali nel 1972; l'introduzione di momenti di partecipazione nelle componenti scolastiche nel 1974; la riforma che sancì l'accesso delle componenti sociali nel sistema radio televisivo, la profonda rivisitazione del diritto della famiglia e la fine della patria potestà nel 1975 e, nello stesso anno, la riforma del sistema carcerario; la creazione del Sistema sanitario nazionale e la riforma in senso "basagliano" delle cure psichiatriche nel 1978.

È dunque necessario avvicinarsi al tema della estensione del complesso dei diritti sociali con la consapevolezza che si tratta di un'elencazione non finita e che mai, per la sua stessa effettività, potrà considerarsi chiusa, definitiva. Al contrario si tratta di un novero in continuo adeguamento, alla cui espansione contribuiscono, in linea con il testo costituzionale, diverse fonti e molteplici soggetti, che vanno dalla Corte costituzionale al legislatore statale e regionale, dalle convenzioni internazionali alle deliberazioni assunte a livello comunale. Non si deve infatti dimenticare come, per questa materia, molte innovazioni siano introdotte (per quanto lo consentano le relative competenze) proprio a livello locale, e con una intensità tale da conferire a questi enti la capacità di dare una specifica declinazione al concetto (ancora una volta inteso in senso ampio) di "cittadinanza".

Vi è da segnalare, in seconda battuta, come in alcune interpretazioni e ancor più nel linguaggio corrente della politica e dell'amministrazione, i confini a cui ci si riferisce nella definizione del "sociale" conoscano una costante espansione, più semantica che sostanziale. Intendiamo qui ricordare la tendenza di includere nel novero dei diritti (e quindi dei servizi) per la persona un numero crescente di pretese a cui però, fin troppo spesso, non fa seguito un impegno parimenti significativo in termini di risorse e priorità nell'azione amministrativa.

L'esempio più evidente è quello dell'offerta di attività culturali e ricreative, ovverosia di quell'insieme di servizi e proposte, promossi dagli enti locali o da soggetti privati, che vanno a soddisfare le necessità di conoscenza, formazione extrascolastica o anche di mero intrattenimento della collettività. Ora non v'è dubbio che la cultura, in ragione della previsione di cui all'art. 9 Cost., rappresenti uno dei valori fondanti del nostro ordinamento costituzionale e che, quindi, ogni azione in questo senso risponda a un bisogno diffuso e sempre più evidente e si riferisca a un preciso interesse generale affatto degno di tutela e garanzia. Né d'altra parte si può negare il fatto, oramai affermato in tanti studi, che anche queste attività rappresentino un elemento determinante per il benessere delle persone e contribuiscano in modo determinante al loro appagamento complessivo e alla loro socializzazione.

Resta però ferma, in questa ricostruzione, la necessità di mantenere l'attenzione su quello che è il nucleo storico ed essenziale del sistema di *welfare*, e quindi concentrarci su quelli che sono i suoi settori caratterizzanti. Dunque, dopo aver messo in chiaro i caratteri di apertura ed espansività del novero dei diritti che si pongono alla base dei servizi alla persona, nei prossimi capitoli dobbiamo ritornare alla lettura del testo costituzionale ed esaminare quali siano le norme che offrono una base solida alla nostra rassegna.

XII. DIRITTO ALLA SALUTE E SISTEMA SANITARIO

1. Il diritto alla salute e le sue possibili declinazioni. Il diritto all'integrità psico-fisica. Il diritto a non essere curato

Nella trattazione dei diritti (e dei servizi) sociali si deve in primo luogo prendere in considerazione il **diritto alla salute**, come enunciato dall'art. 32 Cost.

Che questo diritto sia determinante per l'affermazione di quel benessere individuale che la Costituzione persegue come entità complessiva (fisica, materiale e spirituale) è di tutta evidenza. Basti dire che il diritto alla salute, oltre a essere espressamente qualificato come "fondamentale" dalla stessa Costituzione, a giudizio di molti autori costituisce la premessa per l'effettivo godimento di tutti gli altri diritti, in base alla considerazione che, senza un adeguato stato di salute, la persona non potrebbe effettivamente esercitare alcuno dei suoi diritti civili o politici, o essere veramente "libero".

✓ TUTELE COSTITUZIONALI E TUTELE EUROPEE

La Costituzione italiana è stata la prima a prevedere il diritto alla salute, e rimase un *unicum* per lungo tempo, seguita solo da quelle redatte alla fine delle ultime dittature europee (Grecia 1975; Portogallo 1976; Spagna 1978).
Anche l'Europa muove in questa direzione. Prima, il Consiglio d'Europa inserisce il diritto alla salute nella Carta Sociale Europea (adottata nel 1961 e rivista nel 1996) che va a integrare la Convenzione europea dei diritti dell'uomo. Poi, sono i Trattati, a partire da Maastricht (1992), a recepire il diritto, che oggi, dopo vari interventi, è consolidato nel Titolo XIII Sanità Pubblica, art. 152, con cui la Comunità si impegna non più soltanto a "contribuire", come in passato, ma a garantire un "livello elevato di protezione della salute umana". Inoltre, si specifica, l'azione della Comunità mira al completamento delle politiche nazionali, e si indirizza al miglioramento della sanità pubblica, alla prevenzione delle malattie e affezioni e all'eliminazione delle fonti di pericolo per la salute umana.
Per completare il quadro dei riferimenti in sede europea si deve ricordare l'articolata serie di norme incluse nella Carta di Nizza (→ § II.1). Nell'intento di prevedere per tutti i cittadini dell'Unione un novero di diritti e di libertà di particolare rilevanza, la Carta mostra grande attenzione per il tema della salute delle persone. E così, se l'art. 2, pur in senso molto ampio, afferma l'essenziale diritto alla vita, l'art. 3 entra più propriamente nell'ambito al nostro esame, affermando, da una parte, il diritto all'integrità fisica e psichica della persona, mentre, dall'altra, "nell'ambito della medicina e della biologia", impone di rispettare:
– il consenso *libero e informato* della persona interessata, secondo le modalità definite dalla legge;
– il divieto delle **pratiche eugenetiche**, in particolare di quelle aventi come scopo la selezione delle persone; il divieto di fare del corpo umano e delle sue parti in quanto tali una fonte di lucro;
– il divieto della clonazione riproduttiva degli esseri umani.

All'erogazione di prestazioni sanitarie è invece dedicato l'art. 35, il quale sancisce il diritto che ogni individuo ha di "accedere alla prevenzione sanitaria e di ottenere cure mediche alle condizioni stabilite dalle legislazioni e prassi nazionali". In questo senso, quindi, l'impegno è, "nella definizione e nell'attuazione di tutte le politiche ed attività dell'Unione", quello di garantire "un livello elevato di protezione della salute umana".

La pluralità di prospettive espressa dall'ordinamento dell'Unione è rinvenibile anche nell'art. 32 Cost., che infatti si segnala come una delle norme più analizzate e dibattute della nostra carta fondamentale.

Ciò è dovuto in parte alla ampiezza della sua redazione e in parte alla diversificazione e alla complessità delle situazioni che la norma si trova a disciplinare. Vista la rilevanza e la trasversalità dei valori a cui si riferisce, gli studiosi, il legislatore e la giurisprudenza hanno di volta in volta trovato in essa il fondamento costituzionale necessario a dare riconoscimento e tutela a molte delle nuove pretese che le trasformazioni economiche, sociali e tecnologiche sollevavano.

Una norma che si espande, dunque, all'espandersi dei bisogni a cui si rivolge. Non possiamo infatti dimenticare come anche l'idea di "salute" sia concetto dinamico, impossibile da consolidare in una precisa definizione o in una condizione specifica. Cambia in ragione dei progressi della scienza e dell'evolvere della società, e muta al mutare dell'età, della condizione, delle attività della persona. Ne risulta così un quadro in continuo movimento, impossibile da stabilizzare in standard individuali o sociali.

Ci troviamo così davanti a una disposizione che dà vita a una pluralità di letture e a posizioni giuridiche differenti che si integrano e si completano in un sistema di garanzie articolato e armonico.

Innanzitutto non v'è dubbio che il diritto alla salute abbia (come nella Carta europea) natura di vera e propria *libertà negativa* (→ § X.1) nella sua declinazione di **diritto alla integrità psico-fisica**. In questo senso esso si concretizza nella pretesa che chiunque si astenga dal porre in essere comportamenti lesivi della salute altrui, alterandone in senso peggiorativo lo stato di benessere fisico o psichico.

In questo caso ci troviamo davanti a un *diritto soggettivo*:

– *assoluto* (→ § X.1), in quanto affermato senza alcuna limitazione o condizione nei confronti di tutti e, quindi, azionabile sia nei rapporti tra privati che con i pubblici poteri;

– non degradabile a *interesse legittimo* (→ § VIII.6.4) in ragione di quanto si è appena visto a proposito del limite all'azione delle amministrazioni;

– *immediatamente precettivo*, in ragione del fatto che consiste, in essenza, nell'obbligo di astenersi da determinati comportamenti. In questo senso, tra l'altro la prescrizione si estende fino a impedire anche le azioni che, almeno in potenza, potrebbero costituire un pericolo per la salute individuale.

Così delineato, grazie alla progressiva elaborazione della giurisprudenza costituzionale e della Corte di cassazione, il diritto all'integrità psico-fisica è diventato il fondamento per l'affermazione e la progressiva espansione dei meccanismi risarcitori. La costruzione si fonda sulla coniugazione del diritto in esame (ridotto all'essenziale formula del ***neminem laedere***) con il sistema predisposto dal codice civile per il risarcimento da fatto illecito (artt. 2043 ss.: → § XIV). Ne consegue che qualsiasi offesa (dolosamente o colposamente arrecata) alla salute altrui è da considerarsi "danno ingiusto" e costituisce quindi il presupposto per la richiesta di un ristoro, anche patrimoniale, della lesione subita.

Rinviando l'approfondimento del tema alle pagine successive (→ § XIV.1), è qui appena il caso di ricordare come il diritto alla salute, letto in questa dimensione, abbia dato vita all'articolata categoria del **danno biologico**, oggi pienamente riconosciuta anche dal legislatore. Resta invece ancora vivace il dibattito attorno al problema della sua valutazione in termini risarcitori e, cioè, dell'attribuzione allo stato di salute (e a ogni sua alterazione) di un preciso valore economico.

L'analisi del diritto alla salute come diritto di libertà richiede però un'ulteriore serie di considerazioni. Non si può infatti dimenticare come, a fianco della concezione "in negativo", sia rinvenibile nel diritto all'integrità psico-fisica anche una dimensione e un'azionabilità in positivo, che di fatto si concretizza nella **libertà di decidere** se e come intervenire sul proprio stato di salute.

Nel testo costituzionale la declinazione "attiva" del diritto trova fondamento nella rilevantissima previsione di cui all'art. 32.2.

Adottando una soluzione del tutto originale, dopo l'affermazione al primo comma del diritto alle cure (→ § XII.4), la norma costituzionale esplicita come valga anche il diritto a contrario, ove afferma che "*nessuno può essere obbligato a un determinato trattamento sanitario se non per disposizione di legge*". La qual legge, si specifica, non può comunque "*in nessun caso violare i limiti imposti dal rispetto della persona umana*".

È grazie a questo divieto, così deciso, che avviene la costituzionalizzazione del **diritto alla autodeterminazione** rispetto ai possibili interventi della medicina e della biologia. Si tratta, a ben vedere, della concretizzazione nella sfera del corpo e della psiche del principio personalistico della nostra Carta fondamentale. In questo senso l'art. 32.2 rimanda a quel diritto alla libertà personale (art. 13 Cost.) che apre l'elencazione delle libertà fondamentali imponendo l'inclusione di qualsiasi aspetto della sfera individuale nella piena tutela costituzionale.

Rilevantissime sono le conseguenze di queste considerazioni. Se ogni persona ha la piena disponibilità sul proprio corpo e il diritto di non farsi curare, si rende infatti indispensabile ottenere dall'interessato un *consenso preventivo* per i trattamenti diagnostici e sanitari a cui lo si vuole sottoporre. E ciò deve avvenire non a seguito di una semplice comunicazione, ma solo dopo che questi sia stato ragguagliato su tutto ciò che si sa del suo stato di salute, abbia avuto spiegazioni e chiarimenti, abbia conosciuto la prognosi e gli effetti dei diversi percorsi di cura. In questo senso si parla di "**consenso informato**". Più sulla scorta dell'emotività sollevata da alcuni episodi di cronaca che in seguito a una reale riflessione diffusa nel paese, il legislatore ha recentemente approvato una serie di disposizioni che incidono in modo molto significativo sui profili qui in esame.

Infatti, con la legge 219/2017 "Norme in materia di consenso informato e di disposizioni anticipate di trattamento" si è introdotta per la prima volta in Italia una disciplina organica che, partendo dall'affermazione del principio di massima trasparenza tra medico e paziente – e quindi dalla piena consapevolezza di quest'ultimo sul proprio stato di salute, intende dare una più precisa estensione al diritto delle persone di decidere del proprio "**destino terapeutico**".

Così, richiamando il 2° comma dell'art. 32 Cost., l'art. 1 esplicita il contenuto del **diritto al consenso informato** che ora consiste nel diritto di ciascuno a conoscere le proprie condizioni di salute e di essere informato in modo completo, aggiornato e comprensibile riguardo alla diagnosi, alla prognosi, ai benefici ed ai rischi degli accertamenti diagnostici e dei trattamenti sanitari indicati, nonché riguardo alle possibili alternative e alle conseguenze dell'eventuale rifiuto del trattamento sanitario e dell'accertamento diagnostico o della rinuncia ad essi. La volontà conseguentemente espressa dal paziente, anche se consistente nel rifiuto degli accertamenti diagnostici e dei trattamenti sanitari, o nella rinuncia ad essi (ivi compresa l'ipotesi di revoca del consenso precedentemente prestato), deve essere rispettata dal medico che è quindi esente da qualsiasi responsabilità civile e penale per gli effetti della decisione, anche nel caso di non somministrazione o sospensione di terapie fondamentali per la vita. Naturalmente questo dovere si limita alle richieste del paziente che non comportino trattamenti sanitari contrari alla legge, alla deontologia professionale o alle buone pratiche clinico-assistenziali: riguardo a richieste di questo tipo, infatti, il medico non ha e non può avere obblighi professionali.

Parallelamente è prevista anche l'ipotesi dell'opposto "**diritto a non sapere**": il paziente può infatti rifiutare di ricevere, in tutto o in parte, le informazioni necessarie al rilascio del consenso, e indicare al proprio posto i familiari o una persona di fiducia come soggetti da informare e capaci di esprimere il consenso in sua vece.

Per quanto riguarda i minori e gli incapaci di intendere e di volere la norma tenta la massima valorizzazione delle loro capacità di comprensione e di decisione. Si prevede infatti che ricevano le informazioni sanitarie in modo consono alle loro capacità, per essere messi nella condizione di esprimere la loro volontà. Il consenso informato del minore è espresso o rifiutato dagli esercenti la responsabilità genitoriale o dal tutore, che devono però tener conto nella loro decisione della volontà del minorenne. Analogamente, per quanto riguarda gli interdetti si prevede che il consenso informato sia espresso o rifiutato dal tutore, sentito l'interdetto ove possibile, mentre per i soggetti aventi un amministratore di sostegno, il consenso informato è espresso o rifiutato anche da questi o (in ragione dei suoi poteri) solo da quest'ultimo, tenuto conto della volontà del beneficiario in relazione al suo grado di capacità di intendere e di volere. Gli inabilitati, diversamente, esprimono o negano autonomamente il loro consenso.

Ma la legge non si ferma a questi profili e dispone anche per **casi di particolare delicatezza**.

Innanzitutto enuncia il principio della garanzia di un'appropriata **terapia del dolore** (in conformità alla disciplina di cui alla legge 38/2010, "*Disposizioni per garantire l'accesso alle cure palliative e alla terapia del dolore*") possibile, con il coinvolgimento del medico di base, anche in caso di rifiuto del paziente al trattamento sanitario o di revoca del consenso. Inoltre, nel caso di sofferenze refrattarie ai trattamenti sanitari, il medico con il consenso del paziente può ricorrere alla **sedazione palliativa profonda continua**, in associazione con la terapia del dolore.

In parallelo, si pone un limite al c.d. "**accanimento terapeutico**", prevedendo che, nei casi di pazienti con prognosi infausta a breve termine o di imminenza di morte, il medico si debba *astenere da ogni ostinazione irragionevole nella somministrazione delle cure e dal ricorso a trattamenti inutili o sproporzionati.* Trattazione a parte meritano poi gli istituti con i quali si consente a ciascuno di anticipare la propria volontà, decidendo ora per il futuro.

Lo strumento più importante che opera in questo senso è rappresentato dalle disposizioni anticipate di trattamento (DAT). Così viene rubricato (art. 4 della legge 219/2017) il documento nel quale ogni persona maggiorenne capace di intendere e di volere può esprimere le proprie convinzioni e preferenze in materia di trattamenti sanitari, accertamenti diagnostici e scelte terapeutiche in previsione di una futura incapacità di autodeterminarsi.

Nelle DAT, redatte in atto pubblico, scrittura privata autenticata o scrittura privata consegnata personalmente all'Ufficiale dello Stato Civile del comune di residenza, il disponente indica un fiduciario legittimato a farne le veci e a rappresentarlo nelle relazioni con le strutture sanitarie e con il medico. Questi è tenuto a rispettare le volontà espresse nell'atto, potendosene discostare soltanto nel caso in cui:

– le stesse appaiano manifestamente inappropriate;
– le indicazioni non siano corrispondenti alla condizione clinica attuale del paziente;
– sussistano terapie non prevedibili o non conosciute dal disponente all'atto della sottoscrizione, capaci di assicurare possibilità di miglioramento delle condizioni di vita.

In ogni caso le DAT potranno essere revocate, in caso di urgenza e di emergenza, con dichiarazione verbale di chi le aveva redatte raccolta alla presenza di due testimoni, o videoregistrata.

Funzione analoga a quella delle DAT è assegnata allo strumento della pianificazione condivisa delle cure tra il medico ed il paziente (art. 5 della legge), adottata in riferimento all'evolversi di una patologia cronica invalidante o con prognosi infausta.

La pianificazione delle cure viene concordata, dopo un'adeguata e completa informazione al paziente, e può essere aggiornata in base al progressivo evolversi della malattia, su richiesta del paziente o su suggerimento del medico, il quale è comunque tenuto a proseguire secondo quanto concordato quando il paziente non possa più esprimere il proprio consenso.

✓ DALLA POSIZIONE DELLA CORTE COSTITUZIONALE SUL CASO CAPPATO/DJ FABO AI RECENTI APPRODI GIURISPRUDENZIALI

Su questi temi, la Corte costituzionale ha avuto subito modo di confrontarsi, grazie a un caso che ha fatto a lungo notizia.

L'occasione viene dal processo a carico di Marco Cappato, esponente del partito dei Radicali Italiani e membro dell'associazione Luca Coscioni, accusato di aver rafforzato il proposito suicidario e aver materialmente agevolato il suicidio "assistito" di Fabiano Antoniani (meglio noto come dj Fabo). Questi, dopo un incidente automobilistico nel 2014, era rimasto tetraplegico e affetto da cecità permanente, con gravissime e costanti sofferenze, anche per la completa perdita di autonomia nella respirazione, nell'alimentazione e nell'evacuazione.

Conservando appieno le proprie facoltà intellettive e consapevole dell'irreversibilità della sua condizione, dj Fabo esprimeva la ferma volontà di porre fine alla sua esistenza, intento che manifestava anche con uno sciopero della fame e della parola e numerose comunicazioni pubbliche. Marco Cappato decide di assecondare le richieste di Fabiano e lo accompagna in una struttura svizzera specializzata nelle pratiche di fine vita.

Nel febbraio 2017, dopo un'ulteriore verifica delle sue condizioni di salute, del permanere del consenso e della capacità di assumere in via autonoma il farmaco che gli avrebbe procurato la morte, dj Fabo si toglie la vita.

Marco Cappato, rientrato in Italia, si autodenuncia presso la Procura della Repubblica del Tribunale di Milano facendo così nascere un procedimento penale a suo carico. Nonostante la richiesta di archiviazione del PM, il Gip ordina l'imputazione coatta di Cappato in relazione al reato di aiuto al suicidio (art. 580 cod. pen.) per avere questi rafforzato il proposito suicidario di dj Fabo prospettandogli la possibilità di ottenere assistenza al suicidio presso la clinica svizzera e per aver agevolato il suicidio trasportando Antoniani presso la clinica il giorno del programmato suicidio.

Durante il processo a carico di Cappato svoltosi dinnanzi la Corte d'Assise di Milano, la Procura chiede l'assoluzione dell'imputato e in subordine solleva questione di legittimità costituzionale in relazione all'art. 580 cod. pen. laddove "incrimina le condotte di aiuto al suicidio in alternativa alle condotte di istigazione e, quindi, a prescindere dal loro contributo alla determinazione o rafforzamento del proposito di suicidio, per contrasto con gli artt. 3, 13 comma 1 e 117 Cost. e in relazione agli artt. 2 e 8 della Convenzione Europea Diritti dell'Uomo"; laddove "prevede che le condotte di agevolazione dell'esecuzione del suicidio, che non incidano sul processo deliberativo dell'aspirante suicida, siano sanzionabili con la pena della reclusione da 5 a 10 anni, senza distinzione rispetto alle condotte di istigazione, per ritenuto contrasto con gli artt. 3, 13, 25 comma 2 e 27 comma 3 Cost.".

Il 14 febbraio 2018 la Corte d'Assise di Milano pronuncia ordinanza con cui solleva la predetta questione di costituzionalità.

Il 23 ottobre 2018 la Corte costituzionale dispone il rinvio della questione al 24 settembre 2019 per consentire al Legislatore di intervenire sul tema per offrire tutela a situazioni costituzionalmente meritevoli di protezione e da bilanciare con altri beni costituzionalmente rilevanti.

Alla successiva udienza del 24 settembre 2019 la Consulta, stante l'inerzia del legislatore, dichiara l'illegittimità costituzionale dell'art. 580 c.p. "nella parte in cui non esclude la punibilità di chi, con modalità previste dagli artt. 1 e 2 della legge 22 dicembre 2017, n. 219 (Norme in materia di consenso informato e di disposizioni anticipate di trattamento) – ovvero, quanto ai fatti anteriori alla pubblicazione della presente sentenza nella Gazzetta Ufficiale della Repubblica, con modalità equivalenti (...), agevola l'esecuzione del proposito di suicidio, autonomamente e liberamente formatosi, di una persona tenuta in vita da trattamenti di sostegno vitale e affetta da una patologia irreversibile, fonte di sofferenze fisiche o psicologiche che ella reputa intollerabili, ma pienamente capace di prendere decisioni libere e consapevoli, sempre che tali condizioni e le modalità di esecuzione siano state verificate da una struttura pubblica del servizio sanitario nazionale, previo parere del comitato etico territorialmente competente" (sent. 242/2019). Il 23 dicembre 2019 la Corte d'Assise di Milano, prendendo atto della pronuncia della Corte costituzionale, assolve Marco Cappato.

La sentenza della Consulta di fatto introduce una causa di non punibilità nei confronti di chi agevola il suicidio qualora sussistano precisi presupposti, e cioè:

1. il paziente è affetto da una patologia irreversibile, fonte di sofferenze fisiche e psichiche intollerabili dal malato;
2. la persona è tenuta in vita da trattamenti di sostegno vitale;
3. l'individuo è capace di prendere decisioni libere e consapevoli.

Che questa sentenza non sia né risolutiva né esaustiva sul tema del fine-vita lo si è però recentemente verificato in un caso presentatosi al Tribunale di Ancona, ove un malato terminale, con giudizio cautelare civile, domandava al giudice di verificare e dichiarare la sussistenza di fatto dei presupposti indicati nella sentenza Cappato, essendo questa verifica pregiudiziale alla non punibilità dell'aiuto al suicidio. Il ricorrente domanda, dunque, al tribunale di ordinare alla struttura sanitaria pubblica di farlo accedere al suicidio assistito in piena legalità, a fronte di un parere favorevole del

comitato etico competente sulla sussistenza delle condizioni di fatto e la correttezza delle modalità di esecuzione individuate dall'istante (nel caso di specie, l'uso del Tiopentone sodico).
Il Tribunale di Ancona, muovendo dalla sentenza Cappato, evidenzia come la Consulta nel caso Cappato abbia espressamente escluso l'obbligo in capo al personale sanitario di esaudire le richieste del malato di aiuto al suicidio in quanto la medicina non è un'attività meramente tecnica e neutrale, ma è una pratica basata su un'etica e una deontologia che pongono al centro la tutela della vita.
Né dal "diritto a morire rifiutando i trattamenti" (già riconosciuto dal legislatore, e ancor prima dalla giurisprudenza con il caso Englaro) si può desumere il riconoscimento del diritto a essere *lato sensu* "aiutati a morire".
L'intervento della Consulta dunque consente oggi di escludere, sussistendone le condizioni, la punibilità di un'eventuale condotta di assistenza al suicidio, ma non di riconoscere un vero e proprio diritto soggettivo – azionabile in giudizio – ad essere assistiti nel suicidio.
Il Tribunale di Ancona conclude quindi ordinando alla struttura sanitaria pubblica, previo parere del comitato etico, di verificare la ricorrenza dei requisiti richiesti dalla sentenza Cappato ai fini della non punibilità dell'aiuto al suicidio ex art. 580 c.p.
Nel caso in cui dovessero essere ravvisati tutti i presupposti richiesti dalla Consulta, occorrerà poi verificare se il parere del comitato etico possa essere sufficiente per scriminare una condotta medica di aiuto al suicidio, in assenza di una base legale della esimente risultante dalla pronuncia della Consulta.

2. I LIMITI AL DIRITTO DI AUTODETERMINAZIONE DEL PROPRIO STATO DI SALUTE E I TRATTAMENTI SANITARI OBBLIGATORI

Il nostro ordinamento rifiuta dunque decisamente la possibilità di imporre ai cittadini un **dovere alla salute** (che pure qualche studioso ipotizza come potenzialmente strumentale all'assolvimento degli altri doveri costituzionali).

Sono, quindi, da ritenere illegittime tutte le pratiche che impongano un benessere forzato o comportamenti virtuosi, mentre resta possibile, ed è anzi auspicabile, l'impegno delle istituzioni pubbliche ad attivarsi costruendo meccanismi (sociali, informativi, economici) che inducano a una responsabilizzazione individuale e, quindi, verso una più capillare attività di prevenzione e una scelta attenta degli stili di vita.

Queste riflessioni ci conducono a un'attenta lettura dei limiti che si impongono al diritto qui in esame.

È infatti evidente come l'affermazione di una libertà "ad essere ammalato", o comunque ad accettare il rischio di una menomazione del proprio stato di salute (al pari di ogni altra libertà) debba conoscere dei limiti quando venga a confliggere con altri valori costituzionali, quali l'*ordine o la salute pubblica.* Come abbiamo visto, è lo stesso art. 32.2 Cost. a riservare al legislatore la determinazione dei casi in cui sia possibile un intervento coercitivo che metta in predicato la libertà di "autodeterminazione sanitaria".

Viene innanzitutto in mente la disposizione del codice civile che all'art. 5 sancisce il divieto di **atti di disposizione del proprio corpo** "*quando cagionino una diminuzione permanente della integrità fisica, o quando siano altrimenti contrari alla legge, all'ordine pubblico o al buon costume*".

La disposizione è pre-costituzionale, e quindi redatta avendo ancora in mente un approccio fondato più sull'intento di consentire (o vietare) una determinata azione che di identificare e sancire i limiti di una libertà fondamentale. Il legislatore vi ha comunque dato interpretazione in senso ampliativo della libertà individuale. Da una parte, ha ammesso tutte le menomazioni non definitive: si pensi in questo senso alla legge 592/1967, che disciplina la donazione del sangue. Dall'altra, ha consentito anche menomazioni non letali, o particolarmente dannose per la sopravvivenza dell'individuo: vanno in questa direzione la legge 458/1967, che permette il trapianto del rene tra viventi, e la legge 483/1999 che, sempre tra viventi, ammette la disposizione a titolo gratuito di parti di fegato al fine esclusivo di un trapianto.

Si deve poi ricordare come lo stesso legislatore abbia voluto estendere il controllo dell'individuo sul proprio corpo anche dopo la morte, se è vero che in base a un diritto non patrimoniale e personalissimo, il vivente può decidere in ordine al trattamento da riservare al proprio cadavere (si pensi alla legge 130/2001 sulla cremazione) e al possibile espianto dei propri organi, disciplinato dalla legge 91/1999 che (art. 4) impone ai cittadini di dichiarare "*la propria libera volontà in ordine alla **donazione di organi** e di tessuti del proprio corpo successivamente alla morte*", pur se è vero che "*la mancata dichiarazione di volontà è considerata quale assenso alla donazione*".

In secondo luogo, si devono considerare i casi in cui l'interessato non sia in grado di esprimere il proprio consenso prima di procedere a un trattamento sanitario.

Anche in questo caso viene in soccorso la normativa generale dei codici. Da una parte, ci si rifà ai presupposti della scriminante per stato di necessità di cui all'art. 54 cod. pen. (ovvero l'esistenza di un pericolo attuale, la necessità di un salvataggio e la necessaria propor- zione tra fatto lesivo e pericolo, ove la scriminante opera solo se il bene minacciato prevale o equivale a quello sacrificato). Dall'altra, viene alla mente il codice civile e, in particolare, la possibilità di intervento da parte del giudice *ex* art. 333, "*quando la condotta di uno o di entrambi i genitori appare comunque pregiudizievole al figlio*".

A parte questi casi specifici, il novero più rilevante e consistente degli interventi imposti sulla salute degli individui è sicuramente quello dei **trattamenti sanitari obbligatori (TSO)**.

Con questa espressione si fa riferimento a tutte le procedure sanitarie, previste dalla legge in base alla riserva costituzionale ricordata, che possono essere praticate a un individuo a prescindere dalla sua volontà.

✓ LA QUESTIONE DEI VACCINI OBBLIGATORI, PRIMA E DOPO LA PANDEMIA

Il caso esemplare è quello delle **vaccinazioni obbligatorie**, fatte oggetto nel tempo di molta attenzione mediatica e di timori spesso ingiustificati. La questione in tempi recenti è emersa con riguardo alle vaccinazioni in funzione della frequenza scolastica di allievi non vaccinati. Anche per evitare una differenziazione incontrollata negli obblighi previsti a questo riguardo dalle leggi regionali, il Governo ha adottato il d.l. 73/2017 ("Disposizioni urgenti in materia di prevenzione vaccinale") poi convertito nella legge 119/2017, con il quale dà una prima sistematica disciplina a questi profili.
Dopo alcune disposizioni sul Piano Nazionale Prevenzione Vaccinale, mirate a contrastare le disuguaglianze nella prevenzione e nell'accesso ai servizi, attraverso l'informatizzazione dell'anagrafe nazionale dei vaccinati, si interviene facendo rientrare i vaccini, secondo la calendarizzazione per ciascuno prevista, nei LEA (→ § XII.9), con l'effetto di renderli gratuiti per i destinatari.

Alle quattro vaccinazioni già previste (anti-difterica, anti-tetanica, anti-poliomelitica, anti-epatite virale B) si aggiungono la anti-pertosse, la anti-Haemophilus influenzae tipo b, l'anti-morbillo, l'anti-rosolia, l'anti-parotite e l'anti-varicella. Questi vaccini sono obbligatori per chiunque abbia meno di 16 anni di età: in particolare per i minori di 6 anni diventano requisito necessario per essere ammessi ai servizi educativi per l'infanzia e alle scuole dell'infanzia (anche quelle private non paritarie), mentre si consente la frequenza scolastica agli studenti dai 6 anni, anche se non vaccinati. Sono esonerati dall'obbligo soltanto i soggetti già immunizzati che in passato abbiano contratto la malattia o coloro per i quali sia accertato un rischio per la salute a causa della vaccinazione.
Molto severo il quadro delle sanzioni. Infatti, in caso di mancata vaccinazione, i dirigenti scolastici – per non incorrere nel reato di omissione di atti d'ufficio ai sensi dell'art. 328 cod. pen. – dovranno riferire la violazione dell'obbligo all'Asl di competenza, la quale si occuperà di contattare i genitori/tutori del minore. Laddove questi non ottemperino all'obbligo, si applicherà loro una sanzione amministrativa pecuniaria proporzionata alla gravità.

Successivamente, il Governo insediatosi dopo le elezioni del 4 marzo 2018, è intervenuto (come aveva promesso in campagna elettorale) per attenuare il rigore dettato dalla legge 119/2017. Così il Ministero della Salute, di concerto con il Ministero dell'istruzione, ha emanato una circolare che prevede, per il solo anno scolastico 2018/2019, la possibilità per i dirigenti scolastici di ammettere alla frequenza anche i bambini non vaccinati al momento della domanda di iscrizione, sulla base delle dichiarazioni sostitutive presentate dai genitori, le quale saranno in un secondo momento oggetto di verifica ai sensi del d.P.R. 445/2000 (il cosiddetto "obbligo flessibile", secondo alcuni commentatori).
La pandemia da Covid-19 – come immaginabile – ha riaperto e con forza la discussione, e non solo a livello nazionale.
Per parte sua il Consiglio d'Europa, nella sua Risoluzione del 21 gennaio 2021, n. 2361, richiamandosi proprio al principio di autodeterminazione individuale degli interventi sanitari, ha respinto ogni ipotesi di obbligo vaccinale anti Covid-19, richiedendo che "nessuno a livello politico, sociale o in altra forma" possa fare pressioni perché le persone si vaccinino "se non lo scelgono autonomamente". Non solo. Si richiede anche che "nessuno venga discriminato se non vaccinato" e che le misure adottate nei diversi paesi non violino "il diritto e la libertà di ogni individuo alla propria autonomia fisica e consenso informato", da dare dopo adeguata informazione, esplicitando che "l'esitazione vaccinale" implica che la stessa non si possa imporre con la forza.
Eppure i giudici della Corte Europea dei Diritti dell'Uomo, nel caso Vavřička and Others v. the Czech Republic (Causa no. 47621/13 e altre Court Grand Chamber 8 aprile 2021), hanno affermato che la Repubblica Ceca non ha violato la Convenzione europea approvando una legge che imponeva la vaccinazione come condizione essenziale per accedere alla scuola materna. E ciò in quanto l'obbligo, sanzionato con l'impossibilità per il minore di accedere a scuola, è stato ritenuto ragionevole e proporzionato rispetto allo scopo – legittimamente perseguito dalla legge – di proteggere il minore da malattie che possono presentare gravi rischi per la sua salute e per la limitazione dello stesso obbligo, che non riguarda l'ammissione degli allievi alla scuola dell'obbligo.
In Italia il d.l. 44/2021 ha previsto un obbligo limitato ad alcune categorie professionali. All'art. 4 si prevede infatti (fino alla completa attuazione del piano strategico nazionale dei vaccini e comunque non oltre il 31 dicembre 2021) l'obbligo vaccinale contro il Covid-19 per tutto il personale sanitario, facendone un requisito indispensabile per l'esercizio della professione. Nel caso in cui la lavoratrice o il lavoratore rifiutassero la vaccinazione, questi saranno adibiti a mansioni anche inferiori e comunque non a contatto con il pubblico, oppure può essere sospesi senza diritto alla retribuzione.
Sul punto, la successiva legge di conversione 76/2021 è intervenuta sul testo originario del decreto inserendo un riferimento, quanto ai destinatari dell'obbligo, alla legge 1° febbraio 2006, n. 43 ("Disposizioni in materia di professioni sanitarie infermieristiche, ostetrica, riabilitative, tecnico-sanitarie e della prevenzione e delega al Governo per l'istituzione dei relativi ordini professionali") e alle farmacie e parafarmacie.
Rispetto poi al divieto di politiche discriminatorie, viene in mente l'adozione, ancora a livello comunitario, del Digital Green Certificate (il cosiddetto "passaporto vaccinale").

Operativo a partire dal 1° giugno 2021, il DGC altro non è che un certificato attestante, attraverso codice Qr o in formato cartaceo, l'avvenuta vaccinazione contro il Covid-19 e il numero di dosi ricevute, o l'avvenuta guarigione dal Covid nei precedenti sei mesi e la presenza dei relativi anticorpi o, ancora, l'esito negativo di un tampone.
Presentato come l'atto che consente il pieno esercizio del diritto di ogni cittadino europeo a circolare liberamente nel territorio dell'Unione, in realtà il passaporto vaccinale non intacca la competenza di ogni Stato membro a definire i requisiti di ingresso nel proprio territorio.
Nel mese di luglio 2021 ha fatto poi notizia la scelta della Francia di estendere l'uso del Green Certificate (o nel linguaggio corrente, il "Green Pass") anche dentro i propri confini per consentire l'accesso ai luoghi di cultura che accolgono più di 50 persone, e poi a bar, ristoranti, centri commerciali, aerei, treni, pullman di lunga percorrenza e strutture mediche delle sole persone vaccinate o testate negative.
In realtà la Francia non è stata né la sola né la prima tra i Paesi europei a muoversi in questo senso. Mentre la Germania resta scettica davanti all'adozione di quello che percepisce come un "obbligo indiretto" a vaccinarsi, a fronte del diffondersi della variabile Delta del virus in Spagna si sono avute misure restrittive diversificate nelle *Comunidades autonomas*. Così, mentre in Catalogna c'è l'obbligo di esibire un certificato vaccinale per poter accedere a qualunque evento all'aperto con più di 500 persone, nelle isole Baleari è richiesto un test Covid negativo o la prova dell'avvenuta vaccinazione ai soli turisti britannici diretti. In Portogallo, la preoccupazione per la medesima variante ha portato all'obbligo per i ristoratori di richiedere il certificato vaccinale in 60 comuni, e al ritorno della chiusura di tutti gli esercizi dalle 23 alle 5. Analoghe misure (con piccole variazioni) si hanno in Grecia, a Cipro, in Danimarca, in Lituania e in Estonia, in Austria e in Irlanda.
Infine il 22 luglio 2021, anche il Governo italiano – prolungando il permanere dello stato di emergenza fino al 31 dicembre – si è orientato all'adozione del Green Pass (al momento in cui si scrive il numero del decreto non è ancora stato precisato). Dal 6 agosto ne viene così esteso l'uso – per chi ha più di 12 anni – per accedere a eventi sportivi, fiere, congressi, musei, parchi tematici e di divertimento, centri termali, sale bingo e casinò, teatri, cinema, concerti, concorsi pubblici. E ancora per sedersi ai tavoli al chiuso di bar e ristoranti (mentre non sarà necessario per consumare al bancone o all'aperto), per accedere a centri benessere, piscine e palestre, o praticare sport di squadra, se al chiuso.

Attenzione particolare meritano, in seno alla categoria dei TSO, i c.d. **trattamenti coattivi**, e cioè quella *species* di azioni, pur legittimate dalla legge, che implicano interventi sanitari a cui la persona è sottoposta con la forza.

Potenzialmente lesivi anche della libertà e della dignità individuale di cui all'art. 13 Cost. (→ § X.8), questi trattamenti richiedono un vaglio più attento e, per la loro messa in atto, un procedimento complesso che si attiva in seguito all'adozione di un provvedimento della magistratura competente.

✓ TRATTAMENTI PIÙ O MENO INVASIVI

La giurisprudenza della Corte costituzionale ha operato una distinzione puntuale tra le varie ipotesi, basandosi sul grado di invasività dell'intervento. In questo senso la Corte ha differenziato, andando a verificare se, per esempio, "l'esecuzione dei rilievi segnaletici importi l'assoggettamento, fisico o morale, di una persona" al potere dell'organo di polizia, tale da costituire una restrizione della libertà personale equiparabile all'arresto" (sent. 30/1962), concludendo che i rilievi descrittivi, fotografici e antropometrici, normalmente ininfluenti sulla condizione dell'individuo, possono richiedere "talvolta complesse indagini che potrebbero incidere sulla libertà fisica o morale della persona, così come quelli che richiedono prelievi di sangue o complesse indagini di ordine psicologico o psichiatrico" o

come si configurino, in modo ancor più pervasivo, le ispezioni che devono essere compiute "su parti del corpo non esposte normalmente alla vista altrui, e specialmente nel caso in cui ciò possa importare un mancato riguardo all'intimità o al pudore della persona".
Ancora (sentt. 54/1986, 194/1996), rispetto ai prelievi ematici su persona non consenziente, la Corte ha rilevato che questo tipo di procedura, attuata per "ragioni relative alla giustizia penale, e all'accertamento della verità che la concerne", essendo ormai "di **ordinaria amministrazione** nella pratica medica, talché può essere persino effettuato da infermieri professionali", non lede né la dignità né la psiche della persona, "né mette in alcun modo in pericolo la vita, l'incolumità o la salute della persona, salvo casi patologici eccezionali che il perito medico-legale sarebbe facilmente in grado di rilevare". Nonostante questa apertura, la Corte si è premurata di specificare che anche i prelievi di sangue devono essere svolti non in base a una generica previsione di legge, ma piuttosto a una "attenta valutazione da parte del legislatore nella determinazione dei casi e modi in cui può essere disposta dal giudice" (sent. 238/1996).

Anche uno sguardo all'evoluzione di questi istituti rivela motivi di interesse.

Le prime ipotesi di interventi di questo tipo sono rinvenibili, nel nostro ordinamento, nella legge 36/1904, la quale prevedeva il **ricovero coatto** per gli individui le cui condizioni costituissero elementi di evidente "*pericolosità per sé e per gli altri e/o pubblico scandalo*". Queste disposizioni sono state del tutto superate dalla disciplina dei TSO, introdotti in prima battuta dalla legge 180/1978 (la cosiddetta **legge Basaglia**) e poi definitivamente regolati dagli artt. 33-35 della legge 833/1978 (la legge istitutiva del Servizio sanitario nazionale), i quali diversamente prevedono una valutazione della gravità clinica della persona e dell'urgenza di un intervento.

Un'osservazione si rende subito necessaria: infatti se è pur vero che la attuale disciplina appare incentrata sulla cura dell'interesse della persona in difficoltà piuttosto che sull'idea di "difesa sociale" (la quale invece, evidentemente, animava la legge del 1904), resta comunque indiscusso il fatto che anche il sistema attuale trovi in gran parte la propria legittimazione nel bilanciamento tra interessi individuali e collettivi disposto dalle norme costituzionali che abbiamo ricordato. In altri termini, se è pur vero che il procedimento per l'intervento sanitario coattivo richiede un'attenta considerazione delle condizioni individuali, è altrettanto vero che nessuna legge potrebbe imporre queste pratiche se nel testo della Costituzione, a fianco dell'attenzione per la persona e la sua condizione fisica e psichica, non vi fosse anche, esplicita, una uguale attenzione per la dimensione collettiva del bene salute.

Siamo quindi davanti a norme che, come ha più volte sottolineato la Corte costituzionale, mirano a un contemperamento delle due sfere di interessi. Si pensi in questo senso alla sent. 307/1990 (per molti versi la decisione fondamentale in materia) relativa alla vaccinazione antipoliomelitica e alla sent. 218/1994 sulla prevenzione dell'HIV.

Nello specifico le norme prevedono che l'atto che dispone qualsiasi trattamento sanitario debba essere adottato "*nel rispetto della dignità della persona e dei diritti civili e politici, compreso per quanto possibile il diritto alla libera scelta del medico e del luogo di cura*". Di norma, nei trattamenti "ordinari", l'atto deve essere adottato dal sindaco nella sua qualità di autorità sanitaria, su proposta motivata di un medico, e la procedura deve essere attuata dai presidi e servizi sanitari pubblici territoriali e, ove, necessiti la degenza, nelle strutture ospedaliere pubbliche o convenzionate.

Inoltre, per quanto possibile, sia gli accertamenti che i trattamenti sanitari obbligatori devono essere accompagnati da "*iniziative rivolte ad assicurare il consenso e la partecipazione da parte di chi vi è obbligato*", che comunque conserva il diritto di comunicare, all'esterno, con chiunque ritenga opportuno.

✓ MALATTIA MENTALE E TSO

Specificamente, per quanto concerne la **malattia mentale**, si prevede che nell'ambito di ogni azienda sanitaria locale vengano istituiti servizi a struttura dipartimentale che svolgano funzioni preventive, curative e riabilitative relative a queste patologie, ma che le cure "vengano prestate in condizioni di degenza ospedaliera solo se esistano alterazioni psichiche tali da richiedere urgenti interventi terapeutici", nel caso in cui questi siano rifiutate dall'infermo e non vi siano le condizioni che consentano di intervenire in modo tempestivo e idoneo con misure extra ospedaliere. In questo caso, l'adozione del provvedimento che dispone il **trattamento sanitario obbligatorio** conosce un aggravamento, dovendo essere preceduto dal parere di un medico dell'azienda sanitaria locale motivato in base e alle condizioni specifiche del paziente.
Il ricovero deve essere attuato presso gli ospedali generali, in specifici servizi psichiatrici di diagnosi e cura all'interno delle strutture dipartimentali per la salute mentale, comprendenti anche i presidi e i servizi extra ospedalieri, al fine di garantire la continuità terapeutica. In ogni caso (così come per tutti i trattamenti coattivi, come abbiamo premesso), il giudice tutelare, entro le successive 48 ore, assunte le informazioni e disposti gli eventuali accertamenti, provvede con decreto motivato a convalidare o non convalidare il provvedimento, dandone comunicazione al sindaco. In caso di mancata convalida, il sindaco dispone la cessazione del trattamento sanitario obbligatorio in condizioni di degenza ospedaliera.

3. Il diritto alla salute come presupposto di attività amministrative e prestazioni di servizio: l'"igiene pubblica"

Passiamo così a esaminare il secondo aspetto del diritto alla salute, che consiste nella sua declinazione più propriamente "sociale", secondo l'articolato significato che a questa espressione abbiamo attribuito nelle pagine precedenti. In questo senso, esso si configura come il dovere di costituire, organizzare, finanziare e far funzionare un sistema mirato ad assicurare ai cittadini tutte le misure e i trattamenti sanitari di cui questi necessitano.

Anche in questo caso, è necessario leggere con attenzione la formulazione dell'art. 32 Cost. al fine di ricostruire e distinguerne i diversi percorsi di lettura.

Innanzitutto, si deve osservare che la Costituzione attribuisce i compiti necessari per una tutela "attiva" della salute a "la Repubblica", con ciò intendendo l'intero complesso degli apparati amministrativi e, in particolare, agli enti di governo territoriali.

Si dà così vita a:

– una responsabilizzazione plurale nel perseguimento delle relative finalità;
– una differenziazione di apporti tra le diverse istituzioni pubbliche;
– una differenziazione nel tipo di attività a cui le stesse istituzioni sono chiamate e, cioè, regolative, d'ordine, autoritative, tecniche e, infine (ma soprattutto), di erogazione di prestazioni.

La seconda annotazione è relativa al significato che qui assume la qualificazione del diritto alla salute come "fondamentale": nella prospettiva che adesso stiamo seguendo, questa precisazione serve a collocare gli interessi connessi alla salute in una posizione di tendenziale prevalenza, nel momento in cui si debba procedere a valutazione comparativa con altri, in seno all'istruttoria dei pubblici poteri. In questo senso, in ragione cioè dell'indiscutibile rilevanza di questo bene della persona, si può tra l'altro leggere e spiegare anche la esplicita affermazione della gratuità delle cure per gli "indigenti", che chiude l'art. 32.1.

La più importante precisazione è, però, relativa alla duplice natura giuridica attribuita alla salute dalla medesima disposizione, che afferma essere allo stesso tempo "*diritto dell'individuo e interesse della collettività*". Caso unico nel testo della Carta fondamentale, si viene qui a dar vita a una costruzione diversificata e, allo stesso tempo, parallela e assonante della garanzia costituzionale. Se nell'analisi che abbiamo fatto (→ § XII.2) l'interesse alla salute pubblica, collettiva, appariva come potenzialmente antagonista della libertà individuale, in questa diversa lettura si deve, per quanto possibile, tentare di interpretare i due profili, in modo che non solo sopravvivano entrambi, ma che possano avere modo di intersecarsi e consolidarsi a vicenda. Di darsi reciprocamente consistenza ed effettività.

Gli interventi rivolti alla tutela della salute collettiva vengono solitamente rubricati sotto la generica etichetta della **igiene pubblica**. Con questa espressione si fa riferimento a un amplissimo spettro di interventi anche molto diversi tra loro, che proprio in ragione di questi elementi, si caratterizzano per:

– essere strettamente relazionati e connessi con l'azione amministrativa di una pluralità di settori i quali, non solo nelle trattazioni scientifiche, ma anche nel delinearsi dell'organizzazione amministrativa, sono solitamente rappresentati come ambiti diversi e distinti;

– conoscere, per questa ragione, una significativa articolazione organizzativa, che (→ § XII.9) non solo viene ripartita tra Stato, Regioni ed enti locali (senza far menzione del ruolo dell'Unione europea), ma arriva a coinvolgere enti di pertinenza di altri plessi amministrativi (per tutti, il Servizio sanitario nazionale) passando per l'istituzione di organismi specializzati;

– avere il compito di mettere in atto, nel concreto, uno spettro davvero ampio di misure sia preventive che rimediali;

– ricomprendere un'ampia gamma di poteri regolativi e amministrativi e, allo stesso tempo, includere attività tecniche e anche vere e proprie attività di servizio.

A voler, invece, elencare gli interventi a cui ci riferiamo per oggetto, secondo una classificazione diffusa, possiamo ricondurre a questo ambito gli interventi in materia di:

– tutela ambientale;

– igiene del territorio urbano e rurale e degli edifici;

– prevenzione della salute negli ambienti di lavoro (ivi compresa la sicurezza sul lavoro);

– igiene degli alimenti e delle bevande;

– sanità e polizia veterinaria;

– malattie infettive e diffusive;

– funzioni cimiteriali e polizia mortuaria. Come appare evidente, in questo caso, si rende particolarmente difficile configurare con precisione le posizioni individuali che i cittadini possono vantare in relazione alla pluralità di azioni che ogni ambito prevede, molti dei quali esulano dall'oggetto di queste pagine.

Un'attenzione del tutto inedita per la funzione di igiene pubblica si è manifestata in seguito al diffondersi della pandemia da Covid-19, sorretta da una lettura che ha attribuito valore primario alla salute nella sua declinazione di "interesse della collettività".

In assenza di qualsiasi indicazione costituzionale per un assetto o poteri straordinari in casi come questo, la crisi è stata affrontata con gli strumenti previsti dalla legislazione ordinaria (→ § VII.6). Il giorno dopo che l'Organizzazione mondiale della sanità aveva proclamato una "crisi internazionale di salute pubblica per il coronavirus (PHEIC)", è avvenuta la dichiarazione formale dello stato di emergenza da parte del Consiglio dei ministri il 31 gennaio 2020. Adottata ai sensi dell'art. 24 del decreto legislativo del 2 gennaio 2018, n. 1 (il cosiddetto Codice della protezione civile), per l'insorgenza di "eventi calamitosi di origine naturale o derivanti dall'attività dell'uomo che in ragione della loro intensità o estensione debbono, con immediatezza d'intervento, essere fronteggiate con mezzi e poteri straordinari" (art. 7, lett. c) dello stesso d.lgs.), detta dichiarazione ha aperto ufficialmente una stagione di normazione per molti versi straordinaria.

Il passaggio successivo – quello che ha attirato le maggiori critiche – si è avuto con il d.l. 23 febbraio 2020, n. 6 (poi convertito nella legge 5 marzo 2020, n. 13) con cui il Governo ha ritenuto di legittimare la lunghissima sequenza di decreti del Presidente del Consiglio dei ministri nei quali si è assunta la tutela della salute – appunto nella sua accezione di "interesse della collettività" – a valore prevalente rispetto ad altri diritti costituzionali. Si sono così avute compressioni evidenti della libertà personale, "inviolabile" ai sensi dell'art. 13 (→ § X.1), e poi della libertà di circolazione e soggiorno di cui all'art. 16 Cost. (il quale prevede, come limiti espliciti, i "motivi di sanità o di sicurezza") (→ § X.8) e della libertà di tenere riunioni in luogo pubblico *ex* art. 17 Cost. (secondo il quale le stesse possono essere vietate "soltanto per comprovati motivi di sicurezza o di incolumità pubblica") (→ § X.1). Conseguenti a queste, sono state poi introdotte limitazioni al diritto di professare la propria religione (art. 19 Cost.) (→ § X.9), al diritto all'istruzione e alla fruizione dell'offerta culturale (artt. 9, 33 e 34 Cost.) (→ § X.12 e XI.4), al diritto al lavoro (artt. 4 e 35 Cost.) (→ § XI.3.3) e, infine, alla libertà di iniziativa economica (che, *ex* art. 41 Cost., non può comunque svolgersi "in modo da recare danno alla sicurezza").

È dunque con atti amministrativi come i d.P.C.M. che si è avuto il passaggio dalla normalità all'eccezione e si è determinato un diverso bilanciamento, emergenziale appunto, tra sicurezza sanitaria e libertà, come ben testimoniato in toni anche molto espliciti nelle conferenze stampa di quei giorni tenute dal Presidente del Consiglio.

Questo incerto nuovo equilibrio non ha mancato di produrre effetti sul sistema di governo multilivello, traducendosi in un conflitto costante tra il Governo e le Regioni che, con atti emergenziali propri, hanno quasi costantemente fatto da controcanto alle misure fin qui ricordate.

A tentare di pacare le controversie e le critiche emerse e a precisare l'assetto dei poteri nell'emergenza è arrivato il d.l. del 25 marzo 2020, n. 19 (poi convertito dalla legge del 22 maggio 2020, n. 35).

Avendo in mente il modello messo in atto dalla legge del 24 dicembre 2012, n. 234 sui rapporti tra Parlamento e Governo con l'Unione europea, il decreto-legge ha tipicizzato le misure di contrasto alla pandemia attraverso una loro elencazione in un atto di rango primario. Al contempo ha riportato davanti al Parlamento il procedimento di adozione dei d.P.C.M., che ora sono comunicati alle Camere il giorno successivo alla loro pubblicazione e a queste presentati ogni 15 giorni dal Presidente del Consiglio o da un ministro delegato. Rimane, come strumento da adottare solo in casi di estrema necessità ed urgenza, l'adozione delle misure di cui sopra con ordinanze del Ministro della salute.

Il decreto ha inoltre introdotto una lista di misure urgenti che possono essere adottate dagli enti territoriali in caso di aggravamento della pandemia e le relative sanzioni amministrative, specificando che le regioni possono intervenire solo in via restrittiva nelle attività di loro competenza e senza incidere sulle attività produttive e quelle a rilevanza strategica nazionale, mentre ai Sindaci è inibita l'adozione di ordinanze contingibili e urgenti in contrasto con le previsioni statali e regionali, pena la loro inefficacia.

✓ IL DIRITTO A VIVERE IN UN AMBIENTE SALUBRE

Merita poi particolare attenzione il caso della tutela ambientale e, in particolare, la sua possibile declinazione quale **diritto a vivere in un ambiente salubre**. L'evoluzione di questo diritto e delle interpretazioni che lo hanno accompagnato è di grande rilievo, e per molti versi paradigmatica.

In un primo tempo, è su questa declinazione del diritto individuale alla salute che una parte della dottrina fonda la costruzione, in senso soggettivo, antropocentrico, del diritto ambientale. Questa prospettiva ha in realtà conosciuto scarsa fortuna. Mentre in un primo momento tale ricostruzione è stata superata dal prevalere di una interpretazione del bene "ambiente" come valore oggettivo, legato alla tutela del paesaggio di cui all'art. 9 Cost., di fatto la riforma costituzionale del 2001, inserendo la "tutela dell'ambiente, dell'ecosistema" tra le competenze legislative esclusive dello Stato, ha offerto alla Corte costituzionale l'occasione (sentt. 407 e 536/2002) di riconoscerne la natura di "valore costituzionale autonomo" e, quindi, di dare consistenza giuridica a una ricostruzione in gran parte distinta, riferita all'ambiente come bene giuridico a sé stante, che in sé ricomprende una pluralità di beni e situazioni giuridiche soggettive.

Di fatto, a voler guardare ai risultati di questa evoluzione dalla parte dei diritti dei cittadini oggi, è sostanzialmente la declinazione della salute come "interesse della collettività" a costituire il più solido presupposto per il rafforzamento e l'incremento delle garanzie in relazione all'ambiente, con l'effetto di veder esperibile una tutela dello stesso essenzialmente come interesse diffuso, mentre ogni declinazione in senso individuale resta come ipotesi aperta, ma residuale, anche se potenzialmente capace di sviluppi importanti.

4. Il diritto alla salute come presupposto di attività amministrative e prestazioni di servizio: la sanità pubblica

Rimane da esaminare la parte più rilevante (in termini di risorse impiegate, ma anche nella percezione delle persone) delle pretese discendenti da una lettura "in positivo" della norma di cui all'art. 32 Cost. e, cioè, quelle che ruotano attorno all'affermazione di un **diritto all'assistenza sanitaria pubblica**.

Con questa prima, generalissima espressione intendiamo far riferimento a un complesso di garanzie che, seppur molto diverse tra loro sotto diversi profili, sono accomunate nel riconoscimento dell'art. 32 quale fondamento costituzionale per l'assegnazione alle istituzioni pubbliche del complesso di attività mirate alla protezione e al miglioramento della salute individuale.

Di fatto, la riflessione della dottrina e l'interpretazione della giurisprudenza su questo profilo si sono a lungo esercitate (e ancora ragionano). Ci troviamo, in questo caso, come per la scuola, davanti a una dinamica di relazioni che mette a confronto la posizione soggettiva degli individui e i caratteri, i limiti, le condizioni dell'attività (essenzialmente di servizio) dell'amministrazione pubblica. Perciò, l'opera di costante e progressivo chiarimento dei commentatori e dei giudici si è svolta non solo basandosi sul testo dell'art. 32, ma anche e, soprattutto, attraverso costanti rimandi tra i valori costituzionali, le scelte gestionali e operative assunte nelle leggi di sistema che si sono succedute in materia, e, poi, il proliferare, a livello primario e (soprattutto) sub-primario, di una serie di prescrizioni relative a trattamenti determinati, a condizioni specifiche, a standard qualitativi e quantitativi.

Ne risulta, quindi, un quadro complesso e diversificato che, da una parte, detta poche indicazioni essenziali relative alla struttura del sistema pubblico dell'assistenza sanitaria, lasciando alla legge ampia capacità di definire (e cambiare) il modello organizzativo e i compiti; dall'altra, invece, si ha una evoluzione costante delle pretese individuali, che nel tempo sono mutate nel novero, nell'estensione (si pensi al fatto che certi standard sono garantiti solo da determinati soggetti o a specifici pazienti del sistema sanitario), e soprattutto nell'effettività della tutela a esse offerta (soprattutto in ragione della diversa configurazione della loro natura giuridica).

Se partiamo dal punto di vista dell'amministrazione, a stretta lettura del testo costituzionale gli elementi che caratterizzano il sistema sanitario sono:

– il fatto di consistere in un *servizio pubblico indispensabile* e, cioè, ad attivazione obbligatoria e necessariamente assunto in mano pubblica, la cui effettiva configurazione è rimessa alle scelte del legislatore ordinario (statale e poi regionale come vedremo). In questo senso, la cura del bene "salute", che pur esige la presenza di un sistema amministrativo in senso soggettivo, non esclude in radice la presenza di operatori anche privati;

– il dover intendere *la condizione psico-fisica delle persone in senso ampio*. In questo senso testimonia la redazione complessiva dell'art. 32 Cost., che virtuosamente riecheggia la definizione di "salute" dell'Organizzazione Mondiale della Sanità quale "*stato di completo benessere fisico, psichico e sociale e non semplice assenza di malattia*". In questa prospettiva, il sistema è chiamato quindi a dar vita a un ampio spettro di azioni che intervengono non solo nel momento della malattia, ma che, piuttosto, intendono porsi anche a presidio e promozione del bene "salute" di ciascuno;

– infine, se il testo costituzionale impone alla futura organizzazione sanitaria pubblica di garantire "cure gratuite agli indigenti", ammette implicitamente *la possibilità di una partecipazione alle spese delle prestazioni da parte dell'utente che si trovi nella capacità di farlo* e, comunque, una gradazione nel riparto dei costi da rimettere all'utente del servizio, misurata in relazione alle specifiche condizioni di questi.

In queste poche, ma essenziali indicazioni prende forma il sistema della **sanità pubblica**, espressione che riassume il complesso di strutture, funzioni e servizi che approfondiremo nei capitoli seguenti.

✓ GLI INDIGENTI

Sotto il profilo delle pretese individuali, a voler cominciare da quelli che sono i capisaldi sicuramente costituzionali, viene innanzitutto all'attenzione proprio il diritto alla gratuità delle cure per gli indigenti. La previsione, oltre a essere una puntuale indicazione per la strutturazione del sistema sanitario, di fatto, dà vita all'unico vero e proprio diritto soggettivo immediatamente esigibile da parte di chi venisse a trovarsi in situazione di bisogno.
A questo proposito è bene ricordare che in passato si è a lungo discusso di due profili. Innanzitutto, per una parte significativa della dottrina giuridica, in ragione di quanto abbiamo appena detto, questa pretesa è sembrata essere la sola effettivamente desumibile dalla norma costituzionale, alla quale per il resto veniva attribuito un mero valore programmatico. Ne discendeva una netta distinzione tra il diritto alle cure per gli indigenti e il diritto alle cure per tutti gli altri, dando vita a una differenziazione di tutela che, nel tempo, si è ritenuta di fatto inammissibile.
D'altro canto, si è dibattuto del significato da attribuire all'idea di "indigenza", arrivando univocamente a concludere che essa non può riferirsi a situazioni, livelli o standard rigidamente determinati. Si tratta, al contrario, di concetto relativo, da accertare e definire caso per caso non soltanto in relazione alla condizione economica dell'utente, ma anche ai costi e all'importanza che lo specifico trattamento sanitario riveste per la salute dell'individuo.

5. Il diritto alla salute come diritto finanziariamente condizionato

Molto più tormentata si è rivelata l'affermazione dell'altra garanzia a sicuro fondamento costituzionale, il **diritto alle prestazioni sanitarie**. Per dare conto compiutamente dell'ampiezza del dibattito proviamo ad affrontare questo tema tenendo a mente tre distinti punti di vista, e cioè:

– la natura giuridica delle prestazioni;
– la configurazione del servizio;
– la tipologia delle prestazioni.

La prima di queste prospettive è di gran lunga la più rilevante e la sua analisi costituisce in qualche modo l'impianto sistematico per comprendere anche le altre.

Di fatto, il confronto sulla natura del diritto ai trattamenti sanitari è stato lungo e articolato e ha ancora aspetti non pienamente risolti. Consistendo nella pretesa a ottenere prestazioni "in positivo" da parte di una amministrazione pubblica, inizialmente (e lungamente) si è ritenuto che, in concreto, non potesse che tradursi in un *interesse legittimo* (→ § VIII.6.4). In questo senso, si poneva la concezione dei servizi pubblici di quegli anni, che intendeva l'erogazione di una prestazione di questo tipo alla stregua di una manifestazione del potere discrezionale dell'amministrazione pubblica; ma anche la convinzione che la pretesa a ottenere tali prestazioni non potesse consolidarsi quale diritto soggettivo, dovendo essere necessariamente contemperata con altri interessi costituzionalmente protetti, non ultimo quello che impone un uso equilibrato delle risorse finanziarie e organizzative dell'apparato pubblico. La contrapposizione tra "diritti che costano" e "diritti che non costano" (come quello di proprietà) faceva da supporto ideologico di queste concezioni (→ § X.1).

Questa interpretazione ha però progressivamente lasciato spazio a una lettura più sostenibile, che per molto tempo ha conosciuto maggiore fortuna nel nostro ordinamento. Si è infatti arrivati a ragionare del diritto alle prestazioni sanitarie in termini di "*diritto condizionato*", con ciò intendendo riconoscere e consolidare la posizione degli utenti dei servizi, pur mantenendo costante il richiamo alla non infinitezza dei mezzi a disposizione dell'amministrazione sanitaria. Con questa lettura si viene a creare una connessione tra il bisogno (dei singoli) e le possibilità (degli apparati), che sono messi in una relazione la quale, seppur riconosce un "diritto" a prestazione propriamente inteso, non comporta un suo riconoscimento pieno, capace di resistere alle condizioni "esterne" con cui si viene a relazionare. Il risultato è che, nella ovvia permanenza dei limiti di bilancio e, quindi, ammettendo la concorrenza fra il diritto costituzionale alla salute e altri interessi costituzionalmente protetti, il diritto non degrada più a interesse legittimo.

L'espressione "**diritto finanziariamente condizionato**", benché non usata esplicitamente, è intimamente connessa al modello di servizio a cui dà vita la legge 833/1978 istitutiva del **Servizio sanitario Nazionale** (**SSN**). Essa per molto tempo qualifica la posizione giuridica delle persone in relazione alle prestazioni sanitarie, anche grazie alla costante opera di riflessione della Corte costituzionale (sentt. 87 e 88/1979; 154/1980; 202/1981; 142/1983; 184/1986; 561, 616 e 641/1987; 746 e 992/1988; 319/1989; 307, 455/1990; 399/1996; 185/1998), in una prospettiva che mira:

– al progressivo superamento dell'interpretazione del diritto alla salute quale diritto sociale distinto dalla sua dimensione di libertà, nell'intento di giungere a una affermazione del suo valore complessivo;

– alla conseguente costruzione di un sistema d'insieme di tutela della salute quale "*bene primario oggetto di un diritto fondamentale della persona*" (Corte cost., sent. 399/1996) che, in quanto tale, sollecita una "*piena ed esaustiva tutela sia in ambito pubblicistico che in quello dei rapporti privati*";

– alla realizzazione di un sistema di erogazione delle prestazioni sanitarie diffuso, ma in grado di assicurare le medesime prestazioni a tutti, ovunque siano erogate, "senza distinzione di condizioni individuali o sociali e secondo modalità che assicurino l'eguaglianza dei cittadini nei confronti del servizio".

Questo assetto del SSN porta all'affermazione, esplicitata dall'art. 19.2, del **diritto**

alla scelta del medico e del luogo di cura, che consegna a ciascuno la possibilità di preferire un professionista o un istituto ad altri, e che di fatto comporta anche il *diritto ad ottenere le prestazioni di assistenza sanitaria sull'intero territorio nazionale*. È un diritto in parte diverso da quelli che abbiamo visto fino a qui. Esso non tocca l'aspetto *oggettivo* della prestazione, ma piuttosto quello *soggettivo* del prestatore (l'operatore sanitario, la clinica, la città in cui si trovano), che però per questi servizi costituisce un elemento determinante (pur non potendosi immediatamente tradurre – come molte decisioni dei giudici di merito sostengono – in un "dovere di fedeltà" del medico al paziente).

È dunque per tale carattere che il diritto qui in esame di fatto diventa paradigmatico per una lunga serie di declinazioni puntuali del diritto all'assistenza sanitaria, che più che sulla qualificazione formale della pretesa (oramai declinata quale diritto soggettivo), si focalizzano sui modi della sua effettiva soddisfazione, in ragione del tipo di prestazioni da erogare e dei caratteri dell'organizzazione che le eroga. In altri termini, è questa la prima e più evidente manifestazione di come il diritto in esame possa essere "condizionato", dipendendo la sua specifica concretizzazione dalla situazione, in cui se ne chiede la soddisfazione.

Così, grazie ancora all'opera del legislatore e dei giudici, del diritto all'assistenza sanitaria si sono nel tempo delineati:

– i *limiti esterni*, verso le forme assistenziali diverse da quelle offerte dal SSN: la Corte costituzionale (sent. 173/1987) non solo afferma che non esiste un principio costituzionale che garantisca una *libertà astratta di scelta fra strutture sanitarie private e pubbliche*, ma sottolinea anche (sent. 1103/1988) la maggiore affidabilità dei medici inseriti nel servizio pubblico o con esso convenzionati;

– i *limiti interni*, connessi ai caratteri "*dell'organizzazione dei servizi*" (art. 19.2) in ragione delle risorse e delle priorità determinate in seno alla programmazione sanitaria.

In stretta connessione con questi ultimi limiti hanno iniziato a prendere corpo posizioni giuridiche individuali che prendono forma non solo in ragione dell'assetto organizzativo complessivo del SSN, ma anche dalla specifica tipologia di prestazione che si richiede. E così, seguendo lo schema introdotto dalla stessa legge 833/1978, si sono distinti:

– il *diritto alla prevenzione*. In questa forma, in realtà, la pretesa dei cittadini è stata diversamente interpretata. Mentre per alcuni non si sostanzia in una vera e propria prestazione individualmente esigibile (e quindi tutelabile), fermandosi allo stato d'interesse legittimo, per altri essa consiste nel diritto agli accertamenti preventivi quali veri e propri trattamenti sanitari individuali, elemento questo che li distingue dalle attività di igiene pubblica e di educazione sanitaria;

– i *diritti connessi allo stato di malattia*. Sono ricomprese in questa voce le attività di *diagnosi, cura e riabilitazione del paziente*. O ancora, secondo una classificazione basata non sulla tipologia di prestazione, ma sulla modalità del trattamento, il *diritto all'assistenza medico-generica, di emergenza, specialistica, infermieristica, ospedaliera* e *farmaceutica*.

Appare allora in tutta evidenza che per ciascuna di queste articolazioni del diritto alle prestazioni sanitarie esistono protocolli, forme, modi e tempi diversissimi, che a loro volta danno vita ad altrettante possibili pretese il cui esame in dettaglio non è possibile compiere in queste pagine.

Basti ricordare che, a fronte dell'iscrizione al SSN vi sono prestazioni a cui si accede liberamente e direttamente (così è per l'assistenza medico-generica o quella di emergenza), mentre per altre (assistenza farmaceutica, specialistica, ospedaliera), l'utente non può decidere autonomamente, essendo tenuto all'ottenimento di una prescrizione da parte di un operatore sanitario operante per conto del SSN.

6. Il diritto alla salute come diritto costituzionalmente garantito. I livelli essenziali delle prestazioni

Nel corso degli anni '90 avviene però un ulteriore cambiamento, il quale risente dell'evoluzione complessiva che le istituzioni pubbliche conoscono in quegli anni. Sono questi gli anni in cui il sistema amministrativo e, in particolare, i servizi pubblici vengono complessivamente ripensati in ragione di un (non sempre felice ed efficace) avvicinamento alle logiche imprenditoriali. Si inizia infatti, da una parte ad avvicinare l'organizzazione amministrativa ai modelli aziendali del settore privato e conseguentemente, dall'altra, a considerare la prestazione di servizio pubblico in termini sempre più contrattualistici. Questa impostazione è colta e a più riprese confermata dalla giurisprudenza, che arriva ad affermare la natura negoziale della relazione che si viene a instaurare tra utenti e aziende pubbliche.

Da questi mutamenti discende l'esigenza di arrivare a una definizione il più possibile precisa dell'adempimento dovuto all'individuo in termini di consistenza qualitativa e quantitativa delle prestazioni del servizio. È così che nel nostro ordinamento giuridico fa la propria comparsa l'idea di "standard", la cui osservanza per la prima volta viene imposta dal d.P.C.M. 27 gennaio 1994 come uno dei principi essenziali nell'erogazione dei servizi pubblici. In questo modo, si vuole allo stesso tempo dare piena garanzia del risultato finale al destinatario e una soglia, un livello di riferimento per gli operatori.

L'ambito sanitario, per la sua importanza, è tra i primi a risentire degli effetti di queste riforme profonde. E così, seguendo la progressiva evoluzione che abbiamo appena tracciato, attraverso una riforma radicale del modello precedente del Servizio sanitario Nazionale, si procede a una "aziendalizzazione" della sua organizzazione sul territorio (dd.llgs. 502/1992 e 517/1992), introducendo poi (d.lgs. 229/1999) il rispetto di determinati livelli come criterio per l'erogazione delle prestazioni.

Rinviando ai paragrafi successivi l'analisi dei profili organizzativi (→ § XII.9), è su quest'ultimo elemento che dobbiamo qui concentrare la nostra attenzione. Il testo dell'art. 1.2 del d.lgs. 502/1992 (come modificato nel 1999) specifica che il Servizio sanitario "*assicura i livelli essenziali e uniformi di assistenza*" (disciplinati in dettaglio nel d.P.C.M. 29 novembre 2001) da determinare avendo in mente non solo i principi della dignità della persona, del bisogno di salute, dell'equità nell'accesso dell'assistenza, della qualità delle cure e della loro appropriatezza riguardo alle specifiche esigenze, ma anche l'economicità nell'impiego delle risorse.

La novità, rispetto alle precedenti formulazioni della norma, è di grande rilievo e di fatto comporta l'abbandono della concezione del diritto alle prestazioni sanitarie quale "*diritto finanziariamente condizionato*", per muovere verso una più solida definizione dello stesso quale "*diritto costituzionalmente vincolato*". L'elemento fondante di questa innovazione risiede tutto nella previsione di prestazioni che non devono più essere soltanto assicurate in modo uguale su tutto il territorio nazionale, come già discendeva dal precedente modello del SSN, ma devono altresì essere garantite nella loro essenzialità e, cioè, a un livello qualitativo e quantitativo minimo e innegabile (**livelli essenziali di prestazione – LEP**).

Il cambiamento non è quindi solo redazionale, terminologico, formale. Mentre riferendosi all'uniformità si esprime una concezione incentrata sull'apparato organizzativo della amministrazione sanitaria e la sua capacità di produrre in serie prestazioni e servizi in ragione delle risorse di cui dispone e dei limiti di bilancio a cui è sottoposta, con il richiamo all'essenzialità dei livelli di tali prestazioni si sposta l'attenzione sulla loro effettiva consistenza, e quindi sulle legittime aspettative del soggetto destinatario delle stesse. In questo senso la norma in esame ha un chiaro precedente nella sentenza della Corte cost. 185/1998 sulla multiterapia Di Bella in cui, per la prima volta, si afferma l'esistenza di un **contenuto minimo** del diritto alla salute che esplicita e rafforza il carattere di incomprimibilità e indisponibilità del diritto stesso.

Così, pur nella ovvia permanenza dei limiti di bilancio e, quindi, nella concorrenza fra il diritto costituzionale alla salute e altri interessi costituzionalmente protetti, la pretesa alle prestazioni sanitarie acquista consistenza e sostanza, portando alla luce un diritto individuale costituzionalmente garantito nel suo minimo intangibile, che può essere fatto valere in ogni caso, al di là delle condizioni contingenti in cui si trovano le singole strutture sanitarie.

A tal proposito, è bene specificare che questa indicazione non rimane solo come affermazione di principio.

Con riferimento alle diverse tipologie di assistenza, l'art. 1.2 del d.lgs. 502/1992 (come modificato dal d.lgs. 229/1999) prevedeva che nel Piano Sanitario Nazionale, "in coerenza" con le risorse disponibili e gli altri principi costituzionali, venissero determinati i "livelli essenziali di assistenza" ovvero gli standard minimi qualitativi e quantitativi di prestazioni dovute dal SSN a tutti gli assistiti su tutto il territorio nazionale.

È ammesso, peraltro, che le Regioni si facciano carico dell'erogazione di livelli di assistenza superiori a quelli definiti dallo Stato, con l'obbligo di farvi fronte con risorse proprie.

✓ "CONTRATTO DI UTENZA"

A partire da questo progressivo consolidamento di una interpretazione del diritto ai trattamenti sanitari, come prestazione quantificabile, perché determinata nei suoi caratteri essenziali, si fa strada anche la progressiva coniugazione dello stesso in senso contrattuale.

Su questa linea aveva già contribuito l'opera d'interpretazione e definizione svolta dalla giurisprudenza civile (Cass., sez. un., 6000/1983; Cass., sez. un., 1504/1985; Cass., sez. un., 12218/1990;

Cass. 8241/1996). È però ancora una volta la Corte cost., con la sent. 303/1988 relativa ai servizi postali, ad affermare definitivamente la configurazione di un "contratto d'utenza" tra i singoli e i soggetti erogatori di "servizi pubblici essenziali (...) organizzati e gestiti in forma di impresa". In questo modo, anche per quanto riguarda i servizi sanitari, si arriva a delineare la prestazione come vero e proprio adempimento di natura privatistica retta dal diritto comune, superando definitivamente l'idea di una relazione solo amministrativa che, in quanto tale, rimanda a un atto di "ammissione" unilaterale al servizio.
In questo modo si viene a delineare una relazione complessa che vede allo stesso tempo coinvolti chi ha richiesto le prestazioni sanitarie, il professionista (o il team) sanitario che le eroga e le strutture del SSN presso cui tale professionista opera.

7. La sicurezza delle cure e la trasparenza dei dati sanitari come elementi essenziali del diritto alla salute

Si è già visto come il SSN, per la sua rilevanza e la sua "esposizione" sociale, risenta prima e più degli altri settori dell'amministrazione pubblica delle evoluzioni che di volta in volta la sensibilità della politica, l'innovazione tecnologica e anche solo la cronaca e il comune sentire impongono a questa. E come, al mutare degli assetti amministrativi della sanità, consegua un mutare nell'estensione e nella consistenza del diritto alla salute.

In questo senso vanno lette le innovazioni introdotte dalla legge 24/2017 che, nel rivedere il regime della responsabilità penale dei medici (→ § XIV), introduce nel settore sanitario un articolato sistema per il *management* del rischio e la maggior sicurezza delle cure e, allo stesso tempo, allarga significativamente la portata del principio di trasparenza.

Gli effetti di queste misure sulla attuale declinazione del diritto alla salute sono espliciti. È infatti la stessa legge (art. 1, 1° comma) ad affermare che la sicurezza delle cure è "parte costitutiva" di quel diritto e, in quanto tale, va perseguita sia nell'interesse dell'individuo che in quello della collettività intera. La "sicurezza delle cure" si realizza (2° comma) anche tramite "*tutte le attività finalizzate alla prevenzione e alla gestione del rischio connesso all'erogazione di prestazioni sanitarie e l'utilizzo appropriato delle risorse strutturali, tecnologiche e organizzative*".

Questo ampliamento del diritto alla salute all'attività di prevenzione del rischio è rilevantissimo.

Infatti, non solo tale attività rappresenta un "*interesse primario del Sistema sanitario nazionale*", perché capace di consentire allo stesso tempo maggiore appropriatezza nell'utilizzo delle risorse disponibili e miglior garanzia per la tutela del paziente, ma ha anche precise ricadute, ponendosi come obbligo su tutto il personale delle strutture sanitarie e sociosanitarie sia pubbliche che private, compresi i liberi professionisti che operano in regime di convenzione con il SSN.

✓ SICUREZZA E PREVENZIONE DEL RISCHIO

Di fatto, diverse sono le misure adottate a questo fine, finalizzate a un più mirato utilizzo dei sistemi informativi e, conseguentemente, a un rafforzamento della capacità di risposta ai problemi della sicurezza nel settore alla nostra attenzione.
A livello regionale si attribuisce innanzitutto al Difensore civico regionale la funzione di "garante per il diritto alla salute": può essere adito gratuitamente da ciascun utente del servizio sanitario per la segnalazione di disfunzioni del sistema dell'assistenza sanitaria e sociosanitaria. Dopo aver acquisito gli atti relativi al caso e aver verificato la fondatezza della segnalazione, il Difensore civico può intervenire a tutela del diritto leso nelle forme e nei modi stabiliti dalle diverse legislazioni regionali.
Si riprendono e si integrano qui le misure già messe in campo dall'art. 14, d.lgs. 502/1992 che, al 5° comma, impone al direttore sanitario e al dirigente sanitario del servizio, su richiesta degli assistiti, di adottare le misure necessarie per rimuovere i disservizi che incidono sulla qualità dell'assistenza.
La stessa norma prevede inoltre che gli interessati (o loro parenti o affini, o ancora gli organismi di volontariato o di tutela dei diritti accreditati presso la Regione) possano presentare osservazioni, opposizioni, denunce o reclami in via amministrativa entro quindici giorni dal momento in cui si sia avuta conoscenza dell'atto o comportamento contro cui si intende intervenire. Il direttore generale della struttura sanitaria, a cui vanno indirizzati tali atti, deve decidere in via definitiva, o comunque provvedere nel merito, entro quindici giorni, sentito il direttore sanitario.
Ancora a carico delle Regioni si pone ora la creazione dei "Centri per la gestione del rischio sanitario e la sicurezza del paziente", che hanno il compito di raccogliere dalle strutture sanitarie e sociosanitarie pubbliche e private i dati sui rischi e "gli eventi avversi", nonché quelli sul contenzioso di settore, e di trasmetterli annualmente, mediante procedura telematica unificata a livello nazionale, all'Osservatorio nazionale delle buone pratiche sulla sicurezza nella sanità.

L'istituzione dell'Osservatorio è la novità "strutturale" più rilevante introdotta a livello statale dalla medesima legge 24/2017 e dal successivo decreto ministeriale attuativo del 29 settembre 2017. Creato presso l'Agenzia nazionale per i servizi sanitari regionali, l'Osservatorio, sulla base dei dati acquisiti dai Centri regionali e dal Sistema informativo per il monitoraggio degli errori in sanità (SIMES – istituito con il decreto 11 dicembre 2009 del ministro del lavoro, della salute e delle politiche sociali), da una parte individua le misure idonee per la prevenzione e la gestione del rischio sanitario e il monitoraggio delle buone pratiche per la sicurezza delle cure e per la formazione e l'aggiornamento del personale esercente le professioni sanitarie; dall'altra predispone, con l'ausilio delle società scientifiche e delle associazioni tecnico-scientifiche delle professioni sanitarie, le linee di indirizzo per lo svolgimento delle attività sanitarie.

Questo profilo diviene così centrale nella garanzia in concreto del nostro diritto alla salute oggi, ed è bene fin d'ora darne conto (riservandosi ulteriori considerazioni nel capitolo dedicato alla responsabilità degli operatori sanitari (→ § XIV). Le **linee guida** infatti (art. 5, legge 24/2017: vedi anche (→ § XIV.1✓) determinano le raccomandazioni alle quali devono attenersi tutti gli esercenti le professioni sanitarie nell'esecuzione delle prestazioni sanitarie con finalità preventive, diagnostiche, terapeutiche, palliative, riabilitative e di medicina legale.

✓ COSA SONO LE LINEE GUIDA …

Esse sono elaborate da enti e istituzioni pubblici e privati nonché dalle società scientifiche e dalle associazioni tecnico-scientifiche delle professioni sanitarie iscritte in apposito elenco istituito e regolamentato con decreto del ministro della salute, da aggiornare con cadenza biennale (si richiedono tra gli altri requisiti, un minimo di rappresentatività sul territorio nazionale; il libero accesso alle associazioni dei professionisti aventi titolo e la loro partecipazione alle decisioni, la regolazione nell'atto statutario dei conflitti di interesse e di sistemi di verifica e controllo della qualità della produzione tecnico-scientifica).
Le linee guida (e gli aggiornamenti delle stesse) sono integrati nel Sistema nazionale per le linee guida (SNLG), disciplinato nei compiti e nelle funzioni da un decreto del ministro della salute ed emanato con intesa in sede di Conferenza permanente per i rapporti tra lo Stato, le Regioni e le Province autonome di Trento e di Bolzano. Contestualmente l'Istituto Superiore di Sanità pubblica nel proprio sito internet le linee guida e gli aggiornamenti delle stesse indicati dal SNLG, previa verifica della conformità della metodologia adòttata a standard definiti e resi pubblici dallo stesso Istituto, nonché della rilevanza delle evidenze scientifiche dichiarate a supporto delle raccomandazioni.
L'istituto delle linee guida, mirato a dare sicurezza agli operatori, garanzie agli utenti e razionalizzazione nelle prestazioni erogare dalle strutture sanitarie, e oggi così puntualmente delineato dalla legge, rischia di conoscere non pochi problemi nella concretezza dei fatti, nell'imprevedibilità degli interventi che la pratica quotidiana rivela agli operatori.
Su questi profili anche il dispositivo delle norme diventa sfumato, inevitabilmente generico. Due sono le indicazioni (offerte entrambe dall'art. 5, 1° comma, legge 24/2017) che aprono alla necessaria flessibilità e consegnano agli operatori sanitari margini più ampi di discrezionalità.
In primo luogo, si prevede che in mancanza delle "raccomandazioni" previste, gli esercenti le professioni sanitarie si debbano attenere alle "buone pratiche clinico-assistenziali", ovvero alle procedure messe a punto dai professionisti e basate sull'esperienza e sulla specificità del contesto (elemento peraltro sempre richiamato come variabile possibile nelle diverse linee guida ad oggi approvate).
A ciò si collega la seconda previsione, che introduce un'ampia eccezione alla prescrizione generale laddove prevede che l'obbligo di osservanza delle linee guida trovi applicazione fatte "salve le specificità del caso concreto".

Incerta è l'estensione concreta di queste disposizioni, e non è chiaro quale valore esse abbiano. Le più alte magistrature hanno però offerto fino a oggi un'interpretazione molto aperta e decisamente in favore della autonomia decisionale dell'operatore sanitario.

✓ … E QUALE VALORE GIURIDICO HANNO?

Si ricordi, da ultima, la sent. Corte cost. 8 maggio 2009, n. 151 (che a sua volta richiama le precedenti decisioni 388/2003 e 282/2002) in cui si afferma con chiarezza che "in materia di pratica terapeutica, la regola di fondo deve essere la autonomia e la responsabilità del medico che, con il consenso del paziente, opera le necessarie scelte professionali".
Per questa ragione, coerentemente, la Cassazione penale, sez. IV, (sent. 35922/2012) può arrivare ad affermare che "le linee guida e i protocolli, proprio in ragione delle peculiarità della attività del medico, che sfugge a regole rigorose e predeterminate, non possono assumere il rango di fonti di regole cautelari codificate". E anche che, se pur "per avere rilevanza nell'accertamento della responsabilità del medico devono indicare standard diagnostico terapeutici conformi alle regole dettate dalla migliore scienza medica a garanzia della salute del paziente e non devono essere ispirate a esclusive logiche di economicità della gestione, sotto il profilo del contenimento delle spese, in contrasto con le esigenze di cura del paziente" che resta e deve restare centrale. D'altra parte, continua la Suprema corte, devono essere per il giudice uno strumento per valutare la condotta del sanitario, come "punto di partenza per il giudice, chiamato a 'misurare' la diligenza [ma anche la perizia] del medico".

Come si è anticipato, quello della sicurezza non è però l'unico aspetto su cui la legge 24/2017 interviene contribuendo a una migliore definizione del diritto alla salute.

L'art. 4 della legge, dedicato alla "Trasparenza dei dati", impone infatti che tutte le prestazioni sanitarie erogate dalle strutture pubbliche e private siano soggette all'obbligo di trasparenza (→ § V.4✓), pur nel rispetto delle norme in materia di protezione dei dati personali (→ § X.8).

Questa amplissima previsione conferisce una dimensione nuova e del tutto inedita alle pretese dei cittadini nei confronti dell'amministrazione sanitaria, sia nella loro dimensione individuale che in quella "collettiva". In questo senso vanno infatti lette le misure adottate.

Sotto il profilo individuale, si segnala l'obbligo per la direzione sanitaria della struttura sanitaria pubblica o privata di fornire – preferibilmente in formato elettronico (a chi vi abbia titolo in base alle disposizioni sull'accesso ai documenti amministrativi di cui alla legge 241/1990: → § V.4) la documentazione sanitaria disponibile relativa al paziente (entro sette giorni dalla richiesta) e ogni eventuale integrazione (entro trenta giorni).

Da questa forma speciale di accesso documentale si differenzia invece, per la sua natura "civica" (→ § V.4), l'imposizione alle strutture sanitarie pubbliche e private di rendere disponibili, mediante pubblicazione nel loro sito internet, i dati relativi a "*tutti i risarcimenti erogati nell'ultimo quinquennio, verificati nell'ambito dell'esercizio della funzione di monitoraggio, prevenzione e gestione del rischio sanitario*".

In questo caso si tratta di un'evidente declinazione integrativa degli obblighi già predisposti in via generale dalla legge (→ § V.4).

✓ TRASPARENZA: LE NORME SPECIFICHE PER LA SANITÀ

Nello specifico della materia sanitaria il d.lgs. 33/2013, per parte sua già prevedeva (art. 41 "Trasparenza del servizio sanitario nazionale") che le amministrazioni e gli enti del servizio sanitario nazionale, dei servizi sanitari regionali, ivi comprese le aziende sanitarie territoriali ed ospedaliere, le agenzie e gli altri enti ed organismi pubblici che svolgono attività di programmazione e fornitura dei servizi sanitari, oltre all'adempimento di tutti gli obblighi di pubblicazione previsti in generale dalle norme, fossero tenuti in particolare alla pubblicazione nei loro siti istituzionali dei dati relativi a tutte le spese e a tutti i pagamenti effettuati, distinti per tipologia di lavoro, bene o servizio, permettendone inoltre la consultazione, in forma sintetica e aggregata, in relazione alla tipologia di spesa sostenuta, all'ambito temporale di riferimento e ai beneficiari.

Per le sole aziende sanitarie ed ospedaliere è poi previsto l'obbligo di pubblicazione di tutte le informazioni e i dati concernenti le procedure di conferimento degli incarichi di direttore generale, direttore sanitario e direttore amministrativo, nonché degli incarichi di responsabile di dipartimento e di strutture semplici e complesse (ivi compresi i bandi e gli avvisi di selezione, lo svolgimento delle relative procedure, gli atti di conferimento), mentre è rimesso alla Regione pubblicare e aggiornare annualmente l'elenco delle strutture sanitarie private accreditate e gli accordi con esse intercorsi.

È infine richiesto agli enti, alle aziende e alle strutture pubbliche e private che erogano prestazioni per conto del servizio sanitario di indicare nel proprio sito, in una apposita sezione denominata "Liste di attesa", i criteri di formazione delle liste di attesa, i tempi di attesa previsti e i tempi medi effettivi di attesa per ciascuna tipologia di prestazione erogata.

8. L'evoluzione del sistema sanitario in Italia

Dopo aver visto il progredire dei diritti, esaminiamo ora l'opposta e parallela trasformazione del sistema sanitario.

Le iniziative in materia si registrano fin dal Regno d'Italia, che adotta la prima disciplina complessiva sulla tutela della salute. Il riferimento è alla legge 2248/1865, in cui la materia sanitaria si immedesimava con quello che per noi oggi è l'ambito dell'igiene pubblica. Le relative funzioni venivano così affidate al Ministero dell'Interno per quanto riguarda il livello statale e ai Prefetti e ai Sindaci in ambito locale. Per parte loro, gli interventi propriamente sanitari restavano affidati a sistemi di beneficenza e spontaneismo dei privati.

✓ GLI ANTECEDENTI STORICI

Su questo impianto intervengono, negli anni successivi, alcune modifiche sostanziali (ad es. quelli ex legge 5849/1888, che istituisce il Consiglio Superiore di Sanità e, in seno al Ministero, una Direzione generale della sanità pubblica) che poi trovano conclusione con la loro integrazione nel r.d. 603/1907.
La disciplina resta sostanzialmente intatta fino all'approvazione del r.d. 1265/1934, e cioè quel testo unico delle leggi sanitarie che, superato soltanto dall'arrivo della legge istitutiva del SSN nel 1978, è in parte ancora oggi in vigore. In questo testo, la sanità in senso proprio si distacca dal tema dell'igiene pubblica (che comunque si rafforza) e assume un profilo distinto anche nella struttura burocratica, mentre la regolazione arriva a disciplinare le professioni sanitarie, le strutture e le attività connesse al loro esercizio, senza di fatto cambiare assetto e concezione delle stesse.
La fine della guerra vede la creazione dell'Alto commissariato per l'igiene e la sanità pubblica incorporato in via provvisoria alla Presidenza del Consiglio dei ministri e posto alla vigilanza delle organizzazioni più rilevanti, quali la Croce Rossa.
L'arrivo della Costituzione repubblicana, e quindi la forte affermazione della salute come diritto a prestazioni proposta dall'art. 32, non cambiano la percezione della materia: non si registrano forti alterazioni dell'apparato amministrativo, né una loro predisposizione a far fronte alle linee imposte dalla Carta fondamentale, che viene ritenuta come puramente programmatica, e quindi non immediatamente prescrittiva.
Il "sistema" per la tutela della salute, di fatto, nella prima fase della Repubblica viene a svilupparsi avendo in mente piuttosto le prescrizioni dell'art. 38 Cost. sul *sistema previdenziale* per i lavoratori (a livello sistematico, deve osservarsi che il nesso tra diritto alla salute e lavoro emerge altresì sul versante del risarcimento del danno biologico, originariamente riconosciuto solo a chi svolgeva attività lavorativa retribuita, restando privi di risarcibilità i danni *lato sensu* morali subiti da soggetti anziani, casalinghe, minori, diversi dall'*homo economicus*, non produttivi di reddito). Di fatto esso non è altro che un complesso di *assicurazioni obbligatorie* dei lavoratori stessi diversificate per categorie professionali, che si ricompongono in seno ad altrettante Mutue professionali la cui gestione è affidata ad enti pubblici, e la cui vigilanza è rimessa dal Ministero del Lavoro.
Il primo cambiamento sostanziale avviene grazie all'approvazione della legge 296/1958 che istituì il Ministero della Sanità recependo le competenze dell'Alto commissariato e di tutte le altre amministrazioni che nel frattempo si erano viste assegnare funzioni e compiti in materia sanitaria. Il passaggio è quindi non solo simbolico, ma rivela anche un importante disegno razionalizzatore. Al Ministero vengono affiancati due istituti che ancora oggi svolgono attività rilevanti, e precisamente: il **Consiglio Superiore di Sanità**, cui sono riconosciute funzioni consultive; l'**Istituto Superiore di Sanità**, che invece è chiamato a svolgere le attività di natura tecnico-scientifica a supporto della politica ministeriale.
Inoltre, in parallelo a ciò che ai tempi avveniva (e in parte ancora permane) per i vari plessi ministeriali, si dà vita a una struttura periferica che consiste nella istituzione:

– dell'Ufficio del medico provinciale e dell'Ufficio del veterinario provinciale, coordinati e posti sotto la vigilanza del Prefetto;
– degli Uffici sanitari dei Comuni e dei Consorzi comunali;
– degli Uffici sanitari speciali (immaginati a presiedere a funzioni – e luoghi – particolari, come quelli di confine, portuali, ecc.).

La costruzione di un'organizzazione sanitaria diffusa e propriamente pubblica inizia solamente dieci anni dopo, quando la riforma operata con legge 132/1968 (cosiddetta **legge Mariotti**) affida agli enti mutualistici gli enti ospedalieri che, vedendosi ora attribuita personalità giuridica di diritto pubblico, in quest'occasione vengono ricondotti al medesimo modello organizzativo. L'evoluzione è determinante, e segna di fatto il passaggio da una concezione dell'assistenza sanitaria essenzialmente volontaristica, ad un'altra, ispirata piuttosto dall'idea di fare di queste prestazioni l'oggetto di un vero e proprio servizio pubblico. Non solo: pur nel ritardo dell'istituzione delle Regioni, la legge 132/1968 dà vita comunque a un significativo decentramento istituzionale che assegna alle Regioni stesse il compito di individuare e gestire gli enti ospedalieri rispetto ai quali invece la funzione di vigilanza è suddivisa con il Ministero che si deve occupare, specificamente, di garantire da parte di tutti l'osservanza degli interessi statali.

Sotto il profilo più propriamente organizzativo la legge propone inoltre due distinzioni degli enti ospedalieri, basate rispettivamente sulla natura del plesso ospedaliero – che vede distinti gli ospedali generali e gli ospedali specializzati –, o sulla tipologia di interventi – che invece porta alla suddivisione degli stessi in ospedali per acuti, ospedali per lungodegenti e ospedali per convalescenti.

Inoltre, in base alle deleghe contenute nella stessa legge 132/1968, vengono emanati tre decreti (i d.P.R. 128, 129 e 130/1969), che provvedono a disciplinare rispettivamente l'ordinamento interno dei servizi ospedalieri, l'ordinamento interno dei servizi di assistenza delle cliniche e degli istituti di ricovero e cura e lo stato giuridico del personale ospedaliero.

Gli anni che seguono vedono l'avvento delle Regioni ordinarie, e gli interventi del legislatore, mirati a disciplinare questa evoluzione istituzionale senza precedenti, coinvolgono anche i profili alla nostra attenzione.

✓ L'AVVENTO DELLE REGIONI E LA RIPARTIZIONE DELLE COMPETENZE

Ciò avviene in forza del fatto che la Costituzione, nella sua redazione originaria, affidava ai nuovi enti la *potestà legislativa concorrente* (→ § VII.8) in materia di "beneficenza pubblica ed assistenza sanitaria ed ospedaliera" e ciò, per il principio del parallelismo sancito all'art. 118, comportava il contestuale passaggio anche delle funzioni amministrative alle Regioni o agli enti locali laddove si trattasse di funzioni di esclusivo interesse locale, oppure in ragione dell'avvalimento o della delega.
In questo senso il d.P.R. 4/1972 rappresenta il primo intervento rilevante. Con esso, si spostano in capo alle Regioni tutte le funzioni amministrative esercitate dagli organi statali centrali e periferici in materia di assistenza sanitaria, mentre al Ministero (art. 6 del d.P.R.) rimangono – tra le altre – quelle relative a:
– i rapporti internazionali in materia di assistenza sanitaria ed ospedaliera, la profilassi internazionale, la sanità marittima; aerea e di frontiera;
– la profilassi delle malattie infettive e diffusive per le quali siano imposte la vaccinazione obbligatoria o misure quarantenarie;

– le cliniche e istituti universitari di ricovero e cura e agli istituti di ricovero e cura riconosciuti a carattere scientifico, e la ricerca e sperimentazione scientifica svolte da appositi istituti in ordine all'origine, evoluzione, prevenzione e cura delle malattie;
– l'assistenza sanitaria agli invalidi civili;
– l'igiene del suolo e dell'ambiente, all'inquinamento atmosferico e delle acque e agli aspetti igienicosanitari delle industrie insalubri;
– gli aspetti sanitari della prevenzione degli infortuni sul lavoro;
– l'igiene delle attività sportive;
– la produzione, commercio, vendita e pubblicità dei prodotti chimici usati in medicina, dei preparati farmaceutici, i preparati galenici, specialità medicinali, vaccini, virus, sieri, tossine e prodotti assimilati, emoderivati, presidi medico-chirurgici e prodotti assimilati, nonché tutto ciò che concerne le sostanze stupefacenti e psicoattive e la produzione e il commercio dei prodotti dietetici e degli alimenti per la prima infanzia;
– gli aspetti igienico-sanitari della produzione, lavorazione e commercio di sostanze alimentari e bevande;
– la profilassi, polizia, ispezione e vigilanza veterinaria sugli animali, sugli alimenti di origine animale e sull'alimentazione;
– zootecnica;
– i concorsi e allo stato giuridico degli ufficiali sanitari, dei veterinari addetti alla vigilanza, ispezione e polizia veterinaria, dei veterinari comunali capo e dei direttori di pubblico macello;
– le professioni sanitarie e agli esami di idoneità per l'esercizio della professione medica negli ospedali; le professioni sanitarie ausiliarie e altre ausiliarie delle professioni sanitarie; nonché gli ordini e i collegi professionali.

La lista, come è ben evidente, inizia a segnare con chiarezza la distinzione tra quello che è, anche ai nostri giorni, l'ambito della materia sanitaria vera e propria, e ciò che invece pertiene ad ambiti pur connessi, ma distinti come la tutela ambientale o l'igiene alimentare. Ma non è tutto. Infatti, alla ridistribuzione delle funzioni si accompagna (art. 12) anche il trasferimento di numerose strutture. Passano così alle Regioni:

– gli Uffici dei medici provinciali;
– gli Uffici dei veterinari provinciali;
– gli Uffici sanitari dei Comuni;
– gli Uffici sanitari dei Consorzi comunali;
– i Consigli provinciali di sanità;
– i Consorzi provinciali antitubercolari;
– i Dispensari antivenerei.

Su questo incisivo passaggio si registrano molti commenti positivi, che pure non mancano di annotare come nella sua ampiezza il d.P.R. dimentichi di riportare in capo alle Regioni l'assistenza mutualistica che, come abbiamo visto, per molti versi costituiva il fulcro del sistema di assistenza sanitaria. Le mutue però hanno vita ancora breve. Vengono soppresse dalla legge 349/1977 in ragione della insanabile crisi finanziaria in cui versano gli enti ospedalieri. In questo modo le prestazioni sanitarie migrano nella competenza delle Regioni, di cui gli enti ospedalieri diventano enti strumentali. Il finanziamento della loro attività dipende, però, ancora dal Ministero della Sanità che con i contributi versati da lavoratori e dai datori di lavoro costituisce il Fondo nazionale per l'assistenza ospedaliera.

L'ultimo, eppur determinante trasferimento di funzioni, avviene poi con il d.P.R. 616/1977 che sancisce in modo definitivo la competenza regionale su tutte le funzioni inerenti alla materia "assistenza sanitaria ed ospedaliera", e cioè della attività preordinata alla "*promozione, al mantenimento e al recupero dello stato di benessere fisico e psichico della popolazione*" (art. 27). Il d.P.R. 616/1977, però, attribuisce ai Comuni, singoli e associati "tutte le funzioni amministrative relative alla materia" non espressamente riservate agli altri livelli territoriali, mentre spetta alle Province determinare il programma di localizzazione dei presidi sanitari, il tutto in "*ambiti territoriali adeguati alla gestione dei servizi sanitari e sociali*".

Appena un anno dopo, con l'approvazione della **riforma sanitaria (legge 833/1978)**, il sistema che provvede alla tutela della salute in Italia conosce una radicale trasformazione. Approvata dopo un tormentatissimo *iter* parlamentare, e in gran parte ispirata al modello britannico che aveva dato, fin dal 1948, risultati molto soddisfacenti, questa legge è il primo e forse il più importante punto di svolta per la costruzione del sistema dei servizi alla persona nel nostro paese.

✓ LE NOVITÀ DELLA RIFORMA SANITARIA DEL 1978

L'intento della legge è quello di dare piena ed effettiva realizzazione ai precetti costituzionali di cui all'art. 32, proponendo allo stesso tempo una visione nuova e complessiva della tutela della salute. A tal fine, si dà vita a un "servizio pubblico", costituito dal complesso "delle funzioni, delle strutture, dei servizi e delle attività destinati alla promozione, al mantenimento e al recupero della salute fisica e psichica" (art. 1.3).
Fin dalle prime righe della legge, le novità sono evidenti:
– in primo luogo, con queste disposizioni le attività destinate ad assicurare la salute delle persone vengono definitivamente e pienamente assunte, come attività d'interesse pubblico, nella titolarità delle diverse istituzioni competenti, cui primariamente spetta l'obbligo di provvedere alla soddisfazione dei relativi bisogni (restando pur possibili forme e condizioni di collaborazione con il privato);
– in secondo luogo, le prestazioni sanitarie diventano "universali" e sono, quindi, dovute non soltanto ai lavoratori in ragione della assicurazione stipulata e gestita da una mutua professionale, ma a "tutta la popolazione senza distinzione di condizioni individuali o sociali" (art. 1.3);
– in relazione a ciò, il servizio deve quindi darsi struttura idonea ad assicurare a tutti la piena uguaglianza di trattamento (art. 1.3). A tal fine non solo l'organizzazione del servizio, ma anche la tipologia delle prestazioni erogate devono essere le medesime su tutto il territorio nazionale;
– in ragione del fatto che l'attuazione del servizio sanitario "compete allo Stato, alle Regioni e agli enti locali territoriali, garantendo la partecipazione dei cittadini", lo stesso si qualifica come "nazionale" ed evoca l'impegno contestuale, congiunto e armonico di tutti i diversi livelli istituzionali e una pluralità di soggetti;
– infine, sotto il profilo "oggettivo", il servizio sanitario propone una visione ispirata alla globalità del proprio ruolo, mirando a ricomprendere nel novero delle sue competenze tutte le attività che contribuiscano a garantire la salute delle persone.

A parte questi elementi caratterizzanti, tre sono gli aspetti rilevanti che devono essere qui ricordati per dare il senso complessivo di come era ideato e come funzionava il sistema disciplinato dalla legge del 1978.

Innanzitutto va sottolineato come, per dare concretezza all'idea di un'azione sincronica dei diversi livelli di governo, si faccia ricorso in modo consistente al metodo della programmazione discendente, realizzata a partire dal **Piano sanitario nazionale** (con cui il Parlamento definisce prestazioni e risorse a disposizione del SSN), e poi portata ad attuazione attraverso **Piani sanitari regionali** (che a loro volta precisano obiettivi e priorità).

A fronte di questa struttura diffusa, la legge concentra poi le responsabilità "finali", per l'organizzazione e l'erogazione delle prestazioni, sui Comuni. A tal fine vengono istituite su tutto il territorio le **Unità Sanitarie Locali (USL)**, quali strutture operative comunali (o pluricomunali) prive di personalità giuridica. Gli organi (l'assemblea generale e il comitato di gestione) riflettevano la composizione del consiglio comunale, mentre la specificazione delle funzioni a essi assegnate era rinviata alla potestà legislativa regionale.

Infine, in omaggio all'idea dell'universalità del servizio, cambia anche il sistema di finanziamento del SSN, che adesso viene in gran parte rimesso alla fiscalità generale, lasciando in essere solo in parte la contribuzione a carico dei lavoratori e, più in generale, di tutti i cittadini con un reddito. Si dà così vita al **Fondo sanitario nazionale** che, a sua volta, viene suddiviso in fondi regionali dal CIPE (→ § III.3), su proposta del ministro della sanità.

Il sistema così ideato era evidentemente molto ambizioso: aveva in mente obbiettivi rilevantissimi, introduceva principi e metodo che ancora oggi rimangono come elementi portanti del sistema sanitario italiano e, soprattutto, affermava una straordinaria estensione del diritto alle prestazioni sanitarie capace di dare effettività al nostro sistema di *welfare*.

Il sistema rivelò però ben presto le proprie debolezze, dipendenti non solo dalla insostenibilità di alcuni obbiettivi che il legislatore si era prefissato, quanto anche dalla fragilità che caratterizzò la realizzazione del sistema a livello locale, ove la coincidenza con il sistema politico comunale non tardò a generare sprechi e inefficienze (quando non veri e propri fenomeni corruttivi).

Il legislatore tentò di reagire all'evidente stato deficitario del SSN, prima (d.l. 23 marzo 1989, n. 69) introducendo una aliquota di contribuzione a carico dei cittadini correlata al costo della prestazione (i c.d. ***ticket***) e poi rivedendo struttura e funzioni delle USL.

Il vero e proprio cambiamento arriva però solo all'inizio degli anni '90, sulla scia degli interventi di riforma che avevano iniziato a cambiare sostanzialmente l'assetto e il funzionamento della pubblica amministrazione italiana. E così, in attuazione della legge delega n. 421/1992, viene approvato il d.lgs. 502/1992, poi parzialmente rivisto dal d.lgs. 517/1993 anche in ragione delle censure rilevate dalla Corte costituzionale nella sent. 355/1993.

Queste disposizioni, nel recepire numerose delle tendenze in atto (responsabilizzazione della dirigenza; *favor* per i modelli privatistici, ripensamento del ruolo del sistema locale e regionale) hanno in mente l'obiettivo di un più stringente controllo della spesa che rappresentava una tra le voci principali del deficit pubblico italiano.

Eppure nei decreti del 1992-1993 è evidente il tentativo di non smentire gli obiettivi affermati dalla legge 833/1978, tentando di realizzare un servizio pubblico economicamente efficiente, senza abbassare la quantità delle prestazioni, intervenendo piuttosto sui profili organizzativi e funzionali.

✓ I CONTENUTI DELLA RIFORMA E L'ARRIVO DELL'ASL

Le novità di maggior rilievo sono sostanzialmente tre, strettamente connesse tra loro, e precisamente:
– un diverso riparto di competenze, che porta a una sostanziale regionalizzazione del sistema sanitario;
– il regime dell'aziendalizzazione degli enti erogatori delle prestazioni;
– l'introduzione di un diverso assetto degli organi di governo, e di nuova disciplina della dirigenza.
Sotto il primo profilo la scelta, radicale, è quella di una pressoché completa *esclusione del livello comunale* dal governo della sanità e della piena attribuzione alle Regioni, cui già spettava la competenza legislativa, delle funzioni amministrative più rilevanti in materia. Spetta infatti ora alle Regioni non solo la "determinazione dei principi sull'organizzazione dei servizi e sull'attività destinata alla tutela della salute", o la definizione dei "criteri di finanziamento delle unità sanitarie locali e delle aziende ospedaliere", o ancora lo svolgimento delle "attività di indirizzo tecnico, promozione e supporto" nei confronti dei medesimi enti, "anche in relazione al controllo di gestione e alla valutazione della qualità delle prestazioni sanitarie" (art. 2 del d.lgs.), ma anche un'altra importantissima serie di funzioni che attraversano l'intero impianto della riforma, che vanno dalla definizione dei **Piani Sanitari Regionali** alle nomine dei **direttori generali** e dei membri del Collegio dei Revisori.
In capo allo Stato rimane, salda, la funzione di pianificazione, che però muta anch'essa in modo significativo. Infatti, il Piano sanitario nazionale è ora predisposto dal Governo che lo adotta d'intesa con la Conferenza permanente per i rapporti tra lo Stato, le Regioni e le Province autonome (→ § IV.3).
In parallelo, si interviene sulle strutture di erogazione delle prestazioni sanitarie che, in primo luogo, diventano aziende (**ASL**) dotate di "personalità giuridica pubblica, di autonomia organizzativa, amministrativa, patrimoniale, contabile, gestionale e tecnica". L'innovazione mira ad assegnare alle nuove Aziende un'ampia capacità di decisione e amministrazione, dando una svolta rispetto alle precedenti gestioni: ma questo intento viene in buona parte compromesso dalla complessa vicenda della successione delle ASL nei rapporti economici e contrattuali delle preesistenti USL, conclusasi solo molti anni dopo con il subentro delle Regioni, a titolo particolare, nelle pendenze ancora in sospeso.

Nella transizione dalle USL alle ASL, tra l'altro, queste ultime non vengono affatto svincolate dagli obblighi fissati dalla legge 833/1978. Al contrario, esse sono ora tenute non solo ad "*assicurare i livelli di assistenza … nel proprio ambito territoriale*" (che viene in gran parte dei casi ampliato, con conseguente accorpamento delle strutture preesistenti), ma possono anche "*assumere la gestione di attività o servizi socio-assistenziali su delega dei singoli enti locali con oneri a totale carico degli stessi, ivi compresi quelli relativi al personale, e con specifica contabilizzazione*".

Inoltre, l'introduzione del sistema di *accreditamento delle strutture private* porta a un'estensione dell'offerta di servizi. Dunque, pur rimanendo in capo alle ASL la garanzia della prestazione, il sistema ora include soggetti erogatori diversi, tra i quali l'utente può esercitare il proprio diritto di libera scelta.

È infine da segnalare come il decreto introduca una significativa differenziazione nella struttura organizzativa, nel grado di autonomia e nelle funzioni tra ASL, aziende ospedaliere, presidi ospedalieri e policlinici universitari (→ § XII.12).

Di altrettanto rilievo è il cambiamento nella configurazione degli organi di gestione delle aziende. Introdotto con l'intento di allontanare l'influenza della politica dai profili tecnico-amministrativi e di individuare con chiarezza il riparto delle diverse responsabilità, il nuovo assetto prevede:

– un **direttore generale dell'ASL**, nominato dalla Regione, con compiti gestionali, a cui vengono affiancati, con scelta fiduciaria, un direttore sanitario e un direttore amministrativo (art. 3, comma 1°-*quinquies*, d.lgs. 502/1992). Il direttore generale e i suoi collaboratori hanno un incarico a tempo pieno, regolato da contratto di diritto privato di durata quinquennale;

– il *collegio dei revisori* a cui è affidata la funzione di vigilanza. I suoi tre membri sono *designati rispettivamente dalla Regione, dal ministro del tesoro (che sceglie tra i funzionari della Ragioneria generale dello Stato) e dal sindaco (o dalla conferenza dei sindaci o dai presidenti dei consigli circoscrizionali).*

Contestualmente, anche in relazione alle riforme introdotte dal d.lgs. 29/1993, si assiste a una revisione delle funzioni e delle responsabilità dirigenziali mediche, la cui valutazione viene collegata ai risultati conseguiti.

La riforma produce buoni risultati, ma di fatto stenta a decollare nella sua complessità. Nel frattempo, l'amministrazione italiana conosce il secondo ampio processo di decentramento in forza della legge 59/1997 e del d.lgs. 112/1998 che opera un generale conferimento di competenze in favore delle Regioni e degli enti territoriali, individuando specificamente solo i compiti che permangono in capo allo Stato. In realtà le disposizioni del d.lgs., del Titolo IV ("*Servizi alla persona e alla comunità*") Capo I ("*Tutela della salute*"), sono in questo senso molto dettagliate e, pur non potendo qui riportare integralmente il loro contenuto, vale lo stesso la pena di ricordarne i contenuti più rilevanti.

✓ SALUTE UMANA E SANITÀ VETERINARIA, TRA STATO E REGIONE

Intanto è importante la delimitazione dell'oggetto delle disposizioni che, come esplicita da subito l'art. 112, attiene alle funzioni e ai compiti amministrativi in tema di "salute umana" (qui intesa come promozione, prevenzione, mantenimento e recupero della salute fisica e psichica della popolazione, nonché il perseguimento degli obiettivi del Servizio sanitario nazionale), e di "sanità veterinaria" (qui intesa interventi profilattici e terapeutici riguardanti la salute animale, nonché la salubrità dei prodotti di origine animale).
Diversamente si escludono dal processo di decentramento le competenze sanitarie e medico-legali delle forze armate, dei corpi di polizia, del Corpo dei vigili del fuoco, delle Ferrovie dello Stato; mentre resta invece invariato il riparto di competenze tra Stato e Regioni stabilito dalle leggi in numerose materie quali:
– le sostanze stupefacenti e psicotrope e la tossicodipendenza;
– la procreazione umana naturale e assistita;
– i rifiuti speciali derivanti da attività sanitarie;
– la tutela sanitaria rispetto alle radiazioni ionizzanti;
– la dismissione dell'amianto;
– il sangue umano e i suoi componenti, la produzione di plasmaderivati e i trapianti;
– la sorveglianza e il controllo di epidemie e epizoozie di dimensioni nazionali o internazionali;
– la farmacovigilanza e farmacoepidemiologia nonché la rapida allerta sui prodotti irregolari;
– l'impiego confinato e la emissione deliberata nell'ambiente di microrganismi geneticamente modificati.
Per quanto riguarda il vero e proprio riparto di competenze, sono conservati in capo alla amministrazione dello Stato, tra le altre, l'adozione del piano sanitario nazionale e degli altri piani di settore aventi rilievo e applicazione nazionali, in cui vengono individuati gli obiettivi essenziali e i criteri comuni di azione amministrativa, il riparto delle risorse alle Regioni, l'adozione di norme, linee-guida e prescrizioni tecniche di natura igienico-sanitaria relative ad attività, strutture, impianti, laboratori, officine di produzione, apparecchi, modalità di lavorazione, sostanze e prodotti, ivi compresi gli

alimenti; lo svolgimento di ispezioni, la definizione dei criteri per l'esercizio delle attività sanitarie e la definizione di un modello di accreditamento delle strutture sanitarie pubbliche e private. Specifica attenzione viene poi riservata al mantenimento della competenza statale per:
– informazioni e collegamento con l'Organizzazione mondiale della sanità e le altre organizzazioni internazionali, la gestione del Sistema informativo sanitario (SIS), l'analisi statistica e la redazione delle relazioni da presentarsi al Parlamento;
– determinate autorizzazioni, quali quella alla produzione, importazione e immissione in commercio di **medicinali**, gas medicinali, presidi medico-chirurgici, prodotti alimentari destinati ad alimentazioni particolari e dispositivi medici, anche a uso veterinario, i prodotti fitosanitari e dei relativi presidi sanitari, l'importazione o esportazione di sostanze o preparati chimici vietati o sottoposti a restrizioni e l'autorizzazione alla pubblicità e alla informazione scientifica di medicinali e presidi medico-chirurgici, dei dispositivi medici in commercio e delle caratteristiche terapeutiche delle acque minerali;
– la classificazione dei medicinali ai fini della loro erogazione da parte del Servizio sanitario nazionale, la contrattazione dei loro prezzi e il regime di rimborsabilità dei medicinali autorizzati e la determinazione dei criteri di fruizione di prestazioni ad altissima specializzazione all''estero;
– le funzioni di vigilanza e controllo sugli enti pubblici e privati che operano su scala nazionale o ultraregionale, ivi compresi gli ordini e collegi professionali. Nonché quella sui fondi integrativi sanitari;
– le funzioni in materia di ricorsi per la corresponsione degli indennizzi a favore di soggetti danneggiati da complicanze di tipo irreversibile a causa di **vaccinazioni obbligatorie**, trasfusioni e somministrazione di emoderivati;
– le **professioni sanitarie** e, in particolare, la disciplina delle attività libero-professionali e delle relative incompatibilità; la determinazione delle figure professionali e dei relativi profili delle professioni sanitarie, sanitarie ausiliarie e delle arti sanitarie, gli adempimenti in materia di riconoscimento dei diplomi ed esercizio delle relative professioni;
– la ricerca scientifica, ivi comprese la **sperimentazione clinica di medicinali**, presidi medico-chirurgici, dispositivi medici, nonché la protezione e tutela degli animali impiegati a fini scientifici e sperimentali;
– la **profilassi internazionale** specialmente in riferimento ai controlli igienico-sanitari alle frontiere, ai controlli sanitari delle popolazioni migranti, nonché ai controlli veterinari infracomunitari e di frontiera.

Il processo di decentramento ha l'effetto di consentire alle Regioni l'ideazione di modelli sanitari distinti, specie per quanto riguarda l'organizzazione, la produzione e l'erogazione di prestazioni sanitarie, dando il via a una differenziazione che nel tempo diventerà sempre più marcata.

In questo senso la terza riforma sanitaria, operata dal d.lgs. 229/1999 (la cosiddetta **riforma Bindi**) allo scopo di "razionalizzare" il sistema, di fatto costituisce un passo in controtendenza, tendendo a ricostruire un unico schema nazionale per l'erogazione dei servizi sanitari.

Il decreto pone in essere alcuni principi e una serie di misure correttive degli aspetti che si riteneva non avessero effettivamente funzionato nella precedente riforma. In questo senso le novità più rilevanti sono:

– la previsione di **livelli essenziali di prestazione** (e non solo "uniformi") nell'erogazione di prestazioni sanitarie, con l'effetto di mutare la concezione stessa del diritto alla salute (→ § XII.6) e di riportare almeno in parte "al centro" le decisioni sull'organizzazione e la produzione dei servizi;

– il *recupero del ruolo dei Comuni*, a cui vengono affidate soprattutto funzioni programmatorie, attraverso il loro inserimento nel processo di formazione dei Piani Sanitari Regionali (il quale è ora sottoposto alla Conferenza permanente per la programmazione sociosanitaria regionale della quale fa parte il Sindaco o il Presidente della Conferenza dei Sindaci) e dei Piani attuativi locali. Inoltre ai Comuni sono affidate l'attività di controllo, essendo loro assegnato il potere di esprimere un parere sulla conferma o la revoca del Direttore generale dell'ASL e dell'azienda ospedaliera in relazione ai risultati raggiunti, e sullo stato di attuazione del Piano attuativo locale da parte delle aziende ospedaliere;

– il contestuale rafforzamento del *ruolo delle Regioni*, cui viene riconosciuta la possibilità di formulare proposte per la predisposizione del Piano sanitario nazionale, l'adozione del Piano sanitario regionale, la disciplina del finanziamento delle ASL, la definizione dell'articolazione del territorio in Aziende sanitarie locali, e dei criteri per la suddivisione delle Aziende sanitarie locali in distretti. Questi rappresentano ambiti territoriali con non più di 60.000 abitanti in cui devono essere assicurati i servizi sanitari e sociosanitari di assistenza primaria. In questo modo si garantisce la continuità assistenziale attraverso il coordinamento dei medici di medicina generale, pediatri e servizi di guardia medica, in ambulatorio e a domicilio, e di questi con le strutture e i servizi specialistici;

– tra le competenze regionali acquista particolare rilevanza quella relativa all'**accreditamento delle strutture** pubbliche o private autorizzate a fornire prestazioni per conto del SSN. E ciò in ragione del fatto che la riforma del 1999 mira a dare un diverso assetto alle forme di integrazione tra offerta pubblica e privata di servizi. Per essere "*accreditati*", e cioè riconosciuti "qualitativamente idonei", non si fa più alcuna distinzione tra soggetti pubblici e privati, con o senza scopo di lucro. Di fatto, però, il decreto definisce le modalità di finanziamento delle medesime strutture (in base al costo standard di produzione del programma di assistenza, attribuito per l'erogazione di alcuni precisi servizi non quantificabili in relazione alla singola prestazione o in base a tariffe predefinite a livello centrale dal Ministero e a livello locale dalle Regioni per quanto riguarda i ricoveri per acuti e le prestazioni di assistenza specialistica ambulatoriale). Inoltre si ammette l'introduzione di sperimentazioni gestionali, ovvero nuovi programmi di gestione realizzati in collaborazione tra strutture del SSN e soggetti privati, anche mediante la costituzione di società miste a capitale pubblico e privato;

– una revisione profonda subisce la disciplina della **dirigenza sanitaria**. In questo senso, si pone innanzitutto la creazione di un unico ruolo (e quindi l'eliminazione della distinzione in due livelli), in seno al quale i dirigenti si differenziano per profili professionali e in relazione alle diverse responsabilità professionali e gestionali. Specificamente per il ruolo di primario si prevede una verifica ogni 5 anni. Inoltre per i dirigenti si introduce in via definitiva l'esclusività del rapporto di lavoro con il SSN;

– altra rilevantissima novità consiste nell'introduzione della **formazione professionale continua come attività obbligatoria**, divenendo per gli operatori sanitari requisito indispensabile per svolgere qualsiasi attività professionale, come dipendenti o come liberi professionisti, e per conto sia delle strutture pubbliche che di quelle private. La formazione continua, che mira a tenere costante l'aggiornamento del personale e a migliorarne sia le competenze cliniche e tecniche, sia ad affinare le loro capacità gestionali, consiste in attività di qualificazione specifica per i diversi profili professionali;

– il decreto rafforza e dà consistenza alla **integrazione sociosanitaria**. Adottando una prospettiva fino ad allora inedita, si supera la tradizionale separazione dei due ambiti e si inizia a considerare e a favorire gli interventi sanitari e di natura socio-assistenziale che possono svolgersi in parallelo, nell'intento di fornire un supporto articolato e complessivo alle persone con problemi di disabilità o di emarginazione che ne condizionano lo stato di salute (i bambini, gli anziani, i tossicodipendenti, i malati di AIDS, i portatori di handicap);

– infine il decreto introduce la previsione di forme di *partecipazione dei cittadini*, che ora possono esprimere il loro parere sul Piano sanitario regionale e svolgere attività di controllo e valutazione sui servizi, le prestazioni e la accessibilità degli stessi.

9. Gli effetti sul sistema sanitario della riforma costituzionale del 2001

Il (pur blando) tentativo del d.lgs. 299/1999 di riportare in capo allo Stato alcune delle funzioni che potevano assicurare tratti di uniformità al SSN nel rispetto dell'autonomia regionale, non arresta il processo di decentramento e differenziazione.

Già con il d.lgs. 56/2000, "*Disposizioni in materia di federalismo fiscale*", si dà vita a un sistema di finanziamento (e monitoraggio) della spesa per la sanità che accentua in modo deciso il ruolo delle Regioni e la loro capacità di decidere autonomamente sulle forme e i modi di erogazione delle prestazioni.

L'anno seguente il processo di decentramento, iniziato con le riforme Bassanini, viene a conoscere il suo momento più alto e significativo con la costituzionalizzazione del nuovo assetto dei rapporti tra Stato, Regioni ed enti locali operato dalla riforma della Parte II, Titolo V di cui alla legge cost. 3/2001 (→ § IV.2).

Dell'ampio intervento di revisione costituzionale, due sono di fatto gli aspetti che hanno effetti consistenti sul sistema della sanità.

Da un lato, rovesciando la tecnica redazionale originaria per il riparto della potestà legislativa (l'art. 117.2 e 3), la riforma del 2001 specifica quali siano le materie di competenza esclusiva dello Stato e quali quelle in cui si ha la "concorrenza" di norme statali e norme regionali, lasciando tutto il resto (e quindi il "non detto") alla competenza regionale residuale e generale.

Nel merito, almeno a un primo sguardo, per la materia alla nostra attenzione non pare cambiare granché. Nella precedente formulazione (come abbiamo più volte ricordato) la "assistenza sanitaria ed ospedaliera" rientrava nelle materie assegnate alla potestà legislativa regionale che di fatto era, almeno per le Regioni a statuto ordinario, soltanto concorrente, dovendo essere esercitata "*nei limiti dei principi fondamentali stabiliti dalle leggi dello Stato*" e comunque non "*in contrasto con l'interesse nazionale e con quello di altre Regioni*". Ora il testo costituzionale fa riferimento alla "*tutela della salute*", inserendola al terzo comma tra le materie (ora espressamente) assegnate all'intervento legislativo concorrente, in una relazione che assegna "*alle Regioni la potestà legislativa, salvo che per la determinazione dei principi fondamentali, riservata alla legislazione dello Stato*".

Ma a fronte di una soluzione che pare sostanzialmente riproporre lo schema precedente, il cambiamento invece è molto significativo, e ciò in ragione di elementi interpretativi sia complessivi che specifici, sui quali si eserciterà a lungo la Corte costituzionale.

In primo luogo, è da sottolineare come la riforma del 2001, introducendo un sistema di riparto della potestà legislativa completamente diverso, che individua nelle Regioni il soggetto legislatore generale e residuale, pone l'interprete in una prospettiva del tutto diversa da quella precedente. Così, mentre prima si operava per ritagliare lo spazio di intervento delle leggi regionali, ora al contrario si deve procedere ad un loro "contenimento", in ragione dei limiti espressi dall'art. 117. Come è ben noto, operando in senso inverso, il risultato non è affatto uguale.

Va fin d'ora segnalato, a questo proposito, come tra i limiti appena menzionati acquisti un rilievo del tutto particolare la riserva in capo allo Stato della "*determinazione dei livelli essenziali delle prestazioni concernenti i diritti civili e sociali che devono essere garantiti su tutto il territorio nazionale*" (art. 117.2, lett. m)), competenza cosiddetta "trasversale", che cioè non consiste in un ambito oggettivo specifico, ma che piuttosto è in grado di produrre i propri effetti su tutte le materie. Su questo primo profilo si deve segnalare come la Corte costituzionale abbia assunto un atteggiamento di interpretazione rigorosa, quasi restrittiva. Nella sent. 88/2003, che ha ad oggetto un decreto ministeriale contenente una serie di indicazioni anche molto stringenti, organizzative e funzionali, sulla gestione dei servizi Sert, la Corte da una parte prescrive che le scelte che si fondano sull'art. 117.2, lett. m) debbano essere operate in base a una legge, che intervenga sia nel merito che nel metodo. Dall'altra, proprio sul metodo, evoca l'esigenza di procedere coinvolgendo nelle decisioni anche le Regioni. Si afferma, in altri termini, l'esistenza di una vera e propria riserva di legge (pur non espressa) per la determinazione dei LEA, che va esercitata nel rispetto del principio di "leale collaborazione".

Completamente diverso è l'atteggiamento della Corte rispetto a un altro limite di carattere trasversale, sempre discendente competenza esclusiva dello Stato, quello relativo alla "*tutela dell'ambiente, dell'ecosistema (...)*", di cui alla lett. s) dello stesso art. 17.2. In questo caso la materia, intesa dalla Corte, nelle sentt. 407 e 536/2002 (→ § XII.3✓), come vero e proprio "valore costituzionale" diventa un limite ben determinato, e tendenzialmente espansivo rispetto alla competenza delle Regioni in materia di tutela della salute. L'indubbia esigenza di non creare disparità nei livelli di tutela del bene ambientale in diverse parti del territorio nazionale porta la Corte ad assumere una linea di interpretazione molto definita e fino ad ora immutata. Si pensi in questo senso alla sent. 62/2005 nella quale i due ambiti vengono in aperto conflitto, in relazione a una legge della Regione Sardegna (legge 8/2003) che dichiarava il territorio regionale denuclearizzato e "*precluso al transito e alla presenza, anche transitoria, di materiali nucleari non prodotti nel territorio regionale*".

La Corte, in questo caso, precisa che "*in presenza della competenza statale di cui all'art. 117.2, lett. s), i poteri della Regione nel campo della tutela della salute non possono consentire, sia pure in nome di una protezione più rigorosa della salute degli abitanti della Regione medesima, interventi preclusivi suscettibili, come nella specie, di pregiudicare, insieme ad altri interessi di rilievo nazionale*", e in questo modo prepone la affermazione di un principio, quello della prevalenza di interessi di carattere nazionale, alla effettiva tutela della salute individuale in forza di disposizioni regionali.

Il contrasto appena ricordato tra salute e ambiente, oltre a evocare la strettissima connessione (→ § XII.3) tra i due ambiti, ci dà anche modo di evidenziare un altro profilo di assoluto rilievo per la corretta lettura degli effetti, in ambito sanitario, della riforma costituzionale del 2001. Infatti, oltre alla diversa prospettiva complessiva di interpretazione dell'assetto predisposto dalla Costituzione, c'è anche da considerare la innegabile maggiore estensione della materia "tutela della salute" rispetto alla mera "assistenza sanitaria e ospedaliera" menzionata nel testo del 1948, come conferma anche la Corte costituzionale nella sent. 270/2005.

Procedendo in senso "positivo", la stessa Corte, per arrivare a una concretizzazione della materia, ha utilizzato un criterio di compromesso tra una lettura tutta incentrata sulle finalità (appunto di tutela della salute) delle funzioni e il rispetto della continuità, ovvero di una esegesi fondata sulla progressiva costruzione della materia in sede di legislazione ordinaria (v. la sent. 407/2002). Il che non ha mancato, comunque, di sollevare questioni sia nei confronti dei profili organizzativi del servizio sanitario, sia in relazione all'estensione del concetto di "prestazione sanitaria".

D'altra parte si può procedere per "sottrazione", in senso negativo. In questo senso soccorre l'attribuzione in via esclusiva allo Stato (anch'essa non priva di discussione da parte della giurisprudenza costituzionale) di materie come la "*previdenza sociale*" (art. 117.2, lett. o)) e la "*profilassi internazionale*" (art. 117.2, lett. q)).

Lo stesso approccio risulta significativamente più complesso in relazione alle materie di potestà concorrente. In questo caso si sollevano infatti due diversi livelli di potenziale conflitto. Da una parte sono evidenti le incertezze nella determinazione dei rispettivi confini con la disciplina di materie come "le professioni" (anche in relazione all'esclusione della formazione professionale), la tutela e la sicurezza sul lavoro, l'alimentazione e, in modo ancor più pervasivo, l'armonizzazione dei bilanci pubblici e il coordinamento della finanza pubblica. Dall'altra, si apre un ampio fronte di confronto in relazione alla distinzione tra i "principi fondamentali", assegnati alla legge statale e quanto residua in capo al legislatore regionale.

✓ CHE COSA SONO I "PRINCIPI FONDAMENTALI"?

Stante la difficoltà di definire ciò che è "principio fondamentale" proprio in materia di salute umana e veterinaria, c'è da segnalare come il tema (generale e specifico) sia stato oggetto di un intervento legislativo ad opera della legge 131/2003 (cosiddetta La Loggia). La legge, anche per evitare un aumento esorbitante di ricorsi dettati dall'incertezza, si apre con l'affermazione di due norme per la transizione tra vecchio e nuovo assetto delle competenze, e cioè:
- *il principio della continuità* (art. 1.2), che prevede la permanenza in vigore delle leggi statali e regionali vigenti alla data di entrata in vigore della legge anche nelle materie che, nel frattempo, abbiano visto un cambiamento nella titolarità della relativa potestà legislativa;
- la restrizione della qualificazione come "princìpi fondamentali" a quelli espressamente determinati dallo Stato o, in difetto, quali desumibili dalle leggi statali vigenti.

Ne risulta la capacità delle Regioni di adottare una disciplina che va a sostituirsi a quella statale previgente e oramai incostituzionale determinando loro stesse, pur nell'ambito delle disposizioni statali vigenti, cosa debba considerarsi principio fondamentale. In questo senso sorprende la apertura della Corte costituzionale la quale (sent. 162/2004) afferma che "non è tuttavia possibile considerare tutte

le prescrizioni sostanziali" di una norma, ormai contraddette dalla più recente legislazione, quali "principi fondamentali della materia". Infatti, prosegue la Corte, "qualora nelle materie di legislazione concorrente i principi fondamentali debbano essere ricavati dalle disposizioni legislative statali esistenti, tali principi non devono corrispondere senz'altro alla lettera di queste ultime, dovendo viceversa esserne dedotta la loro sostanziale consistenza" (si vedano le sentt. 65/2001, 482/1995, 192/1987): e ciò tanto più in presenza di una legislazione in accentuata evoluzione come quella alla nostra attenzione, che rende rapidamente obsolete alcune scelte legislative compiute in passato.
In modo ancor più pervasivo sul metodo dell'interpretazione e della distinzione dei principi si pone poi la sent. 12/2004, nella quale la Corte ritiene inammissibili norme statali che prevedevano finanziamenti a determinate pratiche terapeutiche, affermando che la legislazione statale "deve limitarsi ad un principio di disciplina, che la Regione possa svolgere nell'esercizio delle competenze legislative ad essa spettanti", dovendosi considerare "principio fondamentale" la norma destinata per sua natura a essere ripresa e sviluppata dal legislatore regionale. Sul fronte opposto, è, però, da segnalare come, in molti altri casi la Corte non abbia dimostrato la stessa disponibilità verso il legislatore regionale, ad esempio affermando l'impossibilità di questi a disciplinare materie oggetto di potestà legislativa concorrente ove la legge dello Stato abbia ancora determinato i principi fondamentali (sent. 359/2003), o quando le "esigenze di carattere unitario" siano funzionali ad assicurare il valore, insopprimibile, dell'uniformità a livello nazionale della tutela della salute (sent. 282/2002).

Se queste sono, pur in sintesi, le regole con cui si è andato (e si va ancora) configurando il riparto di *competenze legislative* tra Stato e Regioni, non dobbiamo dimenticarci dell'altro aspetto rilevante della riforma, quello relativo all'allocazione della *potestà amministrativa*, anch'esso profondamente rivisto dalla riforma costituzionale del 2001.

Sotto questo profilo, l'art. 118 Cost. passa infatti da un modello fondato sull'idea di un "parallelismo" tra materie oggetto di intervento legislativo e materie di competenza amministrativa, a un altro basato sul principio di sussidiarietà, cioè sulla tendenziale attribuzione delle funzioni e dei compiti al livello più vicino (possibile) ai cittadini "*salvo che, per assicurarne l'esercizio unitario, siano conferite a Province, Città metropolitane, Regioni e Stato*", in una dinamica bilanciata dalla contestuale osservanza dei principi di differenziazione e adeguatezza.

Resta comunque indiscusso, in forza del principio di legittimità (e garanzia) dell'attività amministrativa, che debbano essere fonti normative primarie ad attribuire ai diversi livelli di governo la titolarità di funzioni amministrative "proprie" o a operare a favore di questi il conferimento (delega, trasferimento) di funzioni ulteriori. Quindi, nonostante il profondo cambiamento nel principio che ispira il riparto della funzione amministrativa, resta comunque evidente il permanere di una strettissima relazione tra questa e la suddivisione delle competenze legislative.

Né è privo di rilevanza osservare come ora, in base art. 117.6 Cost., allo Stato spetti una **potestà regolamentare** soltanto nelle materie di sua competenza esclusiva, quindi che:

– da una parte, i regolamenti statali in ambiti che passano alla competenza regionale diventano recessivi a fronte dell'approvazione di norme regionali di primo o di secondo livello;

– dall'altra resta ben determinata la potestà regolamentare di Comuni, Province e Città metropolitane "*in ordine alla disciplina dell'organizzazione e dello svolgimento delle funzioni loro attribuite*".

Per tentare di delineare, almeno nei tratti essenziali, il diverso ruolo che, in materia sanitaria, è assegnato allo Stato, alle Regioni e agli enti locali sotto il profilo della funzione amministrativa, si deve allora partire da quelle (in parte ancora sfumate) linee di demarcazione tra la competenza legislativa di Stato e Regioni che abbiamo appena esaminato.

Consapevoli del fatto che, almeno in questa fase, il principio di sussidiarietà verticale non viene a porsi come regola di immediata applicazione, ma piuttosto assume il ruolo di criterio-guida per la redazione delle future leggi, statali e regionali (le quali saranno tenute a dar vita a un riparto di funzioni costruito a partire "dal basso"), il riferimento essenziale è dunque ancora alle disposizioni sul sistema sanitario fin qui esaminate, e al d.lgs. 112/1998, per le quali però corre l'obbligo, ora, di svolgere una lettura alla luce del nuovo assetto costituzionale.

Per quanto riguarda lo Stato (come abbiamo in parte già visto), si profila così con chiarezza un ruolo di garante dei tratti di universalità, uguaglianza e globalità del sistema, che si traduce in un complesso di competenze mirate ad assicurare uniformità, equità e qualità nell'erogazione di prestazioni.

In questo senso, si pone innanzitutto la potestà di definire i **livelli essenziali di assistenza (LEA)**, che non consiste solo nel determinare il complesso delle attività, dei servizi e delle prestazioni che il Servizio sanitario nazionale deve erogare a tutti i cittadini, ma anche di intervenire su profili relativi all'organizzazione e al funzionamento dei servizi.

I LEA furono introdotti la prima volta con il d.P.C.M. 29 novembre 2001, il quale però si segnalava per il carattere di mero elenco articolato in livelli e sottolivelli di assistenza, rinviando ogni ulteriore determinazione a successivi atti normativi.

Il quadro cambia radicalmente con il d.P.C.M. 12 gennaio 2017 (frutto di un lavoro congiunto del Ministero della Salute, le Regioni e le società scientifiche) recante "*Definizione e aggiornamento dei livelli essenziali di assistenza*" il quale, sostituendo integralmente il precedente, assume carattere pienamente costitutivo, affermandosi come "*fonte primaria per la definizione delle attività, dei servizi e delle prestazioni garantite ai cittadini con le risorse pubbliche messe a disposizione del Servizio Sanitario Nazionale*" (così la Relazione illustrativa allo schema del d.P.C.M. predisposta dal Ministero della Salute).

✓ COSA CAMBIA CON I "NUOVI LEA"?

Tre sono i livelli individuati nel d.P.C.M. del 2017:

a) **Prevenzione collettiva e sanità pubblica**, che comprende tutte le attività di prevenzione rivolte alle collettività ed ai singoli (come sorveglianza, prevenzione e controllo delle malattie infettive e parassitarie, inclusi i programmi vaccinali; tutela della salute e della sicurezza degli ambienti aperti e confinati; sorveglianza, prevenzione e tutela della salute e sicurezza sui luoghi di lavoro; salute animale e igiene urbana veterinaria; sicurezza alimentare – tutela della salute dei consumatori; sorveglianza e prevenzione delle malattie croniche, inclusi la promozione di stili di vita sani ed i programmi organizzati di *screening*; sorveglianza e prevenzione nutrizionale; attività medico legali per finalità pubbliche).

b) **Assistenza distrettuale**, ovvero tutte le attività e i servizi sanitari e socio-sanitari diffusi sul territorio (quali assistenza sanitaria di base; emergenza sanitaria territoriale; assistenza farmaceutica; assistenza integrativa; assistenza specialistica ambulatoriale; assistenza protesica; assistenza termale; assistenza sociosanitaria domiciliare e territoriale; assistenza sociosanitaria residenziale e semiresidenziale).

c) **Assistenza ospedaliera**, che va dal pronto soccorso al ricovero ordinario per acuti; *day surgery* e *day hospital*; riabilitazione e lungodegenza post acuzie; attività trasfusionali; dall'attività di trapianto di cellule, organi e tessuti ai centri antiveleni (CAV).
Inoltre il d.P.C.M. dedica una parte (il Capo IV) all'**Assistenza sociosanitaria** e una (il Capo VI) all'Assistenza specifica a particolari categorie.
Un'altra importante novità del 2017 riguarda però l'elenco delle attività diagnostiche e terapeutiche inserite, il cosiddetto "**nuovo nomenclatore**" delle prestazioni erogabili dal SSN, che arriva ad aggiornare e ad ampliare un testo oramai obsoleto, quello del d.m. 22 luglio 1996.
In particolare, per quanto riguarda i cosiddetti "nomenclatori della specialistica", si annoverano prestazioni fino a poco tempo fa ritenute quasi "sperimentali" oppure eseguibili in sicurezza e solo in regime di ricovero, e che invece oggi possono essere erogate in ambito ambulatoriale. Si pensi ad esempio alla previsione delle prestazioni di **procreazione medicalmente assistita**, o alla **consulenza genetica**, o ancora a prestazioni di elevatissimo contenuto tecnologico (adroterapia, enteroscopia con microcamera ingeribile, *gammaknife* e *cyberknife*, tomografia retinica) e ai nuovi esami di laboratorio (tra cui indagini per la diagnosi di malattie metaboliche rare ed esami aggiornati per la malattia celiaca).
Per quanto riguarda invece i "nomenclatori dell'assistenza protesica" sono stati introdotti dispositivi tecnologicamente avanzati utili a garantire l'autonomia dei soggetti disabili.
Di un certo rilievo è anche la revisione degli elenchi delle malattie rare (che oggi arrivano ad essere più di 110) e delle malattie croniche e invalidanti che danno diritto alla esenzione. In questa parte sono introdotte sei nuove patologie esenti (tra cui ad esempio l'endometriosi) e vengono riportate patologie precedentemente rubricate come rare (tra cui celiachia e sindrome di Down).

Infine è da segnalare l'istituzione di una Commissione nazionale per l'aggiornamento dei LEA e la promozione dell'appropriatezza nel SSN. Presieduta dal ministro della salute, con la partecipazione delle Regioni e il coinvolgimento dei soggetti con competenze tecnico-scientifiche disponibili a livello centrale e regionale (NAS, AGENAS, AIFA e ISS), ha il compito di monitorare il livello di attuazione dei nuovi LEA, di intervenire in caso di mancata, incompleta o scorretta loro erogazione e di aggiornare (o modificare) di anno in anno i LEA, escludendo prestazioni, servizi o attività che diventano obsolete.

Si deve ricordare come, ai sensi dell'art. 120.2 Cost., la "*tutela dei livelli essenziali delle prestazioni concernenti i diritti civili e sociali*" costituisca uno dei presupposti per l'intervento sostitutivo dello Stato nei confronti delle Regioni, delle Città metropolitane, delle Province e dei Comuni.

Ancora in ragione del ruolo appena menzionato, spetta allo Stato provvedere alla trasparenza del sistema: in questo senso lo strumento principale è il **Nuovo Sistema Informativo Sanitario (NSIS)** (introdotto dall'art. 87, legge 388/2000) con cui si condivide il patrimonio di dati, di regole e metodologie per misurare qualità, efficienza, appropriatezza e costo delle prestazioni a supporto del governo del SSN, del monitoraggio dei LEA e della spesa sanitaria nel suo complesso. Altrettanto rilevante è poi la **Relazione sullo Stato Sanitario del Paese (RSSP)** con cui si risponde all'esigenza di produrre una periodica informativa al Parlamento, e conseguentemente ai cittadini, sullo stato di salute della popolazione e sull'attuazione delle politiche sanitarie.

Né sono da dimenticare le competenze di indirizzo, programmazione e finanziamento, che trovano nel **Piano Sanitario Nazionale (PSN)** la propria principale espressione. Il Piano sanitario nazionale, che ha durata triennale, viene predisposto dal Governo su proposta del ministro della salute e tenuto conto delle proposte provenienti dalle Regioni; ed è adottato con Decreto del Presidente della Repubblica previa deliberazione del Consiglio dei ministri, d'intesa con la Conferenza unificata. In esso, tra l'altro, oltre ai livelli essenziali di assistenza sanitaria da assicurare per il triennio, sono indicate le aree prioritarie di intervento, anche ai fini di una progressiva riduzione delle diseguaglianze sociali e territoriali nei confronti della salute e la quota di finanziamento assicurata alle Regioni per ogni anno, disaggregata per livelli di assistenza.

Per altro verso, ma in osservanza del medesimo ruolo di garante dell'uniformità, sono poi da ricordare le competenze relative al riconoscimento, la formazione, l'abilitazione e l'esercizio delle professioni sanitarie.

Infine, sono da segnalare le funzioni di vigilanza che mirano a verificare, attraverso la partecipazione di tutti gli attori coinvolti nel sistema, l'utilizzo delle risorse assegnate e, al contempo, a migliorare il livello di protezione e di sicurezza dei pazienti, anche attraverso uno stretto monitoraggio degli incidenti e del malfunzionamento dei dispositivi medici.

Alle Regioni, per le motivazioni che abbiamo visto, è riconosciuto un ruolo amministrativo rilevantissimo, che si concentra specialmente sui profili dell'organizzazione, della predisposizione e dell'erogazione dei servizi sanitari.

Il processo di riforma dell'amministrazione sanitaria, intrecciato con quello di progressivo e crescente decentramento che abbiamo fin qui visto, ha fatto sì che le Regioni oggi non siano da considerare solamente come l'ente territoriale di riferimento di un servizio rimesso alle strutture sanitarie, ma siano piuttosto il soggetto direttamente e pienamente titolare della competenza per il servizio stesso, la cui erogazione avviene attraverso le ASL, le aziende ospedaliere e ogni altro soggetto (come d'altra parte afferma l'art. 3 del d.lgs. 502/1992 dopo la novella del 1999).

Né, per la ragione che abbiamo premesso, l'avvento del principio di sussidiarietà verticale ha cambiato questo assetto, che è perfettamente compatibile con il modello delineato dall'art. 118 Cost. riformato, e trova nelle leggi dello Stato, ivi comprese quelle sul finanziamento, la propria conferma. Né la scelta pare essere oggetto di possibili revisioni, e ciò non più soltanto per la cattiva gestione registrata in materia a livello comunale, quanto per la maggiore idoneità di questo livello territoriale a provvedere al complesso di prestazioni che compongono il servizio sanitario.

✓ CENTRALITÀ DEL RUOLO DELLA REGIONE NELLA SANITÀ

In questa prospettiva si deve allora innanzitutto evidenziare come alle Regioni spetti assicurare il *rispetto dei livelli essenziali delle prestazioni* attraverso il complesso di strutture, pubbliche e private, a ciò dedicate, prime fra tutte le ASL che, seppur autonome sotto il profilo tecnico, rimangono le strutture a istituzione obbligatoria. Si registra così la strutturazione di un sistema multilivello delineato per compartimenti ben distinti, laddove lo Stato determina livelli di prestazioni che devono poi, pur se in piena autonomia, essere assicurati (e organizzati, e sostanzialmente finanziati) dalle Regioni e infine erogati dalle ASL (e dagli altri soggetti accreditati) ancora una volta in regime di autonomia manageriale e operativa.

Ne risulta, in capo alle Regioni, un complesso di funzioni finalizzate alla (migliore possibile) predisposizione di un sistema capace di assicurare il rispetto dei livelli assistenziali, agendo non solo sotto il profilo della regolazione, ma, dal punto di vista più strettamente amministrativo, della programmazione e dell'indirizzo, dell'organizzazione e della gestione.

Sotto il profilo delle funzioni di programmazione si segnala innanzitutto il compito di redigere il **Piano sanitario regionale** e i relativi programmi di attuazione, e a regolare i rapporti fra questi atti e quelli espressione dell'autonomia locale. La Regione è tenuta a istituire e disciplinare la **Conferenza permanente per la programmazione sanitaria** quale organo di partecipazione degli enti locali nel governo della sanità regionale.
A questa funzione è poi strettamente connessa:
- la definizione delle modalità e della misura del finanziamento, che andrà orientato in primo luogo a sostenere le priorità individuate nei Piani;
- la attività di indirizzo tecnico delle ASL;
- il sostegno e la promozione delle azioni ritenute strategiche.

Volgendo la nostra attenzione al profilo organizzativo, si deve innanzitutto ricordare la funzione di individuazione degli *ambiti territoriali delle ASL* e, quindi, la realizzazione del sistema di erogazione delle prestazioni in relazione al territorio di riferimento. In stretta relazione con questa determinazione, la Regione provvede poi alla suddivisione del territorio in *Distretti* (di cui in parte si è già detto), dei quali disciplinano le funzioni e individuano il direttore.
Quanto all'organizzazione interna delle ASL, spettano alla Regione la nomina, la revoca e la conferma dei direttori generali, la designazione di componenti del Collegio sindacale delle Aziende o di altri organi aziendali, nonché la disciplina dell'attività e della composizione del Collegio di direzione e del Consiglio dei sanitari e della composizione.
Al di là dell'aspetto meramente organizzativo, è poi rimessa alla Regione l'adozione di **atti di indirizzo** relativi alla gestione delle ASL, che discende dalla adozione di provvedimenti concernenti la specificazione dei livelli di assistenza garantiti dalle strutture regionali, le **tariffe per l'assistenza specialistica e farmaceutica**, la disciplina della gestione economico-finanziaria delle Aziende e, in genere, tutto ciò che contribuisce al funzionamento del servizio, ivi compresi i poteri di vigilanza e controllo.
Un altro insieme di competenze è poi relativo alla capacità di configurare l'assetto dell'offerta di prestazioni sanitarie, che va dalla costituzione delle Aziende ospedaliere alla definizione delle modalità e dei termini di rilascio delle autorizzazioni per la realizzazione e l'esercizio di strutture sanitarie. In questo senso si segnalano la determinazione dei requisiti e il rilascio dei provvedimenti di accreditamento a strutture diverse da quelle del SSN, la disciplina degli accordi contrattuali con esse e la fissazione dell'ammontare degli eventuali rimborsi a loro favore per le prestazioni usufruite dagli assistiti del SSN.
Nella stessa direzione si pone poi anche il potere di autorizzare, modificare, verificare e confermare le **sperimentazioni gestionali pubblico-private**; la stipulazione dei **protocolli d'intesa con le università** per regolamentare le attività assistenziali resa al SSN da parte delle aziende ospedaliere che ospitano le facoltà di medicina e chirurgia e, infine, la stipulazione delle convenzioni regionali per l'esercizio della medicina generale di base, la pediatria di libera scelta e l'assistenza farmaceutica.
Infine, è assegnata alla Regione la disciplina delle modalità di integrazione tra servizi sanitari e socio-assistenziali.

Viene così a prendere forma un quadro di competenze che, come abbiamo già più volte menzionato, ha aperto la strada a una significativa differenziazione tra i modelli sanitari regionali. In altri termini, compresse tra il ruolo dello Stato di garante dell'uniformità e dell'equità e la restrizione del ruolo dei Comuni a funzioni meramente consultive o propositive (vedi *ultra*), le Regioni, poste in prima linea rispetto alla soddisfazione degli utenti quali soggetti titolari del servizio, in forza dell'autonomia loro riconosciuta nei tratti appena ricordati, hanno reagito approfittando appieno degli spazi di determinazione loro attribuiti.

E così, nel concreto:

– da un lato hanno conosciuto grande sviluppo forme di regolazione concordata e negoziata con lo Stato (intese, accordi) adottate in sede di Conferenza Stato-Regioni (→ § IV.3), che diventa così sia uno dei più importanti centri di produzione della regolazione in ambito sanitario, sia il luogo del coordinamento interregionale;

– dall'altro si sono avute una serie di leggi regionali che, seppur muovendosi nel quadro dei limiti loro assegnati (riparto di competenze legislative e principi generali della legislazione statale vigente, altri principi costituzionali), hanno via via iniziato a intervenire su ciò che un tempo era rimesso alla legge dello Stato, dando vita ad altrettanti Servizi sanitari regionali.

Un quadro come questo, se forse non consente di affermare l'esistenza di un vero e proprio "federalismo sanitario", di certo segnala questo ambito come quello che, nel nostro ordinamento, presenta il maggior grado di differenziazione, pur nell'unicità dei principi e (almeno formalmente) delle garanzie.

A ben vedere, il tratto che in questa prospettiva maggiormente differenzia le scelte compiute dalle Regioni è quello relativo alle forme e alle modalità di interazione tra apparato amministrativo regionale, strutture sanitarie pubbliche e realtà sanitarie private.

✓ MODELLI SANITARI REGIONALI

Ora, a voler pur in estrema sintesi tracciare i caratteri distintivi dei diversi modelli sanitari regionali, potremmo dire che essi sono riconducibili sostanzialmente a tre diverse tipologie, e precisamente:

a) *modelli a forte caratterizzazione competitiva tra le organizzazioni sanitarie* pubbliche e private, affermatosi con grande evidenza nella Regione Lombardia. In questa Regione (legge reg. 33/2009), infatti, fin dalla legge reg. 31/1997 si prevede non solo la riorganizzazione dell'offerta pubblica, ma anche e soprattutto la piena concorrenza tra soggetti erogatori, pubblici e privati accreditati, fra i quali i pazienti hanno piena libertà di scelta. In questo modo, si tende a premiare i soggetti che sono in grado di attrarre il maggior numero di pazienti, remunerandoli sulla base delle prestazioni effettivamente rese ai cittadini. In realtà, nel 2002 il modello è stato parzialmente rivisto attraverso una delimitazione del numero di nuovi soggetti accreditati, assegnando alle ASL la capacità di negoziare con questi l'acquisto di prestazioni secondo il criterio del miglior rapporto tra qualità e prezzo, e comunque attenendosi a massimali di spesa per ogni singolo erogatore. Gli utenti si trovano così ancora nella condizione di poter esercitare la loro scelta, ma solo tra gli erogatori con cui effettivamente si siano stipulati contratti in questo senso;

b) *modelli cooperativi*, che propongono diversamente, in base a una programmazione negoziata, l'integrazione fra le diverse organizzazioni sanitarie. In questa direzione, si segnalano in particolare la Regione Emilia-Romagna, la Toscana, il Veneto e il Friuli-Venezia Giulia. In questo modello, il sistema si presenta come una "rete di offerta sanitaria", in cui ogni soggetto, pubblico o privato rappresenta un possibile punto di accesso al sistema sanitario e si pone in modo complementare rispetto agli altri. Questa struttura, oltre a favorire una limitata differenziazione e specializzazione nei servizi offerti da ciascun erogatore, si fonda su una rigorosa programmazione regionale e locale che, ad esempio in Emilia-Romagna (legge reg. 29/2004), si realizza con la stipulazione di accordi contrattuali tra committenti e produttori. Ne risulta inoltre il contenimento nel numero di aziende ospedaliere, che vengono quindi ad assumere dimensioni molto significative e una struttura diffusa su più localizzazioni, ciò al fine di esercitare un più immediato ed efficiente controllo della spesa;

c) *modelli a forte caratterizzazione amministrativa*, in cui la struttura del sistema è non solo incentrata sulle strutture pubbliche, ma in gran parte è rimessa al tradizionale governo "burocratico" del sistema.

Questo modello, presente in particolare in Campania, Basilicata e Calabria (legge reg. 11/2004), ripropone modelli di tipo gerarchico tradizionali in cui, a fronte di meccanismi di programmazione negoziata e controllo manageriale molto deboli, assumono un ruolo molto forte le determinazioni della Regione, che agisce essenzialmente attraverso lo strumento del finanziamento diretto alle strutture pubbliche. In questo senso non stupisce la forte diffusione di soggetti privati accreditati non integrati nel sistema complessivamente rimesso al governo della Regione, che con questo competono "dall'esterno", e con successo, anche in forza delle sue debolezze strutturali.

Si deve ancora annotare come di fatto la differenziazione dei modelli regionali secondo i canoni appena ricordati nel riquadro grigio, si sia tradotta, nel giro di qualche anno, anche in una altrettanto significativa differenziazione rispetto all'entità e alle forme di partecipazione alle spese da parte dell'utente, e abbia infine prodotto rilevanti disparità rispetto alla quantità e alla qualità delle prestazioni erogate ed erogabili. Questo fenomeno è in realtà da attribuire non solo alle scelte ricordate in merito al sistema di offerta delle prestazioni, ma coinvolge anche il diverso ruolo riconosciuto alle ASL nella scelta tra modelli "per committenza" o "di produzione diretta" e, quindi, va posto in diretta connessione con il grado di autonomia o controllo che la Regione instaura con esse.

E così, mentre in alcuni casi (di cui la Lombardia è il caso più marcato e paradigmatico) le ASL si sono via via orientate a un ruolo di acquirente di prestazioni specialistiche all'esterno, mantenendo solo la gestione di pochi e determinati servizi di base, in altri (si pensi, per tutti, all'Emilia-Romagna) le stesse ASL hanno compiti di regolazione e allo stesso tempo si comportano da erogatori diretti di prestazioni e di acquirenti da terzi delle stesse, mettendo comunque in evidenza un significativo *favor* per l'offerta pubblica e quindi per la produzione "in proprio" delle prestazioni ospedaliere.

Ogni valutazione in merito a quanto abbiamo fin qui illustrato non è ovviamente compito di questa trattazione, e ciò non solo in ragione della natura di queste pagine, ma anche per la estrema difficoltà che una analisi valutativa di questi profili comporta. Basti qui evidenziare come, a fronte di un innegabile (e più che legittimo) ruolo della politica nella determinazione delle scelte che abbiamo passato in rassegna, qualsiasi sistema "ad amministrazione differenziata" implica anche una capacità di comparazione che tenga conto non solo dei risultati in termini quantitativi, ma che sappia prendere in considerazione il contesto territoriale di riferimento, le sue caratteristiche territoriali e demografiche e i bisogni specifici della popolazione.

✓ E AGLI ENTI LOCALI CHE RESTA DA FARE?

Quanto al ruolo assegnato agli enti locali, si deve precisare che se da una parte (come abbiamo in parte premesso) l'assetto attuale del riparto di competenze risente del principio di sussidiarietà verticale, pur se in una declinazione abbastanza limitata e in parte giustificata dal consolidamento del ruolo regionale, dall'altra insiste sul tema anche la riserva alla legislazione statale delle "funzioni fondamentali di Comuni, Province e Città metropolitane" (art. 117.2, lett. p)), che sortisce il duplice effetto di vincolare le Regioni all'osservanza di quelle norme e consegnare loro solamente una capacità ampliativa delle competenze locali.

A fronte di una completa assenza, nella legislazione statale, di qualsiasi ruolo assegnato alle Province (che vengono in parte recuperate, nella legislazione regionale in un ruolo di coordinamento delle politiche di area vasta), l'attenzione si deve concentrare soprattutto sulle funzioni dei Comuni che, come abbiamo visto, la riforma Bindi del 1999 ha in parte recuperato riconoscendo a essi competenze di tipo consultivo o propositivo in sede di programmazione regionale e locale, nonché funzioni di controllo e di valutazione dell'operato delle ASL e dei loro direttori generali (ma escludendo qualsiasi responsabilità propriamente gestionale).

Nello specifico, dobbiamo osservare come l'attribuzione di dette funzioni sia:

– direttamente posta in capo al sindaco nel caso in cui le ASL abbiano un territorio coincidente con quello del Comune;
– assegnata alla conferenza dei sindaci, per quelle aziende il cui territorio abbia una dimensione che coinvolge più Comuni;
– riconosciuta ai presidenti delle circoscrizioni comunali (individualmente o in collegio) per le aziende di estensione sub-comunale;
– assegnata per le aziende ospedaliere alla conferenza permanente per la programmazione sanitaria e/o socio-sanitaria regionale, (cui come si è già detto prendono parte i sindaci).

Per quanto concerne le funzioni di programmazione, gli organi collegiali appena menzionati conoscono una partecipazione molto importante da parte degli enti locali che, al di là degli strumenti appena menzionati, trova un momento di particolare rilievo anche nell'approvazione dei Piani attuativi locali (PAL).

Quello che qui è soprattutto importante notare è che, dopo le tensioni intercorse tra Comuni e Regioni nella fase di transizione degli anni '90, oggi la crescita del ruolo di queste ultime ha di fatto comportato un generale ampliamento del ruolo assegnato alla concertazione con il livello locale, la quale ha assunto forme e modalità diverse nei diversi sistemi sanitari regionali. Ne risulta, pur con una mappatura variabile, un aumento significativo di moduli organizzativi (più che di atti, come avviene con lo Stato) orientati alla armonizzazione delle politiche sanitarie nel contesto regionale e infraregionale, che ha portato in alcuni casi anche a una affermazione molto significativa delle politiche sanitarie locali.

A fianco di queste osservazioni di "sistema", non si deve però dimenticare che il sindaco ha, in quanto "autorità sanitaria locale", anche un'altra serie di attribuzioni dirette, che gli sono riconosciute sia quale ufficiale di governo, sia come organo di vertice dell'amministrazione comunale.

Tra queste competenze abbiamo già segnalato (→ § XII.2) la possibilità di prescrivere trattamenti sanitari obbligatori.

A parte va ricordata l'altra potestà tuttora disciplinata dalla legge 833/1978 (artt. 32 ss.) e poi confermata nel d.lgs. 112/1998 (all'art. 117): il potere di intervenire con **ordinanze contingibili e urgenti** (→ § VIII.1✓) "*in caso di emergenze sanitarie o di igiene pubblica a carattere esclusivamente locale*".

In questo caso tra il Comune e il Dipartimento di prevenzione della ASL locale si instaura una relazione strumentale, in cui sono assegnate al *sindaco* le funzioni autorizzatorie (prescrittive, repressive, cautelari) e alla struttura sanitaria le attività operative tecniche e consultive, nonché la vigilanza e il controllo.

È infine appena il caso di segnalare che, in ragione della capacità comunale di intervento su uno spettro amplissimo di materie, è altresì ipotizzabile (e sicuramente auspicabile) che l'ente contribuisca a promuovere la salute dei cittadini, agendo su molti e diversi fronti, quali quello dell'educazione, della politica sulla mobilità, dell'attività sportiva e della tutela ambientale.

10. La politica di contenimento della spesa degli anni 2001/2014

Gli interventi successivi alla riforma costituzionale del 2001 non si spingono mai a formulare ulteriori riordini complessivi del sistema, ma mirano a correggere aspetti specifici e determinati istituti. Di fatto, una parte molto consistente di queste disposizioni è animata dalla crescente esigenza di controllare e contenere la spesa pubblica sanitaria.

Vanno in questo senso i provvedimenti assunti a partire dal d.l. 347/2001, convertito nella legge 405/2001, proprio mentre veniva approvata la riforma costituzionale che, per molti versi, lasciava dubbi di costituzionalità su diversi aspetti della nuova disciplina e, in particolare, sul metodo della concertazione economico finanziaria che costituiva l'essenza del metodo proposto dal decreto.

A questa disciplina fanno seguito altri interventi che muovono comunque nello stesso segno.

Si pensi alla revisione dei meccanismi per la spesa farmaceutica, sui quali intervenne il d.l. 269/2003 (poi convertito nella legge 326/2003), il quale (art. 48) da una parte fissava un tetto massimo all'onere finanziario posto a carico del SSN, e dall'altra costituiva l'Agenzia statale del farmaco, con compiti di indirizzo e consulenza sulle politiche farmaceutiche

Si pensi ancora all'introduzione di meccanismi premiali e sanzionatori introdotti dalla legge 311/2004, legge finanziaria per il 2005 (e poi ripresi nelle successive leggi di finanza pubblica annuali) che ammettevano solo per le Regioni virtuose l'accesso a ulteriori risorse rispetto a quelle concordate con lo Stato, escludendo del tutto quelle che non procedevano al dovuto controllo della spesa sanitaria. Nell'ulteriore ipotesi di un disavanzo di gestione veniva poi ad attivarsi l'ipotesi (molto discussa dai commentatori) di un intervento sostitutivo previsto dall'art. 120.2 Cost.

È però solo molto più tardi che si inizia ad assistere a un processo organico di ricostruzione della finanza sanitaria.

In base alle disposizioni della legge delega 42/2009 (in materia di federalismo fiscale, in attuazione dell'art. 119 Cost.) viene approvato il d.lgs. 68/2011, che dà l'avvio ad una serie di interventi che mirano a dare nuova sistemazione ai rapporti fra Stato e Regioni in relazione alla definizione (e alla erogazione) dei livelli essenziali di assistenza.

In questo senso, si pone come centrale l'introduzione dell'idea di "standard" quale criterio di riferimento ottimale. Si inizia così a discutere del "**fabbisogno nazionale**" standard, e cioè il "*livello, stabilito dalla vigente normativa, del finanziamento del Servizio sanitario nazionale al quale ordinariamente concorre lo Stato*" (art. 3), il quale deve essere determinato sia in modo tale da assicurare la compatibilità con i vincoli di finanza pubblica e gli obblighi assunti dall'Italia in sede comunitaria, sia in coerenza con il fabbisogno derivante dalla determinazione dei livelli essenziali di assistenza erogati in condizioni di efficienza e appropriatezza.

Ne risulta un sistema che da una parte lascia autonomia di entrate alle Regioni e dall'altra fissa in modo rigido la loro possibilità di spesa, ora vincolata al livello dei **costi standard**.

In questo modo, si supera il previgente metodo di calcolo del finanziamento, che era già evoluto dall'idea di "spesa storica" (e cioè di un calcolo basato sulle spese effettuate nell'esercizio precedente) a un computo effettuato in base al numero di abitanti.

Per la determinazione dei costi standard, dal 2014, si procederà in sede di Conferenza Stato Regioni prendendo come riferimento tre Regioni (una del nord, una del centro e una del sud, delle quali almeno una di piccole dimensioni geografiche), scelte tra le cinque migliori indicate dal ministro della salute. Le cinque Regioni saranno quelle che avranno saputo garantire l'erogazione dei LEA in condizioni di equilibrio economico, senza essere assoggettate a piani di rientro e con livelli di erogazione dei servizi ritenuti appropriati, efficienti e di qualità.

Il costo standard sarà quindi computato a livello aggregato per ciascuno dei tre macrolivelli di assistenza: assistenza collettiva, assistenza distrettuale e assistenza ospedaliera.

Le disposizioni successive non cambiano di molto l'obiettivo e il tenore di quelle appena ricordate. Si consideri per tutti il d.l. 95/2012, convertito nella legge 135/2012 (la cosiddetta *spending review*), il quale mira, come recita la sua titolazione, a "*la revisione della spesa pubblica con invarianza dei servizi ai cittadini*". In questo senso l'art. 15 "*Razionalizzazione e riduzione della spesa sanitaria*" introduce una serie di limiti ai tetti di spesa del SSN nel "*rispetto degli obblighi di derivazione comunitaria nonché la realizzazione degli obiettivi di finanza pubblica*", spingendo le Regioni a intervenire sull'organizzazione ospedaliera, sulle tariffe delle prestazioni sanitarie, e sugli acquisti di beni e servizi.

Le novità più importanti per l'organizzazione e il funzionamento del sistema sanitario sono quelle introdotte dal d.l. 158/2012, convertito nella legge 189/2012 (è il c.d. ***decreto Balduzzi***, cui hanno fatto seguito numerosi provvedimenti correttivi).

In primo luogo, si dà vita a una riorganizzazione della "geografia sanitaria", prescrivendo però che al processo di riduzione dei presidi ospedalieri si accompagni un rafforzamento dell'assistenza sanitaria sul territorio. In questo senso si prescrive l'integrazione mono-professionale e multi-professionale per favorire un maggiore coordinamento tra i medici di medicina generale, i pediatri di libera scelta, gli specialisti ambulatoriali (secondo modelli individuati dalle Regioni); l'introduzione del ruolo unico e accesso unico per tutti i professionisti medici nell'ambito della propria area convenzionale, al fine di far fronte alle esigenze di continuità assistenziale, organizzazione e gestione.

Una parte molto rilevante in questo senso riveste inoltre lo sviluppo e l'incremento nell'uso delle tecnologie digitali e delle reti informatiche quale strumento irrinunciabile per l'aggregazione funzionale e per l'integrazione delle cure territoriali e ospedaliere.

✓ L'INNOVAZIONE DELL'*E-HEALTH*

Con lo sviluppo delle tecnologie dell'informazione e della comunicazione (ICT) e del web 2.0, le innovazioni sono state così radicali da imprimere una riconfigurazione anche dei sistemi sanitari, ridefinendone la dimensione organizzativa e le prestazioni.
È in questo contesto che si inscrive il fenomeno **e-Health** (o **sanità digitale**), vale a dire l'applicazione delle ICT alla gamma di servizi e funzioni dell'ambito sanitario. I processi di digitalizzazione dei referti e di dematerializzazione delle prescrizioni.

L'**e-Prescription**, ovvero la digitalizzazione dei referti e delle prenotazioni e la trasmissione telematica delle ricette, è l'ambito che ha conseguito i risultati migliori, per merito sia dei numerosi investimenti, sia dell'impegno profuso dalle istituzioni in questa direzione.
L'interscambio di informazioni e l'automatizzazione dei processi di gestione dei documenti sanitari sono resi possibili anche grazie all'utilizzo della **cartella clinica elettronica** e del **fascicolo sanitario elettronico (FSE)**.
La prima (introdotta dall'art. 47 *bis* della legge 35/2012) è l'atto pubblico in formato elettronico che riporta la storia clinica dell'assistito in relazione a una specifica struttura sanitaria. Diversamente il Fascicolo è una raccolta dinamica di dati afferenti a più strutture (originato quindi dai diversi titolari dei diversi trattamenti). Il quadro normativo che lo regola è articolato. Il d.l. 179/2012, convertito con legge 221/2012, ha disciplinato il FSE per la prima volta con un provvedimento di rango primario. Ad esso hanno fatto seguito il d.l. 69/2013 (il cui intento era sostanzialmente l'accelerazione nell'attuazione della norma precedente, a seguito convertito con modifiche dalla legge 98/2013) e il d.P.C.M. 178/2015, che disponeva su aspetti tecnici utili a consentire l'avvio concreto della realizzazione del Fascicolo. In qualità di aggregatori digitali di informazioni, entrambi gli strumenti consentono di migliorare la continuità assistenziale del paziente, nonché la trasmissione e l'interoperabilità delle informazioni, facilitandone la fruizione a vantaggio dei diversi attori coinvolti.
Nel processo di migrazione dei servizi sanitari verso la gestione informatica, rientra infine l'esperienza di **cura mediante i servizi di telemedicina**, ovvero di prestazioni per le quali non è necessaria la compresenza reciproca e contestuale di paziente e medico: è l'informazione a muoversi e le prestazioni sanitarie sono erogate a distanza, grazie al contatto da remoto in multicanalità (telefono, chat, videochiamata, applicazioni) e al monitoraggio da remoto.
Nonostante gli auspici e gli interventi concreti dell'Unione europea, in Italia lo sviluppo della telemedicina ha però incontrato diversi ostacoli.
In primo luogo non è inserita nei LEA (→ § XII.9) e pertanto è escluso dai tariffari (né da parte sua, il SSN ha previsto quote di finanziamento vincolate o tariffe). In secondo luogo non c'è dubbio che l'impianto normativo su questi profili sia da rivedere e perfezionare. In particolare rispetto all'affermazione dei diritti degli assistiti.
Vanno però segnalati i numerosi e crescenti interventi tesi a incrementare la consapevolezza delle persone attorno al fenomeno, tra i quali, in particolare le "Linee guida della telemedicina" redatte dal Ministero della Salute nel 2012.

In ambito farmaceutico, vengono introdotte norme per la tempestiva messa a disposizione delle strutture sanitarie dei farmaci innovati e riconosciuti dall'**Agenzia del farmaco** (a favore della quale si completa il passaggio delle competenze in materia di sperimentazione clinica dei medicinali oggi attribuite all'Istituto Superiore di Sanità). Inoltre, si dispone l'aggiornamento del **Prontuario farmaceutico nazionale** per eliminare farmaci obsoleti e la sperimentazione, da parte delle Regioni, di nuove modalità di confezionamento dei farmaci per ridurre al minimo gli sprechi di prodotto e meccanismi impropri di prescrizione, facilitando la personalizzazione del confezionamento stesso. Le regole sulle autorizzazioni inerenti ai farmaci omeopatici sono precisate e semplificate, mantenendo le necessarie garanzie di qualità e sicurezza.

Per quanto riguarda gli organi di governo delle aziende, nel tentativo di contenere l'influenza della politica in materia, la nuova disciplina prevede che le nomine dei direttori generali siano basate sul merito dei candidati: a tal fine le Regioni dovranno provvedere a dette nomine attingendo da un elenco regionale di idonei costituito a fronte di una procedura selettiva svolta da una commissione costituita da esperti indipendenti. Per la scelta dei primari (dirigenti, medici e sanitari di strutture complesse) viene invece istituita una procedura selettiva affidata a quelli della stessa disciplina, ma non della stessa ASL, sorteggiati a livello nazionale.

Il direttore generale dovrà scegliere il primario necessariamente entro la rosa dei primi tre candidati.

In relazione allo svolgimento di attività libero professionale da parte dei medici nei locali delle strutture sanitarie pubbliche (le cosiddette **attività *intramoenia***), le aziende devono procedere a una definitiva e straordinaria ricognizione degli spazi disponibili a tale scopo, potendo eventualmente, con un sistema informatico speciale, utilizzare spazi presso strutture sanitarie esterne, ovvero autorizzare i singoli medici a operare nei propri studi. La novità più rilevante consiste però nell'obbligo di trasparenza di queste attività, che dovranno essere messe in rete al fine di poter avere un calcolo di tutti i pagamenti effettuati dai pazienti e, allo stesso tempo, del numero delle prestazioni che il professionista svolge sia durante il servizio ordinario, sia in regime di *intramoenia*. Si prevede che parte degli importi riscossi vengano destinati alla copertura dei costi sostenuti dalle aziende.

Infine, con norme ancora oggetto di molte discussioni, si interviene sulla responsabilità professionale di chi esercita le professioni sanitarie per contenere il fenomeno della cosiddetta "**medicina difensiva**", cioè la pratica che porta ad una prescrizione esorbitante di esami diagnostici al solo scopo di evitare di incorrere in casi di responsabilità civile. Nel valutare la responsabilità dei professionisti si deve ora tenere in considerazione il fatto che essi abbiano operato e deciso secondo linee guida e buone pratiche elaborate dalla comunità scientifica nazionale e internazionale.

11. Le strutture della sanità: l'amministrazione centrale

Dopo aver esaminato la lunga evoluzione del sistema sanitario, è tempo di vedere più in dettaglio quali siano le strutture dell'organizzazione pubblica che operano nel settore.

Incominciamo dal livello statale.

Le origini dell'apparato centrale titolare di competenze in materia di assistenza sanitaria possono essere rinvenute nel r.d. 255/1861, che aveva dato vita a quattro direzioni generali operanti in materia. Dopo diverse vicende, con il r.d. 4707/1887, le loro funzioni furono ricomposte in un'unica *Direzione Generale della Sanità Pubblica*, collocata in seno al Ministero dell'Interno. La configurazione quale struttura non autonoma, e quindi non direttamente rappresentata in seno al Governo, resta immutata anche nel dopoguerra, quando con il d.lgt. 417/1945, si crea l'*Alto Commissariato per l'Igiene e la Sanità*, inserito nell'organizzazione della Presidenza del Consiglio.

È solo con la legge 296/1958 che le funzioni statali in materia di servizi sanitari vengono allocate in seno a un Ministero vero e proprio, allora denominato "*della Sanità*".

Le vicende di questo Ministero hanno in gran parte seguito l'evolvere del SSN, e il suo ambito di intervento, così come il rilievo delle funzioni da esso esercitate, si sono espansi o ristretti in relazione alla configurazione del sistema che le diverse leggi di riforma proponevano.

In questo evolvere, tra l'altro, per un breve momento il Ministero fu anche abolito. Infatti il d.lgs. 300/1999, nell'intento di razionalizzare la struttura, il numero e le competenze dei ministeri, propose che, a partire dal 2001, le competenze in materia sanitaria venissero riassunte in un unico plesso ministeriale dedicato ai servizi alla persona, significativamente denominato Ministero del Lavoro, della Salute e delle Politiche Sociali (o "del *Welfare*", come spesso si è sentito dire). Di fatto, ciò non avvenne mai, in quanto la legge 317/2001 restituì organizzazione propria alla materia, dando vita all'attuale **Ministero della Salute** (con un cambiamento di titolazione, rispetto alla precedente "sanità" che come è ben chiaro, non intendeva essere soltanto formale).

In realtà, i tentativi di incorporazione con le altre politiche sociali si sono in tempi successivi riproposti, ma a essi sembra (almeno finora) aver posto fine in via definitiva la legge 172/2009.

Ad oggi "*nell'ambito e con finalità di salvaguardia e di gestione integrata dei servizi socio-sanitari e della tutela dei diritti alla dignità della persona umana e alla salute*" (art. 47-*bis*, d.lgs. 300/1999), sono attribuite al Ministero tutte le funzioni spettanti allo Stato in materia di tutela della salute umana, di coordinamento del Sistema sanitario nazionale, di concerto con il Ministero dell'Economia e delle Finanze per tutti i profili di carattere finanziario, di sanità veterinaria, di tutela della salute nei luoghi di lavoro, di igiene e sicurezza degli alimenti.

✓ LE COMPETENZE DEL MINISTERO DELLA SALUTE

Più in specifico (art. 47 *ter*, d.lgs. 300/1999) il Ministero svolge le funzioni statali nelle seguenti aree funzionali:

a) ordinamento sanitario, e precisamente:
- determinazione degli indirizzi generali e coordinamento in materia di prevenzione, diagnosi, cura e riabilitazione delle malattie umane, ivi comprese le malattie infettive e diffusive;
- prevenzione, diagnosi e cura delle affezioni animali, ivi comprese le malattie infettive e diffusive e le zoonosi;
- programmazione tecnico-sanitaria di rilievo nazionale e indirizzo, coordinamento e monitoraggio delle attività tecniche sanitarie regionali, di concerto con il Ministero dell'Economia e delle Finanze per tutti i profili attinenti al concorso dello Stato al finanziamento del Servizio sanitario nazionale, anche quanto ai piani di rientro Regionali;
- rapporti con le organizzazioni internazionali e l'Unione europea;
- ricerca scientifica in materia sanitaria;

b) tutela della salute umana e sanità veterinaria, consistenti in:
- tutela della salute umana anche sotto il profilo ambientale;
- controllo e vigilanza sui farmaci, sostanze e prodotti destinati all'impiego in medicina e sull'applicazione delle biotecnologie;
- adozione di norme, linee guida e prescrizioni tecniche di natura igienico-sanitaria, relative anche a prodotti alimentari;
- organizzazione dei servizi sanitari, professioni sanitarie, concorsi e stato giuridico del personale del Servizio sanitario nazionale;
- polizia veterinaria;
- tutela della salute nei luoghi di lavoro.

c) monitoraggio della qualità delle attività sanitarie regionali con riferimento ai livelli essenziali delle prestazioni erogate, sul quale il ministro riferisce annualmente al Parlamento.

L'organizzazione del Ministero della Salute è disciplinata dal d.P.C.M. 11 febbraio 2014, n. 59. Al vertice dell'ente è il ministro, a cui spetta, oltre alla **funzione di indirizzo politico**, la direzione dell'attività amministrativa. Le decisioni di quest'ultimo tipo sono assunte individualmente, mentre quelle di natura politica rientrano nella sua competenza a meno che, per loro rilevanza o le ricadute trasversali sull'attività dell'intero esecutivo non vengano assunte, su sua proposta, dal Consiglio dei ministri. Inoltre, sempre sul fronte degli atti di indirizzo, sono da segnalare le decisioni che vanno assunte d'intesa con la Conferenza Stato-Regioni o con la Conferenza unificata.

Per lo svolgimento delle proprie funzioni il ministro si avvale di uffici di diretta collaborazione (un Capo di Gabinetto; la Segreteria – particolare e tecnica; l'ufficio legislativo; un portavoce e un ufficio stampa –).

✓ LA STRUTTURA A SEGRETARIATO GENERALE DEL MINISTERO DELLA SALUTE

Il Ministero, dopo aver avuto struttura dipartimentale (cioè una serie di strutture in parallelo, ognuna con una propria direzione, a cui sono "attribuiti compiti finali concernenti grandi aree di materie omogenee), con il d.P.C.M. 11 febbraio 2014, n. 59 è passato al modello per "segretariato generale", ovvero a una struttura più piramidale in cui è solo il Segretario Generale, posto alle dirette dipendenze del ministro, ad assicurare il coordinamento e il corretto svolgimento dell'azione amministrativa delle diverse Direzioni. Perciò provvede all'istruttoria per l'elaborazione degli indirizzi e dei programmi di competenza del ministro; coordina gli uffici e le attività del ministero, vigila sulla loro efficienza e rendimento e ne riferisce periodicamente al ministro (così l'art. 6 del d.lgs. 300/1999).
Le 12 Direzioni che operano in seno al ministero oggi sono:
a) Direzione generale della prevenzione sanitaria;
b) Direzione generale della programmazione sanitaria;
c) Direzione generale delle professioni sanitarie e delle risorse umane del Servizio sanitario nazionale;
d) Direzione generale dei dispositivi medici e del servizio farmaceutico;
e) Direzione generale della ricerca e dell'innovazione in sanità;
f) Direzione generale della vigilanza sugli enti e della sicurezza delle cure;
g) Direzione generale della sanità animale e dei farmaci veterinari;
h) Direzione generale per l'igiene e la sicurezza degli alimenti e la nutrizione;
i) Direzione generale della digitalizzazione, del sistema informativo sanitario e della statistica;
l) Direzione generale degli organi collegiali per la tutela della salute;
m) Direzione generale della comunicazione e dei rapporti europei e internazionali;
n) Direzione generale del personale, dell'organizzazione e del bilancio.
I vertici dei dipartimenti si riuniscono nella Conferenza permanente dei direttori generali del Ministero, indetta in via ordinaria almeno una volta ogni due mesi e in via straordinaria su richiesta del Ministro, del Segretario generale o di almeno due direttori generali.
La conferenza, che è presieduta dal Ministro (o quando questi non sia presente, dal Segretario generale), è chiamata a formulare pareri sulle questioni comuni alle attività di più direzioni e inoltrare proposte al Ministro della salute per l'emanazione di indirizzi e direttive. La conferenza inoltre propone linee e strategie generali in materia di gestione delle risorse umane, di servizi comuni e affari generali svolti in gestione unificata nonché in materia di coordinamento delle attività informatiche. Elabora altresì proposte per la realizzazione e pianificazione delle attività del Centro polifunzionale per la salute pubblica.

A fianco delle Direzioni operano una serie di organi collegiali, il cui ruolo è divenuto centrale nella fase di contrasto alla diffusione della pandemia.

A) il **Consiglio Superiore di Sanità (CSS)**: organo consultivo tecnico-scientifico del ministro, ha origini lontane, essendo istituito con Regio editto da Carlo Alberto il 30 ottobre 1847, che voleva creare un organo centrale che, assieme ai Consigli provinciali, vegliasse "*all'esercizio della medicina e della chirurgia, non che della ostetricia, della flebotomia e della farmacia*".

Il CSS conferma poi, e anzi rafforza, il proprio ruolo con la legge di unificazione amministrativa del 20 marzo 1865. Oggi la sua struttura e il suo funzionamento sono dettati dal d.lgs. 266/1993, n. 266 e dal d.m. 342/2003.

Organi del CSS sono il presidente, un comitato di presidenza, un'assemblea generale un segretariato generale. La struttura tecnico amministrativa è invece suddivisa in cinque sezioni differenziate per materia di competenza specifica.

✓ FUNZIONI DEL CONSIGLIO SUPERIORE DELLA SANITÀ

Per quanto riguarda le funzioni, il CSS:
- prende in esame i fatti riguardanti la salute pubblica, su richiesta del ministro per la salute;
- propone lo studio di problemi attinenti all'igiene e alla sanità;
- propone indagini scientifiche e inchieste su avvenimenti di rilevante interesse nel campo igienico e sanitario;
- propone all'amministrazione sanitaria la formulazione di schemi di norme e di provvedimenti per la tutela della salute pubblica;
- propone la formulazione di standard costruttivi e organizzativi per la edificazione di ospedali, istituti di cura e altre opere igieniche da parte di pubbliche amministrazioni.

Inoltre, esprime parere obbligatorio:
- sui regolamenti predisposti da qualunque amministrazione centrale che interessino la salute pubblica;
- sulle convenzioni internazionali relative alla predetta materia;
- sugli elenchi delle lavorazioni insalubri e dei coloranti nocivi;
- sui provvedimenti di coordinamento e sulle istruzioni obbligatorie per la tutela della salute pubblica da adottarsi dal Ministero della Salute;
- sugli insetticidi da impiegare nella lotta contro gli anofeli e altri insetti domestici nocivi per l'uomo e gli animali;
- sulla determinazione dei lavori pericolosi, faticosi o insalubri, delle donne e dei fanciulli e sulle norme igieniche del lavoro;
- sulle domande di attestati di privativa industriale per invenzioni e scoperte concernenti generi commestibili di qualsiasi natura;
- sulle modificazioni da introdursi negli elenchi degli stupefacenti;
- sul diniego e sulla revoca di registrazione delle specialità medicinali;
- sui servizi diretti a prevenire ed eliminare i danni delle emanazioni radioattive e delle contaminazioni atmosferiche in genere, che non siano di competenza delle unità sanitarie locali.

B) il Comando Carabinieri per la Tutela della Salute (NAS) che, oltre ad esercitare i poteri degli ispettori sanitari, svolge la funzione di ufficiali di polizia giudiziaria;

C) la struttura di più recente istituzione è l'**Organismo indipendente di valutazione della performance (OIV)**. Organo monocratico che dura in carica tre anni, è stato istituito, ai sensi dell'art. 14 del d.lgs. 150/2009, con decreto del ministro della salute del 30 aprile 2010, venendo a sostituire il previgente servizio di controllo interno;

✓ COMPITI DELL'OIV

Sotto il profilo funzionale, l'OIV:
- monitora il funzionamento complessivo del sistema della valutazione, della trasparenza e integrità dei controlli interni ed elabora una relazione annuale sullo stato dello stesso;
- comunica tempestivamente le criticità riscontrate ai competenti organi interni di governo e amministrazione, nonché alla Corte dei conti, all'Ispettorato per la funzione pubblica e alla Commissione per la valutazione, la trasparenza e l'integrità delle amministrazioni pubbliche (CIVIT);
- valida la Relazione sulla performance di cui all'art. 10 del d.lgs. 150/2009 e ne assicura la visibilità attraverso la pubblicazione sul sito istituzionale dell'amministrazione;
- garantisce la correttezza dei processi di misurazione e valutazione, nonché dell'utilizzo dei premi dai contratti collettivi nazionali, dai contratti integrativi, dai regolamenti interni all'amministrazione, nel rispetto del principio di valorizzazione del merito e della professionalità;
- propone all'organo di indirizzo politico-amministrativo la valutazione annuale dei dirigenti di vertice e l'attribuzione ad essi dei premi;
- è responsabile della corretta applicazione delle linee guida, delle metodologie e degli strumenti predisposti dalla Commissione per la valutazione, la trasparenza e l'integrità delle amministrazioni pubbliche;
- promuove e attesta l'assolvimento degli obblighi relativi alla trasparenza e all'integrità;
- verifica i risultati e le buone pratiche di promozione delle pari opportunità.

L'OIV, sulla base di appositi modelli forniti dalla CIVIT, redige annualmente la realizzazione di indagini sul personale dipendente volte a rilevare il livello di benessere organizzativo e il grado di condivisione del sistema di valutazione nonché la rilevazione della valutazione del proprio superiore gerarchico da parte del personale, riferendone alla Commissione. Presso di esso, infine opera una struttura tecnica permanente per la misurazione della *performance*.

D) da menzionare è poi la lunga lista di *commissioni e comitati* operanti presso il Ministero della Salute, previsti dalla legge o comunque disciplinati da atti normativi. Si tratta (con pochissime eccezioni) di organi collegiali a cui vengono assegnate funzioni istruttorie, consultive o propositive in vari ambiti della sanità (si segnalano qui, in sintesi, come aree di intervento – per le quali possono operare uno o più organismi – la lotta all'AIDS; le cure palliative e terapia del dolore; i dispositivi medici; l'ECM – Educazione continua in medicina; le malattie infettive e vaccinazioni; la nutrizione; la pubblicità sanitaria; la ricerca sanitaria; la sanità animale; la sicurezza alimentare; la sperimentazione metodo Stamina; gli stati vegetativi e di minima coscienza; i trapianti). Tra tutti, quello che appare più rilevante per l'esame che andiamo conducendo è il **Comitato permanente per la verifica dell'erogazione dei Livelli Essenziali di Assistenza**, a cui si è dato vita in base all'atto di intesa tra Stato-Regioni del 23 marzo 2005 ed è stato istituito con d.m. salute del 21 novembre dello stesso anno. Composto da quattro rappresentanti del Ministero della Salute (di cui uno con funzioni di coordinatore), due rappresentanti del Ministero dell'Economia e delle Finanze, un rappresentante del Dipartimento per gli affari regionali della Presidenza del Consiglio dei ministri e da sette rappresentanti delle Regioni designati dalla Conferenza dei Presidenti delle Regioni e delle Province autonome, ad esso è affidato il compito di verificare l'erogazione dei LEA in condizioni di appropriatezza e di efficienza nell'utilizzo delle risorse, nonché la congruità tra le prestazioni da erogare e le risorse messe a disposizione dal Servizio Sanitario Nazionale. Infine è bene ricordare che, con il d.P.R. 44/2013, è stato previsto un riordino complessivo di questi organismi, pur prorogandone la permanenza fino all'entrata in vigore delle nuove disposizioni;

E) a completare il quadro degli enti centrali operanti in ambito sanitario si devono ricordare tre *enti strumentali*, che si connotano per caratteri e funzioni molto diversi tra loro:

– nato nel 1934, con la denominazione di "*Istituto di sanità pubblica*", l'attuale **Istituto Superiore di Sanità** è stato affiancato al Ministero, fin dalla sua creazione nel 1958, come organo tecnico-scientifico operante nell'ambito sanitario (e fin dall'inizio tenuto ben distinto dall'Istituto superiore per la prevenzione e la sicurezza del lavoro (ISPESL), cui furono riservate la ricerca e le attività di regolazione nell'area dell'igiene e della sicurezza del lavoro).

✓ ORGANIZZAZIONE E COMPITI DELL'ISTITUTO SUPERIORE DI SANITÀ

L'ente viene radicalmente trasformato dal d.P.R. 20 gennaio 2001, n. 70 (a norma dell'art. 9 del d.lgs. 419/1999), assumendo la qualificazione di ente di diritto pubblico con autonomia scientifica, organizzativa, amministrativa e contabile cui sono assegnate funzioni di ricerca, sperimentazione, controllo, consulenza, documentazione e formazione in materia di salute pubblica. Oggi, ai sensi dell'art. 4, d.lgs. 106/2012 e dell'art. 2 del Decreto del 2 marzo 2016 del Ministero della salute, recante il regolamento di organizzazione e funzionamento dell'I.S.S., come da ultime modifiche del 27 giugno 2017, sono organi dell'Istituto:
– il Presidente, a cui è riconosciuta la rappresentanza legale dell'Istituto, di cui sovraintende all'andamento;
– il Consiglio di amministrazione, con compiti di indirizzo gestionale e finanziario;
– il Comitato scientifico, che è l'organo di indirizzo e coordinamento dell'attività scientifica;
– il Collegio dei revisori dei conti.
Non si deve infine dimenticare che l'ISS ospita numerosi laboratori di riferimento nazionali e tre laboratori di riferimento europei (*European Union Reference Laboratory*, EU-RL): per le sostanze chimiche negli alimenti di origine animale; per escherichia coli, per i parassiti.

– di più recente istituzione è invece l'**Agenzia italiana del farmaco (AIFA)**, istituita dal d.l. 269/2003, poi convertito nella legge 326/2003. Dotata di personalità giuridica di diritto pubblico e di autonomia organizzativa, patrimoniale, finanziaria e gestionale, è posta sotto la direzione e la vigilanza del Ministero della Salute, ma opera anche a favore delle Regioni, dell'Istituto Superiore di Sanità, degli Istituti di Ricovero e Cura a Carattere Scientifico, e oltre ad avvalersi dell'Organismo Indipendente di Valutazione, collabora con le associazioni dei pazienti, i medici, le società Scientifiche e il mondo produttivo;

✓ COMPITI DELL'AIFA

All'Agenzia, presso la quale sono state concentrate le competenze di numerosi soggetti precedenti, spettano tutte le attività legate di regolazione dei farmaci, dalla loro registrazione alla messa in commercio, dal controllo di qualità alla negoziazione del prezzo, fino alla determinazione della fascia di rimborsabilità. In questo senso svolge quindi un ruolo determinante nell'autorizzazione all'utilizzo dei farmaci e nell'approvazione degli elenchi dei medicinali posti a carico del SSN. Inoltre l'AIFA ha compiti rilevantissimi per la comunicazione in materia sanitaria, promuovendo la corretta e obiettiva informazione sull'uso dei farmaci. Ad una struttura organizzativa piuttosto essenziale (presidente, consiglio di amministrazione, direttore generale; collegio dei revisori dei Conti) fa da contrappeso una lunga lista di commissioni consultive e osservatori (Commissione Tecnico Scientifica; Comitato Prezzi e Rimborso; Osservatorio sull'impiego dei Medicinali; Rete Nazionale di Farmacovigilanza), organi ausiliari dell'Agenzia a cui sono affidate sia valutazioni tecnico-scientifiche sia attività di monitoraggio.

– Va inoltre segnalata l'**Agenzia per i servizi sanitari regionali (AGE.NA.S.)** istituita con d.lgs. 266/1993 e poi riformata con il d.lgs. 106/2012 che ha previsto, come organi, il presidente, il Consiglio di amministrazione e il collegio dei revisori dei conti. I componenti degli organi dell'Agenzia durano in carica quattro anni e sono rinnovabili una sola volta. È ente pubblico non economico nazionale che opera a favore sia del Ministero della Salute che delle Regioni nella definizione delle strategie di sviluppo e innovazione del Servizio sanitario nazionale attraverso attività di ricerca, monitoraggio, valutazione e formazione. In base agli indirizzi della Conferenza Unificata del 20 settembre 2007, sono stati assegnati all'Agenzia come prioritari gli obiettivi della ricerca sanitaria e del supporto tecnico-operativo alle politiche di governo di Stato e Regioni, all'organizzazione dei servizi e all'erogazione delle prestazioni sanitarie. Di particolare rilevo è, in questo senso, l'attività di supporto alle Regioni impegnate nei Piani di rientro dal deficit finanziario in materia sanitaria. Inoltre, in base alla legge 244/2007 è il soggetto che gestisce i programmi di Educazione continua in medicina obbligatori per tutto il personale sanitario.

Va infine segnalato che, tra le recenti misure adottate per contenere l'emergenza pandemica da Covid-19, con Decreto del Capo Dipartimento della Protezione civile n. 371 del 5 febbraio 2020, è stato istituito il Comitato Tecnico Scientifico. A tale organo sono state attribuite competenze di consulenza e supporto alle attività di coordinamento per il superamento dell'emergenza epidemiologica dovuta alla diffusione del Coronavirus. La composizione del CTS è caratterizzata dalla presenza di esperti e qualificati rappresentati degli Enti e Amministrazioni dello Stato. L'assetto del CTS è stato di recente modificato dal Capo Dipartimento della Protezione Civile, d'intesa con la Presidenza del Consiglio dei ministri, con ordinanza del 17 marzo 2021.

L'organizzazione del Ministero consiste, poi, oltre che in queste strutture centrali, anche in una articolazione periferica, con uffici distribuiti su tutto il territorio che, in relazione alle loro specifiche competenze, svolgono attività di controllo e offrono servizi agli utenti.

✓ LE STRUTTURE PERIFERICHE DEL MINISTERO

Sono strutture periferiche e territoriali del Ministero:
– gli Uffici Veterinari per gli Adempimenti degli obblighi Comunitari (UVAC, istituiti con d.lgs. 27/1993) sono 17 e operano con competenza territoriale che (tranne che in tre casi) si riferisce al territorio di una sola Regione. Essi svolgono le funzioni di controllo sulle merci di provenienza comunitaria. Tali controlli vengono in genere effettuati dal personale veterinario del SSN sotto le direttive degli UVAC o direttamente dal SSN;
– i Posti di Ispezione Frontaliera (PIF), oltre ad essere uffici periferici del Ministero della Salute, il cui coordinamento è affidato alla Direzione Generale della Sanità animale e del farmaco veterinario, fanno parte integrante di una rete di PIF dell'Unione europea. Essi sono autorizzati dalla Commissione europea ad effettuare controlli veterinari su animali vivi e prodotti di origine animale provenienti da Paesi terzi e destinati al mercato comunitario o al transito verso altri Paesi terzi;
– di particolare rilievo in questi anni è poi il complesso di funzioni e compiti di sanità transfrontaliera, attuata attraverso gli Uffici di sanità marittima, aerea e di frontiera (USMAF), strutture direttamente dipendenti dal Ministero della Salute e dislocate omogeneamente sul territorio nazionale all'interno dei maggiori porti e aeroporti nazionali con lo scopo di costituire innanzitutto, sul campo, un filtro protettivo contro il rischio di importazione di malattie. Sono, dunque, la prima struttura chiamata ad effettuare vigilanza igienico-sanitaria su mezzi, merci e persone in arrivo sul territorio italiano e comunitario. Inoltre forniscono ai viaggiatori un valido supporto di prevenzione alle malattie infettive e svolgono importanti attività medico-legale, sul personale marittimo nazionale, e di vigilanza igienico-sanitaria, soprattutto su navi di bandiera italiana. Il coordinamento degli USMAF è affidato alla Direzione Generale della Prevenzione Sanitaria;
– pur se l'assistenza sanitaria al personale navigante, marittimo e dell'aviazione civile è di base assicurata dalle ASL nel cui territorio gli interessati hanno la residenza, partecipano a questa funzione anche poliambulatori dipendenti dalla Direzione generale delle risorse umane e professioni sanitarie del Ministero, collocati presso i porti e gli aeroporti. Questi ambulatori sono organizzati come sezioni territoriali dell'Ufficio per i Servizi di Assistenza Sanitaria al personale Navigante (SASN) di Genova per il centro-nord, e di Napoli per il sud. In essi operano medici a rapporto convenzionale, sia generici che specialisti, personale sanitario non medico e amministrativi. Le prestazioni vengono erogate sia in forma diretta che indiretta, e spaziano dalla medicina generale e specialistica all'assistenza farmaceutica.

12. Le strutture territoriali: le aziende del sistema sanitario

Come già si è detto (→ § XII.6), il percorso delle riforme in materia sanitaria conosce un momento di svolta fondamentale con il d.lgs. 502/1992 che, per i profili alla nostra attenzione, ha introdotto due essenziali cambiamenti i quali, pur con molti aggiustamenti nel tempo, resistono ancora, e caratterizzano la strutturazione territoriale del SSN:

– la sostanziale regionalizzazione dell'organizzazione sanitaria;
– la trasformazione delle unità sanitarie locali in aziende.

Per quanto riguarda le Regioni, non vi sono particolari strutture da esaminare: la potestà legislativa e quella amministrativa loro assegnate, essenziali nel disciplinare l'organizzazione e l'erogazione delle prestazioni, rientrano nella competenza dei loro organi fondamentali (→ § IV.7), naturalmente con particolare riguardo agli assessori con delega in materia.

Lo studio delle strutture sanitarie si deve concentrare piuttosto sulle **Aziende sanitarie** che invece, per molti aspetti, rappresentano un modello del tutto peculiare per il nostro ordinamento. In questo senso, vista la possibile (e già descritta) differenziazione tra i modelli regionali, tracceremo i tratti comuni e caratteristici delle aziende.

Al momento della loro istituzione, esse furono create sull'esempio delle aziende speciali introdotte per la gestione dei servizi pubblici locali dalla legge 142/1990. Di fatto però il loro *nomen*, chiaramente evocativo delle forme civilistiche, in particolare dell'art. 2555 cod. civ. (che le definisce come "*il complesso dei beni organizzati dall'imprenditore per l'esercizio dell'impresa*"), veniva a contrastare con la loro qualificazione sostanziale di enti strumentali della Regione.

Questa distonia viene, però, corretta nei successivi interventi di riforma, che le definisce (all'art. 3.1, 1-*bis* e 1-*ter*, d.lgs. 229/1999) quali strutture dotate di personalità giuridica pubblica e, allo stesso tempo, di autonomia imprenditoriale attraverso le quali le Regioni "*assicurano i livelli essenziali di assistenza*".

A rafforzare i tratti di questa loro autonomia "ibrida" si deve inoltre considerare che:

– la disciplina della loro organizzazione e del loro funzionamento sono rimesse a un atto aziendale di diritto privato, che deve essere approvato però nel rispetto dei principi e criteri stabiliti dalla legge regionale;

– si prevede che agiscano di norma attraverso atti di diritto privato e che i contratti di fornitura di beni e servizi, il cui valore sia inferiore a quello stabilito dalla normativa comunitaria in materia, siano appaltati o contrattati direttamente secondo le norme di diritto privato indicate nell'atto aziendale;

– sono tenute a informare la propria attività "*a criteri di efficacia, efficienza ed economicità e al rispetto del vincolo di bilancio, attraverso l'equilibrio di costi e ricavi, compresi i trasferimenti di risorse finanziarie*".

Tra la disciplina (e i limiti) derivanti da fonti di diritto pubblico e la ripetuta evocazione delle norme di diritto privato, risulta comunque una significativa capacità di autodeterminazione, oggi riassunta nel riconoscimento di una complessiva "autonomia imprenditoriale" articolata sotto i profili:

– *organizzativo*, in base al quale, a fronte di organi previsti dalla legge (direttore generale e collegio dei revisori) il vertice dell'ente può determinare il livello di articolazione territoriale e strutturale della gestione e definire le rispettive competenze e responsabilità, agendo anche sulle attività di coordinamento di controllo, comunicazione;

– *amministrativo*, che si concretizza, in base alla natura pubblicistica delle aziende, nella adozione di provvedimenti amministrativi, anche a valenza esterna, finalizzati al perseguimento degli interessi loro assegnati;

– *patrimoniale e contabile*, in ragione del quale si conferisce all'azienda la capacità giuridica di disporre dell'insieme dei propri beni e, allo stesso tempo, di poter organizzare e gestire la propria contabilità, pur rimanendo, come prescrive la legge, nell'ambito di un modello economico patrimoniale e per centri di costo;

– *gestionale*, con l'imputazione all'azienda delle scelte sulle priorità e gli obiettivi; sulla programmazione interna, sulle modalità di svolgimento e l'allocazione delle risorse umane, strumentali e finanziarie nonché, secondo una vera e propria struttura manageriale delle attività, a svolgere i controlli e a verificare i risultati raggiunti;

– *tecnico*, inteso come il riconoscimento della più piena capacità di autodeterminazione tecnica-professionale nella predisposizione e nell'erogazione delle prestazioni, a cui si riconnette l'esigenza di una autosufficienza strumentale e impiantistica.

Si è cercato così di dar vita a una struttura di impresa capace non solo di operare verso un tendenziale pareggio di bilancio (e, quindi, a risultati di efficienza in termini economico gestionali), ma anche di innalzare la qualità dell'attività assistenziale attraverso la sua produzione diretta o l'acquisto da altri soggetti erogatori.

A questo punto è opportuno segnalare che il riferimento fin qui generico alle aziende e ai loro tratti caratteristici deve lasciare il posto a una distinzione ben netta tra le aziende risultanti dalla trasformazione delle precedenti USL (le ASL) e quelle che invece costituiscono l'evoluzione di determinate categorie di ospedali, le **aziende ospedaliere (Ao)**.

In realtà, in ragione delle molte similitudini tra ASL e Ao molti commentatori affermano che per il plesso sanitario esista una vera e propria categoria di aziende speciali: entrambe sono strutture tramite le quali la Regione garantisce i livelli essenziali di assistenza; hanno la stessa natura giuridica e gli stessi organi; sono assicurate loro uguali dimensioni di autonomia; improntano la loro attività ai medesimi criteri di efficienza ed economicità, adottando un uguale metodo di contabilità.

Non si devono, però, trascurare le differenze tra le due specie di quest'unico *genus*.

Possiamo intanto evidenziare che le ASL rappresentano la formula organizzativa necessaria della sanità sul territorio. È determinata dalla legge statale, ma istituita dalla Regione, che per suo tramite produce prestazioni sanitarie per un ambito territoriale che essa stessa determina. Diversamente le Ao sono enti eventuali la cui istituzione, in presenza di determinati requisiti, è rimessa a un procedimento che coinvolge la Regione e il Governo.

Da questa prospettiva discendono poi altri tratti che caratterizzano diversamente le due *species* del modello aziendale. Le ASL possono contare su una struttura multicentrica e plurisoggettiva. Ogni ASL ha un territorio di riferimento, rispetto al quale articola la propria offerta di attività sanitarie e sociosanitarie, in **distretti** (disciplinati artt. 3-*quater*, *quinquies* e *sexies* del d.lgs. 502/1992). Ogni distretto (a parte eccezioni disposte dalla Regione in base alle condizioni geomorfologiche del territorio o alla bassa densità di popolazione) insiste su un ambito territoriale che conta di almeno 60.000 abitanti. A esso sono attribuite risorse definite in rapporto agli obiettivi di salute della popolazione di riferimento, che gestiscono in regime di autonomia tecnico-gestionale ed economico-finanziaria, con contabilità separata all'interno del bilancio della stessa ASL.

Sono le Regioni a disciplinare l'organizzazione del distretto in modo da garantire:

– l'assistenza primaria, ivi compresa la continuità assistenziale, attraverso il necessario coordinamento e l'approccio multidisciplinare, in ambulatorio e a domicilio, tra medici di medicina generale, pediatri di libera scelta, servizi di guardia medica notturna e festiva e i presidi specialistici ambulatoriali;

– il coordinamento dei medici di medicina generale e dei pediatri di libera scelta con le strutture operative a gestione diretta, organizzate in base al modello dipartimentale, nonché con i servizi specialistici ambulatoriali e le strutture ospedaliere ed extraospedaliere accreditate;
– l'erogazione delle prestazioni sanitarie a rilevanza sociale, connotate da specifica ed elevata integrazione, nonché delle prestazioni sociali di rilevanza sanitaria se delegate dai Comuni.

In ogni caso, precisa la norma, il distretto è tenuto a garantire:

– assistenza specialistica ambulatoriale;
– attività o servizi per la prevenzione e la cura delle tossicodipendenze;
– attività o servizi consultoriali per la tutela della salute dell'infanzia, della donna e della famiglia;
– attività o servizi rivolti a disabili ed anziani;
– attività o servizi di assistenza domiciliare integrata;
– attività o servizi per le patologie da HIV e per le patologie in fase terminale.

Inoltre trovano collocazione nel distretto le articolazioni organizzative del dipartimento di salute mentale e del **dipartimento di prevenzione**, con particolare riferimento ai servizi alla persona.

Lo svolgimento di queste attività avviene in base al Programma delle attività territoriali (PAT), che deve essere redatto in base al principio di intersettorialità, approvato dal Direttore generale della ASL, acquisito il parere del Comitato dei sindaci del Distretto e su proposta del Direttore del distretto. Questi è la figura apicale della struttura territoriale, a cui è assegnato il compito di gestire le risorse assegnate al distretto e orientarne l'attività secondo le indicazioni della direzione aziendale, da cui dipende la sua nomina.

Diversamente le Ao non hanno un ambito territoriale o un'utenza di riferimento e mancano di qualsiasi relazione con gli enti locali. Di fatto, il d.lgs. 502/1992, nella sua opera di piena aziendalizzazione delle strutture della sanità, non solo pone fine alla lunghissima evoluzione di questi enti (iniziata con la legge 132/1968), ma smentisce anche la formula proposta dalla legge 833/1978, che voleva tali strutture inserite, al pari di tutte le altre, nel sistema di servizi posti in capo alle USL. Infatti, la scelta di conferire a determinate categorie di ospedali *non solo personalità giuridica pubblica ma anche le medesime forme di autonomia delle ASL*, fa uscire tali complessi organizzativi dal "sistema" di queste ultime, rendendoli così autonomi e "paralleli" a esse.

Né le differenze con le ASL si limitano alla non contestualizzazione territoriale delle Ao. Queste ultime, infatti, sono solo erogatrici di prestazioni, non anche acquirenti, e offrono solo prestazioni specialistiche, ospedaliere e di riabilitazione finanziandosi pressoché esclusivamente in base a tariffe predeterminate.

✓ LA QUALIFICA DI AZIENDA OSPEDALIERA

Nel tempo la disciplina in base alla quale veniva conferita la qualificazione di Ao è cambiata significativamente. Oggi la materia, pur rimanendo ancora regolata dall'art. 4, d.lgs. 502/1992, è di fatto il risultato di numerosi cambiamenti, ultimo dei quali quello a opera dell'art. 3, d.l. 347/2001.
In tale norma si afferma che le Regioni, nell'ambito del processo di complessiva riorganizzazione del sistema sanitario, possono proporre la costituzione o la conferma in Ao dei presidi ospedalieri in possesso di tutti i seguenti requisiti:
– la presenza di una organizzazione dipartimentale (vedi *ultra*) di tutte le unità operative presenti nella struttura;
– la disponibilità di un sistema di contabilità economico patrimoniale e di una contabilità per centri di costo;
– la presenza di almeno tre unità operative di alta specialità (le quali, secondo le specificazioni di cui al decreto del ministro della sanità 29 gennaio 1992, comprendono tra l'altro le emergenze, ivi comprese quelle pediatriche, le grandi ustioni, la cardiologia medico-chirurgica, la neuro-riabilitazione, i trapianti d'organo, la oncoematologia e la radioterapia oncologica);
– la presenza di un dipartimento di emergenza di secondo livello (ai sensi dell'atto di indirizzo e coordinamento approvato con d.P.R. 27 marzo 1992);
– lo svolgere il ruolo di ospedale di riferimento in programmi integrati di assistenza su base regionale e interregionale, secondo quanto previsto dal Piano sanitario regionale e in considerazione della mobilità infraregionale e della frequenza dei trasferimenti da presidi ospedalieri regionali di minore complessità;
– lo svolgimento di attività di ricovero in degenza ordinaria, nel corso dell'ultimo triennio, per pazienti residenti in Regioni diverse, superiore di almeno il 10% rispetto al valore medio regionale (questo requisito non si applica alle aziende della Sicilia e della Sardegna);
– indice di complessità della casistica dei pazienti trattati in ricovero ordinario, nel corso dell'ultimo triennio, superiore di almeno il 20% rispetto al valore medio regionale;
– disponibilità di un proprio patrimonio immobiliare adeguato e sufficiente per consentire lo svolgimento delle attività istituzionali di tutela della salute e di erogazione di prestazioni sanitarie.
In ogni caso, non può aversi la costituzione o la conferma in azienda ospedaliera se nella ASL non vi siano altri ospedali pubblici. Il ministro della sanità, attenendosi alle indicazioni pervenute dalle Regioni, formula le proprie proposte al Consiglio dei ministri, organo titolare del potere di vera e propria individuazione delle Ao. Ogni tre anni, nel predisporre il Piano sanitario regionale, la Regione è tenuta, per ogni Ao, a verificare la permanenza dei requisiti e a valutare il loro equilibrio economico. Inoltre, visto che alle aziende ospedaliere è fatto obbligo di chiudere il proprio bilancio in pareggio, in caso di grave disavanzo o di perdita dei requisiti, si procede prima al commissariamento regionale, per poi giungere fino alla revoca della costituzione in azienda.

Gli ospedali che non vengano costituiti in Ao rimangono (come nella previsione della legge 833/1978) *presidi ospedalieri* della ASL, ed entrano così a far parte di un distretto e possono venire accorpati a fini funzionali.

Ogni presidio ospedaliero:

– gode di autonomia economico-finanziaria (con contabilità separata all'interno del bilancio dell'ASL);

– è posto sotto la responsabilità di un dirigente medico come responsabile delle funzioni igienico-organizzative e di un dirigente amministrativo per l'esercizio delle funzioni di coordinamento amministrativo, i quali però sono tenuti al rispetto degli indirizzi e al conseguimento degli obiettivi fissati dal direttore generale della ASL.

È infine il caso di segnalare anche che, per "*specifiche esigenze assistenziali, di ricerca scientifica, nonché di didattica del Servizio sanitario nazionale*", nel rispetto dei medesimi criteri previsti per le Ao, possono essere costituiti o confermati in aziende anche gli **Istituti di ricovero e cura a carattere scientifico di diritto pubblico**. Queste strutture (dotate della medesima organizzazione delle altre aziende) integrano, secondo modalità determinate dalla Regione, l'attività assistenziale offerte da ASL e Ao in rapporto alle esigenze assistenziali dell'ambito territoriale in cui operano.

Infine, completano il sistema gli **Ospedali di rilievo nazionale e di alta specializzazione**, categoria di cui fanno parte anche i **policlinici universitari** che devono essere inseriti nel sistema di emergenza sanitaria regionale.

13. L'ORGANIZZAZIONE INTERNA DELLE AZIENDE. L'ATTO AZIENDALE

Se quindi ASL e Ao differiscono per alcuni aspetti, esse ritrovano omogeneità nella disciplina della loro struttura.

Entrambe constano (art. 17-*bis*, d.lgs. 502/1992) di una organizzazione per dipartimenti, che la legge indica come "*modello ordinario di gestione operativa*" di tutte loro le attività. Si tratta di moduli per l'articolazione interna delle funzioni e dei servizi, in quanto tali privi di personalità giuridica, e in cui vengono ricompresi una pluralità di organi, uffici e attività tra loro omogenei.

Ogni dipartimento è posto sotto la responsabilità di un direttore nominato dal direttore generale, con responsabilità sia professionale in materia clinico-organizzativa e della prevenzione, sia di tipo gestionale in ordine alla razionale e corretta programmazione e gestione delle risorse assegnate per la realizzazione degli obiettivi attribuiti. A tal fine, il direttore di dipartimento predispone annualmente il piano delle attività e dell'utilizzazione delle risorse disponibili, negoziato con la direzione generale nell'ambito della programmazione aziendale. La programmazione delle attività dipartimentali, la loro realizzazione e le funzioni di monitoraggio e di verifica sono assicurate con la partecipazione attiva degli altri dirigenti e degli operatori assegnati al dipartimento.

✓ IL DIPARTIMENTO DI PREVENZIONE

Tra i dipartimenti assume un ruolo particolare il **dipartimento di prevenzione**, previsto espressamente dagli artt. 7, 7 *bis-quater* del d.lgs. 502/1992, quale struttura operativa della ASL (e in quanto rientrante, assieme ai presidi, nell'articolazione complessa di queste). È istituito dalla Regione, che ne disciplina l'articolazione in strutture organizzative specificamente dedicate a:
- igiene e sanità pubblica;
- igiene degli alimenti e della nutrizione;
- prevenzione e sicurezza degli ambienti di lavoro;
- sanità animale;
- igiene della produzione, trasformazione, commercializzazione;
- conservazione e trasporto degli alimenti di origine animale e loro derivati;
- igiene degli allevamenti e delle produzioni zootecniche.

Ai dipartimenti di prevenzione è dunque assegnato il compito di garantire la tutela della salute collettiva, perseguendo obiettivi di promozione della salute, prevenzione delle malattie e delle disabilità, miglioramento della qualità della vita. A tal fine promuovono azioni volte a individuare e rimuovere le cause di nocività e malattia di origine ambientale, umana e animale, mediante iniziative coordinate con i distretti, con i dipartimenti dell'azienda sanitaria locale e delle aziende ospedaliere, prevedendo il coinvolgimento di operatori di diverse discipline. Il dipartimento di prevenzione opera nell'ambito del Piano attuativo locale e, a differenza degli altri, ha autonomia organizzativa e contabile ed è organizzato in centri di costo e di responsabilità. Il direttore del dipartimento è scelto dal direttore generale.

Ora, dopo aver trattato delle strutture, passiamo all'esame degli organi amministrativi fondamentali delle aziende, disciplinati dagli artt. 3.1-*quater*, 3-*bis* e 3-*ter* del d.lgs. 502/1992.

È il già molte volte citato **direttore generale** a costituire l'organo di vertice delle stesse, figura che, pur mutata nel tempo, si presenta oggi come caratterizzata per un ruolo e una responsabilità imprenditoriali più che per una mera sovraordinazione rispetto all'apparato tecnico-amministrativo di stampo tradizionale. Il tentativo che si è palesato nelle diverse riforme è stato quello di affrancare le strutture sanitarie e i loro vertici dai condizionamenti politico-amministrativi, ponendo alla guida di esse una figura capace di operare nella dimensione imprenditoriale. La scissione tra politica della sanità e produzione di prestazioni sanitarie caratterizza (almeno nelle intenzioni del legislatore) l'organizzazione delle aziende.

✓ COME SI DIVENTA DIRETTORE GENERALE

Il direttore generale è nominato dalla Regione che vi provvede attingendo obbligatoriamente da un elenco regionale di idonei (ovvero da analoghi elenchi delle altre Regioni), costituiti previo avviso pubblico e selezione effettuata, secondo modalità e criteri individuati dalla Regione stessa, da parte di una commissione costituita in prevalenza da esperti indicati da qualificate istituzioni scientifiche indipendenti, di cui uno designato dall'Agenzia nazionale per i servizi sanitari regionali (come previsto dal d.l. 158/2012, poi convertito nella legge 189/2012). Alla selezione si accede con il possesso di laurea magistrale e di adeguata esperienza dirigenziale, almeno quinquennale nel campo delle strutture sanitarie, o settennale negli altri settori con autonomia gestionale e con diretta responsabilità delle risorse umane, tecniche o finanziarie, nonché di eventuali ulteriori requisiti stabiliti dalla Regione. Per la nomina dei direttori generali delle aziende ospedaliero-universitarie resta ferma la necessità di raggiungere un'intesa con il rettore dell'ateneo competente. I direttori generali nominati devono produrre, entro 18 mesi dalla nomina, un certificato di frequenza del corso di formazione in materia di sanità pubblica e di organizzazione e gestione sanitaria, attivato dalle Regioni, anche in ambito interregionale e in collaborazione con le università o altri soggetti pubblici o privati accreditati operanti nel campo della formazione manageriale, con periodicità almeno biennale.
Nonostante la rigidità di questo meccanismo, si lamenta ancora da più parti il fatto che alla Regione rimanga un potere discrezionale di scelta troppo ampio. Si presenta invece molto ben definito il sistema delle incompatibilità, che prevede che non possano essere nominati direttori generali, direttori amministrativi o direttori sanitari delle unità sanitarie locali:
– coloro che hanno riportato condanna, anche non definitiva, a pena detentiva non inferiore a un anno per delitto non colposo ovvero a pena detentiva non inferiore a sei mesi per delitto non colposo commesso nella qualità di pubblico ufficiale o con abuso dei poteri o violazione dei doveri inerenti a una pubblica funzione, salva la sospensione condizionale della pena;

– coloro che sono sottoposti a procedimento penale per delitto per il quale è previsto l'arresto obbligatorio in flagranza;
– coloro che sono stati sottoposti, anche con provvedimento non definitivo, a una misura di prevenzione;
– coloro che sono sottoposti a misura di sicurezza detentiva o a libertà vigilata.

Nell'atto di nomina, la Regione definisce e assegna al direttore generale gli obiettivi di salute e di funzionamento dei servizi, in relazione alle relative risorse, assicurando comunque la sua piena autonomia imprenditoriale. In questo senso tutti i poteri di gestione e la rappresentanza dell'ASL sono funzioni proprie riservate al direttore generale, a cui compete in particolare verificare, anche attraverso un apposito servizio di controllo interno, la corretta ed economica gestione delle risorse attribuite e introitate, nonché l'imparzialità e il buon andamento dell'azione amministrativa, in base a valutazioni comparative dei costi, dei rendimenti e dei risultati.

L'azione dei direttori generali è sottoposta a criteri e sistemi di valutazione e verifica che, per ragioni di omogeneità, vengono concordati dalle Regioni in sede di Conferenza delle Regioni e delle Province autonome e sono basati sugli obiettivi di salute e di funzionamento dei servizi definiti nel quadro della programmazione regionale, con uno specifico riferimento all'efficienza, all'efficacia, alla sicurezza, all'ottimizzazione dei servizi sanitari e al rispetto degli equilibri economico-finanziari di bilancio concordati.

Trascorsi diciotto mesi dalla nomina di ciascun direttore generale, la Regione ne verifica i risultati aziendali conseguiti e il raggiungimento degli obiettivi, sentito il parere del sindaco (o della conferenza dei sindaci) ovvero, per le aziende ospedaliere, della Conferenza permanente per la programmazione sanitaria e sociosanitaria regionale, procedendo o meno alla sua conferma entro tre mesi successivi alla scadenza del termine. Se, però, ricorrano gravi motivi o la gestione presenti una situazione di grave disavanzo o, ancora, in caso di violazione di leggi o del principio di buon andamento e di imparzialità della amministrazione, la Regione risolve il contratto, dichiarando la decadenza del direttore generale, e provvede alla sua sostituzione.

Il direttore generale in realtà agisce in una struttura a staff a cui prendono parte, come prevede la legge, un **direttore amministrativo** e un **direttore sanitario**, entrambi da lui nominati.

Chiamati a condividere con il direttore generale la funzione complessa della direzione aziendale, i direttori sanitario e amministrativo concorrono alla formazione delle sue decisioni con la formulazione di proposte e di pareri. Quindi, sotto il profilo della responsabilità, mentre al direttore generale spetta la responsabilità complessiva per le scelte di direzione, i direttori sanitario e amministrativo assumono invece responsabilità diretta solo per le funzioni attribuite alla loro competenza. Mentre il direttore amministrativo (laureato in discipline giuridiche o economiche) dirige i servizi amministrativi delle ASL o delle Ao, al direttore sanitario (laureato in medicina) spetta la direzione dei servizi sanitari ai fini organizzativi e igienico-sanitari, fornendo parere obbligatorio al direttore generale sugli atti relativi alle materie di competenza.

In ogni caso il direttore generale è tenuto a motivare i provvedimenti assunti in difformità dal parere reso dal direttore sanitario, dal direttore amministrativo e dal consiglio dei sanitari. In caso di vacanza dell'ufficio o nei casi di assenza o di impedimento del direttore generale di durata non superiore ai 6 mesi, le relative funzioni sono svolte dal direttore amministrativo o dal direttore sanitario su delega del direttore generale o, in mancanza di delega, dal direttore più anziano per età.

Il loro rapporto di lavoro è esclusivo e regolato da contratto di diritto privato, di durata non inferiore a tre e non superiore a cinque anni, rinnovabile, stipulato in osservanza delle norme del Titolo III del Libro V del codice civile. Il loro trattamento economico è definito, in sede di revisione del d.P.C.M. 502/1995, anche con riferimento ai trattamenti previsti dalla contrattazione collettiva nazionale per le posizioni apicali della dirigenza medica e amministrativa.

L'art. 3.1-*quater* del d.lgs. 502/1992, nel prevedere la nomina necessaria dei direttori sanitario e amministrativo, afferma che oltre al direttore generale, sono organi dell'azienda il *collegio di direzione* e il *collegio sindacale*.

Il collegio di direzione è istituito dalla Regione, a cui la norma assegna una amplissima possibilità di configurarne la composizione (con la sola condizione di garantire la partecipazione di tutte le figure professionali presenti nella azienda o nell'ente) e disciplinarne le competenze e i criteri di funzionamento, nonché le relazioni con gli altri organi.

Di fatto si prevede che il collegio di direzione concorra al governo delle attività cliniche, partecipi alla pianificazione delle attività, incluse la ricerca, la didattica, i programmi di formazione e le soluzioni organizzative per l'attuazione dell'attività libero-professionale intramuraria. Nelle aziende ospedaliero universitarie, inoltre, il collegio di direzione partecipa alla pianificazione delle attività di ricerca e didattica nell'ambito di quanto definito dall'università; concorre inoltre allo sviluppo organizzativo e gestionale delle aziende, con particolare riferimento all'individuazione di indicatori di risultato clinico-assistenziale e di efficienza, nonché dei requisiti di appropriatezza e di qualità delle prestazioni.

Infine, il collegio di direzione partecipa alla valutazione interna dei risultati conseguiti in relazione agli obiettivi prefissati ed è consultato obbligatoriamente dal direttore generale su tutte le questioni attinenti al governo delle attività cliniche. Ai componenti del predetto collegio non è corrisposto alcun emolumento, compenso, indennità o rimborso spese.

Il collegio sindacale è composto da cinque membri, di cui due designati dalla Regione, uno designato dal ministro del tesoro, del bilancio e della programmazione economica, uno dal ministro della sanità e uno dalla Conferenza dei sindaci; per le aziende ospedaliere quest'ultimo componente è designato dall'organismo di rappresentanza dei Comuni. I componenti del collegio sindacale durano in carica 3 anni, sono scelti tra gli iscritti nel registro dei revisori contabili istituito presso il Ministero di grazia e giustizia, ovvero tra i funzionari del Ministero del Tesoro, del Bilancio e della Programmazione Economica (oggi Ministero dell'economia e delle finanze) che abbiano esercitato per almeno tre anni le funzioni di revisori dei conti o di componenti dei collegi sindacali.

Le funzioni del collegio sindacale consistono ne:

- la verifica dell'amministrazione dell'azienda sotto il profilo economico;
- la vigilanza sull'osservanza della legge;
- l'accertamento della regolare tenuta della contabilità e la conformità del bilancio

alle risultanze dei libri e delle scritture contabili, effettuando periodicamente verifiche di cassa;

– la redazione di atti di rendiconto e cioè: una relazione almeno trimestrale alla Regione (o su richiesta di questa) sui risultati del riscontro eseguito; la denuncia immediata dei fatti se vi è fondato sospetto di gravi irregolarità; la relazione periodica, e comunque almeno semestrale, sull'andamento dell'attività dell'unità sanitaria locale o dell'azienda ospedaliera, da sottoporre rispettivamente alla Conferenza dei sindaci o al sindaco del Comune capoluogo della Provincia dove è situata l'azienda stessa.

Inoltre, i componenti del collegio sindacale possono procedere ad atti di ispezione e controllo, anche individualmente.

La norma prevede anche il **consiglio dei sanitari**, quale organismo elettivo dell'ASL presieduto dal direttore sanitario con funzioni di consulenza tecnico-sanitaria. Ne fanno parte in maggioranza medici e altri operatori sanitari laureati – con presenza maggioritaria della componente ospedaliera medica se nell'unità sanitaria locale è presente un presidio ospedaliero – nonché una rappresentanza del personale infermieristico e del personale tecnico sanitario. Nella componente medica è assicurata la presenza del medico veterinario.

Il consiglio dei sanitari fornisce parere obbligatorio al direttore generale per le attività tecnico-sanitarie, anche sotto il profilo organizzativo, e per gli investimenti a esse attinenti. Il consiglio dei sanitari si esprime inoltre sulle attività di assistenza sanitaria. Tale parere è da intendersi favorevole ove non formulato entro il termine fissato dalla legge regionale. La Regione provvede a definire il numero dei componenti nonché a disciplinare le modalità di elezione e la composizione e il funzionamento del consiglio.

Il direttore generale, nell'ambito del perseguimento del fine istituzionale attribuito all'ASL e all'Azienda ospedaliera, adotta l'**atto aziendale**, provvedimento che la norma (art. 3.1-*bis*) afferma essere "di diritto privato", pur se è rimessa alla disciplina delle Regioni (art. 2.2-*sexies*, lett. b)) la determinazione dei principi e dei criteri per la sua adozione.

Il contrasto tra la qualificazione formale e la funzione sostanziale di questo atto, che ha a oggetto la definizione della struttura organizzativa e del funzionamento delle aziende del comparto sanitario e, quindi, il perseguimento di interessi pubblici, ha portato a un lungo confronto sulla sua natura. Di volta in volta si è ritenuto che fosse un "regolamento" o, evidenziando la sua funzione di autogoverno, uno "statuto". Con approccio opposto, che mette l'accento sul suo essere massima espressione dell'autonomia imprenditoriale, si è invece ritenuto come l'atto aziendale non potesse che essere atto di natura civilistica, pur strumentale a finalità pubblicistiche. In realtà, la giurisprudenza sembra essersi orientata verso quest'ultima soluzione (si veda Cons. Stato, sent. 2609/2001, e poi conformi Cass., sez. un., 17461/2006; Cons. Stato, sez. V, 1638/2005; Cons. Stato, sez. III, 3027/2014).

✓ L'ATTO AZIENDALE

Il contenuto dell'atto è in parte obbligatorio e in parte rimesso alla scelta della Regione e dello stesso direttore generale. Per legge esso:
– disciplina l'organizzazione e il funzionamento dell'azienda (art. 3.1 *bis*);
– individua le strutture operative dotate di autonomia gestionale o tecnico-professionale soggette a rendicontazione analitica (art. 3.1 *bis*);
– individua le norme di diritto privato relative all'appalto e alla contrattazione diretta dei contratti di fornitura di beni e servizi di valore inferiore a quello stabilito dalla normativa comunitaria (art. 3.1 *ter*);
– individua il distretto sulla base dei criteri stabiliti dalla Regione (art. 2.2 *sexies*, lett. c));
– disciplina l'organizzazione dipartimentale di tutte le unità operative della struttura in coerenza con l'art. 17 *bis* (art. 4.1 *bis*, lett. a));
– disciplina le attribuzioni dei compiti al direttore amministrativo e al direttore sanitario, nonché ai direttori di presidio, di distretto, di dipartimento e al dirigente responsabile di struttura, ivi comprese per i dirigenti di strutture complesse, le decisioni che impegnano l'azienda verso l'esterno per l'attuazione degli obiettivi definiti nel piano programmatico e finanziario aziendale (art. 15 *bis*.1);
– individua i criteri e le modalità di affidamento della direzione delle strutture e degli uffici ai dirigenti, nel rispetto per la dirigenza sanitaria delle disposizioni di cui all'art. 15 *ter*, d.l. 229/1999.
Per quanto riguarda le scelte rimesse al direttore generale, basti qui sottolineare come la loro ampiezza dipenda fortemente dalla pervasività delle disposizioni regionali.

14. Patrimonio, contabilità, finanziamento. I piani di rientro (cenni)

Si deve infine accennare anche agli aspetti "economici" delle aziende sanitarie.

Per quanto riguarda il **patrimonio** si deve innanzitutto dire che (ai sensi dell'art. 5) esso è costituito da "*tutti i beni mobili ed immobili ad esse appartenenti, ivi compresi quelli da trasferire o trasferiti loro dallo Stato o da altri enti pubblici, in virtù di leggi o di provvedimenti amministrativi, nonché da tutti i beni comunque acquisiti nell'esercizio della propria attività o a seguito di atti di liberalità*". Le ASL e le Ao ne dispongono secondo il regime della proprietà privata, ferme restando le disposizioni sui beni appartenenti agli enti pubblici non territoriali destinati a un pubblico servizio (di cui agli artt. 828 e 830 cod. civ.), ma gli atti di trasferimento di diritti reali sugli immobili sono assoggettati a previa autorizzazione della Regione.

Per quanto riguarda la contabilità, le aziende, sulla base delle norme regionali, adottano una gestione di tipo economico finanziaria e patrimoniale, informata ai principi di cui al codice civile. In questo senso si prevede come obbligatori:

– la tenuta del libro delle deliberazioni del direttore generale;
– l'adozione del bilancio economico pluriennale di previsione nonché del bilancio preventivo economico annuale relativo all'esercizio successivo;
– la destinazione dell'eventuale avanzo e le modalità di copertura degli eventuali disavanzi di esercizio;
– la tenuta di una contabilità analitica per centri di costo e responsabilità che consenta analisi comparative dei costi, dei rendimenti e dei risultati;
– l'obbligo delle unità sanitarie locali e delle aziende ospedaliere di rendere pubblici, annualmente, i risultati delle proprie analisi dei costi, dei rendimenti e dei risultati per centri di costo e responsabilità;

– il piano di valorizzazione del patrimonio immobiliare anche attraverso eventuali dismissioni e conferimenti.

Anche per gli aspetti relativi al finanziamento si assiste a un forte orientamento ai caratteri dell'imprenditorialità. Si è già detto del passaggio dal criterio della spesa storica a quello fondato sui costi standard (→ § XII.9).

In estrema sintesi, possiamo dire che le aziende oggi contano su finanziamenti basati sulle programmazioni nazionale e regionale e calibrati in base ai livelli qualitativi e quantitativi di assistenza raggiunti, in una dinamica che tende a premiare l'efficienza.

A queste si assommano entrate proprie: la voce principale è quella dei ticket pagati dagli utenti delle prestazioni specialistiche, di diagnostica strumentale e di laboratorio, a cui si addizionano le somme derivanti dalla gestione del patrimonio immobiliare da reddito.

Per le Ao, invece, si prevede un finanziamento basato esclusivamente sulle prestazioni effettivamente erogate, ma con un meccanismo di rimborso che considera il costo complessivo dell'assistenza prestata, il limite massimo di giornate di degenza e la tariffa giornaliera per ogni giornata che oltrepassi il valore-soglia.

È da segnalare come in un intervento recente sia stato ripreso un istituto già previsto dall'art. 28.11 e 12, legge 448/1998: il **piano di rientro** (PR). Mirato alla promozione del risanamento del debito sanitario, in alcune Regioni molto consistente, che si è accumulato nel corso degli anni, il PR è originato da un accordo tra Ministero della Salute, Ministero dell'Economia e delle Finanze e la Regione. Esso ha lo scopo di allineare i livelli essenziali di assistenza a quelli contenuti nel Piano sanitario nazionale e di raggiungere, entro tre anni dalla sottoscrizione, il pareggio di bilancio, attraverso una razionalizzazione stringente dei programmi di spesa, un intervento strutturale sull'offerta complessiva dei servizi sanitari e l'introduzione di sanzioni per le Regioni inadempienti. La sottoscrizione dell'accordo costituisce la condizione necessaria affinché alla Regione sia riconosciuto un ulteriore finanziamento da erogarsi anche in maniera parziale e graduale, in ragione di una effettiva attuazione del programma di riorganizzazione, riqualificazione e potenziamento del Servizio sanitario regionale (art. 1.180, legge 311/2004, come modificato dall'art. 4, d.l. 35/2005).

In caso di riscontro negativo del PR approvato dalla Regione, ovvero in caso di mancata presentazione dello stesso, il Consiglio dei ministri nomina il Presidente della Regione **Commissario *ad acta*** per la predisposizione, entro i successivi trenta giorni, del Piano di rientro e per la sua attuazione (art. 2.79, legge 191/2009).

Recentemente, per affrontare gli effetti della pandemia da Sars-Cov-2, sono stati disposti consistenti incrementi del livello del finanziamento del fabbisogno sanitario nazionale standard (con d.l. 18/2020 c.d. Cura Italia sono stati stanziati 1.410 milioni di euro in più per il 2020), impegnando le Regioni e le province autonome a redigere programmi operativi per utilizzare ed amministrare tali risorse incrementali, con monitoraggio congiunto del Ministero della Salute e del Ministero dell'Economia e delle finanze. Inoltre, tramite il Fondo per le emergenze nazionali (rifinanziato dal successivo decreto-legge 34/2020 c.d. Rilancio), il decreto Cura Italia ha finanziato l'acquisto di impianti ed attrezzature specificamente diretti alla cura dei pazienti Covid-19, come gli impianti di ventilazione assistita nei reparti di terapia intensiva, ed ha disposto la requisizione di presidi sanitari e di beni mobili e immobili, anche alberghieri. In particolare, le risorse del Fondo per le emergenze sono state utilizzate dal Dipartimento della protezione civile e dal Commissario straordinario per l'emergenza per gli acquisti di dispositivi medici, dei dispositivi di protezione individuale (come le mascherine) e di quanto necessario per contrastare ed affrontare la crisi epidemiologica, considerate anche le deroghe relative alle caratteristiche, alle procedure di acquisto e di pagamento di tali dispositivi.

15. Le forme di gestione delle prestazioni sanitarie

Nelle pagine precedenti (→ § XII.5) si è già dato conto del fatto che, in ragione del principio di globalità, affermato sin dall'istituzione del SSN nel 1978, a questi deve ricondursi l'erogazione di qualsiasi prestazione che sia orientata alla tutela della salute. In ragione di ciò, si è anche vista (→ § XII.5) l'ampia differenziazione nella tipologia delle prestazioni erogate (a diverso titolo classificate), e come ognuna di queste evochi regimi differenziati. Ancora, abbiamo definito i livelli essenziali di assistenza e, a più tratti, descritto le ricadute di questo criterio, quantitativo e qualitativo, nella strutturazione e nel funzionamento del SSN.

Ci resta ora da esaminare come, secondo quali moduli giuridici, le prestazioni possano essere offerte. Pur essendo la Regione il soggetto titolare del servizio, è l'azienda sanitaria a rappresentare il soggetto erogatore necessario, e a volte unico, delle stesse. A essa è rimesso predisporre l'intero processo produttivo dei diversi servizi e, quindi, la pianificazione, l'organizzazione e la somministrazione delle stesse.

Un primo modulo di erogazione riguarda l'*assistenza medico-generica, pediatrica e farmaceutica*: seppur organizzate dalla ASL, le prestazioni vengono erogate in base a **convenzioni**, intendendosi con questo termine una gamma di accordi di natura negoziale e a titolo oneroso tra pubblica amministrazione e soggetti terzi, mirati alla determinazione consensuale di reciproci impegni. Le convenzioni sanitarie hanno validità triennale e sono stipulate in conformità con gli accordi collettivi nazionali sottoscritti assieme alle organizzazioni sindacali maggiormente rappresentative, dando vita a prestazione d'opera professionale, con i connotati di "parasubordinazione", come oramai ha stabilito la giurisprudenza.

I medici di medicina generale e i pediatri accedono al ruolo unico per tali prestazioni attraverso una graduatoria unica per titoli, predisposta annualmente a livello regionale, in modo che l'accesso medesimo sia consentito ai medici forniti dell'attestato o del diploma per l'esercizio specifico di tale attività (come disciplinato dall'art. 21, d.lgs. 368/1999). Il loro stato è quello di liberi professionisti, e il loro regime di lavoro è definito da accordi collettivi sottoscritti dai sindacati di categoria e dalla Conferenza Stato-Regioni. Nell'accordo in vigore si prevede l'apertura del loro studio 5 giorni alla settimana per un numero di ore variabile in relazione al numero di assistiti (dalle 5 ore fino a 500 pazienti alle 15 per 1.500 assistiti).

✓ SERVIZIO FARMACEUTICO

Anche per le farmacie pubbliche e private si hanno convenzioni triennali stipulate sulla base di accordi sindacali analoghi a quelli sopra menzionati; il loro numero è programmato per mezzo di una pianta organica redatta dalla Regione per ciascun Comune, soggetta a revisione biennale.
Le farmacie sono tenute a erogare l'assistenza farmaceutica fornendo, su presentazione della ricetta del medico, "specialità medicinali, preparati galenici, prodotti dietetici, presidi medico-chirurgici e altri prodotti sanitari erogabili dal Servizio sanitario nazionale". A fronte della dispensazione di tali prodotti l'ASL corrisponde alla farmacia il prezzo del prodotto erogato al netto della eventuale quota di partecipazione alla spesa dovuta dall'assistito. Ai fini della liquidazione la farmacia è tenuta alla presentazione della ricetta corredata del bollino o di altra documentazione comprovante l'avvenuta consegna all'assistito.
Inoltre, le farmacie operanti in convenzione con il Servizio sanitario nazionale sono tenute al servizio di assistenza domiciliare integrata a favore dei pazienti residenti o domiciliati nel territorio della sede di pertinenza di ciascuna farmacia, a supporto delle attività del medico di medicina generale o del pediatra. Esse sono anche tenute alla messa a disposizione di operatori socio-sanitari, di infermieri e di fisioterapisti, per la effettuazione, a domicilio, di specifiche prestazioni professionali richieste dal medico di famiglia o dal pediatra.
Per altro verso, le farmacie partecipano alla funzione di educazione sanitaria e di campagne di prevenzione delle principali patologie a forte impatto sociale, collaborando alle iniziative finalizzate a garantire il corretto utilizzo dei medicinali prescritti e il relativo monitoraggio; favorendo l'aderenza dei malati alle terapie mediche, anche attraverso la partecipazione a specifici programmi di farmacovigilanza e predisponendo l'effettuazione, presso le loro sedi, di prestazioni analitiche di prima istanza rientranti nell'ambito dell'autocontrollo.

Ulteriore forma di gestione per l'erogazione di prestazioni di assistenza specialistica, ospedaliera e sociosanitaria è l'**accreditamento**: l'ASL, oltre ad avvalersi dei presidi da loro direttamente gestiti, delle aziende ospedaliere, delle aziende ospedaliero-universitarie e degli istituti di ricovero e cura a carattere scientifico, può anche rivolgersi a **soggetti accreditati** (art. 8-*bis*.1, d.lgs. 502/1992).

Si tratta in questo caso di una modalità di affidamento originato alla fine del XX secolo negli Stati Uniti ove, al fine di assegnare un giusto riconoscimento a soggetti privati con elevate capacità professionali, li si "accreditava" e quindi li si selezionava per lo svolgimento di attività determinate. Nel processo di traduzione in seno al nostro ordinamento e, in particolare, proprio nell'ambito sanitario, l'accreditamento cambia natura, venendo a configurarsi innanzitutto quale sistema per la verifica (scarsamente discrezionale) e il conseguente riconoscimento pubblico del possesso di determinati requisiti di qualità, ulteriori e specifici rispetto a quelli propri di una mera autorizzazione. Si tratta, quindi, secondo la ricostruzione dottrinale (e anche secondo il testo delle norme in esame), di accreditamento "istituzionale", caratterizzato da una funzione "equiparatoria" e collegato alla possibilità di far accedere questi soggetti al sistema dei servizi pubblici e al finanziamento pubblico.

In realtà, per il nostro sistema sanitario, il quadro normativo che disciplina le relazioni con i soggetti privati è più complesso e, pur muovendo verso la realizzazione di un sistema aperto, pone ancora (specie dopo il passo indietro compiuto dal d.lgs. 229/1999) limiti significativi e, in parte condivisibili, a una piena libertà nell'esercizio delle attività sanitarie.

✓ AUTORIZZAZIONE E ACCREDITAMENTO

Innanzitutto sono sottoposti al rilascio di **autorizzazioni** sia la realizzazione di strutture che l'esercizio di attività sanitarie e socio-sanitarie (art. 8). In particolare, poi, per le strutture che erogano prestazioni in regime di ricovero ospedaliero a ciclo continuativo o diurno per acuti, prestazioni di assistenza specialistica in regime ambulatoriale, ivi comprese quelle riabilitative, di diagnostica strumentale e di laboratorio e prestazioni in regime residenziale, a ciclo continuativo o diurno, è richiesta una autorizzazione non solo per la costruzione di nuove strutture, ma anche per l'adattamento di strutture già esistenti e la loro diversa utilizzazione, per il loro ampliamento o la loro trasformazione, nonché il trasferimento in altra sede di strutture già autorizzate. L'autorizzazione all'esercizio di attività sanitarie è altresì richiesta per gli studi odontoiatrici, medici e di altre professioni sanitarie, ove attrezzati per erogare prestazioni di chirurgia ambulatoriale, ovvero procedure diagnostiche e terapeutiche di particolare complessità o che comportino un rischio per la sicurezza del paziente, nonché per le strutture esclusivamente dedicate ad attività diagnostiche, svolte anche a favore di soggetti terzi.
In realtà, l'esercizio di queste attività, sanitarie e socio-sanitarie, da parte di strutture private presuppone il possesso dei requisiti minimi, strutturali, tecnologici e organizzativi (stabiliti con atto di indirizzo e coordinamento adottato previa intesa con la Conferenza permanente per i rapporti tra lo Stato, le Regioni e le Province autonome di Trento e di Bolzano) che valgono anche per le strutture pubbliche. Ciò pone l'autorizzazione "a monte" di qualsiasi ulteriore passaggio, divenendo il prerequisito sia per la determinazione dei soggetti che possono operare *come privati*, sia per poter partecipare alla erogazione delle prestazioni fornite in regime di *servizio pubblico*.
Per rientrare in quest'ultimo novero, però, la legge prevede due ulteriori passaggi, cioè:
- l'accreditamento (di cui all'art. 8 *quater*);
- la stipulazione di accordi contrattuali (di cui all'art. 8-*quinquies*).

È la Regione, in base a criteri generali e uniformi definiti a livello statale con atto di indirizzo e coordinamento, a essere titolare della funzione di accreditamento, che deve avvenire in base a:
- la rispondenza a requisiti di qualificazione ulteriori rispetto a quelli necessari per ottenere l'autorizzazione;
- la funzionalità rispetto agli indirizzi di programmazione regionale;
- la verifica positiva dell'attività svolta e dei risultati raggiunti.

Siamo quindi davanti a un atto di natura composita, che unisce momenti di accertamento tecnico a decisioni rimesse alla discrezionalità amministrativa, che porta a conseguenze articolate: possiamo osservare che, da una parte, il possesso dei requisiti per i soggetti privati non sia sufficiente a garantirgli l'accreditamento, dall'altra è ovvio che a questi (ma solo a questi) dovranno rispondere le strutture private, naturalmente inserite nella "funzionalità" rispetto alla programmazione della Regione.

Di fatto, però, anche l'accreditamento è a sua volta solo il presupposto per il terzo e ultimo (possibile) passaggio, che consiste nella stipulazione di *accordi contrattuali* (art. 8-*quinquies*) che, dando vita e regolamentando il rapporto tra soggetto titolare e soggetto gestore del servizio pubblico, rappresenta il titolo necessario per erogare prestazioni "per conto" e "a carico" del SSN.

In questo senso spetta alla Regione determinare quali siano le proprie responsabilità e quelle delle ASL per la stipula e la definizione di tali accordi, e per la verifica del loro rispetto.

Secondo la norma in esame, poi, vanno distinti:

– gli accordi con le strutture pubbliche ed equiparate, comprese le aziende ospedaliero universitarie;

– i contratti con le strutture private e con i professionisti accreditati (stipulabili anche mediante intese con le loro organizzazioni rappresentative a livello regionale).

In ogni caso, visto che l'accreditamento già valuta la funzionalità delle prestazioni offerte dai privati, non si tratta in questa fase di selezionare ulteriormente tra i soggetti accreditati, ma piuttosto di determinare nell'atto negoziale:

– gli obiettivi di salute e i programmi di integrazione dei servizi;
– il volume massimo di prestazioni che le strutture presenti nell'ambito territoriale della ASL si impegnano ad assicurare, distinto per tipologia e per modalità di assistenza;
– i requisiti del servizio da rendere, con particolare riguardo ad accessibilità, appropriatezza clinica e organizzativa, tempi di attesa e continuità assistenziale;
– il corrispettivo preventivato a fronte delle attività concordate, globalmente risultante dalla applicazione dei valori tariffari e della remunerazione extra-tariffaria delle funzioni incluse nell'accordo, da verificare a consuntivo sulla base dei risultati raggiunti e delle attività effettivamente svolte;
– il debito informativo delle strutture erogatrici per il monitoraggio degli accordi pattuiti e le procedure che dovranno essere seguite per il controllo esterno della appropriatezza e della qualità della assistenza prestata e delle prestazioni rese;
– la modalità con cui viene comunque garantito il rispetto del limite di remunerazione delle strutture correlato ai volumi di prestazioni.

Infine è appena da menzionare come l'art. 9-*bis* del d.lgs. 502/1992 preveda che le Regioni e le Province autonome di Trento e di Bolzano autorizzino "*programmi di sperimentazione aventi ad oggetto nuovi modelli gestionali che prevedano forme di collaborazione tra strutture del Servizio sanitario nazionale e soggetti privati, anche attraverso la costituzione di società miste a capitale pubblico e privato*", in ragione della convenienza economica del progetto gestionale, di miglioramento della qualità dell'assistenza e di coerenza con le previsioni del Piano sanitario regionale.

✓ LE MISURE ORGANIZZATIVE ADOTTATE PER L'EMERGENZA DA COVID-19

L'arrivo della pandemia ha ovviamente avuto effetti significativi anche sull'organizzazione sanitaria. La già ricordata esigenza di una maggiore presenza sul territorio di presidi sanitari si è esasperata, mettendo in luce fragilità e contraddizioni, assieme alla profonda irresolutezza del conflitto tra i livelli amministrativi e territoriali.
Non solo: il rapido diffondersi del virus ha messo in luce la frammentazione e l'incomunicabilità fra servizi sociali e sanitari che, congiuntamente all'assenza a livello nazionale di un protocollo aggiornato per le emergenze, ha fatto sì che la gestione della pandemia gravasse drammaticamente sull'ambito sanitario, limitando le possibili sinergie con i servizi territoriali di *welfare*.
Si è calcolato infatti nel periodo di maggiore impatto della crisi da Covid-19 un contagiato su tre si sia recato al più vicino Pronto Soccorso e poi abbia occupato posti letto anche in casi che avrebbero potuto essere trattati a domicilio. Ciò ha non solo rallentato l'intervento di cura del virus, ma ha anche sovraccaricato gli ospedali, unici punti di riferimento per i cittadini, facendo ritardare anche diagnosi e cure per le altre patologie.
Il sistema sanitario si è mostrato inizialmente impreparato e deficitario sotto molti aspetti ad affrontare l'emergenza (carenza di Dispositivi di Protezione Individuale, mancanza di tamponi e test in quantità adeguate, insufficienza di posti letto nei reparti di terapia intensiva, inconsistenza dei mec-

canismi di rilevazione statistica e di tracciamento), ma in tempi relativamente brevi ha tentato una reazione, proprio a partire da un ripensamento dell'architettura organizzativa sul territorio, sia in senso verticale (nelle relazioni tra regione e aziende), sia in senso orizzontale (nel dialogo con l'apparato socio-assistenziale).

Il favore per un avvicinamento delle strutture sanitarie alle persone attraverso una presenza di tipo diverso e più capillare dei presidi per la salute è senza dubbio un tratto che la pandemia ha fatto emergere, rovesciando quella tendenza all'ospedalizzazione che oramai pareva irreversibile. E che, nella limitatezza delle risorse, destinava quasi per necessità la gran parte dei finanziamenti ai reparti (che dovevano comunque continuare a operare) e non all'implementazione di sperimentazioni organizzative.

Il risultato, sulla nostra "geografia sanitaria", è stato (come vediamo in queste pagine) quello di una messa ai margini del livello comunale e, ancor di più, dell'area vasta, mentre è proprio provincia per provincia che – come abbiamo constatato a partire dal marzo 2020 – si è sviluppata l'epidemia da Covid-19.

Territorializzazione, domiciliarizzazione o addirittura individualizzazione delle cure sono così, oggi, le direttrici lungo le quali sembra prendere forme la sanità dei prossimi anni: si pensi in questo senso a come già il d.l. 34/2020 abbia assegnato proprio all'assistenza domiciliare il 40% dei 3,25 miliardi di euro complessivamente dedicati alla sanità.

A queste si accompagna anche il tratto, per nulla secondario, della flessibilità che presentano i sistemi locali e territoriali a dispetto della rigidità imposta dal modello aziendale/ospedaliero. E che si rende necessaria per la rapida evoluzione del nostro assetto demografico e sociale, oggi molto articolato, con profonde diseguaglianze fra città e ambiti non urbani, una altissima varianza nella composizione delle famiglie e un livello crescente di solitudini, specie per gli anziani, specie se donne.

In tempi di pandemia la prima e più importante risposta strutturale che è stata messa in atto è quella delle **Unità Speciali di Continuità Assistenziale** (USCA). Introdotte con l'art. 8, d.l. 9 marzo 2020, n. 14/2020 le USCA sono formate da medici chiamati ad assistere a domicilio i pazienti affetti da Covid-19 che non presentino un quadro clinico tale da richiedere il ricovero ospedaliero. L'idea – che in gran parte dei casi ha funzionato – è quella di mantenere un alto livello di attenzione sul paziente e al contempo di alleggerire il carico dei reparti. Molti commentatori hanno così osservato come anche dopo l'emergenza strutture analoghe alle USCA, agendo in stretto contatto con i distretti e con medici di medicina generale, pediatri di libera scelta, medici di continuità assistenziale, potrebbero rappresentare una soluzione che consente di dar vita a un nuovo sistema di prevenzione ispirato all'idea di transmuralità, con servizio per il personale medico in alternanza tra ospedale e territorio, in grado di assicurare di servizi di prossimità "h24".

Intanto, nel Piano Nazionale di Ripresa e Resilienza (PNRR) presentato dall'Italia all'Unione Europea il 30 aprile 2021 per ottenere i fondi straordinari messi a disposizione nell'ambito del Programma #NextGenerationEU, sono inclusi alcuni progetti che dovrebbero, nei prossimi anni (e comunque entro il 2026), intervenire organicamente a rivedere l'organizzazione proprio per questi aspetti.

I 7 miliardi di euro destinati a questo fine dovranno sostenere una riforma articolata su cinque direttrici fondamentali.

In primo luogo si assegna un ruolo essenziale alle "Case della Comunità", strutture dei quartieri in cui opereranno assieme medici di famiglia, specialisti, infermieri e assistenti sociali. Dette strutture dovranno essere attrezzate con un punto prelievi, macchinari diagnostici per gli esami e le infrastrutture informatiche necessarie. Il team multidisciplinare dovrà garantire un'assistenza dalle 8 alle 20, mentre il servizio notturno verrà assicurato dalla guardia medica. Calcolato che, per poter assicurare un'assistenza efficiente e capillare la *ratio* ideale è di una "Casa della Comunità" per 20.000 abitanti, con i fondi del PNRR si intende aprirne 1.288 in cinque anni (ad oggi ne esistono sono solo 489, con grande varianza di densità, tra l'Emilia-Romagna che ne ha 124 e la Lombardia nessuna).

È competenza del Governo decidere il numero di "Case" per regione, mentre saranno le regioni stesse a dover decidere dove dovranno essere realizzate.

La seconda linea di intervento prevede un ripensamento della fruizione ospedaliera, riservata ai casi di malattia grave o intervento chirurgico. Saranno invece gli "Ospedale di Comunità" a farsi carico di

ricoveri brevi e dei pazienti a bassa intensità di cura. Queste strutture saranno a gestione prevalentemente infermieristica, e offriranno da 20 posti a 40 posti letto. Data la previsione di disporre di un Ospedale di Comunità ogni 50.000 abitanti, il progetto prevede la realizzazione di 381 istituti di questo tipo, anche attraverso la riconversione di strutture esistenti. In questo modo si dovrebbe arrivare al risultato di disporre di 7.620 posti letto che, sommate alla disponibilità oggi esistente (1.462 in Veneto, 616 nelle Marche, 467 in Lombardia e 359 in Emilia-Romagna, per un totale di 3.163 posti), dovrebbe portare il numero dei letti attivi negli Ospedali di Comunità a 10.783.
Altra direttrice di riforma riguarda le cure domiciliari ai pazienti, con l'intento di portare il numero di questi assistiti dai 701.844 di oggi a oltre 1 milione e mezzo, numero in cui va incluso almeno il 10% della popolazione ultrasessantacinquenne più bisognosa (oggi è il 5,1%).
A coordinare i servizi territoriali fin qui descritti si prevede (quarta linea di intervento) la creazione di "Centrali operative territoriali" (COT). A esse è rimessa la responsabilità dello scambio di informazioni tra gli operatori sanitari e il supporto ai familiari *caregiver*. È prevista una COT ogni 100.000 abitanti, per ciascuno dei 602 distretti in cui verrà suddiviso il territorio.
In ultimo, si progetta un diverso ruolo dei medici di famiglia, il cui attuale stato di liberi professionisti convenzionati dovrebbe essere rivisto. Come si è detto, lo spostamento degli ambulatori dei medici di famiglia nelle Case della Comunità è uno degli elementi chiave per far funzionare queste ultime. Ed è quindi in discussione l'ipotesi di trasformarli in dipendenti del Servizio Sanitario Nazionale o esternalizzare la loro funzione, lasciando il medico allo stato di libero professionista convenzionato, ma arruolato da cooperative di lavoro che, fungendo da intermediarie, garantiranno l'adeguata copertura assistenziale nelle Case della Comunità.

XIII. DIRITTI SOCIALI E SISTEMA ASSISTENZIALE

1. Il diritto all'assistenza sociale: dai principi di solidarietà ed eguaglianza al diritto a prestazione

L'art. 2 Cost. pone in capo ai cittadini l'inderogabile **dovere di solidarietà**, in una formula che accoglie l'idea, fino a quel momento pertinente soltanto alla sfera etica, di una connessione tra i singoli che può vederli, a seconda dei casi, come prestatori o beneficiari di interventi di aiuto, in una relazione mediata dalle istituzioni. Questo dovere è messo in relazione al riconoscimento e alla garanzia di un sistema di diritti volutamente non definito che, rappresentando – come si è detto – una "porta aperta" sulla società (→ § XI.4), obbliga il nostro ordinamento a essere estremamente attento ai cambiamenti e, quindi, a proporre un continuo ridisegno e un permanente riadattamento alle nuove esigenze del sistema di protezione sociale.

Da una prospettiva distinta, ma perfettamente assonante, l'art. 3.2 (già lungamente discusso) impegna la Repubblica a "*rimuovere gli ostacoli di ordine economico e sociale*" che si contrappongono al pieno sviluppo della persona umana.

Il fondamento più diretto e puntuale per le attività a cui intendiamo riferirci rimane allora l'art. 38 Cost., che abbiamo già esaminato in relazione alla sfera del lavoro (→ § X.11 e XI.3.3). E, come si era anticipato, è proprio a partire da disposizioni che mantengono sullo sfondo la (mancata, perduta, svantaggiata) condizione di lavoratore che la Costituzione, con una forte innovazione rispetto al passato, giunge ad affermare:

– un vero e proprio diritto al "mantenimento e l'assistenza sociale" di "ogni cittadino inabile al lavoro e sprovvisto dei mezzi necessari per vivere" (art. 38.1);
– la competenza di "*organi ed istituti predisposti o integrati dallo Stato*" (art. 38.4) a provvedere a tutti i compiti previsti in questo articolo.

Si ha così, anche in questo caso, la premessa per l'istituzione obbligatoria di una serie di servizi pubblici, che, però, per espressa previsione dell'ultimo comma dell'art. 38, non si sostituiscono completamente all'attività assistenziale privata che resta libera.

Riecheggiano le parole della *Dichiarazione universale dei diritti dell'uomo* (→ § I.2) la quale, redatta quasi in parallelo e con formulazione molto più ampia, pone le medesime regole, prevedendo che "*ogni individuo in quanto membro della società, ha diritto alla sicurezza sociale nonché alla realizzazione, attraverso lo sforzo nazionale e la cooperazione internazionale ed in rapporto con l'organizzazione e le risorse di ogni Stato, dei diritti economici, sociali e culturali indispensabili alla sua dignità ed al libero sviluppo della sua personalità*" (art. 22). Si profila così, in entrambi i testi, l'affermazione di un diritto a prestazione che, nella sua concezione e nella determinazione delle sue forme di tutela, presenta alcune similitudini e molte differenze rispetto al diritto alla salute fin qui esaminato.

Anche in questo caso, il bene oggetto di tutela è rappresentato come elemento determinante della cittadinanza (il "diritto di avere diritti") e discende da una interpretazione della dignità dell'uomo quale condizione essenziale e innegabile di ciascuno che si pone a fondamento dell'intera costruzione sociale. E, ancora una volta, in ragione di tale rilevanza, la tutela del bene oggetto del diritto è posta innanzitutto alle cure delle istituzioni pubbliche.

È d'altra parte importante notare come, nelle parole della *Dichiarazione* adottata dall'ONU, si espliciti un richiamo simile a quello che fa l'Organizzazione mondiale della Sanità per la salute, delineando la **sicurezza sociale** non come contrasto alle necessità e ai disagi che possono alterare il corso dell'esistenza di un individuo, ma piuttosto come affermazione in positivo dello stato di benessere (sociale, in questo caso) quale condizione ordinaria di vita della persona.

In Italia, questa visione non è stata pacificamente accolta e le posizioni che si sono confrontate hanno di volta in volta avuto riflessi di grande rilievo sia per la determinazione delle posizioni giuridiche soggettive in materia, sia per la conseguente determinazione della disciplina amministrativa dei servizi sociali.

Molto ben radicata e diffusa, tanto da risultare per molto tempo prevalente, è stata un'interpretazione dell'**assistenza sociale** (e delle pretese connesse) strettamente legata al verificarsi di una condizione di *bisogno individuale*, occasionale, temporanea o cronica. In altri termini, si è pensato ai servizi sociali come strumenti che servono per rimediare alle cadute, alle difficoltà in cui una persona può venirsi a trovare in determinati momenti della sua esistenza. Ciò si traduce in una declinazione eventuale ed esclusivamente soggettiva del sistema di sicurezza sociale, che si attiva soltanto in relazione al peggioramento delle condizioni di vita delle singole persone.

Da questa impostazione, è bene notare, hanno tratto fondamento anche le letture più restrittive dell'ambito a cui ci riferiamo, cioè quelle interpretazioni che limitano il campo di applicazione della norma alle sole provvidenze economiche e arrivano a far coincidere le politiche assistenziali con una estensione, comunque ben limitata, del sistema previdenziale per i lavoratori.

A smentire queste ipotesi così radicali, già rifiutate da gran parte della dottrina e della giurisprudenza in quanto prive di solido riferimento costituzionale, giunge il d.P.R. 616/1977 (→ § XII.8). Chiamato a tracciare la ripartizione delle funzioni amministrative tra i livelli di governo, il decreto (art. 22) offre per la prima volta nel nostro ordinamento una definizione dell'ambito a cui ci riferiamo, identificando i servizi sociali con "*tutte le attività che attengono, nel quadro della sicurezza sociale, alla predisposizione ed erogazione di servizi, gratuiti o a pagamento, o di prestazioni economiche, sia in denaro che in natura, a favore dei singoli o di gruppi, qualunque sia il titolo in base al quale sono identificati destinatari, anche quando si tratti di forma di assistenza a categorie determinate, escluse soltanto le funzioni relative a prestazioni economiche di natura previdenziale*". Ne risulta un insieme indefinito di pretese riconosciute alle persone in relazione a un novero altrettanto indefinito di situazioni attinenti al loro benessere, che ci consegna una lettura del **diritto all'assistenza sociale** come un insieme di pretese diverse per natura e modalità di soddisfazione, che a sua volta sollecita azioni e forme di sostegno altrettanto differenziate.

✓ LA CORTE COSTITUZIONALE E LO STATO DI BISOGNO

A riproporre una lettura del sistema di sicurezza sociale fondato sullo "stato di bisogno" è la Corte costituzionale che, con la sent. 287/2004, afferma la legittimità dell'art. 21 del d.l. 269/2003, relativo alla erogazione di un assegno alle famiglie per ogni secondo figlio. Nella decisione, sollecitata dal ricorso della Regione Emilia-Romagna che rivendica la potestà legislativa esclusiva in materia di servizi sociali, la Corte afferma che "la provvidenza in questione ... è disposta a favore delle donne, cittadine italiane o comunitarie, residenti in Italia – in relazione alla nascita del secondo o ulteriore figlio, o all'adozione di un figlio – senza che assumano alcun rilievo la condizione soggettiva e la sussistenza di situazioni di bisogno, disagio o semplice difficoltà", condizione che esclude senz'altro "la appartenenza di detta provvidenza al *genus* delle prestazioni ricadenti nell'ambito dei servizi sociali".
La decisione della Corte si fonda sulla lettura combinata delle due norme che, dopo l'art. 22 del d.P.R. 616/1977, sono intervenute in materia con l'intento di delimitare il campo dei servizi sociali e offrirne una definizione, e precisamente:
– l'art. 1.1 della legge 328/2000 "*Legge quadro per la realizzazione del sistema integrato di interventi e servizi sociali*", che offre la prima organica disciplina del sistema (→ § XIII.6). La norma in questione, nel definire i principi della materia, afferma che "la Repubblica assicura alle persone e alle famiglie un sistema integrato di interventi e servizi sociali, promuove interventi per garantire la qualità della vita, pari opportunità, non discriminazione e diritti di cittadinanza, previene, elimina o riduce le condizioni di disabilità, di bisogno e di disagio individuale e familiare, derivanti da inadeguatezza di reddito, difficoltà sociali e condizioni di non autonomia, in coerenza con gli articoli 2, 3 e 38 della Costituzione";
– l'art. 128.2 del d.lgs. 112/1998, che invece ripropone a vent'anni di distanza, con intenti e principi diversi, il processo di decentramento e riparto delle funzioni amministrative già tentato dal d.P.R. 616/1977. In questa prospettiva la norma in esame afferma che per **servizi sociali** "si intendono tutte le attività relative alla predisposizione ed erogazione di servizi, gratuiti ed a pagamento, o di prestazioni economiche destinate a rimuovere e superare le situazioni di bisogno e di difficoltà che la persona umana incontra nel corso della sua vita, escluse soltanto quelle assicurate dal sistema previdenziale e da quello sanitario, nonché quelle assicurate in sede di amministrazione della giustizia".
Da queste disposizioni, afferma la Corte, emerge con chiarezza "la sussistenza di un nesso funzionale tra i servizi sociali, quali che siano i settori di intervento (a esempio famiglia, minori, anziani, disabili), e la rimozione o il superamento di situazioni di svantaggio o di bisogno, per la promozione del benessere fisico e psichico della persona".

2. L'UNIVERSALITÀ DEL SISTEMA DEI SERVIZI SOCIALI

Più di recente, però, si è andata affermando una interpretazione che, in coerenza con l'impostazione della Dichiarazione Universale dei Diritti dell'Uomo e fondandosi in parte sulle medesime norme, insiste piuttosto sul carattere della universalità dei servizi sociali e, quindi, sull'interpretazione dei relativi diritti come pretese "comuni", seppur passibili di diverse successive specificazioni, e quindi spettanti a tutti a prescindere dalla condizione individuale contingente. Questa prospettiva porta a una lettura "preventiva" e sostanzialmente oggettiva dell'intervento pubblico, che viene così a configurarsi non come "rete di sicurezza", ma come condizione immanente. Non un meccanismo che si attiva in caso d'emergenza, dunque, ma piuttosto un solido sistema organizzato, mirato ad assistere e proteggere le persone nelle diverse fasi della loro esistenza.

Come si anticipava, la conferma più decisa di questa interpretazione viene da quella stessa legge 328/2000 che la Corte costituzionale aveva interpretato in senso opposto. All'art. 2, dedicato al diritto alle prestazioni, si afferma espressamente che il sistema integrato di interventi e servizi sociali ha "*carattere di universalità*", ponendosi ben saldo l'obiettivo di garantire i livelli essenziali delle prestazioni e di consentire l'esercizio del diritto soggettivo a beneficio delle prestazioni economiche e delle pensioni sociali.

L'estensione del diritto di "*usufruire delle prestazioni e dei servizi del sistema integrato di interventi e servizi sociali*", per la prima volta affermato espressamente in una norma primaria, di fatto prende forma in coerenza con questa impostazione. Mentre rimane in gran parte indefinita la *dimensione oggettiva* del diritto (e cioè il novero degli interventi pretensibili), vi è una determinazione espressa e appunto di ispirazione "universalistica" dell'*estensione soggettiva* del diritto, che viene riconosciuto, a prescindere da condizioni specifiche individuali, a:

– i cittadini italiani;

– i cittadini di Stati appartenenti all'Unione europea e i loro familiari, pur nel rispetto degli accordi internazionali, con le modalità e nei limiti definiti dalle leggi regionali;

– gli stranieri titolari della carta di soggiorno o di permesso di soggiorno di durata non inferiore a un anno, nonché i minori iscritti nella loro carta di soggiorno o nel loro permesso di soggiorno.

Diversamente si introducono specificazioni e condizioni particolari per i profughi, gli stranieri e gli apolidi, a cui sono garantite le misure di prima assistenza limitatamente al periodo necessario alle operazioni di identificazione ed eventualmente fino alla concessione del permesso di soggiorno, nonché di «ricetto» (cioè di accoglienza) e assistenza temporanea degli stranieri da respingere o da espellere (secondo la previsione di cui all'art. 129.1, lett. h), d.lgs. 112/1998).

Il richiamo a situazioni di particolare bisogno ritorna anche in relazione a "*soggetti in condizioni di povertà o con limitato reddito o con incapacità totale o parziale di provvedere alle proprie esigenze per inabilità di ordine fisico e psichico, con difficoltà di inserimento nella vita sociale attiva e nel mercato del lavoro*", nonché a soggetti sottoposti a provvedimenti dell'autorità giudiziaria, per i quali si rendano necessari interventi assistenziali. Le condizioni ricordate, però, non sono per la norma l'elemento che fa insorgere in capo a questi soggetti la titolarità di un diritto, bensì costituiscono il presupposto per un accesso prioritario ai servizi e alle prestazioni erogati dal sistema integrato.

Ne risulta, a ben vedere, una configurazione "di compromesso" del diritto all'assistenza sociale, che se da una parte è concepito per garantire il benessere e la sicurezza complessiva individuale come condizione costante e ordinaria per la vita delle persone, dall'altra si attiva con misure più stringenti e immediate e, quindi, con vere e proprie prestazioni (economiche, di beni o di servizi) più marcate al verificarsi di situazioni e contingenze particolari.

Si è già detto più volte dell'assenza di una precisa limitazione del novero delle prestazioni oggettivamente rubricabili come servizi sociali, e quindi delle difficoltà che si incontrano nella definizione dell'estensione oggettiva dei relativi diritti. Qualsiasi determinazione, a fronte della concezione aperta dei bisogni e delle situazioni degne di tutela, risulta infatti precaria e del tutto soggettiva, fondandosi sulla scelta dell'autore più che su dati obiettivi e certi. In queste pagine si è scelto un riferimento, altrettanto impreciso, al **diritto all'assistenza sociale** come espressione di una categoria in costante definizione e di insieme, funzionale a ricomprendere sotto un'unica etichetta l'intero complesso di pretese riconosciute e garantite alla persona per il suo benessere.

Per definire un criterio generale per l'identificazione della materia (e rinviando al § XIII.9 l'approfondimento delle pretese collegate alla disciplina peculiare di singoli e specifici interventi settoriali), dobbiamo innanzitutto evidenziare che, come appare oramai chiaro, siamo davanti a una categoria che è, per sua natura stessa, *residuale* e che in gran parte si ricava proprio *in negativo*, per sottrazione rispetto ad altre possibili forme di protezione sociale che hanno fondamento in norme costituzionali diverse e specifiche. Suddette forme di protezione si sono quindi progressivamente distinte attraverso una evoluzione legislativa e una configurazione amministrativa proprie e autonome (si pensi al plesso della sanità, dell'igiene, del lavoro e dell'istruzione, che in queste pagine abbiamo già trattato in modo distinto).

Se poi andiamo a rileggere le disposizioni generali sulla materia ci accorgiamo che il legislatore, trovandosi davanti all'esigenza di circoscrivere l'ambito socio-assistenziale in occasione delle due grandi stagioni del decentramento amministrativo (messe in atto rispettivamente, come abbiamo già visto, con il d.P.R. 616/1977 e il d.lgs. 112/1998) si è posto in questa stessa prospettiva. Infatti, oltre a offrire una trattazione ben distinta delle competenze in materia di sanità e scuola, ha espressamente escluso dal novero dei servizi sociali le funzioni assicurate:

– dal *sistema previdenziale*. Dispongono in questo senso sia l'art. 128 del d.lgs. 112/1998, sia l'art. 22 del d.P.R. 616/1977 che in realtà si riferisce soltanto a quelle che consistono in prestazioni economiche;

– in sede di *amministrazione della giustizia*. In questo caso l'esclusione operata dall'art. 128 del d.lgs. 112/1998 viene a riformare completamente la previsione del 1977, che, invece, specificava, all'art. 23, come rientrassero nel concetto di "beneficenza pubblica" anche l'assistenza economica in favore delle famiglie bisognose dei defunti e delle vittime del delitto; l'assistenza post-penitenziaria; gli interventi in favore di minorenni soggetti a provvedimenti delle autorità giudiziarie minorili nell'ambito della competenza amministrativa e civile; gli interventi di protezione speciale per le donne che escono dalla prostituzione;

– dal *Servizio sanitario* (art. 128, d.lgs. 112/1998).

In realtà, la distinzione rispetto alle attività del SSN non può considerarsi esaurita in modo così semplice. Infatti può rivelarsi molto difficile tracciare in concreto una linea di confine tra le prestazioni sanitarie e quelle che invece vanno a riferirsi all'ambito socio-assistenziale.

✓ COS'È "SOCIALE" E COSA "SANITARIO"?

In passato, il problema aveva conosciuto soluzioni anche molto drastiche, laddove, in ragione delle differenze nel regime di tutela e nella attribuzione dei costi, si era andati alla ricerca di criteri assoluti e definitivi, con risultati a volte aberranti. E, così, per esempio, si era sostenuto che, essendo le prestazioni sanitarie solo quelle che si intraprendono con l'obiettivo di un effettivo miglioramento delle condizioni psico-fisiche della persona e mirano, quindi, a soddisfare solo la sua "esigenza terapeutica, anche di carattere psichiatrico e o farmacologico", sono al di fuori di questo novero attività che diversamente sono soltanto di accompagnamento e contenimento del soggetto nella malattia, consistendo di fatto ne "l'assidua e continua attività di assistenza e sorveglianza necessaria a persona affetta da cronica e grave oligofrenia" (Cass. civ., sez. un., sent. 1003/1993).
Oggi in realtà i termini della distinzione appaiono ben più sfumati e il problema sembra aver perso di rilevanza, e ciò sia in ragione della progressiva integrazione delle due sfere prodotta dalle diverse riforme in materia, sia per la graduale (e ancora non definitiva) affermazione delle pretese relative ai servizi sociali quali veri e propri diritti a prestazioni.

Volendo cercare le indicazioni in positivo per la definizione delle materie e delle situazioni che possono essere riferite al generale diritto all'assistenza sociale, dobbiamo innanzitutto rilevare che esse sono ben scarse. Infatti, le norme che danno assetto al sistema preferiscono utilizzare formule ampie e trasversali, per poi soffermarsi con maggiore puntualità su "*disposizioni per la realizzazione di particolari interventi di integrazione e sostegno sociale*" (così il Capo III della legge 328/2000, e gli artt. 14-17 della medesima legge). L'impostazione è sostanzialmente "teleologica", tesa cioè a definire soltanto il fine generale da perseguire. Eppure, a ben vedere, anche da disposizioni così redatte possiamo trarre qualche indicazione.

Partendo dalle norme internazionali, possiamo iniziare ricordando come l'Italia abbia ratificato due convenzioni promosse dall'Organizzazione delle Nazioni Unite, che attengono a due ambiti ben definiti, precisamente:

– la Convenzione del 20 novembre 1989 sui diritti del fanciullo (ratificata in Italia legge 176/1991);
– la Convenzione del 13 dicembre 2006 sui diritti delle persone con disabilità (ratificata dall'Italia legge 18/2009).

A livello europeo è il Trattato di Lisbona (→ § II.1) ad aprire al tema della protezione sociale. In esso all'art. 2 si afferma che "*l'Unione combatte l'esclusione sociale e le discriminazioni e promuove la giustizia e la protezione sociale, la parità tra donne e uomini, la solidarietà tra le Regioni e la tutela dei diritti del minore*". Ora, mentre la prima parte della norma rimane del tutto vaga nel suo evocare valori fondamentali ma altrettanto astratti, di fatto nel prosieguo ci segnala che le politiche sociali dell'Unione si indirizzano innanzitutto verso tre specifici obiettivi: il contrasto alle disparità di genere, la tutela del minore e la promozione di sistemi di perequazione e solidarietà inter-territoriale, mirando così a una eguaglianza complessiva europea in termini di redditi e di sviluppo.

In Italia, le indicazioni in questo senso arrivano dalla legge 328/2000. Infatti, nel definire "*princìpi generali e finalità*" del sistema integrato di servizi sociali, la norma di cui all'art. 1.1 sceglie di indirizzare il complesso delle risorse (pubbliche e integrate) verso azioni mirate a garantire "*qualità della vita, pari opportunità, non discriminazione e diritti di cittadinanza*" e a prevenire eliminare o ridurre "*le condizioni di disabilità, di bisogno e di disagio individuale e familiare, derivanti da inadeguatezza di reddito, difficoltà sociali e condizioni di non autonomia*".

Sono però ancora una volta le disposizioni sul decentramento amministrativo a entrare più nel dettaglio e a tentare, pur con qualche incertezza, una vera e propria elencazione. Così, l'art. 132 del d.lgs. 112/1998, nell'individuare le funzioni e i compiti da trasferire alle Regioni (e prevedendo che queste procedano a un ulteriore conferimento a favore dei Comuni e degli altri enti locali) esplicita che tra questi vi sono le competenze in materia di minori (inclusi quelli a rischio di attività criminose), giovani, anziani, famiglia, portatori di handicap, non vedenti e audiolesi, tossicodipendenti e alcoldipendenti, invalidi civili (fatto salvo quanto diversamente assegnato all'INPS).

Se traduciamo tutte queste finalità e queste indicazioni in ambiti di intervento, si inizia a profilare un elenco consistente dei settori (e delle politiche) che compongono il sistema della sicurezza sociale e, quindi, una prima identificazione delle possibili declinazioni del diritto all'assistenza sociale. In questo senso possiamo distinguere:

a) l'*integrazione sociale*, che a sua volta assume le forme de:
– il supporto nelle condizioni di disagio individuale;
– il sostegno al disagio familiare;
– il contrasto alle discriminazioni e all'emarginazione, qualsiasi ne sia la causa;
– la promozione della cittadinanza "sociale";

b) la *promozione*, nel lavoro e in ogni altra relazione sociale, *della parità di genere*;

c) il supporto nelle situazioni derivanti da inadeguatezza di reddito, perdita del lavoro, incapacità di provvedere al sostentamento proprio e della famiglia;

d) il sostegno alle condizioni di non autonomia fisica o psichica, e quindi:
– l'assistenza alle disabilità;
– l'assistenza ai malati cronici;
– il supporto per le diverse forme di dipendenza;
– la tutela e il sostegno agli anziani;
– la tutela e il sostegno dell'infanzia, della minore età e dei giovani.

3. Tipologie e declinazioni del diritto alle prestazioni di assistenza sociale

Le norme che abbiamo esaminato in realtà ci offrono non solo indicazioni sull'estensione soggettiva e oggettiva del diritto alle prestazioni sociali, ma anche alcune indicazioni sulla tipologia di prestazioni attraverso le quali tali pretese vengono soddisfatte. In altri termini, e sempre analizzando la disciplina generale e non le specifiche normative di settore, possiamo mettere in luce quali siano le forme e le modalità di erogazione dei servizi che la Repubblica è chiamata ad assicurare.

Innanzitutto è ben chiaro come, una volta che si sia adottato il modello della universalità dei servizi, anche in questo ambito si possa ipotizzare una distinzione tra strumenti di prevenzione e specifiche azioni mirate alla riduzione o all'eliminazione dei fattori che incidono negativamente sulla qualità della vita delle persone (come in effetti esplicita l'art. 1 della legge 328/2000). Infatti, se è vero, come abbiamo detto, che il sistema di protezione sociale rimane immanente lungo tutta l'esistenza degli individui per manifestarsi più concretamente al verificarsi di eventi sfavorevoli o al peggioramento delle condizioni della persona, non può che ammettersi come doverosa anche un'azione dei pubblici poteri mirata a evitare che tali situazioni di bisogno vengano in essere. Naturalmente, vista la natura di questi strumenti e la differenza esistente tra le varie declinazioni del diritto alla protezione sociale, le forme della prevenzione sono di difficile inquadramento come posizione giuridica soggettiva, e altamente variabili nella loro concretizzazione.

✓ FONDO PEREQUATIVO

Sempre analizzando le disposizioni in materia non si può tralasciare come rimanga sullo sfondo, trasversale, anche un'ulteriore forma di intervento "indiretto", cioè non mirato direttamente alla soddisfazione dei singoli, ma piuttosto a garantire un sistema diffuso ed equilibrato per l'azione delle istituzioni a ciò competenti. Si tratta della previsione di iniziative per la promozione di sistemi di perequazione e solidarietà inter-territoriale, volte alla realizzazione di una eguaglianza complessiva in termini di reddito, coesione e sviluppo sociale. Originariamente introdotta in sede comunitaria (e poi sancita espressamente dallo stesso Trattato di Lisbona come specifico elemento delle politiche sociali), questa specifica forma di intervento trova, in realtà, una sponda di grande importanza nel nostro testo costituzionale, ove l'art. 119 Cost. prevede un "fondo perequativo", da istituirsi per legge, "senza vincoli di destinazione, per i territori con minore capacità fiscale per abitante" (4° comma), destinato a Regioni, Città metropolitane, Province e Comuni per "finanziare integralmente le funzioni pubbliche loro attribuite" (5° comma). Inoltre (6° comma) lo Stato si impegna a destinare risorse aggiuntive per "promuovere ... la solidarietà sociale, per rimuovere gli squilibri economici e sociali, per favorire l'effettivo esercizio dei diritti della persona". E ciò, seppure non dia vita a posizioni azionabili e tutelabili individualmente, è prova del fatto che le pretese che qui stiamo analizzando iniziano a virare decisamente verso una concezione quali diritti soggettivi.

Diversamente, per quanto riguarda le vere e proprie prestazioni di sostegno, soccorso e rimedio, il dato normativo (art. 22, d.P.R. 616/1977 e art. 128, d.lgs. 122/1998) è puntuale e prevede l'erogazione a favore dei singoli, di gruppi o di categorie determinate di:

– servizi gratuiti;
– servizi a pagamento;
– prestazioni economiche, sia in denaro che in natura.

Evidenti sono le differenze tra queste previsioni e quelle che abbiamo esaminato in ambito sanitario, laddove da una parte la gratuità era espressamente prevista soltanto a favore degli indigenti e le erogazioni di denaro non costituivano affatto una possibile forma di adempimento della prestazione. La variabilità del "bene" oggetto della protezione sociale può invece far sì che, per un novero variabile di possibili destinatari, alla situazione di disagio possa rimediarsi anche soltanto attraverso un aiuto di natura economica.

In modo analogo a quello che avviene in sanità, invece, possiamo rilevare come anche in ambito socio-assistenziale si abbia quella specifica declinazione del diritto alle prestazioni che è il *diritto alla libera scelta tra diversi soggetti erogatori dei servizi.* Infatti, l'art. 3.4 della legge 328/2000 prevede che "*i comuni, le regioni e lo Stato*" promuovano "*azioni per favorire la pluralità di offerta dei servizi garantendo il diritto di scelta fra gli stessi servizi e per consentire, in via sperimentale, su richiesta degli interessati, l'eventuale scelta di servizi sociali in alternativa alle prestazioni economiche*". In questo caso, riportando al centro l'individuo e la sua capacità di scegliere a chi rivolgersi in relazione a diverse esigenze (personali, tecniche, logistiche), il diritto si connota per una sua possibile declinazione ulteriore, che travalica la decisione in ordine al soggetto erogatore e al luogo dell'erogazione, e arriva a includere la scelta del tipo di prestazione (in servizi o in denaro).

A ribadire questo diritto sono poi intervenute la maggior parte delle leggi regionali, che invece sugli altri aspetti fino a qui esaminati sono restate pressoché inerti. In questo senso, possiamo ricordare, tra le altre, per la formula particolarmente determinata che si adotta, la legge reg. Lombardia 3/2008, che all'art. 2.1, lett. c) prevede come "*il governo della rete delle unità d'offerta sociali si informa ai seguenti principi [...] libertà di scelta, nel rispetto dell'appropriatezza delle prestazioni*".

In stretta correlazione con il diritto alla libera scelta, non possiamo infine dimenticare che anche in relazione alle prestazioni di tipo socio-assistenziale esiste l'obbligo, per gli enti preposti all'assistenza sia pubblici che privati, di "informare i destinatari" degli interventi "*sulle diverse prestazioni di cui possono usufruire, sui requisiti per l'accesso e sulle modalità di erogazione per effettuare le scelte più appropriate*" (art. 2.5, legge 328/2000). Con scopo in realtà significativamente diverso rispetto al consenso per le prestazioni sanitarie (che resta obbligatorio quando l'intervento assistenziale implichi azioni capaci di alterare lo stato fisico o psichico dell'individuo), e piuttosto mirato a rendere l'utente edotto sulle forme e le modalità dei trattamenti che lo attendono, la disposizione si avvicina a quella di cui all'art. 14, d.lgs. 502/1992 che per l'ambito sanitario mira alla costruzione di sistemi informativi per il pubblico dei servizi, con l'intento di renderli liberi e capaci di orientarsi nella complessa rete dell'offerta di servizi.

✓ ASSISTENZA VS. BENEFICENZA

Vista l'estensione del diritto alle prestazioni sociali, la sua congenita indeterminatezza e le molteplici forme delle relative prestazioni, la determinazione delle posizioni giuridiche soggettive in cui questo può essere declinato risultano particolarmente complesse. A monte si pone di fatto una distinzione che, in passato, traeva origine dalla duplice menzione, nel testo costituzionale originario del 1948, dell'**assistenza** e della **beneficenza**, termini a cui si attribuiva non solo un diverso significato, ma che in qualche modo venivano a rappresentare due distinte concezioni della materia. Oramai definitivamente superata grazie alla riforma costituzionale del 2001 (che ha eliminato del tutto dal testo la "beneficenza" nell'art. 117, cioè nella elencazione delle materie di legislazione concorrente). Al di là della effettiva portata della norma, però, la distinzione tra le due attività rivelava, a giudizio di alcuni commentatori, la profonda diversità che intercorre tra:

– *un'idea dell'intervento a contrasto della povertà e del disagio come complesso di azioni rimesse agli interventi volontari* di enti caritatevoli e dei benestanti, ben rappresentata dal concetto di "beneficenza". Questa rappresentazione traeva l'origine dal sistema del soccorso sociale nel diffondersi di

iniziative altruiste e focalizzava l'analisi degli interventi in materia, anche in relazione alle possibili prospettive di sviluppo, nello spontaneismo delle iniziative di privati verso altri privati;
– una lettura che vedeva nella "assistenza" la rappresentazione attuale del *passaggio (dalle teorie e) dalle pratiche di* self help *(mutue operaie, cooperative) a un dovere di solidarietà costituzionalizzato* che dà origine e fondamento a un sistema di servizi posti in capo alle istituzioni pubbliche e, quindi, si traduce in prestazioni prodotte da sistemi organizzati o auto-organizzati di supporto e sostegno al bisogno.
Per il profilo alla nostra attenzione, è quindi di tutta evidenza come la beneficenza, se intesa nel senso appena ricordato, non dia luogo ad alcuna vera posizione giuridica, rimanendo sostanzialmente priva di garanzie, mentre a fronte di una serie di servizi a titolarità pubblica come quelli di assistenza, vengono in essere pretese individuali specifiche (che poi potranno qualificarsi come diritti soggettivi o di interessi legittimi, come vedremo).
A ben vedere il testo costituzionale non risolve il dibattito in un senso o in un altro, ma salva entrambe le declinazioni. Infatti, pur conservando la più ampia libertà di iniziativa privata in materia (art. 38, u.c.: → § XI.4), è ben chiaro nell'affermare un vero e proprio "diritto al mantenimento e all'assistenza sociale" per "ogni cittadino inabile al lavoro e sprovvisto dei mezzi necessari per vivere".

Anche in questo caso, però, al pari di quanto abbiamo visto per le pretese individuali in ambito sanitario, la strada per una piena affermazione di un diritto a prestazioni si è rivelata lunga e complessa. Il percorso, le soluzioni e le obiezioni sono pressoché le medesime.

Non è infatti mancato chi, affermando una lettura del termine "diritto" in senso non tecnico, assegna all'art. 38 un valore meramente programmatico, non essendo configurabile un pieno riconoscimento della posizione soggettiva.

✓ L'ASSISTENZA È UN DIRITTO? I DUBBI DELLA CORTE COSTITUZIONALE

Ancora in parallelo con quanto avveniva per l'ambito sanitario, ma in deciso ritardo rispetto a quello, a queste letture ne seguono altre che vedono le pretese in esame come posizioni di interesse legittimo. Tali tesi si fondavano sulla constatazione dell'ampia sfera di discrezionalità lasciata al legislatore prima e all'amministrazione poi, in merito non all'*an* e al *quid* del diritto, già determinati dalla Costituzione, quanto piuttosto al *quomodo* e al *quando* della prestazione.
Muove in questo senso, in un primo tempo, anche la Corte costituzionale che, con la sent. 139/1972, di fatto delinea tre diverse categorie di intervento nella sfera sociale, distinguendo tra:
– *interventi legislativamente previsti*, che rimandavano di fatto al sistema previdenziale istituito a favore dei lavoratori (e quindi a posizioni ben consolidate quali diritti soggettivi);
– *interventi discrezionali*, in riferimento all'attività di assistenza sociale che, in quanto tali, potevano essere tutelati solo come interessi legittimi;
– *assistenza privata*, e cioè quella attività di beneficenza che, al più, poteva essere rimessa alle dinamiche di rapporti tra privati.
Questa interpretazione, anche se con qualche variazione, resta a lungo quella prevalente (cfr. anche Corte cost., sentt. 180/1982; 20/1991; 409/1995), pur se studiosi come Giannini, con particolare riferimento alle condizioni di disoccupazione e povertà, già sostenevano che la "protezione sociale in senso proprio [...] si caratterizza principalmente per il fatto che alle categorie sottoprotette vengono riconosciuti veri e propri diritti a esser garantite contro eventi produttivi di *insufficienza* del reddito medesimo, attraverso la tecnica del riconoscimento di un *diritto ex lege* ai beneficiari, cui corrisponda una obbligazione pubblica". In senso analogo tra l'altro dispose anche la Carta comunitaria dei diritti sociali fondamentali dei lavoratori del 1989, che, pur rimettendo la materia alla disciplina di ogni paese afferma, al punto 10, che "Le persone escluse dal mercato del lavoro, o perché non hanno potuto accedervi o perché non hanno potuto reinserirvisi, e che sono prive di mezzi di sostentamento devono poter beneficiare di prestazioni e di risorse sufficienti adeguate alla loro situazione personale".

La Corte costituzionale si muove con prudenza sulla materia, lasciando che sia il legislatore a dare indicazioni più consistenti per la definizione dei diritti in ambito sociale. È infatti il d.P.R. 616/1977 a far cambiare alla Corte la propria linea interpretativa e a proporre, con la sent. 174/1981, una dilatazione del concetto di beneficenza coerentemente con quelle che sarebbero state le successive linee di sviluppo della politica sociale nel riparto di competenze in materia fra Stato, Regioni e enti locali, arrivando di fatto al definitivo superamento della distinzione di questa dalla "assistenza".

Per un periodo relativamente breve, sostiene poi, assieme ad ampia giurisprudenza di merito, un'interpretazione del diritto all'assistenza sociale come "*finanziariamente condizionato*" per approdare, infine, dopo le precisazioni offerte dall'art. 128, d.lgs. 112/1998, a un pieno riconoscimento dello stesso diritto come "*costituzionalmente vincolato*". Ancora una volta in pieno parallelismo con l'ambito sanitario, la Corte afferma infatti che dei diritti alle prestazioni sociali occorre rispettare il contenuto minimo essenziale "*protetto dalla Costituzione come ambito inviolabile della dignità umana*" (Corte cost., sent. 309/1999), e lascia al legislatore (statale prima, e regionale dopo la riforma del 2001) il compito di graduarne la concretizzazione in ragione di diversi fattori quali la gravità delle condizioni della persona, l'urgenza dell'intervento, i suoi costi e le risorse a disposizione, secondo criteri di ragionevolezza che sono e restano comunque passibili di valutazione da parte della Corte stessa.

È in questo modo che prende forma il carattere di "universalità selettiva" che, come abbiamo visto, costituisce la *ratio* della legge 328/2000, assieme a una visione complessiva e integrata delle diverse forme in cui il diritto all'assistenza sociale si esplica.

È interessante notare la forte capacità innovativa e la peculiarità di questo impianto. Infatti, se da un lato (art. 1, legge 328/2000), con un approccio molto generale e trasversale, si promuove il principio di eguaglianza sociale attraverso l'introduzione del modello sussidiario (→ § XIII.6) e si dà vita a un sistema di interventi e servizi sociali da realizzarsi mediante "*politiche e prestazioni coordinate nei diversi settori della vita sociale*" (art. 22.1), dall'altro si interviene con un estremo grado di dettaglio. Infatti, per dare concretezza alle pretese individuali e orientare i soggetti erogatori verso standard ammissibili e condivisi, si arriva a introdurre anche in ambito sociale il criterio dei *livelli essenziali* delle prestazioni erogabili "*sotto forma di beni e servizi secondo le caratteristiche e i requisiti fissati dalla pianificazione nazionale, regionale e zonale, nei limiti delle risorse del Fondo nazionale per le politiche sociali*".

✓ LIVELLI ESSENZIALI DI ASSISTENZA SOCIALE (LIVEAS)

I Livelli Essenziali di Assistenza Sociale (LIVEAS) sono stati introdotti dall'art. 22 della legge 328/2000. Si prevede (2° comma) un elenco di interventi che, costituendo livello essenziale delle prestazioni sociali, devono essere garantiti su tutto il territorio nazionale.
Nello specifico, si tratta di:
– misure di contrasto della povertà e di sostegno al reddito e servizi di accompagnamento, con particolare riferimento alle persone senza fissa dimora;
– misure economiche per favorire la vita autonoma e la permanenza a domicilio di persone totalmente dipendenti o incapaci di compiere gli atti propri della vita quotidiana;

– interventi di sostegno per i minori in situazioni di disagio tramite il sostegno al nucleo familiare di origine e l'inserimento presso famiglie, persone e strutture comunitarie di accoglienza di tipo familiare e per la promozione dei diritti dell'infanzia e dell'adolescenza;
– misure per il sostegno delle responsabilità familiari, per favorire l'armonizzazione del tempo di lavoro e di cura familiare;
– misure di sostegno alle donne in difficoltà;
– interventi per la piena integrazione delle persone disabili; realizzazione dei centri socio-riabilitativi e delle comunità-alloggio e dei servizi di comunità e di accoglienza per quelli privi di sostegno familiare, nonché erogazione delle prestazioni di sostituzione temporanea delle famiglie;
– interventi per le persone anziane e disabili per favorire la permanenza a domicilio, per l'inserimento presso famiglie, persone e strutture comunitarie di accoglienza di tipo familiare, nonché per l'accoglienza e la socializzazione presso strutture residenziali e semiresidenziali per coloro che, in ragione della elevata fragilità personale o di limitazione dell'autonomia, non siano assistibili a domicilio;
– prestazioni integrate di tipo socio-educativo per contrastare dipendenze da droghe, alcol e farmaci, favorendo interventi di natura preventiva, di recupero e reinserimento sociale;
– informazione e consulenza alle persone e alle famiglie per favorire la fruizione dei servizi e per promuovere iniziative di auto-aiuto.

Inoltre, al 4° comma, è rimesso alle Regioni, in relazione a queste prestazioni, provvedere alla costituzione, per ogni ambito territoriale, e anche con modelli organizzativi distinti, di:
– servizio sociale professionale e segretariato sociale per informazione e consulenza al singolo e ai nuclei familiari;
– servizio di pronto intervento sociale per le situazioni di emergenza personali e familiari;
– assistenza domiciliare;
– strutture residenziali e semiresidenziali per soggetti con fragilità sociali;
– centri di accoglienza residenziali o diurni a carattere comunitario.

La norma però non determina il livello qualitativo o quantitativo appunto "essenziale" delle prestazioni né determina i requisiti specifici delle stesse, demandando tale compito all'azione integrata del Fondo Nazionale delle Politiche Sociali (FNPS) e del Piano nazionale degli interventi e dei servizi sociali (→§ XIII.5).

In effetti, lo schema che ne risulta vedeva assegnato al Piano nazionale, oltre al compito di delineare le priorità delle politiche nazionali attraverso la definizione di indirizzi, modelli di attuazione dei servizi e sperimentazioni, l'identificazione di "caratteristiche e requisiti delle prestazioni sociali che costituiscono livelli essenziali" i quali, a loro volta, erano finanziati a valere sul Fondo. In tal senso la definizione dei livelli essenziali veniva "effettuata contestualmente a quella delle risorse" (art. 20, 4° comma, legge 328/2000).

Questo meccanismo, sulla carta così preciso, non ebbe riscontro nella pratica, per un verso a causa della mancata assegnazione di finanziamenti adeguati e strutturali, mai definiti e, per l'altro, per la mancata continuità del primo Piano nazionale 2001-2003, col risultato di una grave carenza di strumenti di riferimento e coordinamento nazionale. Ne è risultata un'estrema diseguaglianza nella predisposizione dei sistemi di *welfare* territoriale, finanziati prevalentemente da Regioni e Comuni, con risorse proprie.

Il d.lgs. 147/2017 rappresenta il più recente tentativo di riformare il sistema di governo del FNPS e di superare la frammentazione registrata. In attuazione dell'art. 21 del decreto, è stato approvato il Piano Sociale Nazionale (PSN) per il triennio 2018-2020 che costituisce ora "l'atto di programmazione nazionale delle risorse afferenti al Fondo nazionale per le politiche sociali e individua, nel limite di tali risorse, lo sviluppo degli interventi e dei servizi necessari per la progressiva definizione dei livelli essenziali delle prestazioni sociali da garantire su tutto il territorio nazionale" (art. 1, comma 2 del Decreto Interministeriale del 26 novembre 2018). Il PSN, che presenta finalità più limitate rispetto a quanto stabilito dalla legge 328/2000, recupera il proprio ruolo di strumento di programmazione nazionale dell'utilizzo delle risorse del FNPS e degli altri fondi "tematici" mirando però, più che all'individuazione di livelli essenziali delle prestazioni, alla definizione di un percorso verso

obiettivi condivisi capaci di garantire una maggiore uniformità territoriale nella erogazione delle prestazioni.
L'elaborazione del Piano è affidata alla Rete della protezione e dell'inclusione sociale (→ § XIII.5).
Per quanto riguarda la struttura e i criteri di redazione del Piano, si conferma la matrice per macrolivelli e aree di intervento su cui, dal 2013, le Regioni programmano le risorse del Fondo, e precisamente:
- Servizi per l'accesso e presa in carico da parte della rete assistenziale;
- Servizi e misure per favorire la permanenza a domicilio;
- Servizi per la prima infanzia e servizi territoriali comunitari;
- Servizi territoriali a carattere residenziale per le fragilità;
- Misure di inclusione sociale – sostegno al reddito.

Come criterio assolutamente prioritario si assume l'adozione di un approccio il più possibile integrato nella programmazione dei servizi territoriali, al di là della specifica programmazione delle risorse del FNPS e della «specializzazione» dei diversi fondi tematici. L'intento è l'integrazione del sistema degli interventi e dei servizi sociali con il sistema sanitario, il sistema delle politiche del lavoro, il sistema di educazione e istruzione (a partire dai nidi e i servizi per la prima infanzia), il sistema della formazione e le politiche abitative.
È infine necessario un richiamo alla legge 77/2020 di conversione del d.l. n. 34 del 19 maggio 2020, recante "Misure urgenti in materia di salute, sostegno al lavoro e all'economia, nonché di politiche sociali connesse all'emergenza epidemiologica da Covid-19", che identifica e afferma come prestazioni essenziali i servizi stabiliti nella legge 328/2000, in quanto volti a garantire il godimento di diritti della persona *costituzionalmente tutelati*. In tal senso, con riferimento alle politiche sociali, nella legge (art. 89, comma 2°-*bis*) si afferma che i servizi sociali di cui all'art. 22, 4° comma, della legge 328/2000 sono da considerarsi servizi pubblici essenziali, "anche se svolti in regime di concessione, accreditamento o mediante convenzione in quanto volti a garantire il godimento di diritti della persona costituzionalmente tutelati". A tal effetto, allo scopo di assicurare l'effettivo e continuo godimento di tali diritti, si prevede l'obbligo per Regioni e Province Autonome di definire le modalità per garantire l'accesso e la continuità dei predetti servizi sociali e socio-assistenziali, anche in situazione di emergenza.

È bene comunque sottolineare che la strada da percorrere per un pieno riconoscimento dei diritti alle prestazioni sociali è ancora lunga.

Da una parte l'effettiva configurazione delle stesse come pienamente esigibili avviene ancora in un limitato numero di casi (pensioni sociali, indennità di accompagnamento), e ciò anche in ragione della tecnica di definizione dell'estensione oggettiva del diritto che, come abbiamo visto, è strutturata secondo una rigida suddivisione per tipologie di intervento, a loro volta composte da una pluralità di prestazioni tra loro diverse.

Dall'altra si assiste, rispetto alla medesima tipologia di prestazioni, alla progressiva introduzione di trattamenti soggettivamente differenziati che la Corte costituzionale (tra le altre, con sent. 306/2008) ha ritenuto ammissibili nel caso in cui questi non vadano a intaccare il nucleo essenziale del diritto e siano previsti sulla base di un criterio ragionevole e non arbitrario.

4. Gli effetti della riforma costituzionale del 2001. Il riparto della potestà legislativa

A pochi mesi dalla approvazione della legge 328/2000, che dopo decenni di attesa dà un'impostazione così radicalmente innovativa al sistema dei servizi sociali, la riforma costituzionale del 2001 (→ § IV) cambia profondamente i criteri e quindi l'assetto per il riparto della competenza legislativa e amministrativa (→ § XII.9). La mancata menzione della materia nel "nuovo" art. 117 Cost. comporta l'assegnazione in via residuale della stessa alla piena competenza della legislazione regionale. La riforma costituzionale del 2001, dunque, attua una redistribuzione di compiti e competenze in materia di protezione sociale tra Stato e Regioni. L'assistenza sociale viene annoverata tra le materie di competenza residuale esclusiva delle regioni, ad eccezione della competenza esclusiva dello Stato nella determinazione dei "livelli essenziali delle prestazioni concernenti i diritti civili e sociali che devono essere garantiti su tutto il territorio nazionale".

Il cambiamento ha effetti che vanno visti con attenzione. Da una parte, non v'è dubbio che, con il superamento del regime di legislazione concorrente previsto in precedenza, si assista al rafforzamento del ruolo delle Regioni, le cui leggi erano, nella fase antecedente, costrette a muoversi nello spazio (a volte davvero stretto) a esse lasciato dalle leggi di indirizzo dello Stato. Dall'altra, si ha anche l'ampliamento dell'ambito oggettivo della materia che, attraverso la mancata menzione esplicita, può ora essere intesa oltre i confini della "beneficenza pubblica", e in qualche modo venire aggiornata e adattata alle sue evoluzioni reale e sostanziali.

Sotto un diverso profilo si deve, però, osservare come, per diverse ragioni e sotto diversi aspetti, lo Stato non scompaia del tutto dalla scena, e mantenga la potestà legislativa per alcuni aspetti rilevanti rispetto a entrambe le prospettive appena illustrate.

Per quanto riguarda la determinazione della capacità legislativa delle Regioni, si deve ricordare come anche in questo caso valgano le osservazioni svolte a proposito della attribuzione allo Stato, in forza dell'art. 117.2, lett. m), della "*determinazione dei livelli essenziali delle prestazioni concernenti i diritti civili e sociali che devono essere garantiti su tutto il territorio nazionale*". Come in parte abbiamo già osservato, e sostiene la stessa Corte costituzionale, rimane in tal modo in capo allo Stato la determinazione del "*contenuto minimo costituzionalmente garantito*" dei diritti sociali a prestazione, affidando a quel legislatore tutti gli strumenti necessari per poter "*assicurare a tutti sull'intero territorio nazionale, il godimento di prestazioni garantite, come contenuto essenziale di tali diritti, senza che la legislazione regionale possa limitarle o condizionarle*" (sent. 282/2002). In questo modo si conserva non solo l'impianto predisposto dalla legge 328/2000 esaminato alla fine del precedente paragrafo, ma anche le successive determinazioni di standard se formulate in modo da rendere evidente "*che si tratta di integrazioni e specificazioni sul versante attuativo dei LEA*" e che "*che intenderebbero assicurare una migliore erogazione*" (Corte cost., sent. 134/2006). Dunque "*non può essere negata la possibilità del legislatore statale di giungere ad una più analitica ed effettiva tutela dei LEA*" né è "*definibile, almeno in astratto, un livello di specificazione delle prestazioni che faccia venire meno il requisito della loro essenzialità, essendo questo tipo di valutazioni costituzionalmente affidato proprio al legislatore statale*" (che, in effetti, tramite alcune specifiche disposizioni legislative, ha anche proceduto a definire direttamente alcune prestazioni come livelli essenziali).

Inoltre, e sempre in relazione alla limitazione del potere legislativo delle Regioni, si deve in questo caso sottolineare il rilievo che nella materia al nostro esame assume la riserva in capo allo Stato (*ex* art. 117.2, lett. p), Cost.) della definizione delle funzioni fondamentali di Comuni, Province e Città Metropolitane, e cioè degli enti territoriali che, nell'ambito dei servizi sociali, svolgono il ruolo "amministrativo" più rilevante.

Degno di menzione è infine anche l'art. 119.5 Cost., in cui si prevede che lo Stato possa "*destinare risorse aggiuntive e disporre di interventi speciali in favore di determinati enti territoriali per varie finalità, tra cui quella di favorire l'effettivo esercizio dei diritti della persona*", in tal modo assegnando a questo legislatore la possibilità di interventi finanziari mirati all'integrazione e alla perequazione delle diverse situazioni locali.

✓ I SERVIZI SOCIALI TRA INTERPRETAZIONE DELLA CORTE COSTITUZIONALE E LEGISLAZIONE EUROPEA

Gli interventi della Corte costituzionale hanno condizionato e limitato una lettura potenzialmente "infinita" della materia, segnandone a più tratti i limiti. Abbiamo già detto della sent. 287/2004, con cui si fa salvo il d.l. 269/2003 nella parte in cui attribuisce un contributo economico alle famiglie per il secondo (o ulteriore) figlio, motivando che questa iniziativa rimane al di fuori dell'ambito dei servizi sociali, che evidentemente la Corte immagina ancora come strettamente legati alla condizione soggettiva e alla sussistenza di situazioni di bisogno, disagio o difficoltà. Non si asseconda, quindi, in questo caso, una lettura "in positivo" della materia, che porti alla interpretazione delle prestazioni sociali come mirate a creare le condizioni per una generale, normale assenza dal bisogno, e quindi destinate a prevenire piuttosto che a rimediare.
D'altra parte, la dichiarazione di incostituzionalità (sent. 272/2004) dell'art. 113-*bis* del TUEL con cui, nel testo introdotto dall'art. 35.15 della legge 448/2001, il legislatore statale definiva le forme di gestione non solo dei servizi privi di rilevanza economica, ma anche di quelli "culturali e del tempo libero", ci consegna una lettura diversa. La Corte coglie qui l'occasione per definire complessivamente la propria posizione in relazione alla disciplina dei servizi pubblici locali di cui agli artt. 112 ss. TUEL, sostenendo che, mentre per i *servizi aventi rilevanza economica* (→ § V.6), dopo la riforma del Titolo V, Parte II della Costituzione, lo Stato è ancora legittimato a un intervento normativo in ragione della sua competenza esclusiva in materia di "tutela della concorrenza" (art. 117.2, lett. e), Cost.), non si rinviene alcuna giustificazione al permanere di una pur generale potestà legislativa dello Stato per i *servizi privi di rilevanza economica*.
Leggendo questa decisione dalla nostra prospettiva, si può quindi affermare che la materia rimessa alla piena competenza regionale "in conformità a tendenze emerse in sede di Commissione europea a decorrere dal settembre 2000" è relativa a servizi per i quali "non esiste un mercato concorrenziale", essendo gli stessi privi di rilevanza economica. In effetti, però, si deve ricordare che la Commissione europea, nel "Libro Verde sui servizi di interesse generale" (COM-2003-270) del 21 maggio 2003, dopo aver precisato che ha le norme sulla concorrenza si applicano soltanto alle attività economiche, ha affermato che la distinzione tra attività economiche e non economiche ha carattere dinamico ed evolutivo, cosicché non è possibile fissare *a priori* un elenco definitivo dei servizi di interesse generale di natura "non economica" (e spetta al giudice nazionale valutare circostanze e condizioni in cui il servizio viene prestato). Gli elementi caratterizzanti dei servizi privi di rilevanza economica sarebbero dunque da ricercare ne:
- l'assenza di uno scopo precipuamente lucrativo;
- la mancata assunzione dei rischi connessi a tale attività;
- l'eventuale finanziamento pubblico dell'attività in questione (Corte di giustizia CE, sent. 22 maggio 2003, causa 18/2001).

In base al **principio di continuità degli ordinamenti** (Corte cost., sent. 13/2004), permane la piena vigenza della legge 328/2000, finché il legislatore regionale non si sia attivato a disciplinare la materia. La disciplina statale è sostituita da quella regionale per gli aspetti considerati da quest'ultima.

Diverse Regioni si sono variamente esercitate a dar corso alla nuova competenza legislativa riconosciutagli (si vedano in tal senso le leggi della Basilicata, 4/2007 "*Rete regionale integrata dei servizi di cittadinanza sociale*"; della Calabria, 1/2004 "*Politiche regionali per la famiglia*"; dell'Emilia-Romagna, 34/2002 "*Norme per la valorizzazione delle associazioni di promozione sociale*"; e 2/2003 "*Norme per la promozione della cittadinanza sociale*"; della Liguria, n. 12/2006 "*Promozione del sistema integrato di servizi sociali*"). Di fatto, però, queste leggi regionali non si discostano significativamente dai principi e dai tratti caratteristici del sistema messo a punto dalla legge 328/2000. L'ampiezza dell'effettivo esercizio della potestà legislativa regionale si può misurare, in queste leggi, soprattutto in relazione al grado di differenziazione che propongono nella disciplina della programmazione e nella declinazione del principio di sussidiarietà orizzontale (→ § XIII.6), anche se non mancano significative difformità anche rispetto ai profili organizzativi, di funzionamento e di controllo del sistema di erogazione delle prestazioni, o ancora nelle forme proposte per assicurare una effettiva integrazione tra il sistema dei servizi socio-assistenziali e quelli più propriamente sanitari e, infine, come previsto dall'art. 132 del d.lgs. 112/1998, nell'assetto dei conferimenti di funzioni e i compiti amministrativi agli enti locali.

5. Sussidiarietà verticale e riparto delle funzioni amministrative

Come si è già più volte ricordato in queste pagine, l'intento della riforma del 2001 è anche quello di consolidare nella nostra carta costituzionale un assetto della funzione amministrativa del tutto nuovo, in coerenza con quanto si era andato via via affermando nel decennio precedente per legge ordinaria. In realtà, i cambiamenti nell'assetto del sistema per la promozione e la tutela del sistema di sicurezza sociale dell'intervento sotto il profilo più propriamente amministrativo sono di portata diversa.

Infatti, l'impatto non è tanto strutturale, cioè inerente l'assetto delle competenze amministrative, quanto piuttosto funzionale e sostanziale, e cioè relativo sia al metodo dell'azione amministrativa che (come già previsto dalla legge 328/2000) si basa ora su un forte ruolo della programmazione, sia alle forme di erogazione delle prestazioni, per le quali si aprono possibilità inedite di collaborazione con le organizzazioni private.

Nel rivedere i criteri per il riparto delle competenze amministrative, la legge cost. 3/2001 riscrive l'art. 118 Cost. e assume a proprio canone fondamentale il "**principio di sussidiarietà**" che ha effetti significativi non solo sulle relazioni tra i diversi livelli territoriali di governo, ma anche su quelle che intercorrono tra cittadini e amministrazione pubblica. Infatti, mentre in senso verticale (artt. 118.1 e 118.2 Cost.), il principio assegna la generalità della funzione amministrativa ai Comuni, e cioè al livello più vicino possibile ai destinatari della funzione stessa (regola che poi viene contemperata con i criteri dell'adeguatezza e della differenziazione), si apre nella stessa disposizione anche una prospettiva orizzontale (art. 118.4) che recepisce le aperture verso la costruzione di un sistema condiviso di tutela degli interessi generali che già si erano avute fin dalla legge 59/1997 (→ § XII.8).

Per quanto riguarda la declinazione in verticale, a ben vedere, il principio non fa che ribadire un assetto del sistema consolidato nella materia dell'assistenza sociale fin dal d.P.R. 616/1977, che all'art. 25 precisa che "*tutte le funzioni amministrative relative all'organizzazione ed alla erogazione dei servizi di assistenza e di beneficenza … sono attribuite ai comuni*". Si tratta quindi di un modello amministrativo a forte connotazione locale, che viene ribadito poi nelle successive leggi sul decentramento amministrativo degli anni '90.

5.1. *Funzioni statali*

Partendo da questo impianto generale, il riparto delle funzioni amministrative in senso verticale deve anche in questo caso essere ricostruito avendo in mente innanzitutto le disposizioni del d.lgs. 112/1998 (di attuazione della delega della stessa legge 59/1997) che come sappiamo, nell'intento di operare un generale conferimento di competenze in favore delle Regioni e degli enti territoriali, individua specificamente i compiti che permangono in capo allo Stato. In questo caso però, l'art. 129 del decreto legislativo va letto assieme alla successiva specificazione offerta dall'art. 9 della legge 328/2000, che esplicita l'attribuzione allo Stato di poteri di indirizzo e coordinamento e di regolazione delle politiche sociali in relazione alle competenze assegnate. Ne risulta un quadro articolato, che da una parte mira ad assicurare uniformità di tutela in tutto il paese, anche attraverso la determinazione di criteri per la qualificazione del personale e delle strutture operanti nel settore e, dall'altra, riserva al centro tutte quelle competenze che coinvolgono le relazioni con gli altri Stati e con l'Unione europea, nonché il complesso degli interventi di accoglienza degli immigrati.

✓ LE COMPETENZE DELLO STATO

Specificamente, dalla lettura combinata delle due disposizioni risultano conservate direttamente in capo al Ministero:
– la determinazione dei principi e degli obiettivi della politica sociale attraverso il Piano nazionale degli interventi e dei servizi sociali;
– la determinazione dei criteri per la ripartizione delle risorse del Fondo nazionale per le politiche sociali;
– l'esercizio dei poteri sostitutivi in caso di riscontrata inadempienza delle Regioni;
– i rapporti con gli organismi internazionali e il coordinamento dei rapporti con gli organismi dell'Unione europea operanti nei settori delle politiche sociali e gli adempimenti previsti dagli accordi internazionali e dalla normativa dell'Unione europea;
– gli interventi di prima assistenza in favore dei profughi, limitatamente al periodo necessario alle operazioni di identificazione ed eventualmente fino alla concessione del permesso di soggiorno, nonché di ricetto e assistenza temporanea degli stranieri da respingere o da espellere;
– le attribuzioni in materia di riconoscimento dello status di rifugiato e il coordinamento degli interventi in favore degli stranieri richiedenti asilo e dei rifugiati, nonché di quelli di protezione umanitaria per gli stranieri accolti in base alle disposizioni vigenti;
– gli interventi in favore delle vittime del terrorismo e della criminalità organizzata; le misure di pro-

tezione degli appartenenti alle Forze armate e di polizia o a Corpi militarmente organizzati e loro familiari;
– la revisione delle pensioni, assegni e indennità spettanti agli invalidi civili e la verifica dei requisiti sanitari che hanno dato luogo a benefici economici di invalidità civile.
Diversamente, in base alle stesse norme, devono esercitarsi "sulla base di criteri e parametri individuati dalla Conferenza unificata" (→ § IV.3):
– i compiti di assistenza tecnica, su richiesta dagli enti locali e territoriali, nonché compiti di raccordo in materia di informazione e circolazione dei dati concernenti le politiche sociali, ai fini della valutazione e monitoraggio dell'efficacia della spesa per le politiche sociali;
– la fissazione dei requisiti per la determinazione dei profili professionali degli operatori sociali nonché le disposizioni generali concernenti i requisiti per l'accesso e la durata dei corsi di formazione professionale.
Sono esercitate "sentita la Conferenza unificata" le competenze relative alla determinazione de:
– i criteri generali per la programmazione della rete degli interventi di integrazione sociale da attuare a livello locale;
– i livelli essenziali e uniformi delle prestazioni, ivi comprese le funzioni in materia assistenziale svolte per minori e adulti dal Ministero della Giustizia, all'interno del settore penale;
– i requisiti minimi strutturali e organizzativi per l'autorizzazione all'esercizio dei servizi e delle strutture a ciclo residenziale e semiresidenziale, la previsione di requisiti specifici per le comunità di tipo familiare con sede nelle civili abitazioni nonché gli standard organizzativi dei soggetti pubblici e privati e degli altri organismi che operano nell'ambito delle attività sociali e che concorrono alla realizzazione della rete dei servizi sociali.

Il complesso delle funzioni statali è oggi accentrato in capo al Ministero del Lavoro e delle Politiche Sociali. Quest'ultimo, nato dalla scorporazione operata dalla legge 172/2009 delle funzioni prettamente sanitarie del precedente Ministero del Lavoro, della salute e delle politiche sociali, come è evidente dalla denominazione, riassume al suo interno le competenze su due distinte materie. In queste pagine lasceremo da parte l'ambito del lavoro e della previdenza sociale, e ci concentreremo soltanto sulle strutture inerenti alle materie delle "*politiche sociali, con particolare riferimento alla prevenzione e riduzione delle condizioni di bisogno e disagio delle persone e delle famiglie*" (art. 45, d.lgs. 300/1999, nella sua redazione attuale).

Incominciamo col dire che anche questo Ministero (come quello alla Salute) è strutturato in direzioni generali come unità organizzative ministeriali di base, coordinate direttamente dal Segretario generale. Questi costituisce il vertice dell'apparato amministrativo e si relaziona direttamente con il ministro.

✓ IL MINISTERO DEL LAVORO E DELLE POLITICHE SOCIALI

Il d.P.R. 57/2017 (al quale ha fatto seguito, per l'articolazione interna, il d.m. 6 dicembre 2017) ha rivisto in profondità l'organizzazione del ministero.
Per parte sua, il segretario generale si vede attribuite le responsabilità relative al coordinamento e all'unità dell'azione amministrativa, oltre a provvedere all'istruttoria per l'elaborazione degli indirizzi e dei programmi del Ministro e a coordinare gli uffici e le attività del Ministero.
In particolare questi coordina, in raccordo con le direzioni generali, le attività del Ministero in tutte le materie di competenza, con particolare riferimento alla programmazione economico-finanziaria, al bilancio e al controllo di gestione, nonché all'attivazione di sinergie con gli enti vigilati, all'organizzazione e alla pianificazione generale delle attività del Ministero, anche in materia di promozione

delle buone prassi e delle pari opportunità; vigila sull'efficienza, sull'efficacia e sul buon andamento complessivo dell'Amministrazione; coordina le attività di programmazione e verifica dell'attuazione delle direttive ministeriali.
Per le competenze qui in questione coordina, ancora in raccordo con le direzioni generali competenti, le attività del Ministero in materia statistica e, in sinergia con le strutture del Sistema statistico nazionale (Sistan) e con l'Istituto nazionale di statistica (Istat), cura il coordinamento istituzionale delle iniziative volte ad integrare le informazioni e i dati in materia di lavoro e politiche sociali tra i vari enti competenti.

Lo stesso d.P.R. prevede poi otto direzioni generali. Due di queste hanno competenze di staff, e quindi trasversali sia all'ambito del lavoro che a quello delle politiche sociali. Si tratta, precisamente della Direzione Generale per le Politiche del personale, l'innovazione organizzativa, il bilancio – Ufficio Procedimenti Disciplinari (U.P.D.) e la Direzione Generale dei Sistemi Informativi, dell'innovazione tecnologica, del monitoraggio dati e della comunicazione.
Per le materie qui in attenzione sono invece da ricordare:
a) la Direzione Generale per la Lotta alla povertà e per la programmazione sociale, che tra l'altro gestisce i diversi Fondi dedicati (Fondo nazionale per le politiche sociali, Fondo nazionale per le non autosufficienze, Fondo per la lotta alla povertà e all'esclusione sociale, Fondo per il diritto al lavoro dei disabili, Fondo nazionale per l'infanzia e l'adolescenza, oltre ad altri fondi di finanziamento delle politiche sociali). Inoltre cura la determinazione dei livelli essenziali delle prestazioni e dei connessi costi e fabbisogni standard nell'area delle politiche sociali, promuove le politiche di contrasto alla povertà, alla esclusione sociale e alla grave emarginazione, dando attuazione al Piano nazionale per la lotta alla povertà e all'esclusione sociale e della misura nazionale di contrasto alla povertà, e cura l'attuazione della disciplina in materia di indicatore della situazione economica equivalente (ISEE);
b) la Direzione Generale dell'Immigrazione e delle politiche di integrazione che, fra l'altro, nello specifico programma i flussi, gestisce e monitora le quote di ingresso dei lavoratori stranieri e cura la cooperazione bilaterale con i paesi d'origine; promuove e cura le iniziative afferenti alle politiche attive e al coinvolgimento dei servizi competenti nelle attività di inserimento e reinserimento lavorativo dei lavoratori stranieri; coordina le politiche per l'integrazione sociale e lavorativa degli stranieri immigrati e le iniziative volte a prevenire e a contrastare la discriminazione, la xenofobia e il fenomeno del razzismo e cura la tenuta del registro delle associazioni e degli enti che svolgono attività a favore degli immigrati. Inoltre coordina le attività relative alle politiche di tutela dei minori stranieri, vigila sulle modalità di soggiorno dei minori stranieri non accompagnati presenti nel territorio dello Stato italiano e dei minori stranieri accolti temporaneamente, vigila sui flussi di entrata dei lavoratori esteri non comunitari e comunitari e promuove e coordina gli interventi umanitari in Italia e all'estero attribuiti al Ministero;
c) la Direzione Generale del Terzo settore e della responsabilità sociale delle imprese, che in particolare promuove, sviluppa e sostiene le attività svolte dai soggetti del terzo settore, e specialmente gli interventi delle organizzazioni di volontariato, delle associazioni di promozione sociale e delle imprese sociali per favorire la crescita di un *welfare* condiviso della società attiva a supporto delle politiche di inclusione, di integrazione e di coesione sociale, anche in collaborazione con gli enti locali, con le imprese, con altre organizzazioni di terzo settore e con gli enti di ricerca. La Direzione svolge anche le attività di competenza dell'ex Agenzia per il terzo settore e coordina le attività, attinenti alle materie del terzo settore dell'Osservatorio nazionale per l'associazionismo e dell'Osservatorio nazionale per il volontariato. Da segnalare infine la competenza a promuovere e sviluppare le attività di sostegno all'impresa sociale – inclusa l'attuazione della normativa di riferimento – e all'imprenditoria sociale.

5.2. *Funzioni regionali*

La legge 328/2000 (art. 8) attribuisce alle Regioni un complesso di funzioni che possiamo sostanzialmente ricondurre a tre categorie:

– *funzioni di programmazione, **coordinamento** e indirizzo degli interventi sociali.* In questo senso spettano alle Regioni le forme di concertazione con gli enti locali interessati, degli ambiti territoriali, la determinazione delle modalità e degli strumenti per la gestione unitaria del sistema locale dei servizi sociali a rete. In questo senso, le Regioni possono prevedere incentivi a favore dell'esercizio associato delle funzioni sociali in ambiti territoriali di norma coincidenti con i distretti sanitari operanti per le prestazioni sanitarie. Inoltre, sono di competenza regionale la promozione e il coordinamento delle azioni di assistenza tecnica per la istituzione e la gestione degli interventi sociali da parte degli enti locali e la promozione della sperimentazione di modelli innovativi di servizi in grado di coordinare le risorse umane e finanziarie presenti a livello locale anche in relazione alle esperienze effettuate a livello europeo. Sotto un diverso profilo, ma ancora in quest'ambito, le Regioni definiscono i criteri per la determinazione del concorso da parte degli utenti al costo delle prestazioni, e stabiliscono i criteri per la definizione delle tariffe che i Comuni sono tenuti a corrispondere ai soggetti accreditati. A questo proposito sono anche competenti alla determinazione, sulla base dei requisiti minimi fissati dallo Stato, dei criteri per l'autorizzazione, l'accreditamento e la vigilanza delle strutture e dei servizi a gestione pubblica o dei soggetti privati. Infine è loro rimesso un potere di intervento sostitutivo nei confronti degli enti locali inadempienti rispetto alla programmazione, progettazione e realizzazione del sistema locale, all'erogazione dei servizi e all'autorizzazione, accreditamento e vigilanza delle strutture a ciclo residenziale e semiresidenziale a gestione pubblica o privata;

– *funzioni di controllo, verifica e monitoraggio.* Queste consistono in un novero ampio e articolato di competenze che vanno dalla verifica dell'attuazione a livello territoriale degli indirizzi regionali alla promozione di metodi e strumenti per il controllo di gestione atti a valutare l'efficacia e l'efficienza dei servizi e i risultati delle azioni previste. In questo senso definiscono i requisiti di qualità per la gestione dei servizi e per la erogazione delle prestazioni. Le Regioni inoltre istituiscono registri dei soggetti autorizzati all'esercizio delle attività socio-assistenziali sulla base di indicatori oggettivi di qualità. Infine, disciplinano la presentazione dei reclami da parte degli utenti delle prestazioni sociali e l'eventuale istituzione di uffici di tutela degli utenti stessi che assicurino adeguate forme di indipendenza nei confronti degli enti erogatori;

– *funzioni relative all'integrazione dell'attività socio-sanitaria con quella sanitaria.* A tal fine spetta alle Regioni la definizione di politiche integrate in materia di interventi sociali, ambiente, sanità, istituzioni scolastiche, avviamento al lavoro e reinserimento nelle attività lavorative, servizi del tempo libero, trasporti e comunicazioni.

Rispetto a questo assetto, però, come si è già accennato, in seguito all'acquisizione della piena potestà legislativa in materia, le Regioni fanno registrare una certa differenziazione, specie rispetto alla struttura della funzione di programmazione e alla definizione del modello di interazione con le forze del privato sociale (→ § XIII.7).

Per quanto riguarda l'assetto organizzativo, non si ha a questo livello alcuna struttura particolare di cui dare conto. Basti qui dire che se da una parte le funzioni di indirizzo e programmazione sono riservate agli organi politici, e quindi a Consiglio o Giunta, dall'altra, specie per le funzioni istruttorie e operative, si ha ovunque l'istituzione di un assessorato che si fa carico del complesso di queste attività. Significativo è, d'altra parte, il fatto che normalmente non si riscontra una struttura assessoriale dedicata soltanto a queste competenze. Frequentemente la delega alle politiche sociali è abbinata a altre che possono di volta in volta essere quelle sanitarie (Valle d'Aosta, Veneto, Lombardia), per la famiglia (Piemonte e Sicilia), per i rapporti con il Terzo settore (Molise) e anche per l'integrazione e l'immigrazione (Emilia-Romagna).

5.3. *Funzioni degli enti locali*

Il sistema socio-assistenziale come si è detto è, fin dall'art. 25 del d.P.R. 616/1977, incentrato sui Comuni, in ragione dell'attribuzione a essi dell'intero complesso di attività necessarie alla predisposizione, organizzazione ed erogazione "*dei servizi di assistenza e di beneficenza*". Prima dell'arrivo del principio di sussidiarietà, questo assetto era già reso possibile dalla combinazione dell'art. 128, che conferiva alle "*leggi generali della Repubblica*" la competenza a determinare le funzioni degli enti locali, con la prima redazione dell'art. 118, che comunque assegnava a essi le funzioni di "*interesse esclusivamente locale*" nelle materie di competenza legislativa regionale.

Due sono le considerazioni rilevanti a questo proposito:

– da una parte si ha, nel caso dei servizi sociali, un sistema che almeno dal punto di vista del numero e della consistenza delle funzioni amministrative si profila come piramidale e che, seguendo uno schema che per la verità caratterizza l'intero d.P.R. del 1977, consegna alla Provincia un ruolo di programmazione e coordinamento e al Comune quello di soggetto produttore/erogatore dei servizi. In qualche modo, anticipando quello che oggi è ampliamente affermato come il valore della prossimità, si percepisce, però, per i servizi sociali l'intento di collocare decisamente in capo alla amministrazione locale, comunale soprattutto, la capacità di soddisfare i bisogni dei cittadini sotto questo profilo in ragione della miglior conoscenza del territorio e delle sue esigenze;

– dall'altra non c'è dubbio che questa scelta abbia anche motivazioni meno nobili, e che sono piuttosto da ricercare nella poca considerazione che questi servizi avevano (e in parte hanno) nella percezione della politica nazionale, anche in forza della loro scarsa rilevanza sotto il profilo finanziario e mediatico. È probabilmente anche in ragione di questi elementi che il sistema socio-assistenziale non ha avuto, almeno fino alla legge del 2000, una organica struttura di governo e una predisposizione dei servizi al pari di quello sanitario, a esso vicino per molti aspetti. Ne risulta, e questo è il dato organizzativo che davvero conta, che diversamente da quanto non avvenga per il SSN, in questo ambito non si sia proceduto alla realizzazione di strutture tecniche dedicate come le aziende della sanità, preferendo rimettere l'intera filiera di attività – dalla pianificazione alla erogazione delle prestazioni – direttamente in capo ai Comuni.

A dispetto di questa tradizionale sottostima, come abbiamo detto, si assiste comunque a una lenta ma innegabile crescita sia della consistenza delle pretese individuali, sia all'allargamento dello spettro di interventi che compongono la materia, facendo della sua indeterminatezza un punto di forza e non di debolezza.

Così gli artt. 7 e 8 della legge 328/2000, ponendosi al culmine di questa progressiva evoluzione, possono determinare un quadro delle competenze locali solido e ben definito.

A) *Province.* Lasciando da parte le funzioni di programmazione che esamineremo a parte, si assegnano alle *Province* competenze istruttorie, di coordinamento e supporto a quelle comunali. Si ha in capo a esse la costruzione di un ampio "sistema informativo dei servizi sociali", che origina dalla raccolta delle conoscenze e dei dati sui bisogni e sulle risorse rese disponibili dai Comuni e da altri soggetti istituzionali presenti in ambito provinciale. In parallelo è richiesta, agli enti intermedi, l'analisi dell'offerta assistenziale, utile a promuovere approfondimenti mirati sui fenomeni sociali più rilevanti nella loro area di competenza. In base a questi dati, su richiesta dei Comuni e degli altri enti locali interessati, le Province offrono supporto nel coordinamento degli interventi territoriali. Inoltre, d'intesa con i Comuni, le Province provvedono alla promozione di iniziative di formazione, con particolare riguardo alla formazione professionale di base e all'aggiornamento.

Si deve inoltre ricordare che, in base all'art. 80 del d.l. 2838/1923 (di modifica della legge comunale e provinciale) si è attribuito alle amministrazioni provinciali l'obbligo di provvedere all'assistenza dei tubercolotici, dei ciechi e dei sordomuti, nel caso in cui non vi provvedano consorzi o altre istituzioni autonome. Infine è bene sottolineare che anche in questo caso le singole leggi regionali hanno poi provveduto a introdurre varianti e diversificazioni. Una costante tra queste è stata, almeno per il periodo 2007-2013, l'attribuzione all'ente intermedio del ruolo di organismo intermedio in attuazione del Piano Operativo Obiettivo "Competitività regionale e occupazione". Con l'approvazione della legge 56/2014, oggi il destino di queste competenze, sia nelle aree divenute Città Metropolitane sia nelle altre, è estremamente incerto. Numerose leggi regionali successive alla riforma (si veda fra tutte, la legge reg. 31/2015 della Puglia, la legge reg. 17/2015 del Lazio, la legge reg. 13/2015 dell'Emilia-Romagna) hanno disposto il trasferimento alla Regione di funzioni in materia sociale e educativa già spettanti alle Province non ricomprese nell'art. 1, comma 85, legge 56/2014. Per quanto concerne, invece, le Città Metropolitane, tra le funzioni fondamentali previste dalla menzionata legge ritroviamo il riferimento all'organizzazione dei servizi pubblici di interesse generale di ambito metropolitano (art. 1, 44° comma, lett. c) e promozione e coordinamento dello sviluppo economico e *sociale* (art. 1, 44° comma, lett. e), che hanno giustificato l'introduzione negli Statuti di diverse Città Metropolitane di funzioni relative alla programmazione, gestione, promozione, coordinamento delle politiche sociali. A ben vedere, le Città Metropolitane svolgono, ad oggi, prevalentemente azioni sovracomunali di supporto alla programmazione socio-assistenziale.

B) *Comuni.* Al livello comunale è assegnato il ruolo più consistente e "visibile" dell'intero sistema, quello relativo all'erogazione delle prestazioni (→ § XIII.7). È da segnalare in particolare l'art. 14.27, lett. g), d.l. 78/2010 (convertito nella legge 122/2010), il quale ha affermato, in modo rilevante per la nostra analisi, due diversi elementi, e cioè che la "*progettazione e gestione del sistema locale dei servizi sociali ed erogazione delle relative prestazioni ai cittadini*" sono funzioni fondamentali dei Comuni, ai sensi dell'art. 17.2, lett. p); e che queste funzioni fondamentali vanno esercitate secondo quanto previsto dal 4° comma dell'art. 118 Cost. e cioè del principio di sussidiarietà orizzontale (→ § XIII.6).

Per iniziare la disamina delle competenze comunali possiamo ricordare l'ampio spettro di sotto-settori che l'art. 32 del d.lgs. 112/1998, delineando le competenze in ambito locale, riconduce all'ambito dei servizi sociali, elencando esplicitamente gli interventi relativi a:

- i minori, inclusi i minori a rischio di attività criminose;
- i giovani;
- gli anziani;
- la famiglia;
- i portatori di handicap, i non vedenti e gli audiolesi;
- i tossicodipendenti e alcoldipendenti;
- gli invalidi civili, per quanto non è invece assegnato allo Stato.

Rispetto a questo esteso campo d'azione, l'art. 6 della legge 328/2000 entra nel merito delle competenze da esercitare, che in questo esame, per comodità di lettura, possiamo classificare in quattro diverse tipologie:

a) da una parte vi sono le *funzioni connesse alla vera e propria predisposizione dei servizi*. Rispetto a questo primo insieme, i Comuni, oltre a essere titolari di tutte le funzioni necessarie alla progettazione, alla organizzazione e alla erogazione delle prestazioni sociali ai cittadini (anche secondo le specificazioni di cui alle leggi regionali di settore), hanno la piena capacità di definire gli assetti più funzionali alla gestione, alla spesa e al rapporto con i cittadini. Per dare specificazione e definizione a queste competenze di carattere generale, la disposizione in esame propone una elencazione nella quale non solo si precisano in cosa consistano le attività ricordate, ma si aggiungono funzioni utili a consolidare e a contestualizzare l'azione in ambito sociale nel complesso delle politiche comunali. Inoltre è data ai Comuni la possibilità di definire le priorità e i settori di innovazione, attraverso la concertazione delle risorse umane e finanziarie locali, con il coinvolgimento dei diversi soggetti riconducibili all'ambito del Terzo settore. Infine, è da notare come, alla ampia capacità di dare struttura organizzativa e funzionale ai servizi socio-assistenziali, la legge in esame attribuisce ai Comuni anche la competenza ad allargare il novero delle prestazioni essenziali e definire il proprio spettro di interventi in modo calibrato ai bisogni della propria popolazione (→ § XIII.3) con l'introduzione di prestazioni economiche ulteriori. In questo senso, non è da dimenticare il dovere per i Comuni di assumere gli obblighi connessi all'eventuale integrazione economica a favore dei soggetti per i quali si renda necessario il ricovero stabile presso strutture residenziali;

b) da queste prime funzioni, che mirano alla definizione dell'ambito oggettivo dell'intervento, si possono distinguere *funzioni*, pur strettamente connesse a queste, le quali però sono *specificamente mirate alla definizione dell'assetto del sistema integrato pubblico e privato di offerta di prestazioni sociali*. In questo senso, è il Comune a determinare quali prestazioni gestire ed erogare in via diretta, cosa rimettere ai soggetti privati accreditati seguendo il modello dell'esternalizzazione, e cosa lasciare all'intervento volontario dei cittadini attivi, in osservanza del principio di sussidiarietà orizzontale (→ § XIII.6). Si pongono anche in capo al Comune sia le funzioni relative all'autorizzazione, all'accreditamento e alla vigilanza dei servizi sociali e delle strutture a ciclo residenziale e semiresidenziale a gestione pubblica o dei soggetti privati, sia la promozione, nell'ambito del sistema locale dei servizi sociali a rete, di risorse delle collettività locali tramite forme innovative di collaborazione per lo sviluppo di interventi di auto-aiuto e per favorire la reciprocità tra cittadini nell'ambito della vita comunitaria. Sempre in relazione a questa seconda categoria di funzioni, spetta infine al Comune il coordinamento di programmi e attività degli enti che operano nell'ambito di competenza, tramite collegamenti operativi tra i servizi che realizzano attività volte all'integrazione sociale e intese con le aziende unità sanitarie locali per le attività socio-sanitarie e per i piani di zona;

c) vi sono poi *funzioni relative alla determinazione dei destinatari degli interventi e di programmazione delle priorità*. È infatti competenza comunale valutare i soggetti in condizioni di povertà o con limitato reddito o con incapacità totale o parziale di provvedere alle proprie esigenze per inabilità di ordine fisico e psichico, con difficoltà di inserimento nella vita sociale attiva e nel mercato del lavoro, nonché i soggetti sottoposti a provvedimenti dell'autorità giudiziaria, che rendono necessari interventi assistenziali e che accedono prioritariamente ai servizi e alle prestazioni erogati dal sistema integrato di interventi e servizi sociali;

d) da ultimo si può distinguere un complesso di *funzioni di relazione e comunicazione* quali quelle relative all'adozione di strumenti per la semplificazione amministrativa e per il controllo di gestione, atti a valutare l'efficienza, l'efficacia e i risultati delle prestazioni, nonché la predisposizione di forme di consultazione dei soggetti pubblici e privati, accreditati o sussidianti, per valutare la qualità e l'efficacia dei servizi e formulare proposte ai fini della predisposizione dei programmi.

Infine il Comune deve garantire ai cittadini i diritti di partecipazione al controllo della qualità dei servizi, secondo le modalità previste dal loro Statuto.

Come si è anticipato, in ambito socio-assistenziale non si è mai prevista la creazione di strutture tecniche dedicate, e di pertinenza comunale. La titolarità delle funzioni appena elencate è quindi assegnata, almeno in partenza, all'ente stesso. In questo senso pertiene al Consiglio comunale la eventuale approvazione di un regolamento per la gestione dei servizi sociali, e alla Giunta riguardano le funzioni di indirizzo e adozione di atti amministrativi generali.

Per quanto riguarda la vera e propria attività amministrativa e di erogazione delle prestazioni, mentre la legge quadro del 2000 darà ampio svolgimento al profilo delle relazioni tra il Comune e i soggetti terzi (accreditati e/o sussidianti), la legislazione generale sugli enti locali ha offerto alcune interessanti soluzioni organizzative per la gestione diretta e indiretta dei servizi sociali.

✓ FORME DI GESTIONE DEI SERVIZI LOCALI

Fu per primo l'art. 22 della legge 142/1990 a delimitare il campo dei servizi pubblici locali a quelli che abbiano per oggetto "produzione di beni ed attività rivolte a realizzare fini sociali e a promuovere lo sviluppo economico e civile delle comunità locali" (definizione oggi ribadita dall'art. 112.1 del d.lgs. 267/2000, *"Testo Unico degli Enti Locali"*), per poi introdurre un elenco delle possibili forme di gestione dei servizi locali che comprendeva:
– la gestione in economia, quando per le modeste dimensioni o per le caratteristiche del servizio non sia opportuno costituire una istituzione o una azienda;
– la concessione a terzi, quando sussistano ragioni tecniche, economiche e di opportunità sociale;
– la azienda speciale, anche per la gestione di più servizi di rilevanza economica e imprenditoriale;
– le istituzioni, pensate per l'esercizio di servizi sociali senza rilevanza imprenditoriale;
– la società per azioni o a responsabilità limitata a prevalente capitale pubblico locale costituite o partecipate dall'ente titolare del pubblico servizio, qualora sia opportuna in relazione alla natura o all'ambito territoriale del servizio la partecipazione di più soggetti pubblici o privati.
Com'è evidente fin da questa prima redazione, nella norma emergeva con chiarezza:
– la distinzione tra la gestione diretta, tutta interna all'ente e l'affidamento del servizio a altri soggetti, che potevano essere estensioni strumentali dell'ente stesso (le aziende e le istituzioni) oppure soggetti del tutto terzi, in alcuni casi partecipati dall'ente (le spa o le srl);
– la differenziazione tra le forme dedicate alla gestione di attività con rilevanza economica e privi di rilevanza economica, come criterio per la scelta del modello di gestione specifico, da determinare caso per caso.
Di fatto in un primo tempo la disposizione fu ripresa pedissequamente dall'art. 113 del TUEL, per poi essere modificata dall'art. 35.15 della legge 448/2001 (la legge finanziaria per il 2002), che accentuava i caratteri della distinzione appena ricordata, introducendo le due distinte categorie dei servizi a rilevanza industriale e privi di rilevanza industriale. Alle forme di gestione di queste ultime veniva dedicato un articolo specifico, il 113 *bis*, il quale, oltre a ribadire i modelli della gestione in economia, dell'istituzione, delle aziende speciali anche consortili e delle società di capitali costituite o partecipate dagli enti locali, prevede anche che gli enti locali potessero procedere all'affidamento diretto dei servizi culturali e del tempo libero ad associazioni e fondazioni da loro costituite o partecipate. In seguito, dopo il ritorno alla distinzione fondata sulla rilevanza economica (che dipende dalla determinazione dell'ente rispetto alle modalità di gestione) e non più sulla rilevanza industriale (che è dato oggettivo ed evoca standardizzazione delle procedure produttive) operata dalla legge 326/2003, la definizione di questi modelli organizzativi esce dalla disponibilità del legislatore statale in ragione della sent. 272/2004 della Corte cost. (→ § XIII.4).

Di fatto però gli stessi modelli avevano conosciuto una diffusione molto significativa e rimangono tuttora come paradigmatici per l'organizzazione dei servizi sociali a livello comunale.

È quindi il caso di accennare qui ad alcuni tratti distintivi delle forme più direttamente dedicate ai servizi *privi di rilevanza economica* e precisamente:

– la *gestione in economia*, deliberata dal Consiglio comunale, è posta direttamente in capo a un settore dell'amministrazione che vi fa fronte con mezzi e risorse proprie, sotto la responsabilità di un dirigente o di un funzionario. Di un certo rilievo è il progetto tecnico e finanziario di massima che il Consiglio approva assieme alla delibera di assunzione del servizio, nel quale si specificano opere, costi, possibili ricavi della gestione diretta;

– le *istituzioni* sono organismi strumentali dell'ente locale per l'esercizio di servizi sociali che godono di autonomia gestionale. Ha propri organi (un consiglio di amministrazione, un presidente e un direttore con piena responsabilità gestionale) e trova puntuale disciplina nello statuto (ed eventualmente in un regolamento specifico). Alla istituzione l'ente locale conferisce il capitale di dotazione, determinando le sue finalità e gli indirizzi della sua attività, per poi approvarne gli atti fondamentali, esercitarne la vigilanza e verificarne i risultati.

Inoltre è da segnalare come, in tutta la legislazione di settore si dia forte impulso alle forme di gestione associata dei servizi sociali per i Comuni di piccole dimensioni.

C) *La programmazione.* Il complesso dei servizi sociali appare per lungo tempo come un sistema multilivello in cui i diversi enti di governo territoriale giocano ognuno una parte importante, ma priva di quel coordinamento e quella armonizzazione con gli altri che invece qualifica il sistema sanitario tanto da farlo classificare, unico nel genere, come "servizio nazionale".

A porre rimedio a questa distinzione nei ruoli è ancora una volta la legge 328/2000, che assegna al metodo della programmazione una rilevanza del tutto particolare e sconosciuta ad altri settori. Il sistema si presenta così a forte integrazione sia verticale che orizzontale, coinvolgendo non solo gli enti locali, le Regioni e lo Stato, ma anche soggetti di diritto privato. In questo modo, in forma unitaria e appunto integrata, si intendono mettere in relazione gli interventi e le risorse, l'operatività per progetti e la verifica sistematica dei risultati in termini di qualità e di efficacia delle prestazioni. Quindi la programmazione in ambito socio-assistenziale si caratterizza, da una parte, per la concertazione e la cooperazione tra i diversi livelli istituzionali, tra questi e i soggetti privati, le organizzazioni sindacali maggiormente rappresentative a livello nazionale e, dall'altra, sotto il profilo più istituzionale, con le aziende unità sanitarie locali per le prestazioni socio-sanitarie a elevata integrazione sanitaria comprese nei livelli essenziali del SSN, con il sistema dell'istruzione e il settore relativo alle politiche attive di formazione, di avviamento e di reinserimento al lavoro.

Tre sono gli strumenti della programmazione, previsti dalla legge 328/2000:

– il piano nazionale;
– il piano regionale;
– il piano di zona.

Ognuno di essi è mirato alla cura di interessi differenti, e questo pone i diversi piani in una relazione non di gerarchia discendente, ma piuttosto di complementarietà. I piani infatti non necessariamente si inseriscono l'uno nell'altro, o intervengono sui medesimi profili, ma piuttosto si affiancano in senso (almeno nelle previsioni della legge) armonico ed equilibrato, ognuno col proprio ruolo e il proprio ambito d'intervento.

Il **Piano nazionale** e i **piani regionali** degli interventi e dei servizi sociali sono disciplinati all'art. 18 della legge 328/2000. Per quanto riguarda il primo, si prevede che sia il Governo a predisporlo ogni tre anni tenendo conto delle risorse finanziarie individuate dallo Stato e dalle Regioni, nonché delle risorse ordinarie già destinate alla spesa sociale dagli enti locali.

✓ PIANO NAZIONALE DEGLI INTERVENTI E DEI SERVIZI SOCIALI

Il Piano nazionale degli interventi e dei servizi sociali deve essere adottato previa deliberazione del Consiglio dei ministri, su proposta del ministro. Sullo schema di piano, inoltre, sono acquisiti l'intesa con la Conferenza unificata e i pareri degli enti e delle associazioni nazionali di promozione sociale, delle associazioni di rilievo nazionale che operano nel settore dei servizi sociali, delle organizzazioni sindacali maggiormente rappresentative a livello nazionale e delle associazioni di tutela degli utenti. Lo schema di piano è successivamente trasmesso alle Camere per l'espressione del parere da parte delle competenti Commissioni parlamentari, che si pronunciano entro trenta giorni dalla data di assegnazione.
Il contenuto obbligatorio del piano nazionale include:
– le caratteristiche e i requisiti delle prestazioni sociali che costituiscono livelli essenziali delle prestazioni;
– le priorità di intervento attraverso l'individuazione di progetti obiettivo e di azioni programmate, con particolare riferimento alla realizzazione di percorsi attivi nei confronti delle persone in condizione di povertà o di difficoltà psico-fisica;
– le modalità di attuazione del sistema integrato di interventi e servizi sociali e le azioni da integrare e coordinare con le politiche sanitarie, dell'istruzione, della formazione e del lavoro;
– gli indirizzi per la diffusione dei servizi di informazione al cittadino e alle famiglie;
– gli indirizzi per le sperimentazioni innovative e per le azioni di promozione della concertazione delle risorse umane, economiche, finanziarie, pubbliche e private, per la costruzione di reti integrate di interventi e servizi sociali;
– gli indicatori e i parametri per la verifica dei livelli di integrazione sociale effettivamente assicurati in rapporto a quelli previsti nonché gli indicatori per la verifica del rapporto costi-benefici degli interventi e dei servizi sociali;
– i criteri generali per la disciplina del concorso al costo dei servizi sociali da parte degli utenti;
– i criteri generali per la determinazione dei parametri di valutazione delle condizioni di povertà o di reddito limitato, la incapacità totale o parziale di provvedere alle proprie esigenze per inabilità di ordine fisico e psichico, con difficoltà di inserimento nella vita sociale attiva e nel mercato del lavoro, nonché la condizione dei soggetti sottoposti a provvedimenti dell'autorità giudiziaria che rendono necessari interventi assistenziali;
– gli indirizzi e i criteri generali per la concessione dei prestiti sull'onore;
– gli indirizzi per la predisposizione di interventi e servizi sociali per le persone anziane non autosufficienti e per i soggetti disabili;
– gli indirizzi relativi alla formazione di base e all'aggiornamento del personale;
– i finanziamenti relativi a ciascun anno di vigenza del Piano nazionale in coerenza con i livelli essenziali stabiliti, secondo parametri basati sulla struttura demografica, sui livelli di reddito e sulle condizioni occupazionali della popolazione;
– gli indirizzi per la predisposizione di programmi integrati per obiettivi di tutela e qualità della vita rivolti ai minori, ai giovani e agli anziani, per il sostegno alle responsabilità familiari, anche in riferimento all'obbligo scolastico, per l'inserimento sociale delle persone con disabilità e limitazione dell'autonomia fisica e psichica, per l'integrazione degli immigrati, nonché per la prevenzione, il recupero e il reinserimento dei tossicodipendenti e degli alcoldipendenti.
In relazione ai risultati conseguiti l'allora ministro per le politiche sociali deve predisporre annualmente una relazione al Parlamento, dando particolare rilievo ai costi e all'efficacia degli interventi.

Il Piano nazionale è indicato dalla legge come l'atto più rilevante a disposizione dello Stato per determinare, per quanto gli compete, le linee di governo delle politiche socio-assistenziali. Esso, infatti, mira a far convergere l'azione degli altri livelli territoriali verso livelli di intervento uniformi su tutto il territorio, al fine di assicurare una tutela omogenea dei diritti individuali.

Come segnalato in precedenza (→ § XIII.3✓), il primo Piano Nazionale (2001-2003) non ha avuto continuità.

A parere di molti commentatori, oltre alla riforma costituzionale del 2001, ha influito la disciplina, dettata dall'art. 46 della legge 289/2002 (legge finanziaria del 2003), secondo cui, nei limiti delle risorse ripartibili del Fondo nazionale per le politiche sociali, e tenuto conto delle risorse ordinarie destinate alla spesa sociale dalle Regioni e dagli enti locali, i livelli essenziali delle prestazioni da garantire su tutto il territorio nazionale, siano determinati da un d.P.C.M., adottato su proposta del ministro del lavoro e delle politiche sociali, di concerto con il ministro dell'economia e delle finanze e d'intesa con la Conferenza unificata.

L'incertezza di questa interpretazione pare essere superata dal d.lgs. n. 147/2017 e dall'approvazione del nuovo Piano Sociale Nazionale (PSN) per il triennio 2018-2020 già richiamato (→ § XIII.3✓). Quest'ultimo, malgrado le differenze evidenziate, continua ad essere indicato come l'atto di programmazione nazionale volto ad individuare, nel limite delle risorse del Fondo nazionale, lo sviluppo degli interventi e dei servizi necessari per la progressiva definizione dei livelli essenziali delle prestazioni sociali da garantire su tutto il territorio nazionale.

Da parte loro le Regioni, nell'esercizio delle loro funzioni amministrative, entro centoventi giorni dall'adozione del Piano nazionale adottano nell'ambito delle risorse disponibili e attraverso forme di intesa con i Comuni interessati, il *piano regionale degli interventi e dei servizi sociali*, provvedendo in particolare all'integrazione socio-sanitaria in coerenza con gli obiettivi del piano sanitario regionale, nonché al coordinamento con le politiche dell'istruzione, della formazione professionale e del lavoro.

I piani delle Regioni, per i quali la legge 328/2000 non specifica alcun contenuto determinato, conoscono un punto di partenza comune negli standard fissati dal Piano nazionale, ma poi tendono a differenziarsi in modo anche significativo in ragione dei diversi modelli predisposti nelle loro leggi. Vi sono in questo senso disposizioni regionali che provvedono a dettare una serie di elementi necessari per i propri piani, specie evidenziando il ruolo di questi nella caratterizzazione degli interventi e delle priorità in ragione delle singole specificità territoriali. Un'altra differenza in qualche modo significativa risiede nel procedimento di adozione del Piano, che nella gran parte delle Regioni è competenza del Consiglio, a volte in forma integrata con quello sanitario, su proposta della Giunta. Solo in Friuli-Venezia Giulia e nelle Province autonome di Trento e Bolzano il Piano è direttamente adottato dalla Giunta.

L'art. 19 dà invece disciplina ai **piani di zona**, che si riferiscono ad ambiti territoriali determinati dalle Regioni per la gestione unitaria del sistema locale dei servizi sociali a rete e sono di norma coincidenti con i distretti sanitari.

Nel piano di zona i Comuni associati in tali ambiti territoriali provvedono, a tutela dei diritti della popolazione e d'intesa con le aziende unità sanitarie locali, a programmare gli interventi in relazione alle risorse disponibili per gli interventi sociali e socio-sanitari in base alle indicazioni del piano regionale. Lo strumento di adozione ordinario per il piano di zona è l'accordo di programma, a cui partecipano anche i Comuni associati, i soggetti privati (e cioè gli organismi non lucrativi di utilità sociale, gli organismi della cooperazione, le associazioni e gli enti di promozione sociale, le fondazioni e gli enti di patronato, le organizzazioni di volontariato, gli enti riconosciuti delle confessioni religiose) e le ASP (→ § XIII.8). Con esso si intende, da una parte, favorire la formazione di sistemi locali di intervento fondati su servizi e prestazioni complementari e flessibili, stimolando in particolare le risorse locali di solidarietà e di auto-aiuto, nonché a responsabilizzare i cittadini nella programmazione e nella verifica dei servizi e, dall'altra, a qualificare la spesa, attivando risorse, anche finanziarie, derivate dalle forme di concertazione con le ASL. Inoltre, in essi si definiscono i criteri di ripartizione della spesa a carico di ciascun Comune, delle aziende unità sanitarie locali e degli altri soggetti firmatari dell'accordo di programma, prevedendo anche risorse vincolate per il raggiungimento di particolari obiettivi e iniziative di formazione e di aggiornamento degli operatori finalizzati a realizzare progetti di sviluppo dei servizi.

In tal senso i piani di zona devono specificare:

– gli obiettivi strategici e le priorità di intervento nonché gli strumenti e i mezzi per la relativa realizzazione;
– le modalità organizzative dei servizi, le risorse finanziarie, strutturali e professionali, i requisiti di qualità in relazione alle disposizioni regionali;
– le forme di rilevazione dei dati nell'ambito del sistema informativo dei servizi sociali;
– le modalità per garantire l'integrazione tra servizi e prestazioni;
– le modalità per realizzare il coordinamento con gli organi periferici delle amministrazioni statali, con particolare riferimento all'amministrazione penitenziaria e della giustizia;
– le modalità per la collaborazione dei servizi territoriali con i soggetti operanti nell'ambito della solidarietà sociale a livello locale e con le altre risorse della comunità;
– le forme di concertazione con l'azienda unità sanitaria locale e con i soggetti privati.

A ben vedere il piano di zona appare quindi come uno strumento maggiormente operativo, mirato alla costruzione di una vera e propria rete di interventi.

Come segnalato in precedenza, il d.lgs. 147/2017 è intervenuto in favore di un rafforzamento del sistema di governo degli interventi in ambito sociale. A tal proposito, anche con il proposito di superare la frammentazione esistente in materia di programmazione delle politiche sociali, è stata istituita la Rete della protezione e dell'inclusione sociale, quale organismo di *coordinamento* del sistema degli interventi e dei servizi sociali di cui alla legge 328/2000.

La Rete, articolata in tavoli territoriali, è presieduta dal Ministro del Lavoro e delle Politiche Sociali e si compone di rappresentanti dei diversi livelli di governo – nazionale, regionale e locale – nonché un rappresentante dell'INPS in qualità di invitato permanente. Tra le funzioni essenziali della Rete, oltre all'elaborazione del Piano Sociale Nazionale, risalta l'elaborazione delle linee di indirizzo negli specifici campi d'intervento delle politiche afferenti al sistema degli interventi e dei servizi sociali.

6. Sussidiarietà orizzontale e sistema integrato degli interventi socio-assistenziali

La riforma costituzionale del 2001, nel ridisegnare il riparto delle competenze amministrative, riscrive l'art. 118 Cost. e assume come criterio fondamentale quel principio di sussidiarietà: nel senso verticale (art. 118.1-2 Cost.), che comporta l'assegnazione della generalità della funzione amministrativa ai Comuni; nel senso orizzontale (art. 118.4), che ridefinisce le relazioni tra apparati pubblici e cittadini, arrivando così a sancire anche a livello costituzionale una prospettiva che già aveva avuto le prime aperture nella legge 59/1997 (art. 4.3, lett. a)), nella legge 265/1999 (art. 2.1, ed è oggi recepito, all'art. 3 del d.lgs. 267/2000, "*Testo unico delle leggi sull'ordinamento degli enti locali*") e anche nella stessa legge 328/2000 (art. 1.3-6 e art. 5).

L'art. 118.4 Cost. dispone infatti che "*Stato, Regioni, Città metropolitane, Province e Comuni favoriscono l'autonoma iniziativa dei cittadini, singoli e associati, per lo svolgimento di attività di interesse generale, sulla base del principio di sussidiarietà*".

Si noti innanzitutto che la distinzione tra la prospettiva verticale e quella orizzontale è solo dottrinale. L'art. 118 Cost., sia al 1° comma, sia al 4° comma, richiama un principio nel suo complesso senza aggettivazioni o dimensioni, e ne descrive gli effetti senza enunciarlo. Di fatto in entrambe le norme si delinea una dinamica relazionale tra un soggetto sussidiante e uno sussidiato, e se ne descrivono i ruoli rispettivi. Ma mentre nell'art. 118.1 appare con chiarezza un valore, la scelta "di base" (che consiste nella attribuzione della funzione amministrativa al livello locale in ragione della sua prossimità ai destinatari della stessa), la formulazione dell'art. 118.4, invece, non esplicita alcun criterio preferenziale. In questo senso, almeno a prima vista, il problema che si pone è di determinare se le attività di interesse generale siano prioritariamente di spettanza delle istituzioni territoriali o dei cittadini, e quindi se la riforma costituzionale del 2001 proponga un sistema ancora fortemente incentrato sul ruolo del sistema pubblico, oppure compia una scelta decisa a favore dell'autonomia privata, lasciando un ruolo residuale all'amministrazione.

Una formulazione sintatticamente così semplice e incerta per un principio così rilevante ha portato a una gamma amplissima di interpretazioni (di cui pochissime obiettive), a cui hanno fatto seguito pratiche e applicazioni non soltanto diverse, ma a tratti anche confliggenti. Sembra, in altri termini, che nel caso della sussidiarietà, come è proprio nella traduzione in scelte di qualsiasi principio generale, non si sia verificato quell'auspicabile concorso di teorie prima, e di politiche poi che, seppur distinte, si dispongono comunque al perseguimento di un medesimo valore condiviso. In questo caso la dottrina, la legislazione e anche la prassi amministrativa hanno, invece, messo in evidenza un conflitto insanabile tra soluzioni che, assumendo la sussidiarietà a presidio di interessi e di intenti diversissimi e a volte anche aberranti rispetto alla idea che la formula costituzionale esprime e persegue.

Il fatto è che una impostazione tutta fondata sull'idea del conflitto insanabile tra pubblico e privato si rivela necessariamente sterile, facendo così perdere di vista l'intento della disposizione di cui all'art. 118 Cost. che invece, al di là delle inevitabili conflittualità ideologiche su un tema così "sensibile", è in realtà ben chiaro. La norma di fatto afferma che le istituzioni pubbliche hanno il dovere di disporsi a riconoscere e promuovere la piena affermazione delle prerogative connesse alla cittadinanza, e chiede alle forze del privato di svolgere un ruolo attivo, sussidiario appunto, nel perseguimento dell'interesse generale che, in questo modo, non è più di pertinenza esclusiva della politica e dell'amministrazione. Quella che si afferma (come possibile) è dunque una relazione collaborativa tra Stato, cittadini e anche il mercato, basata non solo sulla semplice adesione, ma piuttosto su una decisa condivisione dei valori che danno legittimazione non solo al sistema costituzionale, ma ancor prima alla convivenza sociale.

Letta in questo modo, la sussidiarietà che propone l'art. 118 Cost. riformato diventa nel suo complesso elemento essenziale e condizionante la stessa forma di Stato, delineandosi allo stesso tempo quale criterio essenziale nella distribuzione del potere sul territorio e come tratto caratterizzante le relazioni tra cittadini e sovranità. La costruzione del modello sussidiario parte allora dalla dimensione verticale del principio, cioè da una fortissima valorizzazione dei contesti locali (ove le relazioni tra cittadini e istituzioni sono quotidiane e molto concrete), e arriva a far intravedere una diversa declinazione delle democrazie sociali che, assegnando ai cittadini una posizione diversa da quella tradizionale, è capace di attivare e valorizzare le loro risorse a fianco di quelle del sistema di governo. In questo senso, non si nega la dicotomia tra pubblico e privati, né tantomeno si nega l'esistenza di interessi confliggenti tra l'uno e gli altri. Piuttosto si mette in discussione l'ineluttabilità dell'attuale coniugazione della relazione tra autorità e libertà proponendo una relazione di natura non antagonista tra istituzioni e forze attive nella società.

La sussidiarietà, quindi, esprime una visione terza rispetto all'alternativa Stato/mercato, che porta al superamento di dinamiche esclusivamente competitive e di contrapposizione tra soggetti e tra ambiti: l'offerta sussidiaria, anche letteralmente, evoca supplemento, sostegno, soccorso, e quindi implica non solo la pretesa di un pieno riconoscimento del ruolo di ciascuno, ma anche la più convinta accettazione delle prerogative dell'altro. Non si oppone al mercato ma vi si affianca, creando strade nuove per la produzione e il consumo. Non predica una inevitabile riduzione della sfera pubblica, ma il ripensamento del suo ruolo e della sua estensione in ragione di ciò che i cittadini sanno e possono fare più efficacemente. Inoltre, per l'ampiezza dei bisogni (e degli interessi) che oggi si agitano in seno alle nostre società, la sussidiarietà può estendere la propria portata fino ad arrivare a essere opzione non solo sostitutiva della azione pubblica, ma anche complementare a essa, offrendo un ruolo integrativo e additivo anche in settori che permangono nelle cure dell'amministrazione, o lasciati al libero gioco della concorrenza. Né si afferma come paradigma assoluto, come dogma da accettare o rifiutare, alle cui insufficienze si deve di volta in volta porre rimedio con l'elaborazione di eccezioni, di distinzioni e paradossi. Al contrario si rende disponibile come possibilità, come ulteriore risorsa.

✓ SUSSIDIARIETÀ, SOLIDARIETÀ, CITTADINANZA

Questa rivalutazione del ruolo della cittadinanza, promuovendo una diversa declinazione dell'individuo e della sua capacità di "partecipare" all'organizzazione politica, economica e sociale del Paese, ha riflessi rilevantissimi sul tema alla nostra attenzione.
Da una parte, infatti, si ricollega agli stessi principi fondamentali che si pongono alla base del sistema di protezione sociale, e quindi sia a quell'idea della dignità e della libertà dell'uomo, il cui rife-

rimento più immediato è nell'art. 2 Cost., sia al valore dell'eguaglianza formale e sostanziale sancito all'art. 3 Cost. Fra questi valori, tradizionalmente intesi come configgenti, la sussidiarietà si pone come *trait d'union*, come strumento per la loro coniugazione nel senso di una libertà responsabile e cosciente degli altri.
Dall'altra, è indubbio che, nel senso in cui l'abbiamo descritta, la sussidiarietà promuova una nuova dimensione della solidarietà. L'azione sussidiaria dei privati deve essere infatti rivolta a emancipare l'altro dal bisogno con quello spirito di reciprocità a cui il dovere di solidarietà sociale richiama, e non diventare, piuttosto, l'espressione di una beneficenza condiscendente che, come sostenne papa Benedetto XVI, nell'Enciclica *Caritas In Veritate* "umilia il portatore di bisogno". Quindi, in una lettura del tutto "civile e laica", la sussidiarietà sostiene quel senso della pluralità e della collaborazione che lo stesso art. 2 promuove assegnando a tutti un dovere di "solidarietà politica, economica e sociale". In questo modo tale dovere rivive e si rinvigorisce non solo quando la soddisfazione del bisogno appaia carente, insufficiente, parziale, incompleta, ma anche quando sia possibile arricchire, rinforzare o semplicemente migliorare il benessere individuale e collettivo con un'azione plurale e concertata di più attori (peraltro auspicata dallo stesso art. 38 Cost.), appartenenti a contesti differenti e sottoposti a regimi di regolazione diversi, ma accomunati dal perseguimento corale del medesimo interesse generale.
Molti studiosi di discipline diverse sono arrivati, e non solo in Italia, a queste stesse conclusioni, invocando una transizione verso un *welfare* positivo, capace di far superare le connotazioni negative di quello tradizionale, proponendo a tal fine di sostituire i programmi pubblici contro la povertà e il bisogno con approcci fondati su una più diffusa e solida azione di comunità. La constatazione di partenza è sempre la stessa, e cioè il fallimento sia dei modelli di sicurezza sociale fondati su un'idea di egalitarismo spesso incapace di cogliere con attenzione i bisogni del singolo, tipici degli anni '60 e '70, sia dei tentativi del neo-liberismo degli anni '80 orientati a smantellare in modo scriteriato gli apparati pubblici per restituire progressivamente all'individuo gli strumenti e i mezzi per una soluzione del tutto personale delle proprie difficoltà.
I problemi sociali di oggi, si sostiene ancora, sono generati sia dai mercati che dalle istituzioni pubbliche, e a essi si deve rispondere con un approccio diverso, ugualmente critico verso entrambi, fondato su programmi di modernizzazione che non intendono far prevalere l'uno o l'altro, ma piuttosto promuovono l'intervento (diverso ma) congiunto di entrambi, nell'intento di arrivare a una più ampia e solida affermazione di ideali di solidarietà e di giustizia sociale. Grazie a questa differenziazione e alla moltiplicazione dei soggetti e degli strumenti deputati alla lotta all'esclusione e alla diseguaglianza che comporta, la sussidiarietà da una parte contrasta la tendenza alla defezione sociale, e dall'altra innalza la soglia di tutela sociale dei singoli, aprendo la via per una prospettiva che alcuni definiscono di *welfare community* (come opposta al *Welfare State*), in ragione dello sforzo collettivo e congiunto di tutti (attori istituzionali, sociali ed economici) per la soddisfazione solidale dei bisogni delle persone.

I primi effetti di letture come questa cominciano a dare i primi segni di consistenza e a tradursi in prescrizioni giuridicamente vincolanti. Vi è infatti chi, tentando una costruzione dei diritti sociali come diritti della personalità, pur nel solo ambito delle prestazioni sanitarie e sociali, arriva a sostenere la valenza generale, anzi la "istituzionalizzazione" del dovere di soccorso delle persone in stato di bisogno come apporto "in via sussidiaria", e quindi relega i soggetti pubblici a ciò deputati a un ruolo solo sostitutivo ed eventuale. In questo modo si giunge ad attribuire all'ente un diritto di rivalsa contro i familiari "obbligati *ex lege*" all'aiuto dei propri congiunti che, diversamente, hanno abbandonato alle cure di qualche istituzione pubblica. Vi sono di fatto indicazione in questo senso anche della giurisprudenza (Cass., sez. I, sent. 11209/1992 e più di recente Cass., sez. I, sent. 3822/2001), ove tale azione di rivalsa da parte del Comune si ammette, in base all'art. 1 della legge 3 dicembre 1931, n. 1580, nei confronti de:

– i ricoverati che non si trovino in condizioni di povertà (con trasmissione dell'onere, nell'ipotesi di decesso, ai loro eredi legittimi e testamentari);

– tutti coloro che, nell'opposto caso di ricoverati indigenti, siano tenuti per legge agli alimenti e che si trovino in condizione di sostenere, almeno parzialmente, l'onere della degenza, nell'ordine stabilito dal codice civile (Cass. 12 maggio 1965, n. 910; Cass. 20 gennaio 1998, n. 481; Cass. 10 maggio 1999, n. 4621).

La legge 328/2000, che, come si è detto, è di qualche mese precedente alla riforma costituzionale, con la costruzione di un sistema integrato dei servizi sociali anticipa e dà forma al principio di sussidiarietà orizzontale in un senso del tutto conforme all'interpretazione che fin qui abbiamo illustrato.

All'art. 1 infatti si afferma (con formula non molto diversa da quella adottata in sede costituzionale) che "*gli enti locali, le regioni e lo Stato, nell'ambito delle rispettive competenze, riconoscono e agevolano il ruolo degli organismi non lucrativi di utilità sociale, degli organismi della cooperazione, delle associazioni e degli enti di promozione sociale, delle fondazioni e degli enti di patronato, delle organizzazioni di volontariato, degli enti riconosciuti delle confessioni religiose con le quali lo Stato ha stipulato patti, accordi o intese operanti nel settore nella programmazione, nella organizzazione e nella gestione del sistema integrato di interventi e servizi sociali*". Si ha in questo modo, e per la prima volta, un pieno e appropriato riconoscimento dell'apporto che al sistema dei servizi alla persona danno i soggetti del Terzo settore, offrendo di questi però non una definizione puntuale (→ § XIII.8), ma una mera elencazione.

L'art. 5 (dedicato specificamente al "*Ruolo del Terzo Settore*"), riprende e approfondisce questa affermazione di principio, proponendo una complessa serie di norme tutt'ora vigenti nel nostro ordinamento. La disposizione si apre (1° comma) affermando che "*per favorire l'attuazione del principio di sussidiarietà, gli enti locali, le regioni e lo Stato, nell'ambito delle risorse disponibili in base ai piani (...), promuovono azioni per il sostegno e la qualificazione dei soggetti operanti nel terzo settore anche attraverso politiche formative ed interventi per l'accesso agevolato al credito ed ai fondi dell'Unione europea*".

Se, da una parte, quindi si riafferma il ruolo attivo degli enti territoriali e la necessità di un loro intervento mirato a "favorire" l'attuazione del modello sussidiario, dall'altra, in modo del tutto inedito fino ad allora, si allarga l'applicazione della sussidiarietà oltre al livello locale e, coerentemente con la struttura multilivello del sistema che si intende realizzare, si pongono i medesimi obblighi anche a carico delle Regioni e dello Stato, alla ricerca di un intervento programmato e corale di tutti nella realizzazione del sistema di sicurezza sociale, in parallelo a ciò che avviene nel Servizio sanitario nazionale, ponendo i medesimi obblighi.

Non solo: la norma in esame infatti dà una consistenza del tutto particolare al principio di sussidiarietà predisponendo una serie di azioni positive a favore dei privati delle quali qui, per la prima e unica volta nella legge statale, si offre specificazione. Si tratta a ben vedere di misure dirette (il sostegno, la qualificazione e la formazione dei medesimi soggetti) e indirette (l'accesso agevolato al credito e ai fondi dell'Unione europea) tese a dare riconoscimento e professionalizzazione all'apporto delle formazioni sociali che si attivino in senso sussidiario, imputando i costi di questi interventi alle risorse che i piani di settore identificano e mettono a disposizione.

Le novità più rilevanti della disciplina discendono, però, dal confronto fra queste disposizioni e quella di cui al 2° comma del medesimo art. 5. In esso, si introduce infatti una ipotesi ulteriore rispetto a quella del comma precedente, riferita non al modello sussidiario ma piuttosto alle **forme di *outsourcing*** (→ § XIII.7) delle prestazioni attraverso l'affidamento a terzi delle prestazioni sociali. Si prevede, infatti, in questa norma, non un modello di collaborazione nel rispetto di ruoli distinti, ma piuttosto che, gli enti pubblici "*ai fini dell'affidamento dei servizi previsti dalla presente legge*" promuovano azioni per favorire "*il ricorso a forme di aggiudicazione o negoziali che consentano ai soggetti operanti nel terzo settore la piena espressione della propria progettualità, avvalendosi di analisi e di verifiche che tengano conto della qualità e delle caratteristiche delle prestazioni offerte e della qualificazione del personale*".

Questa differenziazione trova ulteriori conferme negli ultimi due commi dell'art. 5 che, delineando il ruolo delle Regioni, tiene distinte le loro funzioni rispetto alle due ipotesi dell'*outsourcing* e della sussidiarietà, prevedendo che:

– da una parte, sulla base di un atto di indirizzo e coordinamento del Governo, le Regioni adottino specifici indirizzi per regolamentare i rapporti tra enti locali e Terzo settore, definendo i sistemi di affidamento dei servizi alla persona;

– dall'altra, e diversamente, mettano a punto modalità utili a valorizzare l'apporto del volontariato nell'erogazione dei servizi, sulla base dei principi della legge 328/2000 e degli indirizzi assunti con le modalità appena ricordate.

7. Modelli di erogazione delle prestazioni socio-assistenziali nelle norme regionali

Un pieno e compiuto disegno della "rete degli interventi" socio-assistenziali si presenta come sistema complesso, articolato su tre possibili modelli che operano contestualmente e cioè:

– l'erogazione diretta di prestazioni da parte dei Comuni (→ § XIII.5);

– l'erogazione indiretta di prestazioni attraverso i privati selezionati e accreditati (vedi *ultra*);

– l'apporto autonomo e volontario dei privati in regime sussidiario, sostitutivo o integrativo rispetto ai precedenti.

Le ultime due ipotesi sono di frequente confuse e sovrapposte, eppure presentano differenze rilevanti: infatti, mentre nel caso dell'erogazioni di prestazioni da parte dei privati accreditati si è sostanzialmente davanti a una forma retribuita di "sostituzione" del pubblico col privato, il quale in base a un appalto di servizi (o, meno frequentemente, di una convenzione o di un atto di concessione) subentra in attività proprie dell'amministrazione (la quale, a seconda della natura della relazione, resta più o meno responsabile della soddisfazione dei cittadini), seguendo l'ipotesi sussidiaria si dà, invece, vita ad attività (e quindi a relazioni) favorite, ma in nessun modo retribuite, svolte da cittadini attivi, le quali sono e restano distinte e ulteriori rispetto a quelle di cui è titolare l'amministrazione.

Questa tesi trova ulteriori conferme negli ultimi due commi dell'art. 5 che sono dedicati a definire il ruolo delle Regioni, le quali hanno competenze ben distinte in merito ai due modelli qui esaminati se è vero che:

– da una parte, sulla base di un atto di indirizzo e coordinamento del Governo, adottano specifici indirizzi per regolamentare i rapporti tra enti locali e Terzo settore, con particolare riferimento ai sistemi di affidamento dei servizi alla persona;
– dall'altra, disciplinano le modalità per valorizzare l'apporto del volontariato nell'erogazione dei servizi, sulla base dei principi della legge 328/2000 e degli indirizzi assunti con le modalità appena ricordate.

I tre modelli, tutti possibili, vivono affiancati in seno al sistema che è appunto "integrato", in una relazione che è di complementarità rispetto all'offerta complessiva di prestazioni e di alternatività rispetto alla singola specifica prestazione.

Rispetto a queste tre ipotesi, spetta all'amministrazione il compito di definire, volta per volta, quale sia la soluzione più appropriata nel contesto e per il caso specifico su cui si vuole intervenire, avendo tra i propri obiettivi non solo l'efficienza nell'erogazione dei servizi, ma anche "*la promozione della solidarietà sociale, con la valorizzazione delle iniziative delle persone, dei nuclei familiari, delle forme di auto-aiuto e di reciprocità e della solidarietà organizzata*" (art. 1.5). In dottrina e anche nella legislazione regionale le ultime due ipotesi sono di frequente confuse e sovrapposte; eppure, come si è detto, presentano differenze piuttosto rilevanti.

Delle modalità dell'erogazione in via diretta si è già detto nei paragrafi precedenti di questo capitolo, osservando come, in assenza di strutture tecniche dedicate, si sia fatto variamente ricorso all'azione degli stessi assessorati, o di articolazioni strumentali degli stessi (specialmente le istituzioni).

Per quanto riguarda il modello sussidiario, c'è innanzitutto da rilevare come, dopo l'affermazione del principio in Costituzione, il legislatore statale non abbia dato corso significativo alla disposizione di cui all'art. 118.4. Quindi, se è pur vero che già nella legge 328/2000 si ritrova la declinazione in forma operativa e concreta del dettato costituzionale, è agli Statuti e alle successive leggi regionali che dobbiamo rivolgere la nostra attenzione per avere qualche indicazione in materia.

Anche a questo livello, la produzione normativa non è stata, fino ad ora, particolarmente ricca di originali specificazioni rispetto a quello che è il testo costituzionale, anche in ragione di quel contrasto pregiudiziale e "di posizione" che, come dicevamo, ha da subito caratterizzato il tema.

✓ LA SUSSIDIARIETÀ NEGLI STATUTI REGIONALI

Per quanto riguarda gli Statuti (→ § IV), si segnalano di un certo interesse le soluzioni parzialmente innovative proposte da Puglia e Piemonte.
Da parte sua, la Regione Puglia nel proprio Statuto (legge reg. 7/2004 e modificato con leggi reg. 9/2012, 8/2013 e 44/2014) afferma di esercitare la propria funzione di governo attuando il principio di sussidiarietà (art. 1.4):
– come responsabilità primaria delle istituzioni più vicine ai bisogni;
– come integrazione costante con le iniziative delle formazioni sociali e del volontariato dirette all'interesse generale e alla tutela pubblica dei diritti universali.

Inoltre (art. 8.2), la Regione si impegna a favorire la partecipazione delle autonomie locali e funzionali e delle formazioni sociali all'esercizio dell'attività legislativa.
Nello Statuto piemontese (legge st. reg. 1/2005,) ci si impegna a valorizzare "*il costituirsi di ogni associazione che intenda concorrere con metodo democratico alla vita della Regione e in particolare sostiene le iniziative per la realizzazione dei diritti e favorisce le forme di solidarietà sociale, l'associazionismo e il volontariato*", assicurandone "*la partecipazione e la consultazione nello svolgimento delle funzioni regionali*" (art. 2.3). Inoltre, all'art. 3.4 sono rintracciabili altri riferimenti alla sussidiarietà: "*la Regione favorisce l'autonoma iniziativa dei cittadini, singoli o associati, per lo svolgimento di attività di interesse generale e valorizza le forme di cooperazione, a carattere di mutualità e senza fini speculativi, di solidarietà sociale, l'associazionismo e il volontariato, assicurandone la partecipazione e la consultazione nello svolgimento delle funzioni regionali*".
Le innovazioni davvero significative sono, però, quelle di cui agli Statuti di Emilia-Romagna, Toscana e Lombardia, i quali tentano una seria e profonda opera di coniugazione del principio in seno al sistema politico-amministrativo regionale.
Lo Statuto dell'Emilia-Romagna (legge reg. 13/2005) mette a punto il modello sussidiario concentrando innanzitutto la propria attenzione su una serie di disposizioni puntuali relative all'associazionismo e alle formazioni sociali. Così all'art. 7 (Promozione dell'associazionismo) si afferma che "*la Regione valorizza le forme di associazione e di autotutela dei cittadini e, a tal fine, opera per:*
– favorire forme di democrazia partecipata alle scelte delle istituzioni regionali e locali, garantendo adeguate modalità di informazione e di consultazione;
– garantire alle associazioni ed organizzazioni della Regione pari opportunità nel rappresentare i vari interessi durante il procedimento normativo;
– tutelare i consumatori nell'esercizio dei loro diritti di associazione, informazione, trasparenza e controllo sui singoli servizi e prodotti".
All'art. 9 (Le formazioni sociali) si prevede inoltre che, nell'ambito delle funzioni legislative, d'indirizzo, programmazione e controllo, "la Regione riconosce e valorizza:
– l'autonoma iniziativa delle persone, singole o associate, per lo svolgimento di attività di interesse generale e di rilevanza sociale [...] assicurando il carattere universalistico del sistema di garanzie sociali;
– la funzione delle formazioni sociali attraverso le quali si esprime e si sviluppa la dignità della persona e, in questo quadro, lo specifico ruolo sociale proprio della famiglia".
Lo Statuto della Regione Toscana, dopo aver affermato all'art. 3 (*Principi generali*): "*i principi di sussidiarietà sociale e istituzionale*" e di voler riconoscere e favorire "*le formazioni sociali e il loro libero sviluppo*", all'art. 58 (*Principio di sussidiarietà*) sostiene di voler conformare la propria attività al principio di sussidiarietà e di operare, a tal fine, per avvicinare nella più ampia misura ai cittadini l'organizzazione della vita sociale e l'esercizio delle funzioni pubbliche. In questo senso, il successivo art. 59 (*Sussidiarietà sociale*) impegna la Regione a favorire "*l'autonoma iniziativa dei cittadini e delle loro aggregazioni per il diretto svolgimento di attività di riconosciuto interesse generale*" (1° comma), indirizzando (2° comma) l'attuazione del principio di sussidiarietà sociale prioritariamente al miglioramento del livello dei servizi; al superamento delle disuguaglianze economiche e sociali; a favorire la collaborazione dei cittadini e delle formazioni sociali, secondo le loro specificità, ai fini della valorizzazione della persona e dello sviluppo solidale delle comunità.
Lo Statuto della Lombardia (legge st. reg. 1/2008), compie invece una scelta diversa affermando, all'art. 3 ("*Sussidiarietà*"), di voler garantire l'apporto dei privati (individuati non solo nei cittadini, singoli e associati, ma anche nelle famiglie, nelle formazioni e nelle istituzioni sociali, nelle associazioni e negli enti civili e religiosi) "*nella programmazione e nella realizzazione dei diversi interventi e servizi pubblici, secondo modalità stabilite dalla legge regionale*". Inoltre, all'art. 5.1 la Regione dichiara il proprio impegno a riconoscere e promuovere il ruolo delle autonomie funzionali quali "*soggetti esponenziali di comunità aggregate intorno a interessi pubblici di rilevanza regionale*" e a coordinare la propria azione legislativa e amministrativa con le attività da queste svolte sul territorio.

Le leggi regionali non si sono discostate molto dall'impianto della legge 328/2000, ma in ogni caso il loro esame può offrire qualche spunto interessante.

Esistono, ad oggi, numerose leggi regionali "organiche", pressoché identiche in molte parti, relative all'applicazione del predetto principio. Si vedano, tra tutte, la legge reg. Umbria 16/2006, la legge reg. Calabria 29/2012, la legge reg. Piemonte 10/2016. Ponendo come oggetto dell'intervento sussidiario il superamento delle disuguaglianze economiche e sociali, il favorire la collaborazione dei cittadini e delle formazioni sociali e, in generale, la promozione della cittadinanza sociale, tali leggi recano una delimitazione precisa delle attività che devono considerarsi di interesse generale e che quindi, in quanto tali, sono aperte al libero contributo dei cittadini (singoli e associati), delle famiglie, delle imprese e del Terzo settore. In questo senso, dopo aver escluso i servizi affidati al servizio sanitario nazionale e quelli a carattere strettamente economico-imprenditoriale, le leggi stilano un elenco che comprende i servizi pubblici sociali; i servizi culturali; i servizi volti alla valorizzazione del lavoro e dell'impresa e al rafforzamento dei sistemi produttivi locali; i servizi alla persona; e, comunque, le prestazioni di utilità alla generalità dei cittadini e alle categorie svantaggiate, con particolare riferimento a forme di erogazione e svolgimento dei servizi che privilegiano la libera scelta e l'autosostentamento in una logica di collaborazione e di co-progettazione territoriale. Rispetto a queste attività, si delinea un vero e proprio procedimento che, su iniziativa dei soggetti che intendano promuovere iniziative per lo svolgimento di attività di interesse generale, prevede la predisposizione di progetti specifici (nella legge umbra pensati "*in coerenza con gli obiettivi della programmazione regionale generale e di settore*") che vengono valutati dalla Regione e, allorquando ritenuti idonei, danno titolo a un ausilio di carattere economico, di tipo finanziario o relativo a benefici e agevolazioni di carattere fiscale.

Degna di nota è la recente attività normativa della Regione Toscana riguardante la sussidiarietà sociale: alla legge 65/2020, riguardante il Terzo Settore, si aggiungono la legge 17/2020 "*Disposizioni per favorire la coesione e la solidarietà sociale mediante azioni a corrispettivo sociale*" e la 71/2020 "*Governo collaborativo dei beni comuni e del territorio, per la promozione della sussidiarietà sociale in attuazione degli artt. 4, 58 e 59 dello Statuto*". Tali norme compongono ad oggi il quadro regionale più all'avanguardia in tema di sussidiarietà sociale orizzontale. Ad ogni modo, la riforma del Terzo settore e soprattutto la recente sentenza della Corte costituzionale, n. 131/2020, di cui si dirà in seguito, hanno indubbiamente aperto la via all'amministrazione condivisa e alla sperimentazione regionale in quest'ambito.

✓ LEGGI REGIONALI SETTORIALI

> Per il resto, nel panorama della legislazione regionale abbiamo norme che si concentrano maggiormente sulle discipline di settore e, quindi, quando non si riferiscono espressamente al sistema integrato di servizi sociali o all'attuazione della legge 328/2000, pongono la loro attenzione sulla promozione e la valorizzazione della cittadinanza attiva, dell'associazionismo, del Terzo settore, della famiglia, della maternità, dell'infanzia e della gioventù. Di fatto, solo raramente queste disposizioni danno un rilievo specifico all'attuazione del modello sussidiario e, a volte, giungono a includere l'iniziativa autonoma dei privati nella programmazione regionale.
> Piuttosto ampio si rivela il novero delle azioni volte a favorire l'affermazione della sussidiarietà, che

comprende misure specificamente dedicate a una organica inclusione delle forze private sussidianti nel sistema dei servizi alla persona. Di un certo interesse in questo senso è il caso dell'istruttoria pubblica per la progettazione comune (legge reg. Emilia-Romagna 2/2003), con cui si raccolgono le osservazioni e le proposte dei soggetti partecipanti e si individuano progetti d'intervento più innovativi e sperimentali, per poi affidare agli enti locali la definizione, in accordo con i soggetti privati che dichiarino la propria disponibilità a collaborare, delle forme e delle modalità di una azione congiunta. Sicilia, Calabria e Puglia, invece, nelle rispettive leggi sulla famiglia introducono le "banche del tempo", mediante le quali le persone disponibili possono offrire gratuitamente parte del proprio tempo per attività di cura, custodia e assistenza ed essere messe in contatto con soggetti o famiglie in condizione di bisogno attraverso associazioni di solidarietà familiare.

Molto diffusi sono anche gli istituti legati alla programmazione e ai piani regionali. A questo proposito è bene, però, segnalare qualche distinzione e svolgere alcune riflessioni. Infatti, nelle leggi regionali in esame (così come negli Statuti prima ricordati) si profilano sostanzialmente due modelli. Da una parte, si intende l'iniziativa dei privati come fenomeno che va ad assommarsi – ed eventualmente a sostituirsi – a quello delle istituzioni territoriali (in questo senso si distinguono soprattutto le norme dell'Emilia-Romagna, delle Marche, della Toscana e della Puglia). Dall'altra (le leggi di Lombardia e Veneto muovono in questa direzione) l'apporto delle risorse private viene a essere incluso in un forte processo programmatorio che, pur se partecipato, è del tutto rimesso alla responsabilità e alle decisioni regionali.

Infine, sotto il profilo degli standard, si segnala come nella legge reg. Umbria 16/2006 è la giunta regionale a determinare gli standard qualitativi e gestionali dei servizi e delle prestazioni, assicurando la partecipazione dei cittadini e degli utenti, e a definire sistemi di monitoraggio e verifica (art. 5). In altri casi si richiede, invece, la redazione di una carta dei servizi, mirata a tutelare gli utenti e garantire la trasparenza nell'erogazione dei servizi, come per esempio la "Carta dei diritti di cittadinanza sociale", di cui alla legge reg. Toscana 41/2005.

Non sono, infine, da dimenticare, quali interventi svolti in regime pseudo sussidiario, i progetti individuali per i disabili, che la legge del 2000 disciplina all'art. 14, e che sono stati in varie forme ripresi anche dalle norme delle Regioni. Mirati alla piena integrazione nell'ambito della vita familiare e sociale, nonché nei percorsi dell'istruzione scolastica o professionale e del lavoro di coloro che presentano "una minorazione fisica, psichica o sensoriale, stabilizzata o progressiva, che è causa di difficoltà di apprendimento, di relazione o di integrazione lavorativa e tale da determinare un processo di svantaggio sociale o di emarginazione" (art. 3, legge 104/1992), questi interventi sono predisposti, su richiesta dell'interessato, dal Comune d'intesa con le aziende unità sanitarie locali in base a un progetto individuale (→ § XIII.9).

Per quanto riguarda le forme di gestione indiretta, o meglio di *outsourcing*, si deve ricordare che, fino all'arrivo della legge quadro del 2000, i rapporti tra amministrazioni pubbliche e soggetti terzi erano sostanzialmente regolati tramite **convenzioni** (→ § XII.15), termine che, nel nostro ordinamento, fa riferimento a una gamma amplissima ed eterogenea di atti di natura negoziale, redatti in forma scritta e recanti la disciplina degli impegni assunti reciprocamente con la sottoscrizione. Ciò che caratterizza l'atto consensuale, in questo caso, è la non patrimonialità dell'oggetto della prestazione, la quale è, però, somministrata a titolo oneroso. È, quindi, una forma atipica di accordo negoziale, che per la sua specialità risponde bene all'esigenze dell'amministrazione di avere a disposizione un atto agile e poco formalizzato. Con la convenzione, infatti, oltre a evitare di sottoporre determinati rapporti alla più puntuale e rigorosa disciplina dei contratti ad evidenza pubblica, si dispone di un accordo che può – di volta in volta – venire declinato diversamente in ragione delle diverse esigenze del caso e, quindi, assumere forme idonee alla contingenza.

La diffusione crescente (e forse eccessiva) di questi atti consensuali tra l'amministrazione e i privati, oltre a incontrare i limiti della disciplina comunitaria in materia di appalti, ha nel tempo evidenziato la necessità di ridefinire il procedimento per la loro stipulazione, al fine di garantire una maggiore trasparenza a tutela delle amministrazioni stesse, degli utenti e anche dei soggetti convenzionati o aspiranti al convenzionamento, i quali chiedono di poter concorrere, essendo messi in condizioni di sostanziale parità tra loro. Così, a parziale attenuazione degli effetti distorsivi derivanti da un uso eccessivo delle convenzioni specie nel settore alla nostra attenzione, intervennero agli inizi degli anni '90 due leggi, la legge 266/1991, recante la disciplina quadro sull'attività di volontariato, e la legge 381/1991, che invece provvedeva alla disciplina delle cooperative sociali. In queste leggi, piuttosto che dare una disciplina compiuta all'istituto, si tentò una regolamentazione "speciale", che mirava a definire in modo più puntuale la dinamica delle relazioni tra questi soggetti e l'amministrazione, intervenendo segnatamente sul contenuto e sui requisiti delle convenzioni.

Contestualmente nel nostro ordinamento amministrativo si fa strada e acquista sempre più spazio il modello dell'**affidamento del servizio**, con il quale di fatto si concretizza l'ipotesi più classica di *esternalizzazione* di servizi (→ § XII.15).

L'affermazione definitiva dell'affidamento nel sistema socio-assistenziale si ha però con la legge 328/2000 la quale all'art. 3 prevede che "*gli enti pubblici, fermo restando quanto stabilito dall'art. 11, promuovono azioni per favorire la trasparenza e la semplificazione amministrativa nonché il ricorso a forme di aggiudicazione o negoziali che consentano ai soggetti operanti nel terzo settore la piena espressione della propria progettualità*". A tal fine si prevede la selezione competitiva dei possibili candidati in base a una procedura a evidenza pubblica per la quale l'amministrazione determina i requisiti e i criteri utili alla migliore erogazione delle prestazioni specifiche.

In questo modo non solo si dà corso, anche in coerenza con le indicazioni comunitarie, al principio di libera concorrenza, ma allo stesso tempo si tenta anche di assicurare il miglior servizio possibile agli utenti e la più ampia valorizzazione delle specifiche capacità dei diversi attori privati.

Del modello dell'**accreditamento** in generale si è già detto (→ § XII.15). In queste pagine, premettendo che molti dei tratti evidenziati per l'ambito sanitario trovano applicazione anche per il settore al nostro esame, possiamo limitarci a dar conto della disciplina specifica dettata in proposito dall'art. 11 della legge 328/2000.

Anche in questo settore, come evidenzia il titolo stesso della disposizione, la fase dell'accreditamento è preceduta da quella della autorizzazione, che concerne l'erogazione di servizi (siano questi gratuiti o a pagamento, o consistenti in mere prestazioni economiche, ai sensi dell'art. 128 del d.lgs. 112/1998) e/o la gestione di strutture a ciclo residenziale e semiresidenziale da parte di soggetti pubblici o privati.

Sono i Comuni ad avere in questo caso la titolarità del potere autorizzatorio, che però esercitano in conformità a:

– i requisiti stabiliti da una legge regionale che deve recepire e integrare le esigenze locali;

– i requisiti minimi nazionali determinati con decreto del ministro per il lavoro e le politiche sociali, sentiti i ministri interessati e la Conferenza unificata.

A questo proposito è, però, da ricordare una distinzione di rilievo introdotta dalla legge: infatti, mentre per i servizi e le strutture "di nuova istituzione", i requisiti minimi statali trovano immediata applicazione, ai servizi e alle strutture già operanti alla data di entrata in vigore della legge i Comuni possono rilasciare una autorizzazione provvisoria che consenta loro l'adeguamento ai nuovi standard regionali e nazionali entro cinque anni. In questo senso, si intende affermare che, dal momento di approvazione della legge, i servizi e le strutture che vengono in essere devono essere progettati in modo da essere già conformi ai requisiti predeterminati, mentre si consente alle realtà già esistenti, magari da lungo tempo, un periodo di transizione dai vecchi ai nuovi livelli richiesti. Un'altra eccezione di rilievo riguarda l'erogazione di servizi sperimentali e innovativi per i quali le Regioni, in base agli indirizzi definiti nel Piano nazionale, disciplinano modalità particolari per il rilascio dell'autorizzazione da parte dei Comuni, concedendo ai soggetti privati impegnati in questi progetti un periodo massimo di tre anni di attività in deroga ai requisiti determinati. Nello stesso atto, le Regioni definiscono anche gli strumenti per la verifica dei risultati.

Infine, si deve osservare come in alcune leggi regionali l'autorizzazione sia sostituita da una mera comunicazione di avvio dell'attività, configurata su quella che oggi è la segnalazione certificata di inizio attività di cui all'art. 19 della legge 241/1990.

È di nuovo competenza dei Comuni provvedere all'accreditamento dei soggetti e delle strutture in base ai requisiti determinati dallo Stato e dalla Regione. Come nel caso del settore sanitario, anche per l'ambito socio-assistenziale l'accreditamento rappresenta l'atto obbligatorio senza il quale è inibito l'esercizio di qualsiasi attività in seno al sistema integrato dei servizi sociali. Con esso l'amministrazione riconosce e afferma il raggiungimento dei livelli qualitativi richiesti per l'erogazione di prestazioni in quest'ambito da parte del soggetto accreditato, il quale è così ammesso a partecipare all'offerta di servizi in rete con gli altri attori. Di fatto, i parametri qualitativi necessari per ottenere l'accreditamento (che devono essere mantenuti e periodicamente monitorati) rappresentano allo stesso tempo per i soggetti accreditati, la base minima ed essenziale del loro impegno, il risultato concretamente loro richiesto, e quindi l'elemento portante della loro valutazione.

A questo punto si aprono in realtà due distinte possibilità:

– secondo un primo modello (detto di **accreditamento misto**) il Comune si fa acquirente, mediante gare d'appalto, delle prestazioni prodotte dai soggetti riconosciuti idonei a seguito dell'accreditamento applicando una sorta di discrezionalità nell'acquisto;

– in alternativa si afferma un modello (detto di **accreditamento puro**) in cui il Comune si fa da parte, e di fatto rimette all'utente la possibilità di scegliere a quale soggetto accreditato rivolgersi per ottenere le prestazioni di cui necessita.

L'art. 11 della legge 328/2000 sembra disciplinare il primo modello, laddove prevede che in seguito all'accreditamento di determinati soggetti il Comune sia tenuto a corrispondere loro le tariffe, determinate in base ai criteri fissati dalle Regioni, relative alle prestazioni erogate "*nell'ambito della programmazione regionale e locale*".

Molto vicina al secondo modello è invece l'ipotesi disciplinata dall'art. 17 ("*Titoli per l'acquisto di servizi sociali*") il quale prevede che i Comuni, pur nel rispetto del principio di universalità e del rispetto dei livelli essenziali delle prestazioni, dei criteri e delle modalità definite dalla Regione, possano concedere, su richiesta dell'interessato, "*titoli validi per l'acquisto di servizi sociali dai soggetti accreditati del sistema integrato di interventi e servizi sociali*" ovvero come sostitutivi delle prestazioni economiche diverse da quelle correlate:

– al minimo vitale, definito in relazione al reddito minimo per la disabilità totale e parziale (art. 24.1, lett. a));
– alle pensioni sociali;
– ai c.d. "assegni sociali" (art. 3.6, legge 8 agosto 1995, n. 335).

Si tratta in altri termini di quei ***voucher*** che certi commentatori e alcune leggi regionali hanno visto come strumenti per la piena affermazione del diritto alle prestazioni e, in particolare, del diritto alla loro libera scelta del soggetto erogatore, ma che nella realtà hanno conosciuto ben poco successo e diffusione sostanzialmente limitata a categorie particolari (invalidi civili, ciechi, sordomuti) o a prestazioni marginali e aggiuntive rispetto a quelle generalmente provviste con il modello dell'accreditamento misto.

8. I SOGGETTI DEL TERZO SETTORE. LE ASP

L'espressione "**Terzo settore**" è di per sé poco precisa: essa richiama un insieme di soggetti (che pure ha raggiunto oggi, in molti paesi, dimensioni e ruolo di tutto riguardo) solo "per differenza" rispetto agli ambiti tradizionali del mercato e dello Stato. Questa imprecisione discende anche dal fatto che, con questa formula, si è soliti riferirsi a una pluralità di forme organizzative anche significativamente dissimili tra loro.

Il nostro ordinamento si è occupato più volte del tema, inseguendo e assecondando queste differenze a partire dalla legge 266/1991 sul volontariato fino all'elencazione proposta dall'art. 1.4 della legge 328/2000 (già più volte ricordata).

A questa situazione intendono reagire la legge 106/2016 ("*Delega al Governo per la riforma del Terzo settore, dell'impresa sociale e per la disciplina del servizio civile universale*") e i suoi decreti attuativi, disposizioni mirate al superamento della disciplina disorganica, talvolta contraddittoria, che si è sedimentata nel tempo e per quasi vent'anni ha regolato la materia.

La legge-delega, richiamando gli artt. 2, 3, 18 e 118.4 Cost., afferma di voler sostenere l'autonoma iniziativa dei cittadini che concorrono, anche in forma associata, a perseguire il bene comune, ad elevare i livelli di cittadinanza attiva, di coesione e protezione sociale, favorendo la partecipazione, l'inclusione e il pieno sviluppo della persona, a valorizzare il potenziale di crescita.

A tal fine offre per la prima volta (art. 1) una definizione del Terzo settore quale "*complesso degli enti privati costituiti per il perseguimento, senza scopo di lucro, di finalità civiche, solidaristiche e di utilità sociale e che, in attuazione del principio di sussidiarietà e in coerenza con i rispettivi statuti o atti costitutivi, promuovono e realizzano attività di interesse generale mediante forme di azione volontaria e gratuita o di mutualità o di produzione e scambio di beni e servizi*".

Allo stesso tempo la norma esclude espressamente dal novero le formazioni e le associazioni politiche, i sindacati, le associazioni professionali e di rappresentanza di categorie economiche, tutti enti evidentemente non "terzi", ma piuttosto espressione di categorie e interessi precisi.

Escluse dall'applicazione della legge e dei successivi decreti attuativi sono anche le fondazioni bancarie che, pur essendo enti che concorrono al perseguimento delle finalità espresse in queste disposizioni, hanno propria speciale disciplina.

È però il d.lgs. 117/2017, "*Decreto legislativo recante norme di attuazione della legge delega sulla riforma del Terzo settore*" approvato dal Consiglio dei ministri il 28 giugno 2017 (il c.d. Codice del Terzo settore) a precisare l'estensione soggettiva e oggettiva di quest'ambito.

Per parte sua l'art. 4 precisa che sono enti del Terzo settore: le organizzazioni di volontariato; le associazioni di promozione sociale; gli enti filantropici; le **imprese sociali**, incluse le cooperative sociali; le reti associative; le società di mutuo soccorso; le associazioni, riconosciute o non riconosciute; le fondazioni; gli altri enti di carattere privato diversi dalle società.

Sotto il profilo oggettivo è invece l'art. 5 a prevedere che questi soggetti (ad esclusione delle imprese sociali, come poi si dirà) possano svolgere *in via esclusiva o principale una o più attività di interesse generale* per il perseguimento di finalità civiche, solidaristiche e di utilità sociale in un numero ampio, ma ben definito di settori. Tra gli altri si segnalano gli interventi e i servizi sociali, gli interventi e le prestazioni sanitarie; educazione, istruzione e formazione professionale nonché le attività culturali di interesse sociale con finalità educativa; interventi e servizi finalizzati alla salvaguardia e al miglioramento delle condizioni dell'ambiente e all'utilizzazione accorta e razionale delle risorse naturali, con esclusione dell'attività, esercitata abitualmente, di raccolta e riciclaggio dei rifiuti urbani, speciali e pericolosi; interventi di tutela e valorizzazione del patrimonio culturale e del paesaggio, ricerca scientifica di particolare interesse sociale; organizzazione e gestione di attività culturali, artistiche o ricreative di interesse sociale, organizzazione e gestione di attività turistiche di interesse sociale, culturale o religioso.

Possiamo quindi identificare, come caratteri distintivi e unificanti questo insieme:

– sotto il profilo soggettivo, la natura giuridica privata dei diversi enti;

– sotto quello oggettivo, lo svolgimento di attività di interesse generale (in una accezione che non intende negare, ma anzi includere il benessere individuale) da esercitarsi in un ampio novero di settori.

Più complessa appare l'analisi del criterio (pur esplicitato nella legge) dell'assenza di lucro.

Viene infatti qui in mente la distinzione (molto diffusa nella dottrina inglese e nordamericana) tra enti *non profit* ed enti *non for profit*, che delinea la diversità esistente tra chi non fa e non vuole fare profitto e chi, invece, fa profitto per poter usare quelle risorse per il benessere generale. Ne sono esempi gli ospedali di comunità, le *charities* britanniche e statunitensi, o le *Credit unions* francesi.

Su questo profilo fa chiarezza il decreto legislativo di riforma del Terzo settore che, escludendo da queste disposizioni la seconda specie, specifica come il patrimonio degli enti del Terzo settore, comprensivo di eventuali ricavi, rendite, proventi, entrate comunque denominate, vada utilizzato per lo svolgimento dell'attività statutaria ai fini dell'esclusivo perseguimento di finalità civiche, solidaristiche e di utilità sociale. È perciò vietata la distribuzione, anche indiretta, di utili ed avanzi di gestione, fondi e riserve comunque denominate a fondatori, associati, lavoratori e collaboratori, amministratori ed altri componenti degli organi sociali, anche nel caso di recesso o di ogni altra ipotesi di scioglimento individuale del rapporto associativo. Con questa disposizione, in altri termini il *non for profit* viene definitivamente escluso dall'ambito del Terzo settore.

Oltre alla ricognizione delle diverse forme che compongono l'insieme del "Terzo settore" e delle attività di carattere generale, la legge 106/2016 e suoi i decreti delegati mettono a punto una serie misure trasversali e di diversa natura.

La legge innanzitutto istituisce (art. 4, lett. m) presso il Ministero del Lavoro e delle Politiche Sociali, un registro unico nazionale (R.U.N.T.S.) che – al momento in cui si scrive – ancora non ha conosciuto piena realizzazione. Prendendo il posto di quelli (nazionale e regionali) operanti in precedenza, il R.U.N.T.S. mira a contrastare la frammentazione e la poca trasparenza che caratterizzava la situazione precedente. Il registro unico sarà gestito e aggiornato dalle Regioni, ma attingerà a un'unica piattaforma nazionale. L'iscrizione ad esso è prevista dal Codice del Terzo settore come condizione necessaria per la successiva stipula di convenzioni e l'accesso ai benefici economici introdotti dalla riforma (tra cui si pensi al "cinque per mille" dell'IRPEF esteso ora a tutti gli enti del Terzo settore iscritti al registro unico).

Nel tentativo di dare nuovo impulso alla crescita del settore, le riforme del 2016/2017 prevedono poi (art. 9 della legge delega) una serie di misure economiche e fiscali, che vanno dalla revisione complessiva della definizione di ente non commerciale ai fini fiscali all'introduzione di un regime tributario di vantaggio che tenga conto delle finalità civiche, solidaristiche e di utilità sociale dell'ente, dall'introduzione di obblighi di pubblicità delle risorse destinate ai diversi soggetti fino alla razionalizzazione dei regimi fiscali e contabili semplificati in favore degli enti del Terzo settore. Inoltre (art. 9, lett. g)) si introduce un sistema di finanziamenti per i soggetti operanti in questo ambito grazie all'istituzione di:

- un fondo a sostegno dei progetti e delle attività;
- un fondo di garanzia e forme di credito agevolato.

Per parte sua anche il decreto 117/2017, dando corpo ad alcune delle scelte della legge, predispone interventi di carattere generale e trasversale.

Sotto il profilo delle misure economiche e fiscali, il decreto prevede tra l'altro un *social bonus* (art. 81), un credito d'imposta volto a valorizzare gli immobili pubblici destinati agli enti del Terzo settore, e i titoli di solidarietà (art. 77), consistenti in obbligazioni o altri titoli di debito, destinati a favorire il finanziamento e il sostegno delle attività svolte.

Sotto il profilo più ordinamentale, si riformano i **centri di servizio per il volontariato** (art. 61), soggetti deputati all'erogazione dei servizi di supporto tecnico, formativo e informativo per gli enti del Terzo settore, in particolar modo per le organizzazioni di volontariato. Possono essere accreditati come tali, gli enti costituiti in forma di associazione riconosciuta del Terzo settore da organizzazioni di volontariato e da altri enti del Terzo settore (esclusi quelli costituiti in una delle forme del Libro V del codice civile).

D'altra parte, si istituisce il **Consiglio nazionale del Terzo settore**, organo consultivo e rappresentativo degli enti di Terzo settore a livello nazionale, con funzioni di vigilanza, monitoraggio e controllo.

Nascono poi le reti associative (art. 41), soggetti costituiti in forma di associazione, riconosciuta o non, che "*associano, anche indirettamente attraverso gli enti ad esse aderenti, un numero non inferiore a 100 enti del Terzo settore, o, in alternativa, almeno 20 fondazioni del Terzo settore, le cui sedi legali o operative siano presenti in almeno cinque regioni o province autonome*" e che "*svolgono, anche attraverso l'utilizzo di strumenti informativi idonei a garantire conoscibilità e trasparenza in favore del pubblico e dei propri associati, attività di coordinamento, tutela, rappresentanza, promozione o supporto degli enti del Terzo settore loro associati e delle loro attività di interesse generale, anche allo scopo di promuoverne ed accrescerne la rappresentatività presso i soggetti istituzionali*".

Si assiste inoltre a una semplificazione del processo di acquisto della personalità giuridica (art. 22), grazie all'iscrizione nel registro unico nazionale, ma a patto che restino rispettate le "*condizioni previste dalla legge per la costituzione dell'ente, ed in particolare dalle disposizioni del presente Codice con riferimento alla sua natura di ente del Terzo settore, nonché del patrimonio minimo di cui al comma 4*".

Un aspetto di particolare importanza nel d.lgs. 117/2017 è la messa a punto (artt. 55-57) di strumenti specifici mirati a regolare i rapporti tra pubblica amministrazione e soggetti del Terzo settore sulla base della sussidiarietà, che finalmente si accompagna esplicitamente al «principio di collaborazione».

Si prevede infatti (art. 55) che le amministrazioni debbano assicurare il coinvolgimento attivo degli enti del Terzo settore «nell'esercizio delle proprie funzioni di programmazione e organizzazione a livello territoriale degli interventi e dei servizi» nei settori che il Codice identifica come ambiti di «interesse generale». Nel rispetto dei principi della legge sul procedimento amministrativo e di quelle relative alla programmazione sociale di zona, si introducono così

– la co-programmazione (mirata all'individuazione dei bisogni da soddisfare e degli interventi a ciò necessari);

– la co-progettazione (mirata alla definizione ed alla eventuale realizzazione di specifici progetti di servizio o di intervento rispetto ai bisogni individuati nella programmazione);

– l'accreditamento, da attivare, nel rispetto dei principi di trasparenza, imparzialità, partecipazione e parità di trattamento, a valle della definizione da parte dell'amministrazione non solo degli «obiettivi generali e specifici dell'intervento, della durata e delle caratteristiche essenziali dello stesso» ma anche dei criteri e delle modalità per l'individuazione degli enti partner».

A seguire (art. 56) si prevede che organizzazioni di volontariato e associazioni di promozione sociale iscritte nel Registro unico nazionale del Terzo settore possano sottoscrivere convenzioni per lo svolgimento di attività o servizi sociali di interesse generale «se più favorevoli rispetto al ricorso al mercato», prevedendo esclusivamente il rimborso «delle spese effettivamente sostenute e documentate».

Si giunge così al culmine del lungo processo di attuazione del principio di cui all'ultimo comma dell'art. 118 Cost., ma si aprono una serie di questioni ulteriori sulle quali, di recente, il d.m. 72/2021, contenente le linee guida sul rapporto tra Pubbliche Amministrazioni ed Enti del Terzo settore, ha cercato di far luce.

Infatti, da un lato, il Consiglio di Stato, col parere n. 2052/2018 ha fortemente limitato la portata di queste disposizioni, affermando che il Codice degli appalti pubblici, d.lgs. 50/2016 trova applicazione anche ne «l'affidamento dei servizi sociali, comunque sia disciplinato dal legislatore nazionale», ed è soggetto alla «normativa pro-concorrenziale di origine europea, in quanto rappresenta (...) in termini euro-unitari, un "appalto"». Le norme del Codice del Terzo settore appena ricordate potranno dunque trovare spazio soltanto in ragione dell'assoluta gratuità delle prestazioni e di una motivazione puntuale che documenti «la ricorrenza (...) degli specifici profili che sostengono, motivano e giustificano il ricorso a procedure che tagliano fuori *ex ante* gli operatori economici tesi a perseguire un profitto».

Sul fronte opposto la Corte costituzionale, con la sent. 131/2020, afferma invece che «l'art. 55 rappresenta una delle più significative attuazioni del principio di sussidiarietà orizzontale» in base al quale il giudice delle leggi riconosce per la per la prima volta il modello dell'«amministrazione condivisa» quale «canale (...) alternativo a quello del profitto e del mercato, e quindi non sinallagmatico tra i soggetti pubblici e gli enti del Terzo settore». Questi ultimi «in quanto rappresentativi della realtà solidale (...) costituiscono sul territorio una rete capillare di vicinanza e solidarietà, sensibile in tempo reale alle esigenze che provengono dal tessuto sociale» e sono quindi in grado di «mettere a disposizione dell'ente pubblico sia preziosi dati informativi (altrimenti conseguibili in tempi più lunghi e con costi organizzativi a proprio carico), sia un'importante capacità organizzativa e di intervento: ciò che produce spesso effetti positivi, sia in termini di risparmio di risorse che di aumento della qualità dei servizi e delle prestazioni erogate a favore della "società del bisogno"».

L'amministrazione condivisa in ambito sociale, che la citata sentenza riconosce e valorizza, ha trovato uno strumento efficace anche nel Regolamento dei beni comuni (elaborato da alcuni studiosi e poi diffuso in testo pressoché identico in molte amministrazioni locali) che hanno poi generato i cosiddetti "patti di collaborazione" tra amministrazione e cittadini attivi. Veri e propri atti di natura negoziale con cui i privati proponenti e le amministrazioni locali individuano assieme i beni meritevoli di interventi di cura, quelli adatti a una gestione condivisa e ancora quelli oggetto di possibile rigenerazione, i patti di collaborazione servono a concordare sia le azioni specifiche che i primi dovranno effettuare nell'intento di garantire una loro miglior fruizione, sia le forme di sostegno che le seconde dovranno garantire per sostenere l'attività dei cittadini e assicurare il conseguimento degli obiettivi prefissati.

Per concludere, il Titolo V del decreto legislativo di riforma del Terzo settore tratta poi delle disposizioni relative a "*Particolari categorie di enti del terzo settore*", tra le quali le APS di cui si dirà in seguito.

✓ CHE COS'È L'IMPRESA SOCIALE?

Complessa è la disciplina dell'**impresa sociale**, espressione che non si riferisce a una specie del più ampio genere delle imprese *tout court*, ma è piuttosto una "qualifica" da riconoscere nei casi e alle condizioni previste dalla legge.
Il d.lgs. 112/2017, che riforma la disciplina dell'impresa sociale, precisa che possono acquisire la qualifica di impresa sociale tutti gli *enti privati*, inclusi quelli di cui al Libro V del codice civile, che esercitano *in via stabile e principale un'attività d'impresa di interesse generale*, senza scopo di lucro e per finalità civiche, solidaristiche e di utilità sociale, adottando modalità di gestione responsabili e trasparenti e favorendo il più ampio coinvolgimento dei lavoratori, degli utenti e di altri soggetti interessati alle loro attività.
Le cooperative sociali e i loro consorzi (vedi oltre) sono gli unici soggetti ad acquisire di diritto tale qualifica. Diversamente sono escluse *le società costituite da un unico socio persona fisica*, le *amministrazioni pubbliche* e gli enti i cui atti costitutivi limitino, anche indirettamente, l'erogazione dei beni e dei servizi in favore dei soli soci o associati, *le fondazioni bancarie*. Di fatti, recentemente, il Decreto semplificazioni (d.l. 135/2018) è intervenuto stabilendo che le società costituite da un unico socio persona fisica, gli enti con scopo di lucro e le amministrazioni pubbliche (di cui all'art. 1, 2° comma, del d.lgs. 165/2001) non possono esercitare attività di direzione e coordinamento o detenere, in qualsiasi forma, anche analoga, congiunta o indiretta, il controllo di un'impresa sociale ai sensi dell'art. 2359 cod. civ. Vengono, invece, escluse da tale divieto le associazioni o fondazioni di diritto privato originate dalla trasformazione di istituti pubblici di assistenza e beneficenza (c.d. "ex IPAB"), che, come si dirà in seguito, sono incluse ora fra gli enti del Terzo settore.
Anche in questo caso sono elencate le possibili attività d'impresa di interesse generale. Tra le altre ricordiamo gli interventi e i servizi sociali, gli interventi e le prestazioni sanitarie riconducibili ai LEA (→ § XII.9), educazione, istruzione e formazione professionale, le attività culturali di interesse sociale con finalità educativa; organizzazione e gestione di attività culturali, attività turistiche artistiche o ricreative di particolare interesse sociale, incluse attività, anche editoriali, di promozione e diffusione della cultura e della pratica del volontariato, del dono, dell'associazionismo, dell'imprenditorialità sociale, del consumo responsabile, della lotta agli sprechi, le attività commerciali, produttive, di educazione e informazione, di promozione, di rappresentanza, di concessione in licenza di marchi di certificazione, svolte nell'ambito o a favore di filiere del **commercio equo e solidale** (da intendersi come un rapporto commerciale con un produttore operante in un'area economica svantaggiata situata, di norma, in un Paese in via di sviluppo), l'accoglienza umanitaria ed integrazione sociale dei migranti; il microcredito, l'organizzazione e gestione di attività sportive dilettantistiche, la riqualificazione di beni pubblici inutilizzati o di beni confiscati alla criminalità organizzata.
Di norma l'impresa sociale destina eventuali utili ed avanzi di gestione allo svolgimento dell'attività statutaria o ad incremento del patrimonio, ed è vietata la distribuzione, anche in forma indiretta, di utili ed avanzi di gestione. Unica eccezione è a possibilità di destinare una quota inferiore al 50% degli utili e degli avanzi di gestione annuali:
a) se costituita nelle forme di cui al Libro V del codice civile, ad aumento gratuito del capitale sociale sottoscritto e versato dai soci;
b) a erogazioni gratuite in favore di enti del Terzo settore diversi dalle imprese sociali, che non siano fondatori, associati, soci dell'impresa sociale o società da questa controllate, finalizzate alla promozione di specifici progetti di utilità sociale.
La denominazione o ragione sociale, in qualunque modo formate, devono contenere l'indicazione di "impresa sociale". Di tale indicazione deve farsi uso negli atti e nella corrispondenza dell'impresa sociale. Alle imprese sociali si applicano, in quanto compatibili con il d.lgs. 112/2017, le norme del Codice del Terzo settore (d.lgs. 117/2017).

Per le imprese sociali, il d.lgs. 112/2017 introduce poi una serie di agevolazioni e di incentivi fiscali volti a favorire gli investimenti di capitale.

Anche il **volontariato** è un termine di incerta consistenza: il termine è spesso utilizzato in modo improprio nel linguaggio corrente, ove si immedesima con il Terzo settore nel suo complesso, o con fenomeni riconducibili al modello sussidiario. Eppure fu proprio questa categoria, tra quelle rubricate nell'ambito al nostro esame, ad aver avuto per prima una disciplina compiuta grazie alla legge 266/1991 (oggi abrogata). In essa si riconosceva già il valore sociale e la funzione dell'attività di volontariato come "*espressione di partecipazione, solidarietà e pluralismo*", se ne promuove lo sviluppo salvaguardandone l'autonomia e se ne favorisce "*l'apporto originale per il conseguimento delle finalità di carattere sociale, civile e culturale individuate dallo Stato, dalle regioni e dagli enti locali*". L'attività di volontariato era dunque soltanto quella "*prestata in modo personale, spontaneo e gratuito, tramite l'organizzazione di cui il volontario fa parte, senza fini di lucro anche indiretto ed esclusivamente per fini di solidarietà*".

L'art. 32 del d.lgs. 117/2017 apre affermando che le organizzazioni di volontariato sono enti del Terzo settore costituiti in forma di associazione, riconosciuta o non riconosciuta, da un numero non inferiore a sette persone fisiche o a tre organizzazioni di volontariato, per lo svolgimento prevalentemente in favore di terzi di una o più delle attività di interesse generale che abbiamo sopra ricordato, avvalendosi in modo prevalente dell'attività di volontariato dei propri associati o delle persone aderenti agli enti associati. Il d.lgs. 105/2018 ha aggiunto una previsione (art. 1-*bis*) riguardante il destino delle organizzazioni di volontariato nelle quali, successivamente alla costituzione, viene meno il numero di associati necessario per la costituzione. In tali casi, se il numero non viene integrato entro un anno, l'organizzazione è cancellata dal R.U.N.T.S, se non si formula iscrizione in un'altra sezione del medesimo. Ad ogni modo, come si è avuto modo di segnalare, il R.U.N.T.S., ad oggi, non è ancora completamente operativo.

Con riferimento alla denominazione sociale, essa deve contenere l'indicazione di organizzazione di volontariato o l'acronimo ODV.

Le organizzazioni possono assumere lavoratori dipendenti o avvalersi di prestazioni di lavoro autonomo o di altra natura esclusivamente nei limiti necessari al loro regolare funzionamento oppure nei limiti occorrenti a qualificare o specializzare l'attività svolta. In ogni caso, il numero dei lavoratori impiegati nell'attività non può mai essere superiore al 50% del numero dei volontari.

Le risorse economiche necessarie al loro funzionamento e allo svolgimento della propria attività possono provenire anche da fonti diverse (quote associative, contributi pubblici e privati, donazioni e lasciti testamentari, rendite patrimoniali ed attività di raccolta fondi), ma per lo svolgimento delle attività di interesse generale le organizzazioni di volontariato possono ricevere soltanto il rimborso delle spese effettivamente sostenute e documentate.

Inoltre, pur se informa indiretta la riforma del Terzo settore sostiene il mondo del volontariato prevedendo (d.lgs. 6 marzo 2017, n. 40) l'istituzione del **servizio civile universale** (a modifica della disciplina del servizio civile nazionale di cui alla legge 64/2001). E ciò, nell'intento di far penetrare nel tessuto sociale, soprattutto in quello giovanile, la cultura del volontariato, qui intesa non solo come esperienza di significativo valore formativo e civile, ma anche come volano per acquisire ulteriori competenze spendibili in ambito professionale.

In modo ancora differente si presentano le **associazioni di promozione sociale (APS)**, disciplinate dapprima dalla legge 383/2000 (oggi abrogata), riformate dalla legge 106/2016 ed ora dal Codice del Terzo settore. Queste, nel loro complesso, vanno a comporre una categoria di soggetti che, pur nella diversità, sono tutti riconducibili alla generale tutela offerta dall'art. 18 Cost. e all'essenziale disciplina di cui all'art. 14 cod. civ.

Il d.lgs. 117/2017 dedica alla disciplina delle APS il Capo II del Titolo V, collocandole dunque negli Enti del Terzo settore, soggette però ad una particolare disciplina. In primo luogo, devono essere costituite in forma di associazione, riconosciuta o non riconosciuta, per lo svolgimento di attività d'interesse generale a favore dei propri associati, familiari o terzi. In secondo luogo, essendo enti del Terzo settore, devono perseguire, senza scopo di lucro, finalità civiche, solidaristiche e di utilità sociale di cui all'art. 5 d.lgs. 117/2017.

Si richiede, inoltre, che le APS siano composte da un numero non inferiore a sette persone fisiche o a tre associazioni di promozione sociale e che si avvalgano, per lo svolgimento dell'attività, in modo prevalente dell'attività di volontariato dei propri associati o delle persone aderenti agli enti associati. Ciononostante, l'art. 36 prevede la possibilità per l'APS di assumere lavoratori dipendenti o avvalersi di prestazioni di lavoro autonomo o di altra natura, anche dei propri associati, quando ciò sia necessario per lo svolgimento dell'attività, stabilendo, in ogni caso, che il numero dei lavoratori impiegati nell'attività non può essere superiore al 50% del numero dei volontari o al 5% del numero degli associati.

Anche nel caso delle APS, il venir meno del numero degli associati previsto per la costituzione, darà luogo alla cancellazione dal Registro Unico, se non integrato entro un anno.

Non possono diversamente essere associazioni di promozione sociale i circoli privati e le associazioni comunque denominate che dispongono limitazioni con riferimento alle condizioni economiche e discriminazioni di qualsiasi natura in relazione all'ammissione degli associati o che prevedano il diritto di trasferimento, a qualsiasi titolo, della quota associativa o che, infine, colleghino, in qualsiasi forma, la partecipazione sociale alla titolarità di azioni o quote di natura patrimoniale.

Anche in questo caso la denominazione sociale deve contenere l'indicazione di associazione di promozione sociale o l'acronimo APS.

Gli **enti filantropici**, introdotti dalla riforma, sono anch'essi enti del Terzo settore costituiti in forma di associazione riconosciuta o di fondazione al fine di erogare denaro, beni o servizi, anche di investimento, a sostegno di categorie di persone svantaggiate o di attività di interesse generale.

Gli enti filantropici traggono le risorse economiche necessarie allo svolgimento della propria attività principalmente da contributi pubblici e privati, donazioni e lasciti testamentari, rendite patrimoniali ed attività di raccolta fondi.

Gli atti costitutivi di queste organizzazioni indicano i principi ai quali devono attenersi in merito alla gestione del patrimonio, alla raccolta di fondi e risorse in genere, alla destinazione, alle modalità di erogazione di denaro, beni o servizi, anche di investimento a sostegno di categorie di persone svantaggiate o di attività di interesse generale.

Infine il bilancio sociale degli enti filantropici deve contenere l'elenco e gli importi delle erogazioni deliberate ed effettuate nel corso dell'esercizio, con l'indicazione dei beneficiari diversi dalle persone fisiche.

Al pari delle associazioni, anche le **fondazioni** rappresentano una categoria organizzativa dell'autonomia privata disciplinata dall'art. 14 cod. civ. A differenza delle associazioni, che trovano il loro tratto caratteristico nell'insieme di persone che vi partecipano al fine di conseguire congiuntamente il medesimo fine, le fondazioni si contraddistinguono per l'entità del loro patrimonio, destinato al perseguimento di una precisa finalità.

Il d.lgs. 117/2017, al Titolo IV, disciplina congiuntamente le fondazioni e le associazioni del Terzo settore determinando il contenuto obbligatorio dell'atto costitutivo (che tra l'altro deve indicare la denominazione dell'ente; l'assenza di scopo di lucro e le finalità civiche, solidaristiche e di utilità sociale perseguite; l'attività di interesse generale che costituisce l'oggetto sociale; la sede legale il patrimonio iniziale ai fini dell'eventuale riconoscimento della personalità giuridica).

Sia le associazioni che le fondazioni del Terzo settore possono, in deroga al d.P.R. 10 febbraio 2000, n. 361, acquistare la personalità giuridica mediante l'iscrizione nel Registro unico nazionale del Terzo settore.

Occorre però disporre di patrimonio minimo, con una somma liquida e disponibile non inferiore a 15.000 euro per le associazioni e a 30.000 euro per le fondazioni. Se tale patrimonio è costituito da beni diversi dal denaro, il loro valore deve risultare da una relazione giurata, allegata all'atto costitutivo, di un revisore legale o di una società di revisione legale iscritti nell'apposito registro.

Nelle fondazioni e nelle associazioni riconosciute come persone giuridiche, per le obbligazioni dell'ente risponde soltanto l'ente con il suo patrimonio.

Le **cooperative sociali**, istituite con (e ancora disciplinate da) la legge 381/1991, e oggi incluse nel novero dei soggetti del Terzo settore dalla legge 106/2016, rappresentano invece un modello giuridico proprio. Con l'approvazione del d.lgs. 112/2017, le cooperative sociali e i loro consorzi hanno acquisito di diritto la qualifica di imprese sociali (vedi sopra).

Esse hanno lo scopo di perseguire l'interesse generale della comunità, la promozione umana e l'integrazione sociale dei cittadini attraverso:

– la gestione di servizi socio-sanitari ed educativi;
– lo svolgimento di attività diverse – agricole, industriali, commerciali o di servizi – finalizzate all'inserimento lavorativo di persone svantaggiate.

Ad esse si applicano, in quanto compatibili e nel rispetto della normativa specifica delle cooperative (si vedano, in tal senso, la sentenza della Corte cost. 255/2020 e la Sentenza del Consiglio di Stato 3586/2021), le disposizioni del d.lgs. 112/2017, ferme restando le norme relative al settore in cui le stesse operano. La loro forte caratterizzazione in senso mutualistico, in omaggio a quella che è la loro origine nell'ambito del movimento cooperativo ha rappresentato il motivo della loro diffusione anche in seno ad alcune leggi regionali.

Gli **enti di patronato e di assistenza sociale** vengono costituiti, con domanda al ministro del lavoro, su iniziativa singola o associata delle confederazioni e delle associazioni nazionali di lavoratori che:

– siano costituite ed operino in modo continuativo da almeno tre anni;
– abbiano sedi proprie in almeno un terzo delle Regioni e in un terzo delle Province;
– del territorio nazionale;
– dimostrino di possedere i mezzi finanziari e tecnici necessari per la costituzione;
– e la gestione degli istituti di patronato e di assistenza sociale;
– perseguano, secondo i rispettivi statuti, finalità assistenziali.

I soggetti che abbiano ottenuto il riconoscimento hanno l'obbligo di iscrizione nel registro delle persone giuridiche presso la prefettura del luogo ove hanno la sede legale e svolgono la loro attività, che consiste nell'offrire informazione, assistenza e tutela, anche con poteri di rappresentanza, a favore dei lavoratori dipendenti e autonomi, dei pensionati, dei singoli cittadini italiani, stranieri e apolidi presenti sul territorio dello Stato e dei loro superstiti e avanti causa, per il conseguimento in Italia e all'estero delle prestazioni di qualsiasi genere in materia di sicurezza sociale, di immigrazione e emigrazioni. I patronati possono altresì svolgere attività di consulenza, di assistenza e di tutela, tra le altre, per il conseguimento di prestazioni di carattere socio-assistenziali, comprese quelle in materia di emigrazione e immigrazione.

Un caso del tutto particolare, specie per le complesse vicende che li hanno riguardate, è quello delle attuali **aziende per i Servizi alla persona** (**ASP**). Originatesi come istituti di beneficenza, conobbero il primo interessamento da parte dell'amministrazione quando la legge 753/1862 istituì presso ogni Comune, una Congregazione di carità con il compito di amministrare i beni che la legge devolveva a favore dei poveri.

Negli anni seguenti, però, a seguito della constatazione di un enorme spreco e dell'indubbia utilità sociale nell'attività di questi soggetti, la legge 6972/1890 trasformò queste organizzazioni in "**istituzioni pubbliche di assistenza e beneficenza**" (**IPAB**) sottoponendole a un regime ben preciso e stringente. Dopo lunghe vicende che però non alterano la considerazione della loro natura e quindi non mutano il loro regime giuridico, la Corte costituzionale boccia prima un loro riassetto organizzativo (sent. 173/1981) e poi, in base all'art. 38 Cost., mette in dubbio l'esigenza di conservare comunque per tutte le IPAB tale "pubblicizzazione", visto che il nuovo quadro costituzionale afferma la libertà di esercizio dell'assistenza privata, e quindi i fini non a essa connessi sono più da considerarsi "*per loro natura esclusivi delle strutture pubbliche*". Le vicende successive confermano in gran parte questa nostra analisi.

Con il d.P.C.M. 16 febbraio 1990, viene emanata una disciplina che detta alle Regioni i criteri necessari per consentire loro di riconoscere la personalità giuridica di diritto privato alle IPAB a carattere regionale e infraregionale per le quali "*sia alternativamente accertato: a) il carattere associativo; b) il carattere di istituzione promossa e amministrata da privati; c) l'ispirazione religiosa*". Di fatto molti dei patrimoni delle IPAB vengono a essere concentrati nelle mani degli enti territoriali, e in particolare dei Comuni. L'assetto fin qui descritto trova conferme nella legislazione, quando il d.lgs. 112/1998 nell'effettuare il riparto di competenze tra Stato, Regioni ed enti locali previsto dalla legge 59/1997, all'art. 132.2 prevede che siano trasferite alle Regioni, che provvederanno al successivo conferimento alle Province, ai Comuni e agli altri enti locali nell'ambito delle rispettive competenze, le funzioni e i compiti relativi alla promozione e al coordinamento operativo dei soggetti e delle strutture che agiscono nell'ambito dei servizi sociali, con particolare riguardo a: a) la cooperazione sociale; b) le istituzioni di pubblica assistenza e beneficenza (IPAB); c) il volontariato.

La novità più consistente ai nostri fini è quella introdotta dalla legge 328/2000 che all'art. 10 detta i principi per l'inserimento delle IPAB nella rete degli interventi di integrazione sociale sul territorio, dando delega al Governo per una riforma complessiva del settore, in linea con la decisione della Corte costituzionale che, abbiamo visto, apre alla duplice possibilità di attribuirvi personalità di diritto pubblico o privato. È il d.lgs. 207/2001 a dar seguito alla delega e a dettare una disciplina compiuta per le due ipotesi. Infatti, in esso, facendo costantemente richiamo all'idea dell'adeguatezza, nel senso dell'attinenza a quelle che sono le effettive attività svolte dall'ente, e della pertinenza con le tavole di fondazione, si prevede che:

– (art. 5) le istituzioni che svolgono direttamente attività di erogazione di servizi assistenziali siano tenute a trasformarsi in aziende pubbliche di servizi alla persona (ASP). Tale azienda – si specifica – non ha fini di lucro, ha personalità giuridica di diritto pubblico, ha autonomia statutaria, patrimoniale, contabile, gestionale e tecnica e opera con criteri imprenditoriali. Inoltre, nell'ambito della sua autonomia, l'azienda pubblica di servizi alla persona può porre in essere tutti gli atti e i negozi, anche di diritto privato, funzionali al perseguimento dei propri scopi. E, se sul fronte dell'organizzazione a essa si applicano i principi relativi alla distinzione dei poteri di indirizzo e programmazione dai poteri di gestione, mentre il rapporto di lavoro dei dipendenti ha natura privatistica ed è disciplinato previa istituzione di un autonomo comparto di contrattazione collettiva, sul fronte dell'attività l'azienda deve informarsi a criteri di efficienza, efficacia ed economicità, nel rispetto del pareggio di bilancio da perseguire attraverso l'equilibrio dei costi e dei ricavi;

– (art. 16) tutte le altre istituzioni per le quali siano accertati (come già specificato dal d.P.R. del 1990) in alternativa il carattere associativo, il carattere di istituzione promossa e amministrata da privati oppure l'ispirazione religiosa, nonché quelle escluse perché prive dei criteri necessari alla assunzione della personalità pubblica, o perché prive degli altri criteri previsti dal decreto legislativo, provvedono alla loro trasformazione o in associazioni o in fondazioni di diritto privato come disciplinate dal codice civile. Le associazioni e le fondazioni di questo tipo sono persone giuridiche di diritto privato senza fine di lucro, dotate di piena autonomia statutaria e gestionale, sono chiamate a perseguire scopi di utilità sociale, utilizzando tutte le modalità consentite dalla loro natura giuridica, residuando alla Regione il controllo e la vigilanza ai sensi degli artt. 25 e 27 dello stesso codice civile.

In seguito, la riforma costituzionale del 2001 ha portato, come abbiamo detto, all'attribuzione alle Regioni dell'intera materia dei servizi sociali. In questo modo si è assistito a una differenziazione delle scelte fatte a quel livello, registrandosi in alcuni casi (legge reg. Lombardia 1/2003 e legge reg. Toscana 43/2004) l'adozione di una normativa dedicata alla regolazione del processo di riordino delle IPAB e della loro trasformazione in persone giuridiche di diritto privato oppure in ASP, in altri (legge reg. Emilia-Romagna 2/2003) l'inserimento della riforma in una norma di ripensamento complessivo del sistema di welfare. E ancora, mentre alcune Regioni hanno rimesso alle IPAB ogni decisione sul modello organizzativo in cui trasformarsi (Lombardia), altre hanno dato forte impulso alla trasformazione delle IPAB in ASP, prevedendo l'evoluzione in persone giuridiche di diritto privato come ipotesi tendenzialmente residuale.

Di recente, l'art. 11-*sexies*, 1° e 2° comma del Decreto Semplificazioni (convertito in legge 12/2019) ha modificato la normativa riguardante le associazioni o fondazioni di diritto privato originate dalla trasformazione di istituti pubblici di assistenza e beneficenza (c.d. "ex IPAB"), includendole espressamente nell'ambito del Terzo Settore.

Come riferito, il menzionato decreto, che ha stabilito il divieto per le società costituite da un unico socio persona fisica, per gli enti con scopo di lucro e per le amministrazioni pubbliche (di cui all'art. 1, 2° comma, del d.lgs. 165/2001) di esercitare attività di direzione e coordinamento o detenere, in qualsiasi forma, anche analoga, congiunta o indiretta, il controllo di un'impresa sociale, ha escluso da tale divieto le associazioni o fondazioni di diritto privato originate dalla trasformazione di istituti pubblici di assistenza e beneficenza ("ex IPAB").

9. Legislazione di settore

La legislazione in materia di servizi sociali è molto ricca e variegata, e si articola in numerosi settori di intervento. Qui cerchiamo di ricostruirne i filoni tematici principali.

A) La *domiciliarità*. L'"**assistenza domiciliare**" è probabilmente la forma più rilevante e diffusa di intervento in ambito socio-assistenziale. In realtà, con questa denominazione si fa riferimento a un complesso di interventi ad alta integrazione fra operatori sanitari e socio-sanitari, che si differenziano non solo in ragione della tipologia di prestazioni (che possono essere di tipo prettamente medico, oppure di natura infermieristica, riabilitativa e anche solo di sostegno o di custodia"), ma anche:

– per categorie di destinatari (anziani, minori, disabili, bisognosi) e accumunati soltanto in ragione del fatto di svolgersi presso il domicilio dell'assistito, al fine di favorirne l'autonomia e, allo stesso tempo, di tutelarlo attraverso la sua permanenza in casa;

– per le finalità connesse all'intervento, che vanno dal contenimento del peggioramento fisiologico e funzionale dell'individuo alla stabilizzazione del quadro clinico, fino al miglioramento complessivo la sua qualità di vita.

Due sono le ragioni che giustificano l'attivazione di questa forma d'assistenza:

– dar corso a determinati interventi che, per le condizioni fisiche o psicologiche dell'assistito, è raccomandabile siano svolte presso il suo ambiente domestico;

– offrire un ausilio e un supporto anche tecnico nell'assistenza di un congiunto ai familiari, dando allo stesso tempo anche spazio e valorizzazione al contributo di questi nella personalizzazione delle prestazioni.

A queste motivazioni in determinati casi se ne aggiungono altre, relative all'efficienza economica dell'assistenza a soggetti che, altrimenti, per la cronicità delle condizioni di alterazione psichica o fisica, si troverebbero a essere costantemente ricoverati in strutture di diversa natura, in modo permanente.

Da parte sua, sotto il profilo giurisprudenziale, la Corte costituzionale, già con la sent. 174/1981, aveva messo in evidenza come gli interventi sociali "*dovrebbero essere rivolti a mantenere i cittadini nel loro ambiente familiare e sociale con interventi di carattere domiciliare o con centri diurni. Il recupero e il reinserimento nel nucleo familiare e nel normale ambiente di vita di tutti i cittadini che per qualsiasi causa ne fossero stati esclusi costituirebbe un ulteriore obiettivo previsto per i nuovi servizi, con la prevenzione e rimozione degli ostacoli di diverso ordine che si frappongono al conseguimento di questi obiettivi*".

A questo proposito però il Consiglio di Stato (sez. V, sent. 1607/2001), con una decisione solo apparentemente non coerente, ha affermato il principio secondo il quale per le persone con grave disabilità e per gli anziani ultrasessantacinquenni dichiarati non autosufficienti dalle ASL, per la fruizione di servizi domiciliari, diurni o residenziali in percorsi sociosanitari, la contribuzione ai costi deve avvenire sulla base della valutazione della situazione economica personale e non familiare. Il calcolo avviene in base all'**Indicatore della Situazione Economica Equivalente (ISEE)** che indica il rapporto tra l'indicatore della situazione economica (ISE) e il parametro desunto dalla Scala di Equivalenza. Quest'ultima normalmente tiene conto del numero dei componenti il nucleo familiare e prevede l'applicazione di eventuali maggiorazioni collegate a particolari situazioni presenti all'interno del nucleo medesimo.

In ragione del fatto che si pone all'incrocio di interventi di natura diversa, sanitaria e assistenziale, i (pochi ed essenziali) riferimenti normativi in materia si rinvengono andando a cercare in entrambe le direzioni.

Per quanto riguarda l'ambito sanitario, le indicazioni di cui alle leggi sanitarie sono molto sfumate, e vanno da semplici sottolineature (legge 833/1978) di come *l'assistenza sanitaria di base rappresenta il primo livello di contatto degli individui, della famiglia e della comunità con il sistema sanitario in un quadro di effettiva partecipazione*, e quindi sia opportuno strutturare una rete di servizi il più vicino possibile al luogo di vita delle persone attraverso la "medicina primaria", al più deciso favore per un complesso di interventi integrati (d.lgs. 502/1992 come modificato dalla legge 229/1999).

Per parte sua, sul fronte più propriamente socio-assistenziale, la legge 328/2000 prevede che il Fondo nazionale per le politiche sociali determini ogni anno una quota economica esplicitamente destinata al sostegno domiciliare di persone anziane non autosufficienti, con particolare riferimento a progetti integrati tra assistenza e sanità, realizzati in rete con azioni e programmi coordinati tra soggetti pubblici e privati, volti a sostenere e a favorire l'autonomia delle persone anziane e la loro permanenza nell'ambiente familiare (art. 15.3). In questo senso si pongono prima di tutto i progetti individuali (PAI) disciplinati all'art. 14 (→ § XIII.7✓).

Di seguito, mentre il d.P.C.M. 14 febbraio 2001 (*Atto di indirizzo e coordinamento in materia di prestazioni socio-sanitarie*) riconosce le cure domiciliari come modalità di risposta ai bisogni delle persone in condizione di non autosufficienza, per le quali ci sia avvale anche di prestazioni di assistenza sociale e del supporto familiare, valutando il bisogno clinico anche sotto il profilo funzionale e sociale, il d.P.C.M. 29 novembre 2001 inserisce le cure domiciliari tra i livelli essenziali di assistenza.

È forse nel Piano Sanitario Nazionale successivo a questi atti che l'assistenza domiciliare inizia a conoscere una maggior definizione: si arriva, infatti, in esso a proporre non solo la dimensione distrettuale della programmazione e della gestione di questi interventi, ma anche una distinzione tipologica basata sul grado di incidenza degli aspetti sanitari.

Ne risulta un quadro nel quale il SSN, da parte sua, garantisce cure domiciliari alle persone non autosufficienti e in condizioni di fragilità, con patologie in atto o esiti delle stesse, in modalità diverse a seconda di come le diverse ASL hanno organizzato i propri servizi sul territorio. È in ogni caso il Distretto sociosanitario a gestirle, andando a incrociare la propria azione con quella del Comune di residenza.

In questo senso si distingue tra "assistenza domiciliare programmata"; e "ospedalizzazione domiciliare" e "assistenza domiciliare integrata". Le prime due tipologie sono essenzialmente rimesse agli operatori (e quindi alla gestione) del SSN.

L'**assistenza domiciliare programmata** consiste in un servizio, la cui durata è limitata nel tempo, utile nel prevenire il ricorso a forme di assistenza più complessa (tra cui il ricovero) in soggetti anziani non ambulabili, affetti da patologie croniche o soggetti a scompenso. Questa attività è svolta assicurando la presenza periodica di un medico di medicina generale (o in determinati casi di un pediatra) al domicilio dell'assistito per il monitoraggio dello stato di salute; per il controllo sulle condizioni igieniche e sul conforto ambientale e suggerimenti al paziente e ai familiari; per fornire indicazioni circa il trattamento dietetico e nell'ottica di una collaborazione con il personale dei servizi sociali per le necessità del soggetto nei rapporti con la famiglia e con l'ambiente esterno.

Diversamente l'**ospedalizzazione domiciliare** è un servizio gestito direttamente dalla struttura ospedaliera con proprio personale ed è destinato a malati affetti da patologie croniche evolutive o in fase di riacutizzazione che richiedono un'assistenza medica e infermieristica 24 ore su 24 e l'assegnazione di attrezzature o ausili per la deambulazione e le funzioni fisiologiche. Durante l'ospedalizzazione domiciliare, la cartella clinica del paziente rimane aperta. Il servizio previsto ha una durata media di 60 giorni con presenza giornaliera di due ore di un infermiere professionale, la visita quotidiana del medico di famiglia o del medico ospedaliero e un collegamento permanente con il reparto ospedaliero di riferimento. Con la stabilizzazione delle condizioni del paziente, il servizio può essere sostituito da un programma di **Assistenza domiciliare integrata** (Adi).

La Adi si distingue dalle due tipologie predette: consiste infatti in un complesso di interventi e servizi sanitari, erogati dalle Asl, offerti a domicilio o presso una struttura comunitaria (casa di riposo o struttura residenziale permanente) caratterizzata per l'alto livello di integrazione delle prestazioni offerte legate alla natura e ai bisogni a cui si rivolge. Essa implica quindi la progettazione comune di interventi gestiti da figure professionali diverse, anche attraverso quei piani individuali (PAI) di cui dà conto l'art. 14 della legge 328/2000, nonché gli artt. 21 e 22 del d.P.C.M. 12 gennaio 2017.

In funzione diversa, però degna di menzione, è infine l'esperienza delle Unità Speciali di Continuità Assistenziale (USCA), introdotte dal d.l. 9 marzo 2020, n. 14/2020 durante l'emergenza Covid. Come abbiamo avuto modo di segnalare (→ § XII.15), le USCA hanno rappresentato una delle prime e più rilevanti risposte alla pandemia. I *team* di medici e sanitari delle unità speciali hanno garantito, in particolare, l'assistenza nei confronti di:

– pazienti Covid in isolamento domiciliare che non necessitavano di ricovero ospedaliero ma di assistenza domiciliare;
– pazienti Covid dimessi dall'ospedale, ma che necessitavano assistenza domiciliare o residenziale;
– pazienti ritenuti "casi sospetti" di Covid, in attesa di diagnostico, con necessità di assistenza a domicilio.

Il d.P.C.M., che aggiorna i LEA e sostituisce l'anteriore d.P.C.M. del 2001, riserva un intero articolo (art. 22) alla disciplina delle cure domiciliari.

In relazione al bisogno clinico, funzionale e sociale del paziente possono distinguersi diversi livelli di intensità e complessità delle cure domiciliari *di base* (interventi prestazionali di bassa complessità) e *integrate*. Per la classificazione dei livelli di cure domiciliari si fa riferimento al Coefficiente di Intensità Assistenziale (CIA), un indicatore che si ottiene dal rapporto tra il numero di giornate in cui viene eseguito almeno un accesso al domicilio e il numero totale di giornate di presa in carico.

In merito alle cure domiciliari *integrate*, il d.P.C.M. distingue, in funzione all'intensità degli accessi, tra:

– *cure domiciliari integrate di 1° e 2° livello*, costituite da prestazioni professionali di tipo medico, infermieristico, assistenziale o di tipo riabilitativo assistenziale a favore di persone con patologie o condizioni funzionali che richiedono continuità assistenziale ed interventi programmati articolati sino a cinque giorni (1° livello) o sei giorni (2° livello) su sette;
– *cure domiciliari integrate a elevata intensità (3° livello)*, costituite da prestazioni professionali di tipo medico, infermieristico e riabilitativo, accertamenti diagnostici, assistenza farmaceutica e fornitura di preparati per nutrizione artificiale a favore di persone con patologie che, presentando elevato livello di complessità, instabilità clinica e sintomi di difficile controllo, richiedono continuità assistenziale e interventi programmati articolati sui 7 giorni anche per la necessità di fornire supporto alla famiglia o al *caregiver*.

Le cure domiciliari integrate sono attivate con le modalità definite dalle regioni o dalle provincie autonome, richiedono una valutazione multidimensionale, la "presa in carico" della persona e la definizione di un PAI. A prescindere dal livello, le cure domiciliari sono integrate da prestazioni di aiuto infermieristico e assistenza tutelare professionale alla persona e da interventi sociali in relazione agli esiti della valutazione multidimensionale.

In questi casi sono i Comuni i primi enti pubblici ad attivarsi (o a essere contattati dalla persona in stato di bisogno) e a intervenire in coordinamento costante con le strutture sanitarie competenti, restando in ogni caso del medico di medicina generale la responsabilità delle scelte operative. Di fatto, come segnalato, in questo ambito sono comunque le Regioni a dover definire meglio quali siano le attività erogabili.

Il d.P.C.M. del 2107 ha inoltre inserito nei LEA le **cure palliative domiciliari**, non più dunque ricomprese nell'ambito dell'ADI. Si tratta di cure domiciliari a favore di soggetti affetti da patologie ad andamento cronico ed evolutivo per i quali non esistono terapie o, se esistono, sono inadeguate o inefficaci ai fini della stabilizzazione della malattia.

Le cure palliative domiciliari, di base o specialistiche (art. 23), sono ora erogate dalle UCP (Unità di Cure Palliative) garantendo, in tal modo, la specificità specialistica di tali cure. Anche nel caso delle cure domiciliari palliative, è richiesta la valutazione multidimensionale, la presa in carico del paziente e dei familiari e la definizione di un PAI. Esse sono integrate da interventi sociali in relazione agli esiti della valutazione multidimensionale.

✓ I *CAREGIVER*

Particolarmente interessante, nell'ambito dell'assistenza domiciliare, risulta la "nuova" figura dei *caregiver*. La legge reg. Emilia-Romagna 28 marzo 2014, n. 2, aveva introdotto per la prima volta e qualificato la figura del *caregiver*, ovvero della "*persona che volontariamente, in modo gratuito e responsabile, si prende cura nell'ambito del piano assistenziale individualizzato (PAI) di una persona cara consenziente, in condizioni di non autosufficienza o comunque di necessità di ausilio di lunga durata, non in grado di prendersi cura di sé*" (art. 2.1). A livello nazionale, in mancanza di una legge apposita, la figura del *caregiver* familiare è stata riconosciuta e disciplinata dalla legge di bilancio 2018 (art. 1, 254°-256° comma, legge 205/2017). Al 255° comma, la predetta legge definisce il *caregiver* come la persona che assiste e si prende cura di soggetti specifici:
– il coniuge o una delle parti dell'unione civile o, ancora, il convivente di fatto (si veda il riferimento alla legge 76/2016, → § XI.3.1).
– il familiare o affine entro il secondo grado;
– il familiare entro in terzo grado, solo nei casi individuati dall'art. 3, 3° comma, della legge 104/1992, che, a causa di malattia, infermità o disabilità, anche croniche o degenerative, sia non autosufficiente e in grado di prendersi cura di sé, ovvero gli sia riconosciuto un grado di invalidità in quanto bisognoso di assistenza globale e continua di lunga durata continuativa, definita come handicap grave ai sensi dell'art. 3, 3° comma, della menzionata legge 104, o sia titolare di indennità di accompagnamento, ai sensi della legge 18/1980.
La citata legge di bilancio, inoltre, ha previsto l'istituzione, presso il Ministero del lavoro e delle politiche sociali, di un apposito Fondo per il sostegno del ruolo di cura e di assistenza del *caregiver* familiare, destinato "alla copertura finanziaria di interventi legislativi finalizzati al riconoscimento del valore sociale ed economico dell'attività di cura non professionale del *caregiver* familiare". Con il d.P.C.M. 27 ottobre 2020 si è proceduto a stabilire i criteri di utilizzazione delle risorse del Fondo, destinate alle regioni, per gli anni 2018-2019-2020. Nello specifico, tali risorse devono essere utilizzate dando priorità ai *caregiver* di persone in condizione di disabilità gravissima (art. 3 del d.m. 26 settembre 2016); ai *caregiver* di coloro che non hanno avuto accesso alle strutture residenziali a causa delle disposizioni normative emergenziali, comprovata da idonea documentazione; a programmi di accompagnamento finalizzati alla deistituzionalizzazione e al ricongiungimento del *caregiver* con la persona assistita. Si segnala, inoltre, che la legge di bilancio 2021 (334° comma, art. 1, legge 178/2020) ha disposto l'istituzione del Fondo per gli interventi legislativi di valorizzazione dell'attività di cura non professionale del *caregiver*, diretto alla copertura finanziaria di interventi legislativi finalizzati al riconoscimento del valore sociale ed economico delle attività di cura a carattere non professionale del *caregiver* familiare.
Ad ogni modo, sebbene l'assistenza domiciliare, ad oggi, venga riconosciuta come un servizio assistenziale di indiscussa rilevanza, numerose continuano ad essere le critiche circa la mancata integra-

zione socio-sanitaria. Servizi sociali e sanitari continuano a muovere lungo rette parallele che raramente si incrociano. Si pensi, come elemento non solo simbolico di questa condizione, alla impossibilità dei sanitari di trasmettere e condividere i dati sensibili di loro pertinenza con gli operatori sociali, secondo una concezione assai discutibile, e comunque pregiudiziale, della tutela della riservatezza. Un tentativo di integrazione è previsto nel Piano Nazionale di Ripresa e Resilienza (PNRR) attraverso la creazione delle nuove "Centrali operative territoriali" (COT) (→ § XII.15), che dovrebbero servire per il coordinamento dei servizi domiciliari con gli altri servizi sanitari e per rafforzare lo scambio di informazioni tra i sanitari e i familiari *caregiver*.

B) *Assistenza agli anziani*. Strettamente connesso con il tema appena trattato è quello dell'assistenza agli anziani, che da solo assume un grande rilievo in seno sia alla legge statale che a quelle regionali, in una lettura che tende a considerare la senilità come elemento determinante e spesso aggravante la condizione di non autosufficienza.

Muove in questo senso la legge 328/2000 che, oltre a includere le prestazioni di sostegno alle persone anziane tra i livelli essenziali (art. 22.2, lett. g)), ove specificamente si annoverano gli interventi per le persone anziane e disabili per favorire la permanenza a domicilio, per l'inserimento presso famiglie, persone e strutture comunitarie di accoglienza di tipo familiare, nonché per l'accoglienza e la socializzazione presso strutture residenziali e semiresidenziali per coloro che, in ragione della elevata fragilità personale o di limitazione dell'autonomia, non siano assistibili a domicilio), all'art. 15 disciplina specificamente il sostegno domiciliare per le persone anziane non autosufficienti. La disposizione prevede che una quota del Fondo nazionale delle politiche sociali sia destinata a favore di questi soggetti e al sostegno del nucleo familiare che si è fatto carico di prestare al soggetto bisognoso l'assistenza domiciliare, individuando poi (art. 16) le prestazioni prioritarie da intraprendere per promuovere e valorizzare le attività di cura delle persone anziane, e che consistono in prestazioni di aiuto e sostegno domiciliare, anche con benefici di carattere economico, in particolare per le famiglie che assumono compiti di accoglienza, di cura di disabili fisici, psichici e sensoriali e di altre persone in difficoltà, di minori in affidamento, di anziani (3° comma, lett. d)) e servizi di sollievo, per affiancare nella responsabilità del lavoro di cura la famiglia, ed in particolare i componenti più impegnati nell'accudimento quotidiano delle persone bisognose di cure particolari ovvero per sostituirli nelle stesse responsabilità di cura durante l'orario di lavoro (3° comma, lett. e)).

L'attenzione per questo tema si ritrova in numerose leggi regionali ove la materia assume declinazioni e trova soluzioni solo parzialmente diverse e innovative. In molte di queste (legge reg. Sardegna 23/2005, legge reg. Liguria 12/2006, legge reg. Emilia-Romagna 2/2003 e 2/2014, legge reg. Basilicata 4/2007, legge reg. Umbria 26/2009) si sottolinea l'importanza del ruolo della famiglia sia in senso attivo (come luogo di accoglienza e sostegno costante all'anziano) sia come destinataria di interventi di supporto.

Sotto il profilo organizzativo è di nuovo il Comune il soggetto in primo luogo competente ad attuare l'intervento di sostegno all' anziano e alla sua famiglia.

Una specificità di questo tipo di assistenza è data dal ruolo che qui assumono le strutture residenziali, il cui scopo è integrare in un solo luogo un assetto che possa sostituirsi o in qualche modo ricreare la dimensione familiare e domestica con la predisposizione delle risorse necessarie a un pronto e costante intervento degli operatori sociali e sanitari.

In questo senso si usa distinguere tra:

– **case albergo**, ovvero strutture di tipo residenziale destinate ad accogliere, in via temporanea o definitiva, gli anziani autosufficienti. Queste strutture sono generalmente ubicate in zone già urbanizzate al fine di evitare ogni forma di isolamento sociale, e sono costituite da complessi di appartamenti o alloggi dotati di servizi autonomi e predisposti per fornire accoglienza a coppie di coniugi o singole persone. In esse, si dispone di aree di servizio, quali segreteria e uffici amministrativi, cucina, lavanderia e guardaroba; e di ampi spazi per la socializzazione degli ospiti. In ognuna, inoltre, si deve garantire un'ampia serie di serie quali l'assistenza medica di base e le prestazioni infermieristiche e l'assistenza riabilitativa. Le Case albergo possono essere pubbliche o private. Mentre nelle prime l'accesso dipende dalla disponibilità, è rimessa al Comune la definizione della procedura per l'accesso alle seconde, per le quali il costo dell'accoglienza è generalmente più contenuto;

– **case di riposo**: sono invece strutture abitative, anch'esse pubbliche o private, dotate di camere a più letti e di ampie aree di socializzazione, destinate ad anziani almeno in parte autosufficienti, che si distinguono dalle precedenti per una maggior presenza dei servizi di assistenza medica e sanitaria. In questo senso le case di riposo hanno in organico anche personale specificamente addetto ai servizi di tutela e di custodia. A esse accedono persone in età pensionabile, non in grado di ricorrere ad altre forme di assistenza, rientranti nei criteri di reddito predeterminati dalla Regione e/o dal Comune che ne ha autorizzato e accreditato;

– **comunità alloggio**: sono strutture residenziali per un numero contenuto di anziani non del tutto autosufficienti che, per le più diverse ragioni hanno difficoltà in seno al proprio nucleo famigliare, e quindi si troverebbero a vivere in solitudine. Vi si accede attraverso le liste predisposte dagli uffici comunali se pubbliche e in ragione della disponibilità di posti se private. Per l'assistenza sanitaria la comunità alloggio sia pubblica che privata si avvale dei servizi territoriali delle ASL. I costi del servizio vengono stabiliti dal Comune di appartenenza, se la gestione è di carattere pubblico, ovvero "moderati" dallo stesso, nell'ipotesi di conduzione privata;

– **residenze sanitarie assistenziali (RSA)**: sono forse le strutture più rilevanti e diffuse in quest'ambito. Introdotte in Italia dalla metà degli anni '90, hanno una forte caratterizzazione di tipo sanitario essendo destinate ad accogliere soggetti (non solo e necessariamente anziani) non autosufficienti che necessitano di cure e assistenza costanti, in quanto non possono essere assistite presso in via domiciliare. Tipicamente, in esse si offrono assistenza medica e infermieristica, assistenza riabilitativa nonché l'aiuto per lo svolgimento delle attività quotidiane. Anche le RSA possono essere pubbliche o private. Per richiederne l'accesso, è necessario rivolgersi alla ASL territorialmente competente o al Comune di residenza. Le spese per il mantenimento presso le RSA, diverse da residenza a residenza e comunque negoziate il Comune, sono in parte a carico del Servizio sanitario nazionale, in parte a carico del comune e in parte a carico dell'utente.

Alle cure degli anziani concorre poi anche una serie di interventi posti a carico dell'Istituto Nazionale della Previdenza Sociale (INPS). In particolare l'**indennità di**

accompagnamento, introdotta dalla legge 406/1968 e poi rivista radicalmente dalla legge 18/1980 e dalla legge 508/1988, è riconosciuta a tutti i cittadini "*nei cui confronti sia stata accertata una inabilità totale per affezioni fisiche o psichiche che si trovino nella impossibilità di deambulare senza l'aiuto permanente di un accompagnatore o, non essendo in grado di compiere gli atti quotidiani della vita, abbisognano di una assistenza continua*" (art. 1.2, lett. b), legge 508/1988). Si tratta di una mera provvidenza economica indipendente dalla condizione economica e sociale del destinatario, rilevando ai fini della sua erogazione solo la valutazione clinica dello stato di non autosufficienza.

La legge 6/2004 ha, invece, introdotto nel codice civile l'istituto dell'amministrazione di sostegno, destinato alla "*persona che, per effetto di una infermità ovvero di una menomazione fisica o psichica, si trova nella impossibilità, anche parziale o temporanea, di provvedere ai propri interessi*". In questo caso il giudice tutelare, a cui spetta "*il compito di individuare l'istituto che, da un lato, garantisca all'incapace la tutela più adeguata alla fattispecie e, all'altro, limiti nella minore misura possibile la sua capacità*" (Corte cost., sent. 440/2005), provvede a nominare un amministratore di sostegno determinando l'oggetto e la durata del suo incarico, che può essere anche a tempo indeterminato.

Gli anziani, particolarmente quelli non autosufficienti, hanno rappresentato la categoria più colpita non solo dalla pandemia, ma anche dall'esclusione sociale che ne è conseguita. Il PNRR ha stanziato, in tal senso, ingenti risorse per il potenziamento e il sostegno degli anziani. Nel caso specifico, nella Missione 5 sono stati stanziati 500 milioni di euro per rafforzare i servizi territoriali e prossimità, dei quali 300 milioni interessano la riconversione delle RSA e delle case di riposo in gruppi di appartamenti autonomi. Si tratta, ad ogni modo, di interventi che dovrebbero inserirsi in una più ampia riforma, destinata all'introduzione di un sistema organico di misure finalizzate all'individuazione di livelli essenziali delle prestazioni in favore degli anziani non autosufficienti. A ciò si aggiunga, come analizzato in precedenza (→ § XII.15), che la Missione 6 del Piano prevede lo stanziamento di 2 miliardi di euro per l'attivazione delle "Case della Comunità", destinate all'assistenza continuativa degli anziani, tra gli altri.

C) *Contrasto alla povertà e politiche di sostegno al reddito.* Gli interventi di questo tipo, che pure parrebbero così elementari ed essenziali, hanno trovato spazio in Italia, almeno in modo specifico, solo in anni recenti, a seguito degli effetti della crisi economico finanziaria iniziata nel 2008. In ordine di tempo il primo intervento che possiamo qui rubricare è quello di cui al d.m. 26 maggio 2016, con cui si dava l'avvio al Sostegno per l'Inclusione Attiva. A breve distanza di tempo, con la legge 33/2017 ("*Norme relative al contrasto della povertà, al riordino delle prestazioni e al sistema degli interventi e dei servizi sociali*") si delegava il Governo ad adottare una serie di provvedimenti aventi da un lato lo scopo di contrastare la povertà e l'esclusione sociale e, dall'altro, di garantire un adeguato sistema delle politiche sociali che, rispondendo ai bisogni emergenti, assicurassero un equo accesso alle diverse prestazioni. In particolare la legge, definendo la povertà come l'impossibilità di disporre dell'insieme dei beni e dei servizi necessari a condurre un livello di vita dignitoso, delegava al Governo a prevedere l'istituzione del **reddito di inclusione**, da garantire in modo uniforme su tutto il territorio nazionale. La delega trovava attuazione con il d.lgs. 15 settembre 2017, n. 147, Disposizioni per l'introduzione di una misura nazionale di contrasto alla povertà, e prevedeva un sistema di aiuto economico diretto e a quota variabile, determinato sulla base dell'ISEE, l'indicatore che serve a classificare (in base a determinati requisiti soggettivi e ai redditi) la situazione economica dei nuclei familiari che intendono richiedere una prestazione sociale agevolata.

Alla misura puramente economica, e in stretta relazione con questa, si accompagnava l'adesione a un progetto sociale personalizzato finalizzato all'attivazione e all'inclusione sociale e lavorativa. Tale progetto era sostenuto e realizzato da una rete integrata di interventi, individuati dai servizi sociali dei Comuni, in rete con gli altri servizi del territorio (i centri per l'impiego, i servizi sanitari, le scuole) e con i soggetti del Terzo settore, le parti sociali e tutta la comunità.

Il nuovo Governo, che esce vincente dalle elezioni del marzo 2018, ha però tra le proprie proposte una misura di sostegno economico diversa e, specie rispetto al profilo dei soggetti beneficiari, più ampia: il reddito di cittadinanza.

✓ IL REDDITO DI CITTADINANZA

Il **Reddito di cittadinanza** viene introdotto dal D.L. 28/01/2019, n. 4 recante "Disposizioni urgenti in materia di reddito di cittadinanza e di pensioni", poi convertito in legge il 28 marzo 2019 (l. 26/2019).
L'art. 1 lo definisce come *misura fondamentale di politica attiva del lavoro a garanzia del diritto al lavoro, di contrasto alla povertà, alla disuguaglianza e all'esclusione sociale, nonché diretta a favorire il diritto all'informazione, all'istruzione, alla formazione, alla cultura attraverso politiche volte al sostegno economico e all'inserimento sociale dei soggetti a rischio di emarginazione nella società e nel mondo del lavoro*.
Nella sostanza, in analogia con il reddito di inclusione, consiste in un sostegno economico ad integrazione dei redditi familiari necessariamente associato ad un percorso di reinserimento lavorativo e sociale.
Disponibile dal 6 marzo 2019, il reddito di cittadinanza viene erogato se sussistono precise condizioni consistenti nell'immediata disponibilità al lavoro e nell'adesione a un percorso personalizzato di accompagnamento, in alternativa, all'inserimento lavorativo o all'inclusione sociale, e che può consistere in una attività di servizio alla comunità, di riqualificazione professionale, il completamento degli studi o altri impegni mirati alle medesime due finalità.
Sono tenuti al rispetto di queste condizioni tutti i componenti del nucleo familiare maggiorenni non occupati e che non frequentano un regolare corso di studi. Per queste finalità si considerano disoccupati anche i lavoratori a basso reddito (ovvero i dipendenti con redditi da lavoro inferiori a 8.000 euro annui e i lavoratori autonomi con redditi inferiori 4.800 euro annui), mentre sono esclusi i beneficiari della pensione di cittadinanza, i beneficiari del Reddito di cittadinanza pensionati o comunque di età pari o superiore a 65 anni, nonché i componenti della famiglia con disabilità (i quali possono però chiedere di aderire volontariamente).
Entro 30 giorni dal riconoscimento del Reddito di cittadinanza, in ragione dell'esistenza delle condizioni sopra ricordate, vi sono due possibilità:
– il beneficiario è convocato in un Centro per l'Impiego per stipulare il **Patto per il lavoro**, se almeno uno tra i componenti della famiglia tenuti al rispetto di quelle condizioni "di base" risponda a una delle seguenti condizioni:
– assenza di occupazione da non più di due anni;
– attribuzione della Naspi (l'indennità mensile di disoccupazione per lavoratori subordinati con rapporto di lavoro cessato involontariamente dal 1° maggio 2015) o di altro ammortizzatore sociale per la disoccupazione involontaria o che ne abbia terminato la fruizione da non più di un anno;
– sottoscrizione negli ultimi due anni di un Patto di servizio in corso di validità presso i Centri per l'Impiego;
– non sottoscrizione di un progetto personalizzato per il Reddito di inclusione.

Quando è convocato, il beneficiario collabora con l'operatore pubblico alla stesura del proprio bilancio delle competenze, e si impegna a rispettare gli impegni previsti nel Patto per il lavoro, tra i quali innanzitutto quello di accettare almeno una delle tre offerte di lavoro che gli verranno presentate, se congrue. La congruità dell'offerta di lavoro viene definita sulla base di tre principi: coerenza tra l'offerta di lavoro e le esperienze e competenze maturate; distanza del luogo di lavoro dal domicilio e tempi di trasferimento mediante mezzi di trasporto pubblico; durata dello stato di disoccupazione. In tutti gli altri casi, il beneficiario è convocato dai funzionari comunali dei servizi di contrasto alla povertà, per stipulare un **Patto per l'inclusione sociale**.
In questi casi, in cui il bisogno è più complesso, si procede a una valutazione multidimensionale del nucleo familiare, al fine di avviare un percorso di attivazione sia sociale che lavorativa che coinvolge, oltre ai servizi per l'impiego, anche tutti gli altri enti territoriali competenti. La valutazione multidimensionale è composta da un'analisi preliminare e da un quadro di analisi approfondito che mettono in luce bisogni e punti di forza della famiglia, al fine di condividere con la stessa gli interventi e gli impegni necessari a garantire il percorso di fuoriuscita dalla povertà.
Sono inoltre previste diverse tipologie di incentivi (dagli esoneri contributivi ai corsi formativi, alla riqualificazione professionale) per le imprese che assumono i beneficiari del Reddito di cittadinanza a tempo pieno e indeterminato (anche in apprendistato) e per i beneficiari del Reddito di Cittadinanza che avviano attività imprenditoriali (beneficio addizionale pari a sei mensilità di Reddito di cittadinanza, nei limiti di 780 euro mensili).
A fianco del Reddito di cittadinanza è infine prevista anche la **Pensione di cittadinanza**, destinata a chi abbia compiuto 67 anni, se il nucleo familiare è composto esclusivamente da uno o più componenti di età pari o superiore a quell'età, oppure se il componente o i componenti del nucleo familiare di età pari o superiore a 67 anni convivano esclusivamente con una o più persone di età inferiore, in condizione di disabilità grave o di non autosufficienza, come definite ai fini ISEE.
Molto discusse, eppur ritenute necessarie, le misure qui brevemente descritte presentano diverse zone d'ombra, anche in ragione di un testo redatto in forma complessa e, quindi, non sempre di facile applicazione. È così opinione di molti commentatori che presto si avranno correttivi, anche significativi.
Una delle misure di sostegno durante la pandemia è consistita nella revisione delle condizioni di accesso al Reddito di cittadinanza. Così, ferma restando la fruizione dei benefici economici con il decreto Cura Italia sono stati sospesi per due mesi dall'entrata in vigore dello stesso decreto gli obblighi connessi alla fruizione del reddito di cittadinanza, le procedure di avviamento a selezione, nonché i termini per le convocazioni da parte dei centri per l'impiego per la partecipazione ad iniziative di orientamento, al fine di limitare gli spostamenti delle persone fisiche ai casi strettamente necessari.

Il diffondersi dell'epidemia da Covid-19 ha per parte sua provocato una serie ulteriore di misure di sostegno al reddito e alle famiglie, in ragione dei pesanti effetti economici provocati dal prolungato dal *lockdown*.

Con il cosiddetto decreto "Cura Italia" (il d.l. 17 marzo 2020, n. 18 "Misure di potenziamento del Servizio sanitario nazionale e di sostegno economico per famiglie, lavoratori e imprese connesse all'emergenza epidemiologica da Covid-19") si sono avuti i primi interventi poi confermati, rafforzati e prolungati rispettivamente con il decreto "Rilancio" (d.l. 19 maggio 2020, n. 34 "Misure urgenti in materia di salute, sostegno al lavoro e all'economia, nonché di politiche sociali connesse all'emergenza epidemiologica da Covid-19") e il decreto "Agosto" (d.l. 14 agosto 2020, n. 104 "Misure urgenti per il sostegno e il rilancio dell'economia"). Delle misure ancora in vigore al momento in cui si scrive non è dato sapere se e in che forma verranno ulteriormente confermate.

Tra gli interventi a favore delle famiglie dobbiamo ricordare:

• il Sostegno ai genitori lavoratori, ovverosia un Bonus per l'acquisto servizi di baby sitting nel limite massimo di 600 euro, da utilizzare per prestazioni effettuate per il 2020 a decorrere dal 5 marzo (un assegno più consistente è stato previsto per i lavoratori dipendenti del settore sanitario). Con il decreto Rilancio il *voucher* è salito da 600 a 1.200 euro (in quanto usufruibile su 2 mesi) e ne è stata estesa l'utilizzabilità anche per l'iscrizione ai centri estivi, potenziati a loro volta con un rifinanziamento del Fondo per le politiche della famiglia;

• Congedi parentali: per i lavoratori dipendenti del settore privato con figli di età non superiore ai 12 anni, il decreto "Cura Italia" ha inoltre previsto il diritto a fruire di uno specifico congedo per il quale è riconosciuta una indennità pari al 50 per cento della retribuzione. Con il decreto Rilancio, con uno stanziamento complessivo di 660 milioni di euro, la durata del congedo è stata estesa da quindici giorni a un periodo continuativo o frazionato fino a trenta giorni complessivi e il periodo di fruizione è stato esteso fino al 31 luglio 2020;

• Lavoro agile: fino alla cessazione dello stato di emergenza da Covid-19, i genitori lavoratori dipendenti del settore privato che abbiano almeno un figlio minore di 14 anni hanno diritto a svolgere la prestazione di lavoro in modalità agile anche in assenza degli accordi individuali, a condizione che nel nucleo familiare non vi sia altro genitore beneficiario di strumenti di sostegno al reddito in caso di sospensione o cessazione dal lavoro o che non vi sia genitore non lavoratore. Per i datori di lavoro pubblici, fino alla cessazione dello stato di emergenza e comunque non oltre il 31 dicembre 2020, la modalità di lavoro agile può essere applicata a ogni rapporto di lavoro subordinato.

Il termine è stato successivamente prorogato da diversi provvedimenti fino al 31 dicembre 2021 per i lavoratori sia pubblici che privati.

Un capitolo diverso è quello delle cosiddette tutele sociali, tra le quali si ricordano:

• il rafforzamento dei permessi ex legge 104: sotto questo profilo il decreto "Cura Italia" ha incrementato di ulteriori dodici giornate il numero di giorni di permesso retribuito riconosciuto dalla normativa vigente per l'assistenza di familiari disabili e coperto da contribuzione figurativa. Questi dodici giorni ulteriori, usufruibili nei mesi di marzo e aprile 2020, si sono aggiunti ai tre giorni di permesso mensile già previsti dalla legge, per un totale di diciotto giorni totali per i due mesi citati. Al personale sanitario tale beneficio è stato riconosciuto compatibilmente con le esigenze organizzative delle aziende ed enti del Servizio sanitario nazionale impegnati nell'emergenza Covid-19 e del comparto sanità;

• Fondi per l'assistenza e i servizi per le disabilità: con il decreto Rilancio sono stati destinati 150 milioni complessivi al potenziamento dell'assistenza, dei servizi e i progetti di vita indipendente per le persone con disabilità gravissima e non autosufficienti gravi e al sostegno di coloro che se ne prendono cura, in conseguenza della emergenza epidemiologica da Covid-19;

• Reddito di Emergenza per famiglie con componenti con disabilità: alle famiglie in difficoltà a causa dell'emergenza Covid-19 viene riconosciuta, con una spesa di circa un miliardo di euro prevista all'interno del decreto Rilancio, questa forma di sostegno straordinaria, erogata in due quote con un valore compreso per ciascuna fra 400 e 800 euro;

• Didattica per studenti con disabilità: all'interno dei 331 milioni di euro destinati dal decreto Rilancio a incrementare il fondo per il funzionamento delle istituzioni scolastiche, per assicurare la ripresa dell'attività scolastica in condizioni di sicurezza e garantire lo svolgimento dell'anno scolastico 2020/2021 in modo adeguato alla situazione epidemiologica, vengono destinate risorse a interventi in favore della didattica degli studenti con disabilità, disturbi specifici di apprendimento ed altri bisogni educativi speciali.

Ulteriori misure di sostegno al reddito si sono avute intervenendo sotto il profilo fiscale:

• Versamenti sospesi: con il decreto "Cura Italia" e con il successivo decreto "Liquidità" (d.l. 8 aprile 2020, n. 23 "Misure urgenti in materia di accesso al credito e di adempimenti fiscali per le imprese, di poteri speciali nei settori strategici, nonché interventi in materia di salute e lavoro, di proroga di termini amministrativi e processuali"), il Governo ha sospeso un'ampia gamma di versamenti di ritenute, tributi e contributi, stabilendo il differimento delle scadenze e la sospensione dei versamenti fiscali e contributivi. Con il Decreto Rilancio si sono poi ulteriormente prorogate le sospensioni dei versamenti di marzo, aprile e maggio, fino al settembre 2020;

• Sospensione dei pignoramenti su stipendi e pensioni: ancora il decreto Rilancio ha sospeso fino al 31 agosto 2020 i pignoramenti su stipendi, salari e pensioni effettuati dall'agente della riscossione;

• Tax credit vacanze: il decreto Rilancio ha introdotto un credito alle famiglie con un reddito ISEE non superiore a 40.000 euro per il pagamento dei servizi offerti dalle imprese turistico ricettive. Il credito, utilizzabile da un solo componente per ciascun nucleo familiare, è pari a 500 euro per ogni nucleo familiare, a 300 euro per i nuclei familiari composti da due persone e a 150 euro per quelli composti da una sola persona.

Trattazione a parte meritano poi le misure "dirette" adottate a protezione dei redditi. Si tratta di interventi che muovono su fronti diversi. Una misura in qualche modo a sé stante è il cosiddetto Fondo "Gasparrini", cioè l'estensione per nove mesi dell'operatività del Fondo di solidarietà per i mutui per l'acquisto della prima casa anche ai lavoratori autonomi e ai liberi professionisti che abbiano subito un calo del fatturato superiore al 33 per cento rispetto all'ultimo trimestre 2019, a seguito della chiusura o della restrizione della propria attività per le misure adottate per l'emergenza Coronavirus.

La maggior parte degli interventi riguarda però la condizione dei lavoratori dipendenti.

• Cassa integrazione in deroga: il decreto Cura Italia ha esteso la Cassa integrazione in deroga per l'intero territorio nazionale, per tutti i dipendenti, di tutti i settori produttivi, con uno stanziamento complessivo di 4 miliardi di euro. Per i datori di lavoro, anche le aziende con meno di 5 dipendenti, che sospendono o riducono l'attività a seguito dell'emergenza epidemiologica è stata prevista la possibilità di fare ricorso alla Cassa integrazione guadagni in deroga con la nuova causale "Covid-19" per la durata massima di 9 settimane. Tale possibilità è stata estesa anche alle imprese che già beneficiano della Cassa integrazione straordinaria. Dopo la prima estensione di 9 settimane prevista dal Decreto Rilancio, il Decreto Agosto ha rafforzato gli istituti della Cassa Integrazione e del Fondo di Solidarietà per ulteriori 18 settimane.

Inoltre, per evitare i ritardi nel pagamento della Cassa integrazione in deroga, il decreto Rilancio ha permesso anche alle imprese sotto i 5 dipendenti di fare domanda direttamente all'INPS, che dispone l'anticipazione di pagamento del trattamento entro 15 giorni dal ricevimento delle domande stesse calcolandola sul 40% delle ore autorizzate nell'intero periodo.

• Naspi e Discoll: le prestazioni dei sussidi di disoccupazione ordinari (Naspi) e per Co.Co.Co. (Discoll) il cui periodo di fruizione termina nel periodo compreso tra il 1° maggio 2020 e il 30 giugno 2020, con il Decreto Agosto sono state prorogate per ulteriori due mesi, a condizione che il percettore non sia beneficiario delle indennità dei 600 euro previste nel decreto Cura Italia e nel decreto Rilancio. L'importo per ogni mensilità aggiuntiva è pari all'importo dell'ultima mensilità della prestazione originaria.

• Sospensione delle procedure di licenziamento: è probabilmente la misura più importante adottata in questo periodo di emergenza. L'art. 46 del decreto Cura Italia, come modificato dal decreto Rilancio (art. 80), aveva inizialmente disposto un divieto di procedere a licenziamenti individuali per giustificato motivo oggettivo, indipendentemente dal numero di dipendenti, e a quelli collettivi (con sospensione delle procedure in corso) per un periodo di 5 mesi a decorrere dal 17 marzo 2020. Successivamente, il Decreto Agosto ha prorogato tale divieto collegandolo però alla condizione che il datore di lavoro non abbia integralmente fruito dei trattamenti di integrazione salariale riconosciuti per periodi dal 13 luglio al 31 dicembre 2020, riconducibili all'emergenza epidemiologica da Covid-19, ovvero dell'esonero contributivo riconosciuto a chi non fruisce dei suddetti trattamenti. In seguito, il divieto di procedere a tali licenziamenti e la sospensione delle procedure pendenti sono stati ulteriormente prorogati più volte fino ad avere come termine ultimo il 30 giugno 2021 in ragione delle previsioni del decreto Sostegni (d.l. 22 marzo 2021, n. 41: Misure urgenti in materia di sostegno alle imprese e agli operatori economici, di lavoro, salute e servizi territoriali, connesse all'emergenza da Covid-19) all'art. 8, comma 9. Un'ulteriore proroga del blocco dei licenziamenti fino al 31 ottobre 2021 è stata però prevista dal decreto Sostegni *bis* (d.l. 25 maggio 2021, n. 73) soltanto per i datori di lavoro delle industrie tessili, delle confezioni di articoli di abbigliamento e di articoli in pelle e pelliccia, e delle fabbricazioni di articoli in pelle e simili che usufruiscono della Cassa integrazione Guadagni Ordinaria con causale Covid, e per le imprese che abbiano presentato domanda di trattamento ordinario o straordinario di integrazione salariale secondo la normativa generale (di cui al d.lgs. 148/2015) dal 1° luglio e che usufruiscano dell'esonero dal versamento del contributo addizionale, per tutto il periodo dei predetti trattamenti di integrazione salariale.

Ancora:

– per i soli datori di lavoro che usufruiscano della Cassa integrazione Guadagni in deroga, dell'assegno ordinario e della Cassa integrazione agricola con causale Covid-19, il divieto di licenziamento opera fino al 31 ottobre 2021 (art. 8, 10° comma, d.l. 41/2021);

– per i datori di lavoro che usufruiscono fino al 31 dicembre 2021 dell'ulteriore periodo di trattamento di integrazione salariale in deroga con causale Covid per un massimo di tredici settimane, il divieto di procedere ai suddetti licenziamenti opera per la durata del predetto trattamento di integrazione salariale fruito entro il 31 dicembre 2021.

Nessuna preclusione è invece prevista nelle ipotesi di licenziamenti motivati:

– dal venir meno del soggetto imprenditoriale;

– per la cessazione definitiva dell'attività dell'impresa, conseguenti alla messa in liquidazione della società senza continuazione, anche parziale, dell'attività;

– per fallimento, quando non sia previsto l'esercizio provvisorio dell'impresa, ovvero ne sia disposta la cessazione;

– nelle ipotesi di accordo collettivo aziendale, stipulato dalle organizzazioni sindacali comparativamente più rappresentative a livello nazionale, di incentivo alla risoluzione del rapporto di lavoro, limitatamente ai lavoratori che aderiscono al predetto accordo (a cui è riconosciuta comunque riconosciuta l'indennità di disoccupazione).

Cambiando almeno parzialmente prospettiva, sono poi da ricordare le indennità che il Governo ha introdotto durante l'emergenza Covid a favore di diverse categorie di lavoratori, non cumulabili con pensioni o stipendi.

In particolare:

• il decreto Cura Italia ha previsto un indennizzo di 600 euro per una platea di quasi 5 milioni di persone, tra professionisti non iscritti agli ordini, Co.Co.C. in gestione separata, artigiani, commercianti, coltivatori diretti, coloni e mezzadri, stagionali dei settori del turismo e degli stabilimenti termali, lavoratori del settore spettacolo, lavoratori agricoli;

• un'indennità di 1000 euro è stata introdotta dal Decreto Agosto per alcune categorie di lavoratori (stagionali del turismo, degli stabilimenti termali e dello spettacolo, gli intermittenti e gli incaricati di vendite a domicilio). Stessa indennità è stata prevista per i lavoratori autonomi e professionisti iscritti agli enti di diritto privato di previdenza obbligatoria, mentre per i lavoratori marittimi così come per i lavoratori stagionali sportivi è prevista un'indennità di 600 euro;

• artigiani, commercianti e coltivatori diretti sono stati ricompresi dal decreto Rilancio, a partire da maggio 2020, nell'insieme di società di persone e capitali rientranti nell'ambito dell'attività dell'Agenzia delle Entrate. Questa eroga indennizzi a fondo perduto alle imprese che hanno subito un calo del 33% del fatturato, a partire da un valore minimo di 1.000 euro;

• è poi stato previsto un Fondo per il reddito di ultima istanza per tutti gli esclusi dall'indennizzo di 600 euro dal decreto Cura Italia, con l'intento di garantire misure di sostegno al reddito per i lavoratori dipendenti e autonomi che, in conseguenza dell'emergenza da Covid-19, hanno cessato, ridotto o sospeso la loro attività o il loro rapporto di lavoro;

• per colf e badanti con uno o più contratti di lavoro per oltre 10 ore alla settimana, attivi al 23 febbraio 2020, il decreto Rilancio ha riconosciuto per aprile e maggio 2020 un'indennità mensile pari a 500 euro al mese. Sono stati però esclusi i lavoratori domestici conviventi con il datore di lavoro e coloro che percepivano il reddito di emergenza o il reddito di cittadinanza;

• con il decreto Cura Italia si sono inoltre incrementate per 250 milioni di euro le risorse per il 2020 destinate alla remunerazione delle prestazioni correlate alle particolari condizioni di lavoro del personale sanitario (dipendente dagli enti ed aziende del Servizio sanitario nazionale) direttamente impiegato nelle attività di contrasto alla emergenza epidemiologica determinata dal diffondersi del virus Covid-19. Nello stesso decreto sono stati stanziati fondi per oltre 100 milioni di euro per il pagamento degli straordinari e di altri oneri dovuti ai maggiori compiti connessi all'emergenza per le Forze di polizia, le Forze armate, il Corpo di polizia penitenziaria, il Corpo nazionale dei Vigili del Fuoco, il personale della carriera prefettizia, quello dei ruoli dell'Amministrazione civile dell'interno e quello delle polizie locali.

È poi da ricordare, come scollegato dalla condizione di lavoratore o lavoratrice, il cosiddetto Reddito di Emergenza (Rem). Riconosciuto alle famiglie in difficoltà a causa dell'emergenza Covid-19 dal decreto Rilancio, consiste nell'erogazione in due quote con un valore compreso per ciascuna fra 400 e 800 euro. Il Decreto Agosto ha poi previsto un ulteriore versamento da 400 euro previa presentazione di una nuova domanda entro il 15 ottobre 2020. La platea fa riferimento a un milione di famiglie, che devono essere residenti in Italia, avere un reddito nel mese di aprile inferiore all'ammontare del beneficio che si riceve, un patrimonio mobiliare famigliare nel 2019 inferiore a 10.000 euro (tetto elevabile a un massimo di 25.000 euro a seconda del nucleo familiare) e un valore ISEE inferiore a 15.000 euro.

Il Rem non è compatibile con le altre forme di sostegno previste dal Governo per far fronte all'emergenza Covid-19 e non viene erogato ai titolari di pensione, di un rapporto di lavoro dipendente con una retribuzione lorda superiore al reddito stesso e a chi già riceve il reddito di cittadinanza.

Da ricordare infine sono le misure di sostegno alla Scuola. A parte gli interventi che il d.l. Agosto ha destinato (un miliardo di euro nel biennio) per incrementare le risorse – già ampliate con il Decreto Rilancio – del Fondo per le esigenze di edilizia scolastica e adeguamento dell'attività didattica per lo svolgimento dell'anno scolastico 2020-2021 in condizioni di sicurezza e per l'assunzione di nuovi docenti, a favore delle famiglie si può ricordare come il Decreto "Cura Italia" abbia incrementato di 85 milioni di euro le risorse per il 2020 del Fondo per l'innovazione digitale e la didattica laboratoriale. Queste risorse sono destinate all'acquisto di piattaforme e strumenti digitali da parte delle scuole statali (per 10 milioni di euro), alla messa a disposizione di dispositivi digitali individuali in comodato d'uso per gli studenti meno abbienti (per 70 milioni di euro), alla formazione del personale. Viene inoltre istituito un "Fondo per l'emergenza epidemiologica da Covid-19", che prevede, per attuare misure di contenimento del rischio epidemiologico, lo stanziamento di 400 milioni nel 2020 e di 600 milioni nel 2021.

D) *Disabilità*. Con questo termine si usa far riferimento a una serie di condizioni che alterano nel soggetto le capacità fisiche, psichiche o sensoriali. La questione della classificazione delle **disabilità** è stata lungamente dibattuta a livello internazionale da parte dell'Organizzazione Mondiale della Sanità che ha nel tempo adottato due diversi criteri di classificazione.

A partire dagli anni '80 ci si basava sull'ICIDH (International Classification of Impairments Disabilities and Handicaps), adottando un parametro che partendo dalla valutazione della malattia congenita o sopravvenuta, o dell'incidente verificatosi, dava conto sia della perdita di abilità, e cioè delle limitazioni della persona nello svolgimento delle sue attività quotidiane, sia dell'handicap, ovvero dei riflessi negativi che tale condizione ha sul piano sociale. Nel decennio successivo si è invece passati all'adozione dell'ICF (International Classification of Functioning) come criterio in grado di dar conto in modo complesso e pluridimensionale dello stato di salute psicofisica dell'individuo. In altri termini mentre l'ICIDH partiva da una valutazione della menomazione, l'ICF si basa prima di tutto sulle abilità residue dell'individuo sostituendo al concetto di "grado di disabilità" quello di "soglia funzionale", e dunque descrive i vari gradi di funzionalità partendo dall'interazione dei vari fattori che la compongono.

Ne risulta una concezione dinamica della disabilità, fortemente correlata con l'ambiente di vita dell'individuo. In Italia, il primo intervento organico verso i disabili si ha con la legge 753/1862 che promuoveva azioni a favore dei "deficienti fisici e psichici per minorazioni congenite o acquisite (storpi, paralitici, ciechi, idioti e alienati)", assieme a quelli per "infermi per malattie croniche o anche acute" e per gli "invalidi al lavoro". In seguito, la cura dei disabili venne assegnata alle IPAB.

Neanche l'istituzione del SSN risolve compiutamente la materia, riscontrandosi fin da subito come il tema si ponga all'incrocio non soltanto di competenze sanitarie e socio-assistenziali, ma evochi anche prospettive ulteriori, legate da una parte al diritto all'istruzione e, dall'altra, al mondo del lavoro, in un intricato convergere di bisogni, competenze, regolazioni e interventi tra loro anche molto diversi. In questo senso il tentativo più ampio e completo è senza dubbio quello rappresentato dalla "Legge-quadro per l'assistenza, l'integrazione sociale e i diritti delle persone handicappate", legge 104/1992 (integrata successivamente dalla legge 162/1998 contente "Misure di sostegno in favore di persone con handicap grave" e dalla legge 17/1999 che invece rivedeva "l'assistenza, l'integrazione sociale e i diritti delle persone handicappate"). La legge quadro, dopo aver definito (art. 3) "*persona handicappata colui che presenta una minorazione fisica, psichica o sensoriale, stabilizzata o progressiva, che è causa di difficoltà di apprendimento, di relazione o di integrazione lavorativa e tale da determinare un processo di svantaggio sociale o di emarginazione*", prevede a suo favore un diritto alle prestazioni in relazione alla natura e alla consistenza della minorazione, alla capacità complessiva individuale residua e alla efficacia delle terapie riabilitative.

Inoltre, qualora la minorazione, singola o plurima, abbia ridotto l'autonomia personale, correlata all'età, in modo da rendere necessario un intervento assistenziale permanente, continuativo e globale nella sfera individuale o in quella di relazione, la situazione assume connotazione di gravità, la quale determina priorità nei programmi e negli interventi dei servizi pubblici (di cui all'art. 10 della medesima legge).

L'art. 4 della legge dispone che gli accertamenti relativi alla minorazione, alle difficoltà, alla necessità dell'intervento assistenziale permanente e alla capacità complessiva individuale residua, di cui all'art. 3, sono effettuati dalle ASL mediante le commissioni mediche integrate da un operatore sociale e da un esperto nei casi da esaminare. Si apre, quindi, fin dalla legge quadro una coralità di interventi possibili che si connotano diversamente in ragione dell'ambito specifico di competenza dei diversi operatori. E così, mentre sotto il profilo sanitario si segnala in particolare l'attività di riabilitazione (che in sé evoca la possibilità di un recupero della disabilità), della diagnosi precoce e della prevenzione, dal punto di vista sociale si punta con maggior decisione verso "interventi di carattere socio-psico-pedagogico" e di aiuto personale alla persona handicappata in temporanea o permanente grave limitazione dell'autonomia personale.

Né mancano i riferimenti al diritto all'istruzione, ove si prevede che sia garantito l'inserimento negli asili nido al bambino handicappato da 0 a 3 anni, e poi si afferma un preciso diritto all'educazione e all'istruzione nelle sezioni di scuola materna, nelle classi comuni delle istituzioni scolastiche di ogni ordine e grado e nelle istituzioni universitarie. In questo modo si persegue l'obbiettivo del pieno sviluppo delle potenzialità della persona handicappata nell'apprendimento, nella comunicazione, nelle relazioni e nella socializzazione.

Infine, per quanto riguarda l'ambito lavorativo, da una parte si assegna alle Regioni il compito di provvedere all'inserimento della persona handicappata negli ordinari corsi di formazione professionale dei centri pubblici e privati garantendo agli allievi handicappati che non siano in grado di avvalersi dei metodi di apprendimento ordinari l'acquisizione di una qualifica anche mediante attività specifiche nell'ambito delle attività del centro di formazione professionale. Dall'altra si impone sempre alle Regioni il compito di disciplinare l'istituzione e la tenuta dell'albo regionale degli enti, delle istituzioni, delle cooperative sociali (di lavoro e di servizi), e dei centri di lavoro guidato, delle associazioni e delle organizzazioni di volontariato che svolgono attività idonee a favorire l'inserimento e l'integrazione lavorativa di persone handicappate. A ciò si ricollega poi il diritto al collocamento obbligatorio, applicabile anche a coloro che siano affetti da minorazione psichica, ma abbiano una capacità lavorativa che ne consente l'impiego in mansioni compatibili.

Tra i numerosi interventi a favore dei soggetti disabili, è d'uopo segnalare la legge 112/2016 ("*Disposizioni in materia di assistenza in favore delle persone con disabilità grave prive del sostegno famigliare*"), che istituisce per la prima volta nel nostro ordinamento un regime specifico di tutela per gli individui affetti da disabilità grave laddove venga meno l'adeguato sostegno genitoriale. L'obiettivo del provvedimento, rinominato dalla stampa "**Legge sul Dopo di noi**", è limitare il ricorso all'assistenza sanitaria, assicurando la piena autonomia, l'inclusione e l'indipendenza dei disabili. E ciò anche attraverso l'istituzione di un fondo (art. 3) che da una parte garantisca assistenza e il sostegno a loro favore e, dall'altra offra agevolazioni per enti, associazioni o privati impegnati in attività di tutela della disabilità.

Il Decreto attuativo della legge (d.m. 23 novembre 2016) prevede cinque tipologie di interventi:

– percorsi programmati di accompagnamento per l'uscita della persona disabile dal nucleo familiare di origine o per la deistituzionalizzazione;

– supporto alla domiciliarità in soluzioni alloggiative (incluse soluzioni di *co-housing*) che "riproducono le condizioni abitative e relazionali della casa familiare";
– programmi di accrescimento della consapevolezza, di abilitazione e sviluppo delle competenze per la gestione della vita quotidiana e per il raggiungimento del maggior livello di autonomia possibile;
– realizzazione di innovative soluzioni alloggiative, mediante il possibile pagamento delle spese di acquisto, locazione, ristrutturazione;
– interventi di permanenza temporanea in strutture abitative extra-familiari (in situazioni di emergenza e, dunque, in via residuale).

I soggetti con disabilità grave privi del sostegno familiare possono accedere ai menzionati interventi previa valutazione multidimensionale finalizzata alla definizione di un progetto personalizzato. Il progetto contiene cosiddetto il *budget* di progetto, "*quale insieme di tutte le risorse umane, economiche, strumentali da poter utilizzare in maniera flessibile, dinamica ed integrata*" (art. 2).

Anche in tal caso, sono i Comuni ad attivarsi e gestire la misura, restando in ogni caso le Regioni a dover definire i singoli programmi attuativi e la loro programmazione.

Sotto il profilo delle erogazioni di prestazioni meramente economiche si deve qui ricordare l'assegno mensile di assistenza per l'invalidità civile, riconosciuto a chi è stato dichiarato in tale condizione con totale o permanente inabilità lavorativa.

Per ultimo, si è già fatto un cenno alle misure che il Decreto "Cura Italia" ha riservato alla disabilità. Ad esse è necessario aggiungere quanto previsto dalla Legge di Bilancio 2020 e dal Piano Nazionale di Ripresa e Resilienza (PNRR). Con la Legge di bilancio 2020 (legge 160/2019), il Governo ha creato un Fondo disabilità e non autosufficienza (a cui ha riservato complessivamente 800 milioni di euro per il triennio 2021-2023) volto, tra le altre cose, a finanziare la realizzazione di una "Legge quadro della disabilità" che dovrà semplificare l'accesso ai servizi e rafforzare il progetto di intervento individualizzato. Il PNRR, dal canto suo, individua i diritti sociali come una delle priorità trasversali della ripresa post Covid e include numerose "missioni" dedicate a migliorare l'autonomia e i servizi per le persone con disabilità. Il Piano prevede, ad esempio, lo stanziamento di 500 milioni (Missione 5, C2) per "l'autonomia delle persone con disabilità", con lo scopo di accelerare il processo di deistituzionalizzazione e migliorare e aumentare l'accesso ai servizi sociali e sanitari di comunità e domiciliari. Il progetto, realizzato dai Comuni, singoli o associati in Ambiti sociali territoriali, sarà coordinato dal Ministero del Lavoro e delle Politiche Sociali, in collaborazione con le Regioni.

E) *Dipendenze*. In questo paragrafo, in modo estremamente sintetico riassumiamo in un'unica trattazione tutti gli stati di dipendenza fisica e psichica.

La tipologia più seria e che ha conosciuto maggiore attenzione da parte del legislatore è la **tossicodipendenza**, che l'Organizzazione Mondiale della Sanità definisce come "*una condizione di intossicazione cronica o periodica dannosa all'individuo e alla società prodotta dall' uso ripetuto di una sostanza chimica naturale o di sintes*". Di seguito, la stessa OMS indica le caratteristiche della tossicodipendenza ne:

– "il desiderio incontrollabile di continuare ad assumere la sostanza e di procurarsela con ogni mezzo;
– la tendenza ad aumentare la dose (tolleranza);
– la dipendenza psichica e talvolta fisica degli effetti della sostanza".

Il nostro ordinamento disciplina il fenomeno in questione con strategie diverse, che vanno dalla penalizzazione di comportamenti specifici, quali la detenzione e lo spaccio di sostanze stupefacenti, alla previsione di percorsi e strutture di assistenza ai tossicodipendenti, dei quali ci occuperemo specificamente in queste brevi note.

La prima legge organica a prendere in considerazione anche gli aspetti sociali e sanitari della dipendenza dagli stupefacenti è la legge 685/1975, ("Disciplina degli stupefacenti e sostanze psicotrope. Prevenzione, cura e riabilitazione dei relativi stati di tossicodipendenza"), che in questa prospettiva riconosce al soggetto il diritto alla cura e alla riabilitazione dalla sua dipendenza, assegnando al Ministero della Sanità funzioni di programmazione e indirizzo, rimettendo alle Regioni la definizione e la gestione di questi interventi. Inoltre (art. 94) per la prima volta si riconoscono per legge le comunità terapeutiche "*per l'esercizio di singole attività fra quelle attribuite ai centri medici di assistenza sociale*".

Dopo l'approvazione di sostanziali modifiche alla legge del 1975 (a opera della legge 162/1990) venne redatto il d.P.R. 309/1990, recante il Testo Unico delle leggi in materia di disciplina degli stupefacenti e sostanze psicotrope, prevenzione, cura e riabilitazione dei relativi stati di tossicodipendenza: che pur riprendendo molte delle impostazioni della legge precedente, introduceva anche novità di rilievo. In particolare:

– l'organo di governo del sistema di contrasto agli stupefacenti è ora il Comitato Nazionale di coordinamento per l'azione antidroga presso la Presidenza del Consiglio con la "*responsabilità di indirizzo e di promozione della politica generale di prevenzione e di intervento contro la illecita produzione e diffusione delle sostanze stupefacenti o psicotrope, a livello interno e internazionale*", proposta al Governo "*per l'esercizio della funzione di indirizzo e di coordinamento delle attività amministrative di competenza delle Regioni nel settore*";

– in capo alle Regioni si conferma la responsabilità di attuare gli interventi di prevenzione, cura e riabilitazione nel rispetto del principio di parità tra strutture pubbliche e private (art. 113) in possesso dei requisiti strutturali, tecnologici, organizzativi e funzionali in grado di effettuare analisi cliniche, socio-sanitarie e psicologiche del tossicodipendente, controlli clinici e di laboratorio, di individuare programmi farmacologici, terapeutici e socio-riabilitativi, e progettazione ed esecuzione in forma diretta o indiretta di interventi di informazione e prevenzione;

– presso ogni ASL, al fine di rafforzare il sistema di riabilitazione e assistenza ai tossicodipendenti (art. 118) è istituito un **Servizio per le Tossicodipendenze** (SERT, oggi **SERD**), struttura di intervento diretto dotata di autonomia operativa e personale di diversa competenza. All'attività dei SERT sono inoltre chiamati a collaborare anche soggetti ausiliari che "*svolgono senza fine di lucro attività con finalità di prevenzione del disagio psico-sociale, assistenza, cura, riabilitazione e reinserimento del tossicodipendente*" (art. 115).

Nella legislazione regionale i SERD conosceranno negli anni a seguire una differenziazione anche significativa, anche in relazione al ruolo assegnato alle comunità terapeutiche che continuano a diffondersi e a operare, ora in base ad autorizzazione e accreditamento da parte della Regione.

Dobbiamo a questo punto annotare come, a fianco delle vicende appena esaminate, si svolgesse nel paese un dibattito molto forte in conseguenza del fatto che la legge di modifica del '90 all'art. 13 aveva stabilito che "*è vietato l'uso personale di sostanze stupefacenti o psicotrope di cui alle tabelle, I, II, III, e IV previste dall'articolo 12. È altresì vietato qualunque impiego di sostanze stupefacenti o psicotrope non autorizzato secondo le norme della presente legge*", in questo modo abrogando l'art. 70 della legge 685/1975 che, diversamente, sanciva la non punibilità della detenzione a uso personale. La discussione su questi temi sfociò nel referendum popolare del 18 aprile 1993 che portò all'abrogazione degli articoli del testo unico inerenti il criterio della "dose media giornaliera" (strumentale a differenziare l'uso personale dallo spaccio), e quindi le misure penali previste a carico del semplice consumatore, il quale poteva a questo punto essere sottoposto soltanto a sanzioni amministrative.

Di fatto però, con il d.l. 272/2005, convertito con significative modifiche nella legge 49/2006, si arrivò alla parificazione sotto il profilo sanzionatorio di tutte le tipologie di stupefacenti, imponendo di fatto una disciplina molto rigida e trasversale per spaccio, detenzione e traffico di qualsiasi sostanza.

Sul tema è tornata con la sent. 32/2014 la Corte costituzionale che (per motivazioni in realtà connesse alle modalità di conversione in legge del decreto) ha dichiarato illegittima tale disciplina, con ciò sancendo il ritorno in vigore delle norme fino al 27 febbraio 2006, che distinguevano tra "droghe leggere" e "droghe pensanti" per le quali le sanzioni ritornano a essere significativamente più severe. La legge 79/2014 (di conversione del d.l. 20 marzo 2014, n. 36), "*Disposizioni urgenti in materia di disciplina degli stupefacenti e sostanze psicotrope, prevenzione, cura e riabilitazione dei relativi stati di tossicodipendenza, di cui al d.P.R. 9 ottobre 1990, n. 309*", ha ripreso e dato nuova sistemazione alla materia. In questa legge da una parte si riprende e rafforza il concetto di uso esclusivamente personale come scriminante (e pur nella attuale assenza di "limiti massimi consentiti"), dall'altra si precisano le modalità di declinazione nei diversi casi di detenzione (generica o qualificata).

Inoltre si riducono le sanzioni per i casi di spaccio di poca entità, e si recupera la possibilità (andata persa con l'intervento della Corte costituzionale) di comminare misure alternative al carcere in relazione a condanne per persone tossicodipendenti o assuntrici di sostanze psicoattive.

Un'altra diffusa forma di dipendenza è quella dell'**alcolismo**, che l'Organizzazione Mondiale della Sanità definisce come la "*alterazione del comportamento caratterizzata dall'assunzione cronica di alcol, eccessiva e ripetitiva al punto da interferire con le relazioni interpersonali, con il modo di vivere e con la salute del bevitore*". La differenza con la tossicodipendenza è evidente: in quel caso siamo di fronte al consumo di sostanze illegali, di cui è vietata la produzione, la distribuzione e la vendita, mentre nel caso dell'alcolismo la rilevanza penale e sociale discende dalle conseguenze di un uso smodato e incontrollato di alcolici che possono essere acquistati e consumati liberamente dagli adulti.

✓ ALCOOL E LEGISLAZIONE

La disciplina normativa si orienta verso distinte forme di intervento. Da una parte, sotto il profilo penale, vieta l'assunzione e la somministrazione di bevande alcoliche e superalcoliche a determinati soggetti (i minori) e in determinate condizioni (a esempio prima di mettersi alla guida di un'autovettura). Dall'altra, si registra una amplissima regolazione dei profili inerenti al lavoro e alla socializzazione degli alcoldipendenti (e dei tossicodipendenti). In questo senso il d.lgs. 38/2000, all'art. 12 esclude dall'assicurazione sociale gli infortuni direttamente cagionati dall'abuso di alcolici e di psicofarmaci o dall'uso non terapeutico di stupefacenti ed allucinogeni. A seguire la *Legge quadro in materia di alcol e di problemi alcol correlati* (legge 125/2001), dopo aver definito bevanda alcolica e bevanda superalcolica "ogni prodotto contenente alcol alimentare con gradazione superiore al 21% di alcol in volume" all'art. 11 prescrive alle Regioni di realizzare strutture di accoglienza per gli alcoldipendenti che nella fase successiva a quella acuta, necessitano di osservazioni e cure prima dell'invio a trattamento domiciliare o in *day-hospital*. In questi centri si provvede a prestazioni di diagnosi, cura e reinserimento sociale degli alcolisti, nonché la prevenzione di tutte le cause che generano le conseguenze negative derivanti dall'assunzione abituale e continuata di sostanze alcoliche. Anche per gli utenti di questo servizio è prevista la possibilità di dare avvio a percorsi assistenziali individuali, nel senso più volte ricordato in questo paragrafo. Rispetto allo svolgimento di attività lavorative, l'art. 15 della legge quadro fa divieto di assunzione e di somministrazione di bevande alcoliche e superalcoliche nelle attività lavorative che comportano un elevato rischio di infortuni sul lavoro ovvero per la sicurezza, l'incolumità o la salute dei terzi. Sulle modalità di accertamento del rispetto di queste disposizioni le Regioni sono variamente intervenute: tra tutte segnaliamo la legge reg. Liguria 11/2012, che provvede alla costituzione della Rete Alcologica Regionale, adottata mediante un'azione programmata, al fine di attuare un intervento organico nel campo della prevenzione, diagnosi, cura e riabilitazione delle dipendenze alcologiche e delle patologie correlate. La Rete Alcologica Regionale costituisce una rete del Piano sociosanitario regionale.

Ancor più difficile risulta il contrasto al **tabagismo** che, se pur non causa alterazioni dello stato di coscienza dell'individuo, è pur sempre causa di problemi di salute molto seri. Vista la natura di questa dipendenza gli interventi non possono che essere "indiretti", e vanno dalle attività di promozione della salute (informazione, comunicazione e formazione, divieti di pubblicità, politiche dei prezzi, controllo del contrabbando, etichettature dei prodotti, informazione ai consumatori, ecc.) alla previsione di divieti di fumo mirati sia a prevenire i terzi dagli effetti del fumo passivo, sia a disincentivare il fumatore dal consumo. In questo senso sono da ricordare:

– la legge 584/1975 "*Divieto di fumare in determinati locali e sui mezzi di trasporto pubblico*", che (art. 1) proibisce il fumo nelle corsie degli ospedali, le aule scolastiche, le sale d'attesa delle stazioni, i locali chiusi adibiti a pubblica riunione, i cinema, le sale da ballo;

– la direttiva del Presidente del Consiglio dei ministri del 14 dicembre 1995, "*Divieto di fumo in determinati locali della pubblica amministrazione o dei gestori di servizi pubblici*", che ha esteso il divieto di fumo ai locali destinati al ricevimento del pubblico per l'erogazione di servizi pubblici e utilizzati dalla pubblica amministrazione, dalle aziende pubbliche e dai privati esercenti servizi pubblici;

– la legge 51/2003, che all'art. 51, nell'intento di tutelare i non fumatori, ha previsto un divieto di fumo in tutti i locali chiusi (compresi i luoghi di lavoro privati o non aperti al pubblico, gli esercizi commerciali e di ristorazione, i luoghi di svago, palestre, centri sportivi), con le sole eccezioni dei locali riservati ai fumatori e degli ambiti strettamente privati (abitazioni civili). La legge in realtà consente ai gestori di creare locali per fumatori, le cui caratteristiche strutturali e i parametri di ventilazione sono stati definiti con il d.P.C.M. del 23 dicembre 2003.

Sotto il profilo della commercializzazione e della vendita, la legge 189/2012 ha introdotto il divieto di vendita delle sigarette ai minori, innalzando il limite dei 16 anni previsto in precedenza dall'art. 25 del r.d. 1934. In questo senso, i rivenditori sono tenuti a chiedere il documento d'identità agli acquirenti, se la loro maggiore età non è manifesta.

Per parte loro le Regioni si sono orientate a seguire le linee di intervento fissate dalle leggi dello Stato. Tra tutte segnaliamo la legge reg. Emilia-Romagna, 17/2007, "*Disposizioni in materia di prevenzione, cura e controllo del tabagismo*" che prevede l'elaborazione di un piano regionale di intervento per la lotta al tabagismo, sostenendo interventi di prevenzione, di assistenza e supporto alla disassuefazione dal tabagismo di comprovata efficacia.

Una ulteriore forma di dipendenza di carattere strettamente psicologico, emersa solo recentemente all'attenzione dell'opinione pubblica prima, e del legislatore poi, la **ludopatia** (o gioco d'azzardo patologico). Si tratta dell'incapacità di resistere all'impulso di giocare d'azzardo o fare scommesse, nonostante l'individuo che ne è affetto sia consapevole che questo possa portare a gravi conseguenze. In questo caso, siamo davanti a una vera e propria patologia che condivide alcuni tratti del disturbo ossessivo compulsivo, ma rappresenta un'entità a sé. Il "*gioco d'azzardo compulsivo*" è, dunque, anche agli effetti della definizione dell'OMS, una forma morbosa chiaramente identificata e che, in assenza di misure idonee d'informazione e prevenzione, può rappresentare, a causa della sua diffusione, un'autentica malattia sociale.

Alla diffusione del fenomeno ha tentato di porre rimedio per primo il d.l. 98/2011 che, anche a fronte del diffondersi delle autorizzazioni amministrative all'apertura di sale da gioco, all'art. 24.23 prevede che "*ai fini del miglior conseguimento degli obiettivi di tutela del giocatore e di contrasto ai fenomeni di ludopatia connessi alle attività di gioco, il Ministero dell'economia e delle finanze – Amministrazione autonoma dei monopoli di Stato, nell'ambito degli ordinari stanziamenti del proprio bilancio, avvia, in via sperimentale, anche avvalendosi delle strutture operative del partner tecnologico, procedure di analisi e verifica dei comportamenti di gioco volti ad introdurre misure di prevenzione dei fenomeni ludopatici*".

A seguire, la legge 189/2012, include (art. 5) nei livelli essenziali di assistenza le prestazioni di prevenzione, cura e riabilitazione rivolte alle persone affette da ludopatia intesa come patologia che caratterizza i soggetti affetti da sindrome da gioco con vincita in denaro, così come definita dall'Organizzazione mondiale della sanità, e di seguito (art. 7.5) prescrive ai gestori di esercizi pubblici in cui vi sia offerta di giochi pubblici, ovvero di scommesse "*su eventi sportivi, anche ippici, e non sportivi*" di "*esporre, all'ingresso e all'interno dei locali, il materiale informativo predisposto dalle aziende sanitarie locali, diretto a evidenziare i rischi correlati al gioco e a segnalare la presenza sul territorio dei servizi di assistenza pubblici e del privato sociale dedicati alla cura e al reinserimento sociale delle persone con patologie correlate alla Gioco d'azzardo patologico (GAP)*".

Allo scopo di prevenire il fenomeno della ludopatia, la legge citata, inoltre, ha stabilito la ricollocazione delle sale da gioco praticato mediante le *slot machines*, ubicate in prossimità di luoghi sensibili (quali gli istituti di istruzione primaria e secondaria, le strutture sanitarie e ospedaliere, i luoghi di culto e i centri socio-ricreativi e sportivi). Nel 2017, la Conferenza Unificata ha previsto la possibilità per le Regioni e per gli enti locali di definire i criteri che consentano una adeguata distribuzione delle sale da gioco nel territorio, potendo in ogni caso stabilire criteri di tutela maggiore rispetto a quelli derivanti dalle misure statali.

Alla luce di ciò, molte Regioni hanno adottato disposizioni volte a identificare i luoghi sensibili e a stabilire le distanze minime dagli stessi per l'ubicazione di sale e macchine da gioco.
Sul punto, la Corte costituzionale, con sent. 27 febbraio 2019, n. 27, ha considerando ragionevole l'inserimento delle caserme militari nella categoria dei luoghi sensibili, disposto dalla legge reg. Abruzzo 29 ottobre 2013 n. 40, recante «Disposizioni per la prevenzione della diffusione dei fenomeni di dipendenza dal gioco». Secondo i giudici costituzionali, l'inclusione delle caserme militari tra i luoghi sensibili non è estranea alle finalità di prevenzione della ludopatia, poiché esse "sono destinate all'addestramento e all'alloggio dei militari, in particolare e nella maggior parte dei casi dei giovani che svolgono la precipua formazione in tale campo. Si tratta, quindi, senz'altro di peculiari centri di aggregazione di soggetti che ben possono considerarsi più esposti ai rischi legati ai giochi leciti".

L'impegno profuso nelle azioni di contrasto a questa patologia è, inoltre, perseguito anche con l'inclusione della ludopatia nei LEA (→ § XII.9), da parte del d.P.C.M 12 gennaio 2017, misura con la quale si garantisce alle persone con dipendenza anche da gioco d'azzardo l'assistenza sociosanitaria e la presa in carico multidisciplinare, attraverso l'adozione di programmi terapeutici e riabilitativi individualizzati.

Ci sembra infine doveroso fare un breve cenno anche alle cosiddette "nuove addizioni" comportamentali, in forte aumento tra i giovani, legate all'uso delle nuove tecnologie (dipendenza da computer, da internet, da videogiochi, da social network) così come associate allo shopping compulsivo, al cibo e all'ipersessualità. La recente legge regionale dell'Abruzzo 37/2020 le include tra le dipendenze patologiche e promuove, anche attraverso gli enti locali, azioni di prevenzione specifiche, in particolare tra bambini, adolescenti e giovani, volte a contrastarne le conseguenze sanitarie. Ad ogni modo, sono sempre più numerose le regioni che decidono approvare un Piano regionale *integrato* per il contrasto, la prevenzione e la riduzione del rischio da Gioco d'Azzardo Patologico (GAP) e da nuove tecnologie e social network (dipendenze digitali).

F) *Politiche sull'immigrazione*. Concludiamo questa sintetica esposizione con qualche accenno sulle misure in materia di immigrazione, ben sapendo che il tema, da solo, varrebbe un'intera trattazione.

In Italia, l'attenzione del legislatore e dei governi a questo fenomeno è relativamente recente e, come si vedrà, di andamento molto variabile, giungendo oggi ad assumere rilievo politico e mediatico fortissimo, solo in parte giustificato dall'aumento dei flussi migratori negli ultimi anni (da noi, come in Grecia, Turchia e Spagna).

Di fatto, il nostro Paese ha iniziato a regolare la materia solo a metà degli anni '80 del secolo scorso, con la legge 943/1986 che disciplinava il lavoro (solo subordinato) delle persone provenienti da paesi extracomunitari, intervenendo anche sullo status delle loro famiglie, e dettando allo stesso tempo regole per l'espulsione degli irregolari.

Successivamente, con la legge 39/1990, nel tentativo di rispondere all'improvvisa crescita del fenomeno e allo stesso tempo di dare maggiore organicità alla disciplina, si iniziò a regolare la presenza stabile degli stranieri in Italia, riconoscendo loro una serie di diritti non più esclusivamente legati alla condizione di lavoratori.

Dopo una serie di altre disposizioni atte a sanare le lacune della normativa emergenziale, nel 1998 si giunse all'approvazione della legge 40/1998 ("*Disciplina dell'immigrazione e norme sulla condizione dello straniero*"), nota come **legge Turco-Napolitano**. La legge, che intendeva promuovere l'integrazione lavorativa e sociale degli immigrati e al contempo rafforzare le politiche di controllo ed espulsione in ragione delle esigenze di sicurezza nazionale, introdusse la **carta di soggiorno**, con cui si stabilizzavano a tempo indeterminato i cittadini extracomunitari presenti in Italia da più di 5 anni. Lo status conferito al lavoratore si estendeva anche al coniuge e ai figli minori conviventi. Ciò rendeva l'espulsione una misura eccezionale, da adottare solo per gravi motivi di ordine pubblico.

Sotto il profilo dell'assistenza sociale e sanitaria, la legge garantiva allo straniero regolarmente soggiornante in Italia parità di trattamento e piena uguaglianza di diritti e doveri rispetto ai cittadini italiani, mentre ai minori, sia regolari che clandestini presenti sul territorio, veniva esteso l'obbligo scolastico. A favore di tutti gli stranieri, infine, si riconosceva la possibilità di intraprendere un'azione civile contro qualsiasi atto di discriminazione per motivi razziali, etnici o religiosi.

La legge Turco-Napolitano conteneva infine una delega al Governo per la redazione di quello che poi sarebbe divenuto il testo unico in materia, il d.lgs. 25 luglio 1998, n. 286, tutt'ora in vigore anche se più volte modificato.

In esso si prevedevano tra l'altro:

– la creazione di **centri di permanenza temporanea (CPT)** per gli stranieri che siano temporaneamente impossibilitati a provvedere autonomamente alle proprie esigenze alloggiative e di sussistenza;

– l'istituzione di corsi e iniziative specifici per l'apprendimento della lingua italiana, tutelando allo stesso tempo la lingua e la cultura d'origine del cittadino straniero;

– l'introduzione, tra le figure professionali degli operatori sociali, del **mediatore culturale**;

– una nuova regolazione dei finanziamenti statali alle Regioni e agli enti locali per le politiche migratorie;

– la classificazione dei cittadini extracomunitari in due categorie distinte, gli immigrati regolari e irregolari.

✓ STRANIERI, IMMIGRATI REGOLARI E NON, CLANDESTINI, MIGRANTI, RIFUGIATI

Sulle qualificazioni delle persone che arrivano nel nostro Paese è bene fare chiarezza fin da subito, visto che nel discorso corrente, e più colpevolmente anche nel linguaggio dei media (nonostante le raccomandazioni della Carta di Roma), si confondono e mescolano posizioni diversissime, che ovviamente rimandano a regimi giuridici altrettanto distinti.

Innanzitutto cominciamo col dire che, in base all'art. 1 della Convenzione di applicazione degli Accordi di Schengen, il termine straniero non indica più la distinzione tra i cittadini del proprio paese e i cittadini di qualunque altro Stato, ma va riferito soltanto a "chi non è cittadino di uno Stato membro delle Comunità europee" (osservazione non superflua visto che la comunità di non italiani di gran lunga più consistente nel nostro Paese, col 23.1% del totale, è proprio di cittadini comunitari, i rumeni).

Come si è detto per parte sua il T.U. 286/1998 (T.U.I.) prevedeva due categorie:

– gli **immigrati regolari**, ovvero tutti i cittadini stranieri il cui ingresso e la cui permanenza nel territorio dello Stato avvengono nel rispetto delle condizioni di legge (possesso di passaporto valido e, dopo ingresso regolare nel nostro territorio, di permesso di soggiorno o di carta di soggiorno). Questi soggetti godono di tutti i diritti in materia civile attribuiti al cittadino italiano, possono partecipare alla vita pubblica locale e gli è riconosciuta parità di trattamento relativamente alla tutela giurisdizionale dei diritti e degli interessi legittimi;

– gli **immigrati irregolari**, categoria complessa, in cui rientrano le 3 distinte posizioni di coloro che sono entrati con un regolare visto d'ingresso, ma non hanno chiesto entro il termine previsto dalla legge (otto giorni lavorativi) il permesso di soggiorno al Questore della Provincia in cui si trovano pur entrati regolarmente e muniti di regolare permesso di soggiorno, alla scadenza dello stesso non ne hanno richiesto il rinnovo pur avendo chiesto il rinnovo del permesso di soggiorno, per assenza dei requisiti prescritti, non lo hanno ottenuto.

Agli immigrati irregolari sono assicurati solo i diritti fondamentali elencati dal testo unico in ottemperanza della Carta costituzionale, ma non i diritti agli interventi e ai servizi sociali. Diversa era, e tutt'ora è, la condizione dei minori, tutelata non solo dall'ordinamento italiano, ma anche da convenzioni internazionali.

Non esiste invece alcun testo normativo che definisca i **clandestini**.

Il termine, comunque altamente spregiativo e quindi da usare con molta cautela, viene generalmente riferito a chi:

– è entrato in un paese dell'Unione Europea eludendo i controlli alle frontiere nazionali ovvero senza regolare visto d'ingresso (quando richiesto);

– è rimasto dopo la scadenza del visto turistico;

– è rimasto dopo aver ricevuto un provvedimento di allontanamento;

– è stato autorizzato ad entrare ma poi non ottiene o nemmeno richiede il permesso di soggiorno.

Più appropriato è l'uso, sempre non "codificato" del termine **migrante**, che si riferisce alle persone che lasciano il proprio paese per loro volontà, per cercare un'occupazione o migliorare le proprie condizioni economiche (da qui la definizione/specificazione di "migranti economici").

È l'art. 1 della Convenzione di Ginevra del 1951 a definire il **rifugiato** come colui che, "temendo a ragione di essere perseguitato per motivi di razza, religione, nazionalità, appartenenza a un determinato gruppo sociale od opinioni politiche, si trova fuori del paese di cui ha la cittadinanza e non può, o non vuole, a causa di tale timore, avvalersi della protezione di tale paese".

La posizione del migrante si distingue dunque da quella del rifugiato in quanto il migrante può far ritorno in sicurezza nel suo paese di provenienza.

Oggi in Italia lo status di rifugiato viene riconosciuto dalle Commissioni Territoriali, organi istituiti ad hoc in seno alle Prefetture, in seguito alla presentazione di una domanda di protezione internazionale, a chi possa dimostrare di aver subito una persecuzione individuale. Al giudizio positivo da parte della Commissione, la Questura rilascia un permesso per "asilo politico" che dura 5 anni, è rinnovabile, consente l'accesso allo studio, lo svolgimento di un'attività lavorativa (subordinata o autonoma), l'accesso al pubblico impiego, l'iscrizione al servizio sanitario, dà diritto alle prestazioni assistenziali dell'Inps e all'assegno di maternità concesso dai Comuni.

Per il rifugiato sono previsti tempi dimezzati per la richiesta della cittadinanza italiana per naturalizzazione, che potrà quindi ottenere dopo soli 5 anni di residenza in Italia.
La Convenzione di Ginevra del 1951 qualifica anche il **richiedente asilo** come colui che presenta la domanda di asilo per il riconoscimento dello status di rifugiato fuori dal proprio paese d'origine. Il richiedente asilo ha diritto al soggiorno regolare nel paese di destinazione. Può arrivare nel paese a cui chiederà asilo senza documento o anche in modo irregolare.
Il **beneficiario di protezione sussidiaria** è colui che gode di una forma di protezione internazionale riconosciuta a chi, pur non essendo stato perseguitato individualmente, necessita di protezione "in quanto nel caso di rimpatrio nel paese di provenienze subirebbe "grave danno" (condanna a morte, tortura, minaccia alla vita in caso di guerra interna o internazionale) a causa di conflitti armati, violenze generalizzate e/o massicce violazioni dei diritti umani" (così l'art. 2, 1° comma, lett. g) del d.lgs. 251/2017). Anche questa forma di protezione è accordata dalla Questura dopo il parere positivo della Commissione Territoriale, dura cinque anni ed è rinnovabile. Consente l'accesso allo studio, lo svolgimento di un'attività lavorativa (subordinata o autonoma e pubblico impiego); l'iscrizione al servizio sanitario; dà diritto alle prestazioni assistenziali dell'Inps e all'assegno di maternità concesso dai Comuni.

Si distingue da questi il vecchio istituto del **beneficiario di protezione umanitaria**, introdotto dal l'art. 5, 6° comma, del Testo Unico Immigrazione. Secondo quanto indicato dall'articolo in esame, la figura del beneficiario di protezione umanitaria faceva riferimento a colui che, pur non rientrando nella definizione di rifugiato (non sussistendo la persecuzione individuale, né in quella della protezione sussidiaria) necessitava comunque di tutela in quanto, in caso di rimpatrio nel paese d'origine, sarebbe stato in serio pericolo a causa di conflitti armati, violenze generalizzate e/o massicce violazioni dei diritti umani nei paesi di provenienza. Alla luce di quanto detto, l'istituto costituiva una forma di tutela residuale posta a chiusura del sistema di protezione internazionale degli stranieri nel nostro Paese. Ciononostante, la disciplina del beneficiario di protezione umanitaria, come si dirà meglio in seguito, ha subito notevoli variazioni negli ultimi anni, dapprima attraverso il Decreto Sicurezza (d.l. 113/2018) e poi attraverso il Decreto Lamorgese (n. 130/2020), che hanno sostituito l'istituto in esame con ipotesi di permesso di **protezione speciale** tipizzate.

Negli anni successivi al T.U.I., l'ingresso di nuovi Stati nell'Unione europea comportò un aumento del numero degli aventi diritto al transito ed al soggiorno, e quindi il forte incremento delle presenze di non-italiani nel nostro Paese.

La linea dell'integrazione e dell'accoglienza, delineata prima dalla legge 40/1998 e poi dal testo unico, venne in gran parte rivista dalla legge 189/2002, la c.d. **legge Bossi-Fini**, che rese più difficile l'ingresso e la permanenza in Italia degli stranieri e accelerò le procedure per l'espulsione degli irregolari.

Sulla scia delle direttive 2004/83/CE, 2003/109/CE e 2003/86/CE, con cui l'Unione europea tentò l'armonizzazione della legislazione in materia da parte degli Stati membri, all'inizio degli anni duemila in Italia si assistette a un'ulteriore inversione di tendenza, con interventi normativi mirati a mitigare la durezza delle disposizioni della legge Bossi-Fini.

Nel 2009 però l'allora Governo di centrodestra tornava a irrigidire la disciplina sull'immigrazione con il c.d. **pacchetto sicurezza**.

Tre sono i provvedimenti che lo compongono:

– la legge 125/2008 recante misure urgenti in materia di sicurezza pubblica, che tra le varie novità prevedeva la sostituzione dei **centri di permanenza temporanea (CPT)** con i **centri di identificazione ed espulsione (CIE)**; l'espulsione giudiziale per cittadini UE o extra-UE condannati ad una pena superiore a due anni di reclusione ovvero ad una pena restrittiva della libertà personale per un delitto contro la personalità dello Stato (art. 312 cod. pen.) e la reclusione, da uno a sei anni, in caso di dichiarazioni o attestazioni false su identità, stato e altre qualità personali;

La stessa legge prevedeva inoltre l'introduzione nel codice penale della **circostanza aggravante di clandestinità** per qualunque reato commesso da persona illegalmente presente sul territorio italiano. Questa misura è stata successivamente dichiarata illegittima dalla Corte costituzionale, sent. 250/2010;

– il d.lgs. 160/2008, che interviene sul tema del **ricongiungimento familiare** limitando il novero dei familiari ricongiungibili e innalzando il reddito minimo sufficiente per accedere a questa misura, oltre a prevedere l'obbligo di stipulazione di un'assicurazione sanitaria o di uno strumento equivalente;

– la legge 94/2009, che invece ha agito più propriamente sul profilo della sicurezza pubblica con la previsione della possibilità di trattenimento, fino a 180 giorni, degli immigrati irregolari presso i CIE ai fini della loro identificazione e successiva espulsione, l'inasprimento della pena per il reato di favoreggiamento all'immigrazione clandestina e, soprattutto l'introduzione del **reato di ingresso e soggiorno illegale sul territorio italiano**. La Corte costituzionale, nella stessa sent. 8 luglio 2010, n. 250, si è pronunciata sulla legittimità di questo reato respingendo le questioni di costituzionalità che erano state sollevate da diversi giudici di merito.

Anche queste disposizioni sono state successivamente mitigate, pur se solo parzialmente, dai decreti attuativi di diverse direttive europee.

In particolare, le previsioni legislative concernenti il trattenimento e l'espulsione degli stranieri, in attuazione alla direttiva europea rimpatri (2008/115/CE) sono state riformulate con la legge 129/2011, che prevede il **rimpatrio volontario**, un termine massimo di 18 mesi di permanenza nei CIE e forme alternative di trattenimento.

Inoltre, i dd.lgs. 108/2012 e 109/2012 hanno recepito e data piena attuazione rispettivamente, alla direttiva 2009/50/CE sui lavoratori altamente qualificati e alla direttiva 2009/52/CE recante sanzioni per i datori di lavoro che impiegano stranieri irregolari.

In questa fase sono inoltre meritevoli di menzione:

– l'istituzione (con il d.l. 146/2013) del **Garante nazionale dei diritti delle persone detenute o private della libertà personale**, organismo dotato di poteri di controllo dei luoghi di privazione della libertà personale e di tutela e garanzia dei diritti dei detenuti;

– l'introduzione (grazie al d.lgs. 40/2014, in attuazione della direttiva 2011/98/UE) della c.d. **domanda unica di permesso di soggiorno e di lavoro** che, semplificando la procedura, consente ai cittadini di paesi terzi di soggiornare e lavorare nel territorio di uno Stato membro.

Gli ultimi anni sono stati caratterizzati da un ulteriore, ennesimo inasprimento della disciplina in materia, tra misure volte a contrastare l'immigrazione illegale e altre mirate ad accelerare i procedimenti in materia di protezione internazionale.

Il primo provvedimento che va in questa direzione è la legge 46/2017 (di conversione del d.l. 13/2017, il c.d. **decreto Minniti**).

Con questa legge i centri di identificazione ed espulsione (CIE) diventano **Centri di permanenza per i rimpatri (CPR)**, da allestire nei siti e nelle aree di proprietà pubblica esterne ai centri urbani e distribuiti su tutto il territorio nazionale. In questo modo si passa da 4 a 20 centri con capienza limitata (massimo 100-150 posti) in modo da garantire "condizioni di trattenimento che assicurino l'assoluto rispetto della dignità della persona". Questi centri saranno oggetto di controllo del Garante dei diritti delle persone detenute o private della libertà personale, che potrà accedere ad ogni locale senza restrizione alcuna.

Presso i capoluoghi di Corte d'appello, sono poi istituite 26 *sezioni specializzate* in materia di immigrazione, protezione internazionale e libera circolazione dei cittadini dell'Unione europea. Questi organi giudiziari hanno anche competenza in materia di impugnazione dei provvedimenti delle commissioni territoriali preposte all'esame delle domande di protezione internazionale. Sempre sul fronte delle misure di carattere giudiziario si introduce il *rito abbreviato* e si *abolisce il grado di appello per i giudizi aventi ad oggetto le controversie relative ai provvedimenti di espulsione dello straniero* adottati dal ministro dell'interno per motivi di ordine pubblico e sicurezza dello Stato o di prevenzione del terrorismo. Il giudizio si svolge in Camera di consiglio nelle forme del procedimento di volontaria giurisdizione e il procedimento si conclude con decreto ricorribile esclusivamente in Cassazione, entro 30 giorni.

Importanti sono poi le disposizioni adottate per far fronte all'emergenza immigratoria di questi anni. Da una parte si istituiscono i *punti di crisi per esigenze di primo soccorso e di prima accoglienza* dei cittadini stranieri giunti via mare o rintracciati come irregolari sul territorio nazionale. In tali centri si provvede al rilevamento foto dattiloscopico e segnaletico ed è previsto il trattenimento in caso di "rifiuto reiterato" di sottoporsi all'identificazione.

Dall'altra si dà corpo alle politiche di **contrasto all'immigrazione illegale**, con l'attribuzione, al dipartimento di Pubblica sicurezza del Ministero dell'Interno, dei procedimenti amministrativi in materia di ingresso e soggiorno irregolare, funzione ora sostenuta con l'attivazione di un Sistema Informativo Automatizzato – SIA che, interconnesso col sistema informativo Schengen, consente di tracciare il percorso del singolo straniero in Italia dal suo arrivo alla successiva fase di accoglienza.

Nella legge in esame non mancano – pur molto fragili – i segnali di un intento di maggiore integrazione, laddove si prevede la possibilità per i richiedenti protezione internazionale di svolgere, su base volontaria, lavori socialmente utili e di partecipare ad attività sociali in favore delle collettività.

È ancora da ricordare, in questo stesso periodo, la legge 7 aprile 2017, n. 47 recante "*Disposizioni in materia di misure di protezione dei minori stranieri non accompagnati*", laddove si definisce come tale "*quel soggetto minorenne non avente cittadinanza italiana o dell'Unione Europea, il quale si trova, per una qualsiasi causa, nel territorio dello Stato o che è altrimenti sottoposto alla giurisdizione italiana, privo di assistenza e di rappresentanza da parte dei genitori o di altri adulti, per lui legalmente responsabili, in base alle leggi vigenti nell'ordinamento italiano*".

La legge prevede a loro favore all'art. 3, il **divieto di respingimento**, previsto *ex* art.

19, 1° comma del T.U. sull'immigrazione n. 286/98, con l'unico contro limite dei motivi di ordine pubblico e sicurezza dello Stato, e sempre che ciò non comporti "un rischio di danni gravi per il minore".

Inoltre, per le necessarie operazioni di identificazione del minore e per l'accertamento dell'età anagrafica dello stesso, la legge 47 ha predisposto un piano di azione uniforme, che deve essere coordinato da mediatori culturali e da tutori, i quali (art. 5) devono perseguire l'assistenza prioritaria e umana per i minori.

Ancora per quanto concerne l'accoglienza (art. 4), si afferma che dal loro arrivo in uno dei Paesi europei, i minori migranti devono essere sottoposti a precise operazioni di identificazione e devono essere registrati come "minori": a tali procedure amministrative deve presiedere una persona specializzato nella protezione dei minori. Si deve procedere al rilevamento delle impronte digitali e dei dati biometrici con metodi che siano adatti e rispettosi della specificità del genere e della sensibilità dei bambini.

Le condizioni di accoglienza dei minori migranti prevedono che sia predisposto per loro un alloggio sicuro ed adeguato, che siano assicurati i servizi necessari di supporto, per garantire, al meglio, l'interesse superiore del minore ed il suo benessere. Inoltre deve essere predisposto ed assicurato l'accesso all'istruzione, sia formale che non formale, come diritto umano riconosciuto ad ogni bambino dalla Convenzione delle Nazioni Unite sui diritti del fanciullo, alle cure mediche, al supporto psicosociale necessario, essendo i migranti bambini soggetti fortemente traumatizzati e spesso abusati, alle attività integrative e ricreative.

Infine l'art. 12 della legge prevede che i minori non accompagnati siano accolti nell'ambito del Sistema di protezione per richiedenti asilo, rifugiati e minori stranieri, come stabilito dall'art. 1-*sexies* del d.l. 416/1989, a tutela dei soggetti particolarmente vulnerabili. Nella scelta del posto di accoglienza, dove il minore deve essere collocato, si deve tener conto delle specifiche esigenze e delle caratteristiche del minore.

Gli interventi portati avanti dal Governo 5 Stelle/Lega, uscito dalle elezioni del 4 marzo 2018, sono quelli di gran lunga più severi fino a oggi adottati dal nostro Paese, introducendo una serie di misure inedite che hanno sollevato, da più parti, fondati dubbi di legittimità costituzionale.

✓ IL "DECRETO SICUREZZA"

Il riferimento è, prima e soprattutto, al decreto-legge 4 ottobre 2018, n. 113, ovvero il cosiddetto Decreto Sicurezza convertito poi, con modificazioni, in legge 132/2018. Il testo, al fine di semplificare l'iter di approvazione e di conversione, riunisce in sé due provvedimenti governativi inizialmente distinti, noti anche come decreto sicurezza e decreto immigrazione. Sebbene ad oggi, la legge sia stata parzialmente modificata dal Decreto Lamorgese, si ritiene importante definirne i tratti caratteristici.

Per quanto riguarda la **protezione umanitaria**, la disciplina introdotta dalla legge si caratterizza per una forte compressione delle possibilità, e in realtà dei diritti offerti ai richiedenti asilo, prevedendo l'abolizione del permesso di soggiorno per motivi umanitari e di ogni riferimento ad esso contenuto nel Testo unico sull'immigrazione. Il permesso di soggiorno per motivi umanitari è sostituito dai seguenti permessi di soggiorno:

– per **casi speciali:** a) protezione sociale (con permesso di durata di 6 mesi, rinnovabile in ragione

di esigenze giudiziarie) delle vittime di delitti oggetto di violenza o grave sfruttamento che sono in pericolo per aver collaborato o essersi sottratte ai condizionamenti dell'organizzazione criminale e che partecipino ad un programma di assistenza e integrazione sociale; b) vittime di violenza domestica che denuncino l'autore del reato; c) particolare sfruttamento lavorativo su denuncia del lavoratore sfruttato che denunci il datore di lavoro;
– per **cure mediche**: previsto per soggetti in condizioni di salute di eccezionale gravità certificate. Non solo: si deve inoltre verificare il pericolo che, in caso di rimpatrio nel paese di provenienza, causerebbe un danno irreparabile alla salute della persona. Non dà diritto all'iscrizione al Servizio Sanitario Nazionale (le spese mediche sono quindi integralmente a carico del malato);
– per **calamità**: rilasciato dal Questore per sei mesi allorquando il Paese di origine in cui lo straniero deve rientrare si trovi in una situazione di accidentale ed eccezionale calamità naturale, tale da non consentire il rientro e la permanenza in condizioni di sicurezza;
– per motivi di particolare **valore civile**: il permesso di soggiorno (che ha durata di due anni, ed è rinnovabile e, eccezionalmente, convertibile in permesso di soggiorno per lavoro) per valore civile rilasciato direttamente dal Ministro degli Interni su proposta del Prefetto competente, per "atti di eccezionale coraggio che manifestano preclara virtù civica e per segnalarne gli autori come degni di pubblico onore" esponendo consapevolmente la propria vita in pericolo al fine di: salvare persone esposte a un pericolo grave e imminente; impedire o diminuire il danno di un grave disastro pubblico o privato; ristabilire l'ordine pubblico, nel caso sia stato gravemente turbato; mantenere forza alla legge; arrestare o partecipare all'arresto di malfattori; far progredire la scienza o semplicemente per bene dell'umanità; tenere alti il nome e il prestigio della Patria.
Rimangono diversamente privi di tutela i minori stranieri non accompagnati fortemente traumatizzati dal viaggio, le donne con bambino che hanno subito torture e/o detenzione, coloro a cui nel proprio Paese non viene garantita la dignità umana attraverso un livello di vita accettabile, casi per i quali – si ritiene – la Costituzione italiana prevede di concedere l'asilo politico.
Sul piano procedurale, la modifica dell'art. 32, 3° comma del d.lgs. 25/2008, prevede un permesso di soggiorno per "**protezione speciale**", di durata annuale e non convertibile in permesso di lavoro, concesso solo nel caso in cui ricorra il rischio di persecuzione (art. 19, 1° comma) o di tortura (comma 1.1), nel caso di rientro nel Paese di origine, per i soggetti che non possano ottenere la protezione internazionale.
A proposito di questa "tipizzazione legislativa" delle ipotesi di protezione è d'uopo riprendere le riserve espresse dalla Corte costituzionale nel Ricorso per legittimità costituzionale n. 19, dell'8 febbraio 2019.
È infine da segnalare che l'art. 7-*bis* della legge prevede la compilazione di un **elenco dei paesi d'origine "sicuri"**: la provenienza da uno di questi paesi rende manifestamente infondata la domanda di protezione internazionale.

Un'altra serie di disposizioni amplia il novero dei reati che, in caso di condanna definitiva, sul presupposto della manifesta pericolosità dello straniero, hanno come conseguenza il **diniego o la revoca della protezione internazionale e dello status di rifugiato**. Vengono così aggiunti i delitti di lesioni personali gravi o gravissime, pratiche di mutilazione degli organi genitali femminili, lesioni personali gravi o gravissime a pubblico ufficiale in servizio di ordine pubblico in occasione di manifestazioni sportive, violenza sessuale, produzione, detenzione e traffico di sostanze stupefacenti, rapina ed estorsione, furto aggravato qualora il colpevole porti con sé – senza farne uso – armi o narcotici, furto con strappo, furto in appartamento, minaccia o violenza a pubblico ufficiale. È da notare che in questi casi la domanda di protezione può comunque essere sospesa in corso di svolgimento del procedimento penale e revocata in caso di rientro temporaneo nel Paese d'origine.

Restrizioni altrettanto forti colpiscono le misure predisposte per l'integrazione degli stranieri.
Soltanto i titolari di protezione internazionale o i minori stranieri non accompagnati possono usufruire del sistema **SPRAR** (Sistema di protezione per richiedenti asilo e rifugiati) costituito dalla rete degli enti locali che, per la realizzazione di progetti di **accoglienza integrata** accedono, nei limiti delle risorse disponibili, al Fondo nazionale per le politiche e i servizi dell'asilo; risorse che vengono comunque dimi-

nuite a fronte di un aumento dello stanziamento destinato ad assicurare i rimpatri.
Parallelamente si dispone il raddoppio (da 90 a 180 giorni) della durata massima del trattenimento dello straniero nei Centri di Identificazione ed Espulsione (CIE), e ciò al fine di assicurare il rimpatrio dei soggetti che dimorino *sine titulo* in Italia.
Ancora, il decreto **escludeva la possibilità di registrazione all'anagrafe** dei richiedenti asilo. Ne conseguiva, per gli stessi, l'impossibilità di avere la residenza nel nostro Paese, il tutto con gravi conseguenze ad esempio sulla possibilità di regolarizzare la loro posizione lavorativa. Sul punto, come si dirà in seguito, è intervenuta recentemente la Corte costituzionale, con la sentenza del 31 luglio 2020, n. 186, dichiarando l'illegittimità per l'appunto dell'art. 13, del d.l. 113/2018.
Si prevede poi che la domanda di cittadinanza possa essere rigettata anche a chi abbia sposato un cittadino o una cittadina italiana, mentre si rende più difficoltosa la concessione della cittadinanza ai discendenti degli emigrati italiani all'estero, e si estendono i requisiti di residenza necessari per chiederla sia in caso di matrimonio che sulla base della residenza.
Infine, e con fortissimi dubbi di legittimità costituzionale, la nuova disciplina prevede la possibilità di **revoca della cittadinanza** italiana per:
- cittadini stranieri che abbiano riportato condanne per gravi reati commessi con finalità di terrorismo ed eversione;
- chiunque l'abbia ottenuta tramite produzione di atti falsi o dichiarazioni mendaci.

La revoca della cittadinanza è adottata, entro tre anni dal passaggio in giudicato della sentenza di condanna, con decreto del Presidente della Repubblica, su proposta del Ministro dell'interno.
Dopo queste prime misure, il Governo è tornato sul tema con il cosiddetto **Decreto sicurezza *bis*** (d.l. 53 del 14 giugno 2019, convertito con modificazioni dalla legge 8 agosto 2019 n. 77). Qui si agisce soprattutto per inasprire il contrasto all'immigrazione clandestina.
In primo luogo, intervenendo sul riparto di competenza tra i ministeri, l'art. 1 prevede che al *"ministro dell'interno, quale Autorità nazionale di pubblica sicurezza, nell'esercizio delle funzioni di coordinamento unificato dei controlli sulla frontiera marittima e terrestre e nel rispetto degli obblighi internazionali cui l'Italia è tenuta"* sia attribuito il potere di *"limitare o vietare l'ingresso, il transito e/o la sosta di navi nel mare territoriale, qualora sussistano ragioni di ordine e sicurezza pubblica"* con il solo adempimento di darne *"notizia al Presidente del Consiglio dei ministri"*.
Per chi poi violi il divieto di ingresso nelle acque territoriali sono previste sanzioni amministrative (da 150.000 a 1 milione di euro), che vengono notificate al comandante e, se possibile, all'armatore e al proprietario della nave. In questi casi si prevede poi l'ulteriore sanzione accessoria della "confisca della nave, e l'immediato passaggio a sequestro cautelare".

Di recente, come detto, sembra essersi aperta una nuova tappa più garantista nell'evoluzione della disciplina sull'immigrazione, mediante il cosiddetto Decreto-legge Lamorgese (d.l. 130/2020, convertito, con modificazioni minori, in legge 173/2020), resosi necessario per modificare (ma non abrogare) i Decreti Sicurezza e Sicurezza-bis appena esaminati e mitigarne le previsioni.

✓ IL "DECRETO LAMORGESE"

Come in parte si è anticipato, il Decreto Lamorgese interviene nuovamente sull'istituto della **protezione umanitaria**. Sebbene non lo ripristini in senso proprio, pur mantenendo la dicitura "protezione speciale", amplia le ipotesi per il rilascio del relativo permesso di soggiorno.
Una delle più importanti novità del nuovo decreto interessa difatti il comma 6 dell'art. 5 T.U.I., in merito alle condizioni e modalità per il rilascio del permesso di soggiorno, che riabilita parzialmente la clausola di salvaguardia anteriore al Decreto Sicurezza, richiamando gli obblighi costituzionali o internazionali dello Stato.
A ciò si aggiungono le nuove previsioni dell'art. 19 del T.U.I., che riconosce, in primo luogo, il divie-

to di espulsione o respingimento verso Paesi nei quali lo straniero possa essere oggetto di persecuzione per motivi di razza, di sesso, di lingua, di cittadinanza, di religione, di opinioni politiche, di condizioni personali o sociali, ma anche di orientamento sessuale e d'identità di genere.
Inoltre, il comma 1.1. del menzionato articolo prevede il divieto di espulsione, respingimento o estradizione di un soggetto qualora esistano fondati motivi di ritenere che esso rischi di essere sottoposto a **tortura o a trattamenti inumani o degradanti**" (art. 3 CEDU) o "qualora esistano fondati motivi di ritenere che l'allontanamento dal territorio nazionale comporti una **violazione del diritto al rispetto della sua vita privata e familiare**" (art. 8 CEDU). In tal senso, il novellato articolo permette un esame caso per caso di ogni singola situazione, tenendo conto anche dei vincoli familiari dell'interessato nonché del percorso integrativo da questi intrapreso in Italia (si veda l'ordinanza del Tribunale di Lecce, del 26 marzo 2021).
Tali ipotesi, a detta della Suprema Corte (nella Relazione della Corte di Cassazione n. 94, del 20 novembre 2020, relativa alle modifiche in materia di protezione internazionale introdotte con il d.l. 20 ottobre 2020, n. 130), costituiscono una sorta di "protezione umanitaria allargata". La nuova lettura del sesto comma dell'art. 5 ripristinerebbe, come detto, la vecchia clausola di salvaguardia relativa alle grandi questioni di principio – ossia il rispetto degli obblighi costituzionali e internazionali, considerata espressione attuativa del diritto di asilo di cui all'art. 10, 3° comma, Cost. – ma va completata con l'estensione del divieto di respingimento ed espulsione operato dall'art. 19 T.U.I.
Con il citato intervento normativo, il nuovo art. 19 T.U.I. risulta riallineato a quanto espresso dalla Corte Europea dei Diritti Umani, richiamando sia l'art. 3 CEDU nell'ipotesi in cui lo straniero rischi di essere sottoposto a trattamenti inumani o degradanti, a loro volta equiparati alla tortura, sia l'art. 8 CEDU, relativo alla tutela e al rispetto della vita privata e familiare. L'orientamento seguito dalla CEDU era stato in precedenza recepito e sintetizzato dalla sentenza spartiacque della Corte di Cassazione, sent. 4455/2018, del 23 febbraio 2018, che, appunto, ha indicato i criteri per individuare i "seri motivi di carattere umanitario" (il giudizio comparativo tra la situazione in Italia e quella nel Paese di origine si fonda sul parametro fondamentale, seppur non esclusivo, dell'inserimento sociale e lavorativo dello straniero in Italia).
L'art. 19, comma 1.2 del T.U.I. stabilisce inoltre che, nelle ipotesi di rigetto della domanda di protezione internazionale, ove sussistano le condizioni dei commi 1 e 1.1, può essere ottenuto il rilascio del permesso per protezione speciale da parte del Questore attraverso un doppio iter: a seguito della trasmissione degli atti da parte della Commissione Territoriale; oppure, qualora la richiesta di permesso di soggiorno sia avanzata direttamente al Questore, è quest'ultimo a rilasciarlo, con parere previo della Commissione Territoriale per il riconoscimento internazionale.

Il riformato art. 32 del d.lgs. 25/2008 prevede, inoltre, per il permesso di protezione speciale una durata biennale (e non più annuale) e la possibilità di convertirlo in permesso di soggiorno per motivi di lavoro, laddove sussistano i requisiti. Il citato permesso può essere rilasciato anche dalla Questura, previo parere della Commissione Territoriale, anche nei casi in cui non fosse stata presentata una apposita domanda di protezione internazionale, ma fosse stato richiesto un altro permesso di soggiorno (art. 19, comma 1.2, T.U.I.).
È d'uopo segnalare che, oltre al menzionato permesso di protezione speciale, la nuova disciplina (art. 6, comma 1°-*bis*, T.U.I.) stabilisce la possibilità di convertire in permesso di lavoro subordinato, fra gli altri, anche il permesso di soggiorno per calamità, il permesso di soggiorno per acquisto della cittadinanza o dello stato di apolide, il permesso di soggiorno per motivi religiosi, il permesso di soggiorno per assistenza a minori, il permesso di soggiorno per cure mediche.

Ulteriore modifica riguarda le condizioni per ottenere determinati permessi introdotti a suo tempo dal Decreto Sicurezza. In merito al **permesso di soggiorno per cure mediche,** nel 2° comma dell'art. 19 lett. d) *bis* – contenente i presupposti per il rilascio del citato permesso – le condizioni di salute di particolare gravità, sono ora sostituite da gravi condizioni psico-fisiche o derivanti da gravi patologie, ampliando, in tal senso, le possibilità di valutazione della concreta situazione. Il permesso di soggiorno per cure mediche è rilasciato dal Questore per il tempo attestato dalla certificazione sanitaria, comunque non superiore ad un anno, rinnovabile finché persistono le condizioni debitamente certificate.

Allo stesso modo, con riferimento al **permesso di soggiorno per calamità** la nuova disciplina (art. 20-*bis* T.U.I.) ne prevede il riconoscimento in caso di "grave" calamità e non più quando il Paese al quale lo straniero deve fare ritorno versi in una situazione di "contingente ed eccezionale" calamità. Ciò permette di esulare dal giudizio sulla temporaneità della situazione e riconoscere quelle situazioni di durevole persistenza come i mutamenti climatici. Tali permessi, che hanno una durata di sei mesi, possono essere rinnovati solo se sussistono le condizioni di grave calamità nel Paese in cui il soggetto deve fare ritorno.

Il provvedimento in esame interviene anche sul sistema di accoglienza destinato ai richiedenti protezione internazionale e ai titolari di protezione.
L'art. 4 del decreto delinea il nuovo "Sistema di accoglienza e integrazione" (SAI, che prende il posto dello SPRAR/SIPROIMI). Mentre la prima assistenza e soccorso è gestita nei centri governativi ordinari e straordinari gestiti dal Ministro dell'Interno; nella seconda fase, gestita dagli enti locali, il sistema si articola su due livelli di prestazioni: il primo dedicato ai richiedenti protezione internazionale (con servizi di assistenza sanitaria, sociale e psicologica nonché di mediazione linguistico-culturale); il secondo riservato a coloro che ne sono già titolari, con servizi, volti a un'effettiva integrazione sociale, quali l'orientamento al lavoro e la formazione professionale.

Oltre a ciò, il Decreto Lamorgese modifica la disciplina relativa ai **dispositivi di trattenimento dei migranti in situazioni di irregolarità** (art. 14 T.U.I.), nei casi in cui non sia possibile eseguire con immediatezza l'espulsione o il respingimento alla frontiera. Tra le altre previsioni, si stabilisce che tali soggetti, in attesa di essere rimpatriati, potranno essere trattenuti nei Centri di permanenza per il rimpatrio (CPR, ex CIE), fino a un massimo di 90 giorni (e non 180 giorni, come previsto dal Decreto Sicurezza), prorogabili per altri trenta giorni qualora lo straniero sia cittadino di un Paese con cui l'Italia abbia sottoscritto accordi in materia di rimpatri. La nuova normativa, che migliora le condizioni e le garanzie degli stranieri trattenuti nei CPR, prevede inoltre che, in casi di insufficiente disponibilità nei CPR, avranno la priorità coloro che sono considerati una minaccia per l'ordine e la sicurezza pubblica o che sono stati condannati, seppur con sentenza non definitiva, per reati specifici.

Ulteriore modifica degna di menzione è la eliminazione del divieto di iscrizione all'anagrafe dei comuni di domicilio per i richiedenti asilo. Si ricordi in tal sede che la Corte costituzionale, con sentenza del 31 luglio 2020, n. 186, era già intervenuta dichiarando l'incostituzionalità della normativa prevista dal Decreto Sicurezza in materia di esclusione dei richiedenti asilo dall'iscrizione anagrafica (si veda sopra, il riferimento all'art. 13 del d.l. 113/2018). Secondo la Corte, la norma, privando i richiedenti asilo del riconoscimento giuridico della loro condizione di residenti, incideva *"irragionevolmente sulla «pari dignità sociale», riconosciuta dall'art. 3 Cost. alla persona in quanto tale, a prescindere dal suo status e dal grado di stabilità della sua permanenza regolare nel territorio italiano"*. Sebbene la norma in esame garantisse comunque l'accesso ai servizi attraverso la titolarità del permesso di soggiorno con riferimento al domicilio eletto in sede di presentazione della domanda di asilo effettuata presso la questura, secondo la Corte il diniego di iscrizione anagrafica presenterebbe ugualmente effetti pregiudizievoli per i richiedenti asilo quanto all'accesso ai servizi poiché *"non si può negare che la previsione della fornitura dei servizi nel luogo di domicilio, anziché in quello di residenza (art. 13, 1° comma, lett. b), n. 1, del d.l. 113/2018), rende, quantomeno, ingiustificatamente più difficile l'accesso ai servizi stessi, non fosse altro che per gli ostacoli di ordine pratico e burocratico connessi alle modalità di richiesta dell'erogazione – che fanno quasi sempre riferimento alla residenza e alla sua certificazione a mezzo dell'anagrafe – e per la stessa difficoltà di individuare il luogo di domicilio, a fronte della certezza offerta invece dal dato formale della residenza anagrafica"*.

Meritevoli di menzione sono poi le modifiche che riguardano i termini massimi di risposta alla richiesta di cittadinanza italiana. Con la modifica dell'art. 9-*ter* della legge 91/1992, i termini di risposta alle richieste di cittadinanza sono dimezzati da 4 a 2 anni, prorogabili fino a 36 mesi (e non a 48 mesi, come prevedeva il Decreto Sicurezza).

Per concludere, è utile segnalare come il nuovo decreto intervenga anche sui divieti e i limiti di navigazione delle ONG per il soccorso in mare, sebbene in maniera limitata.

A seguito del Decreto Sicurezza-*bis*, l'Organizzazione delle Nazioni Unite, attraverso **l'Ufficio del Commissario per i Diritti Umani di Ginevra, aveva inviato una lettera al ministro degli Esteri italiano**, in cui si parlava di "fondate ragioni" per ritenere che le direttive del Governo italiano su migranti e Organizzazioni Non Governative (le ONG) potessero costituire una "grave violazione delle convenzioni internazionali" sui Diritti dell'uomo e la protezione dei migranti e rifugiati. Nella lettera, che riportava le considerazioni dello staff di Relatori sui Diritti umani, la Xenofobia e le Migrazioni, tra i punti più criticati vi era il varo delle multe per chi salva migranti. Veniva, inoltre, messa in discussione la capacità dell'Italia di rispettare le Convenzioni internazionali, di cui è firmataria e non di rado è stata promotrice. Uniche parole di apprezzamento erano riservate alle forze navali italiane per il loro impegno nei salvataggi. Ma a causa della mancanza di indicazioni governative per favorire i soccorsi, il ruolo delle ONG diventava "essenziale per salvare vite umane".
Oggi il Decreto Lamorgese ha abrogato il comma 1-*ter* dell'art. 11 (che, ricordiamo, assegnava al ministro dell'interno il potere limitare o vietare l'ingresso, il transito o la sosta di navi nel mare territoriale). In base all'attuale disciplina, per motivi di ordine e sicurezza pubblica o di violazione delle norme sul traffico di migranti via mare, il provvedimento di divieto di transito e sosta di navi nel mare territoriale dev'essere adottato, su proposta del ministro dell'interno, di concerto con il ministro della difesa e con il ministro delle infrastrutture, previa informazione al Presidente del Consiglio. Ciononostante, tale disciplina di divieto non si applica nei casi di operazioni di soccorso, quando vi sia stata la comunicazione immediata al centro di coordinamento e allo Stato di bandiera.
Il decreto ha altresì abrogato i commi 6-*bis*, 6-*ter* e 6-*quater* dell'art. 12 (che introducevano ingenti sanzioni amministrative, nonché la confisca delle navi, in caso di violazione dei divieti di cui all'art. 11, comma 1-*ter*). Malgrado ciò, vengono confermate le sanzioni penali previste dal Codice della Navigazione così come la possibilità di incorrere in una multa da 10.000 a 50.000 euro.

A proposito dei Patti internazionali sottoscritti dall'Italia è appena il caso di ricordare la c.d. Convenzione di Dublino, costantemente evocata nel dibattito in materia di immigrazione.

Si tratta del primo Trattato, firmato nel 1997 dagli allora dodici membri della Comunità europea, con cui si definiscono criteri e meccanismi comuni per disciplinare l'accoglimento delle domande di protezione internazionale presentate da un richiedente asilo o da chi chiede il riconoscimento dello status di rifugiato. È stato sostituito nel 2003 dal reg. "Dublino II" che ha portato la materia nell'ambito delle competenze dell'UE, e poi da "Dublino III" nel giugno 2013 (→ § X.4).

Il principio chiave è dettato dall'art. 13 in cui si prevede che, quando sia accertato che il richiedente asilo proveniente da un paese terzo abbia varcato illegalmente, per via terrestre, marittima o aerea, la frontiera di uno Stato membro, lo Stato membro in questione è competente per l'esame della domanda di protezione internazionale.

In altre parole, secondo il Trattato nella sua attuale redazione, è sempre il Paese di primo sbarco a essere responsabile a dover garantire l'asilo dei richiedenti. E ciò con l'obiettivo di impedire ai richiedenti di presentare più domande in diversi Stati membri e di ridurre il numero di quelli "in transito", trasportati da uno Stato all'altro.

Come è evidente, questo meccanismo provoca una forte pressione sui Paesi di confine, sempre meno capaci e disposti a offrire sostegno e protezione ai richiedenti asilo, e allo stesso tempo pregiudica il diritto di questi ultimi a ricevere un trattamento equo, vedendo la propria richiesta presa adeguatamente in considerazione.

Per queste ragioni, si sta facendo strada in modo sempre più consistente l'idea di modificare il Trattato, ormai ritenuto da tutti come strumento datato e poco efficace nella gestione del fenomeno migratorio, introducendo un meccanismo di redistribuzione equa dei richiedenti asilo tra tutti i Paesi firmatari. Con quest'intenzione, la Commissione Europea ha presentato il 23 settembre del 2020 il Nuovo Patto sulla migrazione e sull'asilo (COM(2020)609). Il pacchetto proposto nella comunicazione prevede, in concreto, nuove procedure per stabilire rapidamente lo status all'arrivo; un quadro comune per la solidarietà e la condivisione della responsabilità; e un cambiamento di paradigma nella cooperazione con i Paesi terzi. A tal proposito, sono state previste cinque proposte di regolamento:

– (COM(2020)610) relativo alla gestione della migrazione e l'asilo. Si propone la modifica parziale del regime Dublino e l'istituzione di un sistema di solidarietà nei confronti degli Stati membri esposti ai flussi, contemplando misure di sostegno per affrontare la situazione specifica degli sbarchi che fanno seguito ad operazioni di ricerca e soccorso in mare;

– (COM(2020)611) volto a stabilire una procedura comune e semplificata di protezione internazionale nell'Unione, che sostituisca le procedure divergenti esistenti negli Stati membri e sia applicabile a tutte le domande presentate negli Stati membri;

– (COM(2020)612) che propone l'introduzione di accertamenti nei confronti dei cittadini di paesi terzi alle frontiere esterne;

– (COM(2020)613) concernente le situazioni di crisi e di forza maggiore nel settore della migrazione e dell'asilo;

– (COM(2020)614) che mira a trasformare l'Eurodac (banca dati per il confronto delle impronte digitali di richiedenti asilo e migranti impiegata alle frontiere esterne) in una banca dati comune europea a sostegno delle politiche dell'UE in materia di asilo, reinsediamento e migrazione irregolare.

XIV. IL SISTEMA DELLE RESPONSABILITÀ

1. La responsabilità civile

Per concludere l'esame del sistema delle prestazioni sanitarie e socio-assistenziali, nonché delle relative garanzie, è necessario trattare il tema delle responsabilità, partendo da alcuni concetti generalissimi.

Intanto, è bene ricordare come, nella nostra lingua, il termine abbia una doppia semantica. "Essere responsabile" significa allo stesso tempo "avere il dovere (anche morale), il compito, la funzione, l'obbligo" di fare qualcosa, e "il dover rispondere di un determinato comportamento".

Dunque, investitura e imputabilità. Questa duplice coniugazione del termine è ripresa anche in ambito giuridico per il quale si impongono, però, alcune precisazioni.

Si può iniziare dicendo che ad essere responsabili, nelle due accezioni, possono essere *una o più persone, fisiche o giuridiche* (→ § I.6) (vedi in seguito l'individuazione più restrittiva della responsabilità penale).

La responsabilità intesa in senso "attivo", come investitura, nella prospettiva del diritto pubblico di cui tratta questo volume, coincide sostanzialmente con la "competenza" (→ § VIII.2), ovvero con la titolarità di una o più attività legislative, giurisdizionali o amministrative (e in questo caso, alternativamente, lo svolgimento di determinate funzioni o l'erogazione di certe prestazioni).

Più complesso il discorso sulla responsabilità in senso "passivo", come imputabilità, ed è di questo profilo che si occuperà d'ora in poi il presente capitolo.

Da una parte è evidente la correlazione con la competenza e quindi con il dover rispondere del mancato o dell'erroneo assolvimento di una funzione, di un adempimento, di un dovere, di un obbligo che l'ordinamento (le norme, o anche un contratto) ricollega alla posizione ricoperta.

✓ DEONTOLOGIA PROFESSIONALE E RESPONSABILITÀ

Lo svolgimento di determinate professioni, tutelate e disciplinate da ordini professionali (come molte in ambito sanitario), si ricollega anche a forme di responsabilità che esorbitano la sfera del "giuridico" e stigmatizzano comportamenti ritenuti, dagli stessi ordini, eticamente impropri.
In sostanza in questi casi, così delicati, il legislatore rinuncia a intervenire con norme vere e proprie, e rimette alla comunità stessa dei professionisti la determinazione dei limiti della correttezza professionale e la sanzione delle loro violazioni in forma specifica (si va dall'ammonizione e la sospensione temporanea fino alla radiazione dall'albo professionale).
In campo sanitario, forse per la sua importanza e la delicatezza delle relazioni, le origini di questo fenomeno risalgono al XIX secolo, ai cosiddetti "Galatei dei medici e degli ammalati". Oggi esistono

in quest'ambito **codici deontologici** differenziati per categoria (medici chirurghi, infermieri, ostetrici, tecnici sanitari ecc.), frequentemente aggiornati e rivisti per tenere il passo con l'evoluzione delle norme, della conoscenza e delle tecniche delle diverse professioni.

Le ipotesi di responsabilità "qualificate", dipendenti dalla competenza, non esauriscono però il novero delle responsabilità "passive", che è ben più ampio e attiene le persone fisiche e giuridiche (enti pubblici e privati) semplicemente quali soggetti dell'ordinamento, senza il bisogno di alcuna ulteriore qualificazione o ruolo.

A seconda della fattispecie, ci si può trovare quindi nella condizione di rispondere verso soggetti anche molto diversi tra loro – la controparte di un contratto, gli utenti, i cittadini o anche la "giustizia" – e quindi il novero delle possibili relazioni tra coloro che "devono" e coloro ai quali "è dovuto" è amplissimo e attentamente disciplinato dal diritto (si pensi alla diversa configurazione della responsabilità di chi si impegna per contratto a una certa obbligazione, della politica verso i cittadini o di un lavoratore dipendente verso il proprio datore di lavoro; e ancora al dovere dei genitori di educare i propri figli o al dovere di contribuzione fiscale e alle specifiche responsabilità che derivano dalla loro violazioni).

Ciò dipende dal fatto che la responsabilità "passiva" viene a manifestarsi quando si voglia assicurare la preservazione di beni tra loro anche diversissimi (si va dal diritto alla vita o all'integrità psicofisica delle persone alla correttezza nell'uso delle risorse pubbliche) che l'ordinamento riconosce e tutela con forme e sistemi di giustizia differenti.

È però importante sottolineare come il diritto non distingua le diverse forme di responsabilità civile, penale e amministrativa in ragione del bene tutelato e leso, o del comportamento lesivo (elementi che pure contribuiscono a una valutazione di quanto avvenuto), quanto piuttosto in ragione del *tipo di sanzioni* che ne discendono. In altri termini, il medesimo comportamento può dar vita a diverse forme di responsabilità, le quali rimangono ben distinguibili soltanto in funzione delle conseguenze negative che ne derivano (si pensi in questo senso a un incidente stradale in cui un mezzo pubblico abbia causato lesioni significative a un altro veicolo o a un pedone: allo stesso tempo, con la medesima azione, si è causato un danno economico risarcibile in sede civile, si è tenuto un comportamento penalmente rilevante, e si è dato origine a forme di responsabilità amministrativa tra l'autista e l'ente per cui lavora – in una relazione che descriveremo tra breve).

È quindi molto importante, alla luce di tutte queste variabili (bene tutelato, natura dei soggetti che devono e di quelli ai quali è dovuto qualcosa – e quindi della loro relazione, azione od omissione, possibili sanzioni) approfondire meglio, anche se brevemente, la distinzione tra le diverse forme di responsabilità giuridica rilevanti ai fini della nostra trattazione (e quindi lasciando da parte altre possibili coniugazioni, quali quella politica, o internazionale).

La **responsabilità civile** è la responsabilità di uno o più soggetti, di natura pubblica o privata, che insorge:

– per l'adempimento mancato, tardivo o inesatto di una obbligazione preesistente nei confronti di uno o più creditori: è la **responsabilità contrattuale**, di cui agli artt. 1218 ss. cod. civ.;

– per aver arrecato ad altri (uno o molti) un danno ingiusto, cioè una lesione a un "bene della vita", e ciò sia nel caso in cui gli effetti dannosi siano voluti (**dolo**), oppure dovuti a negligenza, imprudenza, imperizia (**colpa generica**) o inosservanza di leggi, regolamenti, ordini o discipline (**colpa specifica**), purché vi sia un "nesso di causalità" tra l'azione o l'omissione del danneggiante e il danno ingiusto arrecato. Si tratta della **responsabilità extracontrattuale**, disciplinata dall'art. 2043 cod. civ., che in sostanza rappresenta la coniugazione in sede civile del generalissimo principio dell'obbligo di "non ledere alcuno". In questo senso, la responsabilità extracontrattuale costituisce anche il riflesso, in sede civile, degli illeciti penali.

In quest'ambito si deve poi distinguere tra **responsabilità diretta e indiretta** (o *oggettiva*), a seconda che l'illecito sia causato dal soggetto stesso oppure da altri di cui è tenuto giuridicamente a rispondere (incapaci; figli minori; soggetti sotto tutela; animali; cose in custodia). Nel caso della responsabilità indiretta, risulta irrilevante il dolo o la colpa del responsabile, che piuttosto è chiamato a rispondere per mancata vigilanza.

A questo riguardo si deve però segnalare il caso della **responsabilità dell'assistente sociale,** che si configura soltanto se l'affidamento dell'assistito (minore, anziano) abbia come contenuto specifico la custodia o la sua diretta sorveglianza, e sia ravvisabile un comportamento colpevolmente inadeguato.

Un caso particolare di questo *genus* è quello delle attività ritenute pericolose (art. 2050 cod. civ.) per le quali, nel nostro ordinamento, vige una presunzione di responsabilità a carico dell'esercente l'attività stessa.

Di fatto, l'unica sanzione che discende dalle diverse forme della responsabilità civile è, sempre e comunque, quella del **risarcimento del danno**, il cui calcolo è di base la somma del danno emergente (l'effettivo danno patrimoniale) e del lucro cessante (le mancate occasioni di guadagno dovute al mancato adempimento, o al fatto ingiustamente lesivo), ma può arrivare oggi a includere anche altre forme come il danno biologico (→ § XII.1).

In riferimento alla **responsabilità in ambito sanitario**, quanto abbiamo appena descritto in termini generali conosce rilevanti specificità. Iniziamo con alcuni profili trasversali e di prima puntualizzazione.

Innanzitutto si deve ricordare come, nei casi di un rapporto contrattuale del tutto "privato" e diretto tra un operatore sanitario (medico e non) e un paziente, l'obbligazione sia caratterizzata dall'*intuitus personae*, essendo determinante per l'adesione al contratto da parte del paziente il prestigio del professionista, o la fiducia che in questi egli ripone. Di conseguenza, in questa ipotesi, all'adempimento è tenuto solo e soltanto il professionista con cui si è determinata l'obbligazione, e non altri. Diversamente, nel caso di operatori della sanità pubblica, questo profilo conosce tutti i limiti già ricordati rispetto alla non esistenza di un vero e proprio "dovere di fedeltà".

In secondo luogo, è bene precisare come la **responsabilità contrattuale dei professionisti**, sanitari e non, sia per obbligazioni "di mezzi" e non "di risultato". Con ciò si intende che il professionista per parte sua adempie facendo tutto ciò che sa e che può per dare soddisfazione al paziente, ma senza poter garantire l'esito finale (ad es.: la piena guarigione), a meno che non si tratti dello svolgimento di mere operazioni (un prelievo di sangue), o di prestazioni connotate dalla quasi automaticità di un risultato positivo (un intervento di tonsillectomia).

I problemi che maggiormente si sono discussi e su cui anche la giurisprudenza si è più frequentemente impegnata attengono però alla natura contrattuale o extracontrattuale della responsabilità civile in questo ambito.

Le soluzioni infatti sono state le più diverse, e si sono basate non solo sulla diversa natura (pubblica, privata, privata convenzionata o accreditata) del soggetto erogatore, ma anche distinguendo le diverse forme di relazione che possono intercorrere tra pazienti e strutture sanitarie; pazienti e operatori sanitari; operatori sanitari e strutture sanitarie.

In questo senso, mentre sembra naturalmente rientrare nell'alveo della *responsabilità contrattuale* la relazione liberamente e privatamente instaurata dal *paziente con un medico o con una struttura privata*, l'interpretazione si fa più complessa di fronte al rapporto di questi con il *servizio sanitario pubblico*, per le ragioni che abbiamo a lungo descritto nelle pagine precedenti (→ § XII.6).

Di fatto le strutture pubbliche sono rimaste a lungo protette dietro l'incerta qualificazione delle pretese dei pazienti a fronte di una prestazione resa in regime di servizio pubblico considerata, in una prima fase, alla stregua dell'attività discrezionale dell'amministrazione (→ § VIII.4).

A questa posizione ne seguì un'altra che, basandosi sul modello di responsabilità civile solidale tra amministrazione e il suo dipendente, delineato dall'art. 28 Cost. (vedi poi), riconobbe a carico di entrambi la medesima obbligazione, lasciando il paziente davanti alla scelta di ricorrere verso l'una o l'altro, in alternativa.

Il tema trova una prima soluzione sistematica grazie al contributo della Corte di cassazione che, con più decisioni (ultima delle quali sent. Cass., sez. un., 577/2008) tenta di chiudere il lunghissimo dibattito sulla natura del diritto alla salute (→ § XII.1) e delle prestazioni rese anche in regime di servizio pubblico affermando la natura contrattuale della responsabilità civile sia delle strutture sanitarie, pubbliche o private, sia dei medici che concretamente erogano le prestazioni.

Infatti, secondo la Corte, per quanto concerne la responsabilità nei confronti del paziente è irrilevante che il soggetto erogatore sia "*una casa di cura privata o di un ospedale pubblico in quanto sostanzialmente equivalenti sono a livello normativo gli obblighi dei due tipi di strutture verso il fruitore dei servizi, e anche nella giurisprudenza si riscontra una equiparazione completa della struttura privata a quella pubblica quanto al regime della responsabilità civile anche in considerazione del fatto che si tratta di violazioni che incidono sul bene della salute, tutelato quale diritto fondamentale dalla Costituzione, senza possibilità di limitazioni di responsabilità o differenze risarcitorie a seconda della diversa natura, pubblica o privata*" del soggetto erogante (così Cass., sent. 4058/2005).

La decisione in questione rappresenta un punto di svolta, arrivando ad affermare (sulla scorta di decisioni analoghe quali Cass., sentt. 1698/2006; 9085/2006; 10297/2004; 3492/2002) che "*l'accettazione del paziente in ospedale, ai fini del ricovero o di una visita ambulatoriale, comporta la conclusione di un vero e proprio* ***contratto, cosiddetto di 'spedalità'****, mentre da parte sua il medico dipendente dalla struttura sanitaria instaura con il paziente una relazione che, pur se non fondata su 'un contratto', ma sul 'contatto* *sociale', ha natura contrattuale*" (e ciò in base a precedenti significativi come quelli di cui alle sentt. Cass. 19564/2004; 11488/ 2004).

Si veniva così a superare, in uno stesso momento, non solo l'idea di una relazione di natura amministrativa tra struttura sanitaria pubblica e utente, ma anche l'applicazione analogica al rapporto paziente-struttura delle norme in materia di contratto di prestazione d'opera intellettuale vigenti nella relazione medico-paziente, da cui originava la responsabilità civile.

Ne conseguiva l'apertura a un sistema di responsabilità autonome dell'ente e dei singoli operatori che distingueva:

– l'inadempimento di obbligazioni direttamente riferibili alla struttura, e cioè di un insieme di prestazioni assai articolate, definite di "assistenza sanitaria", che comprende, oltre alla prestazione medica principale, una serie di obblighi di protezione e accessori riferibili anche al personale non medico;
– la responsabilità contrattuale del professionista, che si configurava diversamente nell'ipotesi di rapporto proprio tra medico e paziente come contratto specifico intercorso tra i due, e nell'ipotesi di rapporto tra medico e paziente originato in presenza di un "**contratto di spedalità**" presso una struttura sanitaria, quale obbligazione discendente dal contatto sociale.

Sul fronte poi dell'esattezza e della consistenza dell'adempimento, si affermava (Cass., sent. 9471/2004) che sia per la struttura che per l'operatore sanitario doveva valere un impegno a conseguire il "risultato dovuto", da intendersi quale quello conseguibile secondo "criteri di normalità", da apprezzarsi, per la struttura, in relazione alla sua capacità tecnico-organizzativa, e per l'operatore sanitario, in considerazione della sua abilità tecnica e delle condizioni oggettive del paziente.

La progressiva affermazione di questo modello fondato sulla responsabilità per inadempimento contrattuale non è però mai riuscita a chiudere del tutto la discussione rispetto all'incidenza, su queste stesse fattispecie, della **responsabilità extracontrattuale**.

Il principio del *neminem laedere* ha nell'ambito inerente alla salute una assoluta rilevanza, essendo questa l'ipotesi in cui ricadono tutti i casi in cui un soggetto procuri ad altri, dolosamente o colposamente, una lesione allo stato psico-fisico (si pensi non solo agli esiti negativi di una prestazione sanitaria, ma anche, semplicemente, a una colluttazione fra persone, o ai danni derivanti da un incidente stradale).

L'ambito delle ipotesi di sua applicazione si è allargato ulteriormente in forza della sentenza della Corte di cassazione, sez. un., 500/1999 con la quale, grazie a una interpretazione più ampia del concetto di "danno ingiusto", la responsabilità extracontrattuale si è estesa (pur con molte cautele) anche ai casi di violazione di un *interesse legittimo* (→ § VIII.6.4). In tal modo l'amministrazione pubblica si è trovata a rispondere di comportamenti e scelte in precedenza mai ritenute rilevanti in sede civile (si pensi a tutti i casi di decisione discrezionale da parte dell'amministrazione inerente alla posizione dell'assistito del SSN, diverse da quelle direttamente ricadenti sul suo stato di salute).

Amplissimo è stato (e continua a essere) il dibattito sulla configurazione in ambito sanitario degli elementi che danno vita alla responsabilità extracontrattuale. Pur non potendo in queste pagine dar conto compiutamente di questa lunga e complessa elaborazione, dobbiamo ricordare come a essere messi in discussione siano stati soprattutto l'elemento soggettivo della colpa medica (essendo in questi casi normalmente esclusa l'ipotesi dolosa, e cioè della volontà di un danno al paziente) e il nesso di causalità che intercorre tra questa, l'evento dannoso e il verificarsi di un danno ingiusto.

✓ BREVE STORIA DELLA COLPA MEDICA (FINO AL 2017)

La colpa medica deve essere sempre e comunque intesa quale colpa professionale (di cui all'art. 1176.2 cod. civ.), essendo richiesta al professionista sanitario l'osservanza non della ordinaria diligenza dell'uomo qualunque (il *bonus pater familias*), ma quella ben più penetrante che discende dalla natura e dalle caratteristiche della sua specifica attività e del grado di capacità decisionale autonoma che egli detiene in seno all'organizzazione. Si è inoltre lungamente discusso dell'applicabilità in ambito medico dell'art. 2236 cod. civ., il quale prevede che, per la determinazione della **responsabilità del prestatore d'opera**, a fronte di problemi tecnici di particolare difficoltà, siano rilevanti soltanto il *dolo* o la *colpa grave*, quando cioè il comportamento sia stato particolarmente grossolano. Questo criterio si traduce, per i professionisti della sanità, nella mancanza della perizia necessaria per eseguire un compito di non speciale complessità, e allo stesso tempo esonera l'operatore dal rispondere quando si sia trovato a intervenire, senza successo, in casi particolarmente complessi e delicati. Questa delimitazione, come vedremo, ha avuto molta e alterna fortuna in giurisprudenza e anche nella legislazione più recente.
Resta comunque il problema della non facile determinazione del grado di difficoltà delle singole prestazioni, e quindi la questione relativa ai criteri da adottare per definire l'esattezza nell'esecuzione delle stesse. A questo proposito la giurisprudenza si è dimostrata incerta, giungendo in passato per un verso a stabilire che la presunzione di inadeguata o negligente esecuzione della prestazione professionale del medico nel caso di intervento chirurgico di facile esecuzione sussista anche solo in base alla constatazione dell'effettivo peggioramento delle condizioni di salute del paziente (Cass. civ., sez. III, sent. 6141/78) e, per l'altro, ad affermare che l'elevato tasso di esiti negativi di un determinato intervento non possa portare automaticamente a considerare la relativa pratica sanitaria come "particolarmente difficile", poiché la diligenza professionale potrebbe venir misurata in relazione alla patologia su cui si interviene piuttosto che sulle modalità di intervento (Cass. civ., sez. III, sent. 10297/04).
Affinché si possa parlare di colpa grave del sanitario non è però necessario arrivare a ipotizzare comportamenti straordinariamente erronei, o che rivelino superficialità o addirittura disinteresse per il bene primario della salute, ma è sufficiente che chi ha causato l'evento dannoso abbia agito (od omesso di agire) al di sotto del livello minimo e ordinario tenuto da chi svolge quella medesima attività. In questo senso acquista valore e diviene vero e proprio criterio distintivo la qualificazione professionale dell'agente, dovendo la colpa grave essere valutata con maggior rigore per coloro che rivestano funzioni più elevate.
Sempre ragionando di questi temi, e nell'intento di determinare i confini del profilo soggettivo, si è arrivati ad affermare che integrasse gli estremi della colpa grave anche un *comportamento contrario a semplici regole deontologiche*. Hanno poi iniziato ad acquisire un rilievo crescente in un primo momento le informazioni scientifiche, statistiche ed epidemiologiche e poi, come meglio vedremo oltre, *le raccomandazioni messe a punto dalle linee guida* e *dalle buone pratiche professionali* che potessero offrire agli organi di giustizia un parametro quanto più possibile oggettivo e condiviso di valutazione dell'operato del professionista sanitario.

Di grande importanza è poi sottolineare come, nel corso del tempo, in questa materia si siano immaginate diverse *forme di interazione e coesistenza tra la responsabilità extracontrattuale e quella più propriamente contrattuale* per il medesimo danno conseguente a prestazioni sanitarie.

In un primo tempo si era ipotizzato che, a fronte di una relazione di natura obbligatoria tra struttura e paziente, a carico del medico (che restava sullo sfondo come valutatore della salute del paziente e regista delle prestazioni a lui somministrate) residuasse una responsabilità di natura extracontrattuale nei casi con esiti più gravi.

In un secondo tempo invece, ragionando sull'estensione della responsabilità contrattuale individuale anche alla amministrazione sanitaria (in base all'art. 28 Cost.), in giurisprudenza si registrò il tentativo di sommare in capo all'operatore sanitario entrambe le forme di responsabilità civile, argomentando che gli eventuali effetti peggiorativi per la salute del paziente fossero comunque da sanzionare come violazioni del principio del "non far male a nessuno", a prescindere da qualsiasi considerazione sull'adempimento degli obblighi contrattuali.

Più di recente, pur essendo oramai largamente ammessa la possibilità che le due forme della responsabilità civile possano coesistere in relazione a un medesimo fatto, alcune decisioni in materia sembravano progressivamente voler abbandonare questa ipotesi come "ordinaria", pur permanendo in capo al danneggiato la possibilità di valutare se agire su entrambi i fronti in ragione delle effettive conseguenze della prestazione sanitaria.

Sulla materia è intervenuto una prima volta il legislatore il quale, con la legge 189/2012, nell'intento di limitare il fenomeno della c.d. "**medicina difensiva**" (e cioè della crescita indiscriminata nella prescrizione di analisi e prestazioni preventive da parte degli operatori sanitari) all'art. 3.1 aveva affermato che "*l'esercente la professione sanitaria che nello svolgimento della propria attività si attiene a linee guida e buone pratiche accreditate dalla comunità scientifica non risponde penalmente per colpa lieve*". Il consolidamento in legge, per la prima volta, di questa limitazione aveva però un limite nella disposizione di cui al 2° comma, che confermava espressamente la permanenza, per i medesimi casi, dei profili di ***responsabilità extracontrattuale*** **ex** ***art. 2043 cod. civ.***, e imponeva al giudice di tenere in debito conto, nella determinazione del danno, la condotta tenuta dal sanitario.

Come era facile prevedere, questa disposizione, anche per la sua incerta formulazione, ha suscitato un dibattito molto acceso tra i commentatori, arrivando a mettere in discussione la natura stessa delle relazioni che intercorrono tra la struttura sanitaria, i professionisti che vi operano e i pazienti.

Visti gli insoddisfacenti risultati il Parlamento è tornato sul tema con la legge 24/2017 ("*Disposizioni in materia di sicurezza delle cure e della persona assistita, nonché in materia di responsabilità professionale degli esercenti le professioni sanitarie*").

Qui l'obiettivo diventa ancora più ambizioso: si tenta infatti non solo di rafforzare il contrasto alla medicina difensiva, ma anche di dare risposta alla imponente mole del contenzioso in materia sanitaria che grava sui tribunali italiani e fa lievitare il *costo delle assicurazioni per professionisti e strutture sanitarie*, senza trascurare le garanzie per il cittadino di essere risarciti in tempi brevi e certi.

Per giungere a questi risultati si agisce su tre profili: da una parte si introduce un rafforzato sistema di gestione e prevenzione del rischio clinico e si impongono alle strutture regole per una maggiore trasparenza (→ § V.4); in secondo luogo si introduce un regime differenziato in tema di responsabilità civile per le strutture sanitarie e per chi esercita le professioni sanitarie; e infine si fissano termini più favorevoli per la responsabilità penale di questi ultimi, come poi si dirà.

✓ IL "DOPPIO BINARIO" DELLA RESPONSABILITÀ

Rispetto alla responsabilità civile il legislatore interviene definendo espressamente per la prima volta il "doppio binario", e cioè un *regime distinto e parallelo di responsabilità tra le strutture sanitarie e gli operatori della sanità*.

L'art. 7, con norme che (5° comma) definisce "imperative" (e cioè non modificabili per volontà delle parti), prevede infatti:

– la *responsabilità contrattuale a carico della struttura sanitaria o sociosanitaria pubblica o privata* (1° comma) che, con l'accettazione del paziente, ha con questi concluso un vero e proprio contratto, nominato e non atipico, il **contratto di spedalità**. L'estensione di questa forma di responsabilità è amplissima: la stessa norma precisa infatti che si applica anche ai casi in cui per la prestazione ci si sia avvalsi dell'opera di esercenti la professione sanitaria scelti dal paziente e non dipendenti della struttura stessa. O, ancora, alle prestazioni sanitarie svolte in regime di libera professione intramuraria, a quelle svolte in convenzione con il Servizio sanitario nazionale, oppure nell'ambito di attività di sperimentazione e di ricerca clinica o attraverso la telemedicina;

– la *responsabilità extra-contrattuale per l'esercente la professione sanitaria* a qualunque titolo operante in una struttura sanitaria e sociosanitaria pubblica o privata, con l'unica eccezione del caso in cui questi abbia agito nell'adempimento di *obbligazione contrattuale* assunta direttamente con il paziente (2° comma). In questo caso la *responsabilità ovviamente contrattuale dell'operatore concorre con quella della struttura sanitaria*.

Il vantaggio per gli operatori sanitari rispetto al passato è evidente. Infatti, non solo la responsabilità extracontrattuale prescrive in cinque anni, mentre il termine per quella contrattuale è decennale, ma in questo modo è sul paziente che viene a gravare l'onere di provare il dolo o la colpa dell'esercente la professione sanitaria, secondo quei criteri che, come abbiamo appena visto, non sono quasi mai di facile determinazione.

Non solo: la norma precisa ancora (3° comma) che nella *determinazione del danno* il giudice deve tenere conto della condotta del sanitario in rapporto all'osservanza delle *linee guida*.

✓ LA COLPA MEDICA OGGI: RUOLO E LIMITI DELLE LINEE GUIDA

Dopo il richiamo pur significativo nella legge 189/2012, le **linee guida** sembrano così diventare il vero parametro di valutazione e misurazione della responsabilità del sanitario (→ § XII.7✓). La recente legge 24/2017 (c.d. Gelli-Bianco), recante "Disposizioni in materia di sicurezza delle cure e della persona assistita, nonché in materia di responsabilità professionale degli esercenti le professioni sanitarie" all'art. 5 afferma che "*gli esercenti le professioni sanitarie, nell'esecuzione delle prestazioni sanitarie con finalità preventive, diagnostiche, terapeutiche, palliative, riabilitative e di medicina legale, si attengono, salve le specificità del caso concreto, alle raccomandazioni previste dalle linee guida*". Esse sono elaborate e aggiornate da enti e istituzioni pubblici e privati, dalle società scientifiche e dalle associazioni tecnico-scientifiche delle professioni sanitarie iscritte in un elenco istituito e regolamentato dal ministro della salute. È cura dello stesso ministro definire anche i compiti e le funzioni del **Sistema nazionale per le linee guida (SNLG)**, una banca dati on-line tenuta dall'Istituto Superiore di Sanità in cui devono confluire le diverse raccomandazioni di comportamento clinico, previa verifica della conformità della metodologia adottata a standard definiti e resi pubblici dallo stesso Istituto, nonché della rilevanza delle evidenze scientifiche dichiarate a supporto delle raccomandazioni.

Di questo metodo, che tende a standardizzare il comportamento degli operatori sanitari e a oggetti-

varne la valutazione, è bene evidenziare anche i limiti, che si rivelano in tutta chiarezza nell'imprevedibilità degli interventi che la pratica quotidiana rivela. È lo stesso art. 5 a diventare sfumato e generico a questo riguardo, con due indicazioni che aprono a una necessaria flessibilità, consegnando agli operatori sanitari margini più ampi di scelta e intervento.
In primo luogo, la disposizione introduce un'ampia eccezione alla regola generale quando prevede che l'obbligo di osservanza delle linee guida trovi applicazione fatte *"salve le specificità del caso concreto"*. In secondo luogo si afferma che, in mancanza delle "raccomandazioni" previste, gli esercenti le professioni sanitarie si debbano attenere alle *"buone pratiche clinico-assistenziali"*, ovvero alle procedure messe a punto dai professionisti e basate sull'esperienza e sulla specificità del contesto.
Su questi profili, già in passato, si era registrata la chiara opinione delle più alte magistrature che, fino a oggi, hanno sostenuto un'interpretazione "aperta" e decisamente in favore della capacità decisionale dell'operatore sanitario. Da ultima, la Corte cost., sent. 151/2009, (che a sua volta richiama le precedenti decisioni 388/2003 e 282/2002) afferma con chiarezza che *"in materia di pratica terapeutica, la regola di fondo deve essere la autonomia e la responsabilità del medico che, con il consenso del paziente, opera le necessarie scelte professionali"*.
Sulla base di queste considerazioni, la Cassazione penale (sez. IV, sent. 35922/2012) arriva ad affermare che *"le linee guida e i protocolli, proprio in ragione delle peculiarità della attività del medico, che sfugge a regole rigorose e predeterminate, non possono assumere il rango di fonti di regole cautelari codificate"*. L'atteggiamento dei giudici non pare cambiato dopo la riforma che presenta "alti dubbi interpretativi" e "disarticolante contraddittorietà" (Cass., IV sez. pen., sent. 28187/2017). Nel merito i giudici della Suprema Corte arrivano a dire che l'osservanza pedissequa delle linee guida, le quali hanno contenuti di mero orientamento, sarebbe in conflitto con l'art. 32 Cost., per il radicale depotenziamento della tutela della salute che ne risulterebbe.

La legge del 2017, che vorrebbe dettare regole in materia e limitare la spesa per le liti instaurate in materia sanitaria, non si ferma qui.

Nel tentativo di rendere oggettivi e predefiniti i limiti della responsabilità in campo medico (e presumibilmente più contenuti i costi), si prevede (art. 7.4) che sia per i danni a carico della struttura che per quelli a carico del sanitario la liquidazione avvenga in base alle tabelle di cui agli artt. 138 (danno biologico per lesioni di non lieve entità) e 139 (danno biologico per lesioni di lieve entità) del c.d. codice delle assicurazioni (d.lgs. 209/2005). Inoltre l'art. 8 introduce l'obbligo, per chi voglia esercitare un'azione davanti al giudice civile per risarcimento del danno derivante da responsabilità sanitaria, di avviare un *procedimento di consulenza tecnica preventiva* (cfr. l'art. 696-*bis* del cod. proc. civ.) o, in alternativa, di esperire un *tentativo di conciliazione* (cfr. l'art. 5.1-*bis*, d.lgs. 28/2010).

L'attivazione di una di queste due procedure è dunque condizione di procedibilità per l'azione risarcitoria, che però tornerà ad essere possibile se il procedimento di consulenza tecnica non si concluda entro il termine perentorio di sei mesi dal deposito del ricorso o la conciliazione abbia successo.

Si noti ancora come la partecipazione al procedimento di consulenza tecnica sia obbligatoria per tutte le parti (e quindi anche per l'esercente la professione sanitaria e le imprese di assicurazione). In caso di mancata partecipazione infatti il giudice, con il provvedimento che definisce il giudizio, condanna chi non si sia presentato al pagamento delle spese di consulenza e di lite, oltre che ad una pena pecuniaria, in favore della parte che è comparsa.

Il complesso delle tutele messo in atto dalla legge 24/2017 si chiude con la predisposizione di un articolato sistema di coperture assicurative (art. 10). In primo luogo si introduce l'**assicurazione obbligatoria** *per le strutture sanitarie e sociosanitarie pubbliche e private*, con polizze la cui estensione garantisce anche per i danni cagionati dal personale a qualunque titolo operante presso di loro (ivi compresi coloro che svolgono attività di formazione, aggiornamento, sperimentazione e ricerca clinica), per le prestazioni sanitarie svolte in regime di libera professione intramuraria, per quelle svolte in regime di convenzione con il Servizio sanitario nazionale o attraverso la telemedicina.

Le medesime strutture devono inoltre provvedere alla *copertura assicurativa degli esercenti le professioni sanitarie per i danni da questi cagionati a titolo di responsabilità di extracontrattuale*. È infine obbligatorio per tutti gli esercenti una professione sanitaria operanti in strutture sanitarie o sociosanitarie pubbliche o private provvedere alla stipula, con oneri a proprio carico, di un'adeguata polizza di assicurazione per colpa grave.

Diversamente chi esercita una professione sanitaria al di fuori di queste strutture, o presta la propria opera all'interno di esse in regime libero-professionale, o si avvale delle stesse nell'adempimento di un'obbligazione assunta direttamente con il paziente ha, a tutela del cliente, l'obbligo di stipulare personalmente un'assicurazione per i rischi derivanti dall'esercizio dell'attività professionale (legge 148/2011, art. 3.5, lett. e)).

Una serie di disposizioni ulteriori e molto rilevanti aggravano (e non di poco) il ruolo delle compagnie assicurative, dando vita a un quadro significativamente diverso dal passato. Da una parte si estendono i limiti temporali delle garanzie assicurative, prevedendo che i nuovi contratti abbiano una retroattività e un'ultrattività minime decennali (art. 11). Dall'altra si introduce, a favore del danneggiato, un'inedita modalità di *azione diretta nei confronti dell'impresa di assicurazione della struttura sanitaria e del libero professionista* (art. 12). In questo caso, l'azione di rivalsa nei confronti degli esercenti le professioni sanitarie che svolgano la loro attività in regime libero professionale spetterà direttamente all'assicurazione (con contenuti e requisiti da stabilire con decreto ministeriale).

Anche a garanzia di questa possibilità di azione diretta è previsto che *le strutture sanitarie pubblichino sul loro sito internet le informazioni riguardanti la copertura assicurativa prescelta*.

Infine, a tutela dei soggetti danneggiati, è istituito (art. 14) un **Fondo di garanzia** alimentato dal contributo annuale versato dalle stesse imprese di assicurazione autorizzate a operare in quest'ambito.

✓ RESPONSABILITÀ EXTRACONTRATTUALE E RELAZIONE CAUSA-EFFETTO

Rispetto alla *responsabilità extracontrattuale degli operatori socio-sanitari*, nel tempo si è invece discussa soprattutto la questione del **nesso causale**, cioè della complessa relazione causa-effetto che deve intercorrere tra la condotta illecita, il verificarsi del fatto lesivo di un diritto o di un interesse della persona e quindi il procurarsi di un danno ingiusto.
Questa sequenza è oramai pacificamente accolta sia dalla dottrina che dalla giurisprudenza (Cass. civ., sez. un., sent. 576/2008), che articola il nesso causale in due distinte prospettive: quella della relazione che intercorre tra la condotta illecita e la lesione dell'interesse giuridicamente tutelato (*causalità materiale*), e quella che invece si riferisce alla relazione tra quest'ultima e i danni che ne conseguono (*causalità giuridica*).

Nel primo caso si tratta di verificare, rispettivamente ai sensi degli artt. 40 e 41 cod. pen., se:
– la lesione sia stata effettivamente causata dalla condotta del soggetto imputato, tenendo conto del fatto che *"non impedire un evento che si ha l'obbligo giuridico di impedire, equivale a cagionarlo"*;
– vi sia stato il concorso di cause preesistenti o simultanee o sopravvenute, anche se indipendenti dall'azione od omissione del colpevole, sapendo che, di norma, queste non escludono "il rapporto di causalità fra l'azione od omissione e l'evento", a meno che non siano state da sole sufficienti a determinare il verificarsi di quest'ultimo. In questo caso, nella prospettiva della pratica medica si usa distinguere tra "causa" (quale antecedente in sé sufficiente, adeguato e determinante a produrre l'evento dannoso) e "concausa" (quale uno degli antecedenti causali che concorre con gli altri alla produzione dell'evento dannoso e, quindi, in sé non idonea e determinate dell'esito). Ora, se è vero che nella pratica medica ci si trova davanti con maggiore frequenza a eventi dannosi frutto di concause, è necessario, in sede di giudizio, valutare con la massima attenzione e precisione possibile il ruolo giocato da ciascuna di queste, anche attraverso il metodo del confronto comparativo fra il caso specifico e i precedenti.
Diversamente, sempre secondo la Corte di cassazione, la causalità giuridica va accertata in ragione dell'art. 2056 e dell'art. 1223 cod. civ., secondo i quali il risarcimento deve comprendere le perdite *"che siano conseguenza immediata e diretta"* del fatto lesivo.
Per determinare sia la sussistenza della responsabilità che l'entità del risarcimento, è necessario che siano presenti non solo tutti e tre gli elementi costitutivi della stessa, ma anche entrambi i nessi causali. Nei casi alla nostra attenzione, relativi all'ambito socio-sanitario, si dovrà dunque procedere in due fasi, verificando:
– in un primo momento se la lesione allo stato di salute del paziente sia effettivamente la conseguenza della azione o dell'omissione dell'operatore. In questo caso, se è pur vero che la valutazione deve essere svolta sulla base di una *"generalizzata regola di esperienza o di una legge scientifica universale o statistica"* (Cass. pen., sez. un., sent. 30328/2002) che portino a stabilire se la corretta condotta del sanitario avrebbe potuto impedire, posticipare o rendere meno grave l'evento dannoso è, però, altrettanto necessario che vi sia, al di là del dato scientifico o statistico, una valutazione del caso concreto, secondo i parametri dell'"alto o elevato grado di credibilità razionale" o della "probabilità logica";
– procedere poi, nel caso in cui sussista la causalità materiale, a una qualificazione e quantificazione delle conseguenze dannose.

Un'analisi della responsabilità extracontrattuale in relazione alla tutela della salute non può però essere limitata al (pur fondamentale e prevalente) profilo delle relazioni tra pazienti e operatori sanitari. Rivestono infatti interesse crescente anche altri casi che, per le loro peculiarità, necessitano di trattazione specifica.

Particolarmente complessa si presenta la questione relativa ai **danni alla salute conseguenti da danno ambientale**.

✓ DANNI ALLA SALUTE CONSEGUENTI DA DANNO AMBIENTALE

Dopo diversi cambiamenti, l'attuale posizione della giurisprudenza della Corte di cassazione configura il danno al bene-ambiente e la conseguente risarcibilità del danno ambientale (pur già delineato dall'art. 18 della legge 349/1986) come originato direttamente in seno alla Costituzione (artt. 2, 3, 9, 41 e 42).
Da ciò deriva una lettura dell'ambiente come bene che coinvolge "l'individuo e la collettività nel suo habitat economico, sociale e ambientale". E così (Cass. pen., sez. III, sent. 33887/2006) "il profilo della liquidazione non può non riflettere il carattere indubbiamente complesso del 'bene ambiente', in relazione al quale – com'è noto – si configurano interessi individuali, interessi collettivi e interessi pubblici. È proprio questa complessità del bene e degli interessi ambientali che da una parte

spiega la pluralità dei soggetti legittimati all'azione di risarcimento del danno e, dall'altra, offre il criterio per una corretta liquidazione del danno, che eviti patologiche duplicazioni. In altri termini, sia che si tratti di risarcimento in forma specifica, sia che si tratti di risarcimento per equivalente, il giudice dovrà commisurarlo in relazione ai profili di danno pertinenti a ogni danneggiato".
Di fatto, si viene qui a configurare un *doppio profilo di risarcibilità del danno* che, *per quanto concerne la collettività, è riconosciuta e dovuta allo Stato*, possibilmente nella forma di una restituzione della situazione alla sua conformazione originaria, mentre *per la sfera individuale si esplica secondo il modello tradizionale del danno (patrimoniale e non patrimoniale) alla salute (e non solo) della persona*.
A questo proposito sono però determinanti le decisioni delle sezioni unite della Corte di cassazione del 2008 in materia di danno non patrimoniale (sentt. 26972, 26973, 26974, 26975/2008) le quali escludono l'esistenza, nel nostro ordinamento, dell'autonoma categoria di "**danno esistenziale**", cioè di una lesione generica al libero dispiegarsi delle attività umane, alla libera esplicazione della personalità (peraltro escluso per i danni alla salute anche dalla Corte cost., sent. 233/2003).
La liquidazione deve quindi avvenire in ragione della misurazione di un danno effettivo e non meramente potenziale come riflesso sulla sfera individuale di fatti che abbiano compromesso la salubrità dell'ambiente, e consterà, oltre che dell'ammontare delle eventuali spese mediche, anche del danno biologico e delle relative sofferenze morali immediate e protratte nel tempo (Cass., sent. 36/2002 e, da ultimo, Cass. civ., 11059/2009 che vi include "il patema d'animo" delle persone coinvolte nei disastri ecologici).

Naturalmente, non tutti gli eventi dannosi per l'ambiente possono tradursi, almeno ai fini del risarcimento, in effettivi danni individuali (si pensi al fatto che, quotidianamente, ci troviamo a vivere in luoghi costantemente inquinati dalle emissioni degli autoveicoli o di determinati processi produttivi).

A tal fine si sottolinea da una parte l'esigenza di provare il danno effettuando ripetuti controlli sanitari (non necessariamente nell'immediatezza dei fatti, ma anche a diversi anni di distanza) e, dall'altra, quella di provare il *nesso causale* tra fatto lesivo e il danno stesso. In questo senso, è rilevante verificare se il fatto illecito costituisca o meno reato, in quanto "*in presenza di reato (...) anche il pregiudizio non patrimoniale consistente nel non poter fare (ma sarebbe meglio dire: nella sofferenza morale determinata dal non poter fare) è risarcibile*", mentre "*in assenza di reato, e al di fuori dei casi determinati dalla legge, pregiudizi di tipo esistenziale sono risarcibili purché conseguenti alla lesione di un diritto inviolabile della persona*".

Un'ultima serie di annotazioni riguarda poi il possibile *ruolo delle associazioni* per il risarcimento di danni ambientali che abbiano avuto ripercussioni sulla collettività.

L'art. 18.5 della legge 349/1986 prevede che "*le associazioni ... possono intervenire nei giudizi per danno ambientale e ricorrere in sede di giurisdizione amministrativa per l'annullamento di atti illegittimi*". A partire da questa disposizione, e poi in seguito all'avvicendarsi di altre norme su profili analoghi e alla previsione costituzionale del principio di sussidiarietà orizzontale, si è sollevata una lunga discussione sull'ipotesi che queste organizzazioni possano sostituirsi agli enti territoriali in caso di loro inerzia rispetto al verificarsi di minacce o veri e propri disastri ecologici.

Ora per questi casi si afferma che l'interesse diffuso da esse perseguito deve essere quello della salvaguardia di una situazione circostanziata, propria dell'associazione come suo scopo essenziale, statutariamente affermata, in modo da non riferirsi in modo solo generico (e quindi sostituirsi) a un interesse altrimenti pubblico. Per queste stesse ragioni l'associazione deve inoltre (Cass. pen., sez. III, sent. 33887/2006) risultare radicata sul territorio (anche grazie alla presenza di sedi e articolazioni locali), rappresentativa di un gruppo significativo di consociati e dare prova di continuità dell'azione e di rilevanza del contributo a difesa del territorio.

✓ RESPONSABILITÀ DEI FARMACISTI

Caratteri di specialità presenta anche il profilo della **responsabilità dei farmacisti**. Questi, non essendo abilitati alla prescrizione di farmaci, competenza esclusiva del medico, sono tenuti ad attenersi alle sue prescrizioni, pur mantenendo l'obbligo, in ipotesi particolari (sostanze velenose a dosi non medicamentose o pericolose), di chiedere al medico stesso di dichiarare per iscritto l'assunzione di responsabilità esclusiva per la somministrazione e l'uso terapeutico perseguito (come previsto dall'art. 40, r.d. 1706/1938 – Regolamento per il Servizio Farmaceutico). In questo senso si è mossa anche la Corte di cassazione, sent. 8073/2008, la quale ha poi esteso la responsabilità dei farmacisti (sent. 15734/2010) anche ai casi in cui questi non dispensino il farmaco prescritto, ma un altro pur contenente lo stesso principio attivo. Si tratta, quindi, di una responsabilità particolare, in gran parte dei casi rientrante nella fattispecie della responsabilità extracontrattuale. La gran parte della giurisprudenza in materia si fonda infatti sulla colpa del professionista, in ragione della sua **negligenza** (e quindi trascuratezza, disattenzione, svogliatezza, superficialità, – si pensi alla erronea interpretazione della prescrizione medica), della sua imprudenza (avventatezza, eccessiva precipitazione – come nei casi di indicazioni terapeutiche affrettate), nella sua imperizia (cioè la insufficiente capacità di svolgere un'attività che richiede specifiche conoscenze di regole scientifiche e tecniche dettate dalla scienza e dall'esperienza, e che si concretizza in una preparazione insufficiente che pur va collegata al differente grado di qualificazione del soggetto), o ancora nella inosservanza delle norme, anche deontologiche, in materia.
Un caso di responsabilità oggettiva è poi quello rappresentato dalla **produzione e commercializzazione dei farmaci**, attività alle quali la giurisprudenza (con pochissime eccezioni) ha applicato il regime di cui all'art. 2050 cod. civ., identificando tali attività come "pericolose" (Cass. civ., sent. 6241/1987). Così come per i prodotti alimentari, si è quindi ravvisata la negligenza dell'impresa (nell'impiego di determinate sostanze o pratiche di fabbricazione) a fronte della mancata adozione di tutte le precauzioni necessarie a garantire la piena sicurezza nell'uso del prodotto, e quindi a evitare il danno per l'assunzione del farmaco. La questione è comunque aperta, restando estremamente difficile sia definire quali siano le misure preventive idonee, sia dimostrare la loro corretta adozione.

2. LA RESPONSABILITÀ PENALE E L'ILLECITO AMMINISTRATIVO

La **responsabilità penale** è quella forma di responsabilità che discende dall'aver tenuto, dolosamente o colposamente, un comportamento commissivo od omissivo che l'ordinamento descrive e qualifica (cioè "tipicizza") come illecito.

Gli elementi costitutivi, come sarà facile constatare, sono i medesimi che abbiamo già trattato a proposito della responsabilità civile di natura extracontrattuale, la quale, in effetti si qualifica anche come responsabilità "per fatto illecito". E, quindi, se da una parte si possono applicare anche alla responsabilità penale le considerazioni svolte a proposito della colpa del professionista, o del nesso causale tra condotta, evento lesivo e danno, si devono altresì evidenziare alcune differenze.

Intanto è bene chiarire che non c'è coincidenza tra la categoria dell'*illecito civile*, che consiste nella violazione di una norma posta a tutela di un interesse privato, individuale o sovraindividuale (come nel caso del danno ambientale), e quella dell'*illecito penale*, il quale, diversamente, consiste nella violazione di norme che, nel loro complesso, intendono perseguire l'interesse pubblico alla tutela dell'ordine etico, politico e sociale dello Stato. In questo senso la legge penale sanziona comportamenti specifici e determinati in quanto (a volte anche solo potenzialmente) lesivi di beni (quali la vita, la salute, la dignità, il patrimonio, la sicurezza, l'economia) ritenuti essenziali a tal fine. E così, mentre in sede civile ciò che si imputa è il *danno a un determinato bene privato*, in sede penale si contesta, invece, un fatto, un comportamento che si discosta dalla prescrizione normativa e risulta, perciò, *antigiuridico*.

Di conseguenza, il novero dei fatti a cui può riferirsi la responsabilità extracontrattuale include anche quelli, tipici e determinati, che la norma penale qualifica come "reati", ma è significativamente più ampio (si pensi alla menzionata possibilità di ottenere un risarcimento anche nel caso di danni arrecati da una pubblica amministrazione a soggetti titolari di una posizione di interesse legittimo) e sostanzialmente non definito a priori.

Inoltre, a differenza della responsabilità civile, in Italia (in base all'art. 27.1 Cost.) così come in tutti i sistemi giuridici contemporanei, la *responsabilità penale è sempre personale* e, quindi, non può essere imputata né a una pluralità di soggetti congiuntamente, né a persone giuridiche, pubbliche o private.

Ancora diversamente da ciò che accade in sede civile, in relazione alla responsabilità penale esiste un ampio novero di sanzioni, diversamente classificate.

Una prima distinzione attiene la qualificazione dell'illecito come **delitto** o **contravvenzione**.

Di fatto, pur non raggiungendo mai una linea di demarcazione sicura, giurisprudenza e dottrina hanno a lungo tentato di distinguere tra le due figure, entrambe richiamate dalle norme. Né in questo senso è parsa utile la circolare della Presidenza del Consiglio dei ministri del 5 febbraio 1986 che raccomandava rubricare, nella futura redazione delle norme penali, come contravvenzioni tutte le *fattispecie di carattere preventivo-cautelare* e quelle concernenti la disciplina di attività sottoposte a un potere amministrativo. La distinzione resta così strettamente legata o al dato formale, e cioè al *nomen* usato nella redazione delle diverse disposizioni, o al fatto, meramente indicativo, della maggior gravità delle pene previste per i delitti.

Le pene "principali" in ambito penale sono:

- l'*ergastolo*, la *reclusione* e la *multa* per i delitti;
- l'*arresto* e l'*ammenda* per le contravvenzioni.

Come è facile constatare siamo davanti a una distinzione (non coincidente con quella tra delitti e contravvenzioni) tra pene detentive, che comportano una restrizione più o meno lunga della libertà personale dell'individuo, e pene pecuniarie, che invece si risolvono nel pagamento di una somma di denaro allo Stato.

Inoltre il sistema penale annovera una serie di **pene accessorie**, cioè di sanzioni ulteriori comminate a chi è già stato condannato a una pena principale e che per i delitti consistono in misure interdittive (interdizione da pubblici uffici, interdizione legale, interdizione da una professione) e misure inabilitanti (incapacità di contrattare con la pubblica amministrazione, decadenza della potestà genitoriale), mentre per le contravvenzioni si traducono in misure sospensive (sospensione dall'esercizio di un arte o di una professione, sospensione dagli uffici direttivi delle persone giuridiche e delle imprese).

Impresa davvero difficile (e forse impossibile) è determinare il novero delle possibili fattispecie penali che possano riferirsi all'esercizio di professioni sanitarie e socio-assistenziali.

Statisticamente, tra i reati connessi all'esecuzione della prestazione, risultano assolutamente prevalenti quello di **lesioni** gravi e gravissime (di cui all'art. 582 cod. pen. e diversamente classificate in ragione della durata dell'alterazione fisica e della sua entità) e di **omicidio** (art. 589 cod. pen.) ricordando che, in questo ambito, si tratta pressoché sempre di reati con *imputazione soggettiva di colpa* e non di dolo, e quindi commessi non intenzionalmente, ma per negligenza, imprudenza, imperizia o violazione di leggi, regolamenti, ordini e discipline.

A questo proposito, in parallelo a quanto si è visto per la responsabilità civile, si sono di recente avute importanti evoluzioni.

In un primo tempo, il già ricordato art. 3.1 della legge 189/2012 aveva a escluso la possibile incriminazione della colpa lieve per l'esercente la professione sanitaria che, nello svolgimento della propria attività, si fosse attenuto a linee guida e buone pratiche accreditate dalla comunità scientifica.

La legge 24/2017 (art. 6) abroga questa disposizione e torna sul tema, introducendo nel codice penale l'art. 590-*sexies* ("*Responsabilità colposa per morte o lesioni personali in ambito sanitario*"). La nuova norma prevede che, nelle ipotesi di omicidio colposo (art. 589 cod. pen.) o di lesioni personali colpose (art. 590 cod. pen.) commessi nell'esercizio della professione sanitaria, vi sia una distinta punibilità in ragione della specifica tipologia della colpa.

Si prevede infatti che:

– in caso di **negligenza** o **imprudenza** del medico le pene restino invariate, le stesse di cui alle ipotesi generali;

– diversamente, quando l'evento si sia verificato per **imperizia** del professionista, la punibilità sia esclusa se si è agito rispettando le raccomandazioni previste dalle *linee guida* (→ § XIV.1), a condizione che le stesse risultassero *adeguate alle specificità del caso concreto*; in mancanza di linee guida appropriate, se ci si è attenuti alle *buone pratiche clinico-assistenziali*.

Le differenze rispetto alla disciplina del 2012 sono rilevanti: da una parte la limitazione della punibilità riguarda i soli reati di cui agli artt. 589 e 590 cod. pen.; dall'altra si assiste alla sparizione di qualsiasi "graduazione" della colpa, con l'effetto di un'importante esclusione della responsabilità penale del sanitario in queste fattispecie, nel caso di sua imperizia se il sanitario abbia rispettato le linee guida adeguate al caso concreto.

In parallelo a quanto visto per la responsabilità civile, si ha dunque un'elevazione straordinaria nel ruolo e nella considerazione delle raccomandazioni contenute nelle linee guida, la cui osservanza qui assume la natura di vera e propria esimente, di scriminante "specifica". Il che, però, ci consegna una nuova definizione di "imperizia medica", che ora potrebbe misurarsi proprio sulla capacità del professionista di valutare se il caso concreto che ha davanti possa rientrare negli schemi predisposti delle linee guida.

Sulla concreta applicazione dell'art. 590-*sexies* cod. pen. era sorto un complicato contrasto giurisprudenziale, composto dalle Sezioni Unite con sent. n. 8770 del 22 febbraio 2018 nella quale è stato specificato che l'esercente la professione sanitaria risponde, a titolo di colpa, per morte o lesioni personali derivanti dall'esercizio di attività medico-chirurgica nei seguenti casi: 1. se l'evento si è verificato per colpa anche lieve dettata da imprudenza o negligenza; 2. se l'evento si è verificato per colpa anche lieve dettata da imperizia in 2 ipotesi: a) in quella di errore rimproverabile nell'esecuzione dell'intervento quando il caso concreto non è regolato dalle raccomandazioni delle lineeguida o, in mancanza, dalle buone pratiche clinico-assistenziali; b) in quella di errore nell'individuazione della tipologia di intervento e delle relative linee guida (imperizia *in eligendo*) che non risultino adeguate al caso concreto; 3. se l'evento si è verificato per colpa solamente grave dettata da imperizia nell'esecuzione dell'atto medico quando il medico abbia comunque scelto e rispettato le linee guida adeguate al caso concreto. Tale soluzione, da un lato, riconosce l'assoluta impunibilità nel caso di imperizia del sanitario che abbia applicato le linee guida idonee al caso concreto, così come sostenuto da uno dei due orientamenti sviluppatisi sul punto; dall'altro, non svuota di significato la nuova disposizione, anche se introduce nuovamente la distinzione tra colpa lieve e colpa grave, specie con riguardo alla fase esecutiva dell'atto medico.

Recentemente, al fine di far fronte alle peculiari circostanze emergenziali in cui ha dovuto operare il personale medico-sanitario nella gestione della pandemia da coronavirus, con il d.l. 44/2021, convertito in legge 76/2021, sono state previste misure urgenti al fine di limitare le responsabilità degli operatori sanitari. In particolare, all'art. 3 del decreto è stata disposta l'esclusione della responsabilità penale del sanitario in caso di omicidio colposo e lesioni personali colpose causati dalla somministrazione del vaccino contro il Covid-19, qualora il vaccino sia stato somministrato in modo conforme alle indicazioni delle autorità competenti. Inoltre, con l'art. 3-*bis* – aggiunto in sede di conversione – è stata introdotta una ipotesi di non punibilità degli operatori sanitari per omicidio colposo e lesioni personali, durante tutto lo stato di emergenza, in caso di colpa grave, valutata tenendo conto della limitatezza delle conoscenze scientifiche in materia e delle risorse umane e materiali disponibili.

Rispetto al tema delle esimenti, si devono qui trattare anche i profili relativi al **consenso informato** (→ § XII.1) *del paziente prima di qualsiasi pratica medico-terapeutica.*

Il consenso, infatti, anche in ragione del suo fondamento costituzionale, viene considerato in ambito penale come elemento necessario a configurare la scriminante di cui all'art. 50 cod. pen. (consenso dell'avente diritto), ed è quindi idoneo a evitare, come buona parte della giurisprudenza ha a lungo sostenuto, un'eventuale imputazione per le fattispecie di lesioni gravi o gravissime nel caso di alterazioni dello stato fisico del soggetto o di omicidio preterintenzionale (e cioè di morte di un soggetto come conseguenza di un atto violento non mirato alla sua uccisione) nel caso in cui il paziente sia deceduto.

In questi casi – specificavano le sentenze in materia – il professionista sanitario poteva evitare l'incriminazione soltanto se fosse stato in grado di provare l'urgenza indefettibile dell'intervento operato, senza il quale si sarebbe avuto comunque un evento negativo di uguale gravità. In realtà una recente decisione della Corte di cassazione (sez. III pen., sent. 15239/2014) ha cambiato significativamente questa disciplina, affermando che "*non è ipotizzabile il delitto di lesioni volontarie gravi o gravissime nei confronti del medico che sottoponga il paziente a un trattamento da questo non consentito (anche se abbia esito infausto e anche se l'intervento venga effettuato in violazione delle regole dell'arte medica), se comunque sia rinvenibile nella sua condotta professionale una finalità terapeutica o comunque la terapia sia inquadrabile nella categoria degli atti medici. In questi casi, infatti, la condotta non è diretta a ledere e, se l'agente cagiona lesioni al paziente, è al più ipotizzabile il delitto di lesioni colpose se l'evento è da ricondurre alla violazione di una regola cautelare*".

In una diversa prospettiva si collocano poi i casi di responsabilità penale che discendono dalla qualificazione del medico operante in o per una struttura sanitaria pubblica quale pubblico ufficiale o incaricato di pubblico servizio. Vengono così in mente i reati di **peculato** (art. 314 cod. pen.), peculato mediante profitto dell'errore altrui (art. 316 cod. pen.), **concussione** (art. 317 cod. pen.), **corruzione** per un atto d'ufficio o per atto contrario ai doveri d'ufficio (artt. 318 e 319 cod. pen.), **abuso d'ufficio** (art. 323 cod. pen.), **omissione o rifiuto di atti d'ufficio** (art. 328 cod. pen.), **abbandono collettivo di pubblici uffici, impieghi, servizi, lavori** (art. 330 cod. pen.), **interruzione di un servizio pubblico o di pubblica necessità** (art. 331 cod. pen.).

Diversamente è passibile di imputazione per il reato di **falso ideologico** (di cui agli artt. 476 ss. cod. pen.) sia il medico inserito in struttura sanitaria sia il medico esercente la professione come privato (il riferimento è soprattutto alla correttezza delle certificazioni rilasciate al paziente).

Ancora differenti sono poi i casi di **esercizio abusivo della professione medico-sanitaria** (di cui all'art. 348 cod. pen.). Con questo reato infatti si intende tutelare il normale funzionamento della amministrazione (sanitaria in questo caso). La giurisprudenza in materia, è bene sottolineare, si rivela altamente intollerante di qualsiasi intromissione e sovrapposizione con l'ambito di stretta spettanza medica (si pensi al caso dell'osteopata che formula una diagnosi puntuale del paziente).

Ancora diversa è la responsabilità di quegli operatori che lavorano per cooperative o enti a cui la pubblica amministrazione ha affidato la gestione del servizio socio-assistenziale. Infatti, la ditta appaltatrice (ad es. una cooperativa sociale) sarà responsabile di tutti gli eventuali danni arrecati a persone o cose che risultassero causati dal proprio personale inserito nei processi lavorativi, sollevando in proposito da eventuali responsabilità la stazione appaltante (comune o altro ente). La Corte di cassazione, infatti, ha affermato in più occasioni che è "*l'appaltatore che risponde dei danni provocati a terzi ed eventualmente anche dell'inosservanza della legge penale durante l'esecuzione del contratto*" (Cass., sez. III, sent. 3967/2014).

✓ L'ILLECITO AMMINISTRATIVO

Considerazione a parte merita infine una ulteriore e particolare forma di illecito, l'**illecito amministrativo**. Si tratta in questo caso di comportamenti che, pur concretizzandosi in azioni od omissioni contrari alle disposizioni obbligatorie di legge, non si traducono in delitti o contravvenzioni, e hanno come conseguenza una sanzione "amministrativa", in genere di natura meramente pecuniaria, fissa (e cioè direttamente determinata dalla legge tra i € 10 e i € 15.000) o proporzionale (cioè calcolata di volta in volta in relazione al fatto commesso, e che non prevede un tetto massimo). Al di là delle sanzioni, è, però, da rilevare come a fronte di un reato si attivi sempre un procedimento penale, mentre l'illecito amministrativo si conclude col pagamento del dovuto, senza l'attivazione di alcun percorso processuale. Anche in questo caso la categoria, nonostante esista una "legge-quadro" in materia, la legge 689/1981, si può ricostruire soltanto in base a un criterio prettamente nominalistico o, in via indiretta, in base alla natura delle pene comminate. Tra l'altro, differenziandosi profondamente dall'illecito penale, quello amministrativo può essere sancito anche dalle leggi regionali.
Espressione del più generale fenomeno della "depenalizzazione" di molti illeciti, e cioè della tendenziale derubricazione di comportamenti precedentemente ritenuti veri e propri "reati" al fine di decongestionare la giustizia penale, questa categoria sta quindi conoscendo una grande espansione, e al di là dei classici esempi rispetto alle violazioni del codice della strada o del testo unico delle leggi di pubblica sicurezza (r.d. 773/1931), essa sta avendo una certa diffusione anche in materia di igiene degli alimenti e delle bevande, previdenza e assistenza obbligatoria e, non ultimo, anche in sanità (a esempio per l'esercizio di attività sanitaria carente della dichiarazione di inizio attività alla ASL territorialmente competente, o l'esercizio di attività sanitaria in struttura ambulatoriale soggetta a dichiarazione di inizio attività in assenza di requisiti, previste dall'art. 9.1 e art. 17.10 della legge reg. Lombardia 33/2009.

3. LA RESPONSABILITÀ AMMINISTRATIVA

Resta da esaminare la **responsabilità amministrativa**, che interessa da vicino il settore al nostro esame, vista la assoluta prevalenza di strutture pubbliche nel sistema di garanzia della salute e dell'assistenza, e quindi l'amplissimo numero di operatori che in esse o per esse operano.

La materia rappresenta il momento di incrocio, e a tratti di sovrapposizione, tra due profili molto rilevanti e complessi. Da una parte si è di fronte all'azione dell'amministrazione pubblica quale soggetto che esprime un potere unilaterale e autoritativo assegnatogli in via esclusiva dalla legge, e che in relazione ad esso può compiere scelte discrezionali (→ § VIII.4).

Dall'altra si prende in considerazione il comportamento di chi agisce nell'amministrazione o per essa, essendo sottoposto non solo alla legge, ma anche a un contratto di lavoro e/o agli indirizzi, alle direttive, alle circolari dell'ente presso cui opera.

Si tratta, a ben vedere di due distinte forme di responsabilità: *quella dell'amministrazione pubblica* in quanto tale per violazione di diritti o interessi legittimi di terzi e *quella dei dipendenti pubblici* verso i terzi e verso l'amministrazione per la quale lavorano.

Della prima si è in parte già detto a proposito della responsabilità civile (→ § XIV.1). In queste pagine ci occuperemo in particolare della seconda o, meglio, dell'incrocio tra le due, cercando di comprendere la relazione che tra esse intercorre e di determinare i criteri in base ai quali si possa tracciare una distinzione.

Sotto il primo profilo (*amministrazione verso terzi*), si pone la garanzia costituzionale di cui all'art. 113, il quale prevede che "*contro gli atti della pubblica amministrazione è sempre ammessa la tutela giurisdizionale dei diritti e degli interessi legittimi dinanzi agli organi di giurisdizione ordinaria o amministrativa*", specificando che tale tutela (art. 113.2 Cost.) "*non può essere esclusa o limitata a particolari mezzi di impugnazione o per determinate categorie di atti*".

In questo modo si consente di mettere in discussione l'uso di un potere che, nei sistemi democratici, è legittimato "dal basso" e deve essere esercitato nell'interesse pubblico: qualsiasi valutazione sulla responsabilità dell'amministrazione non può non tenere in conto questo elemento di "specialità" che, nei diversi ordinamenti, è stato interpretato e disciplinato in modo significativamente diverso.

In Italia l'effetto più evidente in questo senso è il contenimento del sindacato dei giudici (amministrativi) sull'operato dell'amministrazione ai profili relativi alla sua **legittimità**, e cioè al rispetto dei principi che, in generale, governano l'esercizio del potere pubblico e, più in particolare, delle regole che assegnano alla amministrazione un potere determinato (→ § VIII.4).

Resta in questo modo fuori dal vaglio della magistratura (tranne in pochi casi espressamente previsti della legge) ogni possibile giudizio nel **merito** dell'azione amministrativa, in quanto questo aspetto inerisce a scelte, di opportunità oppure di natura tecnica, riservate unicamente all'amministrazione nel rispetto del principio di separazione dei poteri.

In concreto il confine tra i due ambiti può risultare labile e va quindi considerato con attenzione, specie se si considera che, proprio nel delicatissimo ambito sanitario, si è a più tratti assistito alla sostanziale invasione dell'autorità giudiziaria di ambiti squisitamente attinenti al merito della decisione.

✓ LEGITTIMITÀ E MERITO, LA SOTTILE LINEA ROSSA

Si pensi, per tutti all'ordinanza 8730/2013 del TAR Lazio con cui si è disposta la sospensione del provvedimento di nomina ministeriale di una commissione di esperti incaricati di valutare la validità scientifica del metodo Stamina (e il quindi parere negativo da questa formulato all'inizio della sperimentazione). Nell'ordinanza i giudici amministrativi non solo discutono dei criteri di scelta dei membri della commissione, affermando, tra l'altro, che è "necessario che ai lavori partecipino esperti, eventualmente anche stranieri, che sulla questione non hanno già preso posizione o, se ciò non è possibile essendosi tutti gli esperti già esposti, che siano chiamati in seno al Comitato, in pari misura, anche coloro che si sono espressi in favore di tale metodo", e le modalità con cui questa ha proceduto. Infatti, così argomentando, si spingono a valutare gli esiti del parere rilasciato dalla stessa Commissione, ritenendolo "sindacabile nei limiti ben noti in cui sono valutabili ... gli atti espressione di discrezionalità tecnica, e quindi in primo luogo quelli inficiati da vizi di carattere procedimentale e istruttorio", con l'effetto di determinare scelte che, invece, erano di spettanza rispettivamente del Ministero e degli esperti.

Inoltre, è bene notare, che:

– sul fronte delle posizioni giuridiche soggettive del privato che "entra in contatto" con l'amministrazione si può avere la affermazione, la conservazione e la tutela di veri e propri diritti soggettivi (si pensi, oltre che ai diritti soggettivi pubblici, anche a quelli di natura pecuniaria). Di fatto, però, nel nostro ordinamento, per costruire una qualche forma di protezione contro l'uso illegittimo del potere, si è avuta anche la affermazione di un'altra posizione giuridica soggettiva "di vantaggio", l'interesse legittimo (→ § VIII.6.4), che gode però di una tutela significativamente meno consistente, parziale e indiretta;

– sul fronte delle possibili conseguenze di una azione dell'amministrazione che esca dai canoni fissati dalla legge, oltre all'annullamento dell'atto amministrativo illegittimo (previsto dall'art. 113.3 Cost.) si pone anche la possibilità di un risarcimento che, se è stata da sempre ammessa per la violazione di diritti soggettivi, è stata solamente di recente riconosciuta, pur con diverse e penetranti condizioni, anche nei confronti di soggetti titolari di interessi legittimi, con la oramai famosissima sentenza Cass. civ., sez. un., 500/1999.

Com'è evidente non esiste un'azione, una decisione o una prestazione dell'amministrazione che non sia, in concreto, l'azione, la decisione o la prestazione di una persona che agisce in nome e per conto di essa. Questa considerazione ci conduce all'esame del secondo profilo alla nostra attenzione, quello della responsabilità individuale dell'agente della pubblica amministrazione nei confronti dei terzi e dell'amministrazione stessa.

È l'art. 28 Cost. a impostare il tema e le soluzioni alle possibili conflittualità, prevedendo al 1° comma che "*i funzionari e i dipendenti dello Stato e degli enti pubblici sono direttamente responsabili, secondo le leggi penali, civili e amministrative, degli atti compiuti in violazione di diritti*", per poi precisare al comma successivo, che "*in tali casi la responsabilità civile si estende allo Stato e agli enti pubblici*". In altre parole si afferma una concezione della **responsabilità dei dipendenti** come diretta e in qualche modo originaria rispetto a quella, solo eventuale e derivata, dell'apparato, evidenziando però una significativa differenziazione nelle soluzioni adottate per la violazione di norme penali, civili o amministrative.

Per quanto riguarda le *norme penali*, come abbiamo avuto modo di vedere al paragrafo precedente, la responsabilità per dolo o colpa dei dipendenti pubblici è e resta esclusivamente a loro carico. E ciò non solo in ragione della disposizione di cui all'art. 28 Cost., ma anche della ovvia affermazione della natura strettamente personale di questa forma di responsabilità (art. 27 Cost.) che non può in alcun modo essere attribuita a persone giuridiche.

Anche la *violazione di norme "amministrative"* rimanda a responsabilità attribuite dall'art. 28.1 in via diretta ai dipendenti pubblici che, in questo caso, si trovano a diverso titolo contrapposti all'amministrazione per cui lavorano. In questo senso possiamo distinguere la responsabilità disciplinare dalla responsabilità erariale.

Si ha **responsabilità disciplinare** quando il dipendente venga meno a un dovere d'ufficio, tenendo comportamenti difformi da quelli che i suoi "obblighi professionali" prescrivono. È quindi anche questa una forma di responsabilità soggettiva, disciplinata in generale dall'art. 2106 cod. civ. (che impone il principio di proporzionalità tra infrazione e sanzione) e poi ripresa, per la pubblica amministrazione, dalla legge 15/2009, art. 7 e dal d.lgs. 150/2009 (di sua attuazione) che affidano ai contratti collettivi il compito di stabilire, per ogni figura professionale, la tipologia di infrazioni possibili e le relative sanzioni.

✓ RESPONSABILITÀ DISCIPLINARE IN CAMPO SANITARIO

Per la sanità pubblica le sanzioni disciplinari sono state tassativamente individuate dall'art. 65 del contratto collettivo 2016-2018 sono:
- rimprovero verbale;
- rimprovero scritto (censura);
- multa di importo variabile fino a un massimo di quattro ore di retribuzione;
- sospensione dal lavoro e dalla retribuzione fino a dieci giorni;
- sospensione dal servizio con privazione dello stipendio da un minimo di 11 giorni a un massimo di 6 mesi;
- licenziamento con preavviso;
- licenziamento senza preavviso.

Il tipo e l'entità della sanzione sono determinati (art. 66), nel rispetto del principio di gradualità e proporzionalità delle sanzioni, in relazione ai criteri generali:
a) intenzionalità del comportamento, grado di negligenza, imprudenza o imperizia dimostrate, tenuto conto anche della prevedibilità dell'evento;
b) rilevanza degli obblighi violati;
c) responsabilità connesse alla posizione di lavoro occupata dal dipendente;
d) grado di danno o di pericolo causato all'Azienda o Ente, agli utenti o a terzi ovvero al disservizio determinatosi;
e) sussistenza di circostanze aggravanti o attenuanti, con particolare riguardo al comportamento del lavoratore, ai precedenti disciplinari nell'ambito del biennio previsto dalla legge, al comportamento verso gli utenti;
f) concorso nella violazione di più lavoratori in accordo tra di loro.

Diversamente per l'area dirigenziale, connotata da una particolare relazione di fiducia con la amministrazione di appartenenza, i contratti collettivi hanno invece previsto esclusivamente i casi di recesso per giusta causa e giustificato motivo (*ex* artt. 2118 e 2119 cod. civ.).

La **responsabilità erariale** si concretizza invece quando il dipendente causi all'amministrazione un danno economico, che potrà diversamente consistere in una perdita di denaro, nella perdita o nella diminuzione di valore di un bene o, ancora, nel mancato conseguimento di una entrata.

L'elaborazione del concetto di danno erariale si è in realtà evoluta molto significativamente nel tempo, parallelamente al ruolo della Corte dei conti, che è il giudice in base all'art. 103 Cost.

Da un lato, partendo da una considerazione del mero "danno contabile", si è giunti prima al concetto di "danno all'economia pubblica" (quale lesione dell'interesse generale alla salvaguardia, all'incremento e al progresso dell'economia nazionale) per poi arrivare a includere, nell'eventuale calcolo del risarcimento, anche forme molto avanzate quali il danno all'immagine dell'amministrazione pubblica causata da comportamenti inappropriati.

Dall'altro, si è assistito a un progressivo spostamento dell'attenzione della Corte da una mera salvaguardia della contabilità pubblica a una più ampia attenzione verso gli interessi (anche economici) della collettività.

La responsabilità erariale è, per ragioni che vedremo in breve, strettamente connessa alla *responsabilità civile*, unico e vero ambito in cui sono possibili sovrapposizioni e si rendono quindi necessarie distinzioni tra ciò che è imputabile all'amministrazione e ciò che invece va attribuito ai suoi dipendenti.

L'art. 28 infatti, nell'intento di affermare una più ampia e sicura garanzia a favore del danneggiato, prevede che in questi casi – e solo in questi – la responsabilità dell'agente si estenda in via solidale anche all'amministrazione per la quale agisce. In altre parole, qualora si concretizzi a carico di un dipendente pubblico una determinata forma di responsabilità civile, la stessa si pone in via diretta anche a carico dell'amministrazione, ed è data al danneggiato la possibilità di azione congiunta o disgiunta nei confronti dell'uno e/o dell'altra per la soddisfazione delle proprie pretese risarcitorie.

Per questi profili, dopo un lungo e travagliato dibattito, si è arrivati ad affermare che, pur con qualche eccezione residua, la forma che assume la responsabilità civile dell'amministrazione in relazione all'agire dei suoi operatori è quello della responsabilità extracontrattuale di diritto comune, disciplinato dall'art. 2043 cod. civ. Valgono quindi in questo caso anche per l'amministrazione i tratti generali di questa fattispecie visti in precedenza.

Restano invece immutati i criteri di valutazione del nesso causale e dell'illiceità del comportamento: è infatti il comportamento dell'individuo a dare forma specifica al profilo soggettivo posto a carico dell'amministrazione, venendo questo a coincidere con il dolo o la colpa del suo agente (e fatto salvo il caso di colpa lieve che, come vedremo tra breve, resta in carico esclusivamente dell'ente).

È invece molto rilevante, in questi casi, esaminare la posizione in cui si trovava l'individuo nel commettere il fatto illecito, per accertare se questi agisse a titolo e per finalità prettamente personali oppure se l'azione o l'omissione causa del danno ingiusto fossero in relazione e in qualche modo "dipendessero" da un suo rapporto "organico" con l'amministrazione.

L'esistenza di tale rapporto, presupposto necessario per ipotizzare l'estensione a carico dell'amministrazione delle responsabilità individuali, si ha dunque quando il soggetto è titolare di rapporto di lavoro dipendente o di un organo, e il comportamento rientri nell'esercizio delle funzioni di cui è competente.

Per quanto riguarda l'ambito sanitario, sono sicuramente in questa posizione gli operatori che abbiano instaurato con il SSN un rapporto di servizio, e quindi che siano dipendenti delle ASL o delle aziende ospedaliere.

Più problematica è la qualificazione dei **medici convenzionati** con il SSN. Da una parte vi è chi sostiene che la convenzione determina l'instaurazione di un vero e proprio rapporto di servizio con l'amministrazione sanitaria. Dall'altra si sostiene, come fa da ultimo la Cass. pen., sez. IV, sent. 36502/2008, che questi intrattengono con la ASL di riferimento una relazione che manca dei tratti pur minimi di un rapporto di immedesimazione organica o di ausiliarietà. Né in questo caso la ASL può "*essere considerata un imprenditore o, comunque, un committente che organizza l'attività dei suoi collaboratori o del proprio personale*", specie in casi come quello del medico convenzionato che agisce in autonomia e senza essere sottoposto a regole organizzative o procedurali.

Altrettanto controversa è poi la posizione delle strutture private accreditate e dei medici che ivi operano, relativamente alle prestazioni erogate per il SSN. Infatti, mentre per molti commentatori è in questo caso da escludere l'esistenza di qualsiasi relazione, non mancano in giurisprudenza soluzioni opposte, fondate sulla considerazione del fatto che queste strutture, una volta instaurato il rapporto negoziale con la ASL, forniscono un servizio all'utente con modalità del tutto identiche a quelle seguite dalla struttura pubblica (v. ord. Cass., sent. 8093/2009, che peraltro chiama in causa anche la applicabilità al caso delle categorie di consumatore, dell'imprenditore e del produttore di cui all'art. 3 del c.d. codice del consumo – d.lgs. 265/2005).

Sull'impianto appena descritto si innesta la responsabilità di tipo erariale sopra ricordata. Più precisamente, si configura in queste ipotesi un **danno erariale indiretto**, nel quale cioè la perdita di denaro pubblico è dovuta al risarcimento versato dall'amministrazione a terzi per il comportamento del proprio agente (e non per un'azione di quest'ultimo direttamente lesiva delle finanze pubbliche).

In questi casi è data all'amministrazione la possibilità di avviare nei confronti del responsabile una **azione di rivalsa** (prevista fin dall'art. 22.2 della legge 3/1957). Tale giudizio si svolge davanti alla Corte dei conti, la cui giurisdizione, come si è anticipato, ha fondamento nell'art. 103 Cost. (che si riferisce genericamente alla materia della "contabilità pubblica"), e trova oggi compiuta definizione nella legge 20/1994 (come modificata dalle leggi 639/1996, e 205/2000) la quale, pur dettando disposizioni apparentemente di natura processuale, reca in realtà una disciplina con conseguenze molto consistenti anche sul piano sostanziale.

In primo luogo la legge, all'art. 1.1, dopo aver affermato la natura personale della responsabilità dei dipendenti pubblici sottoposti alla sua giurisdizione, limita la propria giurisdizione "*ai fatti e alle omissioni commessi con dolo o colpa grave*": in tal modo l'eventuale risarcimento versato dalla amministrazione per colpa lieve rimane a carico di questa. Si noti appena che al medesimo risultato era già pervenuto, in realtà, l'art. 23.1 del testo unico 3/1957 il quale, nel configurare il "danno ingiusto" del dipendente pubblico, riteneva rilevanti soltanto il dolo e la colpa grave di chi ha agito.

In secondo luogo, è da osservare come la responsabilità erariale giustiziabile dalla Corte dei conti trovi un limite insuperabile nell'insindacabilità del merito delle scelte discrezionali, venendo a concentrarsi su quei comportamenti che si sostanziano in violazioni della legittimità amministrativa.

Di grande rilevanza è poi l'attribuzione alla Corte di un potere di articolazione e precisa determinazione della responsabilità erariale, in base al quale:

– se il fatto dannoso è causato da più persone, il giudice contabile può valutate le singole responsabilità e differenziare la condanna per ciascuno di coloro che vi ha preso parte;

– nel caso in cui il fatto dannoso sia la conseguenza di deliberazioni di organi collegiali, la responsabilità si imputa esclusivamente a coloro che hanno espresso voto favorevole;

– nel caso di atti che rientrano nella competenza propria degli uffici tecnici o amministrativi la responsabilità non si estende ai titolari degli organi politici che in buona fede li abbiano approvati ovvero ne abbiano autorizzato o consentito l'esecuzione.

Si pensi a come ciò incida sulla responsabilità per le decisioni (amministrative o tecniche) assunte dai vari collegi. E ancora, a come l'atto (la determinazione o il parere) di un "tecnico" rimanga pienamente nella sua sfera di responsabilità e non si estenda anche in capo a chi, sulla base di quell'atto, sia in buona fede intervenuto successivamente sul piano politico-amministrativo.

Infine, per quanto riguarda la **quantificazione del danno**, fermo restante un generale potere di riduzione della somma, la Corte deve tener conto dei vantaggi comunque conseguiti dall'amministrazione di appartenenza, o da altra amministrazione, o dalla comunità amministrata in relazione al comportamento degli amministratori o dei dipendenti pubblici soggetti al giudizio di responsabilità; mentre nel caso di giudizio di responsabilità per **danno all'immagine** della pubblica amministrazione derivante dalla commissione di un reato contro la stessa (con sentenza passata in giudicato), l'entità del danno si presume, salva prova contraria, pari al doppio della somma di denaro o del valore patrimoniale di altra utilità illecitamente percepita dal dipendente.

Queste disposizioni hanno da sempre conosciuto *in ambito sanitario un'attuazione peculiare*.

L'aspetto che in passato si è posto sopra ogni altro all'attenzione dei commentatori e della giurisprudenza è stato senza dubbio quello relativo alla suddivisione tra i vari soggetti coinvolti, in sede di rivalsa, del danno erariale complessivo causato all'amministrazione, ritenendosi che questo andasse ripartito e graduato tra i vari operatori in relazione non solo al grado di loro responsabilità e autonomia decisionale rispetto al comportamento dannoso, ma anche alla loro effettiva partecipazione al fatto. Usava a questo proposito riferirsi alla responsabilità "in *équipe*", tipica dell'ambito sanitario e caratterizzata dalla collaborazione di più figure professionali (diversi specialisti, infermieri, fisioterapisti, specializzandi) nella erogazione complessiva delle prestazioni.

Spetta al giudice, in casi come questi, stabilire da una parte quale sia il livello appropriato di perizia professionale di ciascun partecipante e, dall'altra, verificare il ruolo che ognuno di questi abbia avuto nel determinare l'esito finale dell'intervento sanitario. La dottrina, per parte sua, ha evocato in queste ipotesi il **principio dell'affidamento**, in base al quale nessun operatore deve conformare il proprio operato in ragione del rischio che deriva dalle condotte (dolose o) colpose degli altri.

Diversamente il lavoro d'*équipe* deve contraddistinguersi per quel senso di fiducia reciproca che consente a ognuno degli operatori di focalizzarsi sui suoi personali doveri di diligenza e perizia professionale. Resta ferma, comunque, una diversa attenzione per le azioni (o le omissioni) di chi è strutturalmente e organicamente destinato a un ruolo di guida del gruppo che risponderà non solo dell'operato in generale dell'*équipe*, ma anche di come abbia personalmente svolto la funzione di coordinamento e sorveglianza rispetto agli altri operatori.

Quanto abbiamo visto fin qui è solo in parte superato dall'ampio intervento di riforma che la legge 24/2017 mette in atto, nel suo intento di contenere e precisare la rispettiva responsabilità delle strutture e degli operatori sanitari, tentando di dettare per la prima volta una disciplina specifica in materia.

L'art. 9, dopo aver ribadito che l'*azione di rivalsa nei confronti dell'esercente la professione sanitaria può essere esercitata solo in caso di dolo o colpa grave*, precisa infatti (2° comma) che se questi non è stato parte del giudizio o della procedura stragiudiziale (la consulenza tecnica preventiva o il tentativo di conciliazione) per il risarcimento del danno:

– l'azione di rivalsa nei suoi confronti potrà essere esercitata soltanto successivamente al risarcimento avvenuto sulla base del titolo giudiziale o stragiudiziale;

– la medesima azione andrà esercitata a pena di decadenza entro un anno dall'avvenuto pagamento;

– la decisione pronunciata nel giudizio promosso contro la struttura sanitaria o sociosanitaria o contro l'impresa di assicurazione non potrà fare stato nel giudizio di rivalsa.

In nessun caso l'eventuale transazione sarà opponibile all'esercente la professione sanitaria nel giudizio di rivalsa.

Per quanto riguarda poi la quantificazione del danno a carico dei singoli soggetti coinvolti, la Corte dovrà tener conto delle situazioni di particolare difficoltà, anche di natura organizzativa, della struttura sanitaria o sociosanitaria pubblica in cui l'operatore sanitario ha operato; e non potrà, in caso di colpa grave, fissare un risarcimento di importo che superi il valore maggiore della retribuzione lorda o del corrispettivo convenzionale conseguiti nell'anno di inizio della condotta causa dell'evento o nell'anno immediatamente precedente o successivo, moltiplicato per il triplo.

Analoga limitazione è prevista in caso di accoglimento della domanda proposta dal danneggiato nei confronti della struttura sanitaria o sociosanitaria privata o nei confronti dell'impresa di assicurazione titolare di polizza con la medesima struttura. Questo limite alla misura della rivalsa non trova però applicazione per l'esercente la professione sanitaria che svolga la propria attività al di fuori di una delle strutture sanitarie o sociosanitarie pubbliche o private, o che presti la sua opera all'interno della stessa in regime libero-professionale, o ancora che si avvalga della stessa struttura nell'adempimento della propria obbligazione contrattuale assunta direttamente con il paziente.

Se queste misure si segnalano per il favore con cui si riflettono sulla posizione degli esercenti le professioni sanitarie, sul fronte opposto si pone il divieto, posto a carico degli stessi per i tre anni successivi al passaggio in giudicato della decisione di accoglimento della domanda di risarcimento, a ricoprire incarichi professionali superiori rispetto a quelli svolti nell'ambito delle strutture sanitarie o sociosanitarie pubbliche.

Il giudicato poi costituirà oggetto di specifica valutazione da parte dei commissari nei pubblici concorsi per incarichi superiori.

INDICE DELLE DEFINIZIONI

Sono elencati i termini (in grassetto nel testo)
con l'indicazione della pagina in cui sono definiti

A

D

E

F

G

Q

R

S

T

Ristampa effettuata nel mese di luglio 2023
nella Stampatre s.r.l. di Torino – via Bologna, 220